지식경제학 미스터리

지식경제학 미스터리

데이비드 워시

김민주·송희령 옮김

KNOWLEDGE
AND THE WEALTH OF NATIONS

김영사

지식경제학 미스터리

저자_ 데이비드 워시
역자_ 김민주 · 송희령

1판 1쇄 발행_ 2008. 5. 15.
1판 5쇄 발행_ 2020. 1. 28.

발행처_ 김영사
발행인_ 고세규

등록번호_ 제406-2003-036호
등록일자_ 1979. 5. 17.

경기도 파주시 문발로 197(문발동) 우편번호 10881
마케팅부 031)955-3100, 편집부 031)955-3250, 팩스 031)955-3111

값은 뒤표지에 있습니다.
ISBN 978-89-349-2927-7 03320

홈페이지 www.gimmyoung.com 블로그 blog.naver.com/gybook
페이스북 facebook.com/gybooks 이메일 bestbook@gimmyoung.com

좋은 독자가 좋은 책을 만듭니다.
김영사는 독자 여러분의 의견에 항상 귀 기울이고 있습니다.

인류 역사를 뒤바꾼
위대한 경제학 이론 이야기

이 책이 다룰 이야기의 출발점은 한 편의 경제학 논문이다. 1990년 그 논문이 발표되기 이전까지 어떤 일이 발생했으며, 그것이 세상에 대한 우리의 이해를 어떻게 바꿔놓았는지 설명하려는 것이다. 이 이야기와 더불어 나는 오늘날 대학에서 경제학이 어떻게 연구 발전되고 있는지를 설명하고자 하는데, 그것은 가장 중요한 경제 관련 작업이 중앙은행이나 정부 부처, 또는 월가에 위치한 기업이 아니라 대학에서 이루어지고 있기 때문이다.

1979년과 1984년 사이, 경제 전문 학술지에 경제 성장에 관한 경제학자들의 논문이 수없이 실리면서 더불어 지속적인 토론이 이루어졌다. 경제 성장이란 무엇인가에서부터 그것이 이루어지는 과정, 공유 방법, 측정, 비용 그리고 그 가치에 대한 토론이 진행된 것이다.

이 시기의 경제학적 견해가 특별한 평가를 받는 이유는 그 이전

에 볼 수 없던 신선한 견해가 등장했기 때문이다. 그 과정에서 인류 역사상 처음으로 경제학에 대한 새로운 이해법을 발견한 경제학자들은 어떻게 하면 그 발견을 잘 정리해 미래에도 지속적으로 이해시킬 수 있을까를 고심했다. 그 결과로 나온 경제학 논문이 바로 〈신성장 이론|new growth theory〉이다.

이 신성장 이론의 발전에 기여한 사람은 매우 많다. 특히 신세대 경제학자들은 이 분야에서 탁월한 능력을 발휘했다. 하지만 이들이 다룬 쟁점이나 해결책을 찾아가는 과정 그리고 노력은 일반인에게 널리 알려지지 않았다.

사실 나는 오랫동안 언론인으로 일해 온 경제 전문 기자일 뿐 경제학자도 아니고 경제학적 사고를 분석하는 일을 하는 역사학자도 아니다. 내가 지닌 수학적 지식은 기초적인 수준에 불과할 뿐이다. 하지만 내 글은 꽤 논리적인 편이며 비판 능력 또한 뛰어나다. 더불어 오랫동안 경제학 분야에서 벌어진 일을 취재한 덕분에 경제학에 관한 배경 지식도 어느 정도 갖춘 편이다. 결국 이 책은 경제학자가 아니라 경제학 분야의 아웃사이더의 시선으로 쓴 책이라고 할 수 있다. 나아가 경제학이 우리에게 큰 기여를 했음에 감사하면서 동시에 문제점을 비판할 수 있는 수준의 아웃사이더가 쓴 책이라고 생각해주면 좋을 것 같다. 한마디로 나는 평범한 사람이고, 평범한 사람이 할 수 있는 역할이 많다고 믿는 사람일 뿐이다.

하필 한 부류의 경제 이론 발전에 초점을 맞추려는 이유가 궁금한가? 사실 지난 30년간 경제학 분야는 급속한 발전을 이룩해왔다. 경제학 연구 분야가 확대된 것은 물론 경제학의 일반화 성향도 강해진 것이다. 그 점에서 경제학에 관한 훌륭한 기사거리가 널려 있

다고 해도 과언이 아니다. 그 많은 경제학 이론 가운데 내 관심을 사로잡은 것은 바로 신성장 이론이다. 그 이유는 내가 특화|specialization 및 지식 성장|growth of knowledge에 많은 관심이 있었기 때문이다.

결과적으로 나는 어떻게 해서 수학이 현대경제학의 필수 연구 분야가 되었는지, 왜 신성장 이론 연구학자들은 자신의 공식적인 방법이 대성공을 거두었다고 생각하는지 등을 경제학 이론 발전의 대표적인 이야기로 다뤄보고 싶다는 생각을 하게 되었다.

신성장 이론은 서로 경쟁적 위치에 있는 대학의 연구진이 불꽃 튀는 지식 경쟁을 벌임으로써 경제학적 발견이 이뤄지고 있음을 보여주고 있다. 이러한 경쟁 속에서 세상에 대한 이해를 완전히 변화시킬 수 있는 이론이 탄생하는데, 그것은 하루아침에 이루어지는 것이 아니라 수세대 동안 이룩되어 온 연구 업적에 기초하고 있다. 또한 어느 한 사람이나 특정 그룹의 연구가 아니라 다양한 그룹 및 학자들의 활발한 지식 교류로 이러한 발전이 이루어진다.

처음에는 특정 학자나 연구 그룹의 분야로만 국한된 새로운 이론 및 발견이 마치 연못의 파문처럼 바깥세상으로 퍼져나가게 되며, 결과적으로 그것은 그들의 이해 사항이 아니라 우리의 이해 사항으로 변하게 된다.

오늘날 대부분의 경제학자는 1980년대와 1990년대 초에 경제 성장과 발전에 관한 분야에서 어떤 변화가 있었는지 이론적으로 확실하게 정립하지 못하고 있는 듯하다. 하긴 전문가들은 대개 고개 들고 나서지 않는 경향이 있다. 일부 전문가만 자신의 주장을 크게 내세우며 앞으로 나서는 것이다.

어쩌면 일부 독자는 신성장 이론의 탄생 배경 같은 것에는 관심이 없고 이제 막 세상에 선보이기 시작한 이 분야의 입문 서적이나 교과서*로 건너뛰고 싶어 할지도 모른다. 하지만 그렇게 서두르면 아주 재미있는 이야기와 더불어 중요한 교훈을 놓치게 될 것이다.

이 책에서 내가 소개하는 많은 학술행사는 대부분 화창한 햇살과 거리가 먼 숨 막히는 호텔방에서 진행되었고, 행사가 끝나고도 토론은 그칠 줄을 몰랐다. 경제학 관련 회의는 한마디로 평범하지 않은 뉴스거리였다. 나는 이 기회를 빌려 그 행사가 내게 세상에 대해 얼마나 큰 깨달음을 주었는지 설명하고 그것을 글로 옮기는 데 많은 시간이 투자되었음을 말하고 싶다.

사실 이러한 경제학 이론의 발견 및 발전은 확실히 눈에 띄지만 유감스럽게도 많은 사람이 관심을 갖는 큰 뉴스거리가 되지는 못한다.

이 책을 내기 전, 나는 많은 사람을 만나 대화를 나누었다. 그들은 대부분 비교적 허심탄회하게 의견을 펼쳤다. 이 자리를 빌려 그들 모두에게 감사드린다.

경제학자들은 모두 훌륭하지만, 아쉽게도 이들에게는 측근에게만 이야기하는 점조직 문화 같은 것이 있다. 이들과 많은 이야기를 나눈 끝에 나는 그들이 비밀을 유지하기 위해 얼마나 많은 노력을 기울이는지 알게 되었다. 더불어 그들에게 독특한 취향과 단점이 있다는 사실도 이해하게 되었다.

◆ 엘하난 헬프먼Elhanan Helpman의 《경제 성장의 미스터리 The Mystery of Economic Growth》는 신성장 이론을 가장 잘 요약하고 있고 찰스 존스Charles Jones의 《경제 성장 개론Introduction to Economic Growth》은 최고의 교과서이며, 데이비드 란데스David Landes의 《국가의 부와 빈곤: 왜 어떤 국가는 부유하고 또 어떤 국가는 가난한가The Wealth and Poverty of Nations: Why Some Are So Rich and Some So Poor》는 이 쟁점들을 비이론적 시각으로 재미있게 설명하고 있다.

들어가며

전통 경제학의 한계를 뛰어넘는
새로운 지식경제학 프레임

경제 성장과 발전의 중심에 지식이 있다

우리에게 전해 내려오는 아주 오래된 상식 중에 "물고기를 주면 인간은 그것으로 하루를 먹고살 수 있지만, 고기 잡는 법을 가르쳐주면 평생을 먹고살 수 있을 것이다"라는 것이 있다. 그런데 이 오래된 상식에 이제 새로운 내용을 추가해야 할 것 같다.

"고기를 잡는 데 사용할 수 있는 더 좋은 방법을 발명하거나 양식법, 판매법, 고기를 변형시키는 법(유전자 조작을 통해) 아니면 바다에서 어류 남획을 억제하는 방법을 발명하라. 그러면 엄청나게 많은 사람이 먹고 살 수 있을 것이다."

이러한 내용이 추가되어야 하는 이유는 이 방법들은 온라인을 통해 별다른 비용을 들이지 않고 전 세계적으로 확산 사용될 수 있

기 때문이다. 물론 상황에 따라 이 방법을 발명한 사람은 부자가 될
수도 있다.

오늘날 새로운 아이디어는 저축이나 투자 혹은 교육 수준을 넘
어 경제 번영의 주요 열쇠가 되고 있다. 새로운 아이디어를 바탕으
로 개인 차원에서 크고 작은 부를 축적하는 것이 가능할 뿐 아니라
국가도 부를 축적할 수 있는 것이다. 새로운 아이디어가 창출하는
수많은 이익 덕분에 경제 성장이 이루어질 수 있다는 얘기다. 이러
한 경제 성장의 이면에는 게임의 법칙이 작용하는데, 이처럼 게임
에 영향을 미치는 것을 우리는 '법치'와 '정치'라고 부른다.

1990년 10월, 한 주요 학술지에 경제 성장에 관한 한 수학적 모
델이 제시되었다. 그것은 서른여섯 살의 젊은 경제학자 폴 로머|Paul
Romer의 논문으로 사람들의 눈길을 확 사로잡았다. 더불어 200년이
넘는 동안 비공식적인 수준에 머물러 있거나 아무런 존재감 없이
경제학의 들러리 역할을 하던 지식경제학|economics of knowledge이 경
제학의 중심권으로 부상하게 되었다. 단순한 제목의 그 논문은 바
로 〈내생적 기술 변화|Endogenous Technological Change〉였다.

〈저널 오브 폴리티컬 이코노미|Journal of Political Economy〉에 실린 폴
로머의 32쪽짜리 논문에는 모든 학술적 논문에서 흔히 찾아볼 수
있는 수동태, 수학적 분석, 그리고 겸손한 주장 등이 그대로 드러나
있다. 이 논문은 같은 방향으로 연구를 했던 과거 학자들의 연구 내
용을 조심스럽게 인용하고 있는데, 이 논문이 기초를 두고 있으면
서도 대체하려고 노력했던 과거의 연구 논문은 로버트 솔로|Robert
Solow가 1956년에 발표한 〈경제 성장 이론 소고|A Contribution to the Theory
of Economic Growth〉였다.

로버트 솔로의 논문은 언뜻 보기에 수수께끼처럼 여겨질 수도 있는 문장으로 시작되고 있다.

"투입 요소$^{|input}$로써 기술의 두드러진 특징은 그것이 전통재$^{|conventional\ good}$도 아니고, 공공재$^{|public\ good}$도 아니라는 것이다. 기술은 비경쟁재$^{|nonrival\ good}$이며 부분적으로 배제성이 있는 재화$^{|partially\ excludable\ good}$이다 …"

이 문장은 수많은 후속 연구로 이어졌고 50여 년 전에 쓰인 이 특별한 문장은 경제학 분야에서 새로운 개념 변화를 불러일으키는 결정적 산파 역할을 했다. 이를 통해 로버트 솔로는 정부가 공급하는 재화인 공공재와 시장 참여자들이 공급하는 민간재를 구분하는 수준에 머물지 않고, 새롭게 경쟁재와 비경쟁재를 대비시키는 시도를 했다.

다시 말해 실제로 눈에 보이는 어떤 형태를 띠고 있어 단독으로 보유할 수 있지만 공유하는 데는 한계가 있는 재화(예를 들어 아이스크림, 주택, 직업, 채권 등)와 핵심 내용을 받아 적을 수 있고 컴퓨터 안에 일련의 비트 정보 형태로 저장될 수 있어 수많은 사람이 거의 동시에 제한 없이 공유할 수 있는 재화(성경, 언어, 미적분법, 특정 자전거 디자인 원리 등)를 대비시키는 시도를 한 것이다. 대부분의 재화는 경쟁재와 비경쟁재 중 하나에 속하는데, 재화에 따라 그 부류 특성을 많이 보유한 것도 있고 최소한만 보유한 것도 있다. 물론 이 두 가지 극단적 재화 사이에는 일일이 거론하기 힘든 수많은 재화가 놓여 있다.

유명 디자이너의 드레스, 개인 컴퓨터의 운영 시스템 소프트웨

어, 재즈 콘서트, 비틀스|Beatles 레코딩, 새로운 컴퓨터 칩 디자인, 통신위성으로부터 오는 코드 시그널, 인간 게놈 지도, 신약의 분자 구조, 효율적인 제도 방식을 담은 비밀, 유전자 변형이 된 종자 및 이로부터 또 다시 변형된 다른 종자들, 피카소의 오리지널 그림과 수많은 복사판, 자동차 창문에 붙어 있는 '이 차에 아기가 타고 있어요'라는 문구, 그리고 여러분이 지금 읽고 있는 이 책은 모두 비경쟁적 재화이다. 그 이유는 이 모든 것이 베낄 수 있거나 공유될 수 있으며 나아가 수많은 사람이 동시에 사용할 수 있기 때문이다. 또한 이것은 대개 부분적으로 배제 가능하며 이러한 재화에 대한 접근은 원칙적으로 어느 정도 통제가 가능하다.

일반적으로 물건|objects은 경쟁적 재화의 범주에 들어가고, 아이디어|ideas는 비경쟁적 재화의 범주에 들어간다. 컴퓨터에서 흔히 사용되는 표현을 빌려 설명하자면 경쟁적 재화는 원자|atoms로, 비경쟁적 재화는 비트|bits로 설명될 수 있는데 아이디어는 보통 컴퓨터 안에서 이진법 정보로 표현된다. 좀더 엄격한 수학적 용어로는 볼록성|convexities과 비볼록성|nonconvexities으로 표현할 수 있다.

사실, 비경쟁성은 경제학 분야에 갑자기 나타난 새로운 개념이 아니다. 공공 재무 분야의 전문가들은 100년 넘게 시장 실패|market failure의 원인을 설명하기 위해 이와 관련된 여러 가지 용어를 사용해 왔으며 그 대부분은 혼란스럽기 짝이 없었다. 이들은 대개 국방이나 신호등, 새롭게 건설된 다리 혹은 등대가 쏘아올린 경고성 불빛의 비경쟁적 특성을 설명하려 노력했는데, 비경쟁성 개념이 공공재정 전문가들 사이에서 확실하게 자리를 잡은 것은 1960년대이다.

그러다가 비경쟁적 특징을 배제 가능성이라는 개념과 결합시키고 이 용어를 확대 사용해 우리 일상에서 경제학 아이디어가 얼마나 중요한 역할을 하는지를 보여준 사람이 폴 로머이다.

그는 거래 비밀, 공식, 상표, 알고리즘, 메커니즘, 특허, 과학 법칙, 해적판 카피 등 아이디어가 주를 이루는 이 모든 것을 하나로 묶어 지식경제학이라는 확실한 경제학 분야를 탄생시키는 데 성공했다. 특히 폴 로머는 새로운 아이디어 생산에 대한 인센티브 창조와 이것의 효율적인 보급 장려를 위한 인센티브 유지, 그리고 기존의 지식을 사용하려는 의지 사이에서 어쩔 수 없는 긴장이 유발된다고 지적하고 있다. 나아가 이렇게 유발되는 긴장 속에서 소위 '지적 소유권|intellectual property'을 창조하려 노력하는 것은 특정 사회의 선택이라고 덧붙이고 있다.

그뿐 아니라 폴 로머는 이처럼 여러 요소 사이에서 긴장을 잘 관리하는 것, 더불어 지식 성장을 도모하면서 그것으로 인한 혜택을 널리 공유하는 것이 바로 정부가 통화 관리나 조세 정책 만큼이나 신경 쓰고 책임져야 할 분야라고 지적하고 있다.

새로운 아이디어 창조를 장려하기 위한 효율적인 제도를 제대로 개발하지 않은 사회는 전반적으로 발전하지 못해 고통을 겪는다(특히 빈곤층이 더욱). 반대로 아이디어 창조를 위한 인센티브를 남발하고 남용해도 특정 사회 경제 발전에 장애가 올 수 있다.

여러분이 이 내용을 이해했다면 이 책이 얘기하고자 하는 핵심 내용을 이해한 셈이다. 어쩌면 이 책을 읽기 전에 여러분은 본능적으로 이 내용을 이해하고 있었을지도 모른다.

폴 로머는 〈내생적 기술 변화〉라는 논문으로 대학의 경제학 연구진 사이에 존재하는 치열한 경쟁에서 승리한 셈이라고 볼 수 있다.

그동안 이들은 20세기 말에 두드러지게 나타난 세계화│globalization 과정을 분석 이해하고, 경제 발전에 실패한 나라에서 경제 발전을 위해 장려할 수 있는 실질적이고 새로운 경제 논리를 찾기 위해 총력을 기울여 왔다. 물론 이 경쟁에 참여한 학자는 소수지만 이들은 앞다투어 새로운 성장 이론을 정립하고자 치열하게 경쟁했다.

문제는 이들이 경제 성장에 관한 수수께끼에 정답을 제시하려 노력해왔고, 그 이전에도 그런 경제학자가 많았음에도 이들의 의견이 수많은 사람에 의해 부정당해 왔다는 점이다. 더욱이 대부분의 사람이 이들의 주장에 큰 의구심을 보였다.

사실 제2차 세계대전 이후 일부 부유한 국가가 어떻게 경제 성장을 할 수 있었는지 그 이유가 밝혀진 것도 불과 몇 년 전의 일이다. 물론 그 성장 비법에 관한 이론이 완벽하게 정립되었다고 보긴 어렵지만, 적어도 그 내용은 기술경제학│technical economics 라는 공식적 언어로 정리되었다. 그렇다면 그 성장 이유를 어떻게 분석할 수 있었을까?

확신하건대 지식 성장에 대한 연구 덕분이다. 이 새로운 경제학 이론에 의해 과거와 달리 제도│institutions의 역할이 새롭게 강조되었으며, 오랫동안 홀대하던 요소(적어도 대학의 경제학 교실에서는)인 기업가의 역할에도 큰 중요성이 부여되었다.

로머의 90년 논문(편의상 이렇게 줄여 부르기로 하겠다)은 서가의 한구석에 꽂혀 먼지를 뒤집어쓰고 있는 전통적인 경제 서적에서 강조하는 개념과 다른 개념을 제시하고 있다. 그리고 이 새로운 개념은 과거 전통적인 개념보다 설명하기가 훨씬 쉽다.

300년을 이어온 생산의 3요소를 바꾼 신성장 이론

그러면 경제학에서 가장 기초적인 이론인 '생산요소|factors of production'를 통해 그 차이점을 살펴보자. 모든 경제학 개론 서적은 생산요소를 제1장에서 다루고 있다. 무려 300년 넘게 '생산의 3대 요소는 토지|land, 노동|labor, 자본|capital'이라는 기초적인 분석 내용을 제시해온 것이다.

토지란 인간이 활용해 무언가를 생산할 수 있도록 지구가 제공하는 모든 자연을 의미하며 평원, 숲, 강, 대양, 탄광 등은 모두 토지의 개념에 들어간다. 노동은 다양한 노력, 재능, 그리고 일하는 여성과 남성의 단순한 원동력|motive power을 대표하는 생산요소이다. 마지막으로 자본은 인간이 사용하는 도구뿐 아니라 일을 하고 살아가는 데 필요한 모든 장비 및 시설을 의미하는 개념이다. 재화인 기계 시설 같은 것 외에도 이러한 상품 및 노동 서비스 생산을 위해 사용되는 모든 종류의 금융 자산도 자본 개념에 포함된다.

이 3대 생산요소 개념은 특정 국가 경제가 세계 수준으로 확대되면서 현대 자본주의가 탄생하던 시기인 17세기에 생겨난 것이다. 이것은 사람들이 일상적으로 사용하는 친근한 물건의 예를 들어 설명하고 있는데 이 개념 덕분에 경제학자들은 누가, 어떤 재화를, 누구를 위해 생산해야 하는지를 주장할 수 있었다. 또한 생산요소 사이에 어떤 관련이 있는지, 인구 규모와 생산 사이에 어떤 관계가 있는지, 그리고 정부에 어떤 책임 소재가 있으며 어떤 책임은 시장의 몫으로 넘겨지는지에 대한 주장을 펼칠 수 있었다.

처음에는 인간에게 주어진 조건의 일부는 당연히 주어지는 것이라는 생각이 지배적이었다. 여기에는 인간이 지닌 지식도 포함된

다. 또한 인간에게는 나름대로 취향이나 선호도가 존재하는데 그것 역시 당연히 주어지는 조건으로 간주되었다. 이처럼 주어지는 여건은 영구불변하는 특성이 있는 것은 아니지만, 그래도 비경제적인 힘|noneconomic forces으로 여겨졌다.

인간이 지닌 지식을 비경제적인 요소로 단순화시킨 것은 19세기 기술경제학자들로, 그중 존 스튜어트 밀|John Stuart Mill이 대표적인 인물이다. 생산에 필요한 기본적 조건들을 현대 용어로 외생적|exogenous 요소라고 부르는데 그런 점에서 인간의 타고난 조건, 즉 내생적 요소는 경제 제도의 생산요소 안에 포함되지 않는다는 사고를 지닌 경제학자가 있었음을 알 수 있다. 이들 경제학자는 인간의 지식을 '블랙박스|black box'로 취급했고, 그 안에서 진행되는 사항을 의도적으로 무시했다. 다시 말해 레스토랑의 웨이트리스가 "그건 제 담당 테이블이 아닌데요"라고 말할 때 우리가 그 말의 의미를 아는 것처럼, 무엇인지는 알지만 굳이 생산요소에 포함시킬 필요가 없는 그런 내생적 요소로 여겨진 것이다.

이처럼 경제학자들은 지식을 생산요소의 범주에서 소외시킨 채 다른 생산요소만으로 세상을 분석하는 작업에 매달렸다. 경제학자들이 머리 아파하던 문제 중에서 가장 큰 규모로 다룬 문제는 '수확증|increasing returns'의 개념이었다. 물론 그 반대 개념인 추가 투자로 인한 수확체감|decreasing returns도 경제학자들이 많이 매달린 주제였다.

수확체감 모델의 분석 대상은 토지로, 경제학자들은 경작지에 맨 처음 비료를 뿌려주면 수확량이 크게 늘지만 비료를 열 번 정도 뿌리면 수확량이 크게 줄어들 수 있다고 주장했다. 또한 과일나무의 아래쪽부터 과일을 따먹기 시작하면 시간이 갈수록 들인 노력에 비해 따먹을 수 있는 과일의 양이 감소한다는 것도 수확체감의 개념을 잘 표현해준다. 결국 같은 수확량을 얻기 위해서는 투자비용이 더 늘어난다는 이론이다.

수확체증은 이와 반대로 같은 양의 작업이나 희생을 투여해 얻을 수 있는 재화의 양을 증가시킬 수 있는 방법이 무엇인가를 제시한 이론이다. 다시 말해 수확체증이란 더 많은 제품을 생산하면 할수록 평균 생산비용이 계속 감소한다는 개념이다.

가장 대표적인 예는 핀 생산 개념이다. 애덤 스미스|Adam Smith가 특화로 얻을 수 있는 이익이 무엇인지 설명하면서 핀의 예를 든 이후 이 사례가 많이 거론된 것이다. 하지만 애덤 스미스의 가격 하락 가능성은 작업의 세부 분업 효과에서 비롯된 것이라고 볼 수 있고, 이로 인한 가격 하락에 어느 정도 한계가 있었던 것이 사실이다.

19세기 전반에 걸쳐 수확체증 개념은 계속 논의되었고, 그것은 주로 기계의 생산 능력 증진과 관련이 있었다. 당시에 사용되던 인쇄 기계, 직조 기계, 그리고 증기 엔진 등과 관련지어 수확체증 개념을 논한 것이다. 곧이어 수확체증 개념은 추가비용을 거의 부담하지 않아도 되는 분야의 사업, 특히 철도나 전기, 전화 같은 네트워크 관련 분야로 확대 적용되었다. 이 기간산업 분야와 다른 산업 분야에서 실현된 수확체증(다시 말해 생산 가격 감소)은 파괴적인 위력을 발휘해 그 분야에서 수확체증을 이룩한 기업은 단순한 독점 수준이 아니라 모두가 이들의 독점을 자연스럽게 인정하는 '자연 독점|natural monopolies'의 지위를 누리게 되었다. 즉, 시장의 기본적인 특성상 특정 기업이 생산하는 상품을 대체할 만한 경쟁기업이 나타

나지 못하는 현상이 유발된 것이다. 그런데 정부는 경쟁기업의 부재로 나타나는 이러한 문제를 오랫동안 간과해왔다.

애덤 스미스 이후의 경제학자들은 생산 가격이 계속 하락함으로써 달성할 수 있는 수확체증 개념을 쉽게 받아들이지 못했다. 수확체증 개념이 희소성이나 고갈에 대한 개념을 제대로 설명하지 못했기 때문이다.

토지, 식량, 석탄 혹은 깨끗한 공기 같은 것은 무한정 공급될 수 없다. 시간이 흐를수록 또한 생산량이 증가할수록 비용이 하락한다는 것은 이러한 자연에 대한 이해를 무시한 것이다. 경제학자들은 경쟁의 효과를 묘사 분석하기 위해 수학적 도구를 이용한 가격 분석을 해왔는데, 사실 고갈될 수 있는 자연적 요소는 분석하기가 쉽지 않았다.

과거에 경제학자들은 수확체증 이론을 내세우며 독점은 하나의 예외로 생각했다. 경쟁 세력간의 싸움에 의해 가격이 결정되는 것이 아니라, 가격 결정 구조에서 자유로울 수 있는 이러한 생산자들이 등장하는 상황은 '시장 실패' 사례에서 볼 수 있는 특별한 일로 여긴 것이다. 경제학자들은 경쟁을 강조하면서도 독점은 하나의 확실한 주장으로 거론하지 않았고, 결국 그것은 가끔 주석에 등장하는 수준에 머물러 있었다.

수확체증 문제는 근본적인 해결책 없이 상당히 오랫동안 방치되어 있었다. 일부 경제학자는 수확체증을 둘러싼 모순이 사라진 것처럼 보이는 개념을 도입해 문제가 해결되었다고 주장했다. 이들은 수확이 규모의 경제 수준에 이르면 증대하지도 않고, 감소하지도 않은 채 일정 수준을 유지한다는 타협적인 주장을 제시한 것이다.

다시 말해 수확은 투입되는 노력이나 생산 능력에 비례해 그만큼만 증가한다는 얘기다. 그런데 이러한 주장은 경제학자들의 사고에 무의식적으로 침투되었고, 결국 이것은 경제 이론을 공식화하는 데 결정적인 역할을 하게 되었다.

문헌 경제학으로부터 18세기 삼단논법, 19세기 미적분법, 20세기 집합론과 위상 기하학^{topology}에 이르기까지 새로운 형태의 기술이 파도처럼 밀려들면서 수확체증 문제는 더욱 심각해보였다. 특히 1950년대 경제 전반에 걸쳐 공식 계량 모델들이 승리를 거둠으로써 그 해결책을 찾기가 더욱 어려워보였다.

경제학의 새로운 드라마를 연출한 영웅, 폴 로머

그러나 1970년대 말과 1980년대 초에 변화가 찾아들기 시작했다. 이 책이 소개하려 하는 성장 이론은 주로 케임브리지, 매사추세츠, 시카고에서 개발되기 시작했는데 이들은 당시 뉴욕과 워싱턴 DC 신문의 헤드라인을 장식하던 '공급 측면 경제학$^{supply side econo-mics}$'을 둘러싼 논쟁으로부터 멀리 떨어져 있었다.

시카고대학, MIT, 하버드대학, 프린스턴대학의 극소수 대학원생은 수확체증에 사각지대가 존재한다는 것을 발견했고, 소규모에 불과했던 이들의 경제학 분석 프레임워크는 시간이 지나면서 큰 규모로 확대되었다. 결국 이들은 수확체증으로 이어질 수 있는 현상의 공식적 모델을 구축하기 시작했고 오래지 않아 그 모델을 구축하는 데 성공했다.

당시만 해도 이 쟁점은 일부 젊은 경제학자와 그들의 스승, 경제학자들의 배우자, 친구 그리고 경쟁자들의 사적인 대화 수준에 머

물렀을 뿐 세상으로 나와 대대적인 뉴스거리가 되지 못했다. 하지만 이들의 흥분과 감동은 이 학문 분야 전체를 따라 서서히 확산되어 나갔다. 더불어 참신함 |novelty, 다양함 |variety, 마켓 파워 |market power 등의 새로운 아이디어가 경제학적 사고 범주 안으로 침투하기 시작했다.

처음에는 산업조직론 |industrial organizations의 세부 분야에서 이러한 사고가 도입되기 시작했는데 시간이 흐르면서 이것은 무역, 성장 분야로 확대되었고 다시 산업조직론으로 돌아왔다. 이 신모델은 인구, 교육, 과학, 경영, 무역, 독점 금지, 도시 등에 관한 정책은 물론 우리에게 익숙한 거시경제 분야인 통화 및 조세 정책에도 적용되었다. 그리고 이러한 연구는 정치 제도와 경제 제도로 급속히 확산돼 이 분야에서의 변화를 유발하면서 정치경제학 |new political economy이 새롭게 부상하는 계기를 마련했다. 그러한 분위기 속에서 1990년대 초의 몇 년간 경제학자들은 너나 할 것 없이 할 말이 있다며 수확체증에 대한 새로운 아이디어를 제시하고 나섰다.

하마터면 어두운 그늘에 묻힐 뻔했던 신성장 이론의 개발은 인간 승리로 이어졌고 그 탄생을 주도한 경제학자들은 오늘날 새로운 영웅으로 떠오르게 되었다. 1924년생인 로버트 솔로, 1937년생인 로버트 루커스 |Robert Lucas, 그리고 1955년생인 폴 로머는 경제학에 새로운 드라마를 연출한 대표적인 영웅이다. 그렇다면 이 기회를 빌려 왜 지식이 경제학의 뒷전에 그토록 오랫동안 처박혀 있었는지, 왜 아직도 이를 전적으로 포용하지 못하는 경제학자가 있는지 그 이야기를 살펴보는 것도 흥미로운 일일 것이다.

논문 〈내생적 기술 변화〉의 주요 공식이 우리가 일상적으로 쓰는

용어로 해석되자마자, 그 논문의 중요성은 더욱 뚜렷이 부각되었다. 1990년에 발표된 폴 로머의 이 논문은 경제 세계를 논문 발표 이전과 이후로 분리시켜 놓은 것이다. 이 논문 발표를 계기로 생산의 3대 요소로 분류되던 토지, 노동, 자본은 경제학의 기본 분석 분야에서 과거 300년 동안 누리던 특권을 내주게 되었다. 그리고 생산의 기본적인 3대 요소로 새롭게 사람|people, 아이디어|ideas, 재료|things가 등장했다.

사람, 아이디어, 재료라는 새로운 생산의 3대 요소는 아직 교과서에 들어가진 않았다. 경제 서적 역시 이 개념을 폭넓게 수용하고 있지 않다. 하지만 지식경제학이 사람(인간 특유의 노하우, 기술, 강점을 지닌 모든 인간)과 재료(천연자원에서부터 주식, 채권 등에 이르기까지 자본의 전통적인 형태를 포함하는)를 기존의 전통적 경제학 분야와 다른 특성(비경쟁적이며 부분적으로 배제 가능한 재화라는!)으로 다루고 있다는 점이 인정을 받으면서 경제학 분야가 안고 있던 모든 문제가 해결되었다. 동시에 경제학 분야는 대변화를 겪게 되었다. 대표적으로 그 유명한 희소성의 원칙|principle of scarcity은 또 다른 중요한 원칙인 풍요의 원칙|principle of abundance에 의해 강화되었다.

이러한 변화 덕분에 기술 변화와 지식의 성장은 내생적인 특성을 지니고 있다는 점을 인정받게 되었는데, 어디까지나 경제학 차원에서 분석 사용되는 이 용어는 다른 분야에서는 다르게 해석될 수도 있다. 물론 새로운 지식경제학의 부상에 대해 경제학계의 반발이 없었던 것은 아니다. 그러나 오늘날 여러분이 반드시 이해해야 할 경제 분야가 있다면 그것은 바로 지식경제학이라고 나는 확신한다.

차
례

PART 1
애덤 스미스에서 로버트 루커스까지
갑론을박 경제학 산책

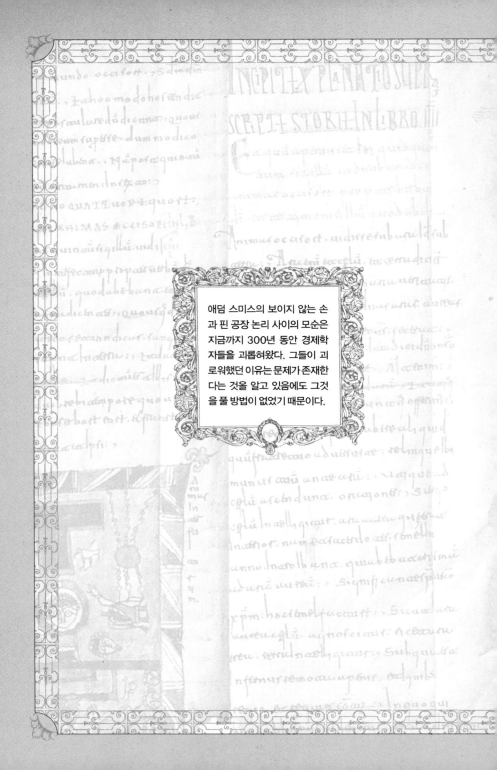

애덤 스미스의 보이지 않는 손과 핀 공장 논리 사이의 모순은 지금까지 300년 동안 경제학자들을 괴롭혀왔다. 그들이 괴로워했던 이유는 문제가 존재한다는 것을 알고 있음에도 그것을 풀 방법이 없었기 때문이다.

PART
1

애덤 스미스에서 로버트 루커스까지

갑론을박 경제학 산책

1

아이디어 법치 공화국의 수도, 그곳에서 무슨 일이 벌어지는가
The Discipline

AEA의 연례총회 프로그램은 지난 50년간 세계적인 역할을 담당해왔다.
그만큼 경제학 분야에 대한 토론이 활발하고 심오하게 이루어졌다는 얘기다.

세계적 경제학자들의 모임

미국 사회과학협회연합|Allied Social Science Associations의 연례총회는 흔히 '미팅'으로 불리는데 이 연합에 속한 여러 협회 중에서도 미국 경제학협회|AEA, American Economic Association의 활약은 단연 눈부시다. 해마다 도시에서 새롭게 선보이는 뮤지컬처럼 AEA의 연례총회는 매년 미국의 주요 도시를 돌아가며 새로운 모습을 보여주고 있다.

해가 바뀌고 나서 처음 맞는 주말에 열리는 AEA 연례총회에는 이 협회의 회원인 경제학자뿐 아니라 여러 관련 분야 전문가도 참가한다. 이들은 대형 호텔에 모여 논문을 발표하고 새로운 아이디어를 배우며 가장 최근의 논쟁거리가 어떻게 해결되었는지 듣거나 구직 희망자들과 인터뷰를 하기도 한다(반대로 자신이 구인 활동을 하거나 그냥 사람들을 만나 이런저런 대화를 나누기도 한다).

AEA의 연례총회가 어느 도시에서 개최되는가에 따라 참가자의 숫자는 조금씩 다르긴 하지만 보통 8천 명 정도가 이 연례총회에 참가한다. 해마다 약 1만 2천 명의 AEA 회원은 이 연례총회에 참석하지 못하는데, 이들은 다음해에는 자신의 지적 자본을 선보일 수 있을 거라는 희망으로 다음해를 기약한다(직접 참가하진 못하더라도 그해 5월에 발간되는 연례총회 요약본을 통해 어떤 논문이 연례총회에서 발표되었는지 알 수 있다). 이들 멤버 외에도 약 1만 8천 명의 실무 경제분석가가 미국 사회에서 활동하고 있지만 이들은 이 협회의 회원이 아니다. 연례총회장은 경제학이란 학문에 대한 일종의 경건한 의식이 진행되는 장소로, 곧 아이디어 법치 공화국의 수도라고 할 수 있다.

AEA 연례총회 프로그램은 매우 방대해 일정을 담은 책만 해도 약 400쪽이나 된다. 여기에 전년도에 다른 도시에서 미처 끝내지 못한 토론이 새로운 도시에서 다시 이어진다. 그리고 이 연례총회에 참석한 사람들은 경제학자들이 새롭게 어떤 음모를 꾸미고 어떤 이론을 개발했는지 찾아내려 애쓴다.

AEA를 설립한 멤버의 면모를 보면 이들이 얼마나 높은 지위와 권위를 지닌 인물인지 쉽게 이해할 수 있다. 이 연례총회는 몇 차례 중단된 것 외에 오랫동안 별다른 차질 없이 이어져오고 있는데, 극소수의 아웃사이더도 참가한다. 매년 소수의 기자가 새롭게 이 총회에 초대를 받는 것이다. 이는 미래지향적 성향을 지닌 회의 내용이 모두 개방된다는 것을 의미한다.

일단 토론이 시작되면 마치 끝없이 이어질 것처럼 열정적으로 진행된다. 연례총회 참가자는 이런저런 주제로 이틀 반 동안 토론을 진행한 후 각자 자기 자리로 돌아가는 것이다.

물론 AEA가 스스로를 과학적 경제학자라 여기는 최고 권위자들의 모임은 아니다. 그러나 AEA는 분명 경제학자들의 모임 중에서 가장 눈에 띄는 단체이다. AEA 회원 중에는 노벨상 수상자, 유명 교과서 저자, 주요 용어 개발자, 미국 대통령 경제자문위원회 소속 자문위원, 중앙은행 및 월가 고문 등이 포함되어 있다. 즉, 오늘날 우리 사회에서 거론되고 있는 쟁점 해결의 선봉에 서 있는 인물이 많은 것이다.

AEA 회원 중 가장 많은 부분을 차지하고 있는 회원은 오늘날 대학에서 차세대 인재를 양성하고 있는 교수이다. 실제로 AEA 전체 회원 1만 8천 명 중 절대 다수가 대학교수로 일하고 있다. 브루킹스 연구소|Brookings Institution 출신 학자 네 명, 과거에 경제학자였다가 대학 총장이 된 회원 세 명, 그리고 프린스턴 고등연구소|Institute for Advanced Study at Princeton 출신 경제학자 한 명을 제외하고 1885년 창립 이후 대학교수가 아닌 다른 직책의 인물이 AEA 회장이 된 적은 없었다(시카고대학의 폴 더글러스|Paul Douglas 교수는 협회 회장으로 선출된 지 1년 후 일리노이주 상원의원으로 선출되었다).

연구직이나 교직이 아니더라도 경제학자가 두각을 나타낼 수 있는 기회는 아주 많다. 기업을 직접 경영하거나 대학 총장, 재단 경영, 은행 총재, 정책 전문가, 계량 경제학자, 자문역 심지어 정치인이 될 수도 있다. 최근까지만 해도, 어쩌면 아직도 금융 시장에서 일하는 사람들은 학계에 몸담은 경제학자와 소위 마켓 맨|markets men(또는 women)이라고 불리는 금융 시장에서 일하는 경제학자 사이에 확실한 선을 그었다. 경제 분야에서 일을 할지라도 연구와 강의를 하는 직업을 가진 사람과 실무 경험을 더 중요시하는 실무 경제분석가 사이에 뚜렷한 경계가 존재했다는 얘기다.

실무 분야 경제학자의 대표적 인물은 미연방은행 총재를 지낸 폴 볼커|Paul Volker로, 1950년대에 하버드대학에서 석사학위를 받았

음에도(어쩌면 그랬기 때문에) 그는 책으로 배우는 경제학을 크게 경계하고 경멸했다. 폴 볼커 후임으로 미연방은행 총재가 된 앨런 그린스펀|Alan Greenspan은 뉴욕대학에서 박사학위를 받았는데 학교를 떠난 지 27년이 지난 후, 즉 수많은 실무 경험을 쌓은 뒤에야 비로소 미국 대통령 경제자문위원회 의장 자리에 오를 수 있었다.

해마다 가을에 연례총회를 개최하는 비즈니스경제학자전국연합|The National Association of Business Economists의 경우, 주로 금융 산업 및 일반 산업 분야에서 일하는 경제 실무 분석가가 주축을 이룬다. 또 다른 단체인 아카데미 오브 매니지먼트|Academy of Management는 주로 경영대학원 교수와 컨설턴트를 회원으로 두고 있는데, 매년 여름 연례총회를 개최한다. 물론 시장에서 큰 역할을 하는 전문직 종사자들, 즉 기업 경영인, 통화 관리자, 무역인, 회계사, 변호사, 그밖에 각종 경제 관련 직종에서 일하는 사람은 많지만 경제 분야에서 일한다는 이유로 이들을 모두 경제학자로 분류할 수는 없다.

최근에 아주 유능한 경제학자 일부가 월가로 떠나기도 했는데, 그들의 주요 관심사가 경제적 지식을 널리 공유하는 것에서 돈 버는 것으로 바뀌었음에도 이들 중 몇몇은 아직도 AEA에서 활발하게 활동하고 있다. AEA 연례총회의 연륜 있는 경제학자들을 보면 경제학을 천문학, 화학, 물리학, 분자생물학처럼 연구 전문직으로 생각한다는 사실을 알 수 있다. 애덤 스미스는 대학(글래스고대학)에서 강의를 한 최초의 경제학자로, 이후 경제학자들이 경제학을 대학을 중심으로 한 연구 학문이라고 생각하는 경향이 강해졌다. 어쨌든 엄정하게 선별한 회원을 중심으로 탄탄하게 짜인 구조를 갖춘 AEA는 기술경제학 분야의 최고 경제학자가 모인 단체임에 틀림없다.

AEA의 연례총회 프로그램은 '미국색'이 강하지만 사실 이들은 지난 50년간 세계적인 역할을 담당해왔다. 그만큼 경제학 분야에 대한 토론이 활발하고 심오하게 이루어졌다는 얘기다. 이는 미국 금융 시장이 세계 금융 시장을 이끌며 중심적 역할을 하는 것과 크게 다르지 않다.

미국 사회과학협회연합은 19세기 미국 역사를 지배했던 개혁가, 종교 지도자, 역사학자, 그리고 AEA의 창립을 주도했던 경제학자들이 힘든 투쟁 시기를 거쳐 탄생시킨 거대 단체이다. AEA는 바로 이 미국 사회과학협회연합 산하에 있는데, 그 산하에는 AEA말고도 학문적 성향이 조금 덜한 수많은 경제학 관련 단체가 있다. 그 단체들은 은연중에 서열이 매겨져 있으며, 그 50여 개 경제학 단체 중에서 AEA는 최고 수준의 단체로 여겨지고 있다(미국 역사학협회 |The American Historical Association는 오래 전에 독립했다).

미국 사회과학협회연합 소속의 여러 협회는 지역에 따라 서부, 동부, 남부, 중부 협회 등으로 나뉘고 또한 기능에 따라 재무협회 |Finance Association, 공공선택학회 |Public Choice Society, 급진적정치경제학연합|Union of Radical Political Economists 등 다양하게 존재한다. 이들은 지역별, 직능별로 사전 모임을 가진 후 더 큰 회의에 나갈 수 있을 만큼 설득력 있는 대표를 선정하며, 이렇게 선정된 대표는 그 협회를 대표해 더 높은 전국 수준의 회의에 나가 논문을 발표한다.

엘리트 성향이 강한 계량경제학협회 |Econometric Society는 AEA보다 더 국제적 성향이 강한 단체라고 할 수 있다. 이 협회는 1930년대에 창립되었는데, 회원의 절반 정도가 미국이 아닌 다른 나라 출신일 만큼 국제적 색채가 강하다. 이 협회의 회장은 세계 각 지역 출신이

돌아가며 맡고 있고, 정기 연례총회나 2년에 한 번씩 개최되는 회의도 각 대륙에서 돌아가며 개최하고 있다. 그리고 이 협회의 세계 총회는 5년에 한 번씩 개최된다.

이 협회에 가입하는 데 어떤 특별한 제한이 있는 것은 아니다. 그러나 협회 펠로|fellow가 되려면 펠로로 활동하고 있는 회원의 추천을 받아야 한다. 회원 가입은 쉽지만 펠로가 되는 것은 결코 쉽지 않다. 서른다섯 살 이전에 펠로가 되는 사람은 매우 드물고, 추천을 받은 사람들 중 3분의 2가 첫 도전에서 펠로에 임명되지 못하는 것이다. 이 협회의 펠로들은 세계 최고의 기술 경제학자 중에서도 자체적으로 엄정하게 선정한 인물(2004년 현재 이 협회의 회원은 약 4,910명으로 알려져 있으며 그중 펠로는 580명 정도이다. 그런데 워낙 명망이 높은 인물로 펠로 자리가 채워지다 보니 그중 141명은 나이가 들어 활동하지 못하고 있다)로 채워지는데, 이들은 자신의 존재를 일반인에게 굳이 알리려 노력하지 않는다.

이런 탓에 일반인에게는 계량경제학협회보다 AEA가 더 많은 일을 하는 단체로 알려져 있다. 이처럼 비교적 폐쇄적인 성향을 유지하는 계량경제학협회와 달리 AEA는 회원 수도 더 많고, 회원이 새로운 이론을 개발하면 함께 비교 검토하는 것은 물론 신랄한 토론도 하며 새로운 경제 수학공식을 개발하기도 하는데 이것은 후에 일반인에게 공개된다. 사실 전문가끼리 모여 활동하는 것은 세계 경제를 위해서는 크게 바람직한 일이 아니다.

뛰어난 경제학자는 세상을 보는 시각을 바꾼다

경제학 분야에서 미국이 세계무대를 지배하는 이유는 무엇일까? 그 이유는 미국이 경제학자들이 일자리를 찾을 수 있는 가장 방대하고 심오한 시장이기 때문이다. 미국에는 경제학 분야 최첨단 연구에서부터 강의, 경제 메커니즘 디자인, 전략 분석, 경제 진단 등 경제학자들이 일할 수 있는 시장이 무궁무진하다.

금융 시장에만 해도 수천 명의 경제학자가 필요하다. 미국의 주요 은행과 월가에 위치한 기업도 심오한 경제 연구의 산실 역할을 한다. 또한 미국 정부는 국가과학재단|National Science Foundation을 통해 경제학자를 훈련시키고, 순수 경제 연구를 지원하는 데만 수억 달러씩 예산을 지출한다. 더욱이 미국의 연구 전문대학에는 특정 분야를 전문화하고 심오한 연구를 할 수 있는 기회가 엄청나게 많다 (물론 연구 분야가 아닌 강의를 하는 대학에도 활발하게 연구 활동을 하는 경제학 교수가 많다).

최근 AEA 회장직을 지낸 인물을 살펴보면 매우 다양한 인물이 협회를 이끌었음을 알 수 있다. 그중 대표적인 인물이 아널드 하버거|Arnold Harberger로, 그는 칠레 여성과 결혼한 덕분에 칠레의 전문 관료들과 시카고대학이 강력하고도 지속적인 관계를 유지하는 데 큰 기여를 했다. 시카고대학과 칠레의 고위 정부 관료들은 지속적으로 접촉했고 이는 경제학 이론이 세계무대에서 현실화되는 데 많은 영향을 미쳤다.

또 다른 인물은 인도 벵갈의 작은 시골 마을 출신으로 미국 경제학계의 지도자가 된 아마르티야 센|Amartya Kumar Sen인데, 그는 부와

빈곤의 성격에 대해 끊임없는 연구한 경제학자로 알려져 있다. 역시 이 협회의 회장을 지낸 빅터 푹스 |Victor Fuchs 는 처음에는 모피 소매 분야 경제학을 공부했지만, 후에 최초로 보건 경제학을 전공한 경제학자가 되었다. 리투아니아 출신으로 나치 대학살에서 살아남은 즈비 그릴리치 |Zvi Griliches 는 잡종 옥수수의 중요성을 연구했고, 기업의 경제학적 연구 개발에 특별한 관심이 있었다. 캐나다 출신으로 조금 괴팍하다고 소문이 난 윌리엄 비크리 |William Vickrey 는 시대를 훨씬 앞서간 인물이었다. 그는 경제학계에서 오랫동안 잊혀진 인물로 지냈지만 그의 제자들이 그가 반드시 노벨상을 받아야 한다고 열렬히 주장하면서 다른 경제학자들의 주목을 받게 되었다(비크리는 유감스럽게도 사망한 지 3일 후에 노벨상 수상자로 발표되었다).

또한 게임 이론을 만들어낸 전략 분야의 선구자 토머스 셸링 |Thomas Crombie Schelling 도 이 협회의 회장으로 있었다. 수리경제학 |mathematical economics 이론과 공식을 정립하는 데 엄격하기로 소문이 났던 프랑스 출신 제라르 드브뢰 |Gerard Debreu 는 버클리대학에서 강의를 했는데, 한창 자유 운동에 빠져 있던 학생들은 그의 연구실 창 밖에서 "자유롭게 말할 수 있는 기회"를 달라며 시위를 하기도 했다.

이런 인물들보다 한참 거슬러 올라가면 유명한 존 케네스 갤브레이스 |John Kenneth Galbraith 가 있는데, 경제학자의 태도를 비난한 것으로 유명한 문헌 경제학자 갤브레이스의 책은 널리 읽히는 베스트셀러가 되었다. 밀턴 프리드먼 |Milton Friedman 에 이어 AEA 회장직에 선출된 갤브레이스에게는 회장 임명을 담당하는 협회 비준위원회 앞에서 밀턴 프리드먼이 "갤브레이스는 절대 경제학자가 아니다"

라며 크게 화를 냈다는 유명한 일화가 따라다닌다.

반면, 경제학에 크게 영향을 미치는 인물이면서도 AEA 연례총회에 절대 참석하지 않는 인물들도 있다. 이들은 모든 사람의 인정을 받는 수준에 이르기 전까지는 절대 이런 무대에 나서지 않는 특징이 있다. 다른 과학 분야도 마찬가지지만 경제학자들은 다른 동료 학자의 마음을 바꿀 수 있는 능력과 이론을 갖추게 되는 것을 최고의 영광으로 생각한다.

AEA는 미국 경제학자만 회원으로 받아들이는 동시에 극소수(40명으로 숫자를 제한)의 외국 명예 회원 제도를 운영하고 있다. 명예 회원은 각 나라의 저명한 경제학자로 국가별 회원 분포를 보면 2004년 현재 영국 14명, 프랑스 6명, 이스라엘·독일·일본이 각각 4명, 인도 2명, 그리고 호주·벨기에·헝가리·스페인·스웨덴·스위스가 각각 1명씩이다. 경제학계에 기여한 공로가 큰 데도 AEA 회장직을 역임하지 못한 원로 경제학자에게는 이 협회의 최고위원이라는 명예가 주어지는데, 일종의 위로 형태로 임명되는 이 자리는 1년에 두 명에게만 주어진다. AEA 협회의 회장이나 최고위원에 임명되는 것은 큰 영광이지만, 아웃사이더들은 노벨상을 받는 경제학자를 최고로 생각하는 경향이 있다.

사실 노벨 경제학상은 신설된 지 그리 오래되지 않은 상이다. 이 상은 경제학계에 극적인 변화를 가져온 인물에게 주어지며 이들은 모든 경제학자의 비전을 대표하는 인물이라고 할 수 있다. 물론 노벨 경제학상을 받았다고 AEA 협회를 이끄는 인물이 되는 것은 아니다(협회 회장직을 역임하는 인물의 경우, 연구 업적보다 외교관적 역량이 더 높이 평가된다).

드물지만 노벨상 수상에다 이 협회까지 성공적으로 이끈 인물도 존재한다. 그 대표적인 인물이 바로 폴 새뮤얼슨|Paul Samuelson과 밀턴 프리드먼이다. 그러나 노벨상 수상자는 대개 고립되어 연구에 몰두하면서 극소수의 경제학자하고만 교류를 한다. 이들 중에는 어떤 특별한 상을 수상할 경우에나 겨우 AEA 연례총회에 나오는 인물도 있고, 아예 협회 모임에 그림자조차 비추지 않는 인물도 있다.

노벨 경제학상을 수상한 석학들의 공통점은 이들이 경제학적 사고와 경제학자들이 흔히 참여하는 토론에서 거론되는 주제 및 원칙에 대해 심오하게 이해하고 있다는 점이다. 이들은 그야말로 여러 가지 방법을 통해 다른 경제학자의 세계와 미래를 보는 능력을 바꿔놓는 뛰어난 경제학자라고 할 수 있다.

2

1996년 1월 5일 오후 2시, 샌프란시스코

It Tells You Where to Carve the Joints

아이디어에 대한 생각은 애덤 스미스로 거슬러 올라가야 할 만큼 오래된 것이다.
로머는 그동안 아이디어가 너무 푸대접을 받았다고 말했다.
그런데 바로 그러한 아이디어가 경제학에서는 절대적인 역할을 한다는 것이다.

열정과 자부심이 넘치는 AEA 연례총회

AEA 연례총회는 프로그램이 거대한 만큼 다루는 주제도 통화 및 금융에서부터 보건 경제와 환경 경제에 이르기까지 매우 다양하다. 또한 이 총회에 참가한 경제학자들이 토론에서 언급하는 수학적 도구 및 계량 경제학적 도구 또한 방대하기 짝이 없다.

특히 경제학자에게 익숙한 주제를 토의할 때면 참가자 모두에게 자부심이 넘치는 것을 볼 수 있는데, 그 열정이 넘치는 자세와 다른 사람의 생각을 해석해내는 탁월한 능력을 보면 절로 감탄이 나온다. 이 총회에서만 수백 개 세션의 회의와 세미나가 10여 개 이상의 주제로 진행되며, 그들이 주고받는 의견은 셀 수 없을 정도로 무궁무진하다. 때로는 참석한 경제학자 어느 누구도 이해하지 못하는 것처럼 보이는 토론이 진행되기도 한다.

AEA 연례총회는 다른 과학 분야 총회 모습과 크게 다르지 않다. 많은 사람이 상세한 부분에까지 신경을 쓰고 퍼즐을 풀고자 노력하며 문제 해결책 제시는 물론 도구를 만들어 그 쓰임새를 설명하려고 노력한다. 이 총회에서 발표를 하는 사람은 그 자체가 경력에 큰 영광으로 작용한다. 하지만 깊은 전문성 탓에 총회 구경에 나선 아웃사이더는 보통 총회 내용을 지루하게 느낀다.

특별한 일이 있거나 심각한 토론으로 인해 스트레스를 받은 경제학자는 가끔 공개토론을 하는 세미나에 참가하지 않고 사적인 만남을 즐기기도 한다. 따라서 누가 어떤 기관을 위해 어떤 기술경제학 연구를 하는지 그 실상을 파악하려면 공개모임보다 사적인 모임에 참석하는 것이 좋다. 이 총회의 실제 비즈니스가 이뤄지는 곳이 바로 사적인 모임이기 때문이다. 소그룹 모임은 보통 400쪽 짜리 프로그램 앞뒤에 안내되어 있지만 자칫 놓치기 십상이므로 주의해야 한다.

실제 비즈니스와 사적인 대화를 즐기는 경제학자를 가장 쉽게 찾을 수 있는 곳은 전시장이다. 바로 그곳에서 베스트셀러 경제학 교과서를 만들어내는 최고의 출판사 및 기업과 경제학자가 만나 서로의 의향을 타진하며 동시에 돈이 만들어진다.

출판 사업은 경제학을 보필하는 일종의 오른팔이라고 할 수 있다. 실제로 많은 경제학 교과서가 전시장에 전시되어 있으며, 대화의 가장 큰 화제 역시 다음해에 어느 대학에서 어떤 교재를 사용할 것인가 하는 것이다. 이러한 책은 한 권에 130달러 정도(여기에 워크북을 추가로 구입하려면 약 25달러를 지불해야 하고 그밖에 학습가이드, 시험문제집 등까지 합하면 또 다른 추가비용을 지불해야 한다) 하는데, 출판사의 입장에서 성공한 경제학 교과서는 황금알을 낳는 거위라고 할 수 있다. 이에 따라 출판사들은 매년 과거와 다른 시각으로 새로운 교과서를 집필해줄 경제학자를 찾아 나선다.

어쩌다 전시장에 유명한 경제학자가 나타나기라도 하면 전시장의 분위기는 금세 달라진다. 경제학자들 역시 다른 비즈니스계 스타를 대하듯 유명 경제학자에게 열광하기 때문이다. 부스를 설치하고 그 옆에서 대화를 나누던 출판사 관계자나 전시장에서 구경을 하던 모든 사람이 대화를 중단하고 그 유명 경제학자를 바라보느라 정신이 없다. 그렇다면 총회 기간 중 전시장이나 연단에 서지 않는 긴 시간 동안 이 유명 경제학자들은 어디서 무엇을 할까? 호텔 지하나 스위트룸에 가면 이들을 만날 수 있다. 외부에 모습을 드러내지 않는 시간에 이들은 새내기 경제학자들과 대화를 나누기 때문이다. 한 세대를 대표하는 최고의 경제학자가 다음 세대를 대표할 최고의 경제학자를 찾는 일을 기꺼이 담당하고 있는 셈이다.

경제학의 메이저리그로 진출하는 사람들

경제학을 전공한 사람들은 흔히 매년 봄의 어느 날에 벌어지는 구인 및 구직 시장에서 직장을 찾는다. 전 세계에서 대학원을 졸업한 젊은 경제학자들이 이날 하루 동안 어떤 곳에서 자신을 받아줄지 기대하며 집중적으로 직장을 찾는 것이다. 그렇다면 이날 하루에 얼마나 많은 지원자가 몰릴까? 연간 1만 여 명의 지원자가 이 구인·구직 시장에 몰리는데, 약 400곳의 직장에서 이들을 채용한다. 채용하는 곳은 하버드대학, 시카고대학 등 미국 대학에서부터 텔아비브대학, 모스크바 플레카노프 인스티튜트 오브 내셔널 이코노미 |Plekhanov Institute of National Economy, 델리 경제대학원 |Delhi School of Economics 등 다양하다.

그렇다면 지원자 중 어느 정도가 직장을 잡을 수 있을까? 약 4분의 1 정도가 채용된다. 그중 어느 정도의 지원자가 박사학위를 받았을까? 대부분의 지원자는 아직 박사학위가 없는 학생이다. 석사학위를 받고 아직 박사학위를 끝내지 못한 (논문을 거의 끝내가고 있는) 수준의 학생이 많은 것이다.

미국의 경우 지난 몇 년간 해마다 약 850명의 경제학 박사를 배출했고, 각 나라에서도 그 이상의 박사학위 취득자를 배출하고 있다. 언뜻 많아 보이는 이 숫자는 절대 많은 숫자가 아니다. 미국에서 해마다 배출되는 물리학자가 1만 5천 명이라는 사실에 비교해보면 경제학 박사 숫자가 얼마나 적은지 알 수 있다. 해마다 배출되는 치과의사는 4,000명이나 되고 공대에서 박사학위를 받는 사람도 매년 6,600명이 넘는다. 변호사의 경우 미국에서만 연간 4만 명 정도가 배출된다. 미국 경영대학원에서 MBA를 받는 사람이 해마다 얼마나 되는지 아는가? 무려 12만 명이나 된다.

경제학 전문기관이나 정부는 해마다 최고의 경제학자가 될 젊은 경제학자를 채용하는데, 이쪽 방향으로 진출하기 위한 경쟁이 상당히 치열하다. 일단 채용되면 최고 수준의 의사나 변호사보다 더 좋은 보수를 받으며 일할 수 있기 때문이다. 몇몇 젊은 경제학자의 연봉은 대학에서 강의를 하는 경우 20만 달러 이상이라고 알려져 있으며, 일부 경영대학원은 이보다 세 배 더 많은 연봉을 지급하고 있는 것으로 알려져 있다. 물론 이 수입이 전부는 아니다. 외부에서 들어오는 수입 또한 짭짤한 편이다. 지적 소유권이 관계된 소프트웨어 프로그램, 컨설팅 서비스, 기업 이사직, 전문가 소견 등을 제시하고 거둬들이는 수입이 만만치 않은 것이다.

경제학 분야에서는 프로 농구 선수와 마찬가지로 미래에 누가 메이저리그에서 뛰게 될지 예측하기가 쉬운 편이다. 그렇다고 천재 경제학자로 평가받는 인물이 자주 나타나는 것은 아니다. 영재들은 매년 마지막 순간에 경제학 분야에 지원하곤 하며, 우수한 학생은 3학년 이후 학부 과정에서 택한 과목을 보면 파악할 수 있다. 뛰어난 학생은 경제학과보다 오히려 수학과에서 많이 발견되는 편으로, 이는 수학이 경제학의 기초가 되는 학문이기 때문이다. 물론 각 대학의 경제학 대학원은 학부 때부터 출중하다고 소문이 난 영재들을 유치하기 위해 치열한 경쟁을 벌인다.

각 대학원 경제학과는 영재들을 유치하기 위해 개인적 관심은 물론 최고의 지도와 지원을 해주고 공부가 끝나면 나이에 관계없이 교수로 채용하겠다는 공약을 내세운다. 이들 영재에게는 국립과학재단으로부터 보조금과 장학금으로 보통 연간 5만 달러가 주어지며 학생들은 이것으로 등록금 및 생활비를 충당할 수 있다. 누구에게 이 장학금을 줄 것인지는 수학 분야 GRE 시험 성적과 추천서를 보고 결정한다.

그렇다면 어떤 학생이 훌륭한 학생일까? 수학만 잘한다고 훌륭한 경제학자가 될 수 있는 것은 아니다. 가톨릭 교리만 잘 안다고 해서 훌륭한 신부가 될 수 없듯 수학만 잘한다고 해서 훌륭한 경제학자가 될 수 있는 것은 아니다. 오히려 경제학이 아닌 다른 분야의 특정 배경 지식이 있는 사람이 훌륭한 경제학자가 될 가능성이 크다. 이를 반영하듯 해마다 각 분야에서 다양한 지원자가 대학원 경제학과에 지원하고 있으며, 최근에 나타난 젊은 경제학자 중 높은 평가를 받고 있는 사람은 열여섯 살이 될 때까지 구소련에서 살았던 인물이다.

이러한 배경 지식 외에도 과학적 기질(프랜시스 베이컨|Francis Bacon 은 "무언가를 찾고자 하는 열망, 지치지 않고 계속 의심을 해보는 인내심, 질서 있게 연구를 추진할 수 있는 신중함"을 과학적 기질이라고 표현했다)을 지니고 있어야 뛰어난 경제학자가 될 수 있다. 하지만 미래 경제학계의 판도를 바꿀 재능을 지닌 젊은 경제학자가 지녀야 할 가장 중요한 자질은 바로 '경제학적으로 사고하는 것'이다. 다시 말해 모든 문제를 경제학의 표준 도구로 분석해 해결하려 노력하고, 문제를 해결할 수 있는 도구가 없는 경우 새로운 도구를 만들어낼 수 있어야 한다.

미래의 경제학자로서 첫발을 내딛는 박사 과정 첫해는 마치 군대 캠프 같은 느낌을 줄 정도로 힘들고 빡빡하다. 첫해에 학생들은 경제학자로서의 전문 직책을 수행하는 데 필요한 기술과 도구 사용법을 끊임없이 연마해야 한다. 이때 최고의 명문대학은 수업 시간에 교재를 사용하지 않는다. 교수는 강의와 더불어 많은 연구 과제를 내주며 이를 바탕으로 시험문제를 낸다. 학생들은 이 과정을 외국어를 능숙하게 말할 수 있도록 힘들게 노력하는 것과 비슷하다고 생각한다. 이들에게는 언제나 과제물이 기다리고 있고 다양한 분야에서 자신의 능력을 보여주는 시험을 계속 치르는 것은 물론 학생들끼리 끊임없이 토론을 벌이기 때문이다. 이 2년에 걸친 코스워크 과정은 학생들이 경제학 연구에 필요한 기초적 도구를 연마하고 특별 전문 분야에 대한 첨단 지식을 익히기에 충분하다.

학생들은 박사 과정 세 번째 해를 '세미나와 주제별 수업의 해'라고 부르는데, 이때 학생에게는 특정 논문 주제가 주어지고 본격적으로 스스로 생각하는 법을 익혀야 한다. 그런 다음에 마침내 박사학위 논문을 쓰게 된다.

박사 과정은 보통 5년에 걸쳐 진행되며 학생에 따라 6년을 하는 경우도 많다. 4년 만에 끝내는 경우는 극히 드물다. 논문이 거의 끝나갈 무렵, 이 예비 경제학 박사들은 구직 시장에 자신을 선보이게 되는데 그 모습은 마치 유명 스포츠 선수가 특정 구단에 드래프트되는 것과 비슷하다. 각 스포츠 구단이 유망 선수를 스카우트하기 위해 혈안이 되어 있듯, 각 경제 관련 업체나 정부기관, 대학은 유망 경제학자를 선점하려 치열하게 경쟁한다.

매년 앞으로 유명 경제학자가 될 조짐이 보이는 사람들은 경제학의 메이저리그로 진출하는데, 대학이나 경제 연구소들은 구직 희망자를 일일이 만나보며 당장 현장에 투입할 수 있는 선수와 다크호스를 찾아내기 위해 애쓴다. 이들 중 일부는 대학에서 강의를 전혀 해보지 않은 채 산업계나 정부로 곧바로 진출한다. 이들 모두가 미래에 크게 명성을 얻는 경제학 연구직으로 들어가는 것은 아니지만, 이들은 대부분 자기 분야에서 자신의 일을 즐기는 편이다.

경제학 분야의 명문대학은 많지만 그중에서도 MIT, 하버드, 시카고, 프린스턴, 버클리, 스탠포드의 경제학과가 해마다 최고 상위권 자리를 지키고 있다. 물론 이러한 흐름에 조용히 변화가 오고 있기는 하다. 각 대학 경제학과는 스포츠 구단이 신참 선수 대신 다른 팀에 속한 고참 선수를 스카우트하듯 이미 다른 대학에 자리를 잡은 유망한 교수를 스카우트하기도 한다. 어떤 경우에는 다른 대학에서 일하는 동시에 이쪽에서 일을 해도 좋다는 계약을 체결하기도 한다.

장래가 촉망되는 교수나 실력이 있는 교수를 스카우트하기 위한 대학끼리의 경쟁은 몹시 치열한데, 돈이 많다고 소문난 프린스턴대학은 세계 20대 경제학자로 손꼽히는 인재 모두에게 스카우트 제안을 했다고 한다. 실제로 이들 모두가 프린스턴의 제안을 수락한다면, 프린스턴대학 경제학과는 전 세계에서 최고의 명문대학으로 부상할 수 있을 것이다. 물론 한 대학의 이러한 독주를 다른 대학이 가만히 두고 보는 것은 아니다. 공격을 당한 대학은 즉시 반격에 나선다. 위에서 말한 최고 명문대학 뒤에는 예일, 케임브리지, 런던, 노스웨스턴, 보스턴, 뉴욕, 펜실베이니아, 미시건 대학 등이 있다. 물론 최상위 대학이나 일류급 대학 외에도 최고 수준의 연구를 보이는 좋은 대학은 많이 있다. 그러나 최고 명문으로 소문난 대학에는 그럴만한 이유가 있게 마련이다. 우선 최고의 대학으로 소문난 대학에는 최고의 학생들이 모인다. 그리고 학생들이 똑똑하다고 소문이 나면 최고의 학자와 교수들이 모여든다. 결과적으로 그런 대학은 최고의 명문이 될 수밖에 없는 것이다.

미국에만 해도 프로그램이 좋다고 소문난 100여 개 대학에 좋은 학생이 몰리는데, 그중에서도 40개 내지 50개의 프로그램은 정말 좋은 프로그램으로 정평이 나 있다.

경제학 논문 심사에서 스타 경제학자의 탄생까지

AEA 연례총회에서 우리가 마지막으로 꼭 가봐야 할 현장은 몇 명이 둘러앉아 저녁식사를 할 수 있는 호텔의 작은 방들이다. 그곳에서는 연례총회에서 가장 강력한 역할을 하면서도 가장 눈에 띄지 않는 행사인 주요 학술지 편집장 및 심사위원 회의가 열리기 때문이다. 물론 이 심사 현장에 외부인은 절대 출입금지다. 이 저녁식사 겸 심사 자리에서 어떤 대학의 교수가 쓴 논문이 주요 학술지에 실리게 될지 결정되는데, 그것은 특정 학계나 특정 그룹 중심으로 알려진 아이디어가 학술지를 통해 일반인에게 보급되어 보편적 아이디어로 변신할 수 있는 기회이다. 이에 따라 학술지에 논문을 싣고자 하는 경제학자들의 경쟁이 매우 치열하다.

과학 분야에서와 마찬가지로 경제학 분야에서도 학술지에 논문을 게재하는 것은 경제학자로서의 경력과 명예를 높일 수 있는 좋은 기회이다. 사실, 학술지는 미완성 유고를 싣기 위해 17세기 후반에 발명된 제도지만, 오늘날에는 특정 분야에 대한 아이디어를 명확하게 표현해야만 실릴 기회가 주어진다.

논문은 이미 잘 알려진 분야 중에서 하나의 주제를 선택하되, 인용은 과거 학자들의 업적을 찬양하는 쪽으로 해야 한다. 여기에 다른 학자들이 발견한 새로운 사항을 첨가해야 한다. 학술지 논문은 대개 새로운 발견을 알리거나 다른 사람의 발견에 대한 평 혹은 비판을 위해 그리고 이미 알려진 내용을 종합 정리하는 차원에서 이루어지는 것이다. 물론 이러한 학술지에 실리는 내용은 정직하고 독창적이어야 하며, 이 기준의 준수 여부를 평가하는 제도가 바로 심사위원 제도이다.

경제학 관련 학술지에 실리는 논문 심사 과정은 스포츠 경기 심판 과정과 크게 다르지 않지만, 학술지 심사의 경우 심사위원의 역할이 훨씬 더 어렵고 중요하다고 볼 수 있다. 경제학 학술지 논문

심사는 심사위원의 신분을 밝히지 않은 채 진행된다. 과학사 전문가로 알려진 존 지먼|John Ziman 은 학술지 논문에 대해 다음과 같이 평가한 적이 있다.

"논문의 작성자가 박사학위 소지자나 저명한 교수라는 사실만으로 그가 쓴 논문 내용에 어떤 편견이나 실수 심지어 약간 정상이 아닌 것 같은 의견이 들어가지 않았으리라는 보장은 절대 할 수 없다."

이에 따라 학술지 편집장들은 제출된 논문을 읽고 학술지에 실릴 만한 논문을 제대로 선별하는 데 도움을 줄 심사위원을 선택한다. 이때 심사 대상이 되는 논문은 그것을 쓴 사람의 이름이나 소속을 밝히지 않은 채 우편으로 심사위원에게 발송된다. 그리고 그 논문을 읽어본 소감과 추천서 역시 익명으로 학술지 측에 전달된다. 물론 일부 심사위원은 본능적으로 자신의 동료가 쓴 논문을 찾아내기도 하고, 논문을 제출한 사람도 누가 심사를 맡을지 짐작하기도 한다. 전 세계적으로 많은 경제학자가 연구에 몰두하고 있지만, 특정 분야는 누가 어디에서 하는지 알려져 있기 때문에 추측이 가능한 것이다.

그렇지만 알려지지 않은 가장 최신 분야의 연구는 로버트 보일 경|Sir Robert Boyle 이 350년 전에 지적했듯 '보이지 않는 대학|invisible colleges'에서 은밀히 진행된다. 아무리 그래도 특정 분야를 전공하는 사람은 누가 어떤 연구를 하는지 알고 있다. 이처럼 어떤 분야의 연구가 진행되는지는 알려져 있지만 세세한 내용은 비밀에 부쳐진다. 어쨌든 학술지 논문은 이렇게 엄정한 심사 과정을 거쳐 실리게

된다.

학술지에 실릴 논문을 결정할 때 무엇보다 중요시하는 것은 논문이 '학계에서 정하는 기준에 부합하는지' 그리고 '다른 사람의 논문을 도용하지 않고 정직하게 쓴 것인지' 이다. 경제학 학술지에 실리는 논문 내용 중 경제학자에게 허용되는 가장 강력한 표현은 "경제학자들은 …라고 생각한다"는 것인데, 이것은 "경제학자들이 추구해야 하는 경제학은"이라고 해석하는 것이 좋다.

이처럼 학술지에 논문을 발표하는 것은 순전히 외부 사람들의 이해를 얻기 위해서이다. 경제학자들은 무엇보다 어떤 현상이나 이론을 분석 파악한 다음, 그 결과에 대해 다른 사람의 동의를 얻어내려 노력한다. 노먼 캠벨|Norman Campbell의 과학의 목표에 대한 유명한 공식을 빌려 설명하자면, '경제학이란 특정 판단(어떤 현상에 대해)에 대해 연구한 후, 그것이 옳다는 것을 모두로부터 인정받는 것'이다. 다시 말해 처음에는 심사위원의 인정을 받은 후 나아가 일반인으로부터 인정받는 것이 경제학자의 연구 목표인 것이다.

학술지 논문 심사에서 흥미로우면서도 중요한 사항은 돈이 이 심사 제도에서 어떤 역할도 하지 못한다는 사실이다. 대부분 최고의 경제학자에게 심사가 맡겨지는데, 학술지 편집장은 학계의 특정 분야에서 똑똑하고 공정한 인물에 관한 정보를 정밀하게 수집한다. 그렇게 선정된 심사위원이 논문의 게재 여부를 결정하는 것이다. 보통은 게재를 하되 내용을 조금 수정할 것을 제안한다(말이 제안이지 실제로는 강력하게 요구한다).

학술지 편집장은 원로 경제학자를 선별해 얼마나 많은 시간을 내줄 수 있는지, 논문 작성자와 반목관계에 있는 것은 아닌지 그리고 얼마나 현명하고 많은 지식을 갖추고 있는지를 판단해 심사위원으로 선정한다. 이밖에 심사위원 자신이 학술 논문을 쓰고 있다면 금상첨화이다. 심사를 하는 입장과 받는 입장을 동시에 이해할 수 있기 때문이다.

홍미로운 사실은 이처럼 힘든 과정을 거쳐 경제학 분야에서 성공할지라도 곧바로 부나 지위, 높은 사람들과 연결될 계기가 즉시 제공되지 않는다는 점이다. 개중에는 그런 행운을 누리는 사람도 있지만 늘 그러리라는 보장은 없다. 그런 점에서 학술지에 논문이 게재되는 것은 경제학자로서 인정을 받는 명예스러운 일로 여겨질 뿐이다. 이러한 현상은 무역이나 산업 분야의 경우, 그렇게 이름을 날리면 큰 돈과 지위를 얻게 되는 것과 크게 대조된다. 사실 무역과 산업 분야는 탑다운|top-down 명령 체계가 분명할 뿐 아니라 돈을 버는 것이 지상 목표라고 할 수 있지만 경제학 분야는 그렇지 않다.

심사는 그 자체로 심사위원이 자신의 자질과 성격을 보여줄 수 있는 좋은 기회이다. 실제로 학술지 편집장은 심사위원으로 활동한 사람 중에서 가장 심사를 잘한 사람이 선정된다. 물론 AEA 같은 경제 단체의 수장도 그렇게 엄격한 기준을 거쳐 선출된다. 심사위원으로 선정된 사람 중에는 드물게 정직하지 않은 것으로 드러나는 사람도 있다. 이들은 논문을 제출한 사람에게 논문에 심사위원의 논문 내용을 인용하도록 강요하거나 심지어 제출된 논문 내용을 도용하기도 한다. 실제로 심사 요청을 받은 논문 내용을 자신의 논문이나 저서에 슬쩍 끼워 넣는 파렴치한 사람도 있다. 가끔은 최고의 심사위원으로 알려진 원로 학자가 모두에게 알려야 할 내용을 삭제할 것을 요구하기도 한다.

심사위원의 가장 큰 문제는 새로운 것보다 기존의 논리에 너무 집착하는 경향이 있다는 것이다. 이로 인해 역사에 남을 만한 논문이 권위 있는 학술지로부터 수없이 거절을 당하고 오랜 시간 후에 세상에 선보이는 일이 발생하기도 한다(이런 경우는 많은 정도가 아니라 대부분이 그렇다).

그런 논문에게 기회를 주려고 경제학 관련 학술지가 그토록 많은 것인지도 모른다. 하지만 워낙 숫자가 많다 보니 관심 분야가 중복되기도 한다. 많은 경제학 학술지 중에서도 다양한 논문을 게재한다는 평가를 받고 있는 '4대 학술지'는 〈저널 오브 폴리티컬 이코노미〉, 〈쿼털리 저널 오브 이코노믹스|Quarterly Journal of Economics〉, 〈아메리칸 이코노믹 리뷰|American Economic Review〉, 그리고 〈이코노메트리카|Econometrica〉이다. 100년 이상 영국 경제학의 간판스타 학술지로 각광받던 〈이코노믹 저널|Economic Journal〉은 경제학자들 마음속에 여전히 큰 향수로 남아 있지만 학술지로서의 역할은 많이 쇠퇴했다.

물론 이처럼 최고 수준의 경제학 학술지 외에도 2등급, 3등급, 4등급의 학술지도 존재한다. 창간된 지 그리 오래되지 않은 학술지 중 〈저널 오브 이코노믹 티어리|Journal of Economic Theory〉 같은 학술지가 눈에 띄는데, 이들은 과학 문헌 생산에서 중대한 역할을 하고 있다.

창문 없는 회의실에서 진행된 세션 53

이제까지 AEA 연례총회 행사를 장황하게 설명했는데, 이제 그 연례총회 중에서도 특별했던 연례총회장으로 여러분을 안내하도록 하겠다. 그 연례총회는 1996년 1월 샌프란시스코에서 개최되었다. 앞에서 설명했듯 이 책이 탄생하게 된 계기는 1990년에 발표된 〈내생적 기술 변화〉라는 특별한 논문에 있다. 이 논문은 발표되자마자 경제학계에서 사용되던 용어에 변화를 가져왔고, 그 후에는 그 내용이 일반인에게 폭넓게 공개되었다. 이 논문이 경제학계와 사회를 얼마나 변화시켰는지 알리기 위해 이 책을 쓰고 있는 만큼 AEA 샌프란시스코 연례총회는 특별한 의미를 지닌다고 할 수 있다. 바로 그 샌프란시스코 회의에서 경제학계의 소수 전문가에게만 공개되었던 내생적 기술 변화에 대한 새로운 아이디어가 일반인에게 공개되었기 때문이다.

매년 개최되는 AEA 연례총회에서 발표를 하는 사람은 그동안 조사, 요약, 연구한 내용을 사회적으로 인정받을 수 있는 기회를 얻게 된다. 그런데 이러한 의식의 가장 세밀한 부분은 연례총회가 개최되기 1년 전 심한 경우 3년이나 5년 전부터 준비된다. 3년이나 5년이 필요한 이유는 무언가 새로운 파도가 이 학계를 강타할 수 있는 기간이 그 정도이기 때문이다. 사실 1년 만에 모든 것을 프로그램에 담는 것은 불가능하다. 3년이나 5년은 되어야 새로운 이론 및 사고를 전문가들에게 선보이고 테스트 받고 마침내 일반인에게 선보일 준비를 갖출 수 있다.

물론 연례총회에서 발표되는 논문은 기술경제학 분야에서 연구

된 논문 중 극히 일부에 지나지 않는다. 가장 힘든 작업, 즉 진정한 경제학 논문은 총회장이 아닌 조용한 곳에서 단독으로 아니면 소수 공동 작업으로 이루어진다. 결국 이 연례총회에서 발표되는 논문은 하루아침에 준비된 것이 아니라 학자들의 오랜 연구를 거쳐 탄생한 하나의 작품이라 할 수 있다.

연례총회를 총괄하는 총회 의장의 임무는 모든 경제학 분야에서 가장 흥미로운 논문을 찾아 총회에 참석한 사람들에게 보여주는 것이다. 물론 아무리 능력이 있더라도 AEA의 18개나 되는 경제 소분야를 완벽하게 알고 있는 사람은 거의 없다. 그렇기 때문에 연례총회 의장으로 임명된 사람은 총회 프로그램을 담당하는 프로그램 위원회에서 일할 사람들을 임명하고 이들은 방대한 총회 프로그램의 대부분을 기획한다. 언뜻 연례총회 프로그램 책자는 수동적이고 비인간적으로 보일 수 있는데, 자세히 보면 그 프로그램에는 프로그램 위원회 소속 위원들의 강한 개성이 담겨 있음을 알 수 있다.

1996년 샌프란시스코 연례총회의 의장직을 담당했던 인물은 앤 크루거|Anne Krueger라는 저명한 스탠포드대학 경제학자였다. 터키 정부의 자문역으로 일해 온 앤 크루거는 대부분의 경제학자가 경제활동의 많은 부분에서 엄격한 규제의 필요성을 인정하고 있던 1970년대에 탄탄한 분석적 기초를 토대로 시장 자유주의의 부활을 주장하며 이에 크게 기여한 인물이다. 앤 크루거 외에도 1996년 총회 프로그램 준비에 참여한 학자 중에는 1980년대에 신정치경제학으로 알려진 분야의 발전에 공헌한 인물이 많다. 그들 중 일부만 거론하는 것은 마치 호머|Homer의 선단|Catalog of Ships 중 일부만 거론하는 것과 같다는 생각이 든다.

1990년대 초에는 페레스트로이카|perestroika 분위기가 지배적이었는데, 그 분위기는 신정치경제학이 발전하기에 아주 적절했다♦. 그러한 분위기 속에서 앤 크루거는 거의 남성들이 지배하다시피 하는 경제학계에 진출해 그해 연례총회 의장에 임명된 것이다.

　이들 중 스티글러, 체너리, 올슨, 시몬 교수 등은 1990년대에 사망했고 돈부시 교수는 2002년에 고인이 되었다. 여기에서 일일이 언급할 수는 없지만 각 경제학협회 회장이나 다른 교수들도 페레스트로이카에 큰 영향을 미쳤다. 그들은 모두 세계가 시장 경제로 전환하도록 크게 기여했고, 이밖에도 수많은 사람이 자유 경제 발전에 중대한 기여를 했다.

　새롭게 연례총회 의장직에 선임된 경제학자는 야치|Yahtzee 게임(주사위 게임) 스코어보드처럼 아무것도 없는 상태에서 출발해야 한다. 이들은 학술회의 외에도 여러 가지 행사를 준비하는데, 예를 들어 1996년 샌프란시스코 연례총회에서는 전년도 노벨 경제학상 수상자인 존 내시|John Nash를 축하하는 오찬이 마련되었다. 수학의 귀재로 알려진 존 내시는 정신분열 증세로 30년 동안 중앙 무대에서 떠나

◆ 얼마나 많은 사람이 페레스트로이카 운동에 결정적인 영향을 미쳤는지 아는가? 대표적인 인물은 MIT의 루디거 돈부시Rudiger Dornbusch·폴 조스코Paul Joskow·리처드 슈말렌지Richard Schmalensee·자그디시 바그와티Jagdish Bhagwati(후에 컬럼비아대학으로 옮김), 시카고대학의 밀턴 프리드먼·조지 스티글러George Stigler·로널드 코스Ronald Coase·샘 펠츠만Sam Peltzman·게일 존슨 Gale Johnson·아널드 하버거, 하버드대학의 존 메이어John Meyer·마틴 펠드스타인Martin Feldstein, 스톡홀름대학의 아사르 린드벡Assar Lindbeck, 세계은행의 홀리스 체너리Hollis Chenery, 맥길대학의 루벤 브레너Reuven Brenner, 런던 스쿨 오브 이코노믹스의 피터 바우어Peter Bauer, 메릴랜드대학의 맨커 올슨Mancur Olson·줄리안 시몬Julian Simon, 버지니아공대의 제임스 뷰캐넌James Buchanan· 고든 툴록Gordon Tullock 등은 페레스트로이카에 결정적인 영향을 미쳤다. 이외에도 정책자문위원 직을 역임한 폴 크레이그 로버츠Paul Craig Roberts, 앨런 월터스Alan Walters, 도밍고 카바요 Domingo Cavallo, 바클라브 클라우스Vaclav Klaus 등도 페레스트로이카에 큰 영향을 미쳤다.

있었는데, 모처럼의 외출인 샌프란시스코 오찬 자리에서 그는 양처럼 순하게 웃었다. 또 다른 오찬 미팅에서는 자본자산가격결정모델(CAPM)을 정립한 예일대학의 스티븐 로스|Stephen Ross를 소개했다.

총회 의장은 유명한 학자에게 연례총회에서 가장 중요한 연설(이 연설을 엘라이 렉처|Ely Lecture라고 부름)을 부탁하는데, 앤 크루거는 샌프란시스코 연설 담당자로 마틴 펠드스타인을 지명했다. 이 자리에서 마틴 펠드스타인은 전문가들 사이의 큰 변화를 입증하듯 미국 사회보장제도의 민영화 필요성을 연설했다. 물론 퇴임 의장에게도 발언 기회가 주어지며 샌프란시스코에서는 보건 경제학자인 빅터 푹스가 멋진 연설을 선보였다.

연례총회에서는 협회의 고명한 최고위원으로 선정된 인물도 발표되는데, 1996년에는 로체스터 대학의 월터 오이|Walter Oi 교수가 최고위원에 선정되었다. 오이 교수는 경제학이 얼마나 매력적인 학문인지를 보여준 대표적인 학자로, 순수한 사고는 컴퓨터나 과학적 도구만큼이나 소중한 것임을 다른 경제학자들에게 몸소 보여주었다. 시카고대학에서 공부한 오이는 30년 넘게 경제학의 여러 분야에 지대한 공헌을 했고 특히 미군의 자원제도 창설에 결정적 도움을 준 것으로 유명하다.

샌프란시스코 연례총회의 최대 스타는 쉰네 살의 경제학자 맥클로스키|McCloskey였다. 그 이유는 시카고대학 교수이자 경제학사협회|Economic History Association의 회장이며 AEA 집행위원회 멤버이기도 한 맥클로스키 교수가 바로 그전 가을에 성전환 수술을 했기 때문이다. 그는 본래의 이름이던 도널드|Donald 대신 데어드레|Deirdre로 이름을 바꾸었다(맥클로스키 교수의 성전환은 크게 보도되었고 1999년

에는 성전환을 둘러싼 자신의 자전적 이야기를 담은 《크로싱|Crossing》을 출간하기도 했다).

샌프란시스코 연례총회에서는 또 다른 드라마가 연출되었는데, 그것은 그라시엘라 치칠니스키|Graciela Chichilnisky가 자신의 아이디어를 도용했다는 이유로 동료 교수를 고발한 사건이었다. 아르헨티나 출신의 이 젊은 여성학자가 천재라는 소리를 들으며 버클리에서 수학과 경제학 분야 모두에서 박사학위를 받았을 때인 1970년대 중반, 그녀는 〈보그|Vogue〉에 실리기도 했다. 몇 주 후 치칠니스키는 고소를 취하했지만, 그녀는 자신의 아이디어를 동료가 도용했다는 증거를 확실히 제시했다.

이처럼 샌프란시스코 연례총회에서 다양한 사건이 발생했지만, 그중에서도 최고조는 데이비드 카드|David Card에 대한 공격이었다. 데이비드 카드는 동료 패널들에 의해 마흔 살 이전에 경제학 분야에 가장 크게 공헌한 경제학자에게 2년에 한 번씩 주어지는 상인 존 베이츠 클락 메달|John Bates Clark Medal 수상자로 결정된 인물이다. 그런 그에게 문제가 발생했던 것이다.

그는 최저 임금에 관한 경험을 담은 책을 공동 집필했는데, 그 책의 내용이 보수적인 동료 노동 경제학자들의 분노를 사고 말았다. 그리하여 수상식 직전에 있었던 한 회의 세션의 연단에 선 시카고학파|Chicagoans 발표자들은 마치 짠 듯이 데이비드 카드가 사용한 통계학적 방법을 신랄하게 비판했다. 결국 그의 일생에서 가장 행복한 오후가 될 수 있었던 그날에 카드는 할 말을 잃고 패배자의 표정을 짓고 있을 수밖에 없었다. 당시 더 특별한 일은 발생하지 않았지만 이 사건은 두고두고 사람들에게 회자되고 있다.

이처럼 부수적인 일에 관심을 쏟다보면 본연의 목적인 여러 가지 학술회의를 잊기 십상이다. 샌프란시스코 회의는 그 어느 때보다 경제학계에 큰 영향을 미쳤는데, 여러 학술회의 중에서도 가장 눈에 띈 것은 경제 성장(경제 성장 이론 및 역사) 분야에서 최근 어떤 발전이 있었는지를 다룬 학술회의였다. 다른 학술회의처럼 '세션 53'이라고 명명된 이 학술회의는 창문이 없는 회의실에서 진행되었다.

경제 사학자와 경제 성장 이론가의 격돌

1996년 1월 5일 오후 2시, 샌프란시스코 힐튼호텔 플라자 볼룸 B에 모여든 사람들은 좁고 긴 방을 모두 채우고도 자리가 없어 뒤에서 있었다. 〈신성장 이론과 경제사 : 서로 부합되는가 아닌가?|New Growth Theory and Economic History: Match or Mismatch?〉라는 제목이 붙은 이 학술회의장에는 약 2백 명이 모여들었다. 그중에는 약 20명의 기자도 포함되어 있었는데, 그들은 이 회의장에서 무언가 특별한 일이 일어날지도 모른다는 기대를 안고 있었다. 회의장에는 이제 막 대학에서 경제학을 전공하기 시작한 듯 보이는 애송이 대학생도 있을 정도로 세션에 거는 사람들의 기대는 매우 커 보였다.

그 세션은 보통의 경우 서로 할 말이 없는 두 그룹이 진행한다는 것이 특별해 보였다. 바로 경제사 전문가와 경제 성장 이론의 최고 전문가가 한자리에 모인 것이다. 10여 년 전에 개최된 1984년 댈러스 연례총회에서도 이와 비슷한 세션이 개최되긴 했지만, 당시만 해도 이론과 역사 간에 사실상 교류가 거의 없는 '총체적 암흑'의 수준이었다. 그에 비하면 이번에는 양측의 관계에 큰 진전이 있는 셈이다.

1984년 회의에서 이론가들은 방어적 입장을 취했다. 당시 역사학자들은 이론가들이 대답을 찾기 쉬운 문제만 선택해 연구한다고 주장했고, 결과적으로 밖으로 떠벌리긴 하지만 실질적인 연구 결과가 없는 상황이 유발되고 있다고 비난했다. 경제 사학자들이 쉬운 문제에만 매달리다 보니 반드시 해답을 찾아야 하는 다른 방대한 문제는 외면당하고, 경제학 본연의 모델이 아닌 외적인 부분에 대한 연구만 진행되고 있다고 주장했던 것이다.

하지만 1984년의 학술회의 이후 오래지 않아 이 분야에 혁명이 일어났다. 그로부터 채 1년도 지나지 않아 시카고대학의 로버트 루커스 교수가 소위 '수확체증의 문제'라고 부르는 수수께끼를 동료들에게 상기시켰던 것이다. 그는 한 유명한 연설에서 1980년대의 중대한 정책적 문제에 이 수확체증의 문제가 자리 잡고 있다고 지적했다. 물론 이런 지적에 대해 대대적인 토론이 오갔다. 떠오르는 세대에 속했던 대부분의 거시경제학자가 이 토론에 참여했고, 각 분파끼리 치열한 경쟁과 공방을 주고받았다. 신슘페터 경제학, 불완전 경쟁 신경제학, 기술 변화 신경제학, 수확체증 혁명, 신성장 이론, 그리고 가장 단순한 것 같으면서도 확실해 보이지 않던 내생적 성장 등 각종 경제학 분파가 앞 다투어 토론에 참여했다.

경제 사학자와 이론가의 1984년 만남은 암흑이었지만, 1996년의 만남은 전혀 어둡지 않았다. 10여 년의 시간이 흐르는 동안 이론과 역사가 만나는 부분이 치열한 토론 끝에 환하게 밝혀졌기 때문이다. 이에 따라 샌프란시스코 세션은 차분하게 진행되었다.

역사학자와 신성장 이론 전문가는 한 명씩 돌아가며 발표를 했다. 그 세션을 주재한 인물은 《부의 지렛대: 기술적 창의성과 경제 발전|The Lever of Riches: Technological Creativity and Economic Progress》의 저자 조엘 모커|Joel Mokyr 였다. 그는 기술 변화로 인한 문제를 연구하는 신세대 경제사 전문가 중 가장 눈에 띄는 인물이다. 성장에서 가장 중요한 요소가 무엇인지를 찾아내는 데 큰 관심이 있던 그는 그 세션을 위해 새로운 연구 논문들 중 일부를 들려주고 그것을 청중에게 평가해보도록 하는 연구 패널제를 도입했다.

이를 위해 런던의 경제사 전문 학자인 니콜라스 크라프츠|Nicholas Crafts 는 〈제1차 산업혁명: 성장 경제학자들을 위한 가이드 투어|The First Industrial Revolution: A Guide Tour for Growth Economists〉라는 논문을 보내왔다. 크라프츠는 '크라프츠-할리 견해|Crafts-Harley view'로 유명한 인물이며, 이 견해에서 그는 영국에는 산업혁명이라는 것이 발생하지 않았고 경제적 도약이 18세기의 지속적인 성장으로 이어졌다는 것도 환상에 불과하다고 주장했다. 또한 '기적의 시기|years of miracles'(한 유명한 문장에 있는 표현)라고 부르는 것 역시 통계 수치를 잘못 파악해서 나온 것이라고 말하기도 했다.

그런데 그 세션에서 발표된 크라프츠의 논문은 최근 크게 부각되고 있는 신성장 이론, 즉 폴 로머의 연구 논문에 냉정한 눈길을 보내고 있었다. 크라프츠는 신성장 이론과 정면 대결을 피하면서도 냉정하면서 회의적인 시선으로 신성장 이론을 비판했으며, 새롭게 시장의 규모에 중요성을 부여하는 것은 잘못된 것이라고 지적했다. 역사를 되돌아보면 그것을 입증하는 증거가 충분하지 않다는 것이다. 그는 혹시 이론적인 혁명이 과거에 발생했을지는 몰라도 신성장 이론학파가 주장하는 것을 역사학자 입장에서 뒷받침해주기는 쉽지 않다고 지적했다.

그 다음은 폴 로머의 차례였다. 그는 다른 어느 발표자보다 기자들이 만나보고 싶어 하던 인물이었다. 그가 신세대 경제학자 중에서 가장 뛰어난 수학적 인물이라는 명성을 날리고 있었기 때문이다. 그는 신세대 시카고대학 경제학과 교수를 대표하는 인물이었고. 시카고대학 신세대 경제학자들은 각종 하이테크적 공식과 모델을 세상에 선보였다. 예를 들면 무한 계획 모델|infinite-horizon planning models, 동적 계획법|dynamic programming, 대표적인 한 명의 소비자에게 적용되어 극대화 문제|maximization problem로 치달을 수 있는 경쟁적 균형|competitive equilibria, 합리적 기대|rational expectations 등이 있다.

그중에서도 폴 로머는 성장과 지식 그리고 마켓 파워에 대한 새로운 아이디어를 세상에 선보인 대표적인 경제학자이다. 그가 1983년에 발표한 박사학위 논문은 경제학 논문이라기보다 수학 논문처럼 보이기 때문에 이해하기가 아주 어렵다. 또한 1986년에 그가 발표한 논문 〈수확체증과 장기적 성장|Increasing Returns and Long-Run Growth〉도 이해하기가 어렵고 까다로웠다. 물론 1990년에 발표된 〈내생적 기술 변화〉는 단순한 수학공식을 담고 있지만, 이 논문의 상당 부분은 로버트 루커스의 연구 내용을 빌려 온 것이었다.

이 단순해 보이는 공식은 수확체증의 문제를 새롭게 공식화했다는 점에서 크게 주목을 받았다. 처음에 폴 로머가 이 새로운 공식을 발표했을 때 비교적 작은 커뮤니티로 알려진 성장 이론 전문가들은 커다란 충격을 받았다. 이들은 폴 로머의 주장에 이의를 제기했고 심지어 폴 로머의 스승 로버트 루커스도 이 공식에 문제가 있다고 지적하고 나섰다. 즉, 이 논문의 가장 중요하고도 기본적인 공식 자체에 모든 시카고대학 성장 이론 전문가가 비난을 하고 나선 것이다.

그러나 폴 로머는 이러한 비판에 아랑곳하지 않고 수학적 방법의 위력을 계속 주장했다. 그는 다른 어떤 방법보다 이 수학적 방법이 더욱 명확하고 설득력 있게 문제를 보여주고, 그 해결책까지 제시한다고 주장했던 것이다. 그는 이 주장을 뒷받침하기 위해 공장으로 현장 견학을 가기도 했으며 방대한 양의 데이터도 제시했다. 더불어 이러한 자료를 바탕으로 그 공식이 어떻게 문제를 해결해줄 수 있는지 그 과정을 묘사했다. 그는 추상적인 수준에 머물러 있던 개념을 언어를 통해 공식화하고 그 공식이 맞는다는 것을 입증하는 증거를 제시했던 것이다. 물론 이것은 폴 로머가 제시한 과정 중 일부에 지나지 않는데, 그것은 성장 이론 전문가가 아닌 우리가 폴 로머의 논문 내용(그리고 다른 성장 이론 전문가가 주장한 내용)의 상세한 부분까지 알 필요는 없기 때문이다.

폴 로머는 "논리와 증거는 그것을 사용하는 사람들의 희망, 믿음, 선호도를 뛰어넘는 힘을 갖고 있다. 따라서 추상의 세계를 향해 여행을 떠나긴 하지만 돌아올 때는 정확히 어느 지점으로 돌아올지 알 수 없다"라고 경고했다. 로머 자신은 새로운 공식을 발견한 후에 정책에 대한 견해가 바뀌었다. 대학 신입생 시절에는 밀턴 프리드먼 이론의 추종자가 되어 프리드먼이 추구하는 정책이 옳다고 생각했지만, 교수가 된 뒤에는 정부가 새로운 형태로 개입하는 것이 필요하다는 쪽으로 방향 선회를 한 것이다.

폴 로머가 자기 인생에서 가장 중요한 논문을 발표한 이후, 그것

은 성장 이론 전문가들에 의해 완벽하게 검토되었다. 그리고 그는 샌프란시스코 학술회의에서 이제까지의 논란을 마감하고 그의 모델을 단순한 용어로 묘사하며 다른 방법과 이 방법을 비교해서 보여주려 노력했다. 1996년 그가 주요 공식을 완벽하게 정리해 발표한 논문 제목은 〈왜 하필이면 미국에서인가? 현대 경제 성장의 이론, 역사, 그리고 기원|Why Indeed in America? Theory, History, and the Origins of Modern Economic Growth〉이었다.

생산성 측정에 대한 가장 간단한 방법

그의 발표는 그가 제시한 공식의 옹호로부터 시작되었다. 그는 어떤 사람은 "이 공식이 너무 단순한 반면 세상은 너무 복잡하다"라고 불평한다고 말했다. 또한 어떤 사람은 "이 공식에는 새로운 것이 전혀 없다"고 주장한다고 지적했다. 그는 예를 들면서 애덤 스미스 덕분에 경제학자들은 적어도 총산출|output(경제학자들은 이것을 방정식에서 Y로 표시한다)은 투여되는 자본과 노동에 비례한다는 사실을 이해하게 되었다고 말했다.

사실 1950년대에 MIT에서 연구한 경제학자 그룹은 이런 관계를 생산함수|production function라는 수학적 관계로 표현하는 데 성공했지만, 영국 경제학자들은 이 공식에 크게 반발했다. 그러나 이 생산함수(투입 요소와 산출 요소의 관계를 수학적으로 설명한)는 곧 전 세계 경제학계로부터 생산성을 측정할 수 있는 가장 간단한 방법이라고 인정받게 되었다.

그로부터 몇 년 후 시카고대학의 경제학자들은 이들이 H라고 부르는 개인의 경험 및 교육 수준 축적치를 계산할 목적으로 일련의 새로운 방정식을 발표했는데, 당시에는 MIT(그리고 다른 대학들) 경제학자들이 이 새로운 방정식을 비난하고 나섰다. 그러나 '인적 자본|human capital'은 후에 개개인의 생산 능력을 측정하는 기준으로써 경제학의 표준 도구가 되었다.

그렇게 새로운 공식이 나올 때마다 저항은 필수적으로 따라왔는데, 폴 로머는 1990년대 들어 경제학자들은 지식이 경제의 주요 산출물이며 지식 생산은 지식 추구를 뒷받침해주는 자원과 관련이 있다는 주장을 한다고 지적했다. 다시 말해 지식 성장은 새로운 지식을 생산해내는 과학자들의 수와 자질, 그 전 기간의 축적|stock에 비례한다는 사실은 그리 놀라운 제안이 아니라는 얘기다.

이러한 내용은 $dA/dt = G(H, A)$라는 수학적 공식으로 요약될 수 있는데, 로머는 늘 그렇듯 이 신성장 이론도 많은 경제학자의 비난의 대상이 되고 있다고 말했다. 그런데 이번에는 MIT뿐 아니라 로머가 몸담고 있는 시카고대학 쪽에서도 거세게 비난을 했다(과거에는 영국 케임브리지대학의 입김이 강했지만 이제 케임브리지는 뒤로 밀리고 말았다).

폴 로머는 그러한 반대 의견이 나오는 이유는 문제의 핵심을 제대로 집어내지 못했기 때문이라고 지적했다. 물론 문제를 수학적 언어로 표현하다 보면 중요한 쟁점을 소홀히 하는 것처럼 보일 수도 있다. 그는 새로운 모델을 창조하는 사람들이 공식화하기 쉬운 쟁점에만 중점을 두고 더 어려운 쟁점은 뒤로 미룬다고 주장했다. 뒤로 미뤄진 쟁점들이 매우 중요한 것인데도 말이다. 또한 역사학계는 수학적 지식이 더 많이 축적되고 그 반경이 넓어지고 있는데도 중요한 문제는 풀리지 않고 있다고 말했다.

"이러한 상황에서 경제학자들이 추구해야 할 자세는 공식적 이론 개발을 포기하는 것이 아니라 노동의 분업을 인정하고 참아내는 것이다. 그렇게 해야만 자연 언어와 공식적 이론화 현상이 계속 공존할 수 있다. 각 진영의 전문가는 자신이 비교우위에 있는 쟁점을 다루며 정기적으로 연구 내용을 서로 비교해보면 된다."

새로운 변수가 나타났다는 것은 보통 경제 전체에 대한 이해 정도가 그만큼 높아졌다는 것을 의미한다. 훌륭한 이론은 시스템 전체를 포용할 수 있으며, 전체를 자연스럽게 세부적인 시스템으로 해부하려면 어느 지점을 건드려야 하는지 잘 이해하고 있다. 물론 이렇게 해부된 세부 시스템은 서로 의미 있는 방법으로 의사소통할 수 있어야 한다. 다시 말해 좋은 이론은 우리에게 마디마디를 연결해 하나의 제도를 창조해낼 수 있는 방법을 제시해주는 이론이라고 할 수 있다.

로머는 이해를 돕기 위해 우리에게 친근한 증기 엔진을 사례로 들었다. 19세기 중반, 한 엔지니어는 증기 엔진이 동력|force locomotif에 의해 작동된다는 잘못된 설명을 했다(이것은 아리스토텔레스|Aristotle가 돌이 굴러 떨어지는 현상에 대해 돌에는 그러한 내재적 성질이 있다고 잘못 주장한 것과 비슷하다). 그는 증기 엔진을 제대로 이해하려면 증기 엔진을 더욱 상세한 부분으로 해부해 분석해야 한다고 주장했다. 즉 연소실, 보일러, 증기 장치 등으로 분리해 이것이 서

로 어떻게 연결되고 상호작용해 동력을 발생시키는지 이해해야 한다는 것이다.

폴 로머는 "우리 이론가가 해야 하는 일은 이처럼 세상에 대한 복잡한 정보를 취한 다음, 그것을 체계적인 구조로 해부 이해하는 것이다"라고 주장했다. 더불어 그는 "수학은 모호한 점을 제거하고 논리적 일관성을 강조하면서 인류가 경제 발전을 더욱 쉽게 성취할 수 있도록 도와준다"라고 말했다.

아이디어의 힘

다음으로 로머가 설명한 것은 오늘날의 경제학이 지닌 모순이었다. 그는 로버트 솔로가 주장한 구성장 이론은 경제 성장이 두 가지 요소의 상호반응으로 달성된다는 것을 주장한다고 설명했다. 그중 하나는 전통적인 경제 투입 요소이고 다른 하나는 외생적 기술인데, 이 기술은 꾸준히 경제 시스템의 외부 상태를 개선시켜 준다.

이러한 요소를 더욱 세분화해 분석하면 전통적인 경제 투입 요소는 실물 자본, 노동, 인적 자본으로 나눌 수 있으며 기술은 별개로 취급된다. 로머도 거기까지는 아무런 문제가 없다고 인정했다. 왜냐하면 기술은 동시에 많은 사람이 사용할 수 있다는 점에서 다른 모든 투입 요소와는 성격이 다르기 때문이다.

구성장 이론은 편의성을 위해 경제 성장에 필요한 요소를 분류하면서 기술과 전통적 경제 투입 요소를 전통적인 이분 방식인 공공재와 완전한 사유재|private goods에 직접 대비시켰다. 분석상의 목

적을 위해 기술을 원하는 사람은 누구나 사용할 수 있는 기본적인 공공재로 분류해버린 것이다. 정부는 주로 대학을 통해 이 기술을 공급한다. 예를 들어 무선 햄 같은 기술은 뜻밖에 주어진 행운처럼 누구나 즐거운 마음으로 사용할 수 있는 것이다. 그러나 지적재산권의 입장에서는 그것을 사유공공재 |private public good로 불러야 하므로 호칭에 무리가 따를 수밖에 없다. 폴 로머는 바로 이러한 사고로 인한 모순과 문제를 풀고자 했던 것이다.

구성장 이론과 달리 신성장 이론은 세상을 다르게 나눈다. 신성장 이론에서는 세상을 지시 |instruction와 물질 |materials로 나누는 것이다. 그런데 샌프란시스코 연례총회가 끝나고 몇 달 후 이 내용이 인쇄되어 나왔는데 출판본에 용어가 바뀌어 있었다. 지시는 'ideas'로, 물질은 'things'로 바뀌어 있었던 것이다. 물질이라는 용어가 질량이나 에너지와 관련된 재화(예를 들면 전기 같은)를 연상시킨다는 이유 때문이었다.

샌프란시스코 발표에서 로머는 "지식은 컴퓨터 코드 형태로 저장될 수 있어서 좋다"는 말을 했다. 즉 소프트웨어, 컨텐츠, 데이터베이스 같은 형태로 저장이 가능하다는 얘기다. 사실 원자와 비트 간의 차이는 수학적 논문이 아닌 다른 연설이나 잡지 기사에서 수없이 다뤄지던 내용이었다.

하지만 로머는 같은 내용도 전혀 다른 방법으로 설명했다. 우리가 함께 저녁식사를 하는 동안 로머는 "냄비와 프라이팬(우리의 자본), 인적 자본(우리 두뇌), 그리고 원료(양념 같은 것)는 우리가 사용하는 물질이라고 할 수 있다. 반면 문장으로 만들어진 요리 방법은 지시에 해당한다"라고 설명했다. 신성장 이론이 구성장 이론과 확실히 다른 점은 재화를 공공재와 사유재로 구분하지 않고 경쟁재와 비경쟁재로 구분한다는 것이다. 즉 재화를 특정 시각에 한 사람에 의해 소비될 수 있는 아이템과 동시에 많은 사람에 의해 사용될 수 있는 재화로 구분해야 한다는 얘기다. 오늘날 많은 산업 분야에서 가장 중요하게 여기는 자산은 레시피나 지시 사항 같은 것으로 그 대표적인 사례가 컴퓨터 소프트웨어나 신약 개발 공식, 음악 레코딩이다. 로머는 신성장 이론에서 기술 변화는 더 이상 경제학의 동력이 아니라고 지적했다.

"물질과 지시만 가지고 어떻게 경제 성장이 이루어질 수 있는지 간단한 해답을 찾을 수 있다. 인간은 경쟁재(냄비나 프라이팬, 기계 같은)를 비경쟁재인 지시를 이용해 다른 경쟁재로 변화시키는데, 경쟁재의 면모를 새롭게 바꿔 기존의 경쟁재보다 가치가 높은 경쟁재를 탄생시킨다. 예를 들어 인간은 강철봉을 볼 베어링으로 변화시키고 강철판을 볼 베어링을 만드는 그라인딩 머신으로 변화시킬 수 있다. 사람들은 보통 이러한 변화를 모색할 때 비경쟁재인 지시 사항을 다른 사람에게 한동안 비밀로 한다. 아예 특허 형태로 보호하기도 하는데 구성장 이론은 이러한 가능성을 공공재 부분에서 놓치고 말았다. 사람들은 새로운 발명품에서 상당한 소득을 얻을 수 있을 것이라는 희망 때문에 계속 새로운 아이디어를 찾아 나선다. 그러나 언제까지나 다른 사람이 이러한 아이디어를 모방하고 개선하는 것을 억제할 수는 없기 때문에, 결국 이러한 아이디어의 공유를 통해 경제는 계속 성장하게 된다."

사실 아이디어에 대한 생각은 애덤 스미스로 거슬러 올라가야 할 만큼 오래된 것이다. 로머는 그동안 아이디어가 너무 푸대접을 받았다고 말했다. 그런데 바로 그러한 아이디어가 경제학에서는 절대적인 역할을 한다는 것이다.

아이디어는 베낄 수도 있고 계속 사용할 수도 있기 때문에 그 가치는 어떤 변화를 주기 위해 사용되는 경쟁재 물질의 양에 비례해서 늘어난다. 그 점에서 시장이 크면 클수록 특정 아이디어로부터 얻는 이익은 그만큼 크다고 볼 수 있다.

상품은 보통 소도시보다 대도시에서 더 잘 팔리고 작은 나라보다 큰 나라에서 더 많이 팔린다. 바로 그런 이유에서 미국의 소득 성장률이 오래 전에 영국을 넘어서게 된 것이다. 로머는 "규모의 효과|scale effect는 성장회계학자인 에드워드 데니슨|Edward Denison이 지적했듯 더 이상 공장 규모와 관계가 있다는 사후 추가적 사고로 취급해서는 안 된다"라고 결론을 내리고 있다. 규모의 효과는 애덤 스미스가 그랬던 것처럼 출발할 때부터 염두에 두어야 하는 경제 세계의 근본적인 측면의 하나로 취급해야 한다는 얘기다. 청중은 로머의 발표를 당황스러운 표정으로 듣고 있었다. 과거에 그런 이야기를 한 번도 들어본 적이 없기 때문이다. 그리고 이제까지 일반 경제학 이론에 대해 연구할 때 사람들이 가장 신뢰를 보낸 인물은 애덤 스미스가 아니라 존 메이너드 케인스|John Maynard Keynes였다.

도대체 사보나롤라가 누구야?

폴 로머에 이어 발표를 한 사람은 하버드대학의 마틴 와이츠먼

|Martin Weitzman 이었다. 로머는 캘리포니아 출신의 침착하고 여유 있어 보이는 40대 교수인 반면 와이츠먼은 브루클린 출신의 뜨겁고 흥분을 잘하는 50대 교수였다. 로머의 발표가 단번에 이해하기 어려운 발표라면, 와이츠먼의 발표는 거의 심오한 수준이었다고 할 수 있다.

와이츠먼은 수확체증에 관한 논의가 앞으로 폭넓게 이루어질 것이라는 가능성을 일찍이 예측한 사람 중 하나로, 1982년에 왜 실업자는 곧바로 스스로의 사업을 시작하기가 어려운지 설명하면서 수확체증의 법칙을 언급했었다. 1996년의 발표에서는 그가 구성장 이론과 신성장 이론 사이에서 일종의 중재자 역할을 하려 노력하는 흔적이 보였다. 그의 발표 주제는 지식 성장을 연상시키는 메타포인 '잡종화|hybridization'로 다른 종류의 지식이 계속 탄생하는 한 경제 성장은 지속될 것이라는 얘기였다. 그는 이 이야기를 그 전 여름 국가경제연구소에서 있었던 경제변동그룹|economic fluctuations group 모임에서도 했었다. 이들은 사실 경제 변동을 연구하는 그룹이었기 때문에 이 그룹이 연구하는 프로젝트는 〈변동과 성장|fluctuations and growth〉이라는 이름으로 불렸다.

그런데 와이츠먼이 제시한 수학(프로그래밍이 아닌 조합론 |combinatorics)은 정말 생소했다. 그는 진화생물학|evolutionary biology에 대한 이야기도 했는데, 이 발언에 대해 청중석에 앉아 있던 젊은 예비 경제학자들의 반응은 냉담했다. 그들은 도무지 이해할 수 없다는 시선으로 와이츠먼을 쳐다보았던 것이다. 하지만 그처럼 냉담한 반응도 그의 열정을 식히지는 못했다. 그의 발표가 끝나자 그의 토론 상대인 로버트 솔로는 이렇게 말했다.

"몹시 고매한 발언을 하시는군요. 난 사보나롤라|Savonarola (1452~1498
년에 살았던 이태리의 수도사-옮긴이 주)가 환생한 줄 알았습니다."

그러자 와이츠먼이 받아쳤다.

"이 혁명 같은 생각을 발표한 나를 겨우 사보나롤라 취급을 하십니
까?"

이러한 발언이 오고가는데도 청중석의 젊은이들은 별다른 반응
을 보이지 않았다. 아마 젊은이들은 마음속으로 이렇게 생각했을
것이다.

'도대체 사보나롤라가 누구야?'

이 세션은 어떠한 공격도, 반격도 그리고 토론도 없이 끝났다.
생각보다 싱겁게 끝난 것이다. 그 자리에 참석했던 경제학자들은
다음해에 뉴올리언스에서 다시 만날 것을 기약하며 총회가 개최
되었던 호텔을 떠났다. 기자들도 다른 해처럼 발표를 보도하기 위
해 앞 다투어 전화기 앞으로 달려가지 않았다. 그때까지만 해도
이 회의장에서 발표된 새로운 아이디어를 일반인에게 알리기에는
무리가 있다고 생각했기 때문이다. 그만큼 새로운 아이디어에 대
한 저항감과 위험부담은 컸다. 더욱이 근래 들어 누구도 언급하지
않던 애덤 스미스를 언급하지 않았던가?

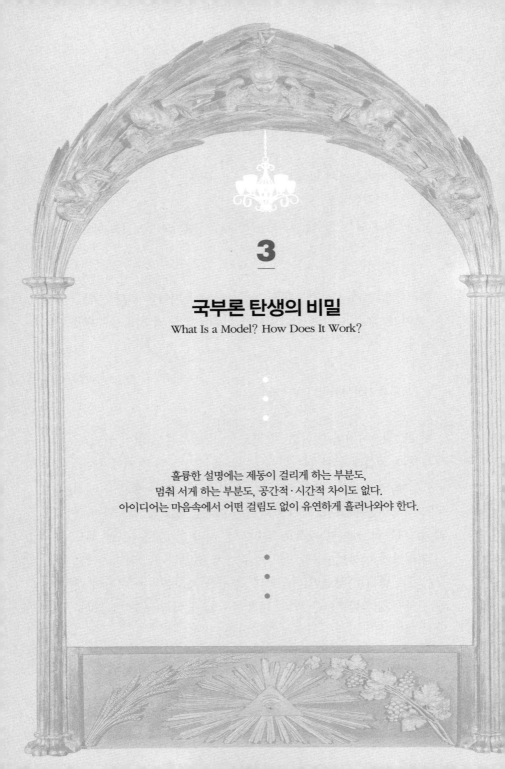

3

국부론 탄생의 비밀
What Is a Model? How Does It Work?

훌륭한 설명에는 제동이 걸리게 하는 부분도,
멈춰 서게 하는 부분도, 공간적·시간적 차이도 없다.
아이디어는 마음속에서 어떤 걸림도 없이 유연하게 흘러나와야 한다.

고전경제학의 출발점

오늘날 경제학 박사들은 애덤 스미스 책을 거의 읽지 않는다. 이 것은 현대 물리학자들이 아이작 뉴턴|Isaac Newton의 책을 읽지 않는 것과 같다. 애덤 스미스는 1776년《국부론|The Wealth of Nations》에서 자 신의 경제관을 제시했다. 그러나 이후에 나온 경제 이론들은 애덤 스미스의 주장과 많이 달라졌고, 오늘날 경제학과 대학원생들은 달 라진 주장과 이론이 담긴 교과서를 통해 공부를 하고 있다. 물론 이 것은 전혀 놀라운 일이 아니다. 과학은 이러한 진보를 통해 발전하 는 법이기 때문이다. 앨프리드 노스 화이트헤드|Alfred North Whitehead 가 말했듯 어떠한 과학 분야도 그것을 탄생시킨 사람을 잊지 못하 고 머뭇거리는 분야는 결국 쇠퇴하고 만다.

그런데 과학자들은 간혹 자신이 길을 잃은 것 같은 느낌에 빠져 들곤 한다. 교과서에서 배운 설명과 자신이 추구하는 것이 다를 때 그 혼란은 더욱 커진다. 이 경우 과학자들, 특히 최고의 과학자로 인정받는 사람은 마치 고문을 당하고 있는 듯한 느낌을 받는데 이 를 두고 그들은 '위기'라고 인정한다. 그렇다면 그러한 위기가 올

때 과학자들은 어떻게 위기를 헤쳐 나갈까? 대개 자신이 이제까지 걸어온 학문의 길을 거슬러 올라가 처음부터 다시 한 번 점검을 한다. 그래야만 어디에서 무엇이 잘못되었는지 찾아낼 수 있기 때문이다.

폴 로머 역시 그러한 과정을 거친 경제학자이다. 그는 1986년 처음으로 아이디어 경제학의 모델 구축을 시도해본 후 다시 고전으로 돌아갔다. 경제학을 전공하지 않은 사람의 눈에도 분명히 보이는 '지식의 성장'이라는 현상을 과거 경제학자는 어떻게 다루었는지 다시 한 번 확인해보고 싶었기 때문이다. 그런 다음 과거 경제학자가 지식 경제를 어떻게 다루었는지를 다룬 〈워킹페이퍼 | working paper〉를 작성했는데, 이것은 그가 속한 학과에서 비공식적으로 출간되었다.

과거 경제학자의 이론과 행적을 따라가 보면 많은 경제학자가 폴 로머처럼 과거를 거슬러 올라가 연구한 증거를 찾을 수 있다. 그중 대표적인 경제학자가 노벨 경제학상 수상자인 제임스 뷰캐넌으로, 그는 과거 수확체증의 법칙으로 거슬러 올라가 프로테스탄트 노동 윤리가 경제에 커다란 영향을 미쳤음을 밝혀냈다(그는 가능하면 덜 놀고 많이 일해야 한다는 프로테스탄트적인 노동 윤리가 상품 시장을 확장하는 데 기여했다고 주장한다). 결국 뷰캐넌은 200년 동안 발간된 문헌(자신이 쓴 논문 기사 두 편을 포함해)을 샅샅이 훑어 1994년에 《수확체증으로의 회귀 | The Return of Increasing Returns》를 펴냈고, 이로써 사람들에게 논쟁의 근거가 된 경제사를 다시 한 번 검토해볼 기회를 제공했다.

뷰캐넌이 이 책을 저술하면서 염두에 둔 독자는 대학원생들이었다. 폴 로머의 이러한 설명은 나중에 전문가들의 회의 책자에 담기게 되었다. 이어 경제 성장에 관해 새롭게 집필된 교과서가 등장했고, 이것은 새로운 아이디어를 다루고 있다. 하지만 이들 서적은 전공 학생을 위해 쓰였을 뿐 누구도 일반 독자에게 새로운 아이디어가 어디서 왔고 왜 그것이 중요한지를 소개하려는 시도는 하지 않았다.

어쨌든 이번 기회에 고전경제학|Classical Economics 서적을 검토해본다면 오래 전에 간단하게 표현되었던 내용이나 방법이 오늘날 갑자기 중요한 의미를 지니게 된 이유를 쉽게 이해할 수 있을 것이다. 그렇다면 고전경제학의 출발점이 되는 책은 무엇일까? 그것은 바로 《국부론》이다.

생각하는 행위 자체에 중독된 사람, 애덤 스미스

애덤 스미스는 놀라운 집중력의 소유자로, 그러한 사실은 전해 내려오는 이야기에서도 쉽게 알아볼 수 있다. 가장 많이 알려진 이야기는 그가 잠옷을 입은 채 한밤중에 산책에 나섰다가 무려 15마일(1마일은 1,609미터-옮긴이 주)이나 떨어진 곳에 간 후에야 자신이 왜 그 자리에 있는지 깜짝 놀라 멈춰 섰다는 일화이다. 또한 머릿속으로 생각을 하느라 자신도 모르게 빵과 버터를 찻주전자에 집어넣고 물을 끓인 다음, 그 차를 마시며 왜 이렇게 차 맛이 이상한지 모르겠다고 불평했다는 얘기도 있다. 애덤 스미스의 친구였던 알렉산더 칼라일|Alexander Carlyle 은 그에 대해 이렇게 말했다.

"그는 늘 머릿속이 생각으로 가득 차 있었다. 가끔 혼잣말을 하기도 했는데 친구들이 함께 대화하는 동안 혼자 미소를 지으며 꿈속에 빠져 있곤 했다. 그 꿈을 깨뜨리고 친구들과의 대화에 참여시키면 언제 꿈속에 있었느냐는 듯 열변을 토해냈고, 자신이 아는 모든 철학적 지식을 동원해 밑천이 떨어질 때까지 절대 말을 그치지 않았다."

짐작하건대 애덤 스미스는 생각할 때 논리의 긴 사슬을 연결하며 쫓아가느라 침묵 속으로 빠져들었던 것 같다.

애덤 스미스는 1723년 영국 스코틀랜드의 커콜디에서 부유하고 연고도 많은 가문의 후손으로 태어났다. 그가 태어나기 바로 전에 아버지가 사망하는 바람에 그는 열성적인 엄마 밑에서 성장했는데, 외할아버지가 부유한 지주이자 국회의원이었다. 전해오는 얘기로는 애덤 스미스가 아직 아기였을 때 집시들이 그를 유괴하는 사건이 발생했다고 한다. 다행이 그 집시들은 그를 옆 마을에 버리고 갔는데, 만약 그때 집시들이 그를 데려갔다면 그는 평생 구걸을 하는 집시 생활을 면치 못했을지도 모른다.

애덤 스미스는 처음부터 좋은 교육을 받으며 자라났고, 열네 살이 되던 해에 그는 전통적으로 실험적 시범을 많이 보여주는 글래스고대학에 들어갔다. 당시 학문 쪽에서는 아리스토텔레스 물리학이 서서히 쇠퇴하고 기계론적 철학|mechanical philosophy이라는 새로운 학문이 태동하고 있었다. 이에 따라 낙석이나 전기 스파이크가 이는 것을 보면서 '원래부터 돌이나 전기에는 그런 성분이 있다'는 주장만으로는 충분치 않게 되었다. 왜, 어떻게 그런 현상이 나타나는지 입증해야 했던 것이다.

스미스는 공기 펌프와 기압계 그리고 새롭게 발명된 기체 역학 도구를 잘 알고 있었다. 또한 그는 물리학에서 신체 독트린$^{doctrine of bodies}$이라고 불리던 아이작 뉴턴의 흥미 있는 이론도 배웠다.

열일곱 살이 되던 해, 그는 장학금을 받고 옥스퍼드 대학원에 진학했고 그곳에서 6년 동안 공부를 했다. 그런데 애덤 스미스는 옥스퍼드를 몹시 싫어했다. 《국부론》을 보면 옥스퍼드의 종신교수 제도를 적나라하게 비난하는 대목이 여러 번 등장하고 있으며, 그는 이러한 제도 때문에 교수들이 배우거나 가르치려 하지 않고 또한 학생들과 토론하려 하지 않는다고 비난했다. 그는 옥스퍼드대학의 풍토에 대해 이렇게 한탄했다.

"그들은 오랫동안 은신처에 숨어 있는 쪽을 선택했는데, 그러다 보니 기존의 쓸 만한 제도는 다 무너져버렸고 쓸데없는 편견과 자기 보호 의식만 팽배해져 있다. 세계 모든 것으로부터 고개를 돌리고 스스로의 무덤을 파고 있는 것이다."

'기존의 쓸 만한 제도는 다 무너져버렸고 쓸데없는 편견'이라는 표현을 보면 그가 아리스토텔레스의 이론에 치중하는 물리학을 염두에 두었던 것 같다. 애덤 스미스는 1740년에 옥스퍼드에 입학했는데, 당시에는 뉴턴이 《프린키피아^{Principia}》를 출간한 지 무려 50년이 넘었음에도 옥스퍼드에서는 여전히 아리스토텔레스 중심의 교육을 하고 있었기 때문이다. 또한 혈액순환에 관한 발견에서도 옥스퍼드는 다른 대학에 비해 지독하게 뒤처져 있었다. 이것도 그가 옥스퍼드를 싫어했던 이유 중 하나인 것 같다.

과학은 과거에 대한 장례식을 치르며 발전한다

그러면 여기서 잠깐 옆길로 빠져 만족스러운 설명은 무엇이고, 그것은 어떤 방법으로 얻어질 수 있는지를 생각해보자. 이 책은 무엇보다 하나의 사고방식이 어떻게 다른 사고방식을 대체하게 되는지를 보여주기 위해 쓰인 것이다. 따라서 강력한 수학적 모델 중 하나로 평가되는 '모델 이론'이 어떻게 탄생하게 되었는지 그 이야기를 짚고 넘어가는 것도 괜찮을 것 같다. 모델 이론은 무엇인가? 그것은 어떠한 원리로 작동되는가?

이야기는 1578년에 태어난 윌리엄 하비|William Harvey로부터 시작된다. 셰익스피어 시대(셰익스피어는 1564년에 태어남)에 태어났다고 생각하면 그가 어느 시대 사람인지 쉽게 이해할 수 있을 것이다. 내과의사가 되기로 결심한 윌리엄 하비는 케임브리지대학을 졸업한 후 파두아로 갔다. 그리고 그곳 의대에 진학해 당시 최고의 해부학자로 명성이 자자하던 파브리시우스 압 아쿠아펜덴테|Fabricius ab Aquapendente 교수 밑에서 공부를 시작했다. 그 교수는 기막힌 그림 솜씨로도 이름을 날리고 있었다. 당시만 해도 세심하게 관찰해 그것을 그림으로 그리는 것만이 생리학을 연구하고 이해할 수 있는 유일한 방법이었다.

그 무렵의 의학 지식 수준은 내과의사 갈렌(서기 100년 시대의 인물)이 주장한 내용을 여전히 믿고 있는 정도였다. 갈렌은 우리의 심장이 하나의 화로나 태양과 닮은 모습을 하고 있다고 주장했었다. 당시만 해도 인체의 가장 중요한 장기는 간으로 여겨졌고, 그곳에서 음식이 피로 바뀌고 그 피가 심장과 폐로 전해진다고 믿고 있었다. 또한 심장이 열기로 혈액을 심실로 끌어들인 다음, 심실에서 혈액이 덥혀진 후 폐에 농축 저장된다고 생각했다.

켄트 출생이던 윌리엄 하비는 펌프에 대해 잘 알고 있었는데, 특히 그는 당시 광산촌에서 많이 사용되던 펌프의 작동 원리에 관심이 많았다. 펌프는 눈에 보이지 않는 '대기의 대양|ocean of air'의 원리 발견 덕분에 발명된 도구였다. 펌프의 작동 원리를 알고 있던 하비는 화로나 램프 역할을 통해 심장의 열이 혈액을 순환시키는 것이 아니라 근육이 펌프 역할을 해 혈액을 순환시키는 것이라고 믿었다. 그러한 원리로 혈액이 순환로를 따라 인체 전체로 순환된다고 믿은 것이다.

그는 저서 《심장의 움직임과 혈액에 관하여|On the Motion of the Heart and the Blood》에서 자신의 생각이 옳다는 것을 증명하려 노력했다. 우선 그는 인간의 평균 심장이 혈액을 담을 수 있는 능력이 얼마나 되는지를 측정했다.

그 결과 약 2온스(1온스는 28.3498그램-옮긴이 주)의 혈액을 담을 수 있다는 것을 알게 되었다. 그는 자신의 저서에서 심장이 수축할 때마다 많은 경우 이 혈액의 절반 정도, 적은 경우 8분의 1 정도가 폐로 간다고 가정해볼 것을 제안하고 있다.

물론 오늘날 우리가 알고 있는 진실에 따르면 이 수치는 실제보다 훨씬 적다. 그러나 하비는 신중을 기하기 위해 수치를 적게 잡았던 것 같다. 그는 심장이 펌프질을 통해 약 반 시간 동안 혈액을 동맥 혈관에 흘려보내는데, 그렇게 흘러간 혈액은 2갤런(1갤런은 3.785리터-옮긴이 주)이 넘는다고 주장했다.

이러한 원리가 아니라면 대체 어떤 원리로 혈액이 온몸에 퍼질

수 있겠는가? 과학사 전문가였던 찰스 쿨스턴 길리스피|Charles Coulston Gillispie 는 이렇게 말했다.

> "정말로 훌륭한 주장이다. 적합한 사실이 완벽한 예술과 함께 잘 조화되어 있다. 기하학적 명제가 잘못되었다는 것을 입증하기 힘들 듯, 그의 논리가 잘못되었다는 것을 입증하기는 힘들 것이다."

그렇다면 당시에 모든 학자가 하비의 주장에 수긍했을까? 천만의 말씀이다! 당시 전문가들의 가장 큰 골칫거리는 온몸으로 흘러간 피가 어떻게 다시 심장으로 돌아오는지를 설명하지 못하고 있었다는 점이다. 그로부터 1500년 전 갈렌이 심장의 화로 모델을 굳건하게 확립한 이후, 일각에서 혈관 시스템이 나뭇가지나 해안의 습지 지류 유형을 닮았을 것이라는 조심스런 의견을 내놓고 있던 중이었다.

그런 와중에 하비가 눈에 보이지 않는 작은 파이프 같은 것이 동맥과 정맥을 연결한다는 주장을 하고 나선 것이다. 연륜 있는 생리학자들은 대부분 하비의 주장에 코웃음을 치고 나섰다. 아니, 그들은 하비의 모델에 불같이 화를 냈다. 하비의 주장은 그들이 평생 땀흘려 연구한 결과를 모두 물거품으로 만들 만큼 강력한 것이었기 때문이다.

그로부터 30년 후, 현미경이 발명되면서 하비가 주장한 대로 인체에 모세혈관이 존재한다는 사실이 밝혀졌다. 그런데 그처럼 확실한 증거가 드러났음에도 나이든 생리학자들은 여전히 새로운 의견을 받아들이지 못했다. 물론 신세대 생리학자들은 아무런 거부감

없이 새로운 의견을 받아들였다. 그리고 세월이 흐르면서 신세대 생리학자가 구세대 생리학자를 대체하게 되었다. 20세기의 물리학자 막스 플랑크 |Max Planck 는 이러한 과정을 "과학은 과거에 대한 장례식을 하나씩 치르며 발전해간다"라고 표현했다.

하비의 계산법은 역사상 최초의 수학적 모델 중 하나라는 데 큰 의미가 있다. 아마도 영어권 지역에서 수학적 모델이 그처럼 대성공을 거둔 것은 그것이 처음인 것 같다. 이 공식의 내용은 몇 가지가 수정되긴 했지만 아직도 가장 강력한 계산법 중 하나로 인정받고 있다. 그만큼 형식적 논법이 크게 진일보하는 계기가 되었기 때문이다.

애덤 스미스도 이에 대해 어느 정도 의식을 했던 것 같은데, 그의 연설이나 저서에 하비의 이야기가 등장한 적은 없다. 그러다가 1906년 윌리엄 오슬러 경 |Sir William Osler 이 런던에서 〈혈액순환에 대한 발견에서 보여주는 진리의 성장 |The Growth of Truth as Illustrated in the Discovery of the Circulation of the Blood 〉이라는 제목의 연설을 하며 새로운 진리를 받아들이는 과정에 대해 설명했다. 그 후, 하비의 이야기는 새로운 과학적 발견에 대해 지나치게 신중한 태도를 비난할 때마다 단골메뉴로 언급되곤 했다.

설레는 강연의 추억

옥스퍼드에서 공부를 마친 애덤 스미스가 에든버러로 돌아오자 그에게 공개 강연을 해달라는 부탁이 들어왔다. 그는 먼저 수사학에 관해 강연을 했고 두 번째와 세 번째로 각각 철학의 역사와 판례에 대해 강연을 했다. 다행이 그 강연문이 지금까지도 전해지고 있어 우리는 애덤 스미스의 사고나 철학을 확실히 이해할 수 있다.

여러 강연 중에서도 〈천문학의 역사 |The History of Astronomy〉라는 강연은 겸손한 애덤 스미스가 천문학을 어떻게 생각하고 있는지 잘 보여주고 있는데, 그 내용은 지금 읽어도 전혀 손색이 없을 만큼 흥미롭다. 무엇보다 그가 무지의 상태에서 새로운 것을 이해해가며 마치 처음으로 세상의 진리를 깨달아가는 소년처럼 얼마나 마음이 설레였을지 쉽게 짐작할 수 있다.

애덤 스미스는 그리스 시절로부터 천문학에 대한 역사를 이야기하고 있다. 18세기 학자의 기준에서 볼 때 우주에 관한 그리스 사람들의 이해는 불완전하기 짝이 없었던 모양이다. 그래도 그는 그리스 학자들은 아리스토텔레스나 프톨레마이오스|Ptolemy 이전에 크게 영향력을 행사했던 미신적 사고에서 벗어나 우주의 현상에 대해 좀 더 물리학적으로 사고하려 노력했던 것 같다고 지적했다. 또한 이제는 사람들이 쉽게 받아들이는 코페르니쿠스|Copernicus, 티코 브라헤|Tycho Brahe, 갈릴레오|Galileo, 케플러|Kepler, 아이작 뉴턴 등의 이론을 언급하며 현대 천체 물리학이 어떻게 과거에 풀지 못하던 수수께끼들(행성들의 역행 운동, 이동하는 배의 돛대에서 떨어질 때 느껴지는 하중 등)을 보다 만족스러운 방법으로 풀어내고 아리스토텔레스 시절의 지식을 대체하는 데 성공했는지 설명했다.

그는 뉴턴의 사례를 들어 그의 마음속에 수수께끼를 풀고자 하는 마음이 깊이 자리 잡고 있었고 마침내 만유인력의 법칙을 발견해냈음을 역설했다.

"가장 중요하면서도 숭고한 진리의 방대한 연결고리를 발견한 셈인데, 이러한 진리는 하나의 결정적인 사실(인력)을 중심으로 서로 연결되어 있고, 우리는 그러한 진리를 매일 경험하면서 살아가고 있다."

애덤 스미스는 우리가 겉보기에 전혀 상관이 없을 것 같은 현상들 사이에 존재하는 '상호 반응 원칙'을 이해하려 노력해야 한다고 주장하고 있다.

"과학은 더욱 정밀한 역학 도구를 이용해 겉보기에 전혀 조화되지 않을 것 같은 현상을 하나로 묶는 보이지 않는 연결고리를 찾아내야 한다. 시스템이라고 하는 것은 여러 가지 면에서 기계를 많이 닮아 있기 때문이다."

다시 말해 어떤 문제에 대한 해결책을 찾아내려면 머릿속으로 하나의 모델을 창조해내야 하는데, 이처럼 더 큰 힘을 지니면서도 합리적인 '상상의 기계|imaginary machine'를 찾아내면 풀리지 않던 문제의 원인과 결과를 찾아낼 수 있다는 얘기다. 오페라 극장에 가면 볼 수 있는 움직이는 기계 시스템에 대해 오늘날 한 치의 의심이라도 하는 사람이 있는가? 애덤 스미스는 이처럼 과거에 받아들이지 못했던 진리가 새롭게 발견되고 있음에도 옥스퍼드대학과 다른 대학에서 여전히 아리스토텔레스 시절의 내용을 가르치고 있다고 한탄했다.

또한 그는 훌륭한 이론의 탄생을 위해 학자들이 가장 경계해야 할 것은 마구잡이식 유추 행동이라고 지적했다. 하나의 현상을 해석해낸 학자들이 그 진리를 아무 곳에나 모두 적용하려 하는 것을 꼬집은 것이다.

예를 들어 피타고라스는 모든 것을 숫자의 특성으로만 설명하려는 시도를 했고, 물리학자들은 생리학을 '정치 통일체로써의 국가|body politic' 개념에까지 확대하려 노력했다(윌리엄 페티|William Petty는 "통화는 정치 통일체로써의 국가가 지닌 지방|fat이라고 볼 수 있는데, 그 지방이 너무 많아지면 국가의 움직임이 둔해지고 반대로 너무 적으면 병이 난다"고 정치를 생리학과 연결 지어 설명하기까지 했다). 애덤 스미스는 정말로 좋은 설명에는 어떠한 이음새도 없다고 주장했다.

"훌륭한 설명에는 제동이 걸리게 하는 부분도, 멈춰 서게 하는 부분도, 공간적·시간적 차이도 없다. 아이디어는 마음속에서 어떤 걸림도 없이 유연하게 흘러나와야 한다."

나아가 그 분야의 전문가만 설득하는 것이 아니라 일반 대중도 설득할 수 있어야 성공적인 설명이라고 할 수 있다. 우쭐한 전문가들 사이에서만 우물 안 개구리 식으로 인정받는 것은 제대로 된 설명이 아니다. 일반 대중과 가장 화합하지 못하는 분야가 바로 화학 분야인데, 스미스는 화학 분야는 아직도 어두컴컴한 자신들만의 세계에서 살고 있다고 지적했다. 또한 이로 인해 화학 분야가 파고들어 밝혀야 할 진정한 진리를 찾아내지 못하고 있다고 덧붙였다.

여기에서 한 가지 짚고 넘어갈 점은 이 글은 1750년대에 쓰였는데, 당시만 해도 화학자들은 불을 설명하면서 '플로지스톤|phlogiston(산소를 발견하기 전까지 가연물 속에 존재한다고 믿었던 것-옮긴이 주)'

이라는 뭐라 정의하기 어려운 물질 때문에 연소 현상이 일어나는 것이라고 주장했었다. 그처럼 터무니없는 주장을 하는 화학자들끼리 서로를 '박사'라고 불렀던 것이다. 다른 한편으로 그들은 일반 사람들이 알고 싶어 하는 진리에 대한 답을 찾아내지 못해 답답해하고 있었다. 애덤 스미스는 "소금, 황, 수은, 산, 알칼리는 화로에서 살아남을 수 있는 것들만 유화시켜준다"라고 말해 놓고 이것이 무엇을 의미하는지 알아듣기 쉽게 설명해주지 않으면 설사 그것이 진리일지라도 아무런 의미가 없다고 말했다.

세 가지 주제에 관한 애덤 스미스의 강연은 대성공을 거두었고, 1751년 그는 글래스고대학 논리학과 과장에 선임되었다. 역사상 학계에 몸담은 최초의 경제학자가 된 것이다. 그가 처음으로 저술한 책은 인간의 기질에 관한 《도덕 감정론|The Theory of Moral Sentiments》으로 이것은 교수가 된 지 8년 만에 출간되었다. 오늘날 우리는 이 책을 심리학 입문서라고 부른다.

이 책의 첫 문장은 저자의 성향을 충분히 내보이려는 듯 이렇게 시작되고 있다.

  "인간에게는 이기적인 본성이 있다. 인간의 내면에는 다른 사람의 재산을 빼앗고 싶은 마음, 다른 사람의 행복을 빼앗고 싶은 마음이 존재한다. 그런 것을 빼앗아도 바라보는 기쁨 외에 다른 어떤 것도 얻을 수 없음에도 인간은 욕심을 부린다."

그리고 뒷부분에서 애덤 스미스는 "행복의 가장 중요한 부분은 사랑받고 있음을 의식하는 것으로부터 얻을 수 있다"라고 덧붙이고 있다. 그런데 글래스고대학에서 강의를 하던 그는 옥스퍼드에서 느꼈던 환멸을 느끼게 되었다. 종신 교수직에 있는 교수들이 적당히 강의를 하는 옥스퍼드의 모습이 글래스고에서도 그대로 재현되고 있었기 때문이다.

결국 그는 버클루 공^{|duke of Buccleuch}이 대학에서 받는 봉급의 두 배를 줄 테니 프랑스에 와서 가정교사 노릇을 해달라는 요청을 해오자 망설이지 않고 수락해버렸다. 그리고 그곳에서 지루한 시간을 메우기 위해 두 번째 저서를 저술하기 시작했다.

국부론, 시장을 보는 이중초점렌즈를 확립하다

그렇게 해서 탄생한 책이 바로 경제학계의 고전 중의 고전으로 우리가 《국부론》이라고 부르는 《국가 부의 성격 및 원인에 대한 연구^{|An Inquiry into the Nature and Causes of the Wealth of Nations}》라는 책이다.

무려 950쪽에 이르는 이 책은 내용만 18세기 정치경제학에 관한 것일 뿐 마치 오늘날의 경제 잡지를 읽는 것처럼 상당히 재미가 있다. 노동 분업의 이점에 관한 장황한 설명으로 시작되는 이 책은 돈의 역사, 물가, 임금, 수익, 금리, 토지 임대 비용 등에 관한 설명으로 이어진다. 그런 다음 과거로 거슬러 올라가 은의 가격 변동에 관한 이야기가 나오는데, 이것은 오늘날의 개념으로 보자면 인플레이션의 역사를 설명한 것이라고 할 수 있다.

제2권에는 국가 수입 계산법 및 자본 축적 이론이 등장한다. 이 책에는 오늘날 경제학자들이 경제 순환^{|circular flow}이라고 부르는 것

에 대한 초기 모델이 숨겨져 있다. 경제학자들은 경제 순환이라는 용어를 통해 경제에는 크게 두 가지가 순환되고 있다고 주장하는데, 하나는 통화이고 다른 하나는 생산요소 중에서도 지주, 농부, 제조업자들이 생산하는 재화와 서비스이다. 역사상 처음으로 실질적인 국가 수입을 산출할 수 있는 방법을 발명했다는 평가를 듣는 인물은 아일랜드 출신의 리처드 캉티용|Richard Cantillon으로 그는 18세기에 이러한 개념을 정립했다.

그 후 프랑스 궁정의 내과의사로 일하던 프랑소와 케네|François Quesnay는 이 개념을 이론적이나마 측정 가능한 것으로 바꾸어놓았다. 그는 프랑스 경제의 다양한 분야에서 들어오는 수입을 측정하기 위해 여러 가지 도형이 담긴 경제 도표|tableau économique를 선보였던 것이다. 애덤 스미스는 프랑스 국가 수입 측정을 위해 고안된 이 개념을 영국의 국가 수입을 산출하는 데 도입했다. 이렇게 정립된 개념은 오늘날 경제학 개론 교과서 첫 장에서 등장하는 중요한 개념이 되었다.

제3권은 로마 몰락 이후의 유럽 역사라는 흥미로운 주제를 담고 있다. 제4권은 중상주의 제도|system of mercantilism라는 특정 목적을 달성하기 위해 무역을 규제하려는 정부의 시도를 비난하는 데 할애하고 있다. 사실 스미스는 자유무역을 주장하며 국가 개입이 필요하다는 주장에 계속 반대해 왔다. 그의 책에서 지적했듯 정치인의 두뇌에 의지하기보다 강력한 경쟁에 의한 자유무역을 주창한 것이다. 마지막으로 제5권은 국가 재정을 어떻게 해야 하는지에 대한 방법에 할애하고 있는데, 문장 곳곳에서 탁월한 통찰력 및 뛰어난 용어가 등장하고 그 구성이 상당히 정밀하다. 이렇게 모두 5권으로 쓰

인《국부론》은 크게 인기를 끌며 전 세계로 퍼져나갔다.

그렇지만 이 책은 문장이 매우 뛰어난 대작 대열에는 들지 못하고 있다. 이 책이 그런 면모를 갖췄다면 에드워드 기본|Edward Gibbon의 《로마제국 흥망사|Decline and Fall of the Roman Empire》 등급에 이를 수 있었을 것이다. 《로마제국 흥망사》는 1776년 윌리엄 스트라한|William Strahan 출판사가 선정한 최고의 서적으로 꼽혔고 오랫동안 애덤 스미스의 《국부론》보다 많이 팔려나갔다.

사실 《로마제국 흥망사》는 지금도 많이 읽히고 있다(대개 본 내용보다 주석이 더 많이 읽히기는 하지만). 비록 로마제국에 대한 학술적 연구 서적으로는 큰 영향을 미치지 못했지만 로마 문화를 알리는 서적으로는 지금도 좋은 평가를 받고 있는 것이다.

반면 《국부론》은 오늘날의 학생들이 읽는 책 목록에 거의 들어가 있지 않다. 《국부론》이 탄생한 지 채 50년이 지나지 않아 수많은 경제학 원리 교과서가 등장했고, 이 책들은 《국부론》을 밀어내버렸다. 물론 50년이면 과거에 형성된 주장이나 이론을 밀어내는 새로운 주장이 학술지에 등장하기에는 충분한 시간이다. 그러나 《국부론》은 여전히 우리 생활에 큰 영향력을 미치고 있다. 사실 《국부론》은 시장 분석의 기초적인 틀을 마련해야 한다는 것을 강조해 그것이 국가 법률에 반영되는 데 크게 기여했다.

모두가 인정하듯 《국부론》은 상당히 훌륭한 장점을 지닌 책이다. 다만 1962년 토머스 쿤|Thomas Kuhn이 《과학적 혁명의 구조|The Structure of Scientific Revolutions》에서 지적했듯, 우리가 과거에 중요한 이론이라고 주장했던 패러다임이 시간이 가면서 자연스럽게 바뀌게 되었을 뿐이다. 《국부론》은 문제와 더불어 그 문제를 해결하는 방

법을 제시했을 뿐 아니라 문제가 나타나는 현상을 순서대로 설명해준 책이다.

사실 이 책에는 차트나 숫자, 도형이 거의 없다. 그럼에도 그가 펼친 논리나 주장이 워낙 뚜렷해 하나의 새로운 과학이 시작되는 기틀을 마련했다는 평가를 받고 있다. 아리스토텔레스의 《피지카|Physica》, 프롤레마이오스의 《알마게스트|Almagest》, 뉴턴의 《프린키피아》, 하비의 《심장의 움직임》, 프랭클린의 《전기|Electricity》, 라보아지에의 《화학|Chemistry》, 리엘의 《지질학|Geology》, 다윈의 《종의 기원|Origin of Species》처럼 애덤 스미스의 《국부론》은 인류에게 특별한 학문 분야에 대한 기초 지식을 가르쳐주었고, 시장이 어떤 특성을 지니고 있는지 보여주었다.

바로 이중초점렌즈라는 도구를 통해 우리에게 시장을 보여주는 데 성공한 것이다.

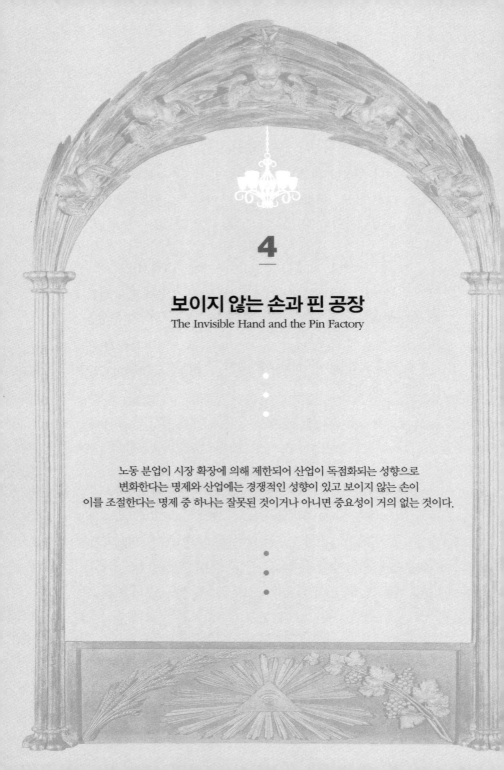

4

보이지 않는 손과 핀 공장
The Invisible Hand and the Pin Factory

노동 분업이 시장 확장에 의해 제한되어 산업이 독점화되는 성향으로
변화한다는 명제와 산업에는 경쟁적인 성향이 있고 보이지 않는 손이
이를 조절한다는 명제 중 하나는 잘못된 것이거나 아니면 중요성이 거의 없는 것이다.

'보이지 않는 손' 밖의 이론에 관하여

경제학자에게 《국부론》이 어떤 내용을 담고 있는지 물어보면 보통 '경쟁'에 대해 쓴 책이라고 답변할 가능성이 크다. 조금 더 상세하게 물어보면 그 책 덕분에 우리는 '보이지 않는 손'(우리가 오늘날 가격 시스템으로 알고 있는 가격과 상품 사이에 존재하는 자동 조절 기능)이라는 개념을 발견하게 되었다고 답변할 것이다.

그러나 《국부론》에는 가격 시스템 외에도 두 번째로 중요한 사항인 '규모와 특화'에 대한 이론도 담겨 있다. 많은 경제학자가 간과하는 이 개념은 여러분이 읽고 있는 이 책에서 상당히 중요한 개념임을 염두에 두기 바란다. 《국부론》에 이처럼 강력한 두 가지 제안이 담겨 있다는 것은 전혀 놀라운 사실이 아니다. 오히려 애덤 스미스가 중요하다고 생각해 일부러 앞부분에 집어넣었던 이 두 번째 아이디어의 중요성이 오랫동안 외면당해 왔을 뿐이다. 두 번째 아이디어가 외면당해 온 이유는 애덤 스미스의 양대 경제학 사고라 할 수 있는 '보이지 않는 손' 논리와 '핀 공장' 논리 사이에 모순이 있는 것처럼 보였기 때문이다.

영국이 부를 축적할 수 있었던 결정적 이유

애덤 스미스는 《국부론》에서 영국 경제가 세계를 지배하는 위치로 올라설 수 있었던 이유를 확실히 설명했다. 그는 경제의 쇠퇴 원인보다 경제 번영을 유발할 수 있는 정책이 무엇인지 파악하려 노력했다.

스미스보다 100년 앞선 시점에서 윌리엄 페티는 네덜란드 같은 저지대 국가(당시에는 네덜란드가 별개의 국가로 존재하고 있었다)에서 어떻게 경제 기적이 일어났는지 그 원인을 밝히려는 시도를 했었다. 그 시대만 해도 두 나라는 저지대에 위치하고 있었음에도 영국보다 훨씬 경제가 발달해 있었기 때문이다.

애덤 스미스가 태어난 해인 1723년만 해도 영국이 이들 두 나라를 뛰어넘어 더 부유해졌다는 주장과 그래도 네덜란드가 영국보다 부유하다는 주장이 팽팽하게 맞서 있었다. 그러다가 1776년경 영국은 이 라이벌 국가를 뛰어넘으며 유럽에서 가장 부유하고 급성장하는 국가로 부상하게 되었다.

영국 노동자들의 식탁에는 빵만 올라온 것이 아니라 고기도 올라왔다. 더불어 스푼이나 포크는 물론 좋은 접시도 놓았다. 네덜란드공화국이 부의 분산보다 축적을 위해 노력하는 동안 섬나라 왕국인 영국이 세계 최초로 대대적인 소비자 붐을 일으킨 것이다. 영국은 핀, 홍차, 사라사면, 식기류, 모직 제품, 가죽 구두 등 다양한 종류의 상품을 생산하며 세계에서 가장 부유한 국가로 떠올랐다. 1780년대 영국을 방문했던 한 러시아인은 이렇게 쓰고 있다.

"모든 면에서 풍요가 흘러 넘쳤다. 도버에서 런던까지 가는 동안 빈곤을 상징할 만한 물건은 단 한 개도 없었다."

여기에서 주목할 점은 애덤 스미스가 강조한(그래서 누군가가 그것을 추구하려 생각한) 특화가 영국이 그토록 부를 축적하는 데 결정적 역할을 했다는 사실이다.

영국에서는 어디에서나 노동 분업이 이루어졌고, 특히 대기업은 최종 상품이 완성되기까지 필요한 부품들을 전 세계에서 만들어왔다. 애덤 스미스는 그의 책에서 이러한 특화 과정을 소개하고 있는데, 그는 현대화된 핀 공장 작업 공정을 소개하며 분업이 어떻게 이루어지는지 상세히 설명하고 있다. 그가 소개한 핀 공장은 작업의 능률을 위해 각 제조 과정이 한 지붕 아래 모여 있었다. 애덤 스미스는 핀 사업에 대한 지식이 전혀 없고, 핀을 만드는 기계를 갖추지 못한 노동자에게 핀을 만들라고 하면 잘해야 하루에 한 개 정도밖에 만들지 못할 것이라고 지적했다. 하지만 현대 공장의 경우는 상황이 완전히 다르다고 기술하고 있다.

"첫 번째 사람은 철선을 뽑아내고, 두 번째 사람은 그 선을 반듯하게 펴며, 세 번째 사람은 반듯하게 펴낸 철선을 자른다. 네 번째 사람은 집어내고 다섯 번째 사람은 핀의 머리 부분을 만들기 위해 그것을 그라인더에 간다. 이렇게 핀의 머리 부분만 해도 두 종류의 다른 공정이 필요하다. 이외에 핀을 하얗게 만드는 공정은 별도의 과정에 해당한다고 볼수 있다. 또한 핀을 팔기 위해서는 핀들을 종이에 포장하는 작업도 필요하다. 이처럼 핀 하나가 탄생하는 데 필요한 과정은 모두 18개 공정으로 이루어진다. 물론 한 사람이 두세 가지 공정을 맡아 하는 공장도 있지만, 상당수 공장은 이 일의 모든 공정을 제각기 다른 사람들이 맡아서 하고 있다."

국부론의 재해석

스미스는 이렇게 분업을 하면 열 명 내지 열다섯 명이 하루에 12파운드(1파운드는 0.454킬로그램—옮긴이 주)라는 엄청난 숫자의 핀을 생산할 수 있다고 계산하고 있다. 1파운드에 핀이 4천 개 정도 들어간다고 생각하면 10명이 하루에 4만 8천 개의 핀을 생산할 수 있고, 이는 한 사람당 핀 5천 개를 생산할 수 있다는 얘기가 된다. 그러면 이들은 2주일에 1백만 개의 핀을 생산하는 셈이다.

제2장에서 스미스는 노동 분업이 어떻게 해서 효과를 낼 수 있는지 그 원리를 설명하고 있다. 거래에서 중요한 것은 상품을 판매하고 사겠다는 의지이다. 스미스는 "개가 다른 개와 거래를 하려고 협상을 하고 뼈다귀를 교환하는 것을 본 적 있는가?"라고 적고 있다. 바로 인간만이 거래라는 것을 한다는 얘기다. 이때 조건을 개선시키고 싶은 우리의 희망, 일단 엄마의 자궁을 벗어나면 무덤으로 가기 전까지 별다른 무리 없이 잘 살고자 하는 욕심 등이 제도가 발전하는 데 큰 힘이 된다.

우리 식탁에 고기, 맥주, 빵이 오를 수 있는 것은 정육점 주인, 양조장 주인, 그리고 빵집 주인이 마음이 좋아서 그것을 공짜로 주기 때문이 아니다. 그것을 판매하는 것이 그들에게 이익이 되기 때문에 우리에게 판매하는 것이다. 인간은 인류에게 봉사하기 위해 사는 것이 아니라 자신의 이익을 위해서 산다. 따라서 그들이 우리를 위해 무언가를 만들어준다는 생각보다 그들의 이익을 위해 판매하는 것이라고 생각하는 것이 옳다.

그렇다면 어떻게 100만 개의 핀을 판매할 수 있을까? 스미스는 제3장 〈노동 분업은 시장 규모에 의해 제한을 받는다|The Division of Labour Is Limited by the Extent of the Market〉를 통해 그 대답을 하고 있다. 정리를 하자면 특화의 정도는 얼마만큼의 상품을 판매할 수 있는가 하는 사업 규모에 따라 달라진다. 시장 규모가 커야 고정비용(어떤 것을 생산하든)을 충당하고도 약간의 이익을 남길 수 있을 것이 아닌가?

스미스는 이 규모 문제, 즉 시장 확장의 문제는 수송비용과 밀접한 관련이 있다고 믿었다. 수송비용에 따라 멀리 떨어진 시장의 개척 여부가 결정되기 때문이다. 마을이 드문드문 형성된 스코틀랜드의 고원지대에서는 농부 한 명이 가족을 먹여 살리기 위해 정육점, 빵집, 양조장 역할을 모두 해야 한다. 이처럼 모든 일을 혼자 하는 것이 아니라 짐꾼 같은 특정 직업에 종사하려면 도시로 가는 수밖에 없다.

핀 공장도 수송비용의 문제로 작은 마을에서는 운영할 수가 없다. 핀 공장은 상품 거래가 특별한 일이 아니라 일상적인 신흥 중산층 시민이 살고 있는 대도시에서나 가능한 것이다. 대도시에는 이들 중산층을 위해 겉으로 봐서는 전혀 연결될 것 같지 않은 물체를 서로 연결시키는 능력을 지닌 사람, 즉 발명가가 존재한다.

그런 점에서 특화는 지리학적 영향을 크게 받는다고 볼 수 있다. 보통은 강이나 항구가 있는 곳에 도시가 발전한다. 바다로 연결되지 않은 원거리 지역끼리는 무역 거래가 거의 없거나 매우 적은 편이다. 비싼 수송비를 지불하면서 런던과 캘커타 사이를 왔다 갔다 하며 수송할 수 있는 상품이 존재하기는 할까?

《국부론》의 1, 2, 3장과 안내 부분을 보면 그 속에 성장 이론의 씨앗이 태동하고 있음을 알 수 있다. 시간이 흐르면서 핀 공장 묘사 부분에 대한 중요성은 커져 갔는데, 사실 스미스는 핀 공장에 한번도 가본 적이 없다고 한다. 다만 백과사전에 나온 설명을 보고 핀 공장 분업 상황을 그렇게 묘사한 것이다. 그렇다고 스미스가 여기 저기 여행을 하면서 모든 것을 상세히 관찰하지 않았다고 단정 짓는 것은 곤란하다.

어쨌든 핀 공장 설명은 성공적으로 이루어졌지만 구두-가죽 공장 분업 설명은 제대로 이루어지지 못했는데, 후에 스미스를 비난했던 사람들은 이 구두-가죽 공장 이야기를 들춰내곤 했다. 문제는 그처럼 쓸데없는 트집을 잡는 데 몰두하느라 중요한 핵심을 놓쳤다는 것에 있다.

애덤 스미스의 문체는 아리스토텔레스의 그것과 비슷하다. 표현이 유려하고 마치 신문기사를 보는 듯한데 숫자나 수학 방정식 같은 것은 거의 나오지 않는다. 물론 문체는 비슷했지만 스미스는 아리스토텔레스 같은 주먹구구식 논리를 거부하고 역학적인 철학을 주장했다. 특히 스미스는 특정 시스템에서 다양한 요소가 어떻게, 왜 상호반응 하는지 설명하는 데 관심이 있었다. 무엇보다 복잡한 현상들을 간단하게 요약해서 설명하려 했으며 그가 생각하는 정신적 모델을 구축하고 재정리하고자 노력했다.

노동 분업은 시장 확장에 의해 제한을 받는다. 그리고 부는 특화에 달려 있고 특화는 규모에 달려 있다. 수송 네트워크가 잘 발달되고 규모가 큰 나라일수록 특화하기가 쉽고, 결과적으로 그런 나라가 강이나 도로망이 제대로 구축되지 않은 작은 나라보다 더 부자가 되기 쉽다. 그런 점에서 바다에 접한 나라는 어떤 나라보다 부자가 될 가능성이 크다.

이 모든 것이 스미스가 《국부론》의 1장에서 3장까지 강조한 메시지이다. 이것은 윌리엄 하비가 그보다 150여 년 전에 보여준 혈액순환 과정에 비하면 그리 놀라운 것이 아니지만, 이 정도만으로도 훌륭한 메시지라고 할 수 있다.

이러한 주장에 이어 애덤 스미스의 뛰어난 상상력을 입증해주는 내용이 그 뒤에 이어진다. 4장에서 스미스는 돈의 역할을 묘사하고 있는데, 특히 돈의 역사와 중요성을 설명하고 있다. 여기에서 그는 조개, 생선, 담배, 설탕 등이 화폐로 사용되던 시절이 있었다고 지적했다. 스코틀랜드의 어느 마을은 쇠못을 돈으로 사용했지만, 시간이 흐르면서 거래단위로 사용되던 물건들이 서서히 동전과 지폐로 교체되었다고 설명하고 있다.

5장에서 스미스는 상대 가격 |relative prices ('비버 한 마리는 사슴 두 마리 가치에 해당한다'는 식의 상대적인 가격)을 설명하고 있으며 실질 가격 |real price과 화폐 가격 |money price의 차이도 논하고 있다.

6장에서는 캉티용이 코드화한 '생필품 가격에 포함되는 요소들', 즉 임대료, 임금, 이윤 등을 설명하고 있다. 이러한 토지, 노동, 자본(스미스는 자본을 스톡 |stock이라 불렀다)*은 우리에게 친근한 개념인 '생산의 3대 요소'에 해당한다.

애덤 스미스는 7장 〈생필품의 자연 가격과 시장 가격에 대해 |Of

the Natural and Market Price of Commodities 〉에 이르러서야 이 모든 요소가 서로 어떻게 연결되는지를 설명한다. 따라서 7장에 이르면《국부론》을 읽는 대부분의 사람의 머릿속에 마침내 불이 들어온다.

모든 종류의 시장에는 임대, 임금, 이윤 등에 관한 '자연요율|natural rate'이 있는데, 이 요율은 서로 다른 물건을 서로 다른 요율로 거래하고자 하는 판매자와 구매자 사이의 의지에 의해 규제를 받는다. 시장에 따라 기아가 만연하는 곳도 있고 시장이 폐쇄된 곳도 있으며, 갑자기 오렌지가 지나치게 많이 수확된 시장도 있게 마련이다. 애덤 스미스는 "가격이 갑자기 오를 경우, 구매자들은 그 상품에 까만 상복을 입힌다"라고 절망적인 서민들의 생활을 설명하고 있다.

하지만 보통은 가격 상승이 발생한 원인이 일시적인 것에 지나지 않아 가격이 곧바로 떨어지거나 복잡한 연쇄 변화 구조가 새롭게 자리를 잡는다. 예를 들어 소비자는 늘 먹던 오렌지 가격이 많이 오르면 오렌지 대신 사과를 먹거나 아예 과일을 먹지 않고 지내게 된다. 또한 오렌지 가격이 지나치게 상승하면 먼 나라와 무역을 하는 상선의 선장이 다른 나라에서 오렌지를 수입해올 수도 있다. 나아가 오렌지 재배 농가가 오렌지 나무를 더 심을지도 모른다. 결국

◆ 이 개념은 뒤에 나오는 내용을 이해하기 위해 반드시 짚고 넘어가야 한다. 좀 길긴 하지만 스미스가 말한 내용을 직접 인용하기로 하겠다.
"한 국가 전체가 토지와 노동을 들여 산출한 연간 생산물과 연간 생산의 도매가는 세 가지 요소로 나누어진다. 세 가지 요소란 토지 임대료, 노동 임금, 자본 이윤을 말한다. 한쪽 사람에게는 비용으로 생각되는 이 세 가지 요소는 다른 쪽 사람에게 수입으로 여겨지기도 한다. 즉 토지를 임대하는 사람, 임금으로 생활하는 사람, 이윤으로 살아가는 사람에게는 이것이 수입이 된다. 모든 문명화된 사회에서는 훌륭하면서도 독특한 이 세 가지 구성요소가 존재하며 사회의 수입은 세 가지 요소 수입에서 나오는 것이라고 생각하면 된다."

이런저런 방법으로 가격은 원래 수준으로 돌아오게 되어 있다.

이렇게 물가가 제자리로 돌아오도록 하는 것은 바로 경쟁|competition이다. 이러한 시스템이 잘 돌아가게 하려면 누구나 시장에 자유롭게 들어오고 나갈 수 있도록 해야 하며, 가능한 한 거래를 자주 하게 해야 한다. 애덤 스미스는 이러한 상태를 완벽한 자유|perfect liberty라고 불렀다. 나머지는 현명하게 자신의 이익을 찾으려 노력하는 사람들에게 맡겨두면 된다.

경쟁이 자유로운 곳에서는 경쟁자끼리 서로를 시장에서 밀어내기 위해 치열하게 경쟁한다. 이때 상대를 밀어내려면 자신의 일을 어느 정도 수준 이상으로 정확하게 해내야 한다. 물론 사람들은 시장이 허용하는 한 최고로 높은 가격에 상품을 판매하고 싶어 하지만, 서로 경쟁자를 의식하기 때문에 시간이 흐르면서 가격은 균형이 잡힌다.

이 대목은 '경제학자처럼 생각하는' 애덤 스미스의 면모를 가장 잘 드러내고 있다. 애덤 스미스는 세계를 하나의 상호 의존적인 거대 시스템과 자체 조절 능력이 있는 시장으로 보았고, 그 시장에서 가격은 모든 자원(토지, 노동, 자본)의 경쟁적 사용과 분배를 관리하는 자동적인 피드백 기능을 한다고 주장한 것이다. 물론 그가 판매자와 구매자가 서로를 견제하며 어떻게 균형을 유지해나갈 수 있는지를 묘사한 부분은 다소 현실성이 떨어진다.

그의 책에는 공급|supply 이나 수요|demand라는 용어는 거의 등장하지 않는다. 스미스는 책 전체를 통해 균형 상태|equilibrium라는 용어를 단 한 번 사용한 반면, 평형|balance 이나 반평형|counterbalance 이라는 용어는 빈번하게 사용하고 있다. 당시만 해도 과학자들이나 과학을

업으로 해서 살아가는 사람들은 물은 항상 자신의 높이를 유지하려하며 지레는 양쪽 무게가 동일할 때 중심점에서 균형을 이룬다는 등 뉴턴이 증명한 균형 상태에 대한 생각을 편안하게 받아들이고 있었던 것이다.

경쟁에 관한 스미스의 주장 중에서 핀 공장 이야기처럼 확실하게 그의 주장을 담고 있는 것도 없다. 이 주장은 과거에 이미 확실하게 입증된 하나의 명제처럼 이 책의 핵심이라고 할 수 있는 장에서 매우 간결하게 전달되고 있다.

스미스는 핀 공장에 대해서는 이처럼 짧게 설명한 반면, 부정적인 피드백|negative feedback과 보이지 않는 손에 의해 대형 시스템이 어떻게 자동 조절 기능을 작동시키며 유지되는지에 대해서는 길게 설명을 했다. 핀 공장 이야기는 앞에 한 번 나왔다가 보완 차원에서 중간에 다시 한 번 약간 나오고는 끝이다.

일부에서는 반평형에 의한 균형 상태라는 개념은 뉴턴의 중력과 관계된 개념이라 인간의 일에 적용할 수 있는 하나의 기계적 원칙에 지나지 않는다고 주장하기도 한다. 물론 스미스가 자기 이해 세력|force of self-interest에 대한 개념을 설명하면서 만유인력의 법칙을 염두에 두었던 것은 사실이다.

오늘날의 경제학자 중에서도 스미스가 말했던 평온과 영속성의 중심|center of repose and continuance이라는 개념을 사용하고 있는 사람들이 있는데, 이러한 물리학적 개념은 1843년 윌리엄 로완 해밀턴 경|Sir William Rowan Hamilton이 설명한 내용을 보면 쉽게 이해할 수 있다. 해밀턴 경은 태양, 행성, 달이 서로에게 영향력을 행사하고 있으며 그 결과 태양계 시스템이 아무 탈 없이 안정을 유지하고 있다고 설

명했다.

그러나 스미스가 사용한 반평형이나 부정적 피드백은 실제 물리적인 상황에서 사용되는 개념과는 확실히 다르다. 그는 천체를 묘사하기 위해 과학에서 사용된 용어의 개념을 경제학에서 상징적으로 활용했는데, 스미스의 이러한 단어 사용을 보면 특정 학문 분야의 지식이나 용어를 다른 분야로 일반화시키는 그의 사고력이 얼마나 뛰어난지 알 수 있다.

경쟁의 불완전성을 인정한 최초의 경제학자

물론 스미스의 주장이나 이론 중 상당 부분은 보완할 여지가 많았다. 특히 오늘날 우리가 일반 균형|general equilibrium 이라고 부르는 모든 가격과 양의 상호 의존성, 주관적 가치 및 한계치에서 대체(예를 들어 오렌지를 사과로 대체하는)의 중요성 등 개념의 보완이 필요했다. 또한 이와 관련된 이론에서 가장 중요한 개념이라고 할 수 있는 '이것이든 저것이든 하나를 골라야 둘 다 할 수는 없다|this or that, you can't do both'는 기회비용|opportunity costs 은 스미스 책에서 언급되지 않았다.

보완 여지가 많은 만큼 스미스의 다양한 주장은 후에 검토되고 보완되었다. 사실 애덤 스미스는 수많은 학자 가운데 무명의 스코틀랜드 출신 학자에 불과했던(후에 런던 〈이코노미스트|Economist〉의 편집장이던 월터 바죠트|Walter Bagehot 가 지적했듯) 탓에 애덤 스미스의 주장에 반격을 해오는 세력이 엄청나게 많았다. 앞에서 주장한 내용

들은 7장에서도 암암리에 나타나고 있는데, 그를 비난했던 사람들은 애덤 스미스가 주장한 내용 중 상당 부분이 《국부론》보다 9년 앞서 발표된 제임스 스튜어트 경|Sir James Steuart의 논문 내용과 일치한다고 주장했다. 그러나 오늘날 제임스 스튜어트를 기억하는 사람이 누가 있는가? 그런 점에서 애덤 스미스는 자신이 주장한 부정적인 피드백 효과 덕분에 오히려 더욱 유명해진 인물이라고 할 수 있다. 비록 그는 수학에 관한 책이나 논문을 전혀 쓰지 않았지만 경제학을 추상화|abstraction와 모델 구축의 궤도에 올려놓은 주인공이라고 할 수 있다.

애덤 스미스는 경쟁 과정에 불완전한 요소가 매우 많다는 것을 인정한 최초의 경제학자이다. 그는 이 불완전한 과정을 직접적으로 언급했다.

"시스템이 완벽하게 돌아가려면 상인들이 마음 내킬 때마다 자유롭게 상업 분야를 바꿀 수 있어야 하는데, 실제로는 그렇지 못하다. 비밀은 인위적으로 가격이 높은 수준에서 유지되도록 하는 데 기여한다. 비밀 중에서도 제조와 관련된 비밀은 거래|trade에 관한 비밀보다 더 오래 지속될 수 있다. 또한 일부 지리학적 이점(예를 들어 보르도 포도 경작자가 누리는)은 수백 년 동안 가격이 자연스러운 수준 이상으로 유지될 수 있도록 해준다. 공식적인 독점|official monopolies, 허가권|license 요구, 노조, 모든 종류의 규제는 가격을 상승시켜 한동안 높은 가격이 유지되도록 하는 역할을 한다. 반대로 어떤 생필품이 자연스러운 가격선 이하로 내려가 그 낮은 가격이 오래 유지되는 경우는 드물다."

더불어 그는 "자연 가격|natural price 이란 모든 생필품 가격이 그곳으로 가기 위해 노력하는 중심 가격|central price 을 말한다. 가격이 이 중심에서 평온과 영속성을 유지하는 것을 방해하는 장애물이 있을 수도 있지만, 생필품은 보통 중심 가격을 향해 가려는 경향이 있다"라고 덧붙였다.

스미스가 주장하는 자연스러운 자유 시스템|system of natural liberty 은 국가 정책과 크게 관련이 있는 개념이다. 스미스가 가장 중요하다고 강조한 것은 '시장은 대부분 자체 조절 기능|self regulating 을 지니고 있다'는 점이다. 따라서 레세 페르|laissez-faire, 즉 스스로 알아서 하도록 내버려두어야 한다는 것이다.

시장에서는 특화 성향이 꾸준히 증가하는데 이로 인한 바람직한 결과는 부가 어디로 갈 것인지 인간의 머리로 예측하고 이에 대비하는 정책을 구사해 얻을 수 있는 결과가 아니라, 각자의 이익을 추구하는 개인, 발명가, 모험가, 기업가 등 수많은 이해관계 당사자가 경쟁해 탄생한 자연스러운 결과라고 할 수 있다. 여기 우리가 반드시 이해해야 할 사항이 있다.

"그러한 점에서 개개인은 자신의 자본을 이용해 최고의 가치를 창출하려 노력한다. 이처럼 개개인은 특별히 공공의 이익을 증진시킬 목적으로 일하는 것이 아니며, 어떻게 하면 공공의 이익을 증진시킬 수 있는지 그 방법을 알지도 못한다. 개인은 오로지 자신의 이익을 추구할 뿐이며 이러한 이익 추구는 개인의 의도와 상관없이 목적을 달성하기 위한 보이지 않는 손의 영향을 받는다. 그러나 개인의 이익을 추구하다 보면 저절로 사회의 이익도 추구되는데, 이 경우 처음부터 의도적으로 사회의 이익을 추구하려 노력할 때보다 오히려 더 큰 효과를 낼 수 있다."

애덤 스미스는 사업가를 맹목적으로 존경하는 바보는 아니었다. 그는 시장의 자유 경쟁 성향을 음해하려는 시도가 지속적으로 있을 거라는 점을 잘 이해하고 있었다.

"같은 상품 분야에서 장사를 하는 사람들은 거의 만나지 않는다. 어쩌다 만나면 대중을 속이거나 교묘한 담합으로 가격 상승을 유도할 음모로 이들의 대화는 끝이 난다. 그렇게 해서 상당기간 유착관계가 지속되는데, 이때 정부는 어느 정도 대응책을 마련할 책임이 있다."

하지만 이 스코틀랜드 철학자는 시장 세력을 밀어내고 대신 인간의 손으로 시장을 조절하려 하는 정부의 상습적인 시도에는 큰 분노를 표하고 있다. 정치인, 왕족, 그리고 옥스퍼드대학 교수들을 알고 지낸 후 애덤 스미스는 위대하고 훌륭한 것을 추구한다고 하는 정부나 고위층의 의도에 얼마나 많은 문제가 있는지 회의를 느끼게 되었다.

"인간 사회라는 거대한 체스판 위에서 각 체스 말들은 각자의 원칙에 따라 움직인다. 이러한 움직임을 법률로 억지로 바꾸려 해서는 안된다."

스미스는 그의 저서 《도덕 감정론》에서 "급속한 경제 성장을 위해 필요한 것은 평화, 낮은 세금 그리고 참을 수 있을 수준까지의 정의 적용이다"라고 말했다(스미스는 젊은 시절부터 이것을 강조했다). 특히 스미스는 대중의 이해에 반하는 음모를 꾸미는(때로 이 음모를 성공으로 이끄는) 사업가와 정치 관료에 대한 경계를 늦추지 말 것을 경고했다. 이에 따라 사람들은 애덤 스미스를 소비자 입장을 옹호하는 사람으로 생각하고 있다.

스미스의 《국부론》은 미국 독립선언문|American Declaration of Independence이 발표된 1776년에 출간되었다. 그리고 이 책은 대성공을 거두었다. 스미스의 책을 본 에드워드 기본은 "애덤 스미스는 개인의 영광과 인류의 이익을 위해 거래와 수입 분야에 관한 가장 심오하고 체계적인 저서로 세상을 계몽시킨 철학자이며, 그의 저서는 어느 시대나 국가에서 출판된 것보다 훌륭하다"라고 극찬했다.

모순된 두 가지 명제, 애덤 스미스의 딜레마

《국부론》을 발표한 후, 몇 년간 애덤 스미스는 기분 좋고 평화로운 시절을 보냈다. 그는 스코틀랜드 세관 책임자로 임명되었는데, 이는 아이작 뉴턴 경이 런던 조폐국 책임자로 임명된 것만큼이나 영광스러운 자리였다.

애덤 스미스는 에든버러에서 연로한 어머니를 모시고 살면서 교우관계도 넓히고 저술 활동도 했으며, 특히 미국 식민지들의 왕권에 대한 저항 운동에 깊은 관심을 보였다. 《국부론》의 끝부분에서 애덤 스미스는 다음과 같이 쓰고 있다.

"위대한 국민이 최선을 다해 자신이 원하는 것을 생산하고자 할 때, 또한 자신의 자본이나 산업을 자기 이익 추구를 위해 사용하고자 할 때 이를 막는 것은 인류의 가장 신성한 권리에 대한 명백한 위반 행위이다."

애덤 스미스의 말에는 언뜻 아무 문제가 없어 보이지만, 경제학을 연구하는 사람들에게 그는 분명 큰 골칫거리를 안겨주고 있다. 그렇다면 노동 분업은 시장 확장의 제한을 받는다는 핀 공장 이야기로 돌아가 생각해보자.

어떤 핀 제조업자가 일찌감치 시장에 진출해 새로운 기계 및 연구 개발에 투자한 끝에 사업을 확장하고 특화에 성공했다고 가정해보자. 이 제조업자는 핀에 사용되는 강철의 품질을 향상시키고 포장 방법은 물론 유통채널도 효율적으로 개선했다. 이 경우, 그의 시장이 크면 클수록 이러한 특화 효과는 더욱 커질 수 있다. 또한 특화가 강해질수록 생산이 보다 효율적으로 이루어지므로 핀 가격은 더 하락하게 된다. 그러면 같은 노력을 투입하고도 더 큰 수익을 얻을 수 있는데, 이를 두고 규모 수준 도달에 의한 수확체증이라고 할 수 있다.

바로 이것이 핀 공장 경제학이다. 가장 먼저 시장에 진입한 사람은 가격 하락 효과 덕분에 핀 사업에서 나머지 경쟁자를 몰아낼 수 있다는 것이다. 그렇다면 그런 식으로 규모가 커진 기업을 자연스러운 현상으로 받아들여야 한다는 말인가? 그런 독점 사업은 불가피한 시장 경쟁의 귀결인가? 과연 이것은 바람직한 현상일까? 그토록 규모의 경제가 중요하다면 중소기업은 어떻게 해서 살아남는 것일까? 보이지 않는 손을 통한 경쟁은 어떻게 실현할 수 있는가?

이것은 바로 오늘날의 경제학자들이 시급히 찾아야 할 답변이다. 《국부론》에는 이에 대해 제대로 된 답변이 나오지 않기 때문이다.

문제는 애덤 스미스가 앞에 내세운 가장 중요한 두 가지 명제가 서로 다르고, 궁극적으로 모순된 방향으로 나아가고 있다는 것이다.

핀 공장 사례의 경우 가격 하락과 수확체증에 관한 원칙을 강조하고 있는 반면, 보이지 않는 손의 경우에는 가격 상승과 수확체감에 관한 원칙을 강조하고 있다. 그렇다면 두 가지 원칙 중 과연 어떤 원칙이 더 중요할까? 폴 로머가 과거로 거슬러 올라가 관계 문헌들을 읽기 시작했을 때, 그는 자신의 스승 중 한 명이 젊은 시절부터 딜레마로 생각했던 문제점을 발견했다. 1951년 조지 스티글러는 다음과 서술한 적이 있다.

"노동 분업이 시장 확장에 의해 제한되어 산업이 독점화되는 성향으로 변화한다는 명제와 산업에는 경쟁적인 성향이 있고 보이지 않는 손이 이를 조절한다는 명제 중 하나는 잘못된 것이거나 아니면 중요성이 거의 없는 것이다."

다시 말해 스티글러는 두 가지 명제 모두가 진실일 수는 없다고 주장했던 것이다. 그렇다면 다시 정리해보자. 애덤 스미스가 내세운 명제는 다음의 두 가지이다.

하나의 초점렌즈를 통해서는 특화(핀 공장의 경우처럼)가 독점의 경향에 이를 수 있다는 것을 보여주었다. 다시 말해 부자는 점점 더 부자가 되고 승리한 자가 모든 것을 갖게 되는데, 생산된 핀은 누구나 구매할 수 있지만 판매량은 모든 사람의 필요를 충족시킬 만큼 충분하지 못할 수도 있다.

　다른 렌즈를 통해서는 보이지 않는 손이 핀 제조업자(그리고 다른 사람)의 상황을 위에서 조종해 완전 경쟁 상태를 만든다는 것을 보여주었다. 이때 어떤 제조업자도 보이지 않는 손으로부터 자유로울 수가 없다. 제조업자가 가격을 올리자마자 다른 누군가가 개입해 가격은 원래의 자연스러운 수준으로 돌아오게 된다. 그리고 시장에는 사람들이 지불하고자 하는 가격으로 많은 핀이 공급된다.

　당시만 해도 이 두 가지 명제에 모순이 있다고 생각한 사람은 아무도 없었다. 설사 모순이 있다고 생각했을지라도 핀을 예로 들어 설명했기 때문에 모순의 중요성이 크게 부각되지 않았을 수도 있다.

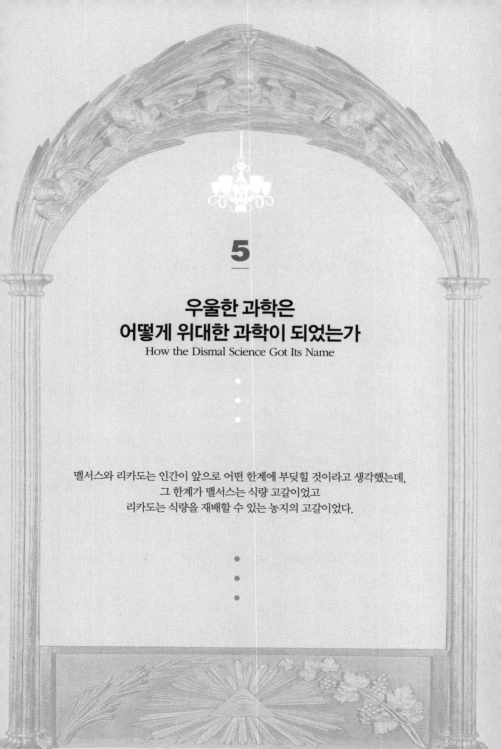

5

우울한 과학은
어떻게 위대한 과학이 되었는가
How the Dismal Science Got Its Name

맬서스와 리카도는 인간이 앞으로 어떤 한계에 부딪힐 것이라고 생각했는데,
그 한계가 맬서스는 식량 고갈이었고
리카도는 식량을 재배할 수 있는 농지의 고갈이었다.

음울한 시대에 등장한 정치 철학자들

《국부론》이 세상에 나온 1776년 무렵에는 오늘날 우리가 산업혁명이라고 부르는 새로운 변화가 폭포처럼 쏟아져 내리기 시작했다. 그런데 애덤 스미스는 미국 독립전쟁 중에 발생한 각종 변화에 대해 글을 썼을 뿐, 오히려 영국인의 생활을 변화시키기 시작한 발명품 시리즈에 대해서는 거의 아무것도 쓰지 않았다.

《국부론》에는 수력 직조기|water-powered looms가 등장하지 않는다. 증기 엔진이나 가스램프, 심지어 애덤 스미스의 친한 친구 조시아 웨지우드|Josiah Wedgwood가 고안한 식기류 대량 생산과 마케팅 혁명도 전혀 언급하지 않았다. 그러한 점에서 오늘날 많은 경제학자는 애덤 스미스가 핀 공장 이론을 엄청나게 강조했음에도 그가 산업화의 원인과 결과에 대해서는 거의 눈뜬장님이나 마찬가지였다는 결론을 도출하고 있다.

1815년경, 변화의 증거는 모든 곳에서 확실히 나타났다. 1790년대에는 운하 건설 계획이 여기저기에서 수립되었고, 유료 고속도로가 영국의 대도시들을 연결했다. 또한 면화는 도시의 공장에서 섬유로 변신했으며, 모직에 대한 수요가 폭증하자 소작인들은 논밭에 울타리를 치고 농장을 양을 키우는 목장으로 변화시켰다. 여기에 철강 용광로 및 코크스 생산 공장에서는 계속 불꽃이 타올랐다. 흥미롭게도 공장이 어떤 모습이어야 하는지 그 기본적인 개념까지도 널리 보급되었다. 영국의 역사학자 티에스 애시톤[T. S. Ashton은 공장의 모습에 대해 다음과 같이 썼다.

"우리가 세운 가장 높은 첨탑보다 더 높은 것이 바로 공장의 굴뚝들이다."

이에 따라 스미스의 뒤를 이은 차세대 경제학자들이 스미스의 저서에서 발견한 실수를 교정하려 했을 때, 그들은 새롭게 부상한 여러 신기술의 영향력을 완전히 무시할 수 없었다. 이들이 문제점을 찾아내는 데 출발점이 되는 핀 공장 시설과 상황이 많이 달라졌던 것이다. 그렇다면 스미스 이후에 어떤 변화가 일어났을까?

1790년, 애덤 스미스는 프랑스 왕조의 몰락이 희망적인 전조라는 생각을 버리지 않은 채 사망했다. 그런데 스미스의 낙관적 사고와 달리 프랑스 혁명이 종료되자 영국과 프랑스 간에 전쟁이 발발했고 이 전쟁은 무려 25년이나 지속되었다. 그 와중에 영국에서는 정치경제학에 대한 관심이 약해졌고, 지배층에서는 애덤 스미스의 사고를 기존 질서를 무너뜨리려는 전복적 사고라고 규정짓게 되었다.

1792년에 시작된 영불전쟁은 나폴레옹이 정권을 잡은 1799년까지 계속되었다. 일단 혁명을 일으켜 정권을 잡은 나폴레옹은 유럽 전역을 정벌하러 나섰다. 전쟁터는 이집트, 시리아에서부터 스위스, 이태리, 네덜란드까지 확대되었다. 1803년경 나폴레옹은 프랑스군 10만 명을 이끌고 영국 침략을 준비했지만, 영국 해군의 강력한 저항에 부딪혀 공격 대상을 서서히 영국에서 러시아로 바꾸게 되었다.

그러는 동안 영국에서는 점점 빈곤층이 늘어갔다. 거의 200년 동안 다른 나라에 비해 안정된 생활을 누리던 영국의 빈곤층은 1780~1800년의 20년 동안 두 배나 증가해 그 숫자가 1천만 명에 이르게 되었다. 더욱이 식량 자급자족을 하던 영국은 식량 수입국으로 전락하면서 빵 가격이 전례 없이 높은 수준으로 상승하게 되었다. 이때 영국 정부는 농민에게 높은 가격에 따른 이익을 주고자 곡물 수입을 금지했고 곡물 경작 면적은 다시 증가했다. 하지만 팽창한 대도시에 살고 있던 빈곤층은 가난하고 비참한 생활을 면할 길이 없었다.

결국 여기저기에서 폭동과 반란이 일어났고 심지어 혁명의 필요성까지 대두되었다. 이러한 군사적 위기는 국가 재무 상태의 위기를 초래했는데 그 위기는 하나가 아니라 시리즈로 영국을 강타했다.

사회적 상황이 불안정했기 때문인지 스미스가 펜을 내려놓은 이후 거의 25년이 지난 시기인 1800년경까지 경제학 분야에서 눈에 띌 만한 새로운 저서는 출현하지 않았다. 그러나 이 기간에 영국 및 유럽 대륙에서는 스미스의 주장에 대해 수많은 해석 및 평가 작업이 이루어졌다. 그 일을 해낸 학자들을 우리는 오늘날 정치 철학자, 대중적 학자라고 부른다.

여기에 속하는 사람은 벤저민 프랭클린|Benjamin Franklin, 에드먼드 버크|Edmund Burke처럼 실용을 중시하는 인물에서부터 윌리엄 고드

윈|William Godwin 같이 개혁을 주장하는 인물까지 매우 다양했다. 특히 윌리엄 고드윈은 정부의 해악적 행동 및 영국에서 한창 유행하던 인간의 완벽성 추구에 대한 글을 많이 썼다. 하지만 수많은 정치철학자 중에서 가장 눈에 띄는 개혁파 인물은 바로 프랑스의 수학자이자 철학자였던 마르키스 드 콩도르세|Marquis de Condorcet(1743~1794년)이다. 콩도르세는 학자였지만 정치계에 입문해 프랑스 혁명 초기 시절 입법회의 의장을 지낸 인물이다.

그는 진지하게 글 쓰는 것을 좋아했지만 프랑스 혁명이 폭력적 성격을 띠게 되자 한가하게 앉아서 글을 쓸 시간이 없게 되었다. 그 와중에 급히 생각을 정리해 쓴 책이 《인간 사상 진보사 개요|Sketch for a Historical Picture of the Progress of Human Race》이다. 콩도르세는 프랑스와 영국의 인구가 급속히 증가할 것이라고 믿고 있었지만, 인구 증가에 대해 특별히 걱정하지는 않았다. 그는 세상을 변화시킬 수 있는 과학의 힘을 믿었고 이를 강조했다.

"동일한 액수를 투자해도 더 많은 사람이 먹고살 수 있을 것이며, 모든 사람은 일을 덜하는 반면 생산은 더 많이 하게 되어 자신의 욕구를 더 잘 충족시킬 수 있을 것이다."

심지어 그는 인간의 평균수명도 늘어날 것이라고 믿었다. 하지만 그러한 주장을 펼친 지 오래지 않아 그는 인구 증가 속도는 부의 증가와 더불어 약해질 수도 있다고 번복했다.

당시 발전에 대한 콩도르세의 낙관적이고 유쾌한 주장에 관심을 보이는 프랑스인은 거의 없었다. 그리고 그는 과학 발전에 대한 찬가의 글을 완성한 지 얼마 지나지 않아 프랑스 혁명 세력에 의해 감옥에서 암살되고 말았다. 애덤 스미스 역시 그 기간에 심한 비난의 대상으로 변해 있었다. 이처럼 유럽은 극심한 변화의 소용돌이에 휩쓸려 나폴레옹이 1815년 워털루 전쟁에서 패할 때까지 평화의 그림자도 볼 수 없었고 사람들은 기아와 질병에 시달려야 했다.

데이비드 리카도|David Ricardo와 토머스 로버트 맬서스|Thomas Robert Malthus가 겸손하면서도 뛰어난 인물로 무대에 등장하게 되는 시기가 바로 이 무렵이다. 이들은 전쟁의 그늘에 서서 역사의 무대가 바뀌는 현장을 직접 목격했다.

디스토피아적 경제학자, 맬서스의 인구론

처음에 맬서스는 아주 단순한 주장으로 사람들의 눈길을 끌며 변화의 포문을 열었다. 1766년에 태어난 맬서스는 애덤 스미스의 《국부론》이 세상에 나왔을 때 열 살이었다. 그는 아침식사를 하면서 아버지와 함께 고드윈이나 콩도르세의 낙관적인 미래관을 토론하곤 했는데, 그의 아버지는 낙관적인 주장을 펼친 이러한 인물들의 열성 추종자였다. 그러다가 1798년 초 맬서스는 최초의 저서 《인구의 원리에 대한 에세이|An Essay on the Principle of Population》를 출판하면서 자신의 견해를 세상에 확실히 드러냈다.

이러한 견해가 발표된 그해는 영국 전역을 공포로 밀어 넣을 만큼 불안이 극치를 보이고 있었다. 무엇보다 농촌에서는 공유지를 사유화하기 위해 농지에 울타리를 치는 인클로저|enclosures 현상이

가속화되고 있었다. 값이 오른 모직 때문에 농지에 양을 치는 성향이 늘어나자 점점 더 많은 소작인이 농토를 잃고 쫓겨나게 되었다. 그 결과 셰익스피어 시절에 20만 명이던 런던의 인구는 1800년에 이르러 무려 90만 명으로 증가하게 되었다. 물론 새롭게 런던에서 살게 된 사람들은 가난하기 짝이 없는 극빈층이었다.

이러한 상황에서 맬서스는 애덤 스미스의 주장에 편승해 국민에게 인기를 끌 만한 독트린만 내세우는 학자들을 신랄하게 비난하기 시작했다.

우리가 흔히 《인구론|Essay》이라고 부르는 《인구의 원리에 대한 에세이》에서 맬서스는 과거 학자들처럼 말로만 주장하지 않고 구체적인 수치를 제시했다(맬서스는 이 책을 출판하기 몇 년 전 케임브리지대학 수학과를 우등으로 졸업했다). 맬서스 이론의 핵심 주장은 '인구는 기하급수적|geometric으로 증가하는 반면, 식량 공급은 산술급수적|arithmetic으로 증가한다'는 것이었다.

그는 이 이론을 제시하며 두 가지의 강력한 주장을 내세웠다. 하나는 남녀 간의 관심은 필요하다는 것이고, 다른 하나는 출생률은 어떤 경우에도 현 수준에서 유지되어야 한다는 것이다(콩도르세나 애덤 스미스의 이론을 계승한 다른 경제학자들은 맬서스와 달리 나라가 부강해지면서 출생률이 감소할 것이라고 예측했다).

연도	1	25	50	75	100	125	150	175	200	225
인구	1	2	4	8	16	32	64	128	256	512
식량 공급	1	2	3	4	5	6	7	8	9	10

이것이 바로 맬서스가 내세운 기본적인 모델이다. 이 모델은 윌리엄 하비가 혈액량의 기초 계산법을 발표했을 때처럼 강력한 반응을 몰고 왔다. 이 모델의 논리에 따르면 인구 증가율이 인간이 지구상에서 생산할 수 있는 식량 생산 증가율을 곧 앞지르게 되기 때문이었다. 맬서스의 주장은 '만일 …한다면, …될 것이다'의 논리가 아닌, '반드시 그렇게 될 것이다'의 논리라 더욱 충격적으로 다가왔다. 더욱이 맬서스는 인구 문제를 해결하기 위해 어떠한 개혁 조치도 취하지 않아야 한다고 주장했다.

"평등을 위한 어떠한 조치도, 인구 증가를 유발할 수 있는 어떠한 농업 개혁도 시도하지 않아야 한다. 그래야만 적어도 앞으로 100년간 인구 증가로 인한 충돌이나 후유증을 막을 수 있다."

맬서스의 이러한 주장은 지구상 모든 사람에게 먹을 것이 흘러넘치고 그만큼 시간 여유도 많아질 것이라는 콩도르세의 낙관적인 예측과 논리적으로 정반대였다. 그보다 몇 년 후에 발간된 《인구론》 개정판에서 맬서스는 몇 가지 사항을 수정했지만, 기본적으로 인간의 출생률을 현재 수준에서 유지해야 한다는 주장에는 변함이 없었다. 결국 맬서스는 역사상 '맬서스 인구론|Population Malthus'이라는 이름으로 남게 되었고, 오늘날 우리는 그를 인구학의 아버지로 기억하고 있다.

시간이 흐르면서 맬서스는 과거의 견해를 약간 수정했지만, 사회 상황이 개선될 것이라고 믿는 학자들에 대해서는 이성적인 비판을 멈추지 않았다.

"누군가가 인간이 미래의 어느 순간에 타조로 변하게 될 것이라는 주장을 할 수도 있다. 하지만 그런 주장을 하기 전에 그는 먼저 목이 타조처럼 길어지고 입술은 두꺼워져 앞으로 튀어나오며, 다리와 발도 나날이 타조처럼 변해가고 몸 위에 타조처럼 깃털이 나고 있는 사람이 실제로 존재한다는 증거를 제시할 수 있어야 한다."

두 천재의 만남

데이비드 리카도도 같은 시대에 이런 주제에 대해 새로운 주장을 한 인물로, 그는 맬서스와 다른 각도인 금융 정책|banking policy 및 전시 재정|war finance에 대한 견해를 제시했다.

15세기 말 유태인은 스페인에서 추방되어 이탈리아로 피난을 갔고, 그중 일부는 네덜란드를 거쳐 19세기 중반에는 영국까지 오게 되었다. 리카도는 그렇게 유태인인 부모가 영국으로 이주한 지 얼마 되지 않은 해인 1772년에 태어났다. 그는 아버지의 직업을 따라 주식중개인|stockbroker으로 일했으며, 후에는 정부 증권|government securities 딜러로 일했다. 그러던 중 1798년 맬서스의 《인구론》이 출판되었는데, 당시 리카도는 자녀 중 한 명이 사망해 상심으로부터 헤어나기 위해 휴양차 가족과 함께 바스라는 곳에 머물고 있었다. 그곳 도서관에서 애덤 스미스의 《국부론》을 빌린 그는 흠뻑 빠져들어 재미있게 읽었다. 하지만 그는 결국 스미스의 낙관적 견해가 오류였음이 밝혀질 것이라고 확신했다.

맬서스는 주로 인구 폭발이라는 현상에 초점을 맞췄지만 리카도는 문제의 원점으로 돌아가 다양한 각도로 분석하려는 시도를 했다. 우선 그는 농지가 모자라 산중턱을 따라 농지가 개간되는 모습을 보면서 애덤 스미스가 생산의 핵심을 이루는 요소로 분석했던 토지, 노동, 자본 사이에 무언가 문제가 있다는 생각을 하게 되었다. 토지의 경우, 애덤 스미스의 이론에 따르면 농민이 부자가 되어야 하는데 오히려 농민이 농토로부터 추방당하는 일이 벌어지고 있었다. 노동의 경우, 땅을 빼앗고 노동자에게 저임금을 지불하는 사람들은 더 부자가 되는 반면 노동자는 힘들게 번 돈을 식량 구입에 다 써버렸다. 이러한 상황이 계속되면 결국 지주들만 더 부자가 될 것이고 사회는 침체되고 말 터였다.

결국 리카도는 전시 인플레이션의 원인에 대한 기사를 신문에 시리즈로 기고하게 되었다. 당시 제임스 밀ᴵJames Mill은 리카도를 맬서스에게 소개시켜 주었고, 리카도와 맬서스는 정기적으로 만나 경제 분야에 대해 의견을 교환하는 한 런던 그룹의 회원으로 등록하게 되었다.

리카도와 맬서스는 수확체감의 법칙을 발견하게 되는데, 이것은 어느 지점이 지나서도 계속 노력을 투여하면 수확은 그 지점 이전보다 감소하게 된다는 것이었다. 맨 처음 비료 1배럴(1배럴은 158.9리터─옮긴이 주)을 투여할 때는 수확의 효과가 크지만 나중에 10배럴 째 투여하게 되면 곡물이 타버린다는 것이 이들의 주장이었다. 이러한 논리는 투여되는 종자뿐 아니라 물이나 시간에도 적용될 수 있는데 근로자가 한 시간 더 일을 하거나 농민이 들판에서 한 시간 더 일할지라도, 한 줄의 씨를 더 뿌리거나 다른 도구를 사용할지라도 추가로 얻을 수 있는 것은 아무것도 없다는 것이 수확체감 법칙의 내용이었다.

여기에서 우리가 상기해야 할 점은 당시에는 농업과 광업이 경제 활동의 중심 분야였다는 사실이다. 그 점에서 수확체증의 법칙은 훌륭한 논리였고 이 법칙을 모든 분야로 확대 적용하려는 시도는 더욱 훌륭한 것이었다고 봐야 한다. 이 아이디어는 엄청난 반향을 불러일으켰다.

두 사람은 인간이 앞으로 어떤 한계에 부딪힐 것이라고 생각했는데, 그 한계가 맬서스는 식량 고갈이었고 리카도는 식량을 재배할 수 있는 농지의 고갈이었다. 중요한 것은 원인이 무엇이든 인류 역사가 빈곤을 향해 하향 길을 걷게 될 것이라는 예측으로, 이들은 인류 대부분이 이러한 빈곤으로부터 탈출할 수 없을 것이라고 주장했다.

특히 리카도는 산업 자본주의자라는 새롭게 부상하는 사회 계층에게 깊은 관심을 보였다. 이들이 당시 사회를 형성하고 있던 지주와 노동자 계급을 밀어내고 새롭게 떠오르고 있었기 때문이다. 그러나 리카도는 산업화 현상이 단기적 현상에 머물 것이라고 확신하고 있었다. 리카도의 생각은 이랬다.

"제조 산업에서 얻을 수 있는 수익률이 농작물에서 얻을 수 있는 수익률을 쫓아갈 수 있어야 산업화 현상이 계속될 수 있다. 하지만 시장은 존재하지 않을 것이고 어느 누구도 새로운 상품 생산 분야에 투자하기를 꺼려할 것이다. 그러다 보면 산업 생산품 생산이라는 이 혁명적인 신생 분야는 결국 세상에서 사라질 것이다."

다시 말해 산업이 축적, 발전하지 못할 것이라고 믿은 것이다. 다른 한편으로 그는 농업 생산이 절정에 달한 이후 결국 농업 발전은 중단될 거라는 생각도 했는데, 오늘날 우리는 이러한 상태를 정체 상태|stationary state 라고 부른다. 리카도는 이러한 정체 상태의 도래를 지연시킬 수는 있어도 피할 수는 없다고 주장했다.

1813년경 맬서스와 리카도는 영국 농민의 수익을 보호하고 식량 자급자족을 목적으로 도입된 수입 곡물에 대한 높은 관세의 효과에 대해 토론하는 편지를 주고받았다. 이때 맬서스는 관세 제도가 필요할 뿐 아니라 바람직하기까지 하다는 주장을 했다. 반면 리카도는 자유무역을 주장했는데, 그 이유는 자유무역이 적어도 그의 손자 대까지는 경제가 쇠락하는 것을 지연시켜 줄 수 있다고 믿었기 때문이다. 이처럼 맬서스와 리카도는 서로 친구이자 라이벌이었고 각자의 연구 내용을 비판하는 논평가이기도 했다.

마침내 영국을 괴롭히던 전쟁이 끝나자 이들은 정치경제학에 대한 저서를 펴냈는데, 리카도는 1817년에, 맬서스는 그보다 4년 후에 출간했다. 이 중 리카도의 책은 현대적 의미에서 경제학 분야 최초의 교과서라는 평가를 받고 있다.

리카도식 악덕

리카도의 《정치경제학과 과세의 원리|Principles of Political Economy and Taxation》는 그 첫 문장부터 애덤 스미스의 《국부론》과 분위기가 완전히 다르다. 스미스는 부의 성장을 소개하며 첫 문장을 시작한 반면,

리카도는 경제학자의 본분은 노동자, 자본가, 지주 등 사회를 대표하는 세 계층간의 분배 |distribution 를 제대로 설명하는 것이라는 주장으로 시작하고 있다. 리카도의 책에는 '정치경제학이라는 과학', '정치경제학의 법칙'같은 표현이 자주 등장하는데, 스미스의 책에서는 이러한 표현을 전혀 찾아볼 수 없다.

물론 리카도 저서의 구조 자체는 《국부론》과 크게 다르지 않다. 저명한 역사학자 데니스 오브라이언|Denis O' Brien이 지적했듯, 리카도는 스미스의 저서 외에 다른 특별한 자료를 별로 활용하지 않았다. 그는 비판 능력을 타고난 인물이었다.

리카도는 임금에 관한 부분에서 스미스의 핀 공장 이론을 단 한 줄로 거론하고 있는데, 이를 보면 그는 스미스의 견해를 무시했던 것 같다. 또한 제조 상품의 가격이 하락하는 경향이 있다*는 것은 맞는 말이지만, 식품과 노동의 가격이 계속 상승할 것이므로 스미스의 이러한 주장은 별 의미가 없다고 쓰고 있다.

리카도의 분석은 경제 전체를 하나의 농장으로 보고, 이 농장에서 어떤 종류의 농산물이든 단 하나의 농산물(이 책에서는 옥수수를 예로 들었다)을 노동과 토지라는 생산요소를 이용해 생산한다는 가정 아래 진행되었다. 핀 공장을 비롯한 나머지 생산 체제는 전혀 언급하지 않았던 것이다. 경제의 핵심을 이루는 몇몇 경제 총량 사이에 존재하는 관계를 분석하고 이에 걸맞은 결론을 도출하기 위해

◆ 원자재와 노동을 제외한 모든 생필품의 자연 가격은 부와 인구가 증가함에 따라 하락하는 경향이 있다. 그러나 한편으로 이러한 생필품 제조에 소요되는 원자재의 자연 가격이 상승하기 때문에 생필품의 실질 가치는 상승하게 된다. 다행히 원자재 가격의 상승은 기계 성능의 개선, 노동의 더 나은 분업 및 분배, 그리고 과학과 예술 분야에서의 기술 향상 등으로 상쇄된다.

일부러 그렇게 단순화시킨 것 같다. 그렇다면 리카도가 어떻게 설명했는지 잠깐 살펴보기로 하자.

완벽하지 않을 수도 있지만 내 계산법에 따르면 쿼터당 옥수수 가격이 20파운드일 때 국가의 전체 순수입이 지주들 손에 들어가게 되는데, 처음 180쿼터 생산을 위해 필요했던 노동력만큼이 추가로 36쿼터를 생산하기 위해 필요하게 된다. 이것을 간단히 설명하자면 20파운드:4파운드::180:36이 된다. 처음 180쿼터를 생산한 농부는 (토지에 투입된 구자본 및 신자본이 뒤섞여 구분이 안 된다는 가정 아래) 다음과 같은 계산 아래 판매를 하게 될 것이다.

180쿼터×쿼터당 20파운드	3,600파운드
144쿼터×쿼터당 20파운드	2,880파운드
(36쿼터와 180쿼터의 차액이 지주에게 지대로 감)	
36쿼터	

36쿼터×쿼터당 20파운드가 10명의 노동자에게 가고
결국 이윤은 전혀 남지 않게 된다.

리카도는 이처럼 간단한 논리로 설명했음에도 오늘날 이 모델은 초기 경제학의 모델로 인정받고 있다. 경제학자들은 리카도가 제시한 이 모델을 '옥수수 모델|corn models'로 불러왔다. 물론 일반인에게는 맬서스의 인구론이 더 잘 알려져 있지만 경제학 전문가 사이에는 리카도의 삼단 논법이 훨씬 더 설득력 있게 받아들여진 것이다.

무엇보다 옥수수 모델은 계산하기가 쉽다. 그만큼 논리가 지나치게 비약되지 않았고 스미스가 상상의 기계라는 것을 통해 주장한 내용과 달리 실제 세계에서 규모를 측정하고 테스트하는 것이 가능했다. 특히 리카도의 옥수수 모델은 모든 합당한 변수를 포함하고 있는 것처럼 보였다. 그 점에서 이 모델은 미래의 특별한 경향을 단순히 예측하는 데 그치지 않고 실질적으로 어떤 일이 발생할지 확실히 예측할 수 있도록 고안된 것이라고 할 수 있다.

리카도와 맬서스 그리고 이들의 열렬한 추종자들은 뉴턴의 법칙에 관심을 기울였던 것 같다. 실제로 리카도는 한 친구에게 이런 편지를 썼다.

"이러한 진리는 마치 기하학의 진리처럼 내게 많은 것을 가르쳐주고 있어. 내가 어떻게 그토록 오랫동안 이러한 진리를 깨닫지 못하고 있었는지 이해할 수가 없네."

맬서스는 미적분법에 대해 "경제학적 문제는 특정 효과가 절정에 달한 후 점점 효과가 감소하는 지점이 나타나기 때문에 미적분이 효과적인 도구가 될 수 있다"고 쓰고 있다. 즉, 미적분법의 발명 목적을 자세히 설명하고 있는 것이다.

이렇게 탄생한 모델 덕분에 사람들은 그 이전에 본능적으로 볼 수 없던 새로운 것을 이해할 수 있게 되었다. 리카도가 제시한 여러 이론 중에서 가장 두드러지는 것은 외국과의 무역에 관한 것이다. 그는 비교우위원칙 |principle of comparative advantage을 주창했는데, 이것은 특정 국가는 주어진 지리학적 조건이나 기후 조건에 가장 잘 맞는 상품을 특화해 그 상품을 거래하는 것이 바람직하다는 이론이다. 그 대표적인 예로 끊임없이 거론된 상품이 와인과 양모이다. 결국

이 경제학자의 주장은 후에 옳은 것으로 판명되었다.

　리카도가 이처럼 정확하면서도 확신에 찬 주장을 할 수 있었던 것은 19세기 초의 분위기가 실제로 그러했기 때문이다. 애덤 스미스의 《국부론》이 성공한 것은 시대적으로 내용에 모호한 부분이 많아도 그것을 참고 받아들이는 분위기가 지배적이었던 터라 가능했던 일이다. 그러나 과학이 발달하면서 경제 성장 분야에서도 과학에서 요구되는 엄격한 논리가 요구되었다.

　리카도에게는 스코틀랜드에서 지질학을 전공한 친구와 파리에서 화학을 전공한 친구가 있었다. 그리고 맬서스는 앞에서도 설명했듯 수학을 전공했다. 그런 점에서 리카도나 맬서스는 문헌적 접근 방법을 피하려 노력했던 것 같다. 이러한 입장에 대해 리카도는 친구에게 쓴 편지에서 다음과 같이 밝히고 있다.

　　"자네는 정치경제학이란 부의 특성과 원인을 조사하는 것이라고 생각할지도 모르네. 하지만 나는 정치경제학을 산업 생산에 참여하는 여러 계층간의 분업을 결정짓는 법칙을 조사하는 학문이라고 생각한다네. 양을 측정할 때는 아무 법칙을 채택하는 것이 아니라 비율을 가장 중시하는 제대로 된 법칙을 선택해야 하지. 나는 매일 과거의 조사가 얼마나 부질없고 환상적인 것이었는지를 깨닫고 더욱 행복해진다네. 그 점에서 가장 최근에 조사한 것이 과학에 근거를 둔 진실한 조사라는 생각이 드네."

　리카도와 그를 추종한 경제학자들의 추상화 능력은 대단했다. 하지만 그들은 수확체감의 법칙을 지나치게 확신한 나머지 이를 상세히 설명하지 않았다. 그 상세한 설명을 찾아내는 것은 다른 경제학자들의 몫이었다.

리카도와 그의 추종자들은 자신이 내세운 명제를 확인해볼 필요성조차 느끼지 않았던 것 같다. 자신의 주장에 충분한 일관성이 있다고 생각했기 때문이다. 그들은 어떤 통계 데이터가 나오든 자신의 명제에 걸맞은 결론을 도출하느라 다른 요소들은 무시해버렸다. 탓에 사람들은 훗날 성급하게 확신하는 이런 태도를 가리켜 '리카도식의 악덕 |Ricardian vice'이라고 부르게 되었다.

이들은 자신이 다루는 분야에서 명제에 일관성이 있다는 것을 확신한 다음, 미래의 다른 분야에도 그것이 제대로 적용될 것인지를 확인하는 절차를 생략한 것이다. 바로 그런 점에서 리카도와 그 학파는 오늘날에도 비난을 받고 있다.

당시에는 사회 각계각층에서 특정 직업 전문가들의 모임 결성이 활발하게 이루어지고 있었다. 1788년 식물학협회, 1800년 외과의사협회, 1820년 지질학협회와 천문학협회, 그리고 1834년에 통계학협회가 결성되었다. 특히 새롭게 탄생한 경제학 분야의 석학들에 대한 대중의 지지는 대단했다. 그 결과 1821년에 과학적 성격을 띤 협회*가 되겠다는 야심을 가지고 정치경제학클럽이 결성되었다. 그리고 1825년 옥스퍼드대학에 최초의 경제학과 교수가 초빙되었다.

이러한 분위기를 반영하듯 그 무렵에는 많은 서적, 팸플릿, 잡지 기사가 홍수를 이루었고 그 관심은 고상한 귀족 사회로까지 번져나

◆ 협회 결성 후, 맬서스는 첫모임에서부터 실수를 범했다. 그가 첫모임에서 발표한 논문은 〈생필품의 일반적인 과잉 공급 현상이 가능할까?Can There Be a General Glut of Commodities?〉였다. 이 질문에 그는 "그렇다"라고 답했는데 그의 답변은 잘못된 것으로 드러났다.

갔다. 당시 인기 있는 소설가였던 마리아 에지워스|Maria Edgeworth 는 자신의 언니에게 쓴 편지에서 그 상황을 이처럼 묘사하고 있다.

"이제는 우아한 귀부인들 사이에도 정치경제학을 논하는 것이 대유행이 되었어."

전쟁이 끝나고 나서 리카도는 큰 돈을 벌었다. 이를 통해 그는 1819년 과학 분야의 유일한 대표로 정계에 진출했다. 이후 리카도는 1823년 《정치경제학과 과세의 원리》 제3판을 내면서 기계에 관한 장을 추가했는데, 이 내용은 이해하기가 어렵고 산만한 경향이 있다. 그는 기술 발전과 농업 기술의 향상은 수익의 '중력|gravitation'을 한동안 제로 상태를 향해 끌고 간다고 쓰고 있다. 그렇게 해서 형성된 가격 하락 경향은 제한적이고 약할 수밖에 없다. 새로운 발명품의 탄생은 인구 증가로 이어질 뿐이다. 이러한 발명품의 탄생으로 혹시 평범한 사람들의 생활수준이 향상될지라도 이것은 어디까지나 일시적인 현상에 지나지 않을 것이다.

"기계 사용이 자신들의 이익에 반한다는 노동자 계층의 주장은 편견이나 잘못된 의견이 아니라 올바른 정치경제학 원칙에 들어맞는다."

그와 친했던 한 의원은 의회에서 이렇게 주장하는 리카도를 보고 그가 혹시 다른 별에서 막 도착한 외계인이 아닌가 하는 생각을 했었다고 한다.

아프리카 지도의 상세 정보가 누락된 이유

당시 리카도의 옥수수 모델이나 맬서스의 기하급수적 증가 및 산술급수적 증가 모델에 반격을 할 만한 증거는 있었지만, 경제학자들은 그 논리가 워낙 분명하고 강력해보였던 터라 어떠한 비판도 시도할 생각을 하지 않았다. 리카도와 맬서스는 자신들이 새롭게 발견한 기하학적 모델로 쉽게 설명할 수 없는 것은 의도적으로 무시해버렸다. 설명할 수 없는 요소는 외생적 성향(19세기 초만 해도 그들이 다루지 않은 분야를 설명하기 위해 이 용어를 일부러 선택하지는 않았다)을 지녔다며 무시했던 것이다.

신기한 것은 애덤 스미스가 《국부론》의 서두에서 강조했던 특화라는 전문적 주제가 리카도와 맬서스의 등장과 더불어 경제학의 무대 뒤로 사라져버렸다는 사실이다. 노동 분업이라는 표현은 리카도의 《정치경제학과 과세의 원리》에 세 번 등장하는데, 그나마 스미스의 주장이 얼마나 터무니없는지 강조하기 위해 사용했을 뿐이다. 맬서스의 《인구론》 초판의 경우(제6판에는 일곱 번 등장한다) 이 표현이 단 한 번 등장한다.

몇 년 전, 경제학자 폴 크루그먼 |Paul Krugman은 과학자들이 처음으로 공식적 방법을 채택할 때 가끔 발생하는 이 '공동화 |hollow out' 현상을 설명하기 위해 아주 단순하고 명쾌한 사례를 제시했다. 그는 18세기 들어 몇 십 년 동안 공들여 마련한 아프리카 지도에서 일부 중요한 사항이 어떻게 사라져버렸지 그 경위를 설명했던 것이다.

《발전, 지리학, 그리고 경제 이론 |Development, Geography, and Economic Theory》에서 크루그먼은 세월이 지나면서 지도의 내용이 어떻게 달

라졌는지를 설명하고 있다. 12세기 즈음, 아랍의 무역업자들은 지중해 연안을 따라 무역을 했기 때문에 이 지방을 잘 알았다. 그리고 포르투갈인이 15세기에 남쪽으로 내려와 항해할 무렵에는 아프리카 지도가 거의 완벽한 수준으로 완성되었다. 포르투갈인이 완성한 지도에는 아프리카 해안선뿐 아니라 아프리카 내륙 지방의 상세한 특징도 모두 나와 있다. 예를 들어 말리 중부에 있는 팀북투 지방의 위치나 베냉의 바이트 해안선 북쪽을 따라 서쪽에서 동쪽으로 수백 마일에 걸쳐 흐르는 급류성 강도 상세히 언급되어 있다.

하지만 15세기에 만들어진 지도는 후세 사람들이 보기에 전적으로 믿을 만한 것이 못되었다. 거리 계산이 잘못되어 있거나 과장된 경우가 많았기 때문이다. 또한 아프리카 내륙 지방에 대한 묘사가 모두 옳은 것도 아니었다. 어떤 지도는 나일강 상류 부분을 거대한 호수처럼 묘사하기도 했다. 심지어 어떤 지도에는 눈이 하나밖에 없는 부족이나 입이 위에 붙어 있는 부족이 사는 곳이 있다는 내용도 담겨 있었다.

18세기에 제작된 지도는 이러한 문제를 감안해 15세기 지도에 있던 내용을 완전히 제거해나가기 시작했다. 특히 이 시기에 위도나 경도를 측정할 수 있는 방법이 개발되어 지도 제작 분야에 적용되었다. 물론 그 이전에 제작된 지도들은 아프리카 내륙을 여행하는 사람들에게 일종의 컨설팅 역할을 해주었다. 폴 크루그먼은 "15세기 지도에 나와 있는 사항은 믿을 만한 정보를 컴퍼스나 다른 도구를 이용해 그린 것이었다"라고 설명하고 있다. 그런데 이처럼 상세한 정보가 담긴 지도는 시간이 흐르면서 '암흑대륙 아프리카'라는 이미지를 주는 지도로 대체되고 말았다.

19세기 초, 측정할 수 있는 공식적인 방법이 개발되면서 보다 정확하고 정밀한 방법으로 지도가 작성되었다(1866년 나일강 쪽으로 갔다가 실종된 후 나중에 〈뉴욕타임스〉 기자 헨리 스탠리|Henry Stanley에 의해 발견된 물리학자 겸 선교사였던 데이비드 리빙스턴의 여행 목적 중 하나가 나일강 지도를 그리는 것이었다). 그러나 기술이 가장 발전했다고 생각되던 그때 과학적 기술을 바탕으로 작성된 지도는 중요한 몇 가지 지식을 누락시키는 실수를 저질렀다◆.

크루그먼은 지도 분야에서 발생했던 일이 경제학 분야에서도 가끔 발생했다고 지적하고 있다. 그는 "경제학은 당연히 수학적 저항|mathematical resistance 라인을 따라간다"라고 말하며, 아프리카 대륙의 첫 번째 지도에 나와 있던 내용이 후에 사라진 것처럼 경제학 분야에서도 그러한 지식 손실 현상이 발생했다고 주장했다. 대표적으로 그는 경제학자들이 수확체감의 법칙이 누구나 이해하기 쉽고 수학적으로도 표현이 쉽다는 이유로 이 법칙의 연구에 치중했음을 지적했다. 그 결과 분명 수확체감의 법칙을 무효로 만들 수 있지만 묘사하기는 어려운 사항을 완전히 무시해버리는 과오를 저질렀다는 것이다.

다시 말해 리카도와 맬서스는 논리를 쉽게 전개할 수 있는 원시적 모델에 의존한 결과, 자신들을 추종하는 경제학자들이 먼 길을 돌아가도록 하는 실수를 저질렀다. 7장에서는 경제학자들이 어떻

◆《12~18세기 아프리카 지도Afrika auf Karten des 12. bis 18. Jahrhunderts》는 과거의 지도에 강물의 흐름이나 조수간만 등에 관한 상세한 정보가 담겨 있었음을 입증한다. 1968년 라이프치히에서 에곤 클렘프Egon Klemp가 출판한 이 책은 77개의 과거 지도를 보여주고 있다. 이 책에 나와 있는 지도는 베를린의 국립도서관 컬렉션의 일환으로 수집된 것이다.

게 먼 길을 돌아가게 되었고, 그 과정에서 무엇을 착안하게 되었는 지 그리고 1970년대 말에 이제까지 찾고 있던 것을 마침내 어떻게 발견하게 되었는지를 설명할 것이다.

6

지하로 흐르는 강
The Underground River

케네스가 몇 년 전에 지적했듯, 핀 공장 경제학은
지상으로 흐르는 강이 아니라 '지하로 흐르는 강'처럼 숨어 있다가
몇 십 년 만에 한 번씩 표면 위로 솟아오르곤 했다.

과학적 경제학, 문학적 경제학

19세기 초만 해도 '영속적 부족|shortage에 시달리는 것이 인간의 피할 수 없는 운명'이라는 주장은 많은 사람에게 공감을 얻어내지 못했다. 이 주장에 공감한 사람은 정치경제학클럽|Political Economy Club 회원인 극소수 경제학자뿐이었다. 그러나 이들 소수 경제학자마저 시간이 흐르면서 가능하면 이 논리에서 멀어지고자 애썼다.

'과연 미래에는 어떤 상황이 도래할 것인가'에 대한 토론은 경제학자들 사이에만 이루어진 것은 아니었다. 경제 상황에 관한 토론은 일반인에게로 확대되었는데 소설가 찰스 디킨스|Charles Dickens, 수필가 랠프 왈도 에머슨|Ralph Waldo Emerson은 리카도나 맬서스보다 영국 경제 상황을 더 잘 표현한 인물로 널리 알려지게 되었다.

1815년 영국은 나폴레옹의 항복을 받아냈음에도 이후 몇 년간 마치 폭풍 전야처럼 사회 전반에 긴장이 고조되고 있었다. 다행히 우울한 예상과 달리 다시 평화가 폭넓게 자리 잡게 되었고, 이 평화는 생각보다 오랫동안 지속되었다. 덕분에 철로 개설, 운하 건설, 증기선 발주, 그리고 전보 케이블이 설치되는 등 경제 발전을 이룩하게 되었다. 더불어 1830년경에 영국은 다시 식량을 자급자족하게 되었다.

이러한 상황에서 몇몇 경제학자는 스미스의 핀 공장 경제학의 전통을 이어받는 연구를 계속했다. 이들의 연구는 낙관적인 사고에 바탕을 두고 진행되었지만, 그렇다고 콩도르세나 고드윈처럼 온통 장밋빛 미래를 약속했던 것은 아니다. 오히려 이들의 연구는 실용적이면서도 경험적인 내용에 바탕을 두고 있었고 연구 성향은 역사성이 강했다.

그들 중 찰스 배비지|Charles Babbage는 《기계 및 제조 경제|Economy of Machinery and Manufactures》(1833년)에서 경쟁이 아닌 산업화가 새로운 세기를 지배하는 대표적인 현상이 될 것이라고 주장했다. 프랑스의 경우, 1830년대에 사실상 수리 미시경제학|mathematical microeconomics을 창조했다는 평가를 받고 있는 아우구스틴 쿠르노|Augustine Cournot와 질 디피|Jules Dupuit가 독점, 도로, 교량 등에 관해 나름대로 연구를 계속하고 있었다.

한편 리카도와 그의 제자들이 다룬 문제를 계속 연구한 스코틀랜드의 경제학자 제이알 맥컬로크|J. R. McCulloch는, 리카도 연구를 다음과 같이 비판했다.

"그는 농업 기술 수준이 미래에도 현재와 같을 것이라는 가정 아래 토지에 추가 노동력을 투여해도 전반적으로 더 적은 수확을 얻게 될 것이라는 일반적인 원칙 혹은 원리를 내세웠다. 물론 이 주장이 틀렸다고 말할 수는 없지만, 아무리 짧은 기간이라도 농업 기술은 절대 같은 수준에 머물러 있을 수 없다는 것 또한 진실이다."

맥컬로크는 그의 시대에 가장 토질이 좋지 않은 농지가 그보다 200년 전 토질이 가장 좋았던 농지보다 오히려 더 많은 수확을 얻고 있다고 지적했다. 하지만 이들은 리카도학파의 주장을 비난하면서도 특화와 지식 성장을 경제학의 중심 분야로 내세우는 데는 실패했다. 대신 주류 경제학(보이지 않는 손 경제학)은 예측이 실패한 것으로 드러났음에도 그 지위가 꾸준히 향상되었다. 이처럼 보이지 않는 손 경제학은 지속적으로 사랑을 받았는데, 이상하게도 사람들의 머릿속에는 리카도와 맬서스는 과학적이어서 좋고, 애덤 스미스는 문학적이어서 좋지 않다는 사고가 자리 잡게 되었다.

이러한 분위기를 타고 정치경제학클럽이 크게 번성하면서 오늘날 경제학술지의 원조라고 할 수 있는 〈뱅크 리뷰|Bank review〉가 탄생하게 되었다. 또한 영국과학진흥협회|The British Association for the Advancement of Science 는 경제학과 통계학을 다루는 섹션F|sectionF 분과를 신설했다. 이로써 정치철학자들은 일반인에게 자신의 연구 결과를 선보일 기회를 얻게 되었고, 새롭게 등장한 자유 무역 관련 독트린을 소개하기 위해 1843년 런던에서 〈이코노미스트〉지가 창간되었다. 하지만 배비지나 맥컬로크처럼 이러한 주류에서 벗어난 경제학자들은 주요 관심권에서 멀어져 있었다.

1840년경 산업화의 매력과 이로 인한 가격 인하 효과가 확실해지자(경제학자들이 수확체증이라고 부르는 현상에 의해) 이 분야 연구는 특별한 주제로 크게 인기를 끌게 되었다. 케네스가 몇 년 전에 지적했듯, 핀 공장 경제학은 지상으로 흐르는 강이 아니라 '지하로 흐르는 강' 처럼 숨어 있다가 몇 십 년 만에 한 번씩 표면 위로 솟아 오르곤 했다.

기자에서 철학적 경제학자로 변신한
카를 마르크스의 등장

이때 급진 성향을 지닌 기자로 일하다가 철학적 경제학자로 변신한 카를 마르크스Karl Marx가 무대 위로 등장했다. 그는 비록 주류 경제학자는 아니었지만 경제학자들은 그를 무시할 수 없었다.

오랫동안 수많은 사람의 입에 오르내린 카를 마르크스는 업적이 많은 인물로, 추종자들이 총을 들고 나서게 만들었던 종교지도자 같은 역할을 했다고 볼 수 있다. 그는 메리 베이커 에디Mary Baker Eddy 와 동시대 사람이며, 브리검 영Brigham Young보다 15년 늦게 태어났다. 카를 마르크스는 강한 종교적 배경을 지닌 인물이라고 볼 수 있는데, 그 이유는 1818년 트리어라는 오래된 독일 도시의 한 유명한 랍비 가문에서 출생했기 때문이다. 그런데 카를 마르크스의 아버지는 볼테르Voltaire와 루소Rousseau의 제자가 되기 위해 유대교를 포기했다. 카를 마르크스 자신도 일생 동안 반유대인 운동에 참여했다. 역사학자로 카를 마르크스의 전기를 썼던 프랑크 마뉴엘Frank Manuel 이 지적했듯, 당시에 진행된 이 반유대인 운동으로 인해 수백만 명의 유대인이 정신세계의 새로운 믿음을 갖기 위해 전향했다.

카를 마르크스의 원래 직업은 경제학자였다. 그는 독일의 본과 베를린에서 공부한 다음 1843년 프랑스 파리로 이주했다. 그곳에서 그는 부유한 섬유 제조업자의 아들 프리드리히 엥겔스Friedrich Engels 를 만나게 되었는데, 엥겔스는 마르크스의 제일 친한 친구가 되었다. 이들 둘은 의기투합해 《공산당 선언The Communist Manifesto》을 썼고, 그 시점을 기해 마르크스는 경제학자가 아닌 정치 지도자로서의 길을 가게 되었다.

하지만 프랑스에서 쫓기게 된 마르크스는 벨기에 브뤼셀로 도피했고, 그곳에 도착한 지 얼마 되지 않아 '정치경제학 비판|Critique of Politics and Political Economy'이라는 두 권짜리 책을 쓰기로 계약을 체결했다. 그러다가 1849년 런던에 정착한 마르크스는 대영박물관에 앉아 매일 애덤 스미스를 비롯한 고전경제학자의 저서를 탐독했다. 경제학자로서 카를 마르크스를 제대로 이해하려면 '마르크스는 리카도가 총애하는 제자였다'는 사실을 알고 넘어가야 한다. 그런데 마르크스의 실력이 워낙 뛰어나 리카도는 그 제자가 자신을 능가하는 실력을 갖추게 되는 것은 아닌지 우려했던 것 같다.

마르크스는 리카도의 정확성과 과학에 대한 열정, 그리고 원리를 통해 입증하려는 자세를 존경했다. 모든 면에서 마르크스는 리카도가 가장 총애하는 제자일 수밖에 없었다. 중요한 사실은 마르크스가 스승인 리카도의 주장을 당연한 것으로 받아들이는 것에서 멈추지 않고, 그곳을 출발점으로 삼아 계속 발전을 추구했다는 점이다.

마르크스는 기본적으로 '패권을 차지하기 위한 세 방향 투쟁|three way struggle for supremacy'이라는 리카도의 아이디어를 그대로 따라갔다. 그리고 약간 논리를 비틀기는 했지만, 리카도의 '궁핍화 논리|logic of immiseration'를 수용했다. 대신 영국에서 생산요소라고 부르는 용어는 유럽 대륙의 전통을 반영하는 뜻에서 '계급|classes'으로 바꾸었다. 또한 토지 요소는 봉건시대부터 토지를 물려받아 사용하고 있는 지주 계급으로 바뀌었고, 자본 요소는 부르주아 계급으로 바뀌게 되었다.

마르크스는 새롭게 사회에 등장한 이 부르주아 계급이 2세기나 3세기 전부터 시작되었고, 눈에 잘 보이지 않는 자본주의 혁명을 통해 귀족 계급인 지주 계급을 대체하게 될 것이라고 주장했다. 생산의 3대 요소 중 마지막 요소인 노동은 불운한 계층인 프롤레타리아라는 계급으로 바뀌었다.

이미 마르크스는 《공산당 선언》에서 그 시대에 발표된 그 어떤 경제학 서적보다 명확하고 간결하게 이러한 상황을 요약해 발표했었다.

"100년 동안 부르주아 계급은 그 특유의 희소성 원칙으로 과거 모든 세계가 이루어낸 것보다 더 거대하고 막강한 생산력을 창조해냈다. 자연의 힘 활용, 기계나 화학의 산업 및 농업 분야 적용, 증기 항해, 철도, 전기 전보, 농지 희귀화 현상, 강의 운하화 등으로 인해 사람들은 자신의 삶의 터전에서 쫓겨나게 되었다. 불과 1세기 전까지만 해도 사회 노동자들이 전혀 차지할 수 없던 그러한 생산력이 사회 깊은 곳에서 잠자고 있을 줄 누가 상상할 수 있었겠는가?"

기술은 떠오르는 계급인 자본주의 계급의 최대 활용 수단이었다. 부르주아 계급은 기술을 활용해 가능한 한 모든 이익을 끌어냈다. 부르주아 계급의 본래 심리 상태가 그러하기 때문이다.

"미래에는 지주 계급이 아닌 부르주아 계급이 도박 테이블의 모든 칩을 갖게 될 것이다. 그러나 바로 그 시점에서 프롤레타리아 계급이 봉기해 도박판을 엎어버릴 것이다. 프롤레타리아 계급이 정치 혁명으

로 모든 생산 수단을 몰수할 것이고 그 결과 모든 상황이 바람직한 방
향으로 가게 될 것이다."

이처럼 마르크스의 주장에 따르면 부르주아가 세상을 차지하는
순간 프롤레타리아 계급의 무장 봉기가 시작된다. 그렇다면 혁명
후 세계는 어떻게 변화하게 될까? 어느 유명한 여담에서 마르크스
는 "혁명 후 인간은 아침에는 고기를 잡고 오후에는 사냥을 하고
그리고 저녁에는 목축을 할지도 모른다. 아니면 내 희망사항처럼
사냥꾼도 어부도 목동도 그리고 비평가도 되지 않은 채 한가하게
저녁 식탁에서 토론을 즐기고 있을지도 모른다"라고 말했다.

여담이긴 하지만 마르크스가 생각한 혁명 후의 상황은 마치 오늘
날 산업 민주화 세계에서 살고 있는 중산층이 은퇴 후에 누리는 삶
과 비슷하다. 그 점에서 마르크스의 그 발언은 실수로 나온 것 같다.

런던에 정착한 후 30년간 마르크스는 끊임없이 신문기사, 팸플
릿, 에세이 등을 썼고 《자본론|Capital》도 저술했다. 그러는 동안 영
국 경제학자들과의 근본적인 견해 차이는 점점 사라지게 되었다.
리카도는 천연자원의 고갈로 경제 성장이 멈추게 될 것이라고 믿었
지만, 마르크스는 지식 성장 덕분에 경제 성장은 계속될 것이라고
믿었다. 그러나 당시의 기준으로 보면 마르크스의 주장은 현실에서
실천되기는 어려워보였다.

사실 그가 《공산당 선언》에서 심도 있게 다룬 몇 가지 정치 개혁
에 관한 내용은 오늘날의 기준으로 볼 때 전혀 충격적이지 않다. 그
는 공립학교, 중앙은행 제도, 누진 소득세, 주요 산업의 국유화 등
을 주장했다. 물론 그의 주장에는 끔찍한 내용도 많다. 그중에서 토

지 사유화 제도 금지, 주요 산업의 국유화 등은 당시 사람들이 가장 싫어하는 것이었다.

그는 이 세상에 자본주의|capitalism라는 용어를 선사했는데, 이것은 1860년대부터 사용되기 시작했다. 노동 분업의 변화를 상징하기 위해 그가 사용했던 혁명이라는 용어도 마르크스를 상징하는 전형적인 표현이다. 어쨌든 마르크스의 날카로운 통찰력이 담긴 주장은 그의 방대한 저서 《자본론》을 통해 전 세계로 퍼져나갔다.

마르크스는 뛰어난 혜안으로 경제학을 중요한 기술사|critical history of technology로 재정의하려는 시도를 했다. 그러나 이러한 생각은 불행하게도 《자본론》의 한 주석에서만 찾아볼 수 있다. 사실 마르크스의 상세한 주장 중 많은 부분이 스미스가 그보다 100년 전에 썼듯 '화로를 이용해 일하며 살아가는 사람들의 일을 좀더 쉽게 해줄 수 있는' 원리였다.

특히 마르크스가 《자본론》에서 장마다 강조하고 있는 것은 경제성장에 관한 문제였다. 그중에서도 리카도로부터 물려받아 크게 신경 쓴 부분은 계급간의 부의 분배 문제였다. 《자본론》에서 이 문제를 얼마나 강조했던지 이와 별로 상관이 없는 주제를 다루는 부분에서도 이 문제가 거론될 정도였다.

마르크스를 따라다니는 이미지는 그의 사위 폴 라파르그|Paul Lafargue가 묘사한 그대로이다. 그는 마르크스가 특히 존경하는 소설가로 알려진 발자크|Balzac의 《알려지지 않은 걸작|The Unknown Masterpiece》에 등장하는 화가의 모습과 그가 비슷하다고 말한 적이 있다.

"한 재능 있는 화가가 머릿속에 있는 그림을 현실로 끌어내기 위해 그림을 그리고 또 그린다. 그는 계속 그림을 고친다. 그러다 보니 결국 캔버스에는 형체는 없고 온갖 물감만 남게 된다. 그러나 그의 편견어린 눈에는 그 그림이 자신의 마음속에 담고 있던 모습을 완벽하게 재현한 것처럼 보인다."

100년을 앞서간 인물, 존 스튜어트 밀

1848년경 고전경제학은 조금 늦은 감이 있지만 새로운 변화를 겪게 되었다. 물론 카를 마르크스 같은 사람의 새로운 도전도 고전 경제학이 지닌 권위를 무너뜨리지 못했다. 또한 파리나 다른 유럽 국가 수도의 길거리로 쏟아져 나온 폭동의 주인공들도 고전경제학의 아성을 무너뜨릴 수는 없었다. 하지만 경제학자들은 점점 고전 경제학 내부에 모순이 존재한다는 사실을 참기 힘들어했다. 이제는 과거에 리카도가 제조에 대해 마지막으로 했던 주장을 똑같이 할 수 없게 되었기 때문이다.

이러한 상황에서 존 스튜어트 밀이 스미스의 《국부론》에서 크게 설득력을 얻었던 주제(리카도가 연구했던 다양한 과학적 발전|scientific improvement에 관한 주제)에 대해 재정리를 시도했다. 밀의 아버지 제임스 밀은 리카도의 가장 친한 친구로, 그는 아들이 본능적으로 옳다고 생각하는 수확체감의 법칙에 근거해 산업혁명의 눈에 띄는 성과가 무엇인지 확실하게 분석해봐야 한다는 생각을 하고 있었다.

밀은 스미스와 마르크스처럼 《정치경제학 원리|Principles of Political

Economy》(1848년)라는 책에서 성장을 출발선으로 잡았다. 그는 "리카도는 영국에서 가장 뛰어난 정치경제학자"라고 주장했는데, 그의 '순수 이론|pure theory'도 리카도의 주장에 근거를 두고 있었다. 밀은 생산의 실질적인 한계는 토지의 양과 생산성의 제한에 의해 결정된다고 적고 있다. 그러나 밀도 일부 산업 분야에서는 가격 하락 덕분에 수익이 증가하는 수확체증 법칙 경향이 존재함을 인정했다◆.

그는 이 수확체증 성향을 농업 전반에 걸쳐 적용되는 수확체감이라는 일반적 법칙|general law과 대비시켜 그 차이점을 설명했다. 12장에서 수확체증 법칙은 경제학의 가장 중요한 원칙임에 틀림없다고 설명한 그는, 13장에서 예상되는 성장의 하향 성향은 인간이 자연에 부여할 수 있는 전반적인 힘으로 멈추게 하거나 임시로 조종할 수 있다고 덧붙이고 있는 것이다.

이처럼 밀은 기술 발전에 관한 요소를 무시하지 않았다. 그렇다고 기술 발전을 경제적 용어로 설명하려 시도한 것은 아니지만 기술 발전이 적어도 상당 기간 계속될 것이라는 점은 분명히 했다. 기술 발전을 빼면 그의 주장이 말이 안 되기 때문이다. 기술 발전과 관련해 가장 중요한 부분은 그의 저서 맨 앞부분인 〈서두에 붙여|preliminary remarks〉에 언급된 대목으로 그는 이렇게 말했다.

◆ 애덤 스미스는 〈지난 4세기 동안의 은 가치 변화에 대한 소고Digression concerning the Variations in the Value of Silver during the Course of the Four Last Centuries〉라는 글에서 수확체증과 수확체감의 차이점에 대해 약간 언급하고 있다. 리카도 역시 그의 저서 중 임금에 관한 장에서 지식 성장의 효과를 조용히 언급하고 있다. 리카도는 "원자재 가격 상승은 기계 성능의 향상, 노동의 더 나은 분업 및 분배, 그리고 과학과 예술 분야에서의 기술 향상 등으로 상쇄될 수 있을 것이다"라고 주장한 적이 있다. 그러나 20장의 〈가치 및 부에 대하여Of Value and Riches〉에서 그는 "지식은 부를 증가시킬 수 있지만 노동자들의 상황을 개선시켜 주지는 못할 것이다. 왜냐하면 이들에게는 물질적 가치를 창출하는 것이 노동밖에 없기 때문이다"라고 주장하고 있다.

"국가의 경제 상황은 실질적 지식 상태에 좌우되며 이 지식을 유발하는 분야는 과학과 예술 분야이다. 정치경제학은 성장의 심리학적이고 제도적인 원인만 연구하면 된다."

이것은 경제학자들이 외생적 성장에 대해 '그것은 우리가 상관할 일이 아니다'라는 생각을 갖게 되는 공식적인 출발점이 되었다. 노동 분업에 대해서도 밀은 거의 거론하지 않고 있으며 더 근본적인 원칙은 협력|cooperation의 원칙이라고 아주 단순화해 노동 분업을 언급하고 있다. 협력은 일이 단순하든 복잡하든 노동자들이 그 일을 완성하기 위해 서로 도울 때 실현된다. 어찌 보면 이것은 일반적인 원칙이라고 할 수 있지만 그래도 도움이 되는 원칙이다.

또한 밀은 특화 부분에서 특화가 아닌 다산성|productiveness(오늘날에는 생산성|productivity으로 바꿔 부르고 있다)이라는 용어를 사용해 설명하고 있다. 다산성이 증가하는 한 인류에게는 아무 일도 없을 것이라고 주장한 것이다. 다시 말해 기술 지식 성장은 경제력에서 하나의 힘으로 여기게 된 반면, 생산성은 외생적 힘으로 여기게 되었다는 얘기다. 밀은 "그것은 우리가 상관할 일이 아니다"라고 주장했다.

밀은 애덤 스미스에게서 또 다른 개념을 빌려 그것을 현대화했는데, 그것은 바로 '정체 상태'(한 나라가 법률이나 제도가 허용하는 최고 수준의 부의 경지에 도달한 상태)라는 개념이다. 네덜란드는 오랫동안 이 정체 상태에 놓일 만큼 높은 수준의 부를 축적한 사례로 언급되었다. 다시 말해 이 나라는 약간 더 노력해, '약간 더 경제 성장을 이룩하는 수준' 외에 더 이상 큰 발전을 기대할 수 없다는 것이다.

정체 상태는 충분한 수익을 남겨 앞으로도 그 수익을 계속 얻을 수 있는 그런 상태라고 할 수 있다. 그런데 리카도는 그 상태가 유지되다가 임대료가 그 지점을 지나 상승하기 시작하면 경제는 불가피하게 쇠락의 길을 걷게 된다고 했다. 하지만 밀은 정체 상태에 도달하는 것은 두려워할 일이 아니라고 주장했다. 오히려 그 상태가 바람직하다는 것이다. 이 상태에서는 모든 사람이 돈을 충분히 보유해 긴장을 풀고 자연과 예술의 아름다움을 음미하며 살아갈 수 있기 때문이다.

19세기 중반의 이론가들은 사회가 충분히 성장한 후 '성인기' 수준에 도달한다는 개념을 쉽게 받아들였다. 자연이 S커브를 따라가듯 사회도 자연스럽게 그런 커브를 따라간다고 생각했기 때문이다. 인간은 청소년기에 빠른 변화를 겪으며 성인기에 도달하게 되는데, 이 성인기는 오랜 기간 지속되다가 다른 우주 만물이 그렇듯 쇠퇴기로 들어가 죽음을 맞이하게 된다. 이처럼 밀의 경제학에는 언젠가 생산성 향상이 중단될 것이라는 생각이 깊이 배어 있었다.

이후 1세기가 지날 때까지도 이 정체 상태에 대한 개념은 끊임없이 수학공식 형태로 표현되었다. 다만 인간의 성인기 개념이 크고 작은 규모의 국가 경제 개념으로 신속하게 대체되었을 뿐이다.

경제학자들은 《정치경제학 원리》라는 밀의 저서가 세상에 나온 것을 진심으로 기뻐했다. 이 책은 마르크스의 《공산당 선언》 이후 아주 적절한 시기에 발표된 것이다. 밀이 산업혁명이 발생했다고 해서 리카도의 주장(아주 잠시지만 수확체증이 수확체감을 이겼다는)이 틀린 것은 아니었다는 사실을 상식적으로 잘 설명해주었기 때문이다. 한마디로 결국에는 수확체감의 법칙이 승리한다는 주장이다.

밀의 주장에 따라 경제학자들은 인구 문제와 생계 임금을 더 잘 이해할 수 있게 되었다. 확실히 밀의 주장에는 리카도식 주장이 포함하고 있는 수학적 성격이 기저에 깔려 있으며 리카도식 특성이 좀더 강화된 성격이 짙다.

밀은 이렇게 자신감을 보이고 있다.

"내가 볼 때 가치의 법칙¹laws of value에 대해서는 더 이상 쓸 것이 없다. 이는 미래에도 마찬가지일 것이다. 행복한 비명이라고 할 수 있지만, 이 주제에 관한 이론은 모두 개발되었다고 본다."

결국 이 주제에 관한 연구에 흥미를 잃은 밀은 빅토리아 시대의 자유주의 운동, 페미니스트 운동, 환경 운동에 뛰어들어 사회주의적 민주주의 운동을 주창했다. 한마디로 밀은 그의 시대에 비해 적어도 100년은 앞서갔던 인물이라고 할 수 있다. 그는 자신의 저서를 1852년에 단 한 번 수정했는데(그의 생존 당시 다른 사람은 모두 일곱 번에 걸쳐 내용을 수정했지만), 이는 자신이 할 수 있는 것은 이미 다했다고 확신했기 때문이다.

다이아몬드는 왜 물보다 비쌀까?

이처럼 경제학은 이론적 압축과 수학적 표현에서 높은 수준을 보이며 제2의 도약(제1의 도약을 이룩한 인물은 물론 리카도와 맬서스이다)을 하게 되었다. 1830년대 초 프랑스의 엔지니어들은 수학적 논

법의 매력에 점점 더 빠져들었고, 1840년대 들어 이러한 성향은 독일에까지 확산되었다. 그리고 1860년대에는 이것이 유럽 전역에서 꽃을 피우게 되었다. 더불어 존 스튜어트 밀의 《정치경제학 원리》는 1880년대 이후까지도 영국에서 시민 종교|civil religion의 바이블처럼 여겨지고 있었다. 하지만 그는 경제학자로서는 별 쓸모가 없는 인물이 되어 버렸다. 그는 수리경제학이 도래하는 시대에 출현한 한 명의 문헌 이론가|literary theory로 여겨지게 되었을 뿐이다.

과거 경제학을 무용지물로 만들어버린 새로운 경제학은 재화 가격은 주관적이며 재화와 인간의 필요 사이에서 결정된다는 것을 인정하며 출발한다. 이전에는 애덤 스미스를 비롯한 경제학자들이 가치는 상품 자체에 내재되어 있다고 생각했다. 다시 말해 그 상품을 생산하고 배분하기 위해 투여된 노동의 양과 관련이 있다고 생각한 것이다. 그러나 이러한 견해에는 도저히 이해할 수 없는 모순이 존재하고 있었다.

왜 다이아몬드의 가격은 물의 가격보다 비싼 것일까? 새롭게 등장한 심리학적 주장에 따르면, 다이아몬드는 땅 속에서 그것을 캐내는 데 들어간 인간의 노력이 비싸기 때문에 비싼 것이 아니다. 그보다는 다이아몬드를 캐내면 비싼 가격을 받을 수 있을 것이라는 사실을 알고 인간이 그것을 캐냈기 때문에 비싼 것이다.

이러한 주장에서 주목해야 할 점은 중요한 것은 재화의 총량이 아니라 추가 증가분이라는 생각이다. 이러한 사고방식은 후에 한계주의|marginalism로 알려지게 되었다. 경제학자들은 상품 구입과 관련된 만족도를 측정하기 위해 단계적으로 효용|utility이라는 용어를 도입했는데, 효용은 수확체감의 법칙을 일반화하기 위한 하나의 방법

이다. 효용 이론을 근거로 하면 상품이 동일할지라도 그 상품에 대한 사람들의 필요는 모두 다르며, 이처럼 분화되지 않은 필요|undifferentiated need는 수많은 경쟁 상품에 의해 충족될 수 있다는 가정을 할 수 있다.

아이스크림을 하나 먹고 나서 두 개째 먹는다면 혹은 시가를 한 대 피우고 나서 두 대째 피운다면, 두 번째 것의 가치가 첫 번째 것과 같을까? 똑같은 가격에 시가와 새로운 티셔츠를 구입할 경우, 구입한 사람에게 시가와 티셔츠는 같은 가치를 제공할까? 진주 목걸이에 다른 진주를 추가한다면? 무엇을 사든 소비자는 자신이 어떤 상품을 구입하기 위해 마지막으로 털어 넣은 돈과 다른 사람이 다른 어떤 상품을 구입하기 위해 마지막으로 털어 넣은 돈의 효용 가치는 결국 같다는 사실을 이해하게 된다.

이러한 이론의 등장은 총효용을 강조함으로써 비용에 관한 이전까지의 다른 주장을 수정하는 계기가 되었다. 이 이론은 천문학자, 건축가, 엔지니어들이 극대화 문제 해결을 위해 힘과 질량 사이의 균형을 연구하는 물리학의 한 분야로 정학|statics 방식을 도입했듯 경제학자들이 극대화 문제를 해결하는 데 기여했고 결과적으로 미적분은 모든 경제학 분야로 확대 적용되었다.

그러면 새로운 경제학을 탄생시켰다는 평가를 받고 있는 윌리엄 스탠리 제본스|William Stanley Jevons가 1871년에 발표했던 내용을 한번 살펴보도록 하자.

"부와 가치의 성질은 무한히 적은 양의 기쁨과 고통을 고려해 설명되어야 하며, 이는 정학 이론이 무한히 적은 양의 에너지의 균차|inequality

에 달려 있는 것과 같은 원리이다."

유럽에서는 같은 생각이 여러 학자의 머리에서 동시에 나오게 되었는데 독일의 헤르만 하인리히 고센|Hermann Heinrich Gossen, 비엔나에서 활동하던 카를 멩거|Carl Menger, 그리고 스위스 로잔에서 활동하던 레옹 왈라스|Leon Walras가 그 주인공이다.

고교 시절에 대수 공부를 해본 사람은 말로 풀어야 하는 복잡한 문제를 고심 끝에 단순하고 명확한 수학 등식으로 바꾸는 방법을 발견했을 때 얼마나 기뻤는지 떠올릴 수 있을 것이다. 제약 조건 아래 목적 함수를 극대화하는 최적화 방법을 풀기 위해 미분학 문제로 접근하는 이 방법은 곧바로 말로 설명하는 옥수수 모델을 무용지물로 만들어버렸다. 그렇다고 문헌 경제학자들이 가만히 당하고만 있었던 것은 아니다. 밀은 다음과 같은 글을 썼다.

"제본스는 놀라운 능력의 소유자이다. 그러나 질문 자체가 요구하는 것을 넘어 불필요한 답변까지 얻어낼 수 있는 기호학에 너무 집착하는 것 같다."

하지만 제본스가 다음과 같은 주장을 하면서 양측의 싸움은 결국 제본스의 승리로 끝났다.

"어느 두 상품 사이의 교환 비율은 서로 교환이 끝나고 나서 소비 가능한 상품 양의 최종 (한계) 효용 비율의 역수이다."

한계주의의 가능성을 가장 크게 열어준 인물은 프랑스 경제학자 왈라스로, 그는 미적분 시대의 리카도라고 불릴 만큼 이 분야에 크게 공헌했다. 1834년생인 왈라스는 데카르트|Descartes, 뉴턴, 라그랑주|Lagrange, 쿠르노 등의 책을 읽으며 프랑스의 명문대학 에콜 폴리테크닉|Ecole Polytechnique 시험을 열심히 준비했다. 그럼에도 그는 이 명문대학 시험에 두 번이나 떨어지고 말았다. 하지만 그는 수십 년간 잠잘 때 머리맡에 루이 포엥소|Louis Poinsot의 《정학의 요소|Elements de statique》라는 책을 놓고 잤을 정도로 학문에 대한 열의를 버리지 못했다.

그러던 중 1858년의 어느 날 아버지(그의 아버지도 아마추어 경제학자였다)와 함께 산책을 하고 돌아온 그는 엔지니어들이 고도의 물리 시스템을 위해 했던 것을 경제학 분야를 위해 달성하겠다는 결심을 하게 되었다. 그 결심은 바로 적합한 상호 의존적 변수들로부터 경제적 일반 균형 모델을 구축하겠다는 것이었다.

제본스를 비롯한 영국의 한계주의 경제학자들이 두 종류의 상품 거래 시장에 대해서만 연구하는 데 만족한 반면, 왈라스는 동시에 모든 상품 거래에 대한 답을 찾고자 했던 것이다. 교환 시스템의 상호 의존성을 설명하는 그의 방법은 원칙적으로 연립방정식이 몇 개가 되더라도 미지수가 동일한 개수이면 그 연립방정식을 풀 수 있다고 주장한다. 그 결과 가격 하나, 예산 제약 조건 하나, 아니면 효용 함수를 바꾸게 되면 그것이 제도 전체에 어떤 영향을 미치는지 측정할 수 있다는 것이다. 이것은 케네가 경제표|tableau economique를 제시했을 때(그리고 마르크스가 잉여 가치 산출 방법을 찾아냈다고 생각했을 때) 가졌던 것과 같은 희망 사항이었다.

가격과 양의 일반적 상호 의존성을 확립하려는 이 프로그램은 대부분의 영국 경제학자에게는 비실용적인 것(이 프로그램은 실용성 없는 예술적 경지로 그 점에서 왈라스의 야심이 너무 크다고 생각했다)으로 보였다.

  "빠른 시일 내에 수확하기를 원한다면 당근과 샐러드용 상추를 심어야 한다. 그러나 떡갈나무를 심고자 하는 야심이 있다면, 그는 그 떡갈나무 그늘 아래에서 손자들이 뛰어놀 수 있을 것이라는 먼 미래를 내다보는 방법을 배워야 한다."

한계주의 경제학자들은 자신이 리카도에게서 점점 멀어지고 있음을 느꼈는데, 어느 면에서 그것은 사실이었다. 특히 이들은 가치와 부를 구분하는 쓸데없는 시도를 하면서 노동 가치 이론을 내세웠던 리카도의 주장에 더 이상 신뢰를 보내지 않았다. 그러나 그 내면을 파고들어 보면 이들이 내세우는 수학이 수확체감의 법칙 이론에 결정적 근거를 두고 있다는 점에서 결국 리카도의 견해를 그 어느 때보다 가깝게 수용했다는 사실을 알 수 있다. 또한 좀더 아래로 파고들어 가면 개인의 최적화는 완벽한 경쟁 상태를 보장하는 보이지 않는 손 이론을 가져와 설명한 것임을 알 수 있는데, 당시만 해도 이 이론은 정기적으로 중력의 법칙과 비교되고 있었다.

  균형 개념은 때로 테이블탑 모델|tabletop model로 설명되었고, 이 모델에 따르면 물은 동일 수준에 이를 때까지 계속 이동한다고 한다. 이러한 설명을 보면 수확체증의 법칙은 물이 언덕 위로 흐른다는 주장처럼 터무니없기 짝이 없는 것이었다.

한계주의 경제학자들은 자신의 모델을 정책에 반영해야 한다고 생각했다. 희소성 원칙에 근거해 조만간 경제 성장이 중단될 가능성이 그 어느 때보다 커 보였기 때문이다. 제본스는 영국의 석탄 광산이 고갈되면 영국의 부와 전력 공급 상황이 어떻게 끝날지 설명함으로써 1860년대에 영국에서 크게 명성을 얻었다(그런데 그가 그런 주장을 한 지 4년 후 미국 펜실베이니아에서 석유가 발견되었다).

1882년 제본스가 사망한 이후 그의 서재에 들어간 사람들은 천장에서 바닥까지 그가 쓴 글로 가득한 종이더미를 볼 수 있었다. 그 정도라면 영국은 석탄뿐 아니라 종이까지 고갈되었어야 했다. 어쩌면 그는 그러한 현상이 일어나지 않을 것이라는 사실을 들키지 않고 죽고 싶었을지도 모른다.

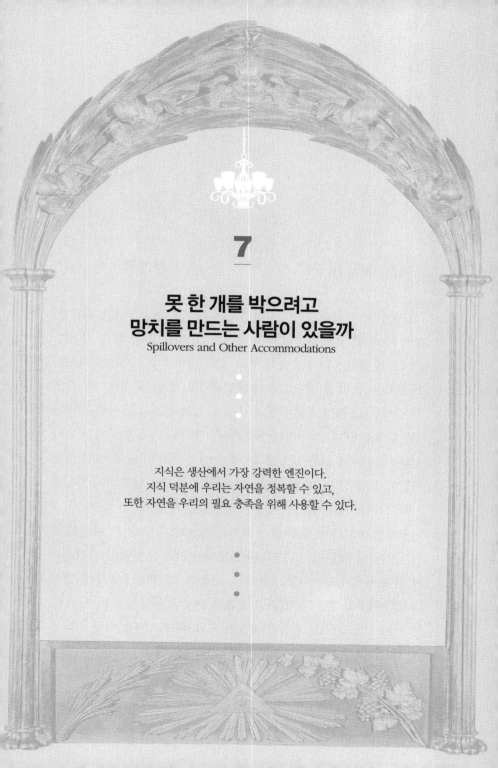

7

못 한 개를 박으려고
망치를 만드는 사람이 있을까
Spillovers and Other Accommodations

·
·
·

지식은 생산에서 가장 강력한 엔진이다.
지식 덕분에 우리는 자연을 정복할 수 있고,
또한 자연을 우리의 필요 충족을 위해 사용할 수 있다.

·
·
·

예상치 못한 경제 성장이 낳은 천재 경제학자

1890년경 영국은 75년 전 나폴레옹과의 전쟁이 끝나고 파탄 상태에 빠져 있던 모습을 조금도 찾아볼 수 없을 만큼 변해 있었다. 리카도와 맬서스의 우울하기 짝이 없던 예측의 그림자는 찾아보려야 찾아볼 수 없을 정도로 경제 번영을 누리게 된 것이다. 마르크스와 밀이 서로 옳다고 주장했던 내용도 전혀 현실에 들어맞지 않는 것으로 나타났다. 섬나라 왕국 영국은 영원한 라이벌 국가인 프랑스와 비교할 수 없을 정도로 큰 경제 번영을 누리고 있었다. 물론 독일이 신생 강대국으로 부상하고 미국도 두각을 나타내기 시작했지만, 그래도 영국과는 그 수준을 비교할 수가 없었다.

영국의 어디를 가든 대형 공장이 눈에 띄었다. 그것도 단순한 염색 공장이나 제련소, 또는 육류를 포장하는 공장이 아니라 원거리에 걸쳐 새롭게 깔린 철도, 증기선, 전화선, 전기등 등이 경제 발전을 입증해주고 있었다. 그리고 새롭게 탄생한 산업은 거의 독점 수준에 이르러 있었다. 공장을 소유한 기업가는 그 어느 때보다 더욱 부자가 되었던 것이다.

가장 놀라운 일은 신흥 중산층이 대거 탄생했다는 사실이다. 물론 런던에는 여전히 빈민가 지역이 많이 존재했지만, 그래도 빈곤의 개념 자체가 100년 전과 확연히 달랐다. 가난한 사람도 쉴 곳이 있었고 난방, 전기, 음식, 옷이 없어서 고생하는 일은 없었다. 여기에는 새로운 산업 출현이 기여한 바가 컸다.

이러한 현상을 우리는 '경제 성장'이라고 부른다. 그러나 1890년대만 해도 아직 이 용어는 등장하지 않았다. 당시의 경제학자들은 이것을 순국가분배|net national dividend의 증가라는 용어로 표현했다. 리카도의 충실한 추종자들은 이 현상이 어디까지나 일시적인 것에 지나지 않으며 머지않아 사태가 전복될 것이라고 믿었다. 물론 다른 쪽 경제학자들은 산업혁명이 안겨준 열매가 영원히 갈 것이라고 생각했다.

이처럼 견해는 달랐지만 최고의 경제학자들이 공통적으로 확실하게 주장한 것이 하나 있었다. 그것은 존 스튜어트 밀이 내세웠던 '그것은 우리가 상관할 일이 아니다' 하는 자세로는 현실 변화를 설명할 수 없다는 것이다. 그렇다면 누군가가 나서서 이 경제 성장 현상에 대해 좀더 경제적인 설명을 제시해야만 했다.

이때 한 경제학자가 그 전 세기의 산업화가 어떻게 진행되었는지를 설명하면서 한 발 앞으로 나서게 되었다. 그는 바로 케임브리지대학 정치경제학 교수였던 앨프리드 마셜|Alfred Marshall이다. 그런데 놀랍게도 그의 시도는 대성공을 거두었다. 마셜은 현대 세계에 특화와 경쟁이 어떻게 공존할 수 있는지 설명하면서 애덤 스미스가 내세웠던 이중 논리를 살짝 재정립해 세상에 선보였다.

20세기 경제학에 무슨 일이 있었는지 이해하려면 반드시 외부적

|external 수확체증이 무엇인지 알고 넘어가야 한다. 다시 말해 마셜이 자신의 이론에서 외부성|externalities 이라고 불렀던 용어가 무엇을 의미하는지 이해해야 하는 것이다.

수요 공급 곡선을 처음으로 고안한 마셜

마셜의 저서 《경제학 원리|Principles of Economics》가 불러온 가장 신선한 바람은 공급과 수요라는 용어와 그 용어를 지지해줄 수 있는 그래프 장치를 세상에 선보였다는 점이다. 오늘날 누구나 알고 있는 기본적 경제 개념이 그제야 세상에 선보였다는 사실이 다소 신기하게 여겨질 수도 있다. 그러나 밀도 그 개념을 많이 언급하지 않았고 초기 한계주의 경제학자들 역시 한계효용의 의미를 연구하느라 자신의 생각을 확실히 통일시켜 보여줄 수 있는 그래프를 고안해내지 못했다. 이로 인해 마셜의 손을 거친 공급과 수요라는 서로 상반되는 힘이 크기에 상관없이 모든 질문에 대한 답이 될 수 있는 보편적인 체제로 변신하게 된 것이다.

가격을 결정하는 것은 생산비용일까? 아니면 가격을 지불하고 그 상품을 구입하고자 하는 사람의 욕구 정도에 달려 있을까? 마셜은 둘 다 맞는 답이라는 선언을 했다. 공급과 수요, 생산과 소비, 얻을 수 있는 효용과 생산비용 등 모든 요소는 시대에 따라 조금씩 정도가 다를 뿐 가격 결정에 영향을 미친다는 주장이다. 이들 양쪽 요소 중 어느 것이 더 중요한지는 가위의 양날 중 어느 쪽에 의해 더 잘 잘리는지를 묻는 것과 같다.

공급 곡선과 수요 곡선이 서로 만나는 이 작은 그래프는 그 어떤 말로 설명하는 것보다 공급과 수요 사이의 관계를 잘 보여주었으며, 그 어떤 수학적 상징물보다 이해하기가 쉬웠다. 마셜은 자신의 저서에 "이러한 곡선 그래프에는 굳이 말로 하는 설명이 필요 없다"라고 쓰고 있다.

"사실 이 그래프는 특별한 주장과 별도로 얼마든지 활용될 수 있다. 경험상으로 볼 때 이 작은 그래프 덕분에 이 그래프가 없었다면 절대 이해할 수 없는 상당수 주요 원칙을 이해할 수 있게 되었다. 순수 이론 분야에는 아직도 해결하지 못한 많은 문제가 산적해 있는데, 그래프 사용법을 배우지 않으면 어느 누구도 이러한 문제의 해법을 찾을 수 없을 것이다."

마셜이 훌륭한 경제학자로서 권위를 인정받을 수 있었던 이유는 그의 뛰어난 경제 감각 때문이기도 했지만, 알아듣기 쉬우면서도 우아한 그의 문장력 때문이기도 했다. 그의 저서 《경제학 원리》는 "정치경제학 또는 경제학은 일생생활의 모든 비즈니스 활동에 대한 인간의 연구이다"라는 말로 시작하고 있다. 그러나 수학적 접근 방식 대신 문헌적·도표적 접근 방식의 선택으로 중대한 지적 희생이 불가피했다.

마셜의 저서에서 보여주는 경제학은 왈라스가 보여주었던 것과 같은 위대한 프로젝트를 보여주지는 못했다. 다시 말해 일반 균형이라는 체제 안에서 차|tea의 가격은 지구상 모든 것(중국의 임금, 아삼에서의 경작 규모, 싱가포르에서의 석탄 가격, 브라질의 커피 가격, 버밍

햄의 수요 등)과 관련이 있다고 한 왈라스의 주장을 따라가지 못한 것이다. 결국 마셜은 타협하는 전략을 채택했다. 그는 부분|partial 균형이라는 표현을 선택했는데, 부분 균형이란 특정 시기에 두 가지만 놓고 비교하는 것을 말한다. 마셜이 주석에서 설명한 작은 수요·공급 곡선 그래프는 특정 시장에서의 두 가지 상품의 상호관계라고 할 수 있으며, 이는 예를 들어 차와 커피, 차와 레몬과의 관계 등 두 가지 상품만 놓고 비교하는 것을 의미한다.

마셜은《곡선의 책|book of curves》에서 자신의 저서가 과거 그 어떤 서적이 제시한 것보다 분석적인 도구를 제시하고 있음을 강조했다. 그는 이 학문 분야를 설명하기 위해 정치경제학이라는 용어 대신 경제학|economics라는 용어를 사용했다.

기본적으로 마셜의 그래프는 기하가 아닌 대수의 원리에 근거를 두고 있다. 그는 자신이 제시한 그래프가 모든 경제학 원리를 수학적으로 설명하고자 하는 경제학자들의 거대한 야심을 충족시키지 못할 것임을 알고 있었다. 그보다 1세기 전 위대한 수학자 라그랑주는 뉴턴의《프린키피아》에서 제시한 기하학적 증거를 자신이 개발한 분석 구조|Analytical Mechanics로 대체하려는 시도를 하면서 자신의 책 서문에서 다음과 같이 자랑스럽게 말했다.

"이 책에서 보여주는 연구에는 어떤 도형도 사용하지 않았다. 오로지 대수학 계산법만 사용했을 뿐이다."

라그랑주에 이어 왈라스와 케네도 마음에 들지 않는 경제표를 경제 전체를 등식으로 표현할 수 있는 하나의 시스템으로 바꾸겠다는 야심을 보인 적이 있다. 마셜은 엄격한 수학적 접근 방식의 우월성을 잘 알고 있었다. 그는 수학 부록에 붙은 〈주석21〉에서 전적으로 상호 의존적인 총체적 모델^{a fully interdependent global model}을 설명하기 위한 몇 개의 등식을 제시했는데, 이 접근 방식은 경제 전체에 대한 개관을 보여주는 것이라고 설명하고 있다.

"나는 평생 내가 〈주석21〉에서 보여준 것과 같은 현실적인 설명을 하는 데 헌신해왔고 앞으로도 그럴 것이다."

그러나 그는 《경제학 원리》에서는 그 주장을 좀더 조심스럽게 표현했으며 기하는 그 말을 뒷받침하는 보조 도구로만 사용했다. 그리고 대수는 부록 속에만 들어가 있다.

한계생산성 이론은 어떻게 탄생했는가

마셜뿐 아니라 다른 많은 저자가 경제학자들이 풀지 못해 고민하는 문제의 해답을 수학이 제시해줄지도 모른다는 기대를 버리지 못하고 있었다. 그런데 리카도는 경쟁 경제 아래 자신이 한 행동이 왜 다른 행동에 영향을 미치는지를 보여줄 수 있는 체계적인 설명이 존재한다는 사실 자체를 부인했었다. 기계를 보유한 사람들은 어떻게 해서 멋진 실크 모자를 구입할 수 있을까? 왜 시골 땅 중에서도 농지는 비싸며 도시의 땅은 더 비쌀까? 반대로 왜 사막의 땅은 가격이 저렴하거나 거의 가격이 형성되지 않을까? 왜 철도기관사가 내과의사보다 월급을 더 많이 받을까? 보이지 않는 손은 어떻게 생산자들에게 전체 생산 부분을 골고루 배분해주는 것일까?

물론 마셜에 앞선 다른 학자들은 이미 이 질문에 대한 대답이 효용에 달려 있다는 주장을 했다. 특히 마셜과 동시대 인물인 미국 경제학자 존 베이츠 클락은 한계주의적 사고는 임금의 과학적 법칙 |Scientific Law of Wages을 약속해준다고 주장했다.

시장은 거대한 계산기와 같아서 자본 쪽과 노동 쪽 간의 효율성을 위해 각자가 얼마만큼의 몫을 더 추가해야 하는지 알려준다. 그 점에서 신탁이나 노동조합의 출현은 이러한 효과를 강화시켜주는 역할을 한다.

"자본이 노동에 의해 강탈당하듯, 노동도 자본에 의해 강탈당하는 법이다. 왜냐하면 그것이 자본이든 노동이든 각 요소의 수확은 똑같이 고정되어 있기 때문이다."

극대화를 추구하는 다양한 변수의 상대적인 양적 성장을 설명하는 데 미적분 사용이 급증하고 있다는 점을 감안하면, 이 논리 구조는 언어보다 수학으로 더 명확하게 밝혀지는 것이 당연했다. 스웨덴의 경제학자 크누트 빅셀|Knut Wickell도 1890년에 같은 생각을 밝힌 적이 있다.

"총생산량이 여러 협력 요소의 실질 (연속) 함수라고 해석한다면, 각 요소의 감소분이 요소의 비중만큼만 총생산량을 줄일 때 전체적으로 효율성이 유지된다."

생산요소 투입량|input과 총생산량|total out과의 관계를 설명하는 수학적 설명(여러 협력 요소가 주어진 양을 투입해 얻어진 생산 결과를 계산하는 방법)은 곧 생산함수로 알려지게 되었다. 그리고 생산함수가 경제학에서 점점 더 중심적인 역할을 하게 되자, 수학적 접근 방식을 비난하는 여러 가지 가정은 세월이 가면서 조용히 사라지게 되었다.

이 책이 보여주려는 이야기를 이해하려면 모든 투입 생산요소를 주어진 양만큼 증가시키면 생산량도 같은 비율만큼 증가하게 된다는 가정을 이해해야 한다. 이러한 직선적 관계는 그보다 150년 전에 스위스의 위대한 수학자 레온하르드 오일러|Leonhard Euler에 의해 선형|linear 또는 1차 동차|homogenous in degree one라고 묘사되었다. 오일러의 정리는 경제학자들이 가장 많이 이용하는 표준 도구가 되었는데, 수학으로 무장한 이 도구의 잘 알려지지 않은 부수적인 효과는 수확체증과 수확체감의 경우를 서로 상쇄시켜 평균으로 만든다는 것이다.

투입 생산요소를 두 배 증가시킬 때마다 생산량이 두 배로 증가한다는 것은 일반적으로 규모에 대해 수확이 불변한다는 가정을 담고 있다. 이러한 논리에 의해 설립된 이론은 후에 한계생산성 이론|marginal productivity theory으로 불리게 되었다.

오늘날에는 경쟁 시장에서의 비용과 기업간의 관계를 다룬 장이 경제학 개론 서적의 핵심 부분을 차지하고 있다. 이러한 경제학 개론 서적에 따르면 기업이 치열한 경쟁을 하는 시장에서는 어떤 요소를 추가로 투입해 얻은 한계 생산 증가분만큼의 가격만 시장에서 추가로 받을 수 있다. 이 상황에서 기업은 노동자를 한 명 더 고용하거나 아니면 제조 목적에 필요한 강철을 한 톤 더 구입할 계획을 고려해볼 수 있는데, 이러한 결정은 투입되는 비용을 충분히 충당하고 추가 수입으로 이어질 수 있는 경우에만 합리화될 수 있다.

완전 경쟁 아래서는 각 요소를 투입한 만큼의 한계 생산 증가분만 얻을 수 있어 전체적으로 시장의 균형이 달성되며, 이러한 현상이 계속되면 기업에게 남는 것이 하나도 없게 되어 모든 기업이 사라져버릴 수 있다. 빅토리아 시대의 유명한 경제학자이자 《수학심리학|Mathematical Psychics》의 저자인 프랜시스 이시드로 에지워스|Francis Ysidro Edgeworth는 한계생산성 이론은 기업인에게 움직일 수 있는 여지를 전혀 제공하지 않는다고 한탄했다.

실생활에 적용할 수 없다면 경제학이 아니다

마셜은 이 모든 엄격한 논리를 제시하면서 이러한 주장의 양면적 성격 사이에서 고민을 했다. 한편으로 그는 새로운 수학적 방법 사용을 찬양하면서도(그는 친구에게 쓴 편지에서 존 스튜어트 밀에 대해 다음과 같이 거론한 적이 있다. "그가 말로만 모든 것을 설명하려 해서 실수 투성이라는 자네의 의견에 나도 동의하네. 그렇지만 밀과 리카도의 주장에는 진리의 열매가 들어 있다고 생각하네.") 다른 한편으로는 축약시켜 설명하는 수학적 논리 방식이 학자들을 잘못된 방향으로 인도하지는 않을지 우려했던 것이다. 그는 수학적 방법의 한계가 계속 간과되고 있다고 지적하고 있다.

"특히 지나친 추상적 견해로 이 문제에 접근하려는 사람들은 잘못하면 어떤 구체적인 형태의 해법을 도출하지 못할 수도 있다."

그는 제자로 시작해 친구가 된 아서 볼리|Arthur Bowley에게 1901년 3월에 보낸 편지에서 다음과 같이 자신만의 연구 철학을 분명히 밝히고 있다.

(1) 수학은 연구의 엔진이 아닌 간단한 전달 언어로 사용한다.
(2) 이 수학적 방법은 목표를 달성할 때까지 계속 사용한다.
(3) 이 수학적 방법을 영어로 번역한다.
(4) 실생활에 중요한 사례로 그것을 설명한다.
(5) 수학적 방법은 이제 버린다.
(6) (4)단계에서 성공을 거두지 못하면 (3)단계는 지워버린다.

마셜이 특히 참기 힘들어했던 것은 (4)단계를 무시하는 것이었는데, 프랑스의 뛰어난 수학자 아우구스틴 쿠르노 같은 사람도 대수에 끌려 (4)단계를 무시해버렸다. 쿠르노는 1838년 처음으로 가격 하락·수확체증이 독점으로 이어질 것이라고 주장한 인물이다. 하지만 그러한 결과를 억제할 수 있는 대책에 어떤 것이 있는지를 밝히려는 노력은 거의 하지 않았다. 한 주석에서 마셜은 '대담하게 수학을 따라갔으나 자신의 전제가 어떤 기업이든 출발을 잘한 기업이 결국 자기 사업 분야에서 독점을 이룬다는 결론에 도달할 수 있다는 사실은 전혀 눈치 채지 못한' 사람들에게 크게 불만을 표시한 바 있다.

이 시점에서 핀 공장의 모순이 또 다시 부상하게 되었는데, 이제 핀 공장 이론을 설명하려면 외부적 요소를 이해하고 넘어가야 한다.

성공은 신용을 향상시키고 신용은 성공을 보장해준다

사실 밀보다는 마셜이 가격 하락 효과에 대해 훨씬 더 분명하게 인식한 것 같다. 한 세기 동안 빈민층까지도 생활수준이 향상된 것을 수확체감이라는 논리만으로는 설명할 수 없었다. 또한 경제학자들은 한계주의 덕분에 수확체증에 대한 원칙을 더 정확하게 설명할 수 있었다. 수확체증 현상은 새로운 상품(예를 들어 핀 종류마다 투입되는 비용)에 투입되는 한계비용이 모든 핀 생산에 필요한 평균비용보다 낮을 때 발생한다. 마셜의 주장을 입증해주는 고차원의 수학적 등식에 따르면 모든 것은 조만간 생산가가 더 비싸져야 한다. 그런데 왜 그와 반대로 가장 저렴한 가격에 생산을 하는 기업이 시장 전체를 장악하는 일이 발생하는 것일까?

마셜은 수확체증에 대한 연구를 하면서 두 종류의 가격 하락 요인, 즉 두 종류의 수확체증이 존재한다고 믿었다. 이러한 수확체증 현상은 모두 생산 규모, 다시 말해 시장의 규모와 상관이 있다. 마셜이 첫 번째 수확체증 현상이 발생한다고 믿은 내부 경제│internal economies 는 핀 공장 이론에서 볼 수 있는 경제학 상황을 의미한다. 이 내부 경제는 사업을 하는 개별 기업의 규모, 기업 조직, 그리고 경영 효율성에 좌우된다.

수확체증 현상을 불러일으키는 두 번째 종류는 외부 경제|external economies인데, 이는 산업의 전반적인 발전에 크게 좌우된다. 내부 경제 개념은 마셜의 책을 읽는 독자에게 상당히 친숙한 개념이지만 반대로 외부 경제, 즉 외부적 요소라는 개념은 경제학에 새로운 돌파구를 열어주는 경제학적 발견이라는 평가를 받았다. 이 개념은 마셜의 주장을 밀의 주장과 가장 크게 차별화시키는 요소이자, 다산성이라는 개념을 마셜이 주장하는 경제 제도 안으로 집어넣을 수 있는 중요한 도구가 된다.

기업이 내부 경제에서 수확체증을 통해 어떻게 이익을 얻을 수 있는지를 설명하는 마셜의 문장은 상당히 쉽게 느껴진다.

"상당액의 재산을 보유하고 있으면서 개인적으로 능력이 뛰어난 사람이 특정 분야에서 사업을 시작해 열심히 일하고 절약하게 되면, 그의 재산은 신속하게 늘어나고 자본을 빌릴 수 있는 신용 또한 급속히 증가한다. 그러는 사이 주변에는 평범하지 않은 능력과 기술을 지닌 부하직원이 모이게 되고, 그의 사업은 그들과 함께 더 발전하게 된다. 부하직원은 그를 신뢰하고 그 또한 그들을 신뢰하며 결과적으로 부하직원들은 자신에게 잘 맞는 분야의 일을 선택해 열성적으로 일하게 된다.

이 회사에서 기술이 뛰어난 사람이 지나치게 쉬운 일을 하는 경우는 없으며, 어려운 일을 기술이 없는 사람에게 맡기지도 않는다. 이처럼 직원들의 기술 수준이 상승하고 사업도 나날이 발전하는 가운데, 이 회사에 전문 기계 및 각종 전문 시설이 도입된다. 또한 생산 과정을 향상시킬 수 있는 공정이 신속하게 도입되어 더 큰 발전을 이룩할 수 있는 토대 역할을 한다.

성공은 신용을 향상시키고 신용은 성공을 보장해준다. 신용과 성공
은 단골고객을 붙잡는 동시에 새로운 고객을 확보하는 밑거름이 된다.
이렇게 해서 고객이 많고 사업이 잘되면 원료 구매를 할 때 큰 덕을 볼
수 있다. 결국 생산된 상품은 품질이 좋아 저절로 선전이 되며, 상품 판
매망 개척에서 발생하는 어려움은 감소한다. 더욱이 사업 규모의 증대
로 경쟁업체를 누르면 이익은 급속히 증가하며 판매하는 상품 가격은
낮아지게 된다."

마셜이 설명한 생산비용 하락 효과와 그 결과로 얻을 수 있는 이
익을 살펴보면, 오늘날 우리가 규모의 경제|economies of scale를 통해
얻을 수 있는 이익과 정확히 일치한다. 일단 고정비용을 투자하면
덕분에 생산비용이 감소하면서 생산량은 증가해 결국 수확체증 효
과를 얻을 수 있다는 것이다. 마셜의 이러한 설명을 들으면, 당시
록펠러|Rockefeller, 카네기|Carnegie, 질레트|Gillette, 노벨|Nobel 같은 거부
들과 빌 게이츠|Bill Gates 같은 현대의 거부가 어떻게 탄생할 수 있었
는지 이해가 간다.

자동화 경향을 설명한("기계류가 조만간 제조 분야에서 모든 단순 노
동을 대신하게 될 것이다") 장을 보면 마치 어제 쓰인 듯한 느낌이 들
정도로 미래 예측을 잘하고 있다. 그가 이러한 언급을 한 것은 대부
분의 경제학자가 대량 생산의 가능성을 조심스럽게 언급하기 시작
했던 시기보다 무려 25년이나 앞서 있다. 여기에 R&D라는 용어는
대량 생산 경향이 언급되기 시작하고도 25년이 지나서야 탄생했다.
또한 마셜이 이러한 설명을 한 시기는 월마트가 내부 경제의 대표
적인 기업으로 언급되는 것처럼 현대적 의미의 경영 기술이 도입되

기에 아직 한참 먼 시기였다.

그렇다면 수확체증 현상의 축복을 받은 사업가(예를 들어 핀 제조 업체)는 왜 자신의 시장을 완벽하게 장악하지 못하는 것일까? 마셜이 지적했듯 적어도 한동안은 완벽하게 장악하지 못한다. 한 명이 완벽하게 시장을 장악하는 대신 그와 다른 한두 명의 사업가가 산업 전체를 나눠 갖는 현상이 발생할 수 있다.

그런데 일부 현대 산업 활동 분야의 경우, 새로 도입된 기술의 성격상 독점으로 갈 수밖에 없는 성향을 지닌 것도 있다. 이러한 자연 독점의 대표적인 사례가 철도 산업이다. 이 사업을 시작할 때는 투자해야 하는 비용이 엄청난 수준인데, 여기에 다른 기업보다 낮은 가격에 서비스를 제공하면 결과적으로 독점이 가능해진다(철도 사업에 뛰어든 사람들은 대개 호된 대가를 치르고 이 교훈을 배웠다. 겁 없이 선로 건설에 뛰어들었다가 얼마 못 가 손들고 나와 버렸던 것이다).

마셜은 근대 수송 산업 분야의 경우 "사업에 앞서 뛰어든 기업이 수확체증의 법칙에 따라 거의 경쟁자가 없는 상태에서 그 자리를 유지하고 있다"고 적고 있다. 그처럼 경쟁이 불가능한 산업 분야에서는 정부가 규제를 하며 개입할 필요가 있다. 하지만 핀 사업 같은 산업 분야의 경우 정부의 규제는 필요가 없다. 그 경우에는 보이지 않는 손이 알아서 할 것이기 때문이다.

아이디어는 공중에 떠다니며 주변으로 확산된다

마셜은 자신이 내세우는 제도 아래서 경쟁이라는 개념이 유지되

도록 하기 위해 누구나 얻을 수 있는 이익이라는 개념을 집어넣었는데, 그 이익을 외부적 수확체증이라고 불렀다. 외부적 수확체증은 산업의 규모와 관계가 있으며 때로 인근 효과|neighborhood effects라고 묘사되기도 했다.

이처럼 생산비용 인하 효과를 유발하는 두 번째 요인은 줄여서 외부적 요소|externalities라고 불리며, 스필오버 효과|spillover로 부르기도 한다. 외부적 경제는 돈이 이쪽에서 저쪽으로 건너감으로써 발생하는 이익(또는 비용)이 아니다. 그냥 자고 일어나 아침에 얻을 수 있는 이익이다. 그러면 외부적 요소로 얻을 수 있는 이익에 대해 마셜이 설명한 내용을 살펴보기로 하자.

"어떤 특정 산업이 어느 지역을 선택하게 되면, 가능한 한 그 산업은 그 지역에 오래 머물게 된다. 특정 산업이 선택한 장소를 중심으로 그 산업 분야와 관련된 동일한 기술을 보유한 사람들이 서로 이웃이 되어 주변에 자리 잡기 때문이다. 그리하여 이 산업 분야가 지닌 비밀은 더 이상 비밀이 아니게 된다. 그 지역 주변에는 마치 그 비밀이 공중에 떠다니는 듯해서 그 지역에 사는 어린이까지도 무의식중에 그 비밀을 배우게 된다. 이렇게 자리 잡은 산업 분야에서는 일을 잘하는 사람이 제대로 평가받으며 기계가 발명되고 기계의 성능 및 공정 등이 향상된다. 더불어 기업 조직은 바람직한 방향으로 신속하게 개편되면서 발전한다.

이러한 분위기 속에서 한 사람이 새로운 아이디어를 제시하면, 그 아이디어를 다른 사람이 받아들인 다음 자신의 의견과 결합시켜 활용한다. 그리고 그런 결합을 통해 새로운 아이디어가 계속 탄생한다. 이처럼 특정 산업이 발전한 지역에서는 그 산업을 위해 일하는 하청 사업이 발전해 원료 및 다른 필요한 것을 공급해주면서 거래가 조직화되는데, 그러다 보면 하청을 준 기업은 원료비를 많이 절약할 수 있게 된다."

마셜은 이러한 생각이 확실히 옳다는 사실을 알고 있었지만, 이 인근 효과 확산 과정이 어떻게 독점 기업의 통제를 느슨하게 만들어줄 수 있는지는 깊이 파고들어 연구하지 않았다. 그렇다면 특정 기업이 지닌 비밀은 어떻게 유출될까? 짐작하건대 마셜은 경쟁 기업의 상품을 사서 뜯어본 후 그 구조를 알아낼 수도 있을 것이고, 아니면 경쟁 기업에서 일하던 직원을 스카우트할 수도 있다고 생각한 것 같다. 또한 경쟁 기업의 공장을 방문해 공장 구조를 외우는 방법도 있고, 경쟁업체의 사업 구상을 입수해 그 업체가 아직 모르고 있는 그 사업 구상의 단점을 미리 알아내는 방법도 있을 것이다. 그것도 아니라면 경쟁업체를 밀어낼 수 있는 다른 상품을 만들어 대응하는 방법도 가능하다.

마셜은 이처럼 구체적으로 설명하지 않고 한 사람이 제시한 좋은 아이디어는 다른 사람이 가져가게 되어 있으며, 그것은 그들이 일어서는 데 발판 역할을 한다고 했다.

"어떤 방식에 대한 탁월한 개선점은 일단 실험단계를 거치고 나면 오랫동안 비밀로 남아 있지 못한다."

이 인근 효과는 공간상의 근접성보다 규모와 더 관계가 있다. 다시 말해 이 효과는 기업 자체보다 '특정 산업의 전반적인 발전' 규모에 더 영향을 받는 것이다. 실제로 산업 지역의 규모가 크면 클수록 모두가 무료로 얻을 수 있는 외부적 경제 효과가 더 크다. 이러한 주장을 제시하면서 마셜은 면화 산업에서 얻은 자신의 경험을 떠올렸을 수도 있고, 철강 산업이나 조선 산업, 금융 산업 같은 것을 떠올렸을 수도 있다. 그것도 아니라면 혹시 미래의 실리콘밸리를 상상하며 썼던 것은 아닐까?

외부적 요소 개념은 즉시 대성공을 거두었다. 더불어 경제활동에서 계산에 들어가지 않는 부분도 일상생활에서 관찰해볼 필요가 있다는 것이 크게 대두되었다. 외부적 요소가 유발하는 효과는 바람직할 때도 있지만, 때로는 바람직하지 않을 때도 있다. 특히 지키려고 노력하는 비밀이 유출될 경우, 좋은 점과 나쁜 점이 공존한다.

농촌 지역에 댐이 건설되면 농부가 대가를 지불하든 지불하지 않든 그 댐은 농부들의 논밭에 홍수가 발생하는 것을 억제해준다. 그것은 하나의 바람직한 외부적 요소이다. 그러나 그 댐은 고기를 잡아서 먹고 사는 사람에게는 결정적인 피해를 준다. 다시 말해 바람직하지 않은 외부적 요소라는 좋지 않은 결과를 유발하는 것이다.

농부 한 명이 자신의 과일나무 가루받이를 위해 벌들을 빌려 과수원에 풀 경우, 그 벌들은 그 집 과수원뿐 아니라 옆에 있는 과수원의 나무에도 가루받이를 해준다. 어느 마을 읍내에 맥주 제조공장이 생기면, 그 제조공장 관리를 위해 마을에서는 더 많은 경찰을 채용하게 된다. 또한 어느 마을에 담배 판매상이 들어오면, 그 마을에 사는 비흡연자들의 드라이클리닝 비용을 증가시키고 나아가 그 마을 종합병원은 병에 걸린 흡연자들을 위한 추가 시설을 마련해야 한다.

세상에는 이처럼 실제로는 많은 사람에게 이익을 주고 있으면서도 비용으로 계산되지 않아 가격에 반영되지 않는 요소가 매우 많다.

지식은 생산의 가장 강력한 엔진

생산비용으로 계산되지 않던 외부적 요소는 제2차 세계대전이 끝나고 나서야 드디어 중앙 무대로 등장하기 시작했다. 이는 자원 고갈, 오염, 과밀화 현상 등 공통적인 문제의 심각성이 이즈음 크게 대두되었기 때문이다. 이러한 외부적 요소는 귀중한 자원이 모든 사람에게 속해 무료로 이용할 수 있을 때라야 비로소 외부적 요소로 인정받을 수 있다.

예를 들어 어떤 사람이 개인 초지를 보유한 경우, 그는 자기가 키우는 가축에게 먹일 풀 외에 다른 집 가축에게 먹일 것은 신경 쓰지 않는다. 또한 자신에게 더 이상 필요 없음에도 다른 사람이 필요로 한다는 사실을 감안해 굳이 척박한 땅을 정리하여 초지를 더 많이 조성하려는 시도도 하지 않는다. 그런데 당시에는 마셜이 제시한 이론 중에서 바람직한 외부적 요소들(어떤 분야에서 누군가가 기존의 사업에 도전할 준비가 되었을 때 공짜로 활용할 수 있는 '그 무엇'이 있어, 그것을 공짜로 사용해 이익을 얻게 해주는 요소)은 무시되었다.

여기에서 여러분이 꼭 기억해야 할 사실은 이 인근 효과는 경제 활동 중에서도 비용을 지불하지 않고 얻는 부수 효과이기 때문에 생산비용으로 계산되지 않았다는 점이다. 다시 말해 한계생산성 계산에 필요한 미적분 공식에 이 인근 효과는 포함이 되지 않았다는 얘기다. 사실 이 효과는 공식으로 적어 넣을 수가 없었다. 이 요소들이 투입 생산요소가 아니었기 때문이다. 이 외부적 요소들은 어떠한 보상도 요구하지 않았고 가격의 도형|geometry of price도 반영되지 않았다. 따라서 이것을 굳이 따로 설명할 필요가 없었다.

이로 인해 마셜이 제시한 외부적 요소의 바람직한 분석은 당시 독자들에게 제대로 전달되지 않았으며, 수학자였던 마셜 자신만 그것을 제대로 이해하고 있었던 것 같다. 그러나 바로 이 인근 효과 덕분에 마셜이 주장한 시스템은 보다 완벽해질 수 있었다. 이 효과를 통해 보이지 않는 손에 의한 경쟁과 수확체증 이론을 조화시킬 수 있었고, 이 조화를 위해 수학적 공식을 활용했기 때문이다.

물론 마셜은 자신의 분석에 허점이 존재한다는 사실을 인정했다. 그의 저서에서 마셜은 존 스튜어트 밀의 주장을 받아들이며 다음과 같이 말했다.

"지식은 생산에서 가장 강력한 엔진이다. 지식 덕분에 우리는 자연을 정복할 수 있고, 또한 우리의 필요 충족을 위해 자연을 사용할 수 있다."

하지만 또 다른 부분에서 마셜은 이렇게 설명하고 있다.

"지식과 조직에서 공공재와 사유재의 차이는 점점 더 커지고 있다. 특히 지식에서 공공재와 사유재의 차이는 일반 물질의 공공재와 사유재의 차이보다 훨씬 크다. 그 점에서 조직을 별도의 생산요소로 평가하는 것이 최상으로 보일 때가 있다."

이러한 설명을 하면서 마셜은 "후에 다시 보다 심도 있게 연구하겠다"는 약속을 한다. 그러나 그 후 발생한 많은 문제와 연구 중단으로 결국 이 주장은 그의 저서의 주석 부분에 파묻혀 버리고 말았다.

아무리 큰 나무도 나이를 비껴갈 수 없다

마셜은 생산요소를 설명하는 《경제학 원리》의 결론 부분에서 수확체증의 법칙과 수확체감의 법칙 사이의 긴장, 다시 말해 보이지 않는 손의 법칙과 핀 공장 법칙 사이에서의 긴장에 대해 또 하나의 설득력 있는 비유를 하고 있다. 그는 시장에서 활동하는 기업을 숲 속의 큰 나무에 비유하며 "아무리 큰 나무도 나이를 비껴갈 수는 없다"는 주장을 했다.

"숲 속에서 자라는 어린 나무는 나이 든 커다란 나무 그늘에 파묻혀 있으면서도 위로 자라기 위해 몸부림을 친다. 그러다가 상당수 나무는 도중에 포기하고 극소수만 살아남는다. 이렇게 살아남은 나무는 해마다 조금씩 강해지고 키가 커지는 만큼 더 많은 햇볕과 공기를 흡수할 수 있게 된다. 그러던 어느 순간 마침내 부러워했던 주변의 큰 나무만큼 성장한다.

이처럼 키가 커지면 자신이 지금까지 그래왔던 것처럼 영원히 키가 커지면서 점점 더 강해질 것이라고 믿지만, 절대 그렇지 않다. 물론 여러 나무 중 하나가 다른 나무보다 더 생장력이 뛰어나고, 그 결과 더 크게 자랄 수도 있다. 그러나 그런 나무도 나이를 비껴갈 수는 없다. 키가 큰 나무가 작은 나무보다 더 많은 햇빛과 공기를 접할 수 있는 것은 사실이지만 나이가 들면서 이 큰 나무도 점점 생기를 잃어간다. 결국 그 나무는 다른 나무에게 자기 자리를 내주게 되는데, 작은 나무는 키도 작고 가진 것도 적지만 그 큰 나무에 비해 젊다는 커다란 장점이 있다."

마셜은 자신의 저서에서 외부적 요소의 개념을 이처럼 자연스럽게 설명했고, 경제학은 선발 경제학자들의 주도로 그 어느 때보다 완벽해지는 것처럼 보였다. 특히 마셜이 경제학 분야에서 이룩한 업적은 인류 역사상 대단한 것으로 평가되고 있으며, 그가 발견한 한계효용 분석 시스템은 과거 고전 천문학 분야에서 이루어진 대발견이나 화학 분야에서의 원자질량표│table of atomic weights의 발견에 비유할 수 있을 만큼 대발견으로 여겨지고 있다.

1908년 마셜은 교수직에서 물러났다. 그렇지만 그는 경제학 원리 제2권을 완성하지 못했으며, 생산요소로서의 지식에 관한 주제도 다시 연구하지 못했다. 수학적 공식을 이용한 한계효용성 이론을 완성하기는 했지만 그것에 무언가 허점이 있다는 의구심을 버리지 못했음에도 말이다.

"머지않아 세대가 교체될 것이고, 우리 세대가 중요하게 생각했던 특정 경제 연구 분야 역시 함께 사라질지도 모른다."

이 말을 남기고 마셜은 1924년 사망했다.

지금으로부터 2년 전 시카고대학에서는 애덤 스미스의《국부론》 출간 150주년을 기념하는 경제학자들의 축하모임이 있었는데, 그 자리에 모인 경제학자들이 공식적으로 축하한 것은 경제학에 대한 스미스의 공헌이었지만 실제로 기념한 것은 마셜이 제시한 가치와 분배의 한계효용적 분석이었다. 시카고대학의 폴 더글러스 교수는 자본, 노동, 토지를 중심으로 국민 생산이 어떻게 공유되는지를 설명하면서 그러한 주제는 '조용한 침묵' 속으로 파묻어 버리고 대신 마셜의 현실적 능력이 두드러지게 드러났던 노동 분업에 대한 이야기를 해보자는 주장을 했다.

그러나 1920년대의 일부 젊은 경제학자는 마셜이 제시한 이론에 무언가 문제가 있다는 의구심을 버리지 못했다. 특히 수확체증의 법칙에 관한 마셜의 접근책을 의심했다. 물론 일부 경제학자는 외부 경제라는 축복 같은 선물을 트로이의 목마|Trojan Horse처럼 생각했다. 그중에서도 케임브리지대학 교수 후계자로 마셜이 직접 뽑은 인물이던 아서 세실 피구|Arthur Cecil Pigou는 외부적 요소야말로 설득력 있고 중요한 요소이므로 정부는 가격 하락 가능성이 보이는 분야(제조 산업)에 정부 보조금을 지급하고 가격 인상 가능성이 보이는 분야(농업과 광업)에는 세금을 더 부과해야 한다는 주장을 했다. 즉, 정부가 경제를 관리하도록 권유한 것이다. 이것이 과연 애덤 스미스가 《국부론》을 쓰면서 원했던 결과였을까? 이러한 주장은 확실히 일관성이 부족하고 무언가 문제가 있어 보였다.

헨리 포드와 소련 신경제정책의 공통점

결국 1920년대 후반, 수확의 법칙|laws of return을 둘러싸고 유럽 대륙과 미국의 경제학자들은 경제 학술지를 중심으로 치열한 의견 공방을 벌였다. 당시 케임브리지의 경제사 전공 교수인 존 클래펌|John Clapham은 경제학 이론을 전공하는 동료들이 외부적 수확체증에 대한 구체적인 사례 제시에 실패했다는 비난을 했다. 눈앞에 확실히 보이지 않아 그것을 측정할 수 없다면, 그것은 결국 '텅 빈 경제

학 박스'나 마찬가지가 아니냐고 비난했던 것이다.

한편 경제학자 프랭크 나이트│Frank Knight는 한 사람의 인근 효과
는 다른 사람의 내부적 경제로 변해야 논리가 맞는다고 주장했다.
그 가운데 존 메이너드 케인스와 함께 공부하기 위해 이태리 파시
스트 정권을 피해 케임브리지로 온 피에로 스라파│Piero Sraffa는 거의
모든 제조 상품의 생산가가 떨어지고 있다는 주장을 했다. 그렇다
면 이것은 인근 효과의 결과라고 할 수 있을까? 스라파는 수확체
증의 법칙은 전체의 조화를 방해하는 흑점과 같은 존재라고 주장
했다.

이 문제와 관련하여 가장 해답에 가까운 의견을 제시한 사람은
에일린 영│Allyn Young이었다. 미국 오하이오에서 출생한 이 경제학자
는 1920년대만 해도 세계를 주름잡는 선도 경제학자 중 한 명으로
인정받고 있었다. 존 메이너드 케인스와 조지프 슘페터│Joseph Schum-
peter보다 7년 앞선 1876년에 태어난 에일린 영은 정신없이 밀어닥
치는 한계주의의 흐름을 타고 크게 성공했지만, 그는 이 새로운 방
법에 한계가 있음을 인정했다.

20세기 초 에일린 영은 이 대학 저 대학을 다니면서 새로운 경제
학을 강의했다. 그리고 스탠포드대학에 재직할 때 기존의 주장에
문제가 있다는 발언으로 시카고대학에서 쫓겨난 소스타인 베블런
│Thorstein Veblen, 미시간대학의 에드워드 챔벌린│Edward Chamberlin을 채
용했는데, 이 두 사람은 후에 경쟁의 성격을 둘러싸고 양측으로 나
뉘어 벌어진 치열한 공방에서 서로 반대 진영에 서게 되었다.

1920년, 영은 하버드대학의 부름을 받았다. 그는 하버드에서 일
하는 동시에 벤 스트롱│Ben Strong 뉴욕연방은행 총재에게 자문을 해

주기 위해 자주 맨해튼으로 갔다. 그러다가 1926년 런던 정경대 |London School of Economics로 스카우트되었다. 그리하여 영은 영국에서 강의하게 된 최초의 미국인 경제학자이자, 영국에서 가장 높은 봉급을 받는 경제학 교수가 되었다. 그는 영국에 도착하자마자 영국 경제학협회의 섹션F 분과의 회장으로 선출되었다. 그가 이 분과 회장직에 출마해 에든버러에서 했던 연설의 제목은 〈수확체증과 경제 발전|Increasing Returns and Economic Progress〉이었고 때는 1928년이었다.

영은 그 자리에 모인 경제학자들에게 자신은 케임브리지 경제학자들이 벌이고 있는 '매력적이지만 지독히 기술적인' 토론에 대해 아무 할 말이 없다고 단도직입적으로 이야기했다. 케임브리지대학 경제학자들이 강조하는 기하학이나 한계효용 이론의 그럴듯해 보이는 대수 설명은 자신의 분야가 아니라는 얘기였다. 그는 오래 전 애덤 스미스가 내세웠던 노동 분업을 이야기할 생각이라고 자신의 뜻을 밝혔다. 또한 특화 능력은 시장 확대에 의해 제한받는다는 스미스의 주장에 특별히 관심이 있다고 말했다.

"내가 항상 마음속에 담고 있는 이 원칙은 오늘날 경제학 관련 서적에 흔히 등장하는 보편적 이론 가운데 가장 설득력이 뛰어나고, 가장 얻을 것이 많은 주장 중 하나라고 생각한다."

그러나 당시 이 원칙은 거의 잊혀져가고 있었다.

그렇다면 왜 잊혀져가고 있었던 것일까? 영은 오래 전부터 해온 일을 세부적으로 분업화하는 핀 공장 이론으로 특화를 설명하면서 애덤 스미스가 놓친 부분이 있었기 때문인지도 모른다고 답변했다.

이렇게 생각해보는 것은 어떨까? 애덤 스미스가 언급한 노동 분업이란 일단 특정 지식을 얻고 나면 그 지식을 다른 작업에 응용할 수 있도록 하는 지식의 공유를 통한 분업이 아니었을까? 예를 들어 어떤 사람이 공구를 만들어 놓고 죽었다면, 그 공구가 전혀 다른 분야의 상품을 제조하는 데 유익하게 사용될 수도 있을 것이다.

영은 사실 못 한 개를 박으려고 망치를 만드는 사람은 없을 것이라고 주장했다. 그런데 망치를 만들어 많은 못을 박고 나서 그 망치가 더 이상 필요 없게 되면, 망치를 다른 사람에게 판매해 다른 용도로 사용되도록 할 수 있다. 반대로 다른 산업 분야에서 사용되던 기계를 핀 제조업자가 핀을 만드는 데 새롭게 도입할 수도 있다. 이러한 방식으로 여러 다른 산업 분야는 더욱 차별화를 해가며 성장할 수 있는데, 이 경우 단계적 분업|progressive division과 산업의 전문화|specialization of industries는 수확체증이 실현될 수 있는 과정의 필수 요건이라고 할 수 있다. 물론 이때 규모는 매우 중요한 역할을 한다.

영은 1920년대를 떠들썩하게 했던 위대한 세 가지 이야기를 사례로 들었다. 첫 번째 사례는 디어본의 루쥬에 새롭게 대형 공장을 지은 헨리 포드|Henry Ford의 자동차 사업 성공이었다. 두 번째 사례는 소련의 낙후된 경제를 현대화된 경제로 바꾸려는 레닌의 신경제정책|New Economic Policy이었다. 마지막 사례는 경제력에서 미국이 영국을 성공적으로 따라잡은 것이었다. 영은 이 세 가지 사례 모두 규모와 특화 사이의 관계가 성공과 실패를 결정짓는 요인이 되고 있다는 주장을 했다.

헨리 포드가 주저 없이 대량 생산을 추구한 이유는 대량 생산에 의해 탄생할 자동차의 잠재 시장이 클 것이라고 생각했기 때문이다. 레닌의 시도는 성공을 거두지 못했는데, 그 이유는 대형 잠재 시장이 없어서가 아니라(사실 러시아는 매우 큰 시장이었다), 하부 산업을 창조하고 새로운 습관을 습득시키는 데 소요되는 비용을 제대로 계산에 넣지 않았던 탓이다. 마지막으로 미국의 경제적 우월성은 거대한 내수 시장에서 나온 것이다. 미국 제조업자들이 즐거운 비명을 지르며 발전할 수 있었던 것은 훌륭한 국내 수송 네트워크와 엄청난 인구 덕분이다.

불행하게도 영에게는 자신의 생각을 정확한 용어로 설명하는 능력이 부족했다. 예를 들어 점점 증가하는 노동 분업 현상을 묘사하기 위한 기계 중심 분업 현상을 설명하며 적절한 용어를 찾지 못해 오스트리아에서 사용되는 '우회성 |roundabouness'이라는 표현을 썼다. 또한 질적 변화 |qualitative change, 불균형 |disequilibrium, 복잡성 증가 |increasing complexity, 누적된 인과관계 |cumulative causation 등 공정을 설명하기 위한 많은 전문용어를 사용하며 설명했지만, 당시 사람들은 아직 그 용어를 정확히 이해하지 못하고 있었다. 심지어 오늘날 영이 어떤 연구를 했으며 연설을 통해 어떠한 논리를 펼치려고 했는지 연구하는 사람들조차 왕겨 속에서 쌀을 제대로 가려내지 못하듯, 그 의미를 제대로 파악하지 못하고 있는 실정이다.

어쨌든 중요한 것은 〈수확체증과 경제 발전〉이라는 그의 연설이 경제학자들 사이에서 대단한 감탄을 불러일으켰다는 사실이다. 하지만 감탄만 했을 뿐, 자신의 주장이 옳다고 생각한 영국의 노장 경제학자들은 영의 주장에 전적으로 반대하는 입장을 보였다. 반면 몇몇 젊은 경제학자는 이제까지 지켜온 자신의 신념이 잘못된 것은 아닌지 돌아보았는데, 그중 대표적인 인물이 런던에서 영에게 가르

침을 받았던 헝가리 이민자 출신 경제학자 니콜라스 칼도르|Nicholas Kaldor이다.

영의 뒤를 이어 케네스 애로|Kenneth Arrow라는 학자가 지하로 흐르는 강을 다시 지표면 위로 끌어올려 놀랄만한 주목을 받았지만, 그도 이내 사람들의 관심권에서 사라지고 말았다. 그러나 영의 주장이 잘못되었던 것은 결코 아니었다. 문제가 있다면 그가 문헌 경제학자였다는 점이다. 경제학이라는 학문이 축약성과 총론적 성격이 더 높아지는 쪽으로 가기 위해 새로운 방향 전환을 하는 시점에 그의 발언이 이루어졌다는 데 문제가 있었던 것이다.

에든버러 연설은 영이 경제학자들의 의견을 바꿀 수 있는 마지막 기회였다. 그렇게 영국에 진출했던 영은 곧바로 하버드로 돌아오겠다는 결심을 하게 되었는데, 불행하게도 미국으로 돌아오는 배에서 전염병에 감염되어 1929년 쉰세 살의 나이로 세상을 떠나고 말았다. 그리고 그해 10월 전 세계 주식시장은 붕괴되었고, 1920년대의 거대한 경제 붐도 함께 주저앉고 말았다.

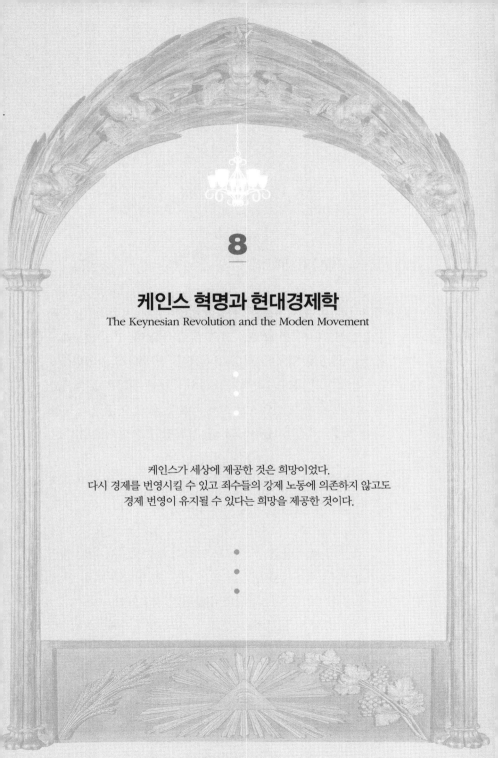

8

케인스 혁명과 현대경제학
The Keynesian Revolution and the Moden Movement

케인스가 세상에 제공한 것은 희망이었다.
다시 경제를 번영시킬 수 있고 죄수들의 강제 노동에 의존하지 않고도
경제 번영이 유지될 수 있다는 희망을 제공한 것이다.

케인스식 거시경제학의 탄생

과거를 회상하며 20세기 들어 기술경제학에 결정적 돌파구가 열린 시기가 언제였는지 찾아내는 것은 어렵지 않다. 1930년, 과거 150년 동안 그래왔듯 영국은 세계 경제학의 중심에 서 있었다. 이에 따라 유럽의 여러 나라 경제학자들은 대공황의 원인을 분석하고 해결책을 논의하기 위해 런던으로 모여들었다. 이때 마셜식 전통을 이어가려는 노장 경제학자들은 그들을 못마땅한 눈빛으로 쳐다보았다.

대부분 옥스퍼드 출신인 노장 경제학자들은 여전히 수확체증과 수확체감의 논쟁에서 헤어 나오지 못하고 있었다. 다른 한편으로 정치인들은 자유무역의 장점과 자유방임주의 정책의 필요성에 사로잡혀 그 속에서 빠져나오지 못하고 있었다. 이처럼 경제학 분야가 전혀 진전 없이 제자리를 맴돌고 있는 가운데, 영국과 다른 산업민주주의 국가의 실업률은 25퍼센트 수준까지 치솟았다.

1945년 경제 공황을 극복하고 경제가 다시 호황기에 접어들자 그제야 낙관적이고 생동감 넘치는 경제학이 자리를 잡기 시작했는데, 이번에는 영국이 아닌 미국에서 경제학 발전을 주도하게 되었다. 이처럼 기술경제학에 돌파구가 열리기 전까지 경제학자들은 말로 설명하는 식으로 경제학 저서를 집필했으며, 숫자는 거의 사용하지 않은 채 말로만 이론을 심화시키려 했다. 그러다가 수학이 경제학에 도입되기 시작했고, 모든 것을 측정하려는 노력이 시작되었다. 경제학자들이 수학적 모델을 구축하기 시작했던 것이다.

그렇다면 왜 이런 변화가 찾아온 것일까? 물론 경제 대공황 때문이다. 더불어 존 메이너드 케인스 덕분이다. 우리가 케인스 혁명이라고 부르는 경제학 혁명은 전례 없는 경제 불황을 몰고 온 이유를 밝히려고 시도하는(그리고 정부 통제를 통해 산업 자본주의를 구출하려 했던) 시점에서 시작되었다고 볼 수 있다.

케인스는 오늘날 우리가 거시경제학^{macroeconomics}이라고 부르는 것을 발견한 인물이다. 당시 케인스의 거시경제학적 시선으로 본 세상은 수요가 공급을 따라가지 못하고 저축률은 높지 않은 반면, 대출 상황은 그리 나쁘지 않은 이상한 모습을 하고 있었다. 거시경제학적 세상의 모습은 절약과 비교 쇼핑처럼 일상생활의 모습을 연구하는 미시경제학^{microeconomics} 관점의 세상과는 완전히 달랐다. 아인슈타인과 뉴턴의 물리학 세계가 완전히 다른 것처럼 거시경제학과 미시경제학의 세계는 전혀 달랐던 것이다.

케인스가 거시경제학을 발견하게 된 시기의 상황을 간단히 살펴보자. 당시 앨버트 아인슈타인^{Albert Einstein}을 비롯한 상당수의 유럽 과학자가 나치의 손길을 피해 미국으로 망명하게 되었고, 결과적으로 경제학 분야를 비롯한 여러 학문 분야의 구심점이 유럽에서 신세계인 미국으로 옮겨가게 되었다. 그러한 상황에서 케인스가 선보인 청사진은 전후 세계가 대대적인 경제 발전을 이룩할 수 있는 기초가 되었고, 향후 서방 세계가 공산주의를 채택한 국가들을 누르고 승리하는 데 크게 기여했다.

그렇다면 케인스의 거시경제학은 어떻게 탄생하게 되었을까?

1920년대와 1930년대에는 새롭게 도입된 큰 과학적 사고의 흐름이 기술경제학 분야에도 전파되어, 경제학자들의 야심이 커지고 그들이 손에 넣은 도구의 종류도 새로워지게 되었다. 우리는 이 새로운 흐름을 현대경제학|Modern program이라고 부르는데, 현대경제학과 그 이전 경제학의 차이가 있다면 그것은 과거의 모호한 설명을 보다 엄격한 방법으로 바꿔놓겠다는 의지가 현대경제학이 더 강했다는 것이다. 이 현대경제학의 창립자들은 19세기 말에서 20세기로 넘어갈 무렵에 탄생했다. 그리고 이들은 과학의 가능성이 무궁무진하다고 믿는 사회 분위기 속에서 폭넓은 낙관적 사고를 가지고 성장했다.

현대경제학을 추구하는 경제학자 중에는 실물 데이터를 분석할 목적으로 통계학적 사고를 경제학 이론에 도입하려는 사람도 있었고, 몇 가지 기초적인 원리에서 출발해 인간의 상호 반응을 순수한 수학적 구조로 표현하려는 사람도 있었다. 또한 어떤 경제학자는 경제학을 전략적 행동 과학으로 바꿔보려는 시도를 하기도 했다.

이처럼 추구하는 목적은 달랐지만 이들에게는 한 가지 공통점이 있었다. 그것은 수학적 방법과 형식 논리를 더 선호했다는 점이다. 그런 면에서 현대경제학은 문헌을 중시해온 전통 경제학과는 크게 다르다고 볼 수 있다. 특히 경제학자들은 1945년 제2차 세계대전이 끝나고 승리의 기쁨이 사라지기 전에 새로운 과학적 연구 흐름을 실용적인 도구 창조로 이어야 한다는 사명감을 갖게 되었는데, 그 결과 탄생한 것이 케인스경제학파이다.

그런데 이처럼 현대경제학을 연구하는 사람들의 마음속에는 서서히 하나의 공통된 의견이 떠오르기 시작했다. 케인스가 주창한 것처럼 거시경제학과 미시경제학을 구분할 필요는 있지만, 그것은 어디까지나 초기 상태에서나 필요한 것이고 장기적으로는 문제가 있다는 의견이었다. 다시 말해 과학적 경제학의 사명은 물가의 조건 변화에 대한 실패, 개인의 미시경제학적 행동에 대한 설명을 제공하는 데 있지만, 근본적으로는 경제학적 행동에 대한 보다 설득력 있는 통합적 설명을 제시해야 한다는 것이 이들의 한결같은 주장이었다.

여러 분야에서 뛰어난 재능을 보인 존 폰 노이먼|John von Neumann(양자 역학 및 기계 컴퓨팅 분야 발전에 지대한 공헌을 했지만 오늘날에는 게임 이론 주창자로 더 잘 알려짐)을 제외하고 현대경제학의 개척자는 대부분 그 분야 밖에서 그리 알려지지 않았다. 이들 중 프랭크|Frank라는 이름으로 더 잘 알려진 프랜시스 플럼턴 램지|Francis Plumpton Ramsey는 1920년대에 영국 케임브리지를 뒤흔들어 놓은 인물이다.

스승 케인스보다 수학적으로 뛰어났던 램지

당시 스무 살로 케임브리지대학에 있던 램지가 1923년에 친구인 비트겐슈타인|Wittgenstein에게 보낸(램지를 추종한 피터 뉴먼|Peter Newman이 찾아내 보관함) 편지를 보면 여러 분야에 걸친 램지의 젊은 혈기

를 쉽게 이해할 수 있다.

"사실 나는 수학 재건을 위한 노력은 별로 하지 않았어. 그 이유 중 하나는 상대성 이론이나 칸트|Kant의 책, 프레게|Frege의 책 등 여러 분야에 관심을 기울이느라 시간이 없었기 때문이야. 어쩌면 내가 게을러서 그런 것인지도 모르지. 여기다 1월에 기혼여성을 만나 불행한 사랑에 빠져버려 내 에너지를 다 소진해버렸고 그로 인한 심리적 불안정이 너무 커서 심리 상담을 받아야만 했지. 2주일 전에 상태가 좀 나아지지 않았다면 나는 크리스마스 무렵에 비엔나로 가야 했을 거야. 그곳에서 9개월이나 정신치료를 했어야 할지도 모르지. 다행이 내 심리 상태는 안정되었고 다시 연구를 할 수 있었어. 효율성 공리|axiom of efficiency와 관련된 것만 빼놓고 유한 정수|finite integers에 관한 문제는 모두 풀었어. 물론 그것이 해답이 아닐 수도 있어."

램지는 폰 노이먼과 같은 해인 1903년에 태어났다. 다시 말해 램지는 그의 스승이었다가 친구가 된 존 메이너드 케인스보다 스무 살이나 어렸다. 그런데 1920년대 초, 램지는 스승인 케인스보다 수학적으로 훨씬 더 뛰어난 능력을 보였다. 램지는 경제학 분야에서 세 편의 논문을 발표했는데, 이것은 모두 그 중요성을 인정받고 있다.

그렇다면 이 책이 추구하는 이야기를 제대로 이해하기 위해 1928년에 발표된 〈저축의 수학적 이론|A Mathematical Theory of Saving〉이라는 램지의 논문 내용을 잠깐 살펴보기로 하자. 이 논문은 에일린 영이 영국 경제학협회 섹션F 회장직에 출마할 때 내놓은 논문 〈수확체증과 경제 발전〉의 바로 뒤에 붙어 있었다.

영의 연설과 램지의 논문 내용을 보면 영의 연설 기저에 흐르고 있는 고전경제학적 양상과 새롭게 주류로 부상한 현대경제학 사이에 얼마나 큰 차이가 존재하는지 알 수 있다. 영이 연설 전체에 걸쳐 수학을 요리조리 피해간 반면, 램지는 시간이 지나면서 최대 만족을 얻기 위해 한 국가의 저축이 어느 수준이 되어야 하는지를 결정하는 데 변분법|Calculus of variations을 사용하였다. 또한 램지는 생산량(케인스는 이것을 잼|jam이라는 용어로 불렀다)의 흐름을 산출하기 위해 노동과 자본을 더하는 모델을 사용하였는데, 행복이라는 안정된 상태에 도달하는 과정에서 오늘 소비할 수 있는 잼(오늘의 잼|jam today)을 소비하고 또 다른 잼(내일의 잼|jam tomorrow)의 일부는 저축으로 남긴다는 논리 속에서 수학적으로 정확한 답을 찾아냈다. 그 답이란 현명한 관리자는 금리 인상과 잼 소비를 연계시켜야 한다는 것을 말한다. 다시 말해 금리가 인하되면 잼을 더 먹고 금리가 인상되면 잼을 덜 먹어야 한다는 것이다.

만약 램지가 오래 살았다면 그는 20세기를 주름잡는 위대한 경제학자 중 한 명이 되었을지도 모른다. 〈저축의 수학적 이론〉이라는 논문 내용은 1950년대 들어 로버트 솔로에 의해 되살아나긴 했지만, 미국에 현대경제학적 방법과 비전을 제시한 인물은 미국인 에일린 영이 아니라 영국인 프랭크 램지였다. 램지야말로 현대경제학의 개척자적 인물이라고 할 수 있는 것이다. 그런데 안타깝게도 영이 바이러스에 걸려 사망한 다음 해인 1930년 램지는 황달 합병증으로 스물여섯이라는 아까운 나이에 세상을 떠나고 말았다.

1930년대 미국에서는 현대경제학이 제대로 자리를 잡지 못하고 있었다. 그런 상황에서 주식중개인 앨프리드 카울스|Alfred Cowles는

경제 예측가들이 1929년 10월 주가 폭락 사태는 물론, 뒤이어 나타난 경제 대공황 사태를 예측하지 못했다는 데 크게 실망했다. 그는 이러한 문제를 바로잡아야 한다는 생각으로 차세대 경제학자 중에서 최고를 찾아 나섰다. 먼저 그는 대학 시절 은사인 어빙 피셔^{|Irving} Fisher를 찾아갔다.

앨프리드 카울스는 경제학 분야에서 상당히 큰 상징적 의미를 지니는 인물로, 사업가로서 전문가의 조언을 구하기 위해 전면에 나선 사람이라는 평가를 받고 있다. 그의 할아버지는 〈시카고 트리뷴 |Chicago Tribune〉을 창간했으며, 앨프리드 카울스는 발명가 맥코믹 |McCormick이 재산을 크게 모으는 데 일조한 것으로 알려져 있다. 물론 그 역시 엄청나게 많은 돈을 갖고 있었다.

그는 그 돈을 전도유망한 연구에 사용하고 싶어 했다. 무엇보다 경제학자들이 복잡한 20세기 경제는 단순히 본능에 의존하는 방법이나 취미 수준의 연구만으로는 제대로 이해할 수 없다는 것을 깨닫기를 바랐다. 특히 그가 1930년대에 인기에 영합하던 수많은 아마추어 경제학자가 아니라 연구에 몰두하는 대학 경제학 전문학자들에게 손을 내밀었다는 것은 인정받을 만하다.

피셔는 카울스에게 유럽과 미국의 여러 학자를 소개했고 이들은 통계학이나 수학과 관련된 경제 이론 발전을 위해 새로운 국제조직을 결성했다. 그것이 바로 계량경제학협회이다. 훗날 계량경제학이라는 용어는 이론, 측량, 통계학 기술을 혼합한 엄격한 실험적 접근 방식으로 경제학을 연구하는 분야로 여겨지게 되었다. 계량경제학협회에는 두 종류의 회원 제도가 있는데, 다수의 일반 회원과 동료 펠로에 의해 선출되어 경제학자 중의 경제학자로 여겨지는 극소수의 펠로 회원이다. 이 협회는 연구 업적을 중시하는 매우 엄격하면서도 열정적인 성격을 띤 단체로 알려져 있다.

이 협회의 제1기 펠로 회원은 29명으로 이들은 협회 탄생을 주도했던 유명한 경제학자였다. 1기 펠로 회원에는 미국의 어빙 피셔·웨슬리 클레어 미첼|Wesley Clair Mitchell·해럴드 호텔링|Harold Hotelling, 노르웨이의 라그나르 프리시|Ragnar Frisch, 네덜란드의 얀 틴베르헨|Jan Tinbergen, 오스트리아의 조지프 슘페터, 영국의 존 메이너드 케인스, 프랑스의 쟈크 루에프|Jacques Rueff, 그리고 한동안 생사를 알 수 없던 (6년 후 소련의 강제노동수용소에서 사망한 것으로 밝혀짐) 러시아의 니콜라이 콘드라티에프|Nikolai Kondratieff 등이 있다. 헝가리 출신 경제학자로 잘 알려진 폰 노이먼이 펠로 명단에 포함되지 않은 이유는 그가 경제학 분야를 깊이 연구하기 시작했음에도 당시에 사람들이 그를 물리학자로 여기고 있었기 때문이다.

제1기 다음으로 선거를 통해 새롭게 선출된 펠로는 존 힉스|John Hicks, 피에로 스라파, 프리드리히 폰 하이에크|Friedrich von Hayek, 오스카 모르겐슈턴|Oskar Morgenstern, 바실리 레온티에프|Wassily Leontief 등이 있다. 그런데 협회 동료들로부터 심한 공격을 받았던 스라파는 자신이 냈던 회비를 돌려달라는 요청을 했다고 한다.

카울스는 계량경제학협회의 최초 학술지 〈에코노메트리카 |Econometrica〉◆를 재정적으로 지원하겠다는 약속을 했다. 또한 새로운 스타일의 연구를 장려하기 위해 카울스위원회|Cowles Commission를

◆1933년에는 형식적인 방법을 중요시하는 두 번째 학술지 〈리뷰 오브 이코노믹스 스터디스the Review of Economics Studies〉도 창간되었는데, 이 학술지는 런던에 있는 젊은 영국인 및 미국인 경제학자에 의해 발간되었다. 이처럼 현대경제학의 연구 움직임은 여러 곳에서 동시에 일어났다.

설립했다. 이 위원회를 이끌 인물로는 코넬대학의 찰스 루스|Charles Roos 교수가 임명되었는데, 그는 아예 카울스의 주말 농장 근처에 있는 콜로라도대학으로 자리를 옮겼다. 이후 몇 년간 카울스위원회는 세계적인 수리 경제학자들을 콜로라도대학의 하계 경제학 캠프에 초빙하곤 했다. 그렇게 해서 1930년대에 경제학 분야의 가장 형식적이고 현대적인 형태가 콜로라도주 파이크 피크에서 뿌리를 내리기 시작했다.

수년간 경제학 분야의 유명한 학자들이 케임브리지, 뉴욕을 들른 후 경제학자들의 여름 캠프로 알려진 콜로라도 캠프에 참가했다. 그리고 콜로라도대학과 세계 유명 대학의 세미나실 및 구내식당에서 향후 경제학의 모습을 두고 열띤 토론이 벌어졌다. 경제학자들은 자주 모였고 그때마다 경제학 정책에 대해 토의를 했다.

이들은 유럽에서 수학과 물리학의 발전이 두드러지는 현상에 감동을 받기도 했고, 여러 과학 분야간의 관계에도 큰 관심을 보였으며 경제학을 진정한 과학으로 재탄생시킬 방안을 진지하게 모색했다. 특히 콜로라도에 모인 경제학자들은 저녁식사 시간에 열렬하게 토론을 한 후, 다같이 라디오를 들었다. 1930년대 산업계에 종사했던 모든 사람이 그러했듯 카울스위원회에 모인 경제학자들도 라디오에 귀를 기울였던 것이다. 당시 위기에 처한 유럽의 뉴스나 뉴욕의 음악을 전해주는 것은 바로 라디오였다.

카울스위원회에 모인 모든 경제학자는 라디오의 발명 과정을 통해 원리적인 방법이 어떻게 놀라운 상품으로 변신하는지 잘 이해하고 있었다. 라디오는 수학공식 두어 개를 이용해 전파를 발송하는 방법을 터득함으로써 발명되었던 것이다.

과학, 경제학자를 유혹하다

여기서 잠깐 전기의 역사를 살펴보자. 전기의 역사 자체가 흥미롭기도 하지만 전기의 역사를 이해하면 왜 현대경제학을 선도하던 경제학자들이 전기의 발전에 그토록 열광했는지 알 수 있기 때문이다. 사실 전자기 물리학|physics of electromagnetism의 역사는 경제학이라는 과학의 역사보다 약간 더 긴 정도에 불과하다. 애덤 스미스가 18세기에 《국부론》을 쓰고 있을 때, 전자기 현상은 여전히 수수께끼로 남아 있었고 자성|magnetism과의 연결성도 아직 관찰되지 않고 있었다. 이에 따라 스미스와 거의 동시대 인물인 벤저민 프랭클린은 라이덴병|Leyden jars이 천둥 번개에 노출되어 있는 상황에서 신나게 연을 날릴 수 있었던 것이다.

1751년 프랭클린은 자신의 연구 논문을 모아 《전기에 관한 실험 및 관찰|Experiments and Observations on Electricity》을 출간했다. 이 책에서 프랭클린은 오늘날 우리가 많이 사용하고 있는 배터리, 컨덕터|conductor, 콘덴서|condenser, 충전|charge, 충격, 전기기술자 등을 소개했다. 이 책이 발표된 이후 전기 분야는 목적이 있는 하나의 연구 분야로 인정받았고 마침내 학문으로까지 발전하게 되었다. 그리고 1820년 들어 주로 실험실에서만 연구하던 실험 과학자 세대가 형성되었는데, 이들 덕분에 전기 현상에 대한 이해 수준이 급속히 향상되었다.

런던에 사는 험프리 데이비|Humphrey Davy는 전기화학|electrochemistry 분야를 새로 개척했고, 그의 제자 마이클 패러데이|Michael Faraday는 역학 에너지를 전기로 바꾸는 원시적 형태의 발전기(그는 이것을 발

전기 |magneto라고 불렸다)를 제작하는 데 성공했다. 그로부터 수십 년 후, 세계 곳곳에서 발명가가 등장해 기술 수준이 더 높아진 발전기, 등대의 아크등 |arc light, 전구, 발전소, 전기줄 등을 발명했다. 동시에 학계에 몸담고 있는 물리학자들도 전기의 다양한 쓰임새를 연구 발표했다. 그 결과 전기와 자기의 힘에 대한 쿨롱의 법칙 |Coulomb's laws, 암페어 법칙 |Ampere's law, 패러데이의 전자기 유도 법칙 |Faraday's law of induction, 옴의 저항의 법칙 |Ohm's law of resistance 등 다양한 법칙이 탄생했는데 신기한 것은 이들 법칙이 서로 관련 없이 개별적으로 탄생했다는 점이다.

그러다가 1864년 제임스 클럭 맥스웰 |James Clerk Maxwell이라는 스코틀랜드의 물리학자가 과학 역사상 매우 뛰어난 업적 중 하나라는 평가를 받고 있는 연구 결과를 발표했다. 그보다 3년 전 맥스웰은 자신이 자기장 |electromagnetic field이라고 부르는 역학 모델 디자인에 관해 연구 발표를 했는데, 이때 그는 물리적 힘을 보여주고자 나무판 위에 움직이는 바퀴와 움직이지 않는 바퀴를 부착한 원시적 실험 모델을 제시했다. 그러다가 1864년 맥스웰은 그 원시적 나무판 모델 대신 불빛, 전기, 자성 등이 서로 어떤 관계에 있는지를 분석한 몇 개의 방정식을 요약 발표했다. 그는 이 모든 것을 간단명료하게 표현하는 데 성공했다!

맥스웰의 방정식은 흩어져 있던 모든 법칙을 하나로 통합했다는 데 큰 의미가 있다. 다시 말해 이 방정식은 개별 원칙을 넘어 모든 에너지 스펙트럼이 어떻게 존재하고 있으며, 왜 이런 에너지는 대부분 인간의 감각에 감지되지 않는지를 설명하고 있다. 그 후 몇 년간 물리학자들은 맥스웰이 주장한 자기장이라는 것이 실제로 존재하는지를 두고 치열한 공방을 벌였다. 이때 상당수의 물리학자가 맥스웰이 제시한 원리적 접근 방식과 이를 뒷받침하는 새로운 수학 공식에 비판적인 입장을 견지하고 있었다.

그러다가 맥스웰의 발견이 사실임이 확인되면서 토론의 분위기는 확 바뀌게 되었다. 1888년 독일의 젊은 대학원생 하인리히 헤르츠|Heinrich Hertz는 맥스웰 이론 연구에 몰두하며 이를 공학적으로 테스트해보려는 시도를 했다. 그는 실험실 한쪽에 각각 유도 코일|induction coil에 연결된 두 개의 놋쇠 손잡이를 설치했고 두 개 사이에 전기 스파크 현상이 일어나도록 간극을 두었다(그는 이것을 전기 진동계|electrical oscillator라고 불렀다). 그리고 실험실의 다른 쪽에는 그가 탐지기 회로|detector loop라고 부르는 것을 설치했는데, 이것은 좁은 간극을 두고 역시 두 개의 놋쇠 손잡이로 만들어진 일종의 안테나 같은 것이었다.

실험을 하자 진동기(송신기|transmitter)에서 발생한 스파크가 실험실 공간 위로 퍼졌고 그것은 건너편에 설치한 탐지기(수송기|receiver)에 감지되었다. 물론 이것은 맥스웰의 방정식에서 설명한 빠른 속도(빛의) 설명과 일치했다. 이렇게 해서 헤르츠는 이와 관련된 모든 논란을 잠재우며 전자파|electromagnetic waves가 존재한다는 사실을 입증했다.

이 전자파는 열이나 빛과 유사하지만 인간의 눈에는 전혀 보이지 않는다는 특징이 있다. 헤르츠는 이 전자파의 길이까지 측정했고, 역사학자 길리스피는 훗날 헤르츠야말로 모든 과학사에서 실험의 승리를 결정적으로 입증한 인물이라고 평가했다.

그밖에도 맥스웰의 방정식은 다양한 방향으로의 연구 발전을 유도했다. 한편으로는 상대성 이론 및 양자 역학을, 다른 한편으로는 수많은 실질적인 응용 제품이 탄생하도록 만든 것이다. 무선 전보에 이어 라디오가 발명되었고 엑스레이도 발견되었다. 또한 양자 이론이 개발되고 원자 분리, 트랜지스터, 반도체도 발명되었다. 맥스웰, 헤르츠 그리고 다른 물리학자의 이론이 과학적 이해에 기초를 둔 전 세계 수많은 발명가와 산업 과학자에게 큰 길을 열어준 셈이다.

과학적 추상화, 즉 순수 수학공식이 실생활에 응용될 수 있다는 것이 밝혀지면서 과학은 인류 발전에 지대한 공헌을 하게 되었다. 1920년대의 수학자들은 무한히 존재하는 미지수로 방정식 문제 풀기에 몰두했는데, 특히 이들은 무한대 차원의 공간 함수 이론|theory of function spaces(압축한 공식을 더 압축하기 위한 시도) 연구에 열중하고 있었다.

그러던 중 1927년 존 폰 노이먼은 수학공식을 활용해 새롭게 발견된 양자 역학 분야에서 서로 경쟁 상태에 있던 실험 이론(슈뢰딩거|Schrodinger의 파동 방정식|wave equation과 하이젠버그|Heisenberg의 행렬 역학|matrix mechanics) 사이에 존재하는 모순을 풀어냈다. 그는 이 발견을 위대한 독일 수학자이자 그의 스승이던 데이비드 힐버트|David Hilbert의 이름을 따서 힐버트 공간|Hilbert space이라고 불렀다. 힐버트는 17세기 이후 세상의 인정을 받고 있던 기하와 대수 사이의 이상한 관계를 활용하는 개념을 한 단계 발전시킨 인물이다. 그가 이러한 연구 개념을 발표한 지 얼마 지나지 않아 그의 연구 결과가 특히 경제학자들에게 유용하다는 사실이 밝혀졌다.

1920년경, 전 세계 공대들은 학부에 기초 과학 및 수학과를 설치

했다. 당시만 해도 교수들이 산업 분야에 조언을 해주기 위해 정기적으로 출장을 다니곤 했다. 이런 식으로 학자들이 연구한 내용이 발명가의 손에 들어갔던 것이다. 토머스 에디슨|Thomas Edison과 다른 발명가들은 놀라운 발명품을 고안해내기 위해 에디슨이 과학 보따리라고 불렀던 과학적 정보를 필요로 했다. 그러다가 맥스웰의 연구를 계기로 이론은 실용의 분야로 확실하게 자리 옮김을 하게 되는데, 이 모든 것은 원리적 접근 방식 덕분이었다.

물론 1920년대와 1930년대에 현대경제학의 미래 설계에 참여했던 젊은 경제학자들도 이러한 과학 발전의 흐름을 따르고 싶어 했다. 그런 열정은 현대경제학자들이 원리적 접근 방식을 배우게 되는 큰 계기가 되었고, 이들은 기하학의 원리를 써 내려간 위대한 수학자 유클리드|Euclid가 갔던 길을 따르고자 했다.

우선 진리로 받아들여지고 있는 단순한 몇 가지 공리에서 출발해 거기에 몇 가지 정의를 덧붙인다. 이것에 기초해 새로운 정리가 어떻게 과거에 입증된 제안보다 나은지 입증해 보인다. 이 과정에서 모델에 기초한 사실이 실제로 인정받는 사실과 일치하는지 계속 확인한다. 이렇게 해서 특정 분야에서 타당하다고 인정받을 수 있는 사실을 발견하면 이것을 논리적인 원리의 형태로 바꾼다. 그러면 윌리엄 하비나 제임스 클럭 맥스웰이 그러했듯 이 단계에서 새로운 발견 내용이 세상에 알려지기 시작한다.

1892년 어빙 피셔는 경제학 분야에서 일반 균형 원칙을 입증하기 위해(하나의 사실이 다른 사실과 어떻게 연계되는지 입증하기 위해) 펌프, 부유물, 파이프, 바퀴 등으로 구성된 수력 기계|hydraulic machine를 완성했다. 그런데 1920년대 후반까지만 해도 이런 행동은 이상

케인스 혁명과 현대경제학 | **195**

한 일로 받아들여졌다.[*] 물론 당시에 가장 앞서간다는 평가를 받고 있던 경제학자들은 이미 구식 도구를 내던지고 경제학을 모두 수학으로 표현하기 시작했다.

당시 지식인들이 대거 미국으로 이주하면서 유럽은 위기의식에 빠져 있었다. 1920년대에 소비에트 러시아를 탈출한 학자로부터 시작된 학자들의 미국 이주는 1930년대 들어 나치 독일 및 나치군이 점령한 지역에 살고 있던 과학자들의 이주로 이어졌다. 이들 중 사회 과학 분야에 관심이 있던 일부 유럽 난민 학자는 맨해튼에 위치한 록펠러연구소(지금의 록펠러대학)나 프린스턴대학에 막 새롭게 설립된 고등학문연구소로 들어갔는데, 특히 이 연구소는 아인슈타인과 폰 노이먼을 영입하는 데 성공했다.

이 두 명의 거장에게는 아무런 강의 의무 없이 또한 현실 생활에 대한 물질적 걱정 없이 연구에만 몰두할 수 있는 환경이 제공되었다. 그러나 극소수를 제외한 나머지 대부분의 유럽 난민 학자는 대학의 경제학과에 둥지를 틀었다(특히 1919년에 컬럼비아대학에서 뛰쳐나온 교수들이 뉴욕에 설립한 The New School for Social Research에 상당수의 난민 학자가 정착했다). 그와 동시에 경제학은 하나의 학문으로 확실히 자리를 잡아갔다. 경제학자들은 점점 더 많은 편지를 주고받으며 학문적 교류를 증가시켰고 전문적인 학술지에 보다 많은 연구 내용을 게재하게 되었다. 마침내 현대경제학이 발전을 위한 준비 단계에 돌입하게 된 것이다.

◆ 비록 강의 목적으로 만든 것이기는 하지만 피셔는 1925년 말 그의 모델 두 번째 버전을 완성했다.

경기 변동의 미스터리를 해독한 비운의 천재

20세기를 대표하는 뛰어난 경제학자 하면 단연 돋보이는 사람이 존 메이너드 케인스이다. 하지만 1929년만 해도 그는 수많은 경제학자 중 한 명이었고 가장 심오한 연구를 하거나 뛰어난 경제학자로서 전혀 인정받지 못하고 있었다. 당시 케인스는 런던의 금융 중심지인 시티|The City의 통화 책임을 맡고 있었다. 직업상 그는 정책적 견해를 중요시했고 탓에 케임브리지 주변에서는 강의보다 케임브리지대학 재정관리를 해주는 인물로 더 알려져 있었다.

그렇다고 그가 처음부터 케임브리지의 관심권 밖에 있던 인물은 아니었다. 사실, 케인스는 그의 친구 프랭크 램지처럼 케임브리지대학이 특별히 총애했던 인물이었다. 경제학자였던 케인스의 아버지 존 네빌 케인스는 앨프리드 마셜의 동료 경제학자였고, 케인스의 어머니는 유명한 목사의 딸로 매우 유쾌한 성격의 소유자였다.

이튼에서 수학과 고전을 공부한 케인스는 대학에 들어가 마셜이 가장 총애하는 스타 학생이 되었다. 당시 케임브리지 학부 학생들 상당수가 그러했듯 그는 철학자 조지 에드워드 무어|George Edward Moore의 철학에 빠져 사도|Apostles라고 알려진 비밀 단체에 가입했다. 이로 인해 동성애에 빠져 젊은 시절의 에너지를 소진한 그는 경제학 박사학위를 받지 못하고 대신 정부 공무원 시험을 치렀다.

공무원이 된 케인스는 인도에서 근무한 후 제1차 세계대전 때 재무성에서 일했다. 그리고 1919년에는 파리 평화 조약|Paris Peace Conference에 영국 대표단의 일원으로 나가게 되었다. 이 파리 조약의 내용을 신랄하게 비판한 〈평화의 경제적 결과|The Economic Consequences of the Peace〉는 서른여섯 살의 케인스를 유명 인사로 만들었고, 이후 25년간 케인스는 영국 정부에서 핵심적인 역할을 하게 되었다.

1930년 그는 〈화폐에 대한 논고|Treatise on Money〉를 발표했지만 학계는 전혀 관심을 보이지 않았다. 당시에는 그보다 여섯 살 위인 아서 세실 피구가 케임브리지 경제학과의 대표 교수로 있었고 제도상 그가 유일한 경제학 교수로 인정받았다. 물론 피구보다 젊은 데니스 로버트슨|Denis Robertson, 휴버트 헨더슨|Hubert Henderson 같은 인물도 널리 알려져 있었고 사람들의 주목을 받던 오스트리아 출신 조지프 슘페터도 런던에 와서 강의하고 있었다. 더욱이 그들보다 어린 프리드리히 폰 하이에크가 경제학계의 분위기를 크게 흔들어놓고 있었다.

그러한 상황에서 케인스는 그저 한 명의 평범한 경제학자에 지나지 않았다. 하지만 그로부터 10년 후 그는 경기 사이클에 관한 수수께끼를 밝힌 인물로 주목받게 되었다.

1837년 이래 자본주의는 주기적으로 한 번씩 큰 금융 위기에 빠지곤 했는데, 1929년 10월에 강타한 검은 화요일|Black Tuesday은 그 어느 때보다 강한 충격으로 다가왔다. 이때 수많은 사람이 파산했고 무엇보다 자원을 제대로 사용해보지 못한 상태에서 그런 사태가 발생했다는 것이 충격적이었다.

이로 인해 미국과 유럽 국가에서 실업률이 노동 인력의 25퍼센트까지 치솟았다. 1930년대의 생산량은 3분의 1이나 줄었고 통화가치는 절반으로 감소해 버렸다. 물론 신규 투자는 완전 중단되었다. 이 충격의 후유증은 전 세계로 빠르게 퍼져나갔는데, 비평가 에드먼드 윌슨|Edmund Wilson은 당시 상황을 지진에 비유하고 있다. 그렇

다면 이것이 마르크스가 일찍이 예고했던 자본주의 붕괴 현상이란 말인가?

이 위기가 발생하지 않았다면 케인스는 절대 지금처럼 유명한 인물이 되지 못했을 것이다. 처음에 그는 자신이 학부에서 배운 것에 '무엇인가 석연치 않은 구석이 있다'는 분석을 내놓았다. 시간이 흐르면서 그는 그 석연치 않은 구석이 무엇인지 이해하게 되었고, 드디어 《고용, 이자, 화폐에 대한 일반이론|The General Theory of Employment, Interest and Money》이라는 책을 쓰게 되었다. 이 책을 쓰면서 케인스는 한 장(章)을 쓸 때마다 서커스|Circus라는 케임브리지 연구 동아리 멤버에게 그것을 보여주었다. 그런데 펠로 강사들과 학생들이 이에 큰 관심을 보이자 그는 케임브리지와 런던을 오가며 이들에게 책 내용에 관해 세미나를 했다.

이 책이 주장하는 내용은 간단했다. 현재 발생한 사태를 보건대, 어떤 조처를 취하지 않으면 소비자는 소비하기를 꺼려할 것이고 그러면 이 침체 현상이 영원히 갈 수도 있다는 것이었다. 이는 한마디로 보이지 않는 손이 경제 균형을 잡는 데 실패했음을 의미했다.

사실 이것은 맬서스가 그보다 120년 전에 정치경제학클럽 최초 모임에서 했던 경고와 비슷한데, 리카도의 추종 세력들은 맬서스의 이런 주장을 곧바로 부정했었다. 리카도학파는 공급이 자동적으로 수요를 불러일으킨다고 믿었기 때문이다. 그러나 케인스는 맬서스의 주장이 옳았고 리카도의 주장이 틀렸다고 적고 있다. 자기만족에 빠진 경제학이 길을 잃었다는 것이다. 그런데 현대 산업 경제는 높은 수준의 실업률에 대해 책임을 회피하는 경향이 있었고, 무엇보다 과잉 축적이 아니라 총수요 부족이 큰 위협적 존재가 되었다.

이러한 진단을 통해 케인스는 암시적으로 해결책을 제시했다. 그는 정부에 돈이 없다면 돈을 빌려서라도 지출을 해 부족한 총수요 부분을 메워야 한다고 주장했다. 정부가 그렇게 펌프질을 해주면 경제는 완전 고용을 향해 가게 되고, 결과적으로 경제는 스스로의 리듬을 되찾게 된다는 얘기다. 케인스는 비유적으로 이렇게 말했다.

"자동차의 내연 기관에 문제가 생긴 경우, 우리는 어떻게 차에 시동을 걸 수 있는가?"

이런 비유에 대한 토론이 계속되는 동안 경제학자들은 경제 붕괴의 원인과 그로 인한 경기 침체를 설명할 수 있는 새로운 용어를 찾기 시작했다.

시장이 항상 모든 것을 알아서 할 수 없다는 사실을 솔직하게 인정하려면 과거에 진리로 받아들이던 것을 부정할 수밖에 없다. 결국 경제학자들은 복수 균형|multiple equilibria 가능성을 제시했다. 보이지 않는 손에 의해 수요와 공급이 만나는, 즉 믿을 수 있는 단 하나의 최상의 일반 균형점만 존재하는 것이 아니라 고실업 균형|high-unemployment equilibrium도 발생할 수 있다는 사실을 인정하게 된 것이다.

이 논리에 따르면 경제는 완전 고용이라는 균형 상태에 이르지 못하고 중간에서 큰 장애에 직면할 수 있다. 경제학자들은 이 가능성(임금의 경직성, 즉 고용주나 고용인 모두 새롭게 조정하기를 꺼려하는 경직적인 임금 제도)을 설명하기 위해 새로운 메커니즘을 파악했다. 이에 따라 과거와 달리 심리적 요인이 중요하다는 사실이 드러났고, 유동성 선호와 소비 성향을 중심으로 새롭게 소비함수가 재정립되었다. 《일반이론》에서 선보인 평범한 그래프 속에 흩어져 있던 몇 가지 방정식은 케인스의 독자들에게 새로운 논란의 여지를 제공했다. 물론 그밖에도 논란의 여지가 있는 부분은 아주 많았다. 케인스의 주장에 서로 일관성이 없는 부분이 있었기 때문이다.

어쨌든 이 책을 통해 케인스는 경제가 전체적으로 어떻게 작동되는가를 밝혀냈고, 그 결과 거시경제학을 발명했다는 평가를 받았다. 특히 그는 실업, 불완전 고용 등 경제 제도 전체에 걸친 병폐의 원인과 경기 사이클 자체를 밝혀내는 개가를 올렸다.

사실 유럽의 다른 국가에도 동일 선상에서 계속 연구를 해온 경제학자들이 있었다. 폴란드 경제학자 미칼 칼렉키|Michal Kalecki, 노르웨이 경제학자 라그나르 프리시, 그리고 네덜란드 경제학자 얀 틴베르헨이 그들이다. 그러나 세상에 가장 깊은 인상을 심어준 인물은 바로 케인스였다. 심지어 그의 강력한 반대파로 평가받던 피구 교수조차 나중에는 케인스의 위대함을 인정했다.

"내가 아는 한 어느 누구도 이처럼 적절하게 모든 요소를 제시한 적이 없었다. 그는 실물 경제 요인과 통화 경제 요인을 모두 하나의 형식적 체계 안에 집어넣었고, 이러한 요소가 서로 어떻게 반응하는지를 일목요연하게 연구했다."

무엇보다 케인스에게는 자신의 생각을 잘 설명할 수 있는 능력이 있었다. 정말로 놀라운 일은 그가 책 제목을 아인슈타인의 책 제목을 연상시키는 《일반이론》으로 붙였다는 점이다. 어쩌면 앨버트

아인슈타인이 그보다 10여 년 전에 상대성 이론으로 물리학에 혁명을 불러일으킨 것처럼 경제학 분야에도 혁명을 불러일으키겠다는 야심을 넌지시 암시한 것인지도 모른다(흥미롭게도 케인스에게는 아인슈타인의 라이벌로 여겨지는 아이작 뉴턴의 초고와 저서 초판을 수집하는 취미가 있었다). 그러면 케인스가 조지 버나드 쇼|George Bernard Shaw에게 보냈다는 그 유명한 편지 내용을 잠깐 살펴보자.

"지금 미래의 경제 문제에 대한 세상의 사고방식을 완전히 바꿔놓을 거라 믿고 있는 경제학 이론을 쓰고 있다네. 물론 단번에 바꿀 수는 없겠지. 아마도 10년에 걸쳐 사람들의 사고방식이 완전히 바뀔 걸세."

이상하게도 《일반이론》은 지나가는 말로라도 수확체증 법칙과 수확체감 법칙 사이에 존재하는 긴장, 수확체증 법칙이 경제 성장에 기여하는 부분에 대해서는 전혀 언급하지 않고 있다. 또한 외부성에 관한 내용은 물론 수확체증 법칙이 전통적으로 옹호되어 온 수확체감 법칙을 딛고 승리하게 될지도 언급하지 않았다.

케인스는 경기 침체는 리카도가 염려하던 자원 고갈로 인한 위기와 거의 관계가 없다고 생각하고 있었다. 그래서 케인스는 수확체감으로 인한 문제는 염려하지 않았다. 당시 큰 위기를 유발한 경기 침체는 생산 능력 부족으로 인한 것이 아니라 오히려 그 반대였다. 다시 말해 그 문제는 경제 성장이 아니라 경기 사이클의 안정화에 달려 있었다.

물론 케인스는 그보다 몇 년 전에 〈우리 손자 세대의 경제 상황 |Economic Possibilities for Our Grandchildren〉이라는 제목의 연설에서 성장에

대한 그의 입장을 밝힌 바 있다. 후에 책으로 출간된 이 연설문은 그의 제자와 친한 친구 프랭크 램지의 최적 저축 모델을 말로 정리한 것이었다. 여기서 그는 인류가 안정적인 상태에 돌입하려면 수백 년이 걸릴 것이라고 적고 있다. 그가 가장 우려했던 것은 경제가 그 같은 최적 상태에 도달하기 전에 궤도에서 이탈하는 것은 아닐까 하는 점이었다.

케인스가 이러한 주장을 제기할 무렵에는 많은 사람이 절망에 빠져 있었다. 1936년 영국의 실업률은 25퍼센트에 육박했고 소련에서는 대규모 숙청이 시작되었다. 이러한 경제 공황의 혼란 속에서 케인스는 사람들이 어떤 조처를 원한다는 것을 깨달았다. 캐나다 경제학자로 일찍이 케인스 쪽으로 방향을 전환해 최초로 케인스학파 이론에 관한 교과서를 저술한 로리 타르시스|Lorie Tarshis는 이에 대해 다음과 설명하고 있다.

"케인스가 세상에 제공한 것은 희망이었다. 다시 경제를 번영시킬 수 있고 죄수들의 강제 노동에 의존하지 않고도 경제 번영이 유지될 수 있다는 희망을 제공한 것이다. 당시에 많은 사람이 케인스를 따라가면 모두가 세상을 구원하는 의사가 될 수 있을 거라고 느끼고 있었다."

셜록 홈즈에 비견할 만한 경제 탐정, 케인스

케인스의 '일반 이론'이 출현하면서 경제학자들은 크게 두 개의 진영 중 하나에 속하게 되었다. 한쪽은 정책 중심의 케인스학파였고, 다른 한쪽은 현대경제학파 진영에 그대로 남거나 그쪽 진영에 새롭게 합류하기로 한 사람들이었다. 물론 어느 특정 견해만 고수하는 경제학자는 드물었고, 대개 이런저런 이론을 섞어 연구했다. 진보인가 보수인가 하는 정치적 논리가 아닌 어떤 특정 문제, 특정 경제 예측을 중심으로 뭉쳤던 것이다.

정치 과학자 도널드 스톡스|Donald Stocks는 《파스퇴르의 사분면: 기초 과학과 기술 혁신|Pasteur's Quadrant: Basic Science and Technological Innovation》에서 과학적 연구의 동기를 크게 두 가지로 나누고 있다. 하나는 실용적인 목적을 위한 연구이고 다른 하나는 과학 분야에 대한 근본적인 이해를 위한 순수 목적의 연구이다. 스톡스는 다음의 그림처럼 4칸에 걸쳐 연구의 동기를 분류하고 있다. 왼쪽 위 칸은 덴마크의 물리학자 닐스 보어|Niels Bohr의 이름을 붙였는데, 닐스 보어는 순수한 발견의 기쁨을 누릴 목적으로 원자 구조 모델 연구에 매진한 인물이다. 즉, 그는 그러한 발견을 현실에 전혀 응용하려 하지 않은 것이다. 또한 아래의 오른쪽 칸에는 토머스 에디슨의 이름을 붙였는데, 보어와 달리 에디슨의 연구는 특정 과학 분야 현상에 대한 전반적인 이해와 상관없이 현실에 응용할 목적으로만 이루어졌다.

왼쪽 아래 칸은 비워 놓았지만 스톡스는 실제로 이 칸이 비어 있는 것은 아니라고 설명했다. 이 칸에는 특별한 현상을 큰 호기심을 가지고 지켜보는 조심스러운 관찰자가 들어간다는 것이다. 이 부류에는 〈피터슨의 북미 조류 안내서|Peterson's Guide to the Birds of North America〉처럼 어떤 종류의 새가 어떤 패턴으로 얼마 만에 날아오며 그들의 특징이 무엇인지를 관찰하는 반아마추어, 반프로의 인물이

연구의 동기 분류

	실제 사용을 고려했는가?	
	아니다	그렇다
과학 분야에 대한 근본적인 이해를 추구했는가? **아니다**	순수 기초 연구 (보어)	응용을 고려한 기초 연구 (파스퇴르)
그렇다		실제 응용만을 위한 연구 (에디슨)

들어간다. 또한 조하네스 케플러|Johannes Kepler가 행성의 궤도는 타원형이라는 사실을 입증하기 위해 필요로 했던 모든 데이터를 일일이 기록한 전설적인 천문학자 티코 브라헤|Tycho Brahe 같은 인물도 포함된다.

사회적으로 과학에 대한 투자 효과가 가장 크게 나타나는 부분은 오른쪽 위 칸으로, 스톡스는 이 칸에 '응용을 고려한 기초 연구'라는 제목을 붙였다. 다시 말해 특정 문제 해결을 염두에 두고 이루어지는 학문적 연구가 이 칸에 들어가게 된다. 스톡스는 이 칸을 루이 파스퇴르|Louis Pasteur의 이름을 붙였는데, 배종설|germ theory의 선구자였던 파스퇴르는 수많은 공공 보건 관련 기술을 개발해냈다.

하지만 스톡스는 모든 연구를 네 칸 중 어느 한 칸에 넣고 엄격하게 분류하기는 어렵다고 덧붙이고 있다. 처음에는 순수 분야의 연구로만 여겨졌던 연구가 갑자기 큰 응용 분야를 찾게 될 수도 있고, 그 반대의 경우도 있기 때문이다. 결국 그는 모든 과학은 그 어떤 심포니 오케스트라보다 개성 있는 목소리와 톤으로 조화를 이루는 분야라고 결론을 내리고 있다. 이러한 과학 분야는 과학자들의 이야기에 귀를 잘 기울여야 할 뿐 신속하고도 특별히 올바른 접근 방식은 존재하지 않는다는 것이다.

스톡스는 케인스의 대형 업적을 언급하면서 그를 파스퇴르 칸에 집어넣고 있다. 하지만 경제학 분야에서는 어쩌면 폴 새뮤얼슨(우리가 다음 장에서 만나게 될 인물)이 응용을 고려한 기초 연구 분야의 대표적인 인물일지도 모른다. 케인스(후에는 밀턴 프리드먼)는 경제학의 응용 연구라는 전통 분야 배경에서 이해하는 것이 더 나을 것이라는 판단 때문이다. 다시 말해 케인스는 경제학이라는 과학에 대한 이해를 일반화시키기 위해 노력했다기보다 경제학이 성취할 수 있는 실질적 결과에 더 관심이 있었다고 볼 수 있다.

경제가 다시 제대로 돌아가도록 만들어야 한다고 단호하게 결심한 사람들은 케인스 이론에 즉각 관심을 보였다. 이들은 대개(모두 그런 것은 아니고) 정치 성향이 강한 인물이었다. 이들의 주된 연구 동기는 과학 연구 중심 엔지니어들이 그러하듯(미국 경제학자들의 경우), 인류의 이익을 위해 경기 사이클의 강력한 힘을 되찾아 이를 활용하고 나누어주려는 것이었다. 아니면 마치 자신이 의사가 된 듯(영국 경제학자들의 경우) 경제 질병의 원인을 진단하고, 치료약을 처방해 치료하려는 생각을 하고 있었다. 다시 말해 케인스학파는 실용적이면서 치료 중심, 행동 중심 연구 철학을 보유하고 있었다는 얘기다. 이들은 무엇보다 경제학을 유용한 지식으로 생각하고 있었다.

케인스학파와 달리 현대경제학파는 새롭게 양자 물리학이나 초

기 분자 생물학 분야 연구와 마찬가지로 개인적인 연구에 더욱 중점을 두었다. 이들은 경제학의 사명은 경제학의 목적을 이해하는 것이라고 생각했다. 특히 수리 경제학자들에게는 아름다움|beauty을 창조하는 것보다 더 실용적인 것은 없었다. 사실 '아름다움'이란 용어는 수학에서 가장 많이 사용되고 있었다. 이들은 '적절하다'는 표현보다 '엄격하다'는 표현을 더 중시했는데, 이는 이들이 현실 문제에 전혀 관심이 없어서라기보다 자신이 창조한 지식이 정말로 믿을 수 있는 지식이 되려면 깊고 단단한 토대가 필요하다고 믿었기 때문이다. 이들 현대경제학자는 1930~1950년대에 브루킹스연구소나 전미경제연구소보다는 주로 카울스위원회나 랜드 코퍼레이션 중심으로 모였다.

그리고 머지않아 경제학자들은 다시 케인스학파와 반케인스학파로 나뉘게 되었다(두 그룹 외에 영국의 케임브리지에 남은 학자를 극단적 케인스학파라는 세 번째 그룹으로 분류했는데, 시간이 지나면서 이들은 카를 마르크스에게 점점 더 끌렸고 역사에서 잊혀져갔다).

중심에서 약간 왼쪽에 자리를 잡은 케인스학파는 정부의 개입을 요구하는 정책에 찬성했다. 반면 자신들을 통화주의자|monetarists로 재해석한 반케인스학파는 일반적으로 자유방임 정책을 선호했으며, 여러 원칙을 통해 정부의 힘을 약화시킬 수 있는 방안을 연구했다.

이처럼 이들은 기본적인 매커니즘에서는 서로 정반대의 입장에서 있었지만, 상황이 매우 급박하며 문제 해결에 사명감을 가져야한다는 공통된 생각을 하고 있었다. 물론 더 심오한 연구에 매달려 있던 현대경제학자들의 생각은 이들과 달랐다. 그 후 현대경제학의 기초 과학 중심 경제학자들의 숫자가 많아지자 이들도 정치적 노선에 따라 갈라지게 되었다.

이들은 자신을 소금물학파|Saltwater school와 민물학파|Freshwater school로 나눠 불렀는데, 그 이유는 이들 각 그룹의 연구 중심지가 바닷가와 호숫가에 위치하고 있었기 때문이다. 어쨌든 학파가 이처럼 나뉜진 모든 원인은 케인스에게 있다고 볼 수 있다. 케인스의 성장 모순에 대한 발견이 경제학 분야에서 열렬한 토론을 유발했고 이 토론은 이후 75년이나 지속된 것이다.

치료사로서 존 메이너드 케인스의 실력은 탁월했다. 시장을 완벽하게 이해했던 그는 정치 세계도 잘 알았다. 더불어 심리학에도 깊은 지식이 있어 경제 탐정으로서 케인스와 대적할 만한 인물은 없었다(아마 셜록 홈즈|Sherlock Holmes밖에 없을 것이다). 그러나 과학적 경제학자 관점에서 케인스는 물리학자 할리 스트리트|Harley Street처럼 제대로 된 학자가 아니라 바람만 잔뜩 들어간 허풍선이 학자였다. 다시 말해 계획을 수립해 이성적으로 분석하는 학자가 아니라 영감과 본능에 의존하는 학자였던 것이다.◆

이에 따라 심오한 연구를 하는 경제학자들 눈에 케인스는 동료 경제학자의 주장이 틀렸다며 정치인이 개입하도록 설득하는 일에만 관심을 갖는 치사한 인물로 보였다. 케인스는 가능한 한 많은 사

◆ 《일반이론》의 끝부분에서 케인스는 겸손한 척하며 내숭을 떠는 경제학자에 대해 다음과 같이 쓰고 있다. "경제학자들이 치과의사처럼 자기관리를 잘해 능력이 뛰어나면서도 겸손할 수 있다면 정말 근사할 것 같다." 어쨌든 케인스의 거시경제학은 지그문트 프로이트Sigmund Freud의 정신 분석과 더 공통점(이 책이 탄생하지 않았다면 절대 알지 못했을 정신 지도와 놀라운 자아 성찰 능력을 지녔다는 점에서)이 많다고 볼 수 있다.

람에게 자신의 주장을 알려야겠다는 생각에 마셜학파 경제학자들을 허수아비라고 비난했다. 또한 자신은 고전학파와 정반대의 생각을 하고 있음을 선언하고, 그의 연구는 독창성 있는 자신의 생각을 토대로 하고 있다고 강조했다. 나머지 경제학 학문 분야 이론과 자신의 이론 사이에는 아무런 관계가 없다고 주장한 것이다(그의 저서에는 다른 경제학자들의 그래프는 없고 마셜의 그래프가 단 하나 나와 있을 뿐이다).

1937년 케인스는 자신의 생각을 고전학파와 현대경제학파 모두가 이해할 수 있는 용어로 해석해줄 의사가 있음을 밝혔다. 그리고 운 좋게도 그런 능력을 갖춘 현대경제학파이자 아주 우호적인 해석자를 만나게 되었다. 사실 존 힉스는 케인스와 정반대되는 인물이었다. 무엇보다 그 젊은이는 자신을 낮출 줄 알며(적어도 표면상으로는) 옥스퍼드에서 수학을 전공했다. 쉰세 살의 케인스는 그의 라이벌 조지프 슘페터처럼 에드워드왕조 시대의 뛰어난 인물이지만, 서른세 살의 힉스는 새로운 세기를 대표하는 인물이었다(1904년에 태어난 힉스는 폰 노이먼, 램지와 더불어 현대경제학 운동을 주도한 세대 중 노장 축에 들어간다).

힉스는 런던 정경대의 교수이자 《가치와 자본|Value and Capital》의 저자로, 이 책은 1939년에 나타난 일반 균형 모델을 모두 수학적 입장에서 보여주고 있다. 한마디로 마셜과 왈라스가 꿈꾸던 모든 것을 담아낸 책으로 설득력이 매우 뛰어났다. 힉스는 이 책에서 케인스와 동일한 결론을 도출하고 있는데, 그것은 시장이 실제로 수렁에 빠질지도 모른다는 것이었다.

후에 힉스는 〈미스터 케인스와 고전경제학|Mr. Keynes and the Classics〉

이라는 논문에서 마셜의 그래프 두 개와 대수 방정식 두 개로 수입, 이자, 저축, 투자 사이의 관계(돈의 형태)를 통해 재화의 총공급과 총수요를 다뤄 케인스가 전하고자 했던 메시지를 아주 단순한 모델로 보여주는 데 성공했다. 그러자 그동안 깜깜하던 경제학자들의 머릿속에 갑자기 불이 들어오게 되었다(유사한 모델이 그해 계량경제학협회 모임에서 로이 해롯|Roy Harrod과 제임스 미드|James Meade에 의해 제시되었지만 힉스가 제시한 장치가 승리했다).

결국 친근한 용어에 측정할 수 있으며 결과를 알릴 수도 있는 심지어 조작도 가능한 변수로 표현된 케인스의 메시지는 마치 산불이 번지듯 젊은 경제학자 사이에 퍼져 나갔다. 훗날 폴 새뮤얼슨은 "경제학자들은 비로소 케인스가 한 말이 무엇인지 이해할 수 있게 되었다"라고 회고하고 있다.

"사실 이 수학적 모델이 출현하기 전까지는 케인스가 자신이 분석한 내용을 제대로 이해하지 못하고 있는 것은 아닌가 하는 오해가 있었다."

그러한 의미에서 구시대 고전경제학파와 신세대 급진적 영국 케인스학파를 잇는 다리를 건설한 공은 힉스에게 돌아갔다. 1935년 힉스는 케임브리지로 건너갔지만 서로 다른 진영을 중재하려는 그의 노력은 실패로 돌아가고 말았다. 혁명적 사상을 지닌 젊은 경제학자와 마셜식 전통을 지나치게 고수하는 보수주의 경제학자의 틈은 예상보다 컸던 것이다. 더욱이 자부심이 하늘을 찌르는 케임브리지의 어떤 학파도 힉스가 선두주자로 있는 현대경제학의 분석적 스타일에 관심을 보이지 않았다. 결국 힉스는 1937년 짐을 싸서 맨체스터로 갔다. 그는 그곳에서 전쟁 기간에 학부 학생들을 가르쳤는데, 그의 서적은 오히려 미국에 있는 대학원생들이 더 열심히 읽었다.

같은 해 케인스에게는 심각한 심장마비 증상이 찾아왔다. 그러나 케인스는 체력이 급격히 약해졌음에도 1946년에 사망할 때까지 국제 금융과 경제 정책에 관한 최고의 자문을 계속했다. 그러는 사이 독일과 이탈리아에서는 긴 탈출 행렬이 이어졌고 경제학의 미래는 결국 미국의 손으로 넘어갔다. 힉스가 명확하면서도 지치지 않는 열정으로 여전히 큰 영향력을 행사하고 있었음에도(전쟁이 끝난 후, 그는 옥스퍼드로 자리를 옮겼다) 영국은 경제학 무대에서 과거로 남게 되었다.

《가치와 자본》에서 힉스가 특별히 강조했던 주장은, 모든 것을 한꺼번에 분석하는 그의 새로운 시스템은 당시 경제 상태로 볼 때 수확체증 법칙과 맞지 않는다는 것이었다. 핀 공장 원칙을 경계선 밖으로 완전히 밀어낸 셈이다. 《가치와 자본》은 완전 경쟁을 가정하고 쓰인 것으로 그는 만약 그 가정을 버려야 한다면 "배가 침몰하듯 일반 균형 이론의 상당 부분이 침몰하게 될 것"이라고 적고 있다.

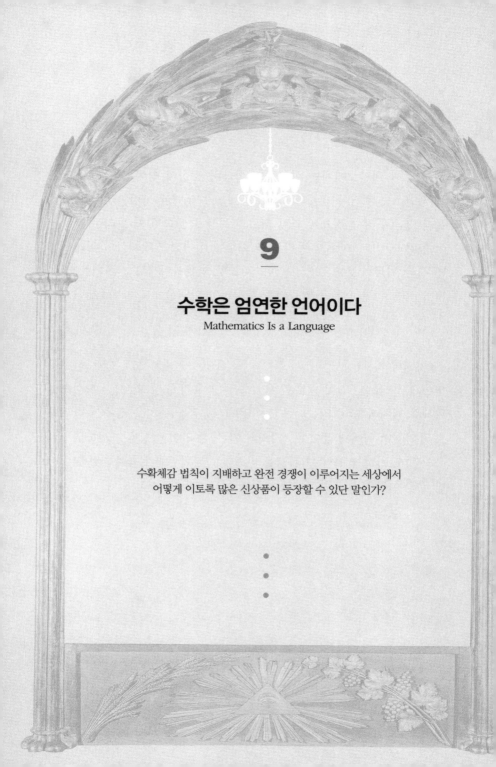

9

수학은 엄연한 언어이다
Mathematics Is a Language

.
.
.

수확체감 법칙이 지배하고 완전 경쟁이 이루어지는 세상에서
어떻게 이토록 많은 신상품이 등장할 수 있단 말인가?

.
.
.

엄청난 학문적 진보, 새뮤얼슨의 신경제학 탄생

1930년대 후반 기술경제학의 중심지는 영국에서 미국으로 바뀌었다. 물론 신성한 교재를 운반하는 의식 같은 것은 없었으며 신문에도 경제학 중심지 변화에 관한 기사는 실리지 않았다. 그러나 유럽 난민 학자들의 끝없는 이주와 더불어 런던, 비엔나, 베를린 등 경제학을 선도하는 도시에서 벌어지던 경제학 토론이 신세계에서 벌어지게 되었다. 케인스학파의 혁명은 매사추세츠 케임브리지로 그 근거지를 옮겨왔으며, 동시에 현대경제학파도 좀더 연구 분야를 확대했고 로키산맥이 이들의 상징적인 근거지가 되었다. 그 후 10년간 엔지니어링과 과학으로서의 경제학이라는 두 가지 다른 전통은 이리저리 얽히고 섞여 서로 분리하려야 분리할 수 없게 되었다.

수많은 경제학자 가운데 케인스학파의 혁명과 현대경제학의 흐름 그리고 수단으로서의 경제학과 최종 목적으로서의 경제학을 마음으로 껴안은 경제학자가 있었다. 그는 바로 폴 새뮤얼슨으로 그가 시카고대학에서 경제학을 배운 후 1935년 하버드대학 대학원에 진학했을 때는 겨우 스무 살에 지나지 않았다.

그 후 새뮤얼슨은 10년에 걸쳐 《경제 분석의 기초|Foundations of Economic Analysis》라는 수학 소책자에서 새로운 공리적 접근 방식을 코드화했다. 또한 그는 《경제학|Economics》이라는 대학교재를 통해 신입생에게 새로운 접근 방식을 가르쳤는데, 이 책은 케인스가 미시경제학과 거시경제학을 구분하는 데 어떤 기여를 했는지 크게 강조하고 있다. 이처럼 양분된 접근 방식(경제학자에게는 경제 분석의 기초를, 나머지 사람에게는 경제학을)으로 탄생한 새뮤얼슨의 책은 곧 앨프리드 마셜의 《경제학 원리》를 대체하며 기술경제학의 표준 교과서로 인정받게 되었다. 그리고 얼마 지나지 않아 일반 대중은 '신경제학|new economics'이 탄생했음을 알게 되었다. 항상 원칙과 사실을 중시하는 이 신경제학은 구식 경제학에 비해 엄청난 학문적 진보가 이루어졌음을 보여주고 있다.

그런데 그 다음에 발생한 일은 이 책이 가려고 하는 방향과 다른 방향으로 경제학을 이끌었다. 현대경제학파와 케인스학파는 모두 가장 시급한 장기적 연구 목표와 이미 해답이 나온 문제가 무엇인지에 대한 경제학자들의 사고를 바꿔놓았다. 그러면서 경제학에는 발전 없이 주춤하는 공백 현상이 발생했다. 물론 새뮤얼슨이 하버드로 오긴 했지만, 처음에는 수리경제학이나 케인스 거시경제학 분야에서 아무런 변화의 조짐도 나타나지 않았다. 사실 변화가 일어나기에는 아직 이른 시기이기도 했다. 경기 침체의 골이 깊어지고 있음에도 1930년대 초 미국에서 일기 시작한 경제학 분야의 열기는 여전히 수확체감 법칙과 관계된 것이었다.

챔벌린 독트린

새뮤얼슨을 하버드로 이끈 사람은 에드워드 챔벌린이다. 그는 자신이 '독점적 경쟁|monopolistic competition'이라고 부른 독트린 덕분에 누구보다 경제 성장이라는 주제를 잘 알고 있는 인물처럼 보였다. 영국에서는 여성 경제학자 조앤 로빈슨|Joan Robinson이 비슷한 독트린을 개발한 적이 있는데, 이를 '불완전 경쟁|imperfect competition'이라고 불렀다.

그러나 크게 요동치는 20세기(새로운 상품과 방법이 물밀듯이 출현하는)의 여러 현상에 대해 가장 할 말이 많은 사람은 역시 챔벌린이었다. 당시에는 어디를 가든 신상품 탄생을 알리는 광고판이 즐비하게 서 있었다. 시보레|Chevrolet 자동차(제너럴모터스|General Motors 가 자금을 대 탄생한), 켈비네이터|Kelvinator 냉장고, RCA 라디오 프로그램, 스탠더드 오일|Standard Oil, 퀘이커 오츠|Quaker Oats, 질레트|Gillette 면도기 등 수많은 상품 광고가 길거리를 장식하고 있었던 것이다. 수확 체감 법칙이 지배하고 완전 경쟁이 이루어지는 세상에서 어떻게 이토록 많은 신상품이 등장할 수 있단 말인가?

그러면 챔벌린 독트린을 깊이 살펴보기 전에 먼저 미국과 영국을 오가며 강의를 했고, 수확체증과 발전에 대해 에든버러에서 연설을 했던 에일린 영에게 돌아가 보자. 독점적 경쟁을 이해하려면 영의 주장을 들어보아야 하기 때문이다.

영은 1908년이라는 이른 시기에 상표, 브랜드 네임, 현대 시대에 맞는 광고 등의 주제에 초점을 맞춰 연구를 했다. 영은 저서에서 다음과 같은 설명을 하고 있다.

"이처럼 탁월한 성능과 광고가 겸비된 똑똑한 장치를 갖추면 상품 가치를 현저하게 높일 수 있다. 예를 들어 굴을 원하는 사람이 어느 특별한 브랜드(상표)를 구입할 경우, 이 사람은 무엇인가 특별한 느낌을 갖게 된다. 다시 말해 누구나 다 파는 그런 굴을 구입한 것이 아니라 다른 곳에서는 절대 구입할 수 없는 특별한 품질의 굴을 구입했다고 느끼는 것이다. 독점은 이처럼 '다른 무엇인가' 덕분에 이루어질 수 있다."

이 다른 무엇인가를 창조해내는 것은 판매자의 영역이다. 그 점에서 이 영역은 판매자 외에 다른 어느 누구도 사용할 수 없다.

지적재산권에 대한 아이디어를 현대적 의미에서 영처럼 명확하게 설명한 경제학 서적은 없었다. 그런데 이러한 주장은 마셜의 주장을 그대로 반복한 것에 지나지 않는다는 반론의 여지가 있었다 (다른 책, 예를 들어 경제학의 화려한 비평서인 소스타인 베블런의 《유한계급론, 엔지니어 그리고 가격 시스템|The Theory of the Leisure Class, The Engineers and the Price System》에서도 이러한 내용을 찾아볼 수 있다는 주장도 나왔다. 1857년부터 1929년까지 살았던 베블런의 연구 내용은 후에 존 케네스 갤브레이스의 논문을 통해 많은 사람에게 전해지게 된다). 저서의 개정판에서 영은 기업 장부책에서 보통 소요예산 칸에 적는 판매비용에 초점을 맞추며 다음과 같이 설명하고 있다.

"일반적이면서도 엄격한 방법으로 말하자면 이러한 비용은 그저 사람들이 원하는 것을 생산한다고 해서 얻을 수 있는 것이 아니라, 기업가가 판매하고자 하는 특별한 무엇인가를 사람들이 갖고 싶어 하도록 유도해야 얻을 수 있다."

회사가 판매가를 정하는 일은 유사한 경쟁상품이 존재하지 않을 만큼 생산 규모가 크거나 경쟁에서 자유로워(아니면 둘 다) 회사가 원하는 수준에서 정할 수 있을 때만 가능해진다(예를 들어 핀 공장의 경우). 반대로 핀 시장이 완전 경쟁 상태에 있다면 어떤 회사도 시장 가격에 영향을 미칠 수 없다. 각 회사는 시장에서 정해진 가격에 맞춰 핀을 판매할 수 있을 뿐, 그보다 단 1센트라도 더 붙여서 팔 수는 없다. 이때 만약 판매가를 조금이라도 인상하려는 시도를 할 경우, 당연히 경쟁회사에 시장을 빼앗기게 된다. 그 점에서 보이지 않는 손이 제대로 작동되는 시장에서는 회사가 핀의 판매가를 정하는 일이 발생할 수 없다.

만약 핀 공장이 핀을 시장가에 판매하지 않아도 된다는 가정을 한다면 어떨까? 여기에서 모든 경제학 서적의 생산을 다루는 장에 반드시 등장하는 비용의 종류를 한번 살펴보자.

우선 핀 사업을 할 때 반드시 요구되는 고정비용|fixed costs이 필요하다. 고정비용이란 사업을 시작할 때 들어가는 비용, 다시 말해 핀 제조가 시작되어 판매되기 이전까지 들어가는 기계 및 원료 등의 구입비용이다(기회비용이란 다른 것을 선택하지 않아서 놓치는 기회와 관련된 가치를 설명하는 용어이다). 변동비용|variable costs은 회사가 생산하는 핀 숫자의 증감과 관련이 있으며 인건비와 원료비의 변동 부분을 의미한다. 평균비용은 총비용(고정비용＋변동비용)을 생산된 핀의 총개수로 나누면 나온다. 한편 한계비용은 가장 최근에 생산된 핀, 즉 핀의 추가 생산에 소요된 비용을 말한다.

처음으로 핀 시장에 진출한 제조업자는 자신이 원하는 가격에 핀을 판매할 수 있다. 어떤 가격을 제시하든 사람들에게는 그것을

구입할 의사가 있기 때문이다. 그런데 이 시장에 다른 제조업체가 뛰어든다. 이때까지만 해도 처음으로 시장에 진출한 핀 제조업체는 여전히 좋은 위치를 고수할 수 있다. 물론 처음처럼 핀의 산업 가격 |industry price에 영향을 미치지 못할 수도 있지만, 더 많은 핀을 팔게 되면서 이 제조업자는 내부 경제를 달성하게 된다.

다시 말해 그는 철사 등 원료를 더욱 저렴한 가격에 구입할 수 있고 새로운 핀 제조기계를 구입하게 되며 효율적인 핀 생산 공정을 개발할 수 있는 엔지니어를 고용하게 되는 것이다. 나아가 광고를 하는 것은 물론 세일즈맨을 고용하고 콘테스트(파리 핀 전시회에 참가해 금메달 획득!)에 참가하거나 관료에게 뇌물을 지불하며(그가 생산한 핀이 공식 표준 기준에 맞는다는 확인서를 획득하기 위해), 그가 생산한 핀이 눈에 더 잘 띄는 곳에 진열되도록 소매유통업자와 계약을 한다. 이러한 방식으로 다른 제조업자들과 계속 싸움을 하게 되면, 결국 다른 핀 제조업자는 시장에서 물러나고 만다.

그 다음에는 과연 어떤 일이 벌어질까?

모든 기업이 꿈꾸는 독과점의 진실

챔벌린은 미국 아이오와주 아이오와시에서 태어나고 자랐다. 이 말은 그가 핀 사업보다 철도 사업에 대해 더 많이 알고 있었을 거라는 얘기다. 핀 공장을 급속히 대체하고 있는 철도 사업에 대해 그가 이미 갖고 있던 지식은 수확체증의 법칙을 설명해야 하는 그에게 커다란 도움이 되었을 것이다. 애덤 스미스에게는 잠재 시장 규모를 결정하는 결정적인 요소가 바로 강과 항구였다. 그러나 20세기 초로 들어오면서 철도는 다른 수송 분야와 조화를 이루거나 아니면 수송 시스템을 완전히 바꿔놓으면서 수로를 따라 펼쳐져 있던 구 시장들을 연결하는 한편 새로운 시장도 창조해냈다. 철도 사업에 경쟁이 존재하고 다른 철도업자가 새로운 선로를 설치할지라도, 수로를 제치고 철도 사업에 뛰어든 회사들은 자신이 원하는 가격을 제시할 만큼 큰 이익을 얻었다. 그리하여 핀 공장을 둘러싼 수확체증에 관한 이야기는 자연스럽게 철도 산업으로 옮겨오게 되었다.

철도 산업은 자연 독점의 대표적 사례이다. 독점주의자라는 말은 어떤 사람이 상품을 생산하는데, 그가 생산한 상품을 대체할 만한 다른 유사상품이 전혀(아직은) 없을 때 그 상품을 생산하는 사람을 지칭해서 하는 말이다. 이때 독점주의자는 마음대로 가격을 설정하고, 다른 사람이 시장에서 어떤 가격을 제시할지 눈치 볼 필요 없이 자신이 가장 큰 수입을 얻을 수 있는 방향으로 가격을 책정한다. 비록 그 순간이 오래가지 않을지라도 일시적이나마 보이지 않는 손의 법칙에서 자유로울 수 있다.

이러한 상황에서는 설사 생산 단가가 떨어질지라도(핀 분야에서 이미 설명했듯), 생산량을 늘리지 않고 소비자가 원하는 양보다 더 적은 양만 공급하겠다는 결정을 내릴 수 있다. 그렇게 해서 높은 판매가를 유지할 경우, 다른 제조업자가 시장에 진출하기가 어렵다.

이렇게 철도 산업에서 독점이 계속되는 가운데 얼마 후 한 노선에서 어떻게 하면 가장 큰 이윤을 얻을 수 있을까 하는 실질적인 문제가 대두되었다. 이것은 다른 고객에게 다른 가격을 부가하면(가격 차별화|price discrimination를 통해) 어떨까 하는 구상으로써 빠른 속도로

확산되어 나갔다. 오늘날 우리는 비행기 좌석에 따라 요금과 서비스에 차별이 있다는 것을 자연스럽게 받아들인다. 그러나 당시만 해도 철도회사는 평균 가격 선에서 가격을 책정했고, 그 가격을 받아들일 수 없는 모든 승객과 화물 책임 회사는 여행이나 수송을 포기하는 것 외에 달리 선택의 여지가 없었다. 그렇기 때문에 가격 차별화 개념을 깨닫는 것은 쉽지 않은 일이었다.

철도 회사는 그제야 평균 가격을 책정함으로써 특별히 높은 가격을 책정해도 그것을 기꺼이 받아들일 수 있는 고객과 기업을 통해 얻을 수 있는 이익을 잃을 수 있다는 사실을 이해하게 된 것이다. 수송비 차별화를 언급할 때 늘 나오는 예가 구리와 석탄인데, 이는 석탄보다 가격 단가가 더 비싸며 보다 적은 양을 수송하는 구리의 경우 구리 주인은 시장에 빨리 도달하기 위해 기꺼이 더 높은 수송비용을 부담한다는 것이다.

챔벌린이 깨달은 것은 시장이 거의 자기만의 것이라고 생각하는 판매자는 누구나 생산의 한계비용만 커버할 수 있는 시장 가격에 상품을 판매하지 않고 가장 큰 이윤을 보장해줄 양과 가격을 조화시켜 판매하려 한다는 사실이다. 또한 고객이 특별한 상품을 가져야겠다고 생각할 경우, 고객은 기꺼이 더 높은 비용을 지불하고라도 그 상품을 구입한다. 이에 따라 가격 차별화에 대한 개념은 철도 산업을 넘어 다른 제조 분야로 널리 퍼져나가게 되었다. 그 결과 치약, 담배, 자동차 등에서도 가격 차별화가 시도되기 시작했고 성공적인 차별화(특징, 상표, 광고, 위치 등에 의해)는 성공적인 마케팅의 필수 요소가 되었다.

챔벌린은 독점의 그런 요소 중 일부가 사실상 현존한다고 확신했다. 왜냐하면 기업이 자신의 상품 시장을 지배하거나 아니면 몇 몇 경쟁 기업과 나눠먹는 경우를 많이 보았기 때문이다. 특히 후자의 경우 몇몇 기업이 서로 담합해 상당 기간 시장 구도를 마음대로 조작하는 것을 보았다. 이제 핀 공장 주인은 우리가 생각했던 것보다 훨씬 더 철도 사업가를 닮아가게 된 것이다. 이로 인한 평균가 하락 현상은 수확체증 법칙의 대명사가 되었다.

챔벌린은 그의 접근 방식을 독점적 경쟁이라고 불렀다. 그런데 독점과 경쟁이라는 단어 사이에는 커다란 차이가 있어 혹시 챔벌린이 실수로 단어를 잘못 고른 건 아닌가 하는 의문이 떠올랐다. 하지만 이것은 실수가 아니다. 챔벌린은 이렇게 설명했다.

"이 중 어떤 힘도 다른 힘을 배제시킬 수 없으며, 가격에 대해 명료하게 설명하기 위해서는 둘 중 하나가 아닌 두 단어 모두가 필요하다."

그리고 성공적으로 차별화된 상품에 있는 '그 무엇인가'가 독점 요인이 된다. 범용재|commodity일지라도 이러한 무엇인가가 있으면 가격 책정에 결정적인 역할을 한다. 한편 영국에서는 조앤 로빈슨이 《불완전 경쟁 경제학|The Economics of Imperfect Competition》에서 이와 유사한 분석을 제시했다. 그러나 로빈슨의 이론은 챔벌린과 크게 달랐다. 로빈슨은 가능하면 마셜의 경제학 쪽에서 모든 것을 설명하려 시도한 반면, 챔벌린은 조작할 수 있는 변수로서의 상품 그 자체에 관심이 있었다. 더욱이 챔벌린은 기업이 고정비용을 커버하려면 어느 수준의 독점은 필요하다고 주장했다. 다시 말해 보이지 않는 손이 지배하는 대로 내버려 두면 생산비용과 판매가 사이의 차이가

제로가 되는 사태로 발전할 위험이 있다는 것이다.

이 새로운 분석틀에 대한 저항은 상당히 거셌다. 챔벌린이 1929년 독점 경쟁 차원에서 소수 경쟁자가 경쟁을 벌이는 과점$^{|oligopoly}$에 대해 분석한 논문을 〈쿼털리 저널 오브 이코노믹스〉에 실으려 했을 때, 이 학술지의 편집장(하버드대 교수였던 프랭크 타우시그$^{|Frank Taussig}$)은 특정 산업에 소수 경쟁자만 존재하는 경우는 없다며 과점이라는 단어 사용을 근본적으로 금지시켜 버렸다.

한편, 에일린 영의 총애를 받은 제자 프랭크 나이트는 굴 판매업자, 뷰익$^{|Buick}$ 자동차 딜러들 사이에서 왜 경쟁이 완전해질 수밖에 없는지를 설명하는 차원 높은 분석틀을 발명했다. 그는 완전 경쟁의 의미를 연구하는 논문으로 시카고대학에서 막 공부를 마친 참이었다. 또한 런던 정경대에서 에일린 영의 마지막 강의조교를 지냈던 니콜라스 칼도르는 수확체증과 규모의 경제에 관한 모든 연구는 불가분성$^{|indivisibility}$이라는 항목 아래서 연구해야 한다는 주장을 했고 결과적으로 수확체증을 둘러싼 논란은 더 복잡성을 띠게 되었다.

대공황의 악령

그렇다면 불가분성이라는 말은 정확히 무슨 뜻인가? 이 단어는 본래 병의 목처럼 무엇인가가 반듯하지 않고 '덩어리지다'는 의미를 지닌 단어였는데, 여기에서는 어떤 규모 아래로 내려가면 안 되는 범용재가 이 범주에 들어간다. 예를 들어 이 도시에서 저 도시를 잇는 철로를 건설하는 경우, 철로 하나만 건설하면 안 되고 반드시 두 개가 있어야 한다. 수많은 가게가 있음에도 막대사탕을 사기 위해 특정 가게까지 가도록 만드는 것처럼 기업인의 재능은 지배적인 기업을 탄생시킨다. 바로 그러한 재능이 비록 일시적일지라도 독점적 지위를 유발하는 것이다.

완전 경쟁의 중요한 기초가 되는 것은 거래되는 모든 범용재마다 보유자가 존재한다는 가정이었다. 다시 말해 어느 개인도 특정 상품의 시장 가격 형성에 영향을 미칠 수 없다는 것이다. 그런 의미에서 그 골치 아픈 수확체증 법칙이 작용할 가능성은 아예 존재하지 않는 셈이다. 이 상황에서는 사실 어떤 기업도 조직적으로 생산할 필요가 없게 된다. 경제 세력들이 상호작용으로 알아서 조정해주기 때문이다.

1950년대 중반, 이와 관련된 토론은 인간 노동의 분할 가능성 |divisibility of human labor 분야로 변질되었다. 반쪽 인간 100명이 모이면 완전한 인간 50명과 같은가? 아니면 개미 100마리가 모이면 한 명의 노동자와 같은 역할을 하는가? 이처럼 말도 안 되는 이야기가 나오자 불가분성이 중요한 개념이라는 주장은 쑥 들어가고 말았다. 그러나 이 개념은 아주 죽지 않고 미래에 또 다시 등장하게 된다! 안타깝게도 독점적 경쟁에 대한 챔벌린의 저서는 최악의 시기에 출간되었다. 당시에는 새로운 대수학이 경제학 분야를 휩쓸고 있었는데, 그가 제시한 것은 기하학 쪽이었다. 그리고 1935년 실업률은 25퍼센트까지 올라갔다. 그런 상황에서 그가 광고의 장점을 주장했으니 그 결과가 어떠했겠는가? 조앤 로빈슨이 한탄했듯 당시에는 어느 누구도 차|tea의 가격 결정 요소 같은 것에는 관심을

보이지 않았다. 그래도 로빈슨은 케인스적 분석을 제시하기라도 했다. 그러나 챔벌린은 대공황을 종식시키기 위한 어떤 믿을만한 처방도 제시하지 못했다.

지하로 흐르는 강은 지표면으로 잠시 올라와 알기 쉽게 주장을 전달해볼 기회를 얻을 수 있다. 그러나 1933년은 어느 누구도 이러한 주장에 귀를 기울일 수 있을 만큼 여유 있는 상황이 아니었다.

수학이라는 낚싯대로 낚는 수만 가지 경제학 문제

폴 새뮤얼슨을 하버드로 부른 것은 챔벌린이지만, 그가 하버드에 도착하고 나서 그에게 큰 영향을 미친 사람은 러시아 혁명을 피해 미국으로 망명한 바실리 레온티에프와 수리 물리학자 에드윈 비드웰 윌슨|Edwin Bidwell Wilson이었다. 레온티에프(1906년 생)는 새뮤얼슨보다 나이가 아홉 살 많았고 세인트 피터스부르그에서 태어나 베를린에서 공부한 인물이다. 베를린에서 그는 〈러시아 경제의 균형|The Balance of the Russian Economy〉이라는 논문을 발표했는데, 이 논문에는 그가 산업연관표|input-output table라고 부른 재화와 서비스의 순환 구조에 관한 모델이 명시되어 있다. 또한 그는 가장 최근에 발견된 수학적 테크닉, 양자 역학에 대한 최근 발견 상황, 그리고 수많은 변수로 방정식을 푸는 방식 개발 등에 관한 정보를 제시해 사람들을 흥분시켰다.

예일대의 위대한 열역학자 윌라드 깁스|Willard Gibbs의 총애 받는 제자였던 윌슨은 레온티에프보다 주변을 더욱 압도하는 인물이었

다. 쉰여섯 살에 경제학에 좀더 과학적 성향을 부여하는 연구에 몰입하기로 결심한 그는 "수학은 일관된 설명을 제시해줌으로써 논리 구조에서 비어 있는 부분이나 차이가 나는 부분을 메워주는 역할을 한다"는 주장을 했다. 바로 그렇기 때문에 이론학자들이 명확하게 사고할 수 있다는 얘기다. 1920년대 말 윌슨은 미국과학진흥협회에 경제학을 전공하지 않은 학자도 경제학 분야를 연구해 '경제학이 건전한 방향으로 갈 수 있도록' 지원하자고 제안했다.

다시 폴 새뮤얼슨으로 돌아가 보자. 그는 1915년 미국 인디애나주 개리에서 약사의 아들로 태어나 시카고에서 성장했다. 그리고 1935년 시카고대학을 졸업하면서 학부 학생으로서 받을 수 있는 상이란 상은 모조리 휩쓸었다. 결국 그는 대학원 진학과 더불어 새롭게 신설된 사회과학연구위원회|Social Science Research Council의 장학금 수혜자로 결정되었고, 컬럼비아대학과 하버드대학 중 고민하다가 하버드대학원을 선택했다. 새뮤얼슨은 하버드가 있는 케임브리지가 녹음이 우거지고 초록색 잔디 위에 하얀색 교회가 서 있는 그런 곳일 것이라는 기대를 안고 케임브리지에 왔다. 그러나 그를 기다리고 있는 것은 보스턴의 찰스강 건너편에 위치한 온통 회색빛의 산업 도시였다. 물론 그곳은 북미에서 가장 중요한 배움의 산실로 여겨지는 곳이었다.

새뮤얼슨이 대학원에 진학했을 때 하버드대학은 개교 300주년 기념식을 준비하고 있었다. 경제학 분야의 개혁을 이룩하겠다는 야심이 있던 윌슨은 1935년 가을 학기에 수리경제학 세미나 강의를 하게 되었다. 그 강의에 등록한 학생은 단 4명으로 에이브러햄 베르그송|Abram Bergson, 시드니 알렉산더|Sidney Alexander, 조지프 슘페터,

그리고 새뮤얼슨이었다. 이때 새뮤얼슨은 시카고대학에서 가져온 경제학을 수학공식으로 번역하는 작업을 시작했다.

"한 가지 과학 분야만 공부한 학생은 논리가 무엇인지를 찾는 작업보다 물체나 현상의 성격을 연구하는 데 더 몰두한다."

이것은 후에 새뮤얼슨이 과거를 회상하며 했던 말이다.

"내 인생에서 정말 즐거웠던 순간 중 하나는 윌슨 교수가 소개한 깁스 열역학 방식에 의거해 물리학이나 경제학의 사례화 작업과 상관없이 영원한 진리를 깨달았던 때였다."

그는 과연 무슨 진리를 깨달았던 것일까? 새뮤얼슨은 물리학과 경제학 사이에 어떤 유사점이 있는지 찾으려고 억지로 노력하는 경제학자 또는 퇴직 엔지니어의 말을 듣는 것처럼 지루한 것은 없다고 말했다.

"'공을 꾹 눌러라. 그러면 공의 부피가 줄어들 것이다'라는 르 샤틀리에 원리|Le Chatelier's principle 같은 기본적 자세에서 출발하면, 이윤 극대화를 위해 어떤 요소를 투입해야 할지를 놓고 고민하는 기업이 채택할 수 있는 수학공식 개발이 가능하다는 사실을 깨닫게 된다. 이 기업가의 고민을 풍선에 비유해 설명하자면, 압력과 부피의 관계나 절대 온도와 엔트로피의 관계에 관한 연구는 노동과 임금 상승률, 토지와 토지 임대료라는 이원론적 관계 같은 개념으로 보면 된다."

더욱이 이 원칙이 지닌 수학적 보편성 덕분에 두 개의 변수를 가진 문제뿐 아니라 무려 변수가 99개인 문제도 풀 수 있게 되었다! 이처럼 르 샤틀리에 원리는 경제 분야에 엄청나게 적용할 수 있다는 사실이 밝혀졌는데, 특히 최대치를 구하는 공식을 찾는 데 도움이 되었다. 수학이라는 놀라운 마술로 복잡한 문제의 정확한 해결책을 찾을 수 있었던 것이다.

　새뮤얼슨은 이러한 공식을 광범위한 분야에 적용했고 생산 경제학, 소비자 행태, 국제 무역, 공공 재정, 수입 분석 등에서 나타나는 이런저런 변수를 감안해 최대치나 최소치를 구하기 위해 미적분 공식을 활용했다. 이는 50년 전 마셜이 이윤, 이자, 임대료에 관한 다양한 이론을 개별 최적화 일반 이론│general theory of individual optimization│이라는 하나의 이론으로 통합하려 했던 것과 같은 시도라고 볼 수 있다. 새뮤얼슨은 당시의 상황을 이렇게 회고하고 있다.

　　"나는 자연 상태를 그대로 간직하고 있는 캐나다의 강에서 송어를 잡는 낚시꾼 같았다. 그저 낚싯대만 던져놓으면 고기들이 서로 경쟁하듯 달려들어 미끼를 물었다."

수학은 하나의 아름다운 언어이다

　그는 그렇게 정신없이 연구해 완성한 논문들을 여러 학술지 편집장에게 보냈다. 그러나 그 논문들은 "내용을 좀더 줄이고 수학공식을 줄이시오"라는 메모와 함께 되돌아오곤 했다. 새뮤얼슨은 그

두 가지 요구사항을 모두 수용하기가 어려웠는데, 두 가지 사항이 모두 최적이 아니었기 때문이라고 농담처럼 말했다.

이러한 상황에서 케인스의 《일반이론》이 등장했지만, 당시 새뮤얼슨은 케인스의 주장이 그토록 큰 의미가 있는지 깨닫지 못했다. 사실 1936년 케인스의 《일반이론》이 처음으로 미국에 도착했을 때만 해도 새뮤얼슨은 이 책의 내용에 큰 기대를 하지 않았다.

> "이상하게도 그 책에서 주장하는 내용에 거부감이 들었다. 한 가지 확실한 사실은 그 책에서 설명하는 내용 중 내가 이해하지 못하는 부분이 있었다는 것이다. 솔직히 그 책이 출간된 지 12개월에서 18개월이 지난 후까지도 매사추세츠 케임브리지에서는 어느 누구도 그 책의 내용이 무엇을 의미하는지 제대로 이해하지 못하고 있었다."

그렇게 첫 번째 수학적 모델이 출현했고 큰 저항에도 불구하고 케인스가 말한 유효 수요|effective demand 개념(사용 여부와 상관없는 총구매력)은 점차 미래를 좌우하게 될 중요한 물결의 일부가 되어 갔다.

케인스가 설명한 내용이 무엇을 의미하는지 본격적으로 연구한 사람은 알빈 한센|Alvin Hansen이다. 하버드대학에서 그가 진행했던 조세 정책에 관한 세미나 강의는 미국에서 새롭게 거시경제학이 탄생하는 토대가 되었다. 새뮤얼슨은 사우스다코타 출신으로 당시 쉰 살이던 한센 교수는 혁명적 이미지와 거리가 멀게 생겼다고 회고하고 있다.

그 무렵 케임브리지 학생들이 저축한 돈으로 은행이 대출을 해줄 경우 은행이 얻는 수익은 3/8퍼센트에 불과했다. 그렇기 때문에

새뮤얼슨 같은 대학원생도 은행 측에 자신의 예금을 받아달라고 요구할 수가 없었다. 미 연방은행이 조처를 취하긴 했지만 미국은 전형적인 유동성 함정$^{|liquidity\ trap}$에 빠져 있었다. 한센의 강의를 통해 현실 감각을 기른 학생들은 정부가 조종하며 강제로 밀어붙여도 소용이 없다는 사실을 깨닫게 되었다.

미국에 전운이 감돌자 새뮤얼슨은 서둘러 박사 논문을 끝내고자 했다. 새뮤얼슨은 45년이 지난 후에야 당시 원래 계획은 현대경제학의 접근 방식과 케인스 이론을 통합해 '일반 이론을 종합한 일반 이론$^{|general\ theory\ of\ general\ theories}$'을 창조하는 것이었다고 고백했다. 사실 그는 자신과 다른 유럽 학자들이 같은 연구 줄기를 보고 있다는 사실을 일찍이 깨달았다. 그의 목표는 힉스의 목표와 같았는데, 그것은 경제학 안에 존재하는 모든 실체를 모아 하나의 완벽한 동적 일반 균형 형태$^{|a\ fully\ dynamic\ general\ equilibrium\ statement}$로 보여주는 것이었다. 그렇게 해서 새뮤얼슨의 논문, 〈분석 경제학의 기초$^{|Foundations\ of\ Analytical\ Economics}$〉는 제2차 세계대전의 전운이 다가오는 1940년 중반에서 1941년 1월 사이에 속도를 높이게 되었다.

이 논문의 제목을 보면 이것이 현대경제학적인 면을 많이 반영하고 있음을 알 수 있다. 고전경제학 저서는 보통 원리$^{|principles}$라는 표현을 쓰는 반면, 현대경제학은 기초$^{|foundations}$라는 용어를 사용하기 때문이다. 이 박사학위 논문은 그로부터 7년 후 제목을 조금 수정해 《경제 분석 기초$^{|Foundations\ of\ Economic\ analysis}$》로 출판되었다. 《경제 분석 기초》를 보면 이 책이 일종의 선언문이라는 사실을 알 수 있다.

"수학은 하나의 언어이다 |Mathematics is a language."

이 책의 맨 앞에 실린 이 말은 윌라드 깁스의 말을 인용한 것이다(영어로 겨우 4단어에 불과한 이 말은 물리학자인 깁스가 남긴 역사적 발언 중 가장 긴 발언이었다고 한다). 마셜은 수학공식을 부록에 끼워넣은 반면, 새뮤얼슨은 책을 넘길 때마다 방정식이 등장한다(그는 《경제 분석 기초》의 도입 부분에서 '자기 분야와 아무 상관없는 수학공식으로 경제 이론을 길게 번역한 책을 읽느라 시간을 낭비하는 사람은 믿을 수가 없다'라는 마셜의 말이 이제는 뒤집어져야 한다는 생각을 하게 되었다고 말하고 있다).

마셜은 다른 조건이 모두 동일하다는 가정 아래 한번에 한 가지 방법만 연구하기 위해 일반 균형을 찾으려는 시도를 뒤로 제쳐둔 반면, 새뮤얼슨은 적어도 원칙상 모든 것은 상호 의존 관계에 있다며 모든 것을 한자리에 모아놓는 시도를 한 것이다.

구조적이지도 않고 숫자가 없으며 해를 찾을 수 없을 것 같은 방정식을 늘어 놓은 왈라스와 달리 새뮤얼슨은 새롭게 등장한 거시경제학의 영향을 강하게 드러낸 시스템 하나를 창조해냈다. 그는 케인스가 채택한 몇 가지 주요 변수, 즉 저축, 투자, 소비, 정부 지출을 통해 이 변수들 간의 상호 관계를 밝혀냈던 것이다. 이제 모든 것은 다른 모든 것에 달려 있다는 것을 말로만 떠드는 것으로는 충분치 않게 되었다. 경제학 세계를 하부 시스템으로 나눠 대규모 지출 항목이 서로 어떻게 의존하고 있는지 보여주어야 했다.

사실 새뮤얼슨은 전적으로 현대경제학파에 속하지도 않았고 또한 완전히 케인스학파에 속했던 것도 아니다. 그는 양 진영 모두에 발을 담그고 있었고, 그들의 갈등은 그에게 큰 문제가 되지 않았다.

1944년에 새뮤얼슨은 계량경제학협회 펠로 회원으로 선출되었는데, 그제야 그가 경제학 발전에 크게 기여했다는 것이 분명해졌기 때문이다.◆ 새뮤얼슨은 그렇게 평생을 양쪽 학파의 중간 위치에서 보냈고 구학파와 신학파, 과학적 목표를 중요시하는 학파와 시급한 엔지니어링 문제 연구에 더 관심이 많은 학파 사이를 오가며 중재자 역할을 계속했다.

1947년《경제 분석 기초》가 공식적으로 출판되기 이전에 이미 그 내용은, 차세대 경제학 지도자를 수학적 경제학을 연구하는 방향으로 이끄는 역할을 했다. 새뮤얼슨은 차세대 경제학자들에게 그 누구보다 지대한 영향을 미쳤던 것이다.

"나는 4, 5장으로 구성된 경제학 서적의 내용을 눈앞에서 순식간에 수학공식으로 바꿔버리는 20대 대학원생을 만났다. 그는 그렇게 마셜, 힉스, 프리드먼, 그리고 모든 경제학자를 밀어내 버렸다!"

몇 년 후《경제 분석 기초》가 얼마나 믿을 만하고 기분 좋은 책인지를 설명하며 로버트 루커스가 한 말이다. 경제학계의 대부격인 새뮤얼슨은 우리에게 기초적인 것을 가르쳐주는 동시에 우리가 복잡한 특정 문화의 일부에 속한다는 소속감을 제공해주었다. 다시 말해 경제학자들은 새뮤얼슨 덕분에 프랑스 요리를 배우는 대신 자

◆통계학적이고 실증적인 툴 구축 프로그램을 제외하고, 후에 계량경제학이라고 불리게 된 모든 분야에서 선구자적 입지를 굳힌 경제학자들이 펠로 선출됨.

신의 의견을 수학적으로 표현하는 방법을 배우게 된 것이다.

1941년 박사학위 논문을 끝낸 새뮤얼슨은 짐을 싸서 당시 테크|Tech라고 불리던 MIT로 옮겨갔다. 그때 하버드대학은 새뮤얼슨을 잡지 않았는데, 그 이유는 제2차 세계대전 바로 전 미국 대학을 강타했던 반유대주의 운동과 더불어 수학적 경향을 강조하는 그의 연구 성향 때문이었다. 하지만 MIT는 하버드가 제시하지 못한 좋은 조건을 제시했고 그는 MIT의 군사 분야 담당 연구소인 링컨연구소에서 유도탄 도표 연구를 하면서 지내게 되었다.

이후 전쟁이 끝나갈 무렵 그는 과학사무국|Science Secretariat으로 불려갔는데, 그곳에서 다른 학자와 더불어 바네바 부시|Vannervar Bush의 유명한 선언문 〈과학, 그 끝없는 경계|Science, the Endless Frontier〉의 초고를 썼다. 당시 과학 분야의 발전 상황은 그가 기대하던 것과 거리가 멀어도 한참 멀었다. 후에 새뮤얼슨은 그때의 상황을 이렇게 설명하고 있다.

"나라의 관심이 특정 카운티의 인구수에 따라 얼마만큼의 연구 보조비를 지불해야 하는가 하는 구체적인 연구 계획을 수립하기보다 국립과학재단|National Science Foundation(사회 과학도 포함하는)이나 더 방대한 국립보건연구소 설립 등에 집중되었다."

새뮤얼슨은 승승장구했다. 그가 관여하던 경제 독트린을 광범위하게 통합하고 대학교재를 18판째 발간했으며 존 에프 케네디|John F. Kennedy 대통령과 다른 뉴 프런티어|New Frontier 운동 선구자들을 위한 비공식적 브레인 역할을 하는 것은 물론 1970년에는 노벨 경제

학상을 수상했던 것이다. 그는 또한 금융 시장에 관한 연구에도 깊은 관심을 보였는데, 그의 제자들이 설립한 코모디티스 코퍼레이션|Commodities Corporation의 놀라운 성공은 그의 능력을 더욱 빛나게 해주었다. 새뮤얼슨은 이 코퍼레이션의 창립 멤버이자 장기 투자자이기도 했다.

그런데 그가 떠나온 하버드대학에서는 오랫동안 경제학 분야에서 리더 자리를 고수해왔던 이 대학의 명성에 흠집을 내는 일련의 싸움이 벌어졌다. 무엇보다 하버드 경제학자들의 수학에 대한 저항이 계속되고 있었다. 새뮤얼슨의 박사학위 논문이 경제학과 최고 논문상을 수상함에 따라 학칙에 의해《경제 분석 기초》를 하버드대학출판사에서 출판해야 했을 때도, 학과장이던 해롤드 버뱅크|Chairman Harold Burbank는 처음 1,500부를 찍은 후 그 인쇄판을 파괴하도록 교묘하게 명령을 내렸다. 다시 말해 이후 35년 동안 그 내용을 수정할 수 없도록 만들어버린 것이다. 여기에 케인스의 영향력에 대대적인 반대 의사를 표명해온 졸업생 단체 베리타스 소사이어티|Veritas Society는 모교 경제학과에서 마녀 사냥감을 찾기 시작했다. 이처럼 자기만족과 혼란에 빠진 하버드는 이로 인해 큰 대가를 치르게 되었다.

이때 하버드에서 악전고투를 하던 인물이 에드워드 챔벌린이다. 그는 어쩔 수 없이 양 진영에서 모두 공격을 받았던 것이다. 한편으로는 젊은 경제학자들로부터 경제학에 왜 수학적 설명을 부가하지 않으려고 하는지 공격을 받았고, 다른 한편으로는 보수주의자들로부터 왜 완전 경쟁이라는 아이디어를 인정하지 않으려 하는지를 공격받았다.

챔벌린이 연구하고 제시한 문제는 모두 산업 조직에서 실시하는 강의로 넘어가거나 경영대학원으로 추방되었는데, 그 이유는 그가 제시한 시장 진출에 대한 제한, 전략적 차별화 같은 개념이 실제로 그곳에서 생생하게 논의되었기 때문이다. 특히 챔벌린과 로빈슨은 연구 분야에서 심하게 다퉜고 나머지 경제학자들과도 치열하게 싸웠다. 결과적으로 1967년에 사망한 챔벌린이나 1983년에 사망한 로빈슨 모두 현대경제학에 큰 족적을 남기지 못했다.

계량경제학 시대의 미아, 창조적 파괴를 꿈꾸다

1930년대와 1940년대의 경제학 발전 구도에서 빼놓을 수 없는 인물이 바로 조지프 슘페터이다. 그는 수확체증, 독점 신상품|monopoly new goods, 경제 성장의 비수학적 이론에서 최고의 전문가로 통한다. 에드워드 챔벌린보다 그가 한 수 위라고 봐야 옳을 것이다.

경제학 용어 중에서 최고의 예술로 꼽히는 것은 단연 '보이지 않는 손'이지만 슘페터가 창조해낸 '창조적 파괴|creative destruction'도 그 뒤를 이을 만큼 영향력이 크다. 비엔나에서 지내던 젊은 시절부터 슘페터는 현대경제학의 선봉에 서 있었다. 그의 최초 논문 〈이론 경제학의 수학적 방법에 관하여|On the Mathematical Methods in Theoretical Economics〉(1906)는 레옹 왈라스의 일반 균형 방정식을 간략하게 요약해 놓은 것이다.

물론 슘페터에게 일찌감치 명성을 안겨준 것은 1912년 스물아홉 살 때 독일어로 발표한 저서 《경제 발전 이론|Theory of Economic

Development》이다. 그때부터 그는 이미 성장에서 기술 변화의 핵심적 역할과 기업가의 원동력 역할을 강조했다.

"원칙적으로 경제 변화를 촉발시키는 사람은 생산자이고, 소비자들은 필요하다면 생산자에 의해 교육을 받는다. 보통은 새로운 것을 갖고 싶은 마음이 들도록 교육받는다."

이 저서가 출판될 무렵에는 맥코믹, 록펠러, 바이에르|Bayer, 에디슨, 스위프트|Swift, 카네기, 듀크|Duke, 그리고 앨프리드 노벨|Alfred Nobel의 전성시대였다. 이 책이 발간된 지 몇 년이 지난 후까지도 역사 경제학자들은 슘페터의 주요 주장이 담긴 사례 연구서로 무엇이 있는지 찾아내는 작업을 하고 있었다. 슘페터가 제시한 많은 이야기 중에서도 철도의 부상에 관한 이야기는 경제학 사례의 백미로 손꼽히고 있다.

19세기 산업 경제 시대에 새로운 수송 시스템으로 등장한 철도는 운하를 대체했다. 그렇다고 철도의 기술 수준이 운하보다 우월했던 것은 아니다. 철도가 운하를 밀어내도록 만든 것은 바로 운하의 소유주들이다. 수로 주인, 즉 운하 주인이 수시로 만나 수송가 담합 인상을 시도한 결과 철도에게 황금 같은 기회를 제공하게 된 것이다.

사실 철도는 운하보다 건설 비용이 저렴하고 운영비도 더 낮다. 더욱이 철도는 겨울에도 얼지 않는다. 화물 수송을 맡게 된 선주들은 철도 기업가들을 열렬히 환영했는데, 이는 철도 덕분에 운하 소유주들의 오만한 횡포에서 벗어날 수 있었기 때문이다. 이에 따라 철도 기업가들은 증기 기술, 철강 기술 등 선진 기술을 도입했고 철도 산업은 더 발전하게 되었다.

이 경제 전쟁에서 승리한 쪽은 석탄 광산 운영자, 철도 건설업자, 그리고 증기 엔진 제조 공장이다. 반대로 노새를 키우는 사람들과 거룻배 주인은 패배하게 되었다. 이러한 설명은 후에 슘페터가 창조적 파괴라고 이름붙인 변화 과정의 핵심을 이루었다. 그는 대부분의 경제학자가 연구하는 경쟁, 즉 특정 산업 분야에 종사하는 유사한 기업간의 경쟁은 큰 의미가 없다고 주장했다. 진정 중요한 것은 구기술과 갑자기 출현한 신기술 사이의 경쟁이라는 것이다.

하지만 슘페터는 이러한 주장을 수학적으로 설명하려 하지 않았다. 더욱이 시간이 흐른 뒤 마르크스의 설명과 더불어 슘페터의 이론이 경제 상황 분석에 가장 타당했다는 평가(그의 이론은 균형을 강조하는 정적인|static 성격이 아닌, 변화를 강조하는 동적인|dynamic 성격을 띠고 있다는 평가를 받게 되었다)가 나왔음에도 그의 이론에는 수확체증에 관한 명확한 분석이 거의 나와 있지 않았다. 물론 슘페터는 스필오버 효과나 인근 효과 같은 것에 관심이 없었지만, 그의 이론은 앨프리드 마셜과 상당히 유사하다고 볼 수 있다.

하지만 케인스나 챔벌린처럼 슘페터도 시대를 잘못 타고난 불운한 인물이었다. 슘페터와 케인스는 둘 다 1883년에 태어난 동갑내기이다. 슘페터는 수학을 동경하고 가르쳤으며 수학으로 무엇을 할 수 있는지 알고 있었지만, 에이브러햄 베르그송이 지적했듯 그는 옛것을 버무려 새것을 만들 줄 몰랐다(슘페터는 계량경제협회 창립 멤버이자 초기에 회장직을 역임했으면서도 계량경제학을 전혀 연구하지 않았다). 슘페터는 친구에게 이러한 불평을 늘어놓기도 했다.

"가끔 내가 모세가 된 것 같은 기분이 들어. 약속한 땅 앞에 사람들을 이끌고 갔는데, 막상 그 안으로 들어갈 수 없다는 얘기를 들었을 때 모세가 느꼈을 그런 막막함이 느껴져."

1932년 슘페터는 하버드에 강의를 하러 왔지만 당시 사람들의 관심은 온통 그의 라이벌이라고 할 수 있는 케인스에게 쏠려 있었다. 어쩌면 슘페터가 경제 대공황은 50년간 지나치게 과학에 의존한 사이클 때문에 유발된 것이고 곧 성장이 재개될 것이라는 주장을 해서 신용을 잃었기 때문인지도 모른다. 그리고 1935년에는 그의 동료였던 레온티에프가 그 대신 경제수학 강의를 맡게 되었다.

그러다가 마침내 1939년에 경기 사이클에 대한 슘페터의 두 권짜리 책이 출판되었지만, 안타깝게도 그것은 당시 케인스 이론에 비해 전혀 새로워 보이지 않았다. 심지어 학생들은 영 희망이 없다는 표현을 할 때 '슘페터 같은|Schumpy'이라는 말을 썼다.

17개 언어로 한계효용이라는 말을 할 줄 알지만 그 이상은 아닌 사람이라는 비웃음의 의미로 이런 표현을 썼던 것이다. 더 끔찍한 일은 슘페터가 친독일 성향을 지닌 것은 아닌가 하는 의심을 받았다는 사실이다.

소외되고 실망하고 원망에 사로잡힌 슘페터는 전쟁 기간에 다른 학문 발전 중심지와 인연을 끊고 지냈다. 이로 인해 그는 점점 더 수학적 발전이 지배하는 경제학 분야에서 미아로 남게 되었다. 그러는 동안 슘페터는 남은 에너지를 총동원해 카를 마르크스의 역할을 비판적으로 고찰한 《자본주의, 사회주의, 그리고 민주주의|Capitalism, Socialism, and Democracy》를 출판했지만 경제학계로부터 말만

많고 지루하기 짝이 없는, 다시 말해 형편없는 책이라는 평가를 받았다.

하지만 〈창조적 파괴 |Creative Destruction〉라는 제목이 붙은 장은 지하로 흐르는 강의 전통을 그대로 보여준 백미라고 할 수 있다. 슘페터는 1912년에 발표한 논문을 토대로 경제 성장이 어떻게 이루어지는지 그 주요 메커니즘을 말로 자세히 설명했다.

> "신상품이 개발되고 새로운 시장이 출현하면 새로운 생산 방법 및 수송 방법과 새로운 산업 조직이 출현하는데, 이러한 조직은 보통 무리 지어 활동한다. 그러다가 어느 순간 갑작스런 활동과 더불어 사람들의 생활수준도 급격히 향상된다."

슘페터는 경제학 연구에서 이러한 변화를 무시하는 것은 덴마크 왕자가 나오지 않는 햄릿 |Hamlet 연극을 보는 것과 같다고 쓰고 있다. 그러나 당시만 해도 새로운 한계주의 이론을 가르치는 학교 교재는 지식 성장을 완전히 무시하고 있었다. 그 무렵에는 전시 물자 부족 현상으로 인류에게 식량과 천연자원이 고갈될 때가 곧 올 것이라는 오래 전의 공포감이 점점 커지고 있었던 것이다. 이에 대해 슘페터는 다음과 같이 적고 있다.

> "내 계산에 따르면 인류가 점점 증가하는 총생산물로 무엇을 해야 할지 잘 알 것이므로 식량, 원료 모두 신기할 정도로 풍요로운 세상에서 살게 될 것이다."

슈페터는 성장 이론을 설명하며 행동 중심의 일반 이론|action-oriented General Theory에 끌려 현대경제학의 형식적 수학 방법에 미래를 걸고 있는 젊은 경제학자들에게 자신의 주장이 틀림없이 무시당하게 될 것이라는 말을 하고 있다. 하지만 《자본주의, 사회주의, 그리고 민주주의》는 기업 경영진, 정책 입안자, 일반 지식층으로부터 상당한 인기를 끌었다. 문헌 경제학자들도 슈페터의 이 책을 크게 반겼다. 이처럼 민간인 사이에는 그의 명성이 높아지고 있는 반면, 경제학계에서의 그의 영향력은 점점 쇠퇴하고 있었다.

그 후 그는 경제학자들과 통계학자들을 위한 작은 기초 수학책을 한 권 더 출간했다. 그리고 하버드대학에 기업가학문연구센터 |Research Center for Entrepreneurial Studies가 설립되도록 도왔다. 사실 슈페터는 경제적 사고 역사에 큰 기여를 한 인물이다. 그러나 그는 1950년 조용히 사망하고 말았다. 챔벌린과 로빈슨이 그랬듯 슈페터도 주류에서 밀려난 또 한 명의 문헌 이론가로 사라지게 된 것이다.

챔벌린이 옳았을 수도 있다

이후 자신의 시대에 받을 수 있는 영광이란 영광은 모두 받은 폴 새뮤얼슨은 추종자들이 마련한 자리에서 과거에 찬밥 대접을 했던 인물들에게 톡톡히 복수를 해주었다. 그 자리는 하버드대학출판사가 《경제학 분석 기초》 출판 35주년을 맞아 절판 상태에 있던 그 책의 2판을 발간하기로 결정함에 따라 이를 축하하기 위해 마련된 것이었다. 하버드대학출판사는 35년 전 수리경제학이 갓 탄생하기 시작한 시기에 무례하게 인쇄판을 파괴했던 행동을 사과하는 의미로 재출판을 결정했다.

당시 새뮤얼슨이 제시한 방정식은 컴퓨터로 찍혀 나왔고 철제 인쇄판 대신 레이저 프린터가 이 책을 인쇄하게 되었다. 이 책의 재발간을 기념하며 새뮤얼슨은 1947년 이후 수리경제학 분야에서 어떤 발전이 이루어졌는지를 적어 넣는 도입 부분을 첨가했다.

도입부에서 그는 그 책이 처음 발간된 이후 이 분야에 어떤 공백이 있었는지 설명하고, 카울스그룹이 어디까지 연구 활동을 했는지도 설명했다.

"넘치면 모자람만 못하다. 1950년대 수리경제학이 얻은 명성의 상당 부분은 불쌍한 노 경제학자 에드워드 챔벌린을 희생양으로 만들고 얻은 거만한 명성이었다. 그러나 근사한 옷은 천의 불필요한 부분을 잘라내야만 꼭 맞게 만들어질 수 있다. 그 다음으로 온 새로운 수학적 테크닉은 놀라운 발전을 이룩했다. 하지만 이러한 발전에 이끌려 경제학자들은 수확체증 현상 그리고 과점 문제와 실제 세상에서 필요로 하는 많은 극대화 연구 과제를 외면해버렸다."

그의 성격을 있는 그대로 드러내는 말은 바로 이것이다.

"과학이 제대로 된 상대가 아닌 잘못된 상대와 싸워 얻은 쉬운 승리는 공허한 승리에 지나지 않는다. 그런데 거의 항상 이런 현상이 일어난다."

이 말에서 볼 수 있듯 새뮤얼슨은 정직하고 감정에 동요되지 않으며 감정을 잘 드러내지 않는 인물이었다. 어쩌면 이 말은 자신에게도 잘못이 많다는 사실을 간접적으로 고백한 것인지도 모른다.

챔벌린이 옳았을 수도 있다. 하지만 그가 옳았다고 해도 그는 자신의 올바른 주장을 표현해줄 언어를 잘못 선택했다. 당시 어느 누가 '독점적 경쟁' 개념을 제대로 이해하고 이것을 수학적 공식으로 옮길 수 있었겠는가?

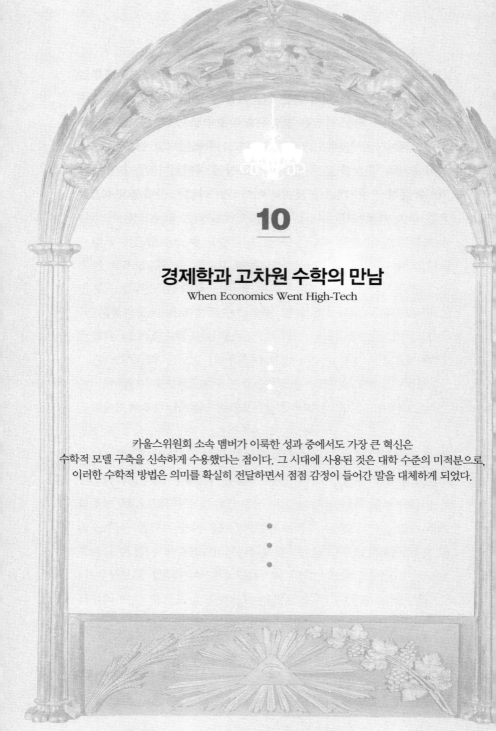

10

경제학과 고차원 수학의 만남
When Economics Went High-Tech

카울스위원회 소속 멤버가 이룩한 성과 중에서도 가장 큰 혁신은
수학적 모델 구축을 신속하게 수용했다는 점이다. 그 시대에 사용된 것은 대학 수준의 미적분으로,
이러한 수학적 방법은 의미를 확실히 전달하면서 점점 감정이 들어간 말을 대체하게 되었다.

카울스위원회의 활약

1941년 미국이 제2차 세계대전 참전을 결정함에 따라 기술경제학은 전시 서비스 체제로 재편성돼 정부를 위해 봉사하게 되었다. 이에 따라 경제학자들은 미국의 주요 연구 중심지에 모여 팔을 걷어붙이고 정부가 요구하는 연구에 돌입했다.

폴 새뮤얼슨은 케임브리지에서 MIT 링컨연구소 소속으로 레이더 및 수학적 화력 컨트롤|mathematical fire control을 위해 일하며 틈틈이 출판을 위해 박사학위 논문을 조금씩 손보았다. 또한 워싱턴에서는 사이먼 쿠즈네츠|Simon Kuznets와 로버트 네이선|Robert Nathan이 국민소득계정|national income accounts을 개발하고 있었다. 뉴욕의 컬럼비아대학에서는 통계 연구 그룹이 확률 수학을 연구하고 있었는데, 이 그룹은 특히 폭탄 및 포격에서 더 나은 공격을 할 수 있는 확률을 찾고 있었다. 한편 프린스턴대학에서는 메인프레임 컴퓨터 제조에 필요한 보다 우수한 성능의 기계를 발명하기 위해 노력하고 있었다.

무엇보다 경제학자들이 상상력을 총동원해 전시 사명감을 불태웠던 곳은 시카고대학이었다. 카울스위원회는 1939년 본거지를 외진 장소인 콜로라도스프링스에서 시카고로 옮겨왔고, 그 성격도 위원회에서 재단으로 바뀌었다. 미국이 전쟁에 개입하자, 카울스재단은 미국 정부로부터 새로운 과제를 부여받았는데, 그것은 계량경제학 모델을 구축하라는 것이었다.

그 다음 10년간 경제학의 미래는 카울스재단에 의해 만들어졌다고 해도 과언이 아니다. 바로 그곳에서 미국 경제학은 소분야로 세분화가 이루어졌다. 즉, 케인스의 거시경제학파, 계량경제학파, 수리경제학파, 그리고 게임이론파 등으로 분야가 세분화된 것이다. 어떤 면에서 볼 때 시카고는 핵심 연구지에서 약간 소외되어 있었다고 볼 수 있는데, 당시에는 모든 눈이 전시 재정 문제를 연구하는 케임브리지 MIT의 케인스학파 엔지니어에게 쏠려 있었다. 이러한 분위기가 오히려 시카고에 있는 카울스재단에는 좋은 면으로 작용하기도 했다. 이 재단의 과학적 연구를 중시하는 그룹 경제학자들은 보이지 않는 손의 논리를 그 어느 때보다 깊이 연구할 수 있었던 것이다.

물론 나쁜 뉴스도 있다. 핀 공장 이론이 또 다시 외면당하거나 무시되면서 수확체증 법칙의 중요성은 심연 속으로 떨어지고 말았다.

현대경제학을 모두 감싸안은 더티 더즌

시카고에 모인 카울스위원회 학자들에게는 '더티 더즌|Dirty Dozen'이라는 이름이 붙여졌는데, 이는 사람들이 모여 은밀히 무엇인가를 도모했기 때문이다. 물론 이들은 통계학, 경제학, 철학, 수

학, 전략 전문가로 제이콥 마르샥|Jacob Marschak의 주도 아래 오로지 연구에만 전념했다. 이때 야샤|Jascha라고 불리던 제이콥 마르샥은 현대경제학의 또 다른 아버지 역할을 하게 된다.

러시아 혁명을 피해 미국으로 온 멘셰비키 난민(〈프랑크푸르터 자이퉁|Frankfurter Zeitung〉의 경제 담당 기자로 활동했던)이던 그는 전쟁 전에 베를린에서 폰 노이먼과 함께 연구를 하기도 했다. 뉴욕에 있는 뉴스쿨에서 한동안 강의를 하다가 카울스위원회에 합류한 야샤는 폭넓은 개발관을 지닌 인물로 그 자리에 모인 사람들이 생각보다 형편없다는 사실을 파악하고 기막힌 인물들로 새 팀을 짜게 된다.

이 새로운 팀에는 전쟁으로 길이 막혀 노르웨이 대사관의 도움을 받고 있던 통계학자 트리그베 호벨모|Trygve Haavelmo, 폴란드 변호사 겸 수학자 레오 허비츠|Leo Hurwicz, 새뮤얼슨의 가장 촉망받는 제자로 신참 계량경제학자 로렌스 클라인|Lawrence Klein, 물리학자였다가 경제학자로 변신한 네덜란드 출신의 찰링 쿠프먼스|Tjalling Koopmans 등이 포함되었다. 그리고 통화 이론가 돈 파틴킨|Don Patinkin과 더불어 이 연구팀을 가장 자주 방문한 사람은 심리학자 허버트 사이먼|Herbert Simon이었다.

폰 노이먼은 프린스턴에서 핵폭탄 연구를 위해 로스 알라모스로 가는 기차를 갈아타는 도중에 이 연구실에 들르곤 했다. 경제학자 사이먼 쿠즈네츠는 자신이 연구 중에 있는 사회계정 프레임워크|social accounting framework를 설명하기 위해 가끔 이곳에 들렀다. 시카고 대학에서 수학을 가르치던 오스카 랑게|Oscar Lange는 가끔 학교에서 사라지곤 했는데, 그가 스탈린을 만났다는 소식이 신문 1면을 통해 전해지기도 했다.

각자 자신의 연구를 하던 멤버들은 저녁만 되면 한자리에 모였다. 특히 물리학자들은 엔리코 페르미|Enrico Fermi의 지휘 아래 축구경기장 지하에 있는 스쿼시 연습장에 모여 원자로 조립을 했다. 이 연구진은 두 팀으로 나뉘어 연구를 진행하면서 서로 비교해보기도 했다.

시카고 카울스위원회 소속 멤버가 이룩한 성과 중에서도 가장 큰 혁신은 수학적 모델 구축(그리고 케인스의 거시경제학이 추구하는 목표)을 신속하게 수용했다는 점이다. 그 시대에 연립방정식은 카울스위원회에서 가장 많이 언급되던 것이다. 물론 그것은 고교 수학문제를 풀기 위해 사용하던 대수공식과 근본적으로 차원이 달랐다. 그렇다고 최첨단 수준의 수학 논리에서 사용되는 그런 수준도 아니었다. 그들이 내세운 가정에 모순이 없다는 것을 확인하기 위해 사용된 것은 대학 수준의 미적분으로, 이러한 수학적 방법은 의미를 확실히 전달하면서 점점 감정이 들어간 말을 대체하게 되었다. 클라인은 당시를 이렇게 회상하고 있다.

"우리는 세상의 모든 문제를 방정식으로 해결하려 했고, 그에 따라 해결책을 제시해줄 수 있는 모델을 구축하기 위해 노력했다. 우리는 경제의 발전과 미래가(그리고 전쟁의 승리가) 우리 손에 달려 있다고 생각했다."

문제의 원인과 결과를 분석하는 일은 카울스위원회 소속 경제학자들이 예상했던 것보다 훨씬 힘들었다. 그러나 이들은 모두 모델 구축을 위해 심혈을 기울였다. 몇 가지 연구 분야를 빼고 이제는

가설|hypothesis이라는 용어 대신 모델model이라는 용어가 사용되었고, 모델이 없는 사람은 감히 토론에 낄 수도 없었다.

카울스위원회에서 수학적 모델 구축 다음으로 많이 연구한 분야는 계량경제학 분야였다. 통계학과 경제학을 연계시키자는 아이디어가 나와 연구한 결과, 통계학적 방법이 미적분 이래로 나타난 수학 방법 중 가장 유용한 것으로 드러났기 때문이다. 카울스위원회 경제학자들은 인생은 확률 오차를 가질 수밖에 없으며 균형을 설명할 수 있는 모든 방정식 시스템 역시 무작위적 사건(확률적 충격|stochastic shocks)이 발생할 수밖에 없다는 것을 인정했다.

사실 이 개념은 순수 경제학이 채택한 가정과 모순된 것이었고 경제 이론의 예측과도 맞지 않았다. 그렇다면 복잡한 세상에서 어떻게 하면 원인과 결과를 최고로 잘 측정할 수 있을까? 회귀 분석|regression analysis의 세부 분야는 원인과 결과를 추려내고 천체 역학에서부터 인간 유전에 이르기까지 여러 가지 변수 사이의 관계를 묘사하는 수단으로, 통계학 분야에서는 오래 전부터 사용되어 오고 있었다. 물론 경제학자들은 경제학 문제를 연구하기 위해 이 도구를 채택한 것이다.

카울스위원회가 세 번째로 중요하게 여긴 분야는 수리경제학이다. 사실 카울스위원회가 처음으로 연구 개가를 올린 분야가 바로 이 분야라고 할 수 있다. 이들이 최초로 올린 성과는 화물 수송 문제를 해결할 수 있는 기술로 배, 승무원, 화물, 항구 시설을 이용해 가장 효율적으로 화물을 수송할 수 있는 노선을 찾아내는 방법을 알아냈다.

언뜻 이 문제는 경제학과 상관없이 단순히 스케줄을 짜는 것과 관계된 것으로만 보였다. 그러나 깊이 들어가자 이 문제의 해법은 경제학의 다른 분야에서 찾으려고 노력하던 문제의 해법과 크게 다르지 않았다. 사실 경제학에서는 가장 짧은 시간에 최대한 많은 자원을 수송할 수 있는 방법, 즉 희소 자원 배분 방법을 찾기 위해 계속 노력해왔다.

결국 1942년 물리학자였다가 경제학자로 변신한 쿠프먼스가 실용적인 수학 시스템을 개발했고, 이후 그는 100개 정도의 변수를 최적화할 수 있다는 사실을 발견했다. 그로부터 몇 년 지나 미국 경제학자들은 레오니드 칸토로비치|Leonid Kantorovich 도 소련합판연합의 요청으로 목재 생산에 관한 연구를 통해 1939년 레닌그라드에서 똑같은 내용을 발견했다는 사실을 알게 되었다. 또한 1947년 미국 공군에서 근무하던 수학자 조지 단치히|George Dantzig 는 최소 투입만으로 반복연산기법을 이용해 최적 상태의 결과를 얻어낼 수 있는 최고의 계산법이라는 평가를 받게 되는 방법을 발견했다. 그가 심플렉스 해법|simplex method 으로 부른 이 테크닉은 '콩 덩굴 방식'으로 불리기도 했다. 이 테크닉이 당시 어느 집에서든 창밖으로 흔히 보이던 콩 덩굴에 비유된 이유는 이 연산법을 3차원으로 보면 콩 덩굴처럼 생겼기 때문이다. 실제로 이 연산법은 폴리토프|polytope 라는 다차원 다각형의 기하학적 모형이었다.

경제학자들은 이 새로운 기술의 몸체에 선형 계획법|linear programming 이라는 이름을 붙였다. 왜 선형일까? 왜냐하면 이 방정식을 따라 가다 보면 마셜의 한계효용 공식 계산 때 볼 수 있던 곡선이 아닌 직선(선|lines, 평면|planes, 초평면|hyperplanes)이 나왔기 때문이다(두 개의 선이 평면을 이루고 세 개 이상의 평면이 모여 초평면을 이루게 되는 방

식으로). 선형 테크닉은 이것 아니면 저것을 신중하게 선택해야 하는 세상에서 생산에 관한 문제나 로지스틱 문제를 푸는 데 있어, 모든 것이 순조롭게 변한다는 가정을 하고 있는 미적분보다 훨씬 좋은 방법으로 여겨지게 되었다.

그렇다면 왜 프로그래밍, 즉 계획법이라는 단어를 사용하는 것일까? 스케줄링|scheduling이라는 말은 구태의연하고 플래닝|planning이라는 말은 왠지 지나친 느낌을 주기 때문이다. 특히 플래닝이라는 말은 공산주의자들이 정해 놓은 계획대로 모든 일을 처리할 때 사용하는 단어 같은 느낌을 주었다. 그 후 경제학자들은 프로그래밍을 점점 더 많이 사용하기 시작했는데, 당시 모든 군사 계획은 이미 프로그램으로 불리고 있었다.

사실 이 새로운 툴은 미적분에서 한참이나 멀어진 곳에서 출발했다. 이것은 근본적으로 위상학이라고 알려진 수학의 한 분야로부터 온 기하학적 성격을 지닌 툴이다. 데카르트가 방정식을 어떻게 표현해야 하는지 시범을 보인 후에도 대수와 기하 사이에는 어떤 연결고리가 존재해왔고, 그런 연결고리를 분석기하학|analytic geometry이라고 불렀다. 그런데 18세기 들어 이것은 위상학으로 변하게 되었다.

특히 수학자 오일러가 발틱해에 있는 도시 쾨니스베르그에 다녀온 이후 변하게 되었는데, 오일러는 그 유명한 일곱 개의 다리를 같은 지점을 두 번 걷지 않고 모두 구경하는 것은 불가능하다는 사실을 입증했다. 오일러가 고민하던 문제는 체스판으로 옮겨갔고 그는 체스판에서 한 기사가 목적 지점에 도달하기 위해 거쳐 갈 수 있는 방법이 상당히 많다는 사실을 발견했다. 이 새로운 테크닉은 3차원 모형 분석은 물론 원뿔형, 다면체 등 모든 모양, 모든 크기의 모형, 즉 n차원에 적용할 수 있었다. 20세기 초 이론학자들은 힐버트 공간으로 알려진 압축 방법을 찾았으며, 폰 노이먼은 무한한 n차원적 수학 형태를 양자 역학의 특징을 발견해내는 데 활용했다.

제2차 세계대전이 끝나고 몇 년이 지나자, 선형 계획법은 중동에서 복식부기법|double-entry bookkeeping이 발견된 것만큼이나 역사상 큰 발견으로 평가받게 되었다. 이 선형 계획법은 관리하기가 복잡하기로 소문난 현대 정유 시설에서 상용 비행기의 영업 노선을 분석해 정유 보관에서부터 주유 시설까지 어떻게 연결하는 것이 최상인지를 파악하는 데 사용되었다. 경제학자에게 이 테크닉은 마셜이 보여주고 싶어 했던 경제에 대한 총체적 개관과 왈라스가 꿈꾸던 '한꺼번에 모든 것을 처리하는 방법'으로 가는 지름길이었다.

레온티에프는 자신이 개발한 투입산출표로 경제를 정태적으로 설명할 수 있는 방법을 찾아낸 적이 있다. 그리고 그 정태적 모습은 동태적 모습으로 전환되었는데, 이를 통해 경제의 동태적 모델을 활용하면 경제 변화 추이를 추적할 수 있었다. 긴 수학적 논리 고리를 따라가다 보면 변화의 가장 놀라운 부분과 깊은 곳까지 미친 영향력도 찾아낼 수 있었던 것이다.

경제학은 새뮤얼슨이 1947년《경제 분석 기초》를 출판하기도 전에 이미 저 멀리 앞서 나가 있었던 셈이다. 그로부터 10년 후 폴 새뮤얼슨, 로버트 솔로, 그리고 로버트 도르프먼|Robert Dorfman은 학생들에게 새로운 수학을 소개하기 위해《선형 계획법과 경제 분석|Linear Programming and Economic Analysis》을 공동 저술했다.

카울스위원회에서 네 번째로 다루고 또한 가장 많이 발전한 분

야는 게임 이론 분야이다. 본래 이것은 시카고대학이 아니라 프린스턴대학에서 시작된 것으로 프린스턴대학에서 밤새 어떤 연구 변화가 있었는지는 야간열차를 통해 정기적으로 카울스위원회에 전해지곤 했다. 이 네 번째 연구 분야를 가장 잘 보여주는 책은 1944년에 출판된 《게임 이론과 경제적 행동|The Theory of Games and Economic Behavior》으로 이것은 인간은 본래 영리하기 때문에 자신의 행동이 다른 사람에게 어떤 영향을 미칠지 미리 분석할 수 있다는 내용이 담겨 있다(게임 이론은 전략적 사고라는 이름으로 더 잘 알려져 있다).

이 책의 저자 존 폰 노이먼은 1930년 유럽의 유명한 학자들이 미국으로 망명을 신청할 때 아인슈타인과 더불어 프린스턴대학에 자리를 잡은 인물이다. 아인슈타인과 노이먼은 1933년 프린스턴이 고등학문연구소를 설립했을 때 그곳에 합류했다. 폰 노이먼은 줄곧 경제학에 관심은 있었지만 그때까지만 해도 경제학에 깊이 발을 들여 놓지 않고 있었다.

그런데 역시 오스트리아에서 망명한 오스카 모르겐슈턴이 실내 게임의 법칙을 설명하며 폰 노이먼에게 먼저 발표했던 논문에 내용을 추가해 책으로 출간하라고 권했다. 이렇게 해서 전략적 사고가 경제학자들에게 소개된 것이다. 사실 일부 게임의 경우에는 개인의 전략뿐 아니라 제휴 구성 면에서도 비즈니스 상황과 공통점이 많다는 사실이 잘 알려져 있었다.

만약 이론이 여기에서 끝났다면 《게임 이론》은 매우 짧은 책이 되어 버렸을 것이다. 하지만 그 주장은 시작에 불과했고 거의 600쪽에 이르는 이 두꺼운 책에는 난해하기 그지없는 수학공식이 가득 담겨 있다. 이 책은 폰 노이먼이 1928년 베를린에서 개최된 한 유명한 세미나에서 이미 선형 계획법을 발견했다는 사실을 밝히고 있다. 당시 그는 세미나실 앞으로 나가 야사 마르샤이 손에 쥐고 있던 분필을 빼앗아 마르샤이 할 수 없이 그의 이야기를 중단시킬 때까지 큰소리로 정신없이 선형 계획법을 설명했다고 한다.

후에 경제학자들은 폰 노이먼이 제시한 수학이 카울스위원회가 개발한 활동 분석|activity analysis보다 심오하고 보편적이며 경제 문제 해결에 결정적인 역할을 할 수 있다는 사실을 깨달았다. 하지만 당시에는 아직 그 사실을 깨닫지 못하고 있었다. 전쟁 중, 시카고에 있던 대부분의 경제학자는 폰 노이먼이 《게임 이론》에서 소개한 고차원적 수학 설명을 완전히 다른 나라 말이라고 생각하고 있었다. 그로부터 30년 후 경제학자들은 자기 시스템의 변수를 나타내기 위해 폰 노이먼이 개발한 고유값|eigenvalues과 고유벡터|eigenvectors를 사용했다.

이처럼 카울스위원회에는 현대경제학의 대표적인 네 분야가 골고루 포진하고 있었다. 본래 카울스위원회가 시작하고 후에 카울스위원회에 명성을 가져다준 계량경제학적 모델 구축 분야뿐 아니라 케인스학파의 거시경제학, 수리경제학, 게임 이론 모두가 이곳에서 연구되고 있었던 것이다. 1942년에서 1954년까지 시카고에 머문 카울스위원회는 여러 다른 시대의 다양한 이론을 모두 수용했다는 특징이 있다. 현대경제학을 대표하는 이 네 가지 분야 중에서도 카울스위원회가 상당 기간 단독으로 개척해온 분야는 모델 구축 분야였다. 나머지 분야는 다른 대학 및 연구소가 골고루 연구하고 발전시켰다.

당시 카울스위원회에서 연구하던 경제학자들은 모두 타자기를 이용해 논문을 썼다. 그 무렵 프린스턴대학에서 최초의 전자 컴퓨터를 막 발명했는데, 핵폭탄을 만들기 위해서는 방대한 숫자를 처리할 수 있는 컴퓨터가 필요했기 때문이다. 하지만 그들 중 컴퓨터가 얼마나 위대한 능력을 지니고 있는지를 제대로 이해한 인물은 폰 노이먼 한 사람뿐이었던 것 같다. 컴퓨터에 대한 개념이 제대로 잡히지 않은 그 무렵, 보통사람은 컴퓨터가 거의 비용을 들이지 않고 순식간에 많은 정보를 처리할 수 있을 것이라는 막연한 환상만 갖고 있을 뿐이었다.

시카고에는 현대경제학 분야에 속해 있던 이 네 가지 분야만 존재했던 것은 아니다. 다섯 번째 분야도 존재했는데, 그 주인공은 카울스위원회 멤버와 사무실 공간은 공유하면서도 신념은 공유하지 않던 경제학자들이다. 이들은 여전히 마셜의 이론을 추종하며 경제학이 현상태를 유지하기를 고집했다. 물론 현대경제학을 연구하는 학자들이 떠들어대는 내용은 이들 다섯 번째 경제학파들의 저항감을 불러일으켰다.

타고난 싸움꾼, 밀턴 프리드먼

카울스위원회에게는 분명 온힘을 다해 이들을 밀어내려는 적대세력이 존재했다. 카울스의 '적'으로 부를 만한 단체 중 대표적인 연구 단체는 국가경제연구소였다. NBER로 불리는 이 연구소는 1920년대에 독일식 모델에 기초해 설립된(워싱턴에 설립된 브루킹스 연구소도 같은 모델에 기초해 설립되었다) 것으로, 정책 입안자들에게 계속 자문을 해주고 있었지만 별로 쓸 만한 조언을 해주지 못하고 있었다.

물론 카울스위원회나 NBER 모두 특별 금리와 극단적 변화 |immoderate cranks가 유발한 혼란을 대체할 수 있는 방법을 모색하기 위해 노력했다는 점은 공통적이다. NBER의 접근 방식은 철저하게 제도적이고 실험적이었다. 이 연구소에 소속되어 있던 사이먼 쿠즈네츠는 국민소득계정을 만들어내는 개가를 올렸고, 바실리 레온티에프가 미국에서 최초로 망명생활을 한 곳도 이 연구소였다. 이들 외에도 이 연구소와 일찍이 연구 계약을 체결한 학자로는 솔로몬 파브리컨트|Solomon Fabricant, 아서 번스|Arthur Burns, 제프리 무어|Geoffrey Moore 등이 있다. 하지만 1930년대에 NBER이 낚은 가장 큰 월척은 경제학계에서 새로운 스타로 부상하고 있던 밀턴 프리드먼이었다.

프리드먼은 정말 특이한 인물이었다. 실용적이면서도 창조적이고 동시에 회의적인 면모가 강한 인물로 그는 타고난 싸움꾼이었다. 1912년생인 프리드먼은 럿거스대학(뉴저지 주립대학)에서 학부 생활을 한 후 시카고대학 대학원(시카고대학에서 그는 학부생이던 폴 새뮤얼슨을 처음 만나게 된다)에 진학했다. 그러나 개인적인 경제 사정으로 그는 박사학위 논문을 끝마치지 못한 채 시카고대학을 떠나게 되었고, 거의 10년간 제대로 된 자리를 잡지 못하고 떠돌아다녔다. 우선 그는 워싱턴에 있는 국립자원위원회에서 일하며 동시에 뉴욕에 있는 컬럼비아대학에서 파트타임으로 강사 생활을 했다. 국립자원위원회는 뉴딜 정책의 일환으로 탄생했다가 오래지 않아 사라진 기구이다. 그러던 중 1937년 프리드먼은 뉴욕에 있는 국가경제연구소에서 일자리를 얻게 되었다.

국가경제연구소는 미국의 참전 결정 이전에도 대학 경제학과에 최고 인재를 모두 빼앗기고 퇴보 상태에 놓여 있었다. 1940년에 막 결혼한(대학원 시절 만난 동창 로즈 디렉터|Rose Director와) 프리드먼은 위스콘신대학에서 강사 자리를 얻어 뉴욕을 떠났다. 그러나 당시 에는 대부분의 미국 대학에서 유대인 혐오증이 극에 달했던 터라 프리드먼도 1년 후 이 대학을 떠나 재무성 조세연구부로 자리를 옮겼다.

1943년 다시 컬럼비아대학으로 돌아온 프리드먼은 그곳의 전쟁 연구소에서 응용통계학을 연구했고(그는 1930년대 국가경제연구소에 서 연구했던 내용을 바탕으로 1946년 컬럼비아대학에서 박사학위를 받는 다), 1945년에는 조지 스티글러가 있는 미네소타대학으로 옮겼다.

한편 시카고대학은 조지 스티글러의 영입을 추진했는데, 컨트롤 측정 방법 사용에 대한 스티글러의 강력한 반대를 둘러싼 논란으로 이 결정은 1년간 지연되었다. 이로 인해 골치 아팠던 시카고대학 경제학과는 스티글러 대신 그의 친구인 프리드먼을 영입하기로 결 정을 내렸다. 그리하여 1946년 프리드먼은 어쩔 수 없이 떠나야 했 던 시카고대학으로 금의환향하게 되었다.

시카고에서 프리드먼은 아이오와에 있다가 뜻이 맞지 않아 시카 고로 건너온 시어도어 슐츠|Theodore Schultz라는 중요한 동지를 만났 다. 사우스다코타에서 농부의 아들로 태어난 슐츠는 에일린 영이 스코틀랜드에서 경제 발전에 대한 그 유명한 연설을 했던 해에 위 스콘신대학에서 박사학위 논문을 썼다.

그런데 아이오와 주립대학 교수로 있던 슐츠는 큰 논란에 휘말 리게 되었다. 과에서 출판한 한 연구 논문에서 어느 학생이 올레오

마가린의 생산가가 더 저렴하므로, 정부는 올레오마가린 생산에 가해진 규제 조치를 풀어야 한다고 주장했던 것이다. 당시 모든 식품점에서 버터를 대체할 수 있는 싸구려 마가린을 몰아내기 위해 치열한 로비를 벌이던 버터 생산업자들은 이 논문을 철회할 것을 주장했고 학교 전체가 이와 관련된 논란에 휘말리게 되었다. 결국 슐츠는 아이오와 주립대학에 사표를 제출한 뒤, 1943년 시카고에 있는 사회과학연구 빌딩으로 가게 되었다.

시카고로 온 프리드먼은 시카고학파(제1세대가 아닌 제2세대 시카고학파라고 할 수 있으며 프랭크 나이트, 헨리 시먼스|Henry Simons, 료이드 민츠|Lloyd Mints, 폴 더글러스 등의 젊은 세대 교수)의 리더가 되었다. 시카고학파에게는 여전히 마셜의 주장이 바이블처럼 여겨지고 있었고 그중에서도 일반 이론은 마셜의 최고 업적이었다. 이 시카고학파에게 게임 이론은 단순한 수학적 게임 방식에 불과했다. 또한 불완전 경쟁 이론은 하나의 덫이자 망상에 불과하다고 생각했다.

《실증 경제학 방법론에 대한 에세이|An Essay on Methodology of Positive Economic》에서 프리드먼은 챔벌린을 확 떠미는 발언을 한 후, 서서히 그리고 의도적으로 케인스학파의 도그마를 공격하기 시작했다. 프리드먼의 연구 결과 중에서도 백미로 꼽히는 것은 《미국 통화의 역사|A Monetary History of the United States》라는 세심한 실험 연구였다. 이 책은 경제 대공황이 발생하게 된 원인에 대해 흔히 제시되고 있는 일반적 해석에 도전하는 내용을 담고 있다. 물론 이 책은 경제 대공황이 끝나고도 한참이 지난 1962년에 출판되었다. 이 시카고학파는 자신들이 고전학파로 불리는 것을 좋아하지 않았다. 케인스가 고전학파의 대표적 인물인 마셜을 너무 쉽게 깔아뭉갰기 때문이

다. 그리하여 시카고학파는 자신들의 연구 성격을 통화주의자로 규정했다.

1950년대 초 프리드먼의 시야를 가린 유일한 학파는 그와 사무실 공간을 나눠 쓰던 카울스재단 사람들이었다. 프리드먼은 자신이 이끄는 경제학과를 정통성이 의심되는 수학자들에게 빼앗기는 것은 아닌가 하는 두려움을 갖고 있었다. 그는 1998년에 쓴 글에서 "나는 카울스의 접근 방식에 대해 계속 비판하는 입장을 견지했고, 지금도 여전히 그 입장을 고수하고 있다"라고 밝히고 있다. 그는 이들 수학자가 허풍스럽고 반민주적이라 마셜이 우려했던 것처럼 실수를 저지를 위험이 있다고 생각했던 것이다.

고향을 잃은 현대경제학

한편 카울스그룹 멤버는 프리드먼이 노골적으로 자신들을 핍박한다는 생각을 하고 있었다. 그가 자신들이 개최한 워크숍에 나타나 일방적으로 긴 연설을 늘어놓거나 카울스그룹 출신이 교수로 임명되는 것을 방해하기도 했기 때문이다. 케네스 애로는 1940년대 후반 시카고에서 1년을 보냈던 젊은 현대경제학자 그룹 중 한 명으로, 그는 프리드먼과 시카고대학 경제학과의 다른 교수가 현대경제학을 완전히 쓰레기 취급을 했다고 기억하고 있다.

"우리는 뭉뚱그려 버려진 쓰레기 같은 느낌을 받았다. 동시에 우리는 우리가 그들에게 공포감을 주는 존재라는 사실을 알았다. 그렇기 때문에 박해를 당하는 기분이 그리 나쁘지만은 않았다. 시카고에 있던 우리 그룹은 대여섯 명밖에 되지 않는 소그룹이었는데도 우리를 그렇게 핍박한 이유는 그만큼 우리를 두려워했기 때문일 것이다."

그러한 분위기 속에서 젊은 경제학자들은 새로운 아이디어에 매달렸고, 이들은 다른 사람이 발견한 내용을 반박할 수 있는 공식을 찾아낼 때마다 감동의 비명을 지르곤 했다. 서로 자신이 발견한 것이 제일 중요하다고 주장하면서 치열한 경쟁을 했던 것이다.

솔직히 카울스그룹의 접근 방식을 지배하게 되는 새로운 고차원 수학 스타일은 시작에 약간 문제가 있었다. 이들이 추구하던 수학 방식은 전쟁이 끝난 뒤 유럽에 있는 어느 대학에서 흘러나온 것이었다. 유럽 수학자를 대표하는 인물로는 엔 부르바키|N. Bourbaki라는 신비한 인물이 대두되었는데, 그는 프랑스 수학 원리화 운동의 주동자이자 매우 수학적 특성을 띤 여러 논문을 발표한 것으로 알려져 있다. 그런데 브루바키에 대한 사람들의 존경심이 증가하고 있던 차에 어느 날 브루바키는 처음부터 존재하지 않았던 가공의 인물이며, 프랑스 수학자 몇 명이 모여 그 이름으로 대학원 논문을 썼고 일부러 신비스럽게 보이기 위해 퇴역 장군의 이름을 빌렸다는 사실이 밝혀졌다.

이들 유럽 수학자의 열정은 1950년대와 1960년대에 수학자들에게 형식주의|formalism에 관한 광풍을 불러일으켰고, 신수학|the new math(초보자들을 위한 집합론)이라는 이름으로 미국 대학원에까지 밀려왔다. 이로 인해 수학을 연구하는 사람들은 프랑스 사람 특유의 약간 과장하는 분위기와 잘난 척하는 태도를 그대로 물려받아 유럽

과 미국의 대학이 유지하고 있던 조용하고 겸손한 분위기를 흐려놓았는데, 가장 심하게 영향을 받은 곳이 미국 중서부 지역이다.

시카고학파가 새로운 하이테크 방법에서 얻을 수 있는 이익에 대해 계속 회의적인 태도를 견지하는 상황에서 바람직하지 않은 프랑스적 학문 분위기가 밀려오게 된 것이다. 아주 간단한 이야기 하나를 살펴보면 왜 시카고학파가 구식 방법이 효과가 있다고 믿었는지 쉽게 이해할 수 있다.

제2차 세계대전 중, 조지 스티글러는 이상적인 식단에 소요되는 연간 최저 비용이 얼마인지 산출하라는 연구 과제를 받았다. 이것은 당시 경제학자들에게 주어졌던 전형적인 과제로, 특히 통계학적 연구그룹 쪽 사람들이 이런 연구를 많이 했다. 스티글러는 지불하는 1달러당 더 많은 영양을 제공할 수 있는 식품으로 기존에 섭취하던 식품을 일부 교체하는 방법을 통해 이상적인 식단을 고안했다. 그는 식단에 들어가는 음식의 조화를 바꿔가며 510가지 다른 방법을 찾아냈는데, 이 방법이 모든 가능성을 포함하는 것처럼 보였기 때문에 얼마든지 해답을 찾을 수 있을 것이라고 생각했다. 하지만 결국 그는 가장 자신 있게 내놓을 수 있는 단 한 가지의 완벽한 식단도 제시하지 못했다. 물론 그는 자신이 제시한 수치가 왜 정답에 가까우며 그렇게 생각하는 이유가 무엇인지 설명했다.

전쟁이 끝난 후 선형 계획법을 활용한 조지 단치히의 심플렉스 해법이 새롭게 등장하자, 이 계획법이 풀어야 할 첫 번째 과제 중 하나로 이 식단 문제가 대두되었다. 단치히의 접근 방식에 따르면 77개의 미지수를 가진 9개의 방정식으로 이 문제를 풀 수 있는데, 그는 훗날《선형 계획법과 그 응용|Linear Programming and Extensions》이라는 책을

통해 이 풀이 방식을 소개하고 있다.

단치히는 탁상용 계산기를 이용해 이 문제의 해답을 찾는 데 꼬박 120일이 걸렸다고 말했다. 그런데 알고 보니 스티글러가 제시한 수치(1945년 달러 시세로)는 단치히가 그토록 힘들게 계산해서 얻어낸 정답인 39달러 69센트보다 겨우 24센트 더 높을 뿐이라는 사실이 새롭게 밝혀졌다. 굳이 수학적 심플렉스 해법을 사용하지 않고도 그 정도 수치가 나왔다면 훌륭한 것 아닌가? 스티글러는 1956년 드디어 시카고대학으로 돌아왔다.

당시만 해도 컴퓨터와 수학적 테크닉 발전이 인간이 발견한 다른 새로운 방법의 사용 범위를 한층 넓혀줄 것이라고 생각한 사람은 거의 없었다. 처음에는 최종 연구 목표로 여겨지던 계산법에 점점 몇 가지 주요 요소가 가미되면서 효율성이 높아졌지만, 1950년대 초까지만 해도 시카고에 있는 모든 사람(시카고대학 경제학과 사람들)은 프로그래밍이라는 단어를 플래닝, 즉 계획을 세운다는 뜻으로 알고 있었다. 로버트 루커스는 당시 상황을 얘기하면서 1950년대에 자유 시장 정책을 주창한 시카고학파 내부에서는 모든 종류의 플래닝에 반감을 갖고 있었다고 회상하고 있다. 다시 말해 시카고학파는 전통적인 방법만으로도 충분하며 새로운 방법은 필요 없다고 생각하고 있었던 것이다.

카울스재단과 시카고대학 경제학과의 알력은 1950년대 초 서서히 커지기 시작했고, 시카고에 암울한 겨울이 닥치면서 이 알력은 더욱 커져만 갔다. 이러한 상황에서 남쪽의 농촌 지역에서 몰려온 이주 노동자가 시카고대학 주변에 자리를 잡기 시작했고, 대학 캠퍼스의 안전이 위협받는 상태에 이르게 되었다. 이때 시카고대학은 캠퍼스를 다른 곳으로 이주하는 문제까지 생각했다. 이처럼 여러 가지 문제가 얽힌 가운데 교수 임용을 둘러싸고 카울스위원회와 프리드먼 사이에 마찰이 고조되었다(카울스위원회 소속의 한 학자는 당시 프리드먼은 전혀 고통받지 않았고 상대에게 고통만 주는 입장이었다고 밝혔다). 결국 1953년 카울스재단은 시카고대학을 떠나 예일대로 옮기겠다는 선언을 했다.

이렇게 시카고를 떠나 예일대로 옮겨간 직후 2년간 수리경제학자 세대(카울스재단 소속 교수 중에는 찰링 쿠프먼스, 제라르 드브뢰, 제이콥 마르샥, 로이 래드너|Roy Radner, 마틴 베크먼|Martin Beckmann 등 훌륭한 인물이 포함되어 있었다)는 전성기를 누리게 되었다. 이들보다 먼저 카울스위원회를 떠난 인물로는 허버트 사이먼, 로렌스 클라인, 해리 마르코비츠|Harry Markowitz, 케네스 애로 등이 있다. 후에 카울스 재단을 떠나 가끔 카울스재단을 찾아오던 인물까지 포함하면 이 카울스재단에서 연구하던 경제학자 중 무려 6명이 노벨상을 수상하게 된다.

어쨌든 현대경제학은 시카고를 떠남으로써 자신의 고향을 잃어버렸다. 이러한 공백을 틈타 퍼듀대학이 잠시 경제학의 중심지로 부상하기도 했지만 경제학의 중심지는 점점 캘리포니아(애로와 마르샥이 갔던), 피츠버그(허버트 사이먼), 로체스터(라이오넬 맥켄지|Lionel McKenzie), 필라델피아(로렌스 클라인), 뉴욕(해리 마르코비츠) 그리고 예일대 등으로 분산되었다.

그렇다면 MIT는 포함되지 않는가? 매사추세츠 케임브리지에 있는 MIT에서는 현대경제학이 추구하는 방법에 대해 확실하면서도 묘한 저항 의식이 팽배해 있었다. 1950년대 시장에는 수리경제학자가 널려 있었다. 그러나 폴 새뮤얼슨은 MIT 교수를 채용하면서 케인스학파의 거시경제학 프로그램과 뜻을 같이 하면서도 더욱 실용적인 노선을 걷고 있는 인재들을 선택했다.

국가 정책 연구를 하는 운용 연구 스타일은 곧 MIT 특유의 연구 스타일로 알려졌는데 이것은 여러 가지 현상, 즉 저축 행동, 금융 및 통화 시장, 경제 성장, 정부 부채, 실업률, 인플레이션이 일반 균형에 이르도록 하는 모델을 구축하는 것을 의미했다. 이러한 연구 스타일은 누군가가 지적했듯 '폭스바겐'식 모델이라고 할 수 있다. 어떤 요란한 장식은 없지만 운전하기 편리하고 쉬운 폭스바겐 자동차처럼 적용시키기 쉬운(경제 논리와 맞게 몇 가지 주요 변수만 채택해 이것을 어떻게 조화시켜야 바람직한 정책을 구축할 수 있는지를 설명한) 경제적 엔진이라는 뜻으로 그렇게 부른 것이다. 따라서 MIT가 개발한 모델은 정책 입안자들이 이해하기가 쉬웠다.

제2차 세계대전이 끝난 후 미국 정부가 채택한 대형 경제 변화 정책은 대부분 이처럼 MIT에서 개발한 것이었다. 이렇게 MIT가 정책 모델 구축 분야에서 선전하는 동안, 케임브리지 반대쪽에 위치한 하버드대학 경제학과는 MIT를 따라잡기 위해 안간힘을 쓰고 있었다.

하지만 MIT는 이처럼 실용적인 정책 연구에 집중한 결과 훗날 이로 인한 대가를 치르게 된다. 정유 시설과 비누 공장에서 불어오는 냄새에 늘 찌들고 운이 좋으면 가끔 초콜릿 향을 느낄 수 있던 (18세기부터 캔디류는 보스턴이 자랑하는 일종의 하이테크 산업이었다) MIT에 여전히 수재들이 많이 지원하긴 했지만, MIT에 오려다 MIT 의 연구 스타일이 싫어 하버드를 선택한 최고의 경제학자가 많았기 때문이다.

1960년대 초 MIT와 하버드는 케네스 애로를 영입하기 위해 치열한 경쟁을 벌였는데, 이때 애로는 하버드를 선택했다. 애로가 하버드를 선택한 이유는 과학자들과 엔지니어들이 득실거리는 MIT와 달리 하버드는 역사학자, 철학자, 그리고 고전경제학과 경제학자 등이 뒤섞여 더욱 학문적 분위기를 갖추고 있다는 것과 하버드에 유서 깊은 전통이 있다는 사실 때문이었던 것 같다. 아니면 MIT의 틀에 짜인 연구 분위기가 애로에게 답답하게 느껴졌을 수도 있다 (몇 년 후 동료 이론 경제학자인 라이오넬 맥켄지는 MIT라는 한 지붕 아래 새뮤얼슨과 애로라는 훌륭한 경제학자가 함께 있는 것이 비효율적이라는 생각을 했던 것 같다고 분석했다. 두 사람은 모두 스타였는데 이들의 성향은 극과 극이었다. 따라서 두 사람이 함께 있으며 서로 상대의 뛰어남을 가려버릴 위험이 있었다). 어쨌든 MIT는 현대경제학 관리 방법 위주의 강의를 계속 고수한 반면, 애로를 영입한 하버드는 뒤처진 경주를 따라잡을 수 있는 새로운 방법을 모색했다.

1954년 카울스위원회가 시카고를 떠나기로 결심할 무렵 전후 경제학 구도는 확실하게 결정되었다. 제2차 세계대전 전까지만 해도 영국의 케임브리지대학과 런던 정경대, 그리고 미국의 하버드대학, 컬럼비아대학, 시카고대학이 경제학 연구를 주도하는 대학으로 손꼽혔다. 그러나 1954년경에는 이 구조가 완전히 바뀌어 미국에 있는 MIT와 시카고대학이 세계 경제학계를 주름잡는 쌍두마차로 등장하게 되었다.

시카고대학 경제학과와 MIT 경제학과에는 이 대학을 대표하는 간판스타, 프리드먼과 새뮤얼슨이 각각 우정의 라이벌 관계를 유지해오고 있었다. 이들은 경제학이라는 학문에 뛰어들면서부터 잘 알고 지낸 사이였다. 기질상으로 볼 때 이들은 매우 달랐지만, 과학의 발전을 위해 협력해야 한다는 생각은 같았다. 그리하여 이들은 우리가 치료적 엔지니어링 관점이라고 부르는 것을 위해 최선을 다해 연구했다.

하지만 두 대학의 경제학과가 특정 문제에 접근하는 방법은 극과 극을 달릴 만큼 달랐다. 케인스학파를 대표하는 MIT에서는 거시경제학에는 얼마든지 이상이 발생할 수 있고, 그것을 방치하는 것은 굉장히 위험하므로 정부가 규제와 조세 정책을 통해 개입해야 한다고 믿고 있었다. 반면 반케인스 성향이 강한 시카고대학에서는 이러한 정부 규제를 비판하면서 시장이 알아서 할 것이라는 자유방임주의를 주장했다. 정부가 개입하면 오히려 역효과가 난다는 것이다.

이처럼 세계 경제를 주도하는 MIT와 시카고에서 이러한 성향으로 연구를 진행하고 있는 동안, 미국의 조금 덜 유명한 대학에서는 마치 깊은 산 속에서 게릴라전을 벌이듯 현대경제학을 연구하고 있었다.

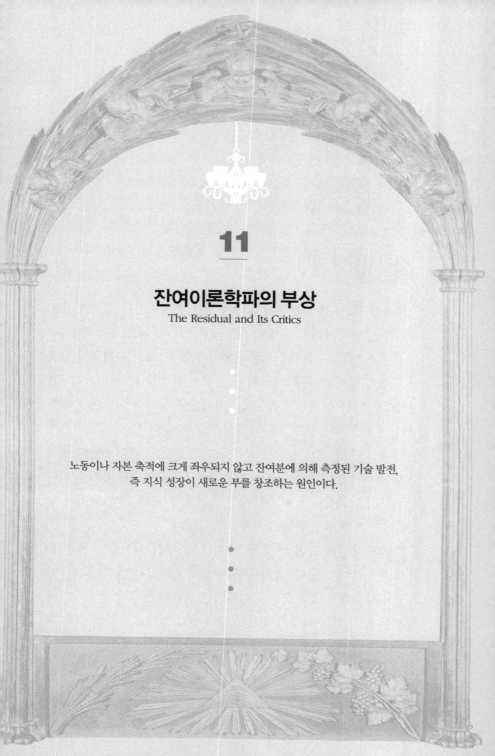

11

잔여이론학파의 부상
The Residual and Its Critics

노동이나 자본 축적에 크게 좌우되지 않고 잔여분에 의해 측정된 기술 발전,
즉 지식 성장이 새로운 부를 창조하는 원인이다.

신경제학의 리더들

1945년 제2차 세계대전이 끝나자 많은 경제학자는 평화가 1930년대의 경기 침체를 다시 유발하는 것은 아닌가 하고 걱정했다. 사실 유럽과 일본은 잿더미 속에 파묻혀 있었다. 그리고 미국이 영국에 독립을 선언한 이후 미국에서 전쟁이 발발할 때마다 산업계는 전반적으로 큰 위기를 겪곤 했다. 이러한 상황에서 미 연방은행은 경기 침체를 예고했고, 폴 새뮤얼슨도 1944년 〈신공화국New Republic〉에서 큰 침체가 올지도 모른다고 경고했다. 태평양에서 싸우고 있는 미국 군인들 사이에는 1948년에 골든게이트를 통해 화려하게 줄서서 귀환했다가, 1949년에는 실업자 줄 뒤에 가서 서 있게 될 것이라는 걱정 섞인 농담이 유행하고 있었다.

그런데 예상과 달리 전쟁 후 세계는 몇 년간 역사상 전례 없는 경제 붐을 맞게 되었다. 물자 부족 현상에 쪼들리던 전쟁 기간에 각 가구가 사용하지 않고 꽁꽁 아껴두었던 현금이 전쟁이 끝나자 일제히 쏟아져 나왔고, 이것이 경제 호황의 연료 역할을 톡톡히 하게 된 것이다. 이에 따라 케인스학파의 정책이 신뢰를 얻게 되는 것은 물론, 세계 경제가 붕괴되지 않을까 하는 공포감은 경기 후퇴라는 표현으로 바뀌게 되었다.

경기 후퇴는 경제 몰락과 달리 제한된 기간에 온건한 정도로 경제에 타격을 줄 뿐이고 이것이 유발하는 부정적인 여파도 그리 크지 않았다. 더욱이 자동 안전장치|automatic stabilizer(조세 감축과 사회보장 프로그램)가 경기 침체로 인한 불안감 해소에 큰 도움이 되었다. 그 결과 경제학자의 95퍼센트가 찬성을 보인 일종의 지식 단체로 신고전파 통합|neoclassical synthesis이 구성되었다. MIT와 시카고대학은 문제 해결을 위해 엔지니어링 공동 연구 기간을 연장하는 데 합의했지만, 그 외에 대해서는 정중하게 자신의 의사를 밝히고 각자의 길을 계속 갔다.

전쟁이 끝난 후 일반 국민 사이에는 경제학자들의 주가가 꾸준히 상승했는데, 특히 케네디 대통령이 1960년 대통령에 당선된 후 신경제학의 리더들(새뮤얼슨, 솔로, 제임스 토빈|James Tobin, 애로 등)을 워싱턴에 초대하면서 그 인기가 한층 올라가게 되었다. 여기에 동서 간에 촉발된 냉전은 경제학자들의 역할을 더욱 강화시켜 주었다.

소련의 우주선 스푸트니크|Sputnik 발사는 소련과 미국간의 달나라 정복 경쟁을 가속화하는 계기가 되었다. 미국과 소련의 경쟁은 미국식 산업 민주주의와 러시아, 중국의 중앙 통제식 독재체제와의 싸움이라고 할 수 있고, 바로 그러한 이유 때문에 경제학자들의 역할은 더욱 커지는 동시에 보다 높은 평가를 받게 되었다. 대표적으로 〈타임|Time〉지는 존 메이너드 케인스가 사망한 지 19년이 지난 1965년 그를 전후 경제 호황의 설계자로 집중 소개했다.

호황의 원인은 무엇인가

1950년대 기술경제학계에는 여전히 풀지 못한 중요한 수수께끼 하나가 남아 있었는데, 그것은 경제 호황의 원인이 무엇인가 하는 것이었다. 당시 기업들은 점점 더 규모가 커지고 있었고 경쟁은 생각보다 덜 심한 것처럼 보였다. 또한 경제는 그 어느 때보다 빠르게 발전하고 있었다. 물론 소비 부족 문제는 케인스가 주장한 정부 개입을 통해 성공적으로 해결된 것으로 보였다. 그렇다면 저축 감소는 어떻게 경제 성장으로 이어질 수 있을까? 경제가 피할 수 없는 수확체감의 길로 간다는 논리에 무슨 일이 발생한 것일까?

바로 이 시점에서 누군가가 다시 보이지 않는 손과 핀 공장 사이에 존재하는 모순을 해결해야만 했는데, 그 문제는 일부러 눈을 감지 않는 한 피해갈 수 없는 것이었다. 더욱이 이번에는 단순한 주장이 아니라 케인스 스타일의 모델이 필요했다. 그때 새로운 개념이 부상했고 머지않아 그 개념은 잔여 이론|Residual으로 알려지게 되었다.

1950년대 초 케인스학파의 전통을 이어받은 경제학자는 대부분 국가의 부는 두 개의 즉석 모델|improvised models 방식에 달려 있다고 주장했다. 그런데 그 두 가지 모델 중 어느 것도 문제의 핵심을 제대로 짚어주는 것 같지 않았다. 제2차 세계대전 전에 케인스의 동료 경제학자인(그리고 그의 전기를 쓴) 로이 해롯은 사업가의 동물적 감각|animal spirits을 방정식에 집어넣으려는 시도를 했다(동물적 감각은 경제 붐을 유발하는 심리를 묘사하기 위해 케인스가 사용했던 표현이다). 해롯의 모델은 경제는 점점 더 빨리 성장할 것이고 그리하여

저축률이 두 배로 증가하면 성장률도 따라서 두 배 증가한다는 주장이다. 하지만 세상은 그 길로 가는 것 같지 않았다.

1946년에는 에브세이 도마르|Evsey Domar라는 경제학자가 또 다른 가능성을 제기했는데, 그는 경제가 점점 더 불안정해져 영원히 폭발적인 인플레이션이나 계속된 실업 사이에서 비틀거릴 것이라고 주장했다. 일명 칼날|knife edge 모델로 알려진 이 모델에 따르면 사람들의 미세한 행동 변화 시도가 폭발적 인플레 아니면 계속되는 실업으로 급속히 이어지게 된다고 한다(이 모델에서 묘사된 장면은 조지 오웰|George Orwell의 유명한 소설 《1984》에 등장하는 장면과 비슷했다). 물론 이 모델도 당시의 경제 상태를 제대로 설명해줄 수 있을 것 같지 않았다.

이러한 상황에서 군대에 갔다가 제대한 로버트 솔로라는 젊은 경제학자가 이 문제 해결의 총대를 메고 나섰다. 1924년 뉴욕 브루클린에서 태어난 솔로는 1940년 고등학교를 졸업한 후 그해 가을 장학금을 받고 하버드에 진학했다. 당시에는 대다수의 대학원생이 케인스 이론에 사로잡혀 있었는데, 그는 케인스에 별로 관심이 없었다. 그에게 케인스의 주장은 생소했고 또한 당시 하버드 분위기는 케인스를 받아들이기에 너무 경직되어 있었기 때문이다.

1942년 솔로는 군에 자원입대했다. 이탈리아 부근에서 3년간 전투 정보를 다루는 기관의 하사관으로 근무한 그는 1945년 가을 하버드로 복귀해 10년 전 폴 새뮤얼슨을 가르쳤던 바실리 레온티에프를 만났다. 레온티에프는 솔로에게 미적분 강의를 듣도록 설득했고, 솔로는 당시를 이렇게 회상했다.

"그때 수학이 그토록 큰 역할을 할 수 있다는 걸 알고 깜짝 놀랐다. 사람들이 온통 수학에 매달려 지낼 정도였다."

하버드에서 공부를 하던 솔로는 통계학을 더욱 체계적으로 배우기 위해 잠시 컬럼비아대학으로 가게 되었다. 그런 다음 박사학위 논문을 끝내기 위해 다시 하버드로 돌아온 그는 곧 MIT에서 경기순환론 강의를 맡게 되었다. 솔로는 자신이 가르친 것의 진짜 이름이 거시경제학이었다는 사실을 한참 후에야 알게 되었다고 고백한 적이 있다.

그렇게 경기순환론 강의로 시작한 솔로는 케인스학파의 대표선수로 나서게 되었다. 그리고 머지않아 그는 전쟁 중에 개발된 선형계획법 테크닉을 경제학 분야에서 어떻게 활용할 수 있는지 설명하기 위한 책을 다른 경제학자와 공동집필했다. 그러다가 경제가 어떻게 성장했는지를 설명하려 했던 프랭크 램지와 존 폰 노이먼의 이론을 접하게 되었다. 후에 솔로는 신기하게도 프랭크 램지나 존 폰 노이먼은 처음부터 경제학을 공부한 사람이 아니었다고 말했다.

어쨌든 파고들어가 보니 경제는 램지나 폰 노이먼이 생각했던 것처럼 성장하지 않았고, 해롯이나 도마르가 주장했던 이론과도 전혀 다른 양상으로 변화되었다는 사실을 발견하게 되었다. 어느 누구의 주장도 경제 성장 과정을 제대로 설명해주지 못하고 있다고 생각한 솔로는 자신이 직접 모델을 구축해 설명하겠다는 결심을 했다.

어떻게 하면 좋은 모델을 구축할 수 있을까? 현대경제학의 방법을 누구보다 잘 보여주는 조지 새클George Shackle 은 세상 가까이 가지 않고 멀리 떨어져야 비로소 몇 가지 중요한 핵심 사항을 찾아낼 수 있다고 이 모델 구축 과정을 설명했다.

"세상은 몹시 복잡하고 유동적이며 살아 움직인다. 따라서 모든 것이 모호하기 짝이 없다."

모델이 실제로 활용 가능하려면 매우 엄격한 방법으로 구축되어야 한다. 가정은 논리와 수학이 개입할 수 있을 만큼 충분히 단순하면서도 정확해야 하는 것이다. 그렇다고 해서 메커니즘 자체를 부정할 정도로 너무 제한적이어서는 안 된다. 그러므로 모델 고안자는 약간의 다른 가정이 완전히 다른 결과 혹은 더 훌륭한 결과를 도출할 수 있지는 않은지 확인하기 위해 계속 여러 가지 가정을 적용하며 전진과 후퇴를 반복해야 한다.

"모델은 하나의 예술 작품이다. 그렇다고 반드시 어떤 특정 형태의 예술 방법을 채택해야 한다는 규정은 없다. 여러 제안이 서로 얽혀 논리적으로 보이면 된다. 이처럼 자유롭게 창작할 수 있다는 점에서 모델은 소네트, 심포니, 가구 메이커나 건축가의 설계와 닮았다고 볼 수 있다."

경제학자로서 솔로는 생산 모델을 구축하되, 요소를 서로 교체할 수 있는 방향으로 구축해야 한다는 혁신적인 생각을 하게 되었다. 도마르 모델의 경우에는 생산에서 노동으로 자본을 교체할 수 있는 가능성이 전혀 존재하지 않았다. 그리고 이들 요소의 비율이 고정되어 있었고 결과적으로 꾸준한 성장은 일부 특별히 정해진 조건 아래서만 발생했다.

하지만 솔로는 해롯과 도마르 모델의 고정된 자본계수(자본/생산 비율)를 가변생산함수|variable production function라는 비교적 새로운 개념으로 바꾸는 데 성공했다. 이 경우 인건비가 비싸면 생산자가 노동 대신 자본을 투입할 수 있고, 그 반대로도 할 수 있어 행동에 선택의 여지가 있었다. 그 결과 이 모델에서는 도마르 모델에서 나타났던 칼날 문제가 나타나지 않았고, 기술 변화 속도를 설명하기 위해 모델을 외부에서 결정짓는 요소(특정 상황마다 주어지는 변수)라는 용어를 도입했다.

이 모델에는 고차원의 수학이 전혀 필요치 않았다(미적분을 포함해서). 그리고 이 모델에서 제시된 생산함수는 생산요소와 생산 결과 사이의 결과물을 단순하게 묘사하고 있다. 사실 1950년대 초에 이미 이와 유사한 함수가 소비자의 저축과 지출 사이의 관계, 즉 소비함수를 묘사하기 위해 폭넓게 개발되어 있었다.

솔로는 수입 중에서 노동자와 자본 보유자에게 가는 몫이 미국 경제의 경우 시간이 흘러도 놀라울 정도로 일정하다는 사실(1899~1922년 동안 임금은 생산의 75퍼센트를 차지하고 있었다)을 보여주었는데, 이것을 데이터로 설명하기 위해 수학자 찰스 콥|Charles Cobb과 경제학자 폴 더글러스가 1920년대에 한계효용 이론을 둘러싼 논란을 잠재우기 위해 제시했던 형태를 채택했다. 이 문제를 해결하려면 더욱 일반적인 함수 개발이 필요하다고 생각한 솔로는 다른 사람과 협조해 다른 함수 개발에 나섰는데, 가능하면 함수를 간단하게 표현하려 노력했다.

편리한 설명을 위해 솔로는 완전 경쟁이라는 가정을 유지했다.

자본과 노동에는 그 한계 생산만큼 지불되며 만약 둘 중 하나에 변화가 생기면 수확체감 현상이 발생하게 된다. 실제 생산의 증가, 즉 성장 부분에서 노동과 자본이 차지하는 비중과 관계없이 이 모델에서 결정적 변수 역할을 하는 것은 바로 기술 변화(A(t))이다. 솔로는 이 내용을 Y=A(t)F(K, L)이라는 공식으로 설명했다. 이 방정식에 따르면 생산과 소득의 증가는 노동과 자본 축적 부분에 지식 성장률을 나타내는 임의적 상수를 곱하는 함수를 통해 얻을 수 있다. 그 점에서 그는 수확체증이 나타날 가능성이 있다고 설명하고 있지만 수확체증에 대해서는 더 이상 상세히 설명하지 않았다.

실제로 이 모델이 적용되도록 하기 위해 솔로는 이 모델에서 A(t)로 표현되는 기술 발전 증가율에 대해 확실한 가정을 내세울 필요를 느꼈다. 캘린더에서 그것을 발견한 그는 지식은 해가 갈수록 시간과 더불어 꾸준히 증가한다는 단순한 가정을 내세웠다. 물론 여기에서는 핀 공장에 대해 전혀 언급하지 않았다.

대학원에서 솔로는 경제학사를 공부했고, 에이피 어셔|A.P. Usher (어셔는 하버드가 자랑하는 뛰어난 경제사 전문가였다)의 강의를 듣는 것은 물론 어셔의 저서 《기계 발명품의 역사|History of Me-chanical Inventions》를 읽었다. 또한 영국 경제사, 특히 수확체감이 정체 현상의 원인이 될 수도 있다는 존 스튜어트 밀의 주장을 읽었다. 이때 솔로는 자신과 존 스튜어트 밀 사이에 아주 작은 견해차가 존재한다는 사실을 발견했음에도 밀과 같은 접근 방식을 채택하기로 결심했다. 다시 말해 지식은 외생적인 원인에 의해 증가한다는 가정을 채택한 것이다. 그리고 경제 성장은 단계적으로 하나의 움직이지 않는 지점(이 지점에서는 조금이라도 자본을 더 투입하게 되면 이것이 통

화 가치 하락과 인구 증가로 이어진다)을 향해 가게 된다는 가정을 했다. 이 지점을 성숙 또는 행복의 절정 지점이라고 부를 수 있는데 이 지점에 도달하면 성장은 멈추게 된다.

1950년대 중반이 되자 경제가 근본적으로 어떤 원리로 돌아가는지 큰 관심이 없는 사람들도 연구 분야의 혁명이 미국이라는 거대한 경제 공동체를 완전히 뒤흔들어 놓을 수 있다는 사실을 의식하게 되었다. 이를 증명하듯 레오나드 실크|Leonard Silk 같은 예리한 시각을 가진 기자와 테오도르 레비트|Theodore Levitt, 시드니 셰플러|Sidney Schoeffler 같은 비수학적 경제학자가 새로운 트렌드를 알리는 기사와 책을 선보이기 시작했다. 후에 솔로는 그의 모델상에 나와 있는 기술을 무선 라디오 같은 공공재로 설명했다. 다시 말해 기술은 정부가 나서서 발전시켜야 하는 사항이고, 문제 해결을 원한다면 어떤 정부라도 기술 발전을 시도해야 한다고 주장한 것이다.

이 수리경제학자(솜씨 좋은 가구 기술자, 건축가, 시인과 대비되는 직업인)는 1956년 지식 성장이 비경제적 성장의 배경 요소가 된다는 설명을 제시했다. 더불어 지식 성장은 경제 정책이 영향을 미칠 수 있는 범위 밖에 있으며, 그 결과 정부 정책으로 컨트롤하기가 쉽지 않다는 주장을 제시했다. 실제로 정부가 개입하고 싶다면 자본 축적, 저축률 아니면 노동 공급 같은 전통적인 경제 변수를 조작해야만 그 효과를 얻을 수 있다는 얘기다.

솔로는 모델 창조를 위해 존 스튜어트 밀이 1세기 전에 했던 주장을 수학적으로 재정리해야 했다. 존 스튜어트 밀은 다음과 같이 주장했었다.

"지식이 국가의 경제적 조건을 좌우하는 단계에 도달하게 되면, 이 지식을 유발하는 과학 분야나 예술의 역할은 더 중요해진다. 문제는 정치경제학이 성장의 심리적이고 제도적인 원인에만 관심을 갖고 있다는 것이다."

존 스튜어트 밀의 이러한 주장을 솔로는 약간 다르게 설명했다.

"시간이 흐르면서 생산함수에 나타나는 임의적인 변화는 원칙적으로 예측할 수 있다. 그러나 이것이 체계적인 결론으로 연결되기는 힘들다. 그렇다고 해서 이 모델의 중요성이 감소하는 것은 아니다."

$A(t)$, 즉 지식은 시간이 흐르면서 꾸준히 그리고 자연스럽게 증가한다는 가정에는 변함이 없다. 한마디로 솔로의 모델에서는 운하나 철도의 역사가 거론될 만한 여지가 전혀 없었다.

설명할 수 없는 성장의 85퍼센트

〈경제 성장 이론에 관한 기고 A Contribution to the Theory of Economic Growth〉(《쿼털리 저널 오브 이코노믹스》에 게재된)는 인류 역사상 처음으로 우주선(소련의 스푸트니크호)이 발사되려는 시점에 선보였고, 그 결과 솔로 모델은 서방의 시장 경제에 대한 사람들의 사고를 바꾸는 데 결정적인 역할을 했다. 솔로 모델의 기본적인 특징은 균형이 일반적이라는 것이다.

각 요소가 서로 긴밀하게 연결되어 노동력의 성장률이 변화하면 자본 계수도 변하게 된다. 이러한 모델이 구축되면서 어떠한 성장 요소를 어떤 비율로 투입할지 조정할 수 있게 되었는데, 무엇보다 성장이 경기순환의 정점에 가까워질 수 있는 방법으로 이 요소를 조절하는 것이 가능해졌다. 더욱이 이 모델은 동태적이라 움직이고 있는 시스템을 얼마든지 설명할 수 있었다. 다시 말해 시간이 흐르면서 몇 가지 변수 변화에 따라 전체적으로 경제가 어떻게 움직이고 있는지 생생하게 예측할 수 있게 된 것이다.

새로운 공식에서 솔로는 균형 성장 경로를 보여주기 위해 그래프를 도입했는데, 이것은 무엇보다 이해하기가 쉬웠다. 솔로는 어느 날 아이를 소아과에 데려갔다가 갑자기 이 그래프를 떠올렸다고 한다. 그는 소아과에서 급히 종이(소아과 처방전 종이)를 빌려 자신의 생각을 종이에 옮겨 적었다. 이렇게 탄생한 교차하는 두 곡선은 각각 생산함수와 자본 축적률을 설명하는 이 모델의 주요 방정식이 되었다. 그리고 이를 통해 노동자 일인당 자본이나 노동자 일인당 생산이 얼마나 되는지 등 실제로 사람들이 관심을 갖고 있는 각종 질문에 대한 해답을 찾아내게 되었다. 예를 들어 일인당 투자가 1퍼센트 증가했다고 가정해보자. 이 경우 생산에는 어떤 영향을 미치게 될까? 노동자 저축에는 또 얼마만큼의 영향을 미칠까? 한마디로 이 모델은 매우 실용적인 도구였다. 솔로는 "나는 이 도구 없이 어떻게 경제를 운영할 수 있었는지 상상이 안 간다"라고 말했다.

솔로 모델은 놀라운 사실을 내포하고 있었는데, 그것은 저축률과 경제 성장률은 사실상 그다지 관계가 없다는 것이었다. 그 전에 해롯과 도마르가 제시한 모델에 따르면 빈곤한 국가에서 경제 성장

률을 두 배로 증가시키려면 저축률을 두 배로 증가시켜야만 했다. 특히 소련과 같은 경우에는 세금 인상을 통해 저축률을 증가시킬 수 있다고 주장했다. 하지만 솔로 모델에 따르면 그러한 자본 심화 |capital deepening 정책이 경제 성장률에 미치는 영향은 일시적인 것에 지나지 않는다(물론 미래 시간 전체를 합해 생산 수준을 계산해보면 그 효과가 영원히 지속될 수도 있지만).

그렇다면 일시적이라는 것은 어느 정도의 시간을 의미하는가? 몇 년? 아니면 몇 십 년? 그것은 중요하지 않다. 중요한 것은 새로운 기계 구입비용과 연계해 노동자의 임금이 올라가고, 그러한 조처는 결국 수확체감 현상으로 이어진다는 점이다. 따라서 그런 조처를 취한 국가는 고성장을 할 수 없으며 고성장은 인구 증가와 기술 발전에 의해서만 달성될 수 있다.

그런데 실제로 사람들의 눈이 번쩍 뜨이도록 한 것은 그 다음 해인 1957년에 발표된 후속 논문 〈기술 변화와 총생산함수|Technical Change and the Aggregate Production Function〉였다. 이 논문에서 솔로는 1909~1949년 사이에 자본과 기술 변화가 각각 경제 성장에 얼마나 기여했는지를 파악하기 위해 자신의 모델을 적용했고 결과적으로 놀라운 사실을 알게 되었다. 그것은 자본과 노동을 각자 한계생산물만큼 지급받았다고 가정할 경우, 자본 증가분과 노동 증가분은 전체 생산 증가분의 채 절반도 차지하지 않았던 것이다.

인구 증가분을 감안해 다시 계산한 결과 자본 증가분은 경제 성장의 겨우 8분의 1정도에만 기여한 것으로 드러났다. 다시 말해 성장의 85퍼센트가 설명할 수 없는 부분으로 남게 된 것이다. 이 모델이 설명하지 못한 성장의 나머지 부분은 바로 잔여분이었다.

지식 성장이 새로운 부를 창조한다

잔여분을 보이지 않는 힘으로 입증하려는 시도는 과학 분야에서 오랫동안 존재해왔던 일종의 트릭이라고 할 수 있다. 1846년에 발견한 해왕성은 천왕성 궤도 계산 잔여분 덕분에 발견할 수 있었다. 중성미자 |neutrino도 1950년대 소립자의 존재가 실험적으로 확인될 때까지 오랫동안 잔여 측정치로 남아 있었다. 폴 새뮤얼슨은 솔로가 엔리코 페르미|Enrico Fermi같다고 말했는데, 이 말은 상상력이 풍부하면서도 일을 제대로 할 줄 아는 인물이라는 뜻이다. 어쨌든 솔로의 이 새로운 연구 결과를 통해 기술 변화율, 즉 A(t)가 전반적으로 생산성을 강화해주면서 나머지 성장 부분의 원인이 된다는 가정을 도출할 수 있었다.

이러한 가정은 경제가 수확체감이라는 산을 어떻게 계속 넘어갔는가에 대한 답이 될 수 있었다. 다시 말해 경제 성장은 노동이나 자본 축적에 크게 좌우되지 않고 잔여분에 의해 측정된 기술 발전, 즉 지식 성장이 새로운 부를 창조하는 원인이 된 것이다. 사실 스미스, 밀, 마셜 그리고 슘페터의 책을 읽은 사람은 누구나 기술 변화는 실질적이고 중요한 요소이며 노동과 재화라는 전통 생산 투입 요소와 근본적으로 성격이 다르다는 사실을 알고 있었다.

솔로 모델이 이들과 차이가 있다면 그것은 현대적이고 수학적인 언어로 이 내용을 설명했다는 점이다. 그리고 이 부분을 전통적 요소와 분리할 수 있는 방법을 찾았기 때문에, 지식이 생산성에 얼마만큼 기여하는지 측정할 수 있게 된 것이다. 결국 솔로의 두 논문은 모두 최고 수준의 논문으로 평가받게 되었다.

물론 솔로의 논문은 밀의 주장을 미적분으로 바꿔놓은 것에 불과하다는 주장도 나왔고 그것은 사실이었다(당시 미국에서는 미적분이 크게 발전하고 있었다). 또한 잔여분 모델은 슘페터가 결국 옳았다는 사실을 입증한 것에 지나지 않는다는 말도 나왔다(사실 솔로 외에 이런 것을 할 수 있는 사람이 없었다). 어쨌든 기술이 다른 요소에 한참 앞서 가장 중요한 성장 요인이라는 사실이 밝혀지면서 노조들은 새로운 기계에 대해 리카도가 했던 경고를 잊을 수 있었다. 걱정을 하는 대신 혁신적 발명품이 얼마나 많은 풍요를 가져다주는지 배우고, 그 풍요를 즐거운 마음으로 받아들일 수 있었던 것이다.

　전반적인 케인스학파의 경제학, 특히 솔로 모델은 냉전에서 이길 수 있는 청사진으로 부상했다. 이에 따라 기술이 성장을 주도하는 엔진으로 떠오르고 기술 발전을 위해 공공 분야뿐 아니라 민간 분야도 총력을 기울이게 되었다. 정부는 경기변동을 계속 주시하면서 대학 연구에 지원금을 제공했으며, 자본계와 노동계는 마음의 안정을 찾고 최선을 다해 경제 성장에서 얻을 이익을 나눠 갖기로 합의했다.

　일단 성장이 케인스 시스템 안으로 들어오자 성장 분야 연구에 대한 솔로의 관심은 사라져버렸다. 그러자 그는 1950년대 후반과 1960년대 초반에 가장 시급한 문제로 여겨지고 있던 것(소련과의 경쟁에서 이기고 경기가 무난하게 오르락내리락하는 것)을 연구하기 시작했다. 그리고 그로부터 오래지 않아 솔로와 새뮤얼슨은 그들이 필립스 곡선|Phillips curve(뉴질랜드 경제학자 에이더블류 필립스|A.W. Phillips가 실업과 인플레는 서로 교환할 수 있다는 내용의 실험적 정칙성|empirical regularity을 보고함으로써 탄생한)이라고 불렀던 것으로 관심을 돌렸다.

그리고 그 후 15년간 거시경제학의 주요 관심은 더 높은 경제 성장을 위해 이 요소 교환을 조작할 수 있는가 아닌가에 있었다. 만약 인플레율이 좀더 올라가도록 내버려두면 실업률을 조금 낮출 수 있을까? 1960년대의 경제학자들은 그처럼 바람직한 조작 가능성에 깊은 관심을 보였다.

1962년 솔로는 〈최적 경제 성장 관련 보고서〉에서 자신이 맡은 부분을 국가경제자문위에 제출했다. 이것은 1964년 케네디 정부의 조세 삭감 정책을 위한 준비 보고서로, 성장에 장애가 되는 세금을 삭감해야 한다는 의견을 담고 있었다. 이와 동시에 그는 기술 변화의 중요성을 강조하면서 노조에게 새로운 기술을 도입하는 경우 당장에는 감원이나 다른 눈에 띄는 조처가 야기될 수도 있지만, 장기적으로는 이 기술을 포용하는 것이 노동자들에게도 이익이 된다고 설득했다.

자유 시장 경제는
왜 신지식 생산에만 의존할 수 없는가

경제학 연구가 이루어지는 곳, 즉 경제학 공화국|The Republic of Economics은 굉장히 큰 공간이다. 그 점에서 모든 사람의 의견이 일치하는 것을 기대하기는 매우 어렵다. 이러한 사실을 증명하듯 대부분의 경제학자가 외생적 기술 변수로 거의 모든 문제를 해결할 수 있다는 솔로 모델로도 풀리지 않는 수수께끼가 있다는 사실을 발견하게 되었다. 스탠퍼드의 모세스 아브라모비츠|Moses Abramovitz 는 "잔

여 모델은 우리의 무지를 보여준 것이다"라고 말했다. 그리고 시카고의 계량경제학자인 즈비 그릴리치는 "그것은 모든 것을 설명해주는 데 역부족이다"라고 말했다(그리고 머지않아 잔여라는 용어는 총요소생산성|Total Factor Productivity 이라는 표현으로 바뀌었다).

이렇게 미국에서 개발된 이론에 대해 케임브리지의 원조 케인스학파들은 크게 못마땅해 했다. 그들은 총생산함수라는 아이디어 전체를 받아들이지 못했다. 조앤 로빈슨은 "이것은 아무런 교훈도 줄 수 없는 우화와 같다"라며 코웃음을 쳤다. 사실 영국 경제학자만 못마땅해 한 것은 아니었다. 슘페터의 추종자들도 그랬다. 슘페터는 생애 마지막 시간을 주로 하버드 경영대학원에 위치한 기업가연구센터 본부에서 보냈다. 그가 세상을 떠난 뒤에도 슘페터의 정신은 계속 이어져 위대한 기업사학자 앨프리드 챈들러|Alfred Chandler 를 포함해 많은 학자를 배출했다.

시카고에서는 시어도어 슐츠가 그 스스로 인적 자본|human Capital 이라고 부르는 구체적인 능력과 교육 개념에 대해 집중적으로 연구하고 있었다. 그러던 중 1965년 계량경제학자들이 이 풀리지 않는 수수께끼에 대해 자신들이 생각한 정답을 제시했다. 그릴리치(슐츠의 제자였던)와 UC 버클리의 데일 조겐슨|Dale Jorgenson 은 기술 변화의 내생화|endogenize 프로그램을 발표했는데, 이것은 기술 변화를 순전히 경제학적 용어로 설명해 잔여 요소가 사라지도록 하기 위한 목적으로 설치된 것이다. 물론 그 사이 수학 경제학자들도 솔로 모델의 고차원 실험용 버전을 내놓았다.

그런데 솔로 모델 차원을 넘어 가장 흥미로운 시도를 한 곳은 랜드 코퍼레이션이었다. 제2차 세계대전이 끝난 후 미국 공군이 캘리포니아 산타모니카에 설립한 랜드 코퍼레이션은 학생이 없는 대학으로 국방 연구를 위해 최고의 과학자와 엔지니어를 붙잡아두고자 설립된 것이다. 실제로 이곳은 한동안 연구에 관심이 높은 그 시대의 뛰어난 인재를 일부 유치하는 데 성공했다.

1950년대 중반에는 제2차 세계대전 중에 개발된 플래닝 분야가 국방부와 주요 공대에 광풍처럼 몰아치며 인기를 끌었고, 이것은 시스템 분석과 시스템 역학이라는 이름으로 불렸다. 그런데 당시 랜드 코퍼레이션의 경제학자(그리고 R&D 분야에서 연구하는 많은 사람) 사이에서는 상부에서 하부로 명령을 하달하는 행정 체계로 인해 학자 간 경쟁이 제대로 이뤄지지 않고, 과학과 엔지니어링을 풀 수 있는 유망한 비주류 접근 방식 연구는 다 죽어가고 있다는 불만이 커져갔다.

랜드 소속 경제학자들은 이러한 불만을 공개적으로 터트렸다. 소련이 우주 상공에 스푸트니크를 발사해 미국을 충격에 빠뜨린 지 몇 달 지나지 않아 리처드 넬슨|Richard Nelson과 버튼 클레인|Burton Klein은 "우리에게는 우리가 무엇을 배우고 무엇을 할 수 있는지를 생각하고 그에 맞춰 연구할 수 있는 기회가 주어지지 않는다. 우리에게는 더 많은 경쟁심, 중복 연구 그리고 '혼란'이 필요하다. 그것은 아무리 많아도 절대 지나치지 않다"라고 말했다.

당시 랜드 코퍼레이션을 자주 방문하던 사람 중에는 케네스 애로도 포함되어 있었다. 애로는 그 무렵 30대 초반이었음에도 세계 최고의 경제학자로 이름을 날리고 있었다. 1921년생인 애로는 프리드먼보다 아홉 살 아래이고 새뮤얼슨보다 여섯 살 아래이며 솔로보다 세 살 위였는데, 그는 경제 공황으로 가장 큰 타격을 받은 사람

중 하나였다. 경제 공황 전에 브루클린에서 성공한 사업가로 알려진 케네스 애로의 아버지가 경제 공황으로 파산했던 것이다.

결국 애로는 수업료가 무료인 뉴욕시립대학에 진학했고 1940년에 졸업한 후에는 잠깐 보험계리사로 일했다. 그러다가 컬럼비아대학에서 장학금을 받으며 해럴드 호텔링에게 수리통계학을 배웠다. 훗날 애로는 당시를 회상하며 "드디어 내 둥지를 찾은 것 같은 느낌이 들었다"라고 말했다.

그는 확실히 둥지를 제대로 찾았다. 군복무를 하느라 4년간 미뤄졌던(그리고 자신의 논문이 주변의 기대에 못 미치면 어쩌나 하는 두려움도 한몫한) 그의 박사학위 논문은 오늘날 우리가 사회적 선택|social choice(민주주의 투표 방식 제도에서 발생하는 여러 가지 모순과 가능성에 대한 공식적 연구)이라고 부르는 새로운 분야를 창조해냈다. 이후 그는 카울스위원회로 와서 경쟁적 균형의 존재를 밝혀냈으며, 여러 복잡한 문제를 풀어 모든 것을 동시에 보여주려는 왈라스의 시도가 내부적으로 일관성이 있다는 것을 재확인시켜 주었다.

1950년대 초 애로보다 보이지 않은 손 논리를 더 잘 이해하는 사람은 없었는데, 그는 곧 불확실성 이론이라는 공식 이론을 발명했다. 물론 이 이론은 매우 중요한 이론으로 평가받았다.

그가 정기적으로 랜드 코퍼레이션을 방문하던 시절, 그는 거래의 상대 위치에 있는 사람들이 다양한 수준의 정보를 보유하고 있는 것과 관련된 일련의 문제를 연구하고 있었다. 당시 랜드 코퍼레이션 내에 있는 공군 전략가들은 애로에게 군사 연구 개발의 경제적 측면에 대해 연구하도록 요청했다. 하지만 발견의 과정처럼 불확실한 것이 또 어디 있겠는가?(이처럼 모든 것이 불확실하다 보니 연

구하는 사람들은 연구 과정에 중복되는 점은 없는지 또한 상반되는 점은 없는지 열심히 찾는 것이다)

당시 연구에서는 미국과 소련 간 무기 경쟁을 둘러싸고 불확실성의 위험이 매우 컸다. 그러한 분위기에서 애로는 두 가지 평범하지 않은 속성이 지식 생산에 큰 영향을 미친다는 결론을 도출했다. 하나는 새로운 노하우는 그것을 붙잡고 있기가 힘들다는 것이다. 다시 말해 어떤 지식을 창조하고 그것을 위해 돈을 지불한 사람이 그 지식으로부터 혼자서만 이익을 얻으리라는 보장은 없다는 얘기다. 다른 사람이 곧 그것을 베끼기 때문이다.

다른 하나는 지식은 일부만 떼어 구입할 수 없다는 것이다. 새로운 지식은 분할 불가능하며 그 지식으로부터 나오는 이익을 누리기 전에 상당한 고정비용을 지불해야 한다. 주어진 특정 상황에서 필요로 하는 지식은 지식의 크기와 상관이 없다. 지식을 조금 사용하든 많이 사용하든 사용할 생각이라면 무조건 돈을 지불해야 한다.

이 설명이 있고 나서 '분할 불가능한|indivisible'이라는 말을 놓고 상당히 큰 혼란이 초래되었다. 물론 공공 재무 분야에서 어떤 재화의 이익을 모든 사람이 무료로 사용할 수 있다면 그 재화는 분할 불가능하다고 말할 수 있다. 따라서 국방은 분할 불가능하다. 경찰의 보호나 등대가 보내는 불빛, 라디오 방송도 분할 불가능하다. 그러나 생산 이론을 연구했던 에드워드 챔벌린과 다른 학자들은 그 의미를 조금 다르게 해석했다. 이들은 분할 불가능한 재화란 어느 장소에 그 전체가 모두 있을 수 있거나 아예 없거나 한 것이라고 주장했다. 다시 말해 뭉뚱그려 하나로 되어 있는 것을 분할 불가능하다고 표현한 것이다.

그런 의미에서 분할 불가능한 재화는 일부만 구입할 수 없고, 단한 번 구입할지라도 일단 그것 전체를 구입해야 한다. 예를 들어 신지식의 일부만 조각내 구입할 수 없고 강물 위에 놓인 다리도 절반만 사용할 수는 없다. 그리고 일단 그것을 보유하게 되면 횟수에 제한 없이 얼마든지 그것을 사용할 수 있다. 애로는 지식에 대한 투자가 수확체증 법칙을 따를 수밖에 없는 이유는 바로 이 분할 불가능한 특성 때문이라고 설명했다.

물론 당시만 해도 특허, 비밀 등을 보유하는 방법으로 소유화 문제를 해결할 수 있는 실질적인 방안(특허는 시장을 작게 유지하려는 바람직하지 않은 문제가 있긴 하지만)이 존재하고 있었다. 그러나 지식의 분할 불가능성(반드시 고정비용을 수반하는)은 경제학 이론가가 이해하기 힘든 문제였다. 지식에 분할 불가능성이 있다는 것은 먼저 지식을 획득한 사람, 예를 들어 핀 제조업자가 핀 가격 인하를 위해 지식을 사용하고 더 많은 핀을 제조하며 계속해서 더 많은 지식을 쌓아 가격을 인하하는 데 사용할 수 있다는 뜻이다. 수확체증의 논리에 따라 시장을 장악하는 데 지식을 사용할 수 있다는 얘기다.

지식 축적에 관해 구체적인 무언가를 찾고자 하는 희망에서 애로는 경험에 의해 지식이 축적되는 모델을 구상했다. 이때 실무 훈련, 경험, 연구를 모두 비슷한 의미로 받아들였던 애로는 이 중에서 경험을 선택했다. 왜냐하면 연구는 많은 현금 지출이 필요한 분야이고 실무 훈련은 시간이 많이 소요되기 때문이다. 반면 생산자가 경험을 쌓으면 당연히 지식을 확보하게 된다는 점에서 경험이 지식으로 이어진다는 구도는 쉽게 이해할 수 있는 개념이었다. 애로는 이것을 경험에 의한 학습|learning-by-doing으로 불렀다.

분할 불가능성이라는 특성을 설명하기 위해 애로는 75년 전 앨프리드 마셜이 했던 것처럼 외부성이라는 장치로 돌아갔다. 그런 점에서 어떤 행동을 함으로써 습득할 수 있는 지식은 제품 생산을 하다가 우연히 축적된 지식이라고 할 수 있는데, 이는 비보상적 성격을 띤 생산의 스필오버 효과와는 근본적으로 성격이 다르다. 그런데 세상은 바로 이러한 지식 획득에 의해 발전하는 것 같다. 어쨌든 배나 비행기를 제조하는 기업은 지난 15년간 추가 투자 없이 노동자 일인당 연간 생산이 꾸준히 증가하고 있지 않은가?(과거에 스웨덴의 한 철강 공장에서 이러한 변화가 관찰된 이후, 이 현상은 그 회사 이름을 따 혼달 효과|Horndal effect로 불리고 있다)

이 모델이 제대로 작동되도록 하기 위해 애로는 그다지 알려지지 않은 모델 구축 방법으로 합리적 기대를 빌려왔다. 다시 말해 사람들은 다른 사람에게 알려지면 모두에게 알려진다는 사실을 이미 알고 있다는 가정에서 출발한 것이다. 케네스 애로의 이 모델 발표 효과는 솔로의 라디오 방송 모델만큼이나 여파가 컸다.

이것은 다른 학자가 연구한 것을 지름길로 한참 앞질러 가서 표현한 것으로, 지름길로 갔던 다른 학자보다 더 지름길로 간 연구였다고 볼 수 있다. 다른 철강업자가 혼달의 인출 효과를 이용해 주도면밀하게 미래를 내다봄으로써 지식을 획득하는 것이 아니라, 다른 사람이 모두 알고 있는 것을 자신도 발견함으로써 성공하는 것이라는 주장을 하고 있기 때문이다. 어쩌면 제조업자가 우연히 공장의 창문을 열었는데, 공기 중에 떠다니던 신비한 그 무엇, 즉 새로운 지식이 흘러들어온 것인지도 모른다.

마셜의 시스템에서 그러했듯 애로 모델에서도 외부적 성격을 띤 수확체증이 모든 것이 제 길로 가도록 만들어준다. 그 점에서 어떤 기업도 스스로 터득한 것을 바탕으로 독점을 유지할 수는 없다.

애로가 이러한 지식의 경제학적 특성을 발표한 곳은 1960년 미니애폴리스에서 개최된 한 학술회의에서였다. 이후 경험에 의한 학습 모델은 1962년까지 연구가 지속되었지만, 애로가 케네디 대통령의 경제자문위로 불려가면서 연구가 중단되고 말았다.

불과 몇 년 동안이었지만 일부 경제학자는 이 모델에 대해 흥분과 감동을 감추지 못했다. 수확체증의 법칙이 마침내 일정한 형식을 갖춰 경제학 무대에 소개되었기 때문이다. 이에 따라 리처드 넬슨, 에드먼드 펠프스|Edmund Phelps 같은 일부 학자가 지식 배포 과정에 대한 연구에 뛰어들었지만 괄목할 만한 성공은 거두지 못했다.

그러다가 애로의 모델에 수학적 요소가 너무 강하다는 주장이 대두되었다. 그 모델에는 실제 행동으로 옮길 수 있는 믿을 만한 행동 가이드 요소가 포함되어 있지 않았다. 더욱이 이 모델은 불안하기 짝이 없었다. 조금만 변화를 주어도 모델이 작동하지 않았던 것이다. 결과적으로 경험에 의한 학습 모델은 경제학자들이 사용하는 공구박스에서 중요한 역할을 하지 못하게 되었다. 이로 인해 외부성과 수확체증은 다시 지하에 파묻혔고, 1960년대 후반 외부성에 대한 열정의 물줄기는 말라버리고 말았다.

그렇다고 이 물줄기가 완전히 말라버린 것은 아니었다. 차세대 비즈니스 컨설턴트가 '학습 커브'(이것은 곧 경험으로 불리게 되었다)를 비즈니스 분야의 만병통치약으로 활용하게 되었기 때문이다. 사실 보스턴컨설팅그룹이 한창 명성을 날리던 시절에는 한동안 시장점유율이 전부라는 생각이 지배적이었다. 이들은 시장점유율이 수확체증으로 가는 지름길이라고 생각했기 때문이다. 그러나 이렇게 강화된 수익성은 유지되기가 힘들었다. 스필오버 효과로 인해 일단 획득한 이익을 오랫동안 잡고 있기가 어려웠던 것이다.

중요한 것은 애로 논문의 일부(특히 자유 시장 경제는 왜 신지식 생산에만 의존할 수 없는가 하는 세 가지 이유)가 경제학 교과서의 표준으로 등장하게 되었다는 점이다. 왜 의존할 수 없단 말인가? 그 이유는 첫째, 지식은 소유 불가능하기 때문이다. 둘째, 분할이 불가능해 수확체증을 유발하기 때문이다. 셋째, 지식 생산은 극도로 불확실하기 때문이다. 이런 이유에서 시장이 주기적으로 제 역할을 하지 못할 때마다 정부가 개입해야만 한다. 국립과학재단|The National Science Foundation 은 적어도 국가 개입을 주장할 만한 이론상의 확실한 기초를 다진 셈이었다.

1965년 여름, MIT의 황금기

이러한 배경 아래 솔로 모델을 넘어 더 멀리 가려는 많은 시도 중에서도 가장 마지막이자 관심을 끌 만한 시도는 MIT의 젊은 경제학자, 즉 그의 제자들에 의한 것이었다. 이들은 솔로 모델에는 전혀 이상이 없지만 그것이 정말 중요한 모든 것을 지적으로 만족시켜 주지 못한다는 주장을 했다. 나아가 이들은 슈페터의 추종자가 그랬듯 자신들의 무대를 떠나 큰 무대로 진출하려는 시도를 했다. 1960년대 중반에 이뤄진 이러한 시도는 지식 성장과 독점적 경쟁이 얼마나 큰 역할을 하는지를 밝히기 위한 시도였다고 볼 수 있다.

1960년대 초 전 세계에서 내로라하는 똑똑한 학생들은 모두 MIT로 모여들었다. MIT가 사익이 아닌 공익 추구를 강조하며 경제학이라는 과학의 메카로 떠올랐기 때문이다. MIT 경제학과 교수들은 경제학과 클럽에 그들 전용으로 마련된 스탐티슈|Stammtisch|라는 테이블에서 함께 점심을 먹으며 매일 토론을 했다. 당시 새뮤얼슨은 계속 학생 교육을 맡겠다는 의지로 워싱턴 정부의 부름까지 사양했다. 솔로의 경우는 국가경제자문위에서 높은 직책을 수행하고 있었음에도 매주 자신의 강의에 출석하는 학생들을 만나기 위해 서둘러 대학으로 돌아오곤 했다.

이밖에도 MIT에는 해마다 젊고 똑똑한 강사진이 등장했다. 세계적인 인재들이 가르치거나 배우기 위해 MIT의 문을 끊임없이 두드리면서 MIT는 황금기를 구가하게 되었던 것이다. 이러한 인재 중에 1964년에 들어온 칼 쉘|Karl Shell|이라는 조교수가 있었다. 스탠퍼드에서 박사 과정을 공부할 때 그는 애로가 제시한 성장 이론의 신비함에 끌렸다. 이에 따라 쉘은 애로의 경험에 의한 학습에 바탕을 둔 박사학위 논문을 썼는데, 여기에서 쉘은 정부가 재정 지원을 해 축적된 기술 지식이 수확체증을 유발한다는 주장을 했다. 애로가 제시한 모델이 제대로 발전하지 못하고 있는 것을 분하게 여긴 그는 기술을 모델화하는 방향으로 성장 문제 해결에 나선 것이다.

당시에는 전 세계, 특히 소련에서 놀랄만한 새로운 기술이 개발되고 있었다. 소련에서는 1920년대 이후 강력한 위상수학학파가 조성되었는데, 이는 무기 연구에서부터 산업 공정 컨트롤에 이르기까지 실용적인 분야에 적용할 목적으로 정부가 대대적인 지원을 했기 때문이다. 수학자이자 국제주의자였던 러시아 학자들은 최대한 서방 학자들과 연락을 취하려 노력했다.

이에 따라 1960년대 초 미국에서는 온통 1961년에 러시아어로 발간되었다가 이듬해인 1962년에 영어로 번역된 《최적화 공정의 수학 이론|Mathematical Theory of Optimal Processes》에서 설명하는 폰트리아진|Pontriagin의 극대화 원칙|maximum principle에 관한 얘기뿐이었다. 이러한 극대화 원칙은 변분법 대수의 세계와 새롭게 등장한 위상학 사이를 연결해주는 새롭고도 강력한 방법을 제공했다.

폴 새뮤얼슨은 보스턴에 와 있던 수많은 러시아 난민 커뮤니티에서 사귄 친구를 통해 러시아의 발전 현황을 파악했으며 때로는 드물게 뛰어난 망명자를 은밀히 만나기도 했다(새뮤얼슨은 이미 1945년에 레오니드 칸토로비치가 선형 계획법을 연구했다는 사실을 알고 있었다). 새뮤얼슨은 그 유명한 스탐티슈 오찬 토론을 계속했지만, 다른 한편으로 전설적인 맹인 수학자 폰트리아진의 주변에 모여 있던 학자들은 점점 더 반유대주의적 성향이 강해지고 있었다. 어쨌든 이들의 그러한 성향과 상관없이 폰트리아진이 책에서 발표한 테크닉은 현실에 매우 유용했다. 경제학에 얼마든지 응용할 수 있는 테크닉이었던 것이다. 특히 수확체증에 관한 문제를 올바른 방법으로 다룰 수 있도록 해주고, 수학과 경제학 모두에 바람직하다는 점에서 경제학자들의 관심을 끌었다.

1964년 애로의 또 다른 뛰어난 제자로 알려진 히로후미 우자와|Hirofumi Uzawa가 스탠퍼드에서 시카고로 옮겨왔다. 물론 그가 스탠퍼드에서 했던 성장에 관한 세미나 강의도 함께 따라왔다. 이로써 시카고대학은 모델 구축 분야에서 경쟁이 가능하다는 생각에 의기가 충천했다. 우자와의 친구 쉘은 이미 MIT에 가 있었다.

이들 두 사람은 합동 연구를 했고 기술 변화에 대한 모델을 성공적으로 구축했다. 우자와가 주관한 모임은 길어지기로 유명했는데, 학술 토론은 으레 회의장에서 끝나지 않고 맥주를 마시며 토론하는 2차로 이어진다는 것이 전설처럼 확산되었다. 그 다음 해인 1965년 여름 우자와는 국립과학재단의 지원을 받아 최고의 학생 10여 명을 초대했는데, 여기에는 MIT 학생들도 포함되어 있었다.

그 시간은 정말로 특별한 순간이었다. 학생들은 흥분감에 어쩔 줄 몰랐고 가능성은 무한해보였다. 이들 케임브리지 그룹에 속한 조지 애컬로프|George Akerlof, 조지프 스티글리츠|Joseph Stiglitz, 윌리엄 노드하우스|William Nordhaus, 이탄 쉐신스키|Eytan Sheshinski, 므리날 다타-쇼두리|Mrinal Datta-Chaudhuri, 죠르지오 라 말파|Giorgio La Malfa는 이 하계 세미나를 위해 시카고로 가기 전에 인디애나주 게리에 있는 스티글리츠 부모님 집에서 미리 만나 함께 시간을 보냈다. 이후 이들은 하계 특별세미나 기간에 밤낮을 가리지 않고 성장 이론에 대해 토론을 벌였다. 몇 년 후, 쉘은 행복했던 그 순간을 이렇게 묘사했다.

"시카고의 열기 속에서 우정과 라이벌 의식이 동시에 강화되었다."

그 자리에 있던 경제학자들은 자신이 역사를 뒤바꿀 수 있는 특별한 이론을 창조하고 있다고 느꼈다. 쉐신스키는 "우리가 우주와 비밀리에 교감을 나누는 것 같은 그런 느낌을 받았다"라고 회상하고 있다. 젊은 경제학자들은 그보다 3년 전에 출간된 토머스 쿤의 《과학적 혁명의 구조》를 읽었을 때도 이러한 흥분과 감동을 받았다. 이처럼 지식 성장이라는 주제는 1960년대 많은 경제학자의 마음을 사로잡고 있었다.

그 다음에 일어난 일에 대해서는 오늘날까지도 의견이 분분하다. 열정으로 가득 찼던 시카고 하계 세미나가 끝나고 그 세미나에 참석했던 멤버 중 일부는 스탠퍼드대학으로 갔다. 그곳의 행동과학 첨단연구소에서 최적화 성장|optimal growth이라는 주제로 학술회의와 한 달에 걸친 워크숍이 열리고 있었기 때문이다. 스탠퍼드 학술회의를 주관한 사람은 케네스 애로였고 프랭크 한|Frank Hahn, 라이오넬 맥켄지, 찰링 쿠프먼스, 카를 크리스찬 폰 바이재커|Carl Chiristian von Weisacker 등을 비롯해 상당수 노장 경제학자가 참여했다.

스탠퍼드 회의는 수리경제학에서 내내 가장 뜨거웠던 주제에 관한 학술회의(학자들은 1963년 7월 영국 케임브리지에서 만났고, 몇 달 후에는 바티칸에서 만났으며 1964년 여름에는 미국 뉴욕주 로체스터에서 만났다) 중 클라이맥스에 해당한다고 볼 수 있다. 그 뜨거운 주제는 바로 경제 성장이 과연 정책을 통해 가속화될 수 있는가 하는 것이다. 이 회의에서는 '유료 고속도로|turnpikes의 존재'에 관한 새로운 정리가 흥분된 분위기 속에서 제시되었는데, 이에 대해 공감하는 사람도 있었고 그렇지 않은 사람도 있었다(여기에서 유료 고속도로란 중공업 분야에 대한 집중적 강제 투자를 통해 경제가 산업발전 수준에서 더 높은 곳으로 순조롭게 올라가기 위해 지나가야 하는 길을 의미한다). 또한 이 회의에서는 자본 축적의 황금률이 제안되었다(얼마만큼 저축해야 하고 또한 얼마만큼 소비해야 하는가에 대한). 그렇게 기술 변화에 대한 거시경제학적 모델이 그곳에서 소개되고 있었다.

그렇다면 1965년의 여름이 지난 후에는 상황이 어떻게 변했을까? 소장 경제학자들은 자신의 야심을 채우는 데만 급급한 노장 경제학들에게 실망을 금치 못했다. 노장 경제학자들이 요구하는 수학이 지나치게 멋을 부리고 과시하는 수준으로 넘어가고 있었기 때문이다. 물론 연구 주제는 흥미로웠다. 그러나 제시된 모델은 제대로 관리할 수도, 통제할 수도 없으며 심지어 이해하기조차 어려웠다. 다시 말해 수학공식을 내세우면서도 수학공식처럼 투명하지 않았던 것이다. 이들 모델을 따라가다 보면 솔로 모델의 특징이었던 믿을 수 있는 안정적 모델이 아니라 폭발적 성장 아니면 블랙홀 같은 경기 침체의 상황 속으로 빠져드는 것 같았다. 이들 소장학자들은 경제학이 앞으로 발전해야 한다는 얘기를 귀에 못이 박이도록 들었다. 그런데 그해 여름에 개최된 학술회의에 참가했던 상당수 경제학자에게 노장학자들이 주장하는 것은 아직 다루기 힘든 주제로 훨씬 섬세하고 심오한 연구가 필요한 분야였다.

그해 여름 MIT 학생들이 썼던 논문은 1967년 《최적 경제 성장 이론에 대한 에세이|Essays on the Theory of Optimal Economic Growth》로 출판되었다. 하지만 이 책은 큰 반향을 불러일으키지 못했다. 그 책은 같은 해 문헌적 스타일로 발표된 존 케네스 갤브레이스의 《새로운 산업국가|The Industrial State》가 보여주었듯, 당시 젊은 경제학자들이 어떤 기술적 문제로 씨름했는지를 보여주었다는 데 의미가 있다.

쉘은 자신의 박사학위 논문을 손 봐 1966년 〈아메리칸 이코노믹 리뷰|AER〉에 기고하고, 또한 이 내용으로 학술회의에 참가했다. 쉬신스키 역시 〈AER〉에 논문을 발표했고, MIT에서 독점적 경쟁 모델에 관해 박사학위 논문을 썼던 노드하우스는 마지막 순간에 그 주제를 꺼내들었다. 이로써 성장 이론을 붙들고 있던 소장 경제학자들은 성장 이론에서 손을 떼겠다는 동료들이 보낸 메시지를 알아들

었다. 결국 제임스 멀리스|James Mirrlees는 최적 조세 제도를 연구하게 되었고, 에드먼드 펠프스는 거시경제학으로 돌아왔다. 그리고 학계에 혜성처럼 나타났던 우자와는 일본의 급진적 정치계의 포섭을 받아 정치계로 입문해 상당 기간 경제학에서 손을 떼게 되었다.

이렇게 소장 경제학자들의 노력은 소규모 모델과 실용적인 응용 분야로 방향이 재편되었고, 이들은 마치 길 잃은 순찰대처럼 흩어져 성장 이론을 내려놓거나 아니면 그것을 잊고 지내게 되었다. 그런데 아이러니컬하게도 그들이 성장 이론을 내려놓은 시기에 세계 경제는 높은 성장률을 구가하고 있었다.

그렇게 1965년 시카고에서 열렬한 토론을 하며 밤을 지새웠던 젊고 뛰어난 MIT 학생들은 다른 주제로 옮겨가 대성공을 거두게 되었다. 쉘 역시 이들을 시카고대학의 하이드파크 캠퍼스로 잡아끌었던 사명감을 거의 포기하기에 이르렀다. 그렇게 해서 그들이 기울였던 노력은 마치 길 잃은 순찰대처럼 흩어져버렸고 발전은 다른 곳에서 이루어지게 되었다.

하늘 아래 새로운 것은 과연 없는 것인가

1969년 성장 이론을 추앙하는 마음을 내보인 사람은 솔로였다. 그는 워윅대학교|University of Warwick에서 했던 일련의 강연에서 잔여 모델은 유용한 개념이라는 과거의 연구로 돌아갔던 것이다. 그러나 이미 주스를 짜버린 오렌지처럼 그것은 한물간 모델이었다. 사람들은 이제 더 멋있는 수학공식을 동원해 한 단계 높은 모델을 제시하

고 있었다. 그러한 방식으로 경제학자들은 자신이 그 모델을 발전시키고 있다고 생각했지만, 정작 솔로는 그 모델이 실제 경제에 유용할 것이라는 기대는 하지 않고 있었다.

사실 솔로는 자신이 제시한 모델과 유사한 모델은 정책을 위한 직접적 처방이 될 수 없다고 말한 적이 있다.

"그렇다고 해서 이러한 모델들이 게임과 같다고 말할 수도 없다. 나는 그보다는 살 곳을 찾아나서는 일종의 정찰 과정과 비슷한 점이 많다고 생각한다. 처음에는 무장한 두세 명의 동료를 보내 땅의 지형이 어떻게 생겼는지 그리고 그곳에서 사람들이 살 수 있겠는지 먼저 확인하게 한다. 그런 다음 그곳이 정착할 만한 곳으로 밝혀지면 그제야 대규모 작전을 마련한다."

다시 말해 이런 준비를 한 다음에야 대규모 계량경제학적 모델에 관한 장기적인 연구와 산더미처럼 많은 데이터를 수집하기 시작하는 것이다. 그 단계에서 이론은 더 이상 제공할 것이 없다.

이처럼 MIT는 실용적인 예술에 계속 헌신하겠다는 자세를 반복해서 강조했고, 경제학계의 새로운 지도는 이미 정해졌다는 확신을 보여주곤 했다. 1969년 MIT를 방문한 이태리의 베테랑 경제 전문 기자 아리고 레비|Arrigo Levi에게 MIT의 떠오르는 스타 레스터 서로 |Lester Thurow가 했다는 말은 MIT의 사고를 보여주는 대표적인 말로 남게 되었다.

"더 이상 새로운 발견은 없다. 모든 위대한 발견은 이미 이루어졌다."

12

세상 모든 상품의 거래를 설명할 수 있는
무한차원 스프레드시트
The Infinite-Dimensional Spreadsheet

·
·
·

경제학자들이 꼽은 20세기 최고의 경제학자는 누구일까?
케인스? 슘페터? 폰 노이만? 새뮤얼슨? 프리드먼?

·

·
·
·

노벨 경제학상의 신설

1969년 유럽, 일본, 미국은 역사상 가장 오래 지속되는 경제 성장으로 즐거운 비명을 질렀고 경제학에 대한 국민의 인기는 절정에 달했다. 제2차 세계대전이 끝나고 거의 25년 가까이 경제 성장이 지속되는 기록을 달성하게 되었던 것이다. 경기변동은 별다른 의미를 찾지 못하고 무기력해진 것 같았다. 아니면 150년간 주기적으로 경제 몰락을 예측하도록 할 만큼 충분히 세를 과시한 다음 이제는 아예 경제 무대에서 사라져버린 것 같기도 했다.

덕분에 스웨덴 정부는 수많은 논의를 거친 뒤 물리학, 화학, 의학, 문학 그리고 평화 부문에 이어 경제학 부문에서도 노벨상을 수여하겠다고 발표했다. 경제 성장이라는 배경 외에도 노벨 경제학상을 신설한 이유는 그로부터 300년 전 스톡홀름에 세계 최초로 중앙은행이 신설된 것을 기념하자는 취지 때문이었다. 좀더 일반적으로 설명하자면 노벨 경제학상은 18세기 영국에서 그 유명한 영국해군 본부상 제도를 제정함으로써 해상용 크로노미터의 발전을 촉진시키고 항해의 현대화 시대를 열었던 것과 마찬가지로 경제학의 발전 및 성숙을 도모할 목적으로 제정된 것이었다. 이 노벨 경제학상 제정을 두고 어떤 논란이 있었는지는 전혀 중요하지 않다. 중요한 것은 세계에서 최고로 인정받는 브랜드가 역사상 처음으로 경제학 분야로 확대되었다는 사실이다.

노벨 경제학상 신설의 원인 중 하나가 되었던 스웨덴의 중앙은행 제도는 매우 중요한 발명품으로 평가받게 되었고, 전 세계 국가는 스웨덴을 따라 너도나도 이 제도를 설치했는데 후에 이 제도는 경제에 없어서는 안 될 요소가 되었다. 경제학자들은 어떻게 하면 중앙은행 제도가 잘 작동되는지(때로는 왜 제대로 작동되지 않는지) 그 누구보다 제대로 이해했다. 다시 말해 중앙은행이 대출 증가, 뱅크 런|bank run(연쇄적인 예금 대량 인출) 금지, 투자 인센티브 촉진 등을 어떻게 이용해야 하는지 이해하고 있었던 것이다.

중앙은행이 성공적으로 제 역할을 수행해나감에 따라 경제 성장은 더욱 가속화되고 믿을만한 방향으로 나아갔으며 경제 안정 또한 강화될 수 있었다. 경제학은 이제 그보다 수세기 전에 물리학(맥스웰을 한번 생각해보라), 의학 분야에서 이루어졌던 과학 발전과 같은 패턴(어설프게 아무것이나 만져보고 관찰을 하는 단계에서 시작해 결국 성공적으로 조작하고 성공한 과학으로써 갖춰야 할 건전한 원리적 토대를 마련하는)을 따라가고 있는 것처럼 보였다.

물론 경제학 분야 내부에는 여전히 견해 차이가 존재하긴 했지만, 이것은 그리 중요한 것이 아니었다. 이제 일반 대중도 MIT에는 케인스학파가 자리 잡고 있고, 시카고대학에는 오래된 마셜의 이론을 물려받아 오늘날 통화주의자라고 불리는 학파가 있다는 사실 정도는 알게 되었다. 미국 대학이 이처럼 눈부신 발전을 이룩하는 동

안 영국의 케임브리지는 경쟁에서 완전히 낙오되어 원자핵의 크리트|crit처럼 작은 존재로 전락하고 말았다.

그런데 그로부터 몇 년 후 경제학계는 내·외부 모두 큰 혼란을 겪게 되었다. 내부에서는 거시경제학적 관리의 필요성을 적극 주장하는 대표적인 케인스학파와 이러한 필요성을 비판하는 세력간에 논쟁(진보파와 보수파의 의견 차이)이 시작되었다. 언뜻 정치적 의견차이로 보였던 이러한 논쟁은 곧 기술적인 이슈로 옮겨가게 되었다. 모델을 구축한다는 것은 대체 무슨 뜻이고 그것은 어떻게 할 수 있는 것인가? 어떤 이론적 방향이 복잡한 역사적 데이터를 가장 잘 반영하고 있는가? 표면적으로 이런 논쟁이 가속화되고 있는 가운데 무대 뒤에서는 불확정성, 정보, 기대의 정보학이 무슨 의미를 지니는지에 대한 논쟁에 불이 붙었다.

그리하여 1970년대 중반 경제 이론가들은 일종의 내전에 휘말리게 되었다. 이 내전의 중심에는 어떤 모델을 선택할 것인가 하는 문제가 있었다. 모델이 너무 많아 이론가들은 이 모델들 사이에서 제대로 커뮤니케이션을 할 수가 없었다. 노장 경제학자들은 이러한 상황을 개탄하면서 논쟁의 무대를 떠나가기도 했다.

경제학계 밖에 있는 사람들은 이런 논쟁을 경제학계의 위기(경제학계의 중심적인 인물 중 어느 누구도 이러한 표현을 사용한 적은 없지만)라고 불렀다. 〈뉴스위크|Newsweek〉의 경제 전문 평론가 로버트 새뮤얼슨|Robert Samuelson은(이 사람은 폴 새뮤얼슨과 아무런 친척 관계도 아니다) "경제학이 노벨상을 수상할 만한 가치가 충분히 있다고 생각하는 사람들만 진정한 경제학자이다"라고 말했다.

그런데 일반 대중이 놓치고 심지어 경제학계에 종사하는 많은 사람조차 제대로 이해하지 못하고 있던 점은 이 논쟁의 핵심이 친숙한 경제 문제를 해결하기 위해 어떤 수학적 틀을 이용하는가에 대한 것이라는 사실이었다. 젊은 경제학자들은 점점 더 수학적 테크닉을 로켓 과학에서 배워오기 시작했다. 그러한 테크닉이 있어야 시간이 흐르면서 개인이 어떤 결정을 내리는지 현실 속의 결정 과정을 제대로 파악할 수 있었기 때문이다. 그리고 마침내 가격이 저렴한 컴퓨터의 출현으로 이런 작업은 보다 용이해지게 되었다.

거듭되는 논쟁 끝에 경제학계는 결국 일반 균형이라는 기초적인 이론에 근거를 둔 도구가 새롭게 등장한 다른 어떤 분야의 도구보다 훨씬 유용하다는 결론을 도출했다.

노장파 경제학자와 젊은 경제학자의 대결

그러면 잠시 뒤로 돌아가 이 논쟁이 어떻게 시작되었는지 살펴보자. 이 논쟁은 1950년대 초 카울스위원회가 시카고대학과 결별한 시점에 시작되었다고 볼 수 있다. 서로 다른 학파 간에 벌어진 논쟁의 극치는 1925년 당시 스물다섯 살이던 해리 마르코비츠의 박사학위 취득을 위한 구술시험장에서 나타났다.

마르코비츠는 제이콥 마르샥의 지도로 금융 다각화의 원인을 조사하는 연구를 시작했다. 특히 그는 투자가들이 주식 포트폴리오를 사들일 때 직면하는 문제가 무엇인지를 분석했다. 이때 마르코비츠는 선형 계획법 테크닉을 이용해 위험부담과 높은 수익률 사이에서 선택할 수 있는 엄격하고도 새로운 방법(오늘날 효율적인^{efficient} 포트

폴리오 선택법이라고 부른다)을 제시했다. 문제는 이 논문이 조지 단치히가 정확하고 복잡한 방식으로 식단 문제를 풀 때 사용했던 방법과 유사했다는 점이었다.

마르코비츠의 논문 심사위원단에는 밀턴 프리드먼도 있었는데, 마르코비츠가 논문에 대해 설명을 시작하자마자 프리드먼이 이를 중단하고 나섰다.

"해리, 자네의 수학공식이 잘못되었다는 것은 아니지만 문제가 좀 있네. 이것은 경제학 논문이라고 할 수가 없군. 경제학 분야의 논문이 아닌데 어떻게 경제학 박사학위를 줄 수 있겠는가? 자네 논문은 수학 논문도, 경제학 논문도 아닐세. 그렇다고 비즈니스 행정 논문으로 볼 수도 없네."◆

이 말은 젊은 경제학자들이 사용하는 새로운 지식에 관한 노장 학파들의 반응을 가장 잘 보여주고 있다. 자신의 신조를 버리기란 쉽지 않은 법이다. 그러나 그날 시카고대학 하이드파크 캠퍼스에서 있었던 그 논쟁에서 마르샥은 결국 프리드먼을 제압했고 마르코비츠는 경제학 박사학위를 취득했다. 그리고 그로부터 38년 후 마르코비츠는 그의 논문이 다루었던 분야의 연구 공로로 노벨 경제학상을 수상하게 되었다.

하지만 어떤 점에서 볼 때 프리드먼의 의견은 옳다고 볼 수 있다. 마르코비츠가 다룬 분야는 경제학이 아닌 새로운 이름이 필요

◆ 마르코비츠 논문 심사를 둘러싼 이 논쟁은 피터 번스타인Peter Bernstein이 쓴 《자본적 사고: 현대 월가의 믿을 수 없는 기원Capital Ideas: The Improbable Origins》에 나와 있다.

한 분야였다. 우리는 오늘날 이 분야를 금융 분야라고 부른다. 그러나 투자 문제 해결법은 새로운 플래닝 툴이 해결할 수 있는 수많은 방법 중 하나에 지나지 않았다.

사실 금융 분야는 카울스위원회가 선보인 제2의 파도에 해당하는 뛰어난 연구 성과 중 일부에 불과하며 카울스위원회는 제2차 세계대전 중 케인스학파의 혁명이 시작된 지 몇 년 후에 이러한 연구에 돌입했다. 그리고 1950년대 초 카울스위원회는 새로운 것의 발견에 흥분과 감동으로 가득 차 있었다.

새로운 가능성에 대해 케네스 애로보다 더 본능적으로 느끼고 있던 사람은 없었다. 애로는 한마디로 기발한 생각을 해내는 천재였는데, 어디에서 그런 생각이 솟아나는지 기가 막힐 정도였다. 대학을 졸업하고 보험계리사로 일한 덕분에 현실적인 숫자 계산에 익숙했을 수도 있다. 아니면 경제 대공황으로 아버지가 파산하는 것을 보고 세상이 얼마나 불확실한지 새삼 깨달았을지도 모른다. 물론 그는 스물세 살 때 폰 노이먼의 《게임 이론》을 읽고 많은 것을 배우기도 했다.

어쨌든 중요한 것은 당시 경제학계에 뛰어든 젊은 이론가들 사이에 새로운 수학에 대한 인기가 대단했다는 사실이다. 애로는 1948~1949년에 시카고대학 조교수로서 카울스위원회에 합류했다. 과거를 회상하는 회고록에서 애로는 당시 사회 과학 분야가 어떤 과정을 거쳐 발전하게 되었는지 설명하고 있다. 그는 이전에 프랑코 모딜리아니의 주택 임대 관리에 관한 강의를 들으러 다녔다. 그런데 강의를 듣던 중 여러 종류의 주택을 다른 상품이라고 생각한다면, 대부분의 소비자는 주택을 구입하지 않을 것이라는 생각을 하게 되었다. 주택 배당의 최적화를 증명해야 한다는데 대체 그게 무슨 말인가? 이러한 수수께끼는 폴 새뮤얼슨이 주관한 한 세미나에서 발제자에게 질문하는 순간 풀렸다. 발제자의 그래프를 통해 분리된 초평면 원리가 그 답을 제시한다는 것을 깨닫게 된 것이다.

애로가 컨벡스 세트 이론|theory of convex sets(볼록집합 이론)의 핵심 개념이라고 할 수 있는 분리 초평면을 경제적 관점에서 해석하는 데 성공하자, 카울스그룹은 그동안 풀지 못하고 있던 수많은 이론적 문제를 해결할 수 있게 되었다. 그러면 이것에 대해 좀더 설명하도록 하겠다.

초평면이란 정확히 무엇인가? 이는 3차원 이상의 고차원으로 존재하는 평면을 말한다. 그렇다면 초평면은 무엇을 분리시키는가? 초평면이 변형 곡선|Transformation curve과 무차별 곡선|indifference curve을 서로 분리시킬 때 접점에 선이 하나 생기는데, 그 선의 경사도가 바로 상대 가격|relative price에 해당된다.

경제학자들은 선형 문제 형태의 모든 문제는 그것과 표리관계에 있는 쌍대문제와 직접적으로 관련이 있다는 쌍대성|duality이라는 기하학적 속성을 경제학이 이용할 수 있다는 사실을 발견했다. 그런데 이것은 오래 전에 폴 새뮤얼슨이 예측했던 것이었다. 새뮤얼슨은 일찍이 어떤 경제든 한쪽 문제를 풀게 되면 자연스럽게 그 반대쪽에 있는 문제도 풀린다는 주장을 했던 것이다. 예를 들어 가격 책정 문제를 풀면 자연스럽게 자원 배분 문제도 풀 수 있게 된다는 얘기다.

이 초평면은 가능하지 않은 해|solution에서 가능한 해를 분리해내는 단치히의 선형 계획법에 의한 심플렉스 해법에서도 중요한 역할

을 해냈다. 전형적인 프로그램에는 프로그램에서 사용된 자원은 실제 활용 가능한 자원을 넘지 못한다는 설명이 부등식 형태로 나온다. 그 점에서 여분이 있는 자원의 잠재 가격은 제로일 수밖에 없다. 그런데 만일 잠재 가격이 양수(+)라면 이 부등식을 방정식으로 바꿀 수 있고 그렇게 되면 이 문제는 통상적인 방법으로도 풀 수 있게 된다. 이제 이해가 되었는가? 만약 이 설명을 이해하기 힘들다면, 여러분의 주변 대학에서 수리경제학 입문 강의를 수강하길 바란다.

이처럼 경제학은 점점 더 고차원의 테크닉을 요하는 분야로 변화했고 마셜의 《곡선의 책》은 이제 케케묵은 모형 지도책 같은 취급을 받게 되었다.

애로는 폰 노이먼의 주장이 옳았다고 평가한다. 미적분은 집합론이나 위상학만큼 쓰임새가 다양하지 않다. 미적분으로 해결하지 못하는 문제가 많기도 하고, 설사 미적분으로 풀릴지라도 위상 수학적으로 푸는 것보다 훨씬 더 힘들기 때문이다. 그 점에서 좀더 고차원적인 수학공식을 포용하는 경우, 문제를 더욱 일반적이고 단순하게 풀 수 있다는 큰 장점이 있었다.

그런데 애로가 시카고 카울스위원회를 떠난 지 얼마 지나지 않아 제라르 드브뢰라는 멋쟁이 프랑스 학자가 등장했다. 알고 보니 드브뢰도 독자적인 연구로 많은 점에서 애로와 유사한 결론에 도달한 적이 있었다.

1951년 애로와 드브뢰는 자신들의 연구를 독자적으로 출판했고 (라이오넬 맥켄지도 독자 출판을 한다) 이 연구들은 모두 경제 상황을 나타내는 방정식이 언제 해결책을 찾을 수 있는지를 결정하는 데 집합론과 컨벡스 분석이 어떻게 사용될 수 있는지를 입증하고 있다. 이는 곧 이들이 신경제학이 오랫동안 풀지 못하고 있던 가장 큰 수수께끼의 정답을 제시한 셈이었다.

이를 통해 방정식 대신 부등식을, 선 위의 점 대신 공간을, 수요 공급에 관한 기하학적 그래프 대신 생산가능곡선을 활용할 수 있게 되었던 것이다. 결과적으로 콩 덩굴을 타고 올라가는 방법(또한 전쟁 기간에 선적의 운송 스케줄과 무장 스케줄에 사용했던 실용적인 경제학 방법은)은 높은 구름 위에 있는 신비의 수학 세계로 크게 수준을 높이게 되었다.

그러면 이처럼 새로운 도구가 정말 필요한 것일까? 상대적으로 숫자가 적어 항상 수학적 해결에 불만을 갖고 있던 문헌 경제학자뿐 아니라 상당수 경제학자가 이러한 회의를 느끼고 있었다. 심지어 수학 경제학자들 사이에 내부 분열이 발생했다.

이러한 상황에서 쿠프먼스는 그보다 20년 전 물리학 분야에서 양자 역학이 원자의 상태를 설명하기 위해 집합론을 처음으로 사용했을 때도 이러한 반대 성향이 강했다는 사실을 주장하며 새로운 툴을 옹호하고 나섰다. 마이너스 숫자도 서기 1세기 즈음 수학자들과 논리학자들에게 아무 쓸모없는 형식주의적 발견이라는 비난을 듣지 않았던가? 마이너스 숫자는 발견된 후 수백 년간 수학자들 사이에서도 이상하고 웃기는 개념으로 취급되었다. 그러다가 13세기 들어 돈과 관련된 문제를 풀다가 레오나르도 피보나치 | Leonardo Fibonacci 가 마이너스 숫자를 손실의 개념으로 해석하면 된다는 생각을 하게 되어 드디어 세상으로부터 인정을 받게 되었다.

경제학자들이 꼽은 20세기 최고의 경제학자

1953년 케네스 애로는 집합론을 적용할 수 있는 확실한 경제학 분야를 제시하면서 새로운 수학방식이 어떻게 유용하게 활용될 수 있는지를 보여주었다.

무역업자와 경제학자는 수세기 동안 어떻게 하면 옵션계약서를 체결할 수 있는지(언제, 어떤 장소로 실물 상품을 추가로 인도하며 그것은 어떤 조건 아래 어떤 방식으로 이룰지 등의 구체적인 상황) 잘 이해해왔다.

존 힉스는 이미 1930년대에 그의 분석에 범용재에 관한 모든 분석 내용을 포함시켰다. 예를 들면 왜 5월에 인도되는 밀의 가격은 8월에 인도되는 밀의 가격과 다른지 등에 대한 분석을 내놓은 것이다(미래의 인도 계약서를 체결하는 것은 농부들이 늘 하는 일이었다). 이처럼 힉스가 했던 분석을 애로는 한층 더 발전시키기로 결심했다.

파리에서 개최된 학술회의에서 애로는 경제에서 찾아볼 수 있는 모든 것과 발생할 수 있는 모든 상황을 담은 옵션 마켓 |options market 에 대한 아이디어를 일반화해 설명했다. 다시 말해 애로는 집합론과 위상학이라는 새로운 툴을 이용해 각 실물 재화를 가능한 상태로 정의한다면 실물 재화는 무엇이든 선물 시장에서 해당되는 것을 찾을 수 있다는 내용의 모델을 설명한 것이다. 이 설명은 매우 정확해 초기 재화 보유 상황뿐 아니라 기술적으로 가능한 모든 상황을 설명해줄 수 있었다. 이를 통해 불확실성은 특정 장소, 특정 시간에 어떤 일이 발생할 수 있는지 그 가능성을 연구하는 통계학적 개념이 되었다.

이 새로운 개념 장치는 상태 조건부|state contingent 공식으로 알려졌다. 이 장치 덕분에 경제학자들은 미래 특정 상황에서 어떤 범용재가 어떠한 시세로 거래될지 미래 시장 상황을 예측할 수 있게 되었다. 애로는 이러한 미래 시장을 완성 시장|complete market이라고 불렀다. 이 새로운 공식으로는 심지어 외부성도 근사하게 커버할 수 있었다. 외부성을 더 이상 공기에 떠다니는 그 무엇으로 설명하지 않아도 되었던 것이다. 대신 외부성은 '한 개인에서 다른 개인으로 넘어가긴 하지만 아직 적절한 시장이 존재하지 않는 범용재'라고 설명되었다. 다시 말해 로널드 코스가 나중에 지적했듯, 그 범용재 고유의 속성(아니면 그것으로부터 자유로운 속성)에 대해 그동안 제대로 설명되지 않은 것을 드디어 밝혀내게 된 것이다.

이 상태 조건부 공식이 내포하는 것은 어떤 위기 상황에도 대비할 수 있는 일종의 보편적 보장 수단이 존재한다는 생각이었다. 다시 말해 건강한 시기에 혹시 모를 사망 위험부담을 고려해 들어 놓는 생명보험처럼 가치 있는 대책을 미리 수립할 수 있다는 것이다. 또한 8월 내내 비가 충분히 내렸을 때의 밀 1부셸(1부셸은 30리터-옮긴이 주) 가격과 비가 충분히 내리지 않았을 때의 밀 1부셸 가격은 같을 수 없다. 특정 회사의 평범한 주가도 그 회사가 원래 정해 놓은 수익 목표를 달성했을 때와 그 목표치를 훨씬 넘었을 때, 아니면 반대로 목표 달성을 하지 못했을 때 절대 같지 않다.

애로의 이런 주장은 일반 균형 이론을 불확실성 이론으로 바꿔놓았는데, 이 이론이 지배하는 세계에서는 모든 일이 일어날 가능성이 있고, 그 일에 대한 해결책을 찾을 방법도 존재한다. 그렇기 때문에 현재 시장이 존재하긴 하지만 미래의 상황에 대해 판매자와 구매자가 다른 가능성을 점치고 있다면, 그러한 상황에 대비해 상품의 불확정 계약을 얼마든지 체결할 수 있다.

그런데 수세기 동안 무역업자들은 예상치 못한 위기에 직면했고, 그 위기 상황을 커버해주는 보험 시장이 활성화되어 있었다. 이러한 불확정 상황에 대해 대비책을 모색하기 위해서는 힐버트 공간을 포함해 한참 위 수준까지 올라가는 고차원의 수학공식이 필요했다. 그렇게 하여 마침내 일상적으로 일어나는 평범한 관행적 행동을 이해하고 분석하는 데 심도 있는 수학 정리적 이해가 활용되기 시작한 것이다.

1950년대에 수리경제학은 급속도로 발전했고 경제학자들의 공구박스는 점점 더 커졌다. 제2차 세계대전 전까지만 해도 이들의 공구박스에는 미분학과 매트릭스 대수로 가득 차 있었다. 그러나 제라르 드브뢰에 따르면 이 무렵에는 컨벡스 분석, 집합론, 일반 위상학 및 대수 위상학, 측도론|measure theory, 무한차원 벡터 공간 이론|infinite-dimensional vector space theory, 포괄적 분석|global analysis 및 비표준적 분석|nonstandard analysis 등 새롭게 추가된 도구가 셀 수 없을 정도로 많아졌다. 그리고 1959년 드브뢰가 출간한 《가치 이론: 경제 균형의 공리적 분석|Theory of Value: An Axiomatic Analysis of Economic Equilibrium》은 새로운 위상경제학의 표준 버전으로 인정받게 되었다. 이 책은 케네의 경제표 이후 가장 잘 정리되어 있으면서도 종합적인 모델이라는 평가를 받았고 나아가 이 모델은 더욱 일반적이기까지 했다. 애로-드브뢰의 불확정 상태 모델은 컴퓨터에 입력 및 저장되어 스프레드시트로 변신하게 되었는데, 이는 기초적인 컴퓨터 스프레드시트가 그보다 몇 년 전에 개발되었기에 가능한 일이었다. 스프레드

시트란 항과 열에 진열된 수많은 숫자의 관계를 묘사하기 위해 컴퓨터에 입력된 한 묶음의 방정식을 말한다. 하지만 애로와 드브뢰의 개념은 그냥 평범한 스프레드시트 개념이 아니었다. 조합론과 첨도계산법|mathematics of convexity 덕분에 이 개념은 무한차원의 스프레드시트가 될 수 있었다. 이 스프레드시트는 열과 항이 아닌 벡터를 갖추고 있어 이론적으로 볼 때는 세상에서 거래되는 온갖 상품에 대한 모든 시장을 설명할 수 있었다.

또한 이 모델은 상상력이 뛰어난 경제학자들이 꿈꾸는 어떤 연구 목적에도 사용될 수 있었다. 그로부터 얼마 지나지 않아 랜드 코퍼레이션에서 애로와 함께 연구했던 수학자 허버트 스카프|Herbert Scarf는 애로 모델에서 입증된 것을 국민소득계정에 적용했는데, 이는 실물 경제에서 요소 간 상호 의존도를 어떻게 계산할 수 있는지를 보여준다. 그 후 예일대 경제학과 교수가 된 스카프의 지도로 수많은 젊은 경제학자가 특정 정책이 경제 제도 전반에 어떤 영향을 미치는지를 평가하기 위한 연산가능 일반균형 방법|methods of computable general equilibrium을 세상에 선보였다.

하지만 이 모든 연구 내용은 신문의 1면 기사로 실리지도 않았고 케인스학파를 주도하는 경제학자들의 세미나에서도 전혀 다뤄지지 않았다. 그로부터 시간이 흘러 어느 경제학자 모임에서 20세기에 가장 위대한 경제학자가 누구인지를 꼽아보는 시간을 갖게 되었다. 경제학자들이 꼽은 20세기 최고의 경제학자는 누구일까? 케인스? 슘페터? 폰 노이먼? 새뮤얼슨? 프리드먼? 예상과 달리 최고 경제학자들이 꼽은 위대한 경제학자는 케네스 애로였다.

13

명사형 모델에서
동사형 모델로의 변신
Economists Turn to Rocket Science, and "Model" Becomes a Verb

합리적 기대 가정은 하나의 지름길이다. 그것은 매우 복잡한 과정을 거쳐
어떤 결과에 이르게 된다. 그러나 사람들이 미래에 어떤 일이 발생할지도 모른다고
막연하게 생각하는 것을 합리적 기대라고 부를 수는 없다.

예측은 성과에 영향을 미친다

현대경제학의 툴을 만드는 작업은 1970년대 들어 비로소 빛을 발하기 시작했다. 게임 이론 공식과 무한차원 스프레드시트로 무장하고 스스로를 과학자라고 여기는 경제학자들이(케인스학파나 통화주의자들과 동등한 자격으로) 엔지니어들에게 도전장을 내밀었던 것이다. 현대경제학파는 현실적인 이슈(특히 인플레이션과 독점적 경쟁에 관한)에 대해 과거 테크닉이 제공하는 것보다 훨씬 더 현실적인 해결 방안을 제시하려 노력했다. 그리고 그러한 노력은 드디어 빛을 보게 되었다.

1970년대 말이 되자 케인스학파와 통화주의자라는 이분법적 분류는 그 분야의 대표적인 몇몇 사람만 제외하고 경제학계에서 사라졌다. 대신 민물학파 거시경제학과 소금물학파 거시경제학계로 구분되었는데, 이름만 달라졌을 뿐 서로 다른 학파간의 주요 논점에는 큰 변화가 없었다. 한 가지 확실한 것은 두 학파가 사용하는 언어가 서로 달랐다는 것이다.

민물학파와 소금물학파가 벌인 논쟁의 시작점은 인플레이션이었다. 1960년대 말 인플레이션보다 더 큰 경제 문제는 없었다. 새 뮤얼슨과 솔로는 필립스 곡선에 관한 논문에서 엔지니어링적 해법, 즉 실업률 인상이 인플레율 감소에 도움이 된다는 것을 제시했었다. 반대로 인플레율을 약간 높이면 실업률을 감소시킬 수 있다는 것이 이들이 제시한 해법이기도 했다. 이 발표가 있고 나서 몇 년간 필립스 곡선은 거시경제학계를 지배했다.

문제는 이들 두 학파가 제시한 대로 두 요소를 관리했지만 별다른 효과가 없었다는 점이다. 실업률이 올라가게 내버려두었는데도 인플레율은 전혀 내려갈 생각을 하지 않았다. 이를 분석하면서 경제학자들은 사람들이 인플레이션을 예측하고 있기 때문에 그런 현상이 발생하는 것이라는 결론을 내렸다. 정부가 무엇을 하려는지 국민이 미리 예측한다는 것이다.

경제학자들은 예측이 성과에 영향을 미친다는 사실을 오래 전부터 알고 있었다. 사람들은 만약 어떤 상품 가격이 인상될 것이라는 예측을 하면 한 발 앞서 그 상품을 사들인 후, 실제로 가격 인상 현상이 나타날 때까지 그것을 쌓아둔다. 이로 인해 상품 가격 인상이 초래되는데 이때 많은 사람이 동일한 행동을 하면 가격이 올라가는 것이 아니라 반대로 떨어지는 현상이 발생한다. 투자가와 생산자도 예측에 의한 행동을 하며, 이들의 행동은 소비자보다 훨씬 복잡한 양상을 보인다.

케인스 주장의 출발점은 바로 그런 행동 요소가 모여 결국 균형에 이른다는 것이다. 따라서 1930년대 이래 비록 형식적이긴 하지만 경제학자들은 자신의 연구 내용에 기대심리를 이미 반영하고 있었다고 볼 수 있다.

대학의 전형적인 경제학 교과서는 특정 제품이 시장에 나오는 데 필요한 짧은 시간이 시장 가격에 어떤 변화를 불러일으키는지를 거미줄 정리 |cobweb theorem로 설명하고 있다. 이런 이름이 붙은 이유는 상호 반응이 나타나는 데 필요한 시차를 보여주는 그래프의 모습이 거미줄을 닮았기 때문이다.

이 거미줄 정리 설명과 더불어 일반적으로 나오는 사례가 상호 의존성이 강한 옥수수와 돼지의 가격 사이클이다. 1935년 젊은 경제학자 로널드 코스(그리고 알에프 파울러 |R.F. Fowler)는 영국에서 돼지를 키우는 사이클이 거미줄 정리가 예측한 기간인 2년이 아니라 4년으로 증가했다는 사실을 보여주었다. 분명 정리상으로는 2년이 맞는데 왜 4년이 되었을까? 이는 농부들이 정확히 예측을 하면 보다 높은 수익을 올릴 수 있음을 알고 추가 정보(베이컨 수입 상황 및 수요 변화 등에 관한)를 수집해 정확한 상황 예측을 위해 시간을 끌었기 때문이다. 결국 이러한 주장은 나중에 합리적 기대라는 심리적 가정을 압도하게 되었다.

1950년대 말 거미줄 정리는 적응적 기대 |adaptive expectations라는 한 단계 높은 버전으로 발전했다. 인간은 미래도 예측하지만 늘 뒤를 돌아보면서 살아간다. 또한 인간은 자신이 실수할 것을 예측하기도 하지만 실수를 하고 나서야 그것이 실수였다는 것을 깨닫기도 한다. 이처럼 인간은 경험을 통해 배우는데, 만약 그렇지 않다면 어떠한 발전도 있을 수 없을 것이다.

케인스학파 모델은 대부분 이 적응적 기대 가정에 의지했다. 그 이유는 케인스학파가 호모 에코노미쿠스 |homo economicus, 즉 경제적 동물은 알면서도 쉽게 실수한다고 믿었다기보다(물론 일부 믿은 사

람도 있지만) 그 가설을 채택하는 것이 편리했기 때문이다.

1940년대와 1950년대에 선구자 역할을 한 경제학자들은 화학공장을 컨트롤하고 합판을 만들고 라디오 송수신센터를 건설하기 위해 발명된 조금 복잡한 수학적 도구를 이용해 자신의 모델을 구축했다. 물론 이들 경제학자는 사람들이 그들을 컨트롤하기 위해 고안한 정책에 무조건 따를 것이라는 기대를 했다.

다른 한편으로 시카고학파는 몇 가지 수학적 방법에 의존해 '모든 인간에게는 약삭빠른 면이 조금은 있다|a little Scotman in every man'는 가정을 믿고 있었다. 인간에게는 남녀를 불문하고 정보를 모으고 다른 사람의 의견(자신을 뒤에서 조종하려는 사람의 의견까지 포함해)을 감안해 미래를 예측하려는 약삭빠른 심리가 있다는 것이 이들의 가정이었다. 인간의 이 약삭빠른 심리를 모아 모델로 만들기 위해서는 좀더 고차원의 테크닉이 필요했다.

이 문제에 해법을 제시한 사람은 바로 로버트 루커스였다. 1950년대 시카고대학에서 역사를 공부하던 루커스는 전공을 경제학으로 바꿀 결심을 했다. 그리고 대학원 입학을 앞둔 여름 대학 시절에 못한 경제학 공부를 만회하기 위해 폴 새뮤얼슨의 《경제 분석 기초》를 읽었다. 그 책으로 독학을 한 그는 수업 첫날 자신이 이미 시카고대학의 모든 교수만큼 좋은 경제학 기술자가 되어 있음을 발견했다.

더욱이 밀턴 프리드먼 교수의 가격 이론|price theory 강의는 두 가지 이유에서 흥미 만점이었다. 우선 그 강의에서는 어떤 의견도 솔직하게 말할 수 있었다. 루커스는 후에 "그것은 내 인생에서 정말 독특한 경험이었다"라고 말했다. 그렇게 수업을 듣고 나면 루커스

는 서둘러 집으로 돌아가곤 했는데, 그것은 프리드먼의 강의를 자신이 새뮤얼슨 책에서 배운 수학 방법으로 바꿔보기 위해서였다. 그것은 또 다른 재미를 안겨주었다.

"나는 내가 프리드먼처럼 그토록 빨리 머리를 회전시킬 수 없다는 것을 알고 있었다. 그러나 경제 문제에 접근할 수 있는 믿을 만하고 체계적인 방법을 개발한다면, 결국 내게 어울리는 자리를 찾을 수 있을 거라고 생각했다."

몇 년 후, 루커스는 "나는《경제 분석 기초》가 정말 마음에 들었다"라고 회고했다.

"나는 경제 이론을 배우면서 어떤 문제를 수학적으로 설명하지 못한다면 결국 내가 하고 있는 일의 결과가 어떻게 될지 이해할 수 없을 거라고 생각했다. 그래서 수학적 분석은 경제 이론을 연구할 수 있는 수많은 방법 중 하나가 아니라 유일한 방법이라는 결론을 내렸다. 사진과 말로는 절대 경제 이론을 연구할 수 없다고 생각했던 것이다."

루커스의 합리적 기대 가정

루커스가 자기 앞에 놓인 문제를 풀기 위해 채택한 도구는 합리적 기대 가정이었다. 케네스 애로가 경험을 통한 학습 모델에서 스필오버 효과가 제대로 작동되도록 하기 위해 사용했던 완벽한 미래에 대한 세계관이라는 모델을 사용한 것이다. 애로와 마찬가지로 루커스는 실제로 어떤 일이 발생했는가에 대한 구체적인 설명으로 골머리를 앓고 싶은 생각은 없었다. 그래서 그저 말로만 그 가정을 내세웠다.

"합리적 기대 가정은 하나의 지름길이다. 그것은 매우 복잡한 과정을 거쳐 어떤 결과에 이르게 된다. 그러나 사람들이 미래에 어떤 일이 발생할지도 모른다고 막연하게 생각하는 것을 합리적 기대라고 부를 수는 없다. 인간의 행동은 적응적 성격을 띠고 있다. 또한 인간은 어떤 패턴의 행동을 반복하려 한다. 우리가 어떤 패턴으로 성공하면 그 행동 패턴을 다시 사용하는 것이다. 그러나 만약 그 행동 패턴이 성공하지 못하면 다른 패턴을 시도한다. 그 점에서 합리적 기대는 인간의 행동이 자신의 기대대로 성공했을 때의 상황을 묘사하는 것이라고 볼 수 있다."

그러한 기대에 따라 행동 패턴을 바꾸고 그러다 보면 언젠가 미래에는 완벽하게 행동할 수 있는 날이 올 것이라고 믿는 것이다.

그 다음 단계로 루커스는 기대에서 일련의 변화를 설명해줄 수 있는 모델을 구축하기 위해 이에 맞는 수학적 도구를 찾아 나섰다. 이 모델을 통해 개인이 어떤 결정을 내릴 때 과거에 내린 결정의 결과를 토대로 한다는 것을 보여주고 싶었기 때문이다. 이 모델에는 합리적 기대에 관한 연구에서 가끔 나타나는 예측 불허의 사건(통계학 언어로 말하자면 확률적 충격)도 포함되어 있었다.

이 과정에서 그는 1957년 리처드 벨먼|Richard Bellman|이 발표한《다이내믹 프로그래밍|Dynamic Programming|》을 찾아보았다.* 벨먼은 랜드

코퍼레이션에서 일한 인물로 수학자이자 로켓 과학자였다. 그는 상황이 계속 변화하는 가운데 여러 개의 결정을 내려야 할 때, 예를 들면 대기 상층부에 미사일을 발사해 지구를 돌고 있는 목표물을 명중시키려 할 때 혹은 달나라에 여행을 갈 때 최적의 결정을 내리기 위한 해답을 찾기 위해 일련의 테크닉을 발명했다.

벨먼은 그처럼 우주와 관련된 활동이 아닐지라도 그와 동일한 결정 과정은 매우 중요하다고 강조했다. 예를 들어 교량 건설 계약 입찰에서 가격을 올릴 것인지 내릴 것인지 결정해야 할 때 또는 포커판에서 속임수라는 흥미진진한 전략으로 상대를 제압하는 결정을 내릴 때도 이러한 결정 테크닉을 사용할 수 있다는 것이다.

루커스는 사람들이 더 소비할 것인가 저축할 것인가를 고민할 때나 상품 재고를 줄일지 늘릴지를 결정할 때 아니면 주식을 채권으로 바꿀지 말지를 결정할 때도 이 방법이 사용될 수 있기를 바랐다. 다시 말해 현재와 미래를 잇는 모든 결정에 이 로켓 과학에서 발견한 장치를 사용할 수 있기를 희망했던 것이다.

다이내믹 프로그래밍이라 불리는 이 새로운 방법에 '다이내믹' 이 들어간 이유는 이 단어가 역사와 변화를 상징하기 때문이다. 또한 이것은 전반적으로 동일한 문제의 구조가 반복적으로 나타나 반복적 방법|recursive methods으로 불리기도 한다. 이 방법에 적용되는 수학은 단순히 콩 덩굴을 타고 올라가는 것보다 훨씬 더 복잡했다 (그럼에도 벨먼은 이 방법을 설명하면서 지극히 간단한 기초적 원칙, 즉

◆ 벨먼이 1984년에 발표한 《허리케인의 눈: 자서전Eye of the Hurricane: An Autobiography》을 보면 재능이 뛰어난 수학자가(그리고 예리한 관찰력을 지닌 인물이) 제2차 세계대전 중에 어떻게 첨단 과학과 엔지니어링의 교차로에서 일했는지 흥미진진하게 기록되어 있다.

'자신이 있는 곳에서 최선을 다하라'는 것을 보여주는 것이라고 설명한 적이 있다).

그렇다면 최적 컨트롤과 다이내믹 프로그래밍간의 차이점은 무엇일까? 한마디로 시간에 관한 차이가 있다. 다이내믹 프로그래밍의 경우, 최고의 결과를 얻어내기 위해 계속 상황을 재검토할 수 있다. 따라서 램지의 변분법이나 선형 프로그래밍에서처럼 무언가를 시작하기 전에 단계별로 모든 계획을 미리 세워둘 필요가 없다. 그저 아무런 준비 없이 시작하면 되는 것이다. 그렇기 때문에 처음에 예측하지 못했던 일이 발생할 여지가 크다.

그렇다면 로켓 과학에서 사용되던 이 방법을 어떻게 경제 문제 해결에 적용할 수 있을까? 루커스는 무한차원 스프레드시트가 여러 가지 효과를 유발할 수 있다는 사실을 설명하는 데 사용된다면 그야말로 이상적인 프레임워크일 것이라는 생각을 했다. 그리하여 루커스와 그의 친구 에드워드 프레스콧|Edward Prescott은 새로운 수학과 애로-드브뢰 모델의 불확정성 원리 장치를 마스터하기 위해 밤낮으로 연구에 몰두했다.

이 두 사람이 이것을 완벽하게 이해한 후, 그 결과는 다른 모든 거시경제학자에게 전파되었다. 이 새로운 테크닉을 사용하면 단순히 시스템 플래너뿐 아니라 모든 사람을 모델상 최적자로 만들 수 있었다. 또한 기업도 현재 가격이 영원히 갈 것이라는 생각에 맞춰 행동하기보다 미래 가격에 대한 합리적 기대에 기초해 자신의 투자 가치를 계산 및 재계산할 수 있었다. 마치 미래에 실제 사람들을 만날 것처럼 행동할 수 있게 된 것이다.

이렇게 해서 루커스와 프레스콧은 분산화되고 불확실성이 높은 세계에 대한 모델을 창조하게 되었고, 이 연구 내용을 담은 논문 〈불확실한 상황 속에서의 투자│Investment under Uncertainty〉를 발표했다.

이 논문은 새로운 고전 거시경제학의 포문을 열었다는 평가를 받고 있다. 여기에 '고전'이라는 용어가 붙은 것은 인간에게는 약삭빠른 면이 있다는 가정을 담고 있기 때문이고, '거시'라는 용어가 붙은 것은 이 논문이 경기변동을 담고 있기 때문이다. 또한 '새로운'이라는 용어가 붙은 것은 이것이 케인스학파나 통화주의자들이 수용했던 신고전적 도그마│neoclassical dogma와는 달랐기 때문이다.

이 새로운 고전경제학은 1970년대에 경제학계 상층부를 휩쓸었다. 젊은 시절을 이 열풍 속에서 보냈던 올리비에 블랑샤르│Olivier Blanchard는 이 상황을 다음과 같이 설명하고 있다.

"사람과 기업이 합리적 기대를 갖고 있다면 정책을 복합적이면서도 수동적인 시스템 통제로 생각해서는 안 된다는 추론이 대두되었다. 그보다는 정책을 정책 입안자와 경제 간의 게임이라고 생각하는 편이 옳다. 그러면 정책을 제대로 관리할 수 있는 올바른 도구는 최적 컨트롤이 아니라 게임 이론이라는 결론이 도출된다."

1970년대는 한마디로 수많은 돌파구가 쏟아져 나온 기간이었다고 볼 수 있다. 중앙은행가에게(적어도 최고의 중앙은행가에게) 오랫동안 친숙했던 개념은 이제 새로운 수학적 해석의 대상이 되었다. 특히 신용은 중요한 개념이 되었고 명성, 투명성, 독립성 모두 경제정책의 주요 요소로 여겨지게 되었다. 또한 무한차원 스프레드시트라는 수학적 자산 덕분에 오래 전부터 존재해온 단기적 운영과 장기적 운영이라는 분류는 이제 예상한 결과와 예상치 못한 결과라는 이분법적 분류에 그 자리를 내주게 되었다.

애컬로프의 중고차 연구

거의 동시에 다른 경제학자들은 자신의 모델에 기대가 아닌 여러 다른 등급의 정보를 포함시키는 법을 배웠다. 이 시기에 우리가 특히 주목할 만한 인물은 수리 경제학자였던 조지 애컬로프이다. 1940년에 태어난 애컬로프는 1962년 예일대학을 졸업하자마자 수학에 관한 열정을 가득 안고 MIT에 들어가 첫해 수업 내내 모든 에너지를 대수 위상학에 쏟았다.

당시 MIT에서 경제학을 공부한 사람은 모두 성장 이론을 배웠고 애컬로프도 솔로에게서 강의를 들었다. 그해 애컬로프와 함께 공부한 친구로는 조지프 스티글리츠, 윌리엄 노드하우스, 이탄 쉐신스키가 있었고 훗날 애컬로프를 제외한 나머지 사람은 모두 시카고대학으로 갔다.

애컬로프는 시카고의 연구에서 경제 성장에서 가장 뜨거운 주체 중 하나라는 말을 들었던 접합제-점토^{putty-clay} 모델의 안정성을 보여준 적이 있다. 그런데 투자재(접합체와 점토)의 자본/노동의 고정 비율과 변동 비율을 구별하는 것이 애컬로프에게는 전혀 중요하게 느껴지지 않았던 모양이다. 사실 그가 알고 싶었던 것은 실제로 시장이 어떻게 돌아가고 있는가 하는 것이었다. 이에 따라 1966년 MIT를 졸업한 애컬로프는 UC 버클리에 자리를 잡았다.

애컬로프는 UC 버클리에서 신차 판매의 연간 변동률을 연구할 결심을 했다. 자동차 판매의 변동 상황 원인을 파악하면 기계류 분야의 임금과 가격 책정 관련 변동 상황 원인도 알 수 있을 것이라고 생각했기 때문이다. 애컬로프는 사람들이 주로 신차를 구입하는 이유는 중고차 세일즈맨의 판매 동기를 오해하고 있기 때문이라고 생각했다.

'세일즈맨이 그 중고차를 팔려고 하는 이유는 그것이 아마 똥차이기 때문일 거야. 그러니까 나는 절대 중고차를 사지 않을 거야.'

그는 사람들의 머릿속에 이런 생각이 들어 있다고 생각했다. 경제학자들은 이처럼 오해로 인한 문제를 비대칭적 정보라고 불렀다. 한쪽은 무언가를 알고 있는데 다른 쪽은 모르고 있을 때 발생하는 문제를 이렇게 부른 것이다. 사실 이러한 문제는 오래 전에 말을 거래하던 업자들에게도 많이 나타나던 문제였다. 하지만 애컬로프는 당시만 해도 그러한 사실을 까마득히 모르고 있었다.

그때 애컬로프가 파악해낸 메커니즘을 오늘날에는 역선택^{adverse} ^{selection}이라고 부른다. 중고차는 모두 똥차가 아닐까 하는 사람들의 두려움이 커지면, 중고차 시장은 규모가 축소되거나 심한 경우 붕괴될 수도 있다. 애컬로프는 곧 이러한 문제가 자동차 시장에만 국한된 것은 아니라는 사실을 깨달았다.

역선택은 품질을 평가하기 어려운 시장, 예를 들면 대출 시장이나 보험 시장에도 얼마든지 나타날 수 있다. 자신의 연구 결과에 만족한(그는 이 연구에서 난해한 위상학적 입증 공식은 버리고 좀더 표준적인 접근 방식을 택했다) 애컬로프는 그 논문을 여기저기 학술지에 보낸 뒤 1년간 머물 계획으로 인도로 떠났다. 그가 인도에 간 목적은 왜 인도가 가난한지 그 이유를 직접 파악하기 위해서였다.

그런데 그가 인도에 가 있는 동안 중고차 판매에 관한 그의 논문은 여기저기에서 여러 번 퇴짜를 당하고 말았다. 학술지에 실리기에는 내용이 하찮다는 평을 받기도 했고 시카고대학에서 발간하는 〈저널 오브 폴리티컬 이코노미〉 심사위원은 애컬로프의 연구 내용이 명백하게 잘못되었다고 생각해 거절했다. 만약 그 논문 내용이 옳다면 지금의 경제 상황은 과거와 전혀 다른 모습을 하고 있어야 한다는 것이었다.

그러다가 애컬로프의 논문 〈불량차 시장|The Market for Lemons〉은 마침내 1970년 〈쿼털리 저널 오브 이코노믹스〉에 실리게 되었다. 이 논문은 실리자마자 대성공을 거두었고 오래 지나지 않아 경제가 과거와 많이 달라져 있다는 사실이 확인되었다.

애컬로프의 이 중고차 연구는 경제학자들이 다시 독점적 경쟁으로 돌아가기 시작하는 계기가 되었다. 그로부터 1년 후 하버드 대학원생 마이클 스펜스|Michael Spence는 판매상에게 애컬로프가 설명한 곤경에서 빠져나올 수 있는 방법 하나를 제시했다.

노동 시장에 진출하려는 학생은 흔히 조금이라도 높은 학위에 투자하려는 경향이 있다. 다시 말해 돈을 투자하더라도 자신의 실력을 입증할 만한 학위를 원하는데, 스펜스는 이러한 행동을 신호 발송 행동|singalling behavior이라고 불렀다. 그의 모델은 애컬로프의 불량차 모델과 비슷했지만 더욱 광범위하게 적용할 수 있다는 특징이 있었다. 이 시장신호기능은 후에 그 유용성이 입증되면서 다른 1천

여 박사학위 논문의 주제가 되었다. 특히 이것은 구인·구직 시장, 금융 시장, 내구재 시장, 제약 시장처럼 구매자와 판매자 사이에 보유할 수 있는 정보에 많은 차이가 나는 시장에서 유효한 것으로 드러났다.

이 분야 연구에 세 번째로 뛰어든 젊은 경제학자 조지프 스티글리츠는 스크리닝 메커니즘|screening mechanisms이라는 것을 발견했다. 스크리닝 메커니즘은 소중한 정보를 다양한 방법으로 찾아내는 것으로, 예를 들어 보험 회사가 위험부담 등급별로 고객들을 분류해 다른 보상금, 다른 내용의 보험증권을 발급할 때 사용하는 일종의 트릭이라고 할 수 있다. 스티글리츠는 자신의 분석 내용을 금융 분야로 확대해 신용 할당|credit rationings을 설명하는 것은 물론, 높은(그리고 효율적인) 임금이 그러한 임금을 제시하지 않았다면 유치하지 못했을 근로자를 어떻게 유치하는지 설명하기 위해 구인·구직 시장에까지 확대시켰다.

이처럼 스티글리츠의 저돌적인 연구 스타일은 스펜스의 연구 스타일과 크게 대조되었다. 매우 총명했던 스티글리츠는 암허스트대학에서 MIT로 온 그해 말쯤 폴 새뮤얼슨의 논문을 모아놓은 〈논문모음집|Collected Papers〉 제1권 편집을 맡았다. MIT 사람들에게 좋은 인상을 심어 주어야겠다는 생각을 했기 때문이다.

스티글리츠는 아주 긴 전공 논문을 썼는데, 당시에는 그렇게 긴 논문을 받아주는 곳이 없어서 논문을 작은 논문으로 쪼개 발표해야 했다. 또한 스티글리츠가 일본에서 8시간이나 계속된 강연을 했던 열정적인 태도는 경제학계에 전설로 전해 내려오고 있다. 마치 꿀을 찾아다니는 곰처럼 스티글리츠는 논쟁의 여지가 있는 연구 분야

라면 어김없이 파고들었다. 이에 따라 스티글리츠가 연구한 내용을 보면 그가 모든 연구 주제에 손을 댄 것 같은 느낌을 준다. 그는 성장, 일반 균형, 공공 재무, 기업 재무, 불확실성 상황에 놓인 기업에 관한 이론, 시장의 부재, 비교 경제학 등 손대지 않은 분야가 없을 정도로 다양한 연구를 했는데, 그중에서 가장 성공을 거둔 분야는 정보경제학|economics of information 분야였다.

모델, 명사를 넘어 동사로

새로운 테크닉은 경제학계에 대전쟁을 몰고 왔고, 특히 루커스의 무한차원 스프레드시트의 사용은 큰 싸움을 몰고 왔다. 그러나 시간이 흐르면서 현대경제학 쪽이 이 전쟁에서 성공을 거두게 되었다. 어느 각도에서 접근을 하든(합리적 기대, 비대칭적 정보, 거시 아니면 미시 어느 쪽에서든) 전통적인 경제학 문제를 새로운 방법으로 이해했을 때 얻을 수 있는 이익이 매우 커서 어느 누구도 이것을 무시할 수 없었던 것이다.

그렇다고 모든 경제학자가 현대경제학적인 방법에 완전하게 동의했다는 뜻은 결코 아니다. 1930년대에 경제학을 엔지니어링으로 해석해야 하는지 아닌지에 대한 해석을 두고 케인스학파와 통화주의자들이 치열한 싸움을 벌인 것처럼 현대경제학자들 내부에서도 의견차가 크게 두드러졌다. 이로 인해 현대경제학은 신고전학파와 신케인스학파로 나뉘게 되었다.

신고전학파는 신케인스학파보다 유리한 출발을 했다고 볼 수 있

다. 무엇보다 방법에서 새로운 분야를 개척한 이들은 완전 경쟁 가정이 편리하다는 점을 강조했으며, 왜 정부가 실패했는지 분석하고 비자발적 실업 문제|the problem of involuntary unemployment가 지나치게 과장되었다는 주장을 했다. 이에 따라 한동안 이 학파의 도구에 정치적 주장이 암시적으로 배어 있는 것 같은 인상을 준 것도 사실이다.

출발이 조금 늦은 신케인스학파는 곧 추격에 나섰다. 무엇보다 이들은 새로운 방법을 수용해 일반 균형 모델과 합리적 기대 가설을 구축하고 현재와 미래를 연결해주는 역할을 하는 무한차원 스프레드시트 사용법을 배웠다. 그러나 이들은 곧 과거 경제학자들이 파악하고 주장했던 불완전성, 마찰, 비대칭을 강조했고 당연히 이들이 선호하는 해결책에는 일종의 정부 규제가 포함되었다. 대표적으로 필립스 곡선은 기대와 예기치 못한 충격을 설명하기 위해 약간 변형되어 재사용되었다.

어떤 면에서는 이러한 경향을 민물학파 거시경제학과 소금물학파 거시경제학으로 나눠보는 것이 더 편리할 때가 있다. 민물학파 거시경제학을 주도하던 곳은 시카고, 미네소타, 로체스터, 카네기 멜론, 그밖에 강과 호숫가에 위치한 내륙 쪽의 대학이 많았다. 반면 소금물학파 거시경제학을 주도하던 대학은 MIT, 하버드, 예일, 프린스턴, 스탠퍼드, 버클리 등 해안가에 위치한 대학이 많았다.

경제학자들은 현대경제학이 구식 사고방식을 얼마나 크게 바꿔놓았는지를 설명하기 위해 새로운 학파 이름을 즉시 수용했다. 특히 젊은 경제학자의 경우, 과거를 지배하던 케인스학파와 통화주의자의 독트린은 아예 쳐다보지도 않게 되었다.

그로부터 상당 시간이 지난 후, 애컬로프는 경제학에서 새로운 방법이 시작된 기원이 어디인지 추적하는 연구를 통해 성장 이론의 초기 시절이 새로운 방법의 기원이라는 사실을 파악하게 되었다. 로버트 솔로가 이끄는 초기 성장 이론가가 완전 경쟁의 기준과 구분되는 최초의 모델을 구축한 주인공이었던 것이다. 애컬로프는 1960년대 이전까지만 해도 이론가들은 특별한 목적의 제도를 연구하거나 특정 시장의 특성을 연구하는 모델을 구축하려는 시도는 거의 하지 않았다고 분석하고 있다. 단 챔벌린은 예외적인 인물이었다. 챔벌린이 주장하던 독점적 경쟁을 대학원에서 강의하고 심지어 일부 학부생이 이를 공부하기도 했지만, 이것은 매일 먹는 반찬이 아닌 어쩌다 소풍 가서 먹는 특별식처럼 여겨지고 있었다.

세상의 실상을 파악하기 위한 시도 차원에서 1960년대 초 처음 도입된 이 특별 모델은 이해하기가 어려웠고 혹시 이해할 수 있다고 해도 명확하게 이해하기가 어려웠다. 특정 연도 자본, 인적 자본, 경험에 의한 학습, 그리고 접착제와 점토 재화 모델 등은 모두 이해하기가 쉽지 않았다. 그러나 초기 시절의 이러한 성장 모델은 후에 대혁명을 유발하는 불씨 역할을 하게 되었다. 애컬로프는 많은 모델 중에서도 길 잃은 순찰대|Lost Patrol 그룹으로 불린 실력 있는 경제학자들이 연구해낸 비대칭 정보 모델은 최초로 선보인 모델들 중 가장 눈부신 모델이었다고 분석하고 있다.

애컬로프는 이들 초기 모델 덕분에 금융 분야, 즉 민물학파 거시 경제학 분야가 얼마나 많이 발전할 수 있었는지 설명하고 있다. 어쨌든 초기 성장 이론은 모두 부정할 수 없는 대단한 역할을 했다. 이 새로운 방법(게임 이론, 집합론, 로켓 과학 등) 덕분에 경제 이론은 실제 세계에 대해 많은 것을 배울 수 있었던 것이다.

애컬로프는 자신이 '모델'이라는 단어를 명사가 아닌 동사로써 듣게 된 것은 1969년 여름이었다고 회상하고 있다.

시대의 흐름을 반영하기 시작한 노벨상

노벨상 수상자를 결정하면서 일반 대중과 언론의 사고를 따라 과거를 뒤돌아보고 수상자를 결정하던 노벨상위원회는 마침내 최근의 사고가 어떤 흐름에 의해 변화하게 되었는지에 관심을 기울이게 되었다. 이에 따라 노벨 경제학상 제정은 많은 사람의 환영을 받았다.

1969년 처음으로 수여된 노벨 경제학상은 1930년대에 계량경제학협회를 창립하는 데 지대한 공헌을 했던 라그나르 프리시와 얀 틴베르헨에게 돌아갔다. 그 다음해의 노벨 경제학상은 마흔다섯 살의 폴 새뮤얼슨에게 돌아갔고 세 번째 노벨 경제학상은 국민소득계정 수립에 큰 공을 세운 사이먼 쿠즈네츠가 받았다. 네 번째 노벨 경제학상은 존 힉스와 케네스 애로에게, 다섯 번째는 투입산출표를 발명한 바실리 레온티에프에게 돌아갔다.

그 후 시상이 편중되어 있다는 비난을 피하기 위해 노벨상위원회는 스웨덴의 경제학자 군나르 뮈르달|Gunnar Myrdal과 오스트리아의 훌륭한 경제학자로 인정받고 있던 프리드리히 폰 하이에크를 수상자로 결정했다. 그리고 그 다음해는 경제학에서 중요한 도구로 인정받게 된 선형 분석법의 창안자인 찰링 쿠프먼스와 레오니드 칸토로비치가 노벨 경제학상을 수상했다.

25년 전에 쿠프먼스를 경제학계에서 밀어낸 밀턴 프리드먼에게는 1976년이 되어서야 노벨 경제학상이 수여되었다. 그리고 그로부터 15년 후, 쿠프먼스의 제자 해리 마르코비츠가 노벨 경제학상을 받았다. 그 이유가 밝혀지지는 않았지만 경제학 발전의 큰 축을 그은 로버트 솔로는 1987년이 되어서야 비로소 노벨상을 받게 되었다. 그리고 1994년에는 존 내시(그리고 존 하사니|John Harsanyi, 라인하르트 젤텐|Reinhard Selten)가 노벨 경제학상을 수상하게 되는데, 이들은 50여 년 전에 개발되기 시작한 게임 이론 발전 분야에서 경제학이 기여한 공로를 감안해 수상자로 결정된 것이다.◆ 중요한 사실은 1970년대 말에 현대경제학파가 주요 대학 경제학과 대학원을 완전히 휩쓸었다는 점이다. 그리고 1990년대 들어 이들 현대경제학파는 노벨 경제학상까지 휩쓸게 되었다.

새로운 기술의 개발 과정을 보면 도중에 항상 어떤 공백이 존재한다는 사실을 알 수 있는데, 이는 경제학자들이 먼저 쉽게 풀 수 있는 문제에 매달리기 때문이다. 그러다 보면 항상 밀리는 이론이 있게 마련이고 특히 1970년대에는 성장 이론이 밀려났다. 이에 따라 1970년대와 1980년대는 이 이론이 거의 잊혀지고 마는데, 왜 그런 일이 발생했는지 이해하기가 좀 어렵다. 그 시대에 전 세계는 성장 이론을 꼭 연구해야 하는 시기에 접어들었기 때문이다. 당시 세계에는 생산성 하락, 인플레 증가, 아시아 '용'들의 부상, 유럽의

◆ 당시 노벨 경제학상 수상자를 결정하는 투표일에 이들을 수상자로 결정하는 데 거세게 반대하는 위원이 한 명 있었지만, 노벨상위원회는 그 반대를 물리치고 이들을 노벨 경제학상 수상자로 결정했다. 이 에피소드에 관한 내용은 실비아 나사르Sylvia Nasar의 《아름다운 마음: 1994년 노벨 경제학상 수상자인 존 포브스 내시 주니어 전기A beautiful Mind: A Biography of John Forbes Nash, Jr., Winner of the Nobel Prize in Economics, 1994》에 상세히 나와 있다.

경제 무대로의 복귀 등 다양한 경제 현상이 나타났던 터라 그 시기야말로 경제 성장 이론 연구가 꼭 필요했던 것이다. 그러나 당시 경제학자들이 가장 큰 관심을 둔 분야는 경기변동과 정책 효율성 분야였다. 이들이 성장 이론에 관심을 갖지 않았던 이유는 성장 이론에 관한 큰 문제는 이미 해결되었다고 생각했기 때문이었다.

아프리카 지도를 제작했을 때 그러했듯 솔로의 성장 원인 모델|model of sources of growth 은 큰 줄기만 표시했을 뿐, 상세한 사항이나 사람들이 관심을 가질만한 부분은 일부러 삭제해버렸다. 만일 과거 아프리카 지도처럼 '이곳에 가면 큰 호랑이가 있다'는 식으로 현대 경제학이 연구해야 할 분야를 세심하게 표시해주었다면, 젊은 경제학자들이 스스로 지도를 그려가며 미개척 분야로 모험을 떠날 수 있었을 텐데 그 점에서 큰 아쉬움이 남는다.

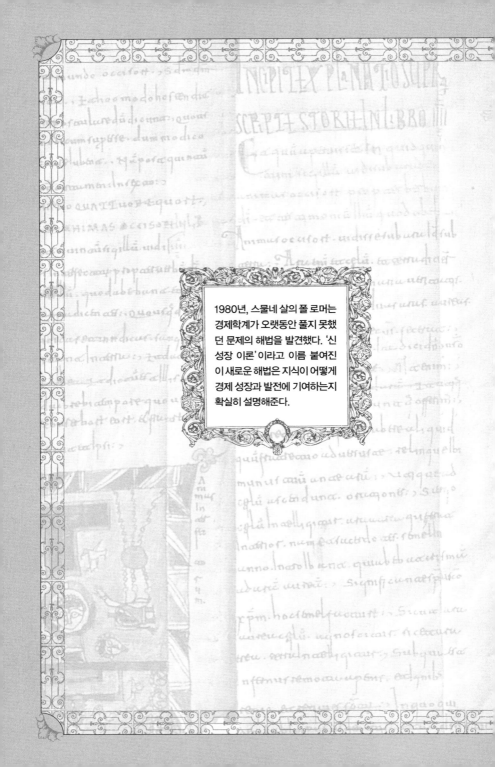

1980년, 스물네 살의 폴 로머는 경제학계가 오랫동안 풀지 못했던 문제의 해법을 발견했다. '신성장 이론'이라고 이름 붙여진 이 새로운 해법은 지식이 어떻게 경제 성장과 발전에 기여하는지 확실히 설명해준다.

PART

2

신성장 이론과
21세기 지식경제학

14

새로운 출발
New Departures

1970년대에 가장 빠르게 성장한 나라는 일본이었다.
어떻게 그 작은 섬나라가 그토록 눈부신 경제 성장을 달성할 수 있단 말인가?
일본의 성공에 무슨 비밀이라도 있는 것일까?

당황스럽고 너무도 혼란스러운

강줄기가 어떻게 흐르는지는 잘 보일 때보다 그렇지 않을 때가 더 많다. 작게 시작되어 분수령에 도달했다가 어느 순간 물줄기가 말라버리고 다른 줄기에서 물이 흐르기도 하고, 어떤 경우에는 그 말라버린 줄기 대신 한 줄기가 아닌 여러 줄기가 흐르기도 하며 이처럼 서로 다른 물줄기는 외형상 전혀 상관이 없어 보인다. 또한 서로 다른 줄기는 절대 만나지 않는 경우가 있고 만나는 경우도 있는데, 만나는 경우 이 줄기는 거대한 강물로 변하게 된다.

경제 정책의 역사를 살펴보면 1970년대는 1930년대와 마찬가지로 작은 줄기의 형태, 어쩌면 그보다 좀더 큰 줄기로 흐르고 있음을 알 수 있다. 중요한 사실은 그때만 해도 이 물줄기가 확실히 눈에 보이지 않았다는 사실이다.

1970년대 세계 경제는 큰 소용돌이에 휘말렸고, 이때 나타난 위기의 양상은 1930년대의 경제 대공황 때와 완전히 달랐다. 1970년대는 침체 대신 두 자리 숫자의 인플레이션, 상대적인 경제 성장률 하락, 그리고 경제 현기증 현상이 유발되었던 것이다. 그러나 이 상황은 경제 대공황 때처럼 절망적이지는 않았다.

이때 산업 민주화 체제를 유지하는 국가에서는 상황이 손을 쓸 수 없는 방향으로 흘러가고 있다는 인식이 널리 퍼지게 되었다. 반면 중앙 통제식 경제 체제를 유지하는 국가는 모든 것이 순탄해 보인다고 평가한 관측통도 있었고, 이들 국가가 산업 민주화 국가에 비해 완전히 뒤처지게 되었다는 평가를 내린 관측통도 있었다. 어쨌든 남북, 즉 부국과 빈국 사이의 격차는 그 어느 때보다 크게 벌어지는 듯했다. 소위 제3세계라 불리는 국가 대부분은 부국을 따라잡기 위해 절망적으로 안간힘을 썼는데, 이들 중에서 극소수 국가(일본과 아시아의 네 마리 용인 대만, 한국, 홍콩, 싱가포르)는 성장의 비밀을 마스터하는 데 성공한 듯 보였다.

1970년대 중반 수백 명의 학생이 경제학과 대학원에 진학했다. 이들은 모두 1930년대에 위기를 겪었던 사람들의 자녀 세대로 새롭게 발생한 문제에 대해 해결책을 찾겠다는 야심을 갖고 이 분야에 뛰어들었다. 그런데 1970년대에는 이들이 풀어야 할 문제가 너무 많았다. 인플레이션, 높은 실업률, 자원 희소성, 생산성 하락 등 모든 문제가 동시에 발생하고 있었기 때문이다. 그 시대 젊은이들이 어떤 사고를 지니고 있었는지는 레드 제플린|Led Zeppelin의 "당황스럽고 혼란스러운|Dazed and Confused"이라는 노랫말(그리고 이들의 콘서트를 담은 영화 및 당시를 표현했던 코미디 영화)에 잘 표현되어 있다. 물론 경제 대공황에 대한 생각은 이미 퇴색되고 있었다.

사실 현대경제학이 탄생 초기에 가장 시급하다고 생각했던 문제는 그로부터 300년 전 사람들이 고민했던 문제와 똑같은 것이었다. 왜 어떤 국가는 더 급속한 경제 성장을 이루는 반면 다른 국가는 그렇지 못하는가? 바로 이것이 그들이 가장 시급하게 답을 찾으려 했던 문제였다. 그때로부터 한참이 지난 후에야 당시 가장 흥미로운 주제는 경제 안정화가 아니라 성장이었다는 사실이 밝혀졌다.

1970년대에 가장 빠르게 성장한 나라는 일본이었다. 일본 자동차 생산업체들이 미국 자동차 생산업체를 맹공격하며 추격했던 것이다. 그런데 미국의 자동차 산업이 지니고 있던 그 위대한 장점은 왜 그토록 빨리 무너져 내렸던 것일까? 일본의 성공에 무슨 비밀이라도 있었던 것일까?

70년대 일본 초고속 성장의 비밀

당시 대학원에서 경제학을 전공하고 있던 스물네 살의 폴 크루그먼은 캘리포니아의 한 사업가를 만나 그의 걱정거리를 들었다. 그 사업가는 일본이 일부 중요한 산업 분야에서 시장의 문을 걸어 잠그고 보호하면서 그렇게 쌓은 기술로 세계 시장을 공략한다고 주장했다. 폴 크루그먼이 그 이야기를 들은 해는 1978년이었다.

일본은 처음에 카메라와 오토바이 분야의 해외 시장을 공략했다. 그런 다음 자동차 분야를 빠르게 마스터했고 텔레비전, 비디오 카메라, 그리고 다른 소비자 가전 분야도 잠식했다. 똑똑한 캘리포니아 사람들은 그보다 겨우 20여 년 전에 미국인이 발명한 반도체도 머지않아 일본인의 타깃이 될 것이라는 사실을 알고 있었다.

분야만 달랐지 일본인의 공략 메커니즘은 같았다. 우선 가장 최신의 제조 공정에 집중적인 투자를 한다. 그렇게 투자해서 얻은 기술로 국내 시장에서 오랫동안 경험을 쌓으면 투자된 고정비용은 완전히 뽑을 수 있다. 그 상태에서 제조 기술을 향상시킨 후 더 좋은 상품을 낮은 가격에 해외 시장에 선보이는 것이 그들의 전략이었다. 그처럼 좋은 조건을 갖추게 되면 얼마든지 수출 시장을 성공적으로 공략할 수 있었다.

그날 캘리포니아 사업가가 하는 이야기를 듣고 나서 크루그먼은 자신이 학교에서 배운 국제무역 강의 내용을 머릿속으로 검토해 봤다. 리카도 시대 이후 학교 교과서를 통해 배우는 전형적인 내용은 특정 국가의 천연자원 보유 현황에 따라 국가별로 자연스럽게 특화 현상이 발생한다는 것이었다. 교과서는 완전 경쟁과 규모에 대한 수확 불변은 어떤 국가가 어떤 분야를 특화할 것인지 올바로 교통정리가 되면서 힘을 발하게 된다고 설명하고 있었던 것이다. 다시 말해 포르투갈은 와인, 영국은 양모, 미국은 목재를 수출하는 등 국가별로 특화 분야가 자연스럽게 발전하게 된다는 얘기다.

이러한 의식 아래서는 국가끼리 무역을 하는 목적은 생산 자원의 불균등성(균등하지 못한 토지 및 노동력처럼)으로 인한 문제를 해결하려는 것이었다. 이렇게 서로 부족한 부분을 채워가며 무역을 하다 보면 세계 경제가 균등하게 발전할 수 있으리라고 생각했던 것이다.

물론 무역은 그러한 기준으로부터 출발하는 것이고 그 방법으로 무역이 잘 진행될 수도 있다. 이러한 무역 이론은 1930년대 이론가들이 코드화했고 1940년대에는 폴 새뮤얼슨이 새뮤얼슨-스톨퍼 정리|Samuelson-Stolper theorem 라는 이름으로 형식화했다. 무역 이론 전문가 중에서 새뮤얼슨의 제자이자 크루그먼의 스승이던 자그디시 바

그와 티만큼 이 표준 모델을 성공적으로 잘 적응 확대시킨 인물도 드물다.

크루그먼은 그 캘리포니아 사업가는 비교우위의 원칙을 모르고 있는 모양이라고 생각했다. 아니면 그 사업가에게는 시장의 자동적인 힘이 무역이나 특화의 자연적 패턴을 알아서 회복시켜줄 것이라는 경제학자들의 신념인 항상성|homeostatic|적인 세계관이 없는지도 모른다. 문제는 그 사업가가 몸담고 있는 현실 세계를 지배하는 독트린이 크루그먼이나 다른 동료 경제학과 학생들이 학교에서 배우는 경제 독트린과 전혀 달랐다는 점이다.

롱아일랜드에서 성장한 크루그먼은 예일대학에 진학해 윌리엄 노드하우스 교수가 세계 에너지 시장을 연구하는 것을 도왔다(여름방학 때 시행한 계량경제학 프로젝트에서 그는 유가가 상승하면 사람들이 석유 소비를 줄인다는 사실을 발견하게 된다). 그리고 예일대학을 졸업한 뒤에는 1975년 MIT 대학원에 진학했다.

당시 MIT는 실력 있고 열정이 넘치는 교수진 덕분에 경제학 분야에서 타의 추종을 불허하는 세계 최고 대학이라는 평가를 받고 있었다(물론 지금도 MIT는 세계 최고지만 다른 대학과의 격차가 줄어든 것은 사실이다). 이에 따라 경제학 분야에 새롭게 뛰어든 학생들 중 최고로 똑똑하다는 평가를 받고 있는 상당수의 학생이 MIT 대학원으로 진학했다. 물론 그렇게 뛰어난 인재들이 모인 만큼 두각을 나타내기 위한 경쟁이 무척 치열했다. 언젠가 크루그먼은 재미삼아 별들 간의 교역 경제학에 대한 논문을 쓴 적이 있는데, 이 논문에서 그는 일반 상대성을 고려해 금리를 조정하려는 시도를 했다.

크루그먼에게 작은 수학적 모델을 만드는 것은 전혀 어려운 일이 아니었다. 그에게는 모델을 평범하지 않으면서도 쉽게 적용할 수 있도록 만드는 기술, 즉 가정을 간소화할 줄 아는 탁월한 기술이 있었던 것 같다. 그는 최신 수학 테크닉이 나오면 곧바로 배워 나갔다. 당시 새로운 수학 테크닉에 대한 젊은 경제학도들의 관심과 감동은 대단했다. 그는 통화에 대한 투기성 공격에 대해 논문을 한 편 썼는데, 이 논문은 후에 환율 결정에 새로운 관점을 제시한 특별한 논문으로 평가받았다.

또한 그는 자신의 박사학위 논문에 당시의 경향을 반영해 국제 무역의 합리적 기대 모델에 의거하되 표준적 역할을 했던 케인스학파의 관점을 새로운 방향으로 확대하는 내용을 담고자 했다. 그렇게 대학원을 졸업(1977년 6월)한 크루그먼은 특별한 방향 없이 학생들을 가르치기 위해 모교인 예일대학으로 돌아갔다. 훗날 그는 "당시 나는 내가 정말로 연구를 좋아하는지 아닌지에 대한 확신조차 없었다"라고 고백했다.

그런데 만약 그 캘리포니아 사업가의 말이 옳다면? 이미 그 이전에 상당수의 정치인과 일부 경제학자(알렉산더 해밀턴|Alexander Hamilton과 그 이전의 경제학자)가 시장점유율을 확보하면 수확체증을 통해 엄청난 이익을 볼 수 있다는 주장을 하며 유치산업|infant industries 보호를 주장했던 적이 있다. 1961년 MIT에서 공부하던 스테판 버렌스탐 린더|Staffan Burenstam Linder는 자국 시장 효과|home-market effect에 대한 가정을 제시했는데, 이것은 국가가 국내 수요가 지속적으로 높은 분야에 대해 수입을 금지시키거나 무역 금지령을 내림으로써 이익을 볼 수 있다는 가정이다.

린더는 볼보|Volvo의 경우를 염두에 두었다. 볼보는 스웨덴에 대

부분의 외제 자동차 수입이 금지되던 제2차 세계대전 중에 자동차 사업에 뛰어들었다. 그렇게 외국과의 경쟁으로부터 보호를 받던 몇 년 간 자동차 생산 노하우를 확실히 익힌 볼보는 스칸디나비아 국가들의 시장 공략에 나섰고, 1960년대 들어 미국을 비롯한 다른 국가의 자동차 시장도 공략했다.

린더는 스웨덴의 미국 시장 진출은 정상이 아니라고 생각했다. 리카도의 방식에 따르면 그런 일은 절대 일어나서는 안 되는 것이었다. 표준 이론|Standard theory에 따르면 특화의 증가 성향은 자연스럽게 국가 자원 보유 현황에 따라 알아서 교통정리가 되어야만 했다. 예를 들어 자동차는 영국, 기차는 독일, 비행기는 미국에서 제조되어야 하고 볼보가 누리는 자국 시장 효과는 미약하기 짝이 없어 결국 수그러들어야만 했다.

그런데 이런 표준 이론과 반대로 모든 산업 국가는 전체 카테고리 상품 수출을 동시에 증가시키기 위해 사력을 다했고, 린더는 이들 국가가 상호간에 같은 품목을 수출하고 있다는 사실을 발견했다. 미국은 포드 자동차 외에 보잉 비행기를 독일에 수출하고, 독일은 포커 비행기와 폭스바겐 자동차를 수출하고 있었던 것이다. 이러한 국가간 교역 상황은 산업간 교역에 관한 수수께끼로 알려지게 되었다.

크루그먼은 일본도 스웨덴이 한 것과 똑같은 일을 하고 있다고 생각했다. 하지만 일본의 경우에는 규모가 좀더 크다는 특징이 있었다. 그렇다면 일본이 자동차 분야뿐 아니라 다양한 상품 분야에서 보호무역 정책에 의존하고 있다면 어떻게 될까? 예를 들어 한 해는 체인톱 분야에서, 그 다음에는 잔디 깎는 기계와 선외 모터

|outboard motors에서 보호무역 정책을 채택해 내수 시장에서 대규모로 산업을 키운 후 해외 시장을 저가로 공략한다면 어떻게 될까?

약삭빠른 조종자(이들을 전략적 무역업자라고 부르자)가 존재하는 국가의 경우, 이들은 법이나 기업의 노력이 자신들이 원하는 방향으로 가도록 뒤에서 정부를 조종할 수 있다. 그런 조종 행위가 없다면 우연히 소규모로 일어날 일이 실제로는 대규모로 일어나기도 한다. 이들은 처음에 오토바이를 타깃으로 삼았고 그 다음으로는 자동차 분야로 옮겨갔다. 물론 그 다음에는 비행기나 첨단 기계로 옮겨갈 것이다. 이러한 상황이라면 다른 국가는 특정 산업에서 다같이 밀려날 수 있다. 그리고 일단 한번 밀려나면 다시 그 시장으로 돌아가는 것은 불가능할 수도 있다.

그런데 그 캘리포니아 사업가에게는 지극히 당연한 일로 여겨지는 것이 제대로 훈련받은 경제학자에게는 앞뒤가 맞지 않는 일로만 여겨졌다. 이론적으로 보자면 그 사업가가 말한 것은 절대로 발생할 가능성이 없었다. 그 사업가가 말한 내용을 보여주는 모델 없이는 보호주의적 정책의 효과가 무엇인지 알 수 없었고 또한 그것이 얼마나 큰 영향력을 미치는지도 알 수 없었다.

폴 크루그먼의 인생을 바꿔놓은 결정적 90분

사실 크루그먼이 마음속으로 던지고 있던 질문은 1970년대 중반 매사추세츠 케임브리지에 있는 경제학자들의 마음속에도 수없이 던져지고 있었다. 그럼에도 이들은 큰 숲의 각자 다른 나무 부분을 붙들고 연구에 매달렸다.

1970년대 초반 산업조직론(IO)으로 알려진 경제학의 한 세부 분야가 애컬로프, 스펜스, 스티글리츠 등의 경제학자가 개발한 신호 기능 모델 및 스크리닝 모델 덕분에 크게 인기를 끌기 시작했다. 이처럼 산업조직론에 관한 연구가 불길처럼 번져갈 무렵, 미국 정부는 IBM과 AT&T를 독점금지법 위반으로 고소했다. 그리고 벨[Bell]과 랜드[RAND]의 경제학 저널은 각각 응용 경제학 분야 사업에 뛰어들었다. 그런 가운데 신세대 젊은 게임 이론 전문가들(특히 데이비드 크렙스[David Kreps], 폴 밀그롬[Paul Milgrom], 존 로버츠[John Roberts], 로버트 윌슨[Robert Wilson] 같은)은 새로운 툴을 계속 연구했고, 마침내 이들은 1950년대와 1960년대 이론가(존 내시, 존 하사니, 라인하르트 젤텐, 로버트 오먼[Robert Aumann] 등)가 개발한 고차원 압축 공식을 토대로 새로운 도구를 창조해냈다.

단일 기업이 어떻게 시장을 지배하게 되는지를 보여주는 이 공식은 수학공식으로 표현되어 큰 인기를 끌었다. 그런데 왜 이들 독점 기업은 일부 산업 분야에서 성공하는 반면, 다른 기업은 성공하지 못하는 것일까? 이런 기업은 어떤 지배 체제를 갖추고 있고 어떻게 자금을 충당하는가? 이들은 언제 위계질서를 중요시하고 또 언제는 중요시하지 않는가? 이 모든 질문의 중심에는 수확체증의 법칙이 자리 잡고 있었다.

새롭게 개발된 모델은 기업이 어떻게 수확체증을 강화할 수 있는지 잘 보여주었는데 기업은 상품 다변화, 브랜드 네임 강화 그리고 경쟁업체들의 경쟁력을 억제할 수 있는 다른 모든 방법을 총동원해 수확체증을 강화하고 있었다. 그때까지만 해도 대학교 경제학과에서는 독점적 경쟁은 이론상으로 볼 때 죽어버린 이론이라고 배우고 있었는데, 현실에서는 독점적 경쟁 상황이 발생하고 있었던 것이다. 결국 지하 깊숙이 묻혀 있던 핀 공장 문제가 갑자기 경제학자들의 연구 시야권으로 들어오게 되었다.

크루그먼이 스스로에게 던진 문제를 푸는 열쇠는 독점적 경쟁에 관한 한 모델에 들어 있었다. 애비나시 딕시트|Avinash Dixit와 조지프 스티글리츠는 그보다 1년 전 그 모델을 개발했는데 이들은 크루그먼과는 다른 목적, 즉 상품 확산|product proliferation이 경제에 해로운지 아닌지를 조사할 목적으로 이 모델을 개발했다. 당시 인기 있던 한 이론은 브랜드 증식|proliferation이 인플레의 일부 요인이 된다고 주장하고 있었다. 딕시트와 스티글리츠는 지나친 다변화가 전략으로 사용될 수 있는지 없는지 궁금했다. 독점을 하고 있는 몇몇 거대 식품 가공 기업은 수많은 경쟁자를 시장에서 몰아내기 위해 엄청난 종류의 상품을 선보였는데, 그것은 지나친 것일까? 최적 다변화|optimal variety에 대한 해답을 찾으면 이 질문의 답변을 얻을 수 있었다.

다변화 문제는 그로부터 50년 전 컬럼비아대학의 해럴드 호텔링이 체계화했는데, 그는 세 개의 가솔린 주유소가 같은 사거리에서 같은 상품을 판매하는 상황, 즉 공간적 입지에 관한 연구를 했다. 하지만 딕시트와 스티글리츠는 문제의 배경을 살짝 바꿨다. 경쟁 배경은 주유소가 아닌 슈퍼마켓 진열장으로, 경쟁하는 독점 상품은 아침 시리얼로 바꾼 것이다.

이들은 다양한 취향을 지닌 소비자를 예로 들어 소비자의 효용 함수를 부가적 가분성|additive separability이라는 수학적 테크닉을 사용해 보여주었는데, 그러한 함수로 분석해보니 소비가 이루어지는 세

상은 애로-드브뢰가 설명한 세상(초평면 분리가 발생하는)과 똑같다는 사실이 밝혀졌다! 딕시트는 후에 이 발견에 대해 다음과 같이 회상하고 있다.

"스티글리츠와 나는 모든 곳에 적용할 수 있는 불완전 경쟁 일반 균형 모델 구축을 연구했다. 하지만 우리는 그 모델이 그토록 다양한 용도를 갖고 있을 줄은 전혀 알지 못했다. 만일 그걸 알았다면 후속 내용에 관한 논문은 모두 우리가 직접 썼을 것이다!"

크루그먼이 자신의 문제를 해결하기 위해 채택한 모델은 차별화된 상품에 관한 작지만 아름다운 이 모델이었다(그는 로버트 솔로의 독점적 경쟁 수업에서 이 모델을 배웠다). 그런데 언제나 그렇듯 후에 수많은 사람이 동시에 이와 유사한 모델을 개발했다는 사실이 밝혀졌다.◆

딕시트-스티글리츠 모델은 크루그먼이 염두에 두었던 적용 분야를 포함해 수많은 분야에 적용 가능하다는 사실이 밝혀졌고 이 모델은 쉽게 적용할 수 있는 폭스바겐식 모델 중 하나이자 MIT를 대표하는 간판 모델이 되었다.◈

◆ 1975년 켈빈 랭카스터Kelvin Lancaste, 1976년 마이클 스펜스, 1977년 딕시트와 스티글리츠, 그리고 1979년에 스티브 살롭Steve Salop이 이와 유사한 모델을 각각 개발했다.

◈딕시트-스티글리츠 모델이 지닌 장점은 마사히사 후지타Masahisa Fujita, 폴 크루그먼, 앤소니 베너블스Anthony Venables가 펴낸 《공간 경제: 도시간, 지역간, 그리고 국가간 무역The Spatial Economy: Cities, Regions, and International Trade》에 상세히 설명되어 있다.

이러한 상황에서 1978년 1월 크루그먼은 당시 국제경제학 분야를 대표하는 인물이자 MIT 경제학과 상담 교수였던 루디거 돈부시를 만났다. 그 자리에서 크루그먼은 캘리포니아 사업가와 나눈 대화를 설명하면서 독점적 경쟁 무역 모델에 관해 연구를 해볼까 한다고 털어놓았다. 돈부시는 즉각 대환영을 표시했고 크루그먼은 확고한 결심을 안고 집으로 돌아갔다.

그렇게 하여 크루그먼은 거의 200년간 수확체증이나 가격 하락이 정부의 무역 정책에서 어떤 역할을 하는지를 연구한 긴 경제학자의 명단(존 래|John Rae, 프리드리히 리스트|Friederich List, 존 스튜어트 밀, 프랭크 그래엄|Frank Graham, 스태판 버렌스탐 린더 등)에 자신의 이름을 올리게 되었다. 그런데 1970년 중반까지도 경제학자들은 여전히 옥수수 모델(단일 복합 상품|single composite good은 다른 상품과 다르지 않다는)의 수학적 버전을 사용하고 있었다. 그 이유는 과거에 다른 것을 연구할 수 있는 도구가 존재하지 않았고, 또한 경제학자들이 그 분야에 신경 쓰지 않았기 때문이다.

과거의 경제학자들과 달리 크루그먼은 새롭게 개발된 도구를 이 연구에 확대 적용했다. 그런데 그는 이 문제에 깊이 파고들자마자 그동안 어렵다고 생각해온 문제의 해답을 쉽게 찾아낼 수 있었다. 이 모델에서 제시한 일부 상품은 비행기처럼 즉각적인 대체 상품이 등장할 수 없는 독점적 상품이었다. 이에 따라 그러한 상품을 제조하는 생산자가 독점적으로(어느 한계 내에서) 판매가를 책정할 수 있었던 것이다. 그러나 옥수수 같은 상품의 경우는 상황이 다르다. 다수의 판매자와 다수의 구매자가 있는 만큼 얼마든지 완벽한 대체물을 찾을 수 있다. 그 점에서 이처럼 평범한 상품은 수요와 공급 상황에 의해 가격이 결정된다.

이러한 사실이 발견되자 그동안 막혀 있던 길이 갑자기 탁 트이게 되었다. 크루그먼은 흥분한 나머지 밤새 연구를 계속했다. 훗날 크루그먼은 그의 자전적 에세이 《내 인생을 바꿔놓은 순간들|Incidents from My Career》에서 이렇게 회상하고 있다.

"나는 그때 몇 시간 후에 밝혀지는 결과가 경제학자로서의 내 인생 전체를 좌우하게 될 것이라는 사실을 깨달았다."

그는 짧은 시간에 적절한 경제 논리를 활용해 기업뿐 아니라 특정 국가가 일부 이익을 독점하며 경쟁자들을 퇴출시키는 것이 가능하다는 것을 입증했다.

"나는 갑자기 경제학 방법론으로 밝혀내지 못한 사각지대가 존재하고 있음을 깨달았다. 우리가 그 사각지대를 보지 못해 적절한 모델을 구축하지 못하고 있다는 사실을 알게 된 것이다."

극적인 새로운 전망은 이처럼 갑자기 열렸다. 크루그먼이 새로운 모델을 가지고 어떻게 수확체증과 일반 균형이 공존할 수 있는지를 보여준 것이다. 한 국가가 대체물이 거의 존재하지 않는 분야의 상품, 예를 들어 자동차나 비행기, 실리콘칩 같은 상품의 대량 생산에서 유리한 출발을 했다면 그 상황을 계속 유지할 수 있다. 특화를 통해 생산 단가 인하가 가능하기 때문이다. 이러한 상황에서 다른 경쟁자들은 감히 시장에 진출할 엄두를 내지 못한다.

다시 말해 크루그먼은 시장이 항상 올바른 방향으로만 가는 것은 아님을 밝혀낸 것이다. 더욱이 시간이 흐르면서 비정상적인 상황이 정상으로 돌아오기보다는 오히려 그 비정상성이 더욱 강해질 수도 있다. 경제학 이론에서 사용하는 용어로 설명을 하자면 균형점이 여러 개가 있을 수 있는 것이다.

이러한 연구 결과는 과거의 연구 결과를 완전히 뒤집는 폭풍과 같은 영향력을 유발할 수 있었다. 이것이 맞는다면 복지에 관한 정리를 바꿔야 하고 정부의 개입이 불가피하기 때문이다. 또한 무역 관련 부처는 손을 내밀어 특별한 연구 지원을 요청해야만 한다.

1970년대 말 그의 모델은 이처럼 폭발적인 위력을 발휘할 가능성을 내포하고 있었다. 지역적 차별화나 비교우위 원칙만으로는 국제무대에서 특정 국가의 특화 현상을 설명할 수 없었기 때문이다. 때로는 어떤 국가가 어떻게 유리한 출발을 했느냐에 따라 특화 현상이 유발되기도 한다.

유감스럽게도 당시 표준 기준에 의존하고 있던 사람들은 크루그먼의 모델에 허점이 많다고 보았다. 우선 경제학자들은 여러 가지 결과보다 단 한 가지 결과를 원했다. 만약 결과가 여러 개가 되어야 한다면 결과별로 더욱 구체적인 세부 연구 결과를 제시하길 바랐다. 이에 따라 크루그먼은 이 모델을 개발한 그 다음 해를 좌절 속에서 보냈다. 학술지들은 그의 논문 게재를 거절했고 노장 경제학자들은 그를 무시하거나 그의 연구 결과에 험담을 하기까지 했다.

당시에는 합리적 기대라는 고차원적 테크닉 모델이 호평을 받았고, 그에 비해 크루그먼의 모델은 형편없는 수준으로 보였다. 결국 예일대학은 그를 연구 펠로십 자리에서 물러나게 했다.

그러던 중 1979년 봄, 강연을 위해 미니애폴리스로 가는 비행기를 타려고 로간공항에 앉아 있던 크루그먼은 문득 서로 대립관계에 있는 독점적 경쟁과 비교우위를 통합할 수 있는 방법을 떠올렸다. 그래프라는 놀라운 장치를 통해 분석의 트릭을 쓰면 된다는 생각을 하게 된 것이다. 그는 그 모델을 찾아낸 첫날밤을 비롯해 다른 연결고리를 찾아내던 때의 기쁨에 대해 훗날 이렇게 말했다.

"가끔 안개처럼 흐릿한 아이디어가 찾아왔다가 사라지곤 했고, 때로는 몇 년간 그 안개 속에서 헤어나지 못하기도 했다. 그러다가 어느 순간 그 안개가 완전히 걷히자, 거의 다 개발된 모델이 내 눈앞에 펼쳐져 있었다."

그는 결국 국제적 경쟁에서는 여러 다른 산업 분야에서의 규모 수확체증이 작용한다는 것을 밝혀냈다. 그 캘리포니아 사업가의 일본에 대한 두려움, 즉 처음에는 잔디 깎는 기계로부터 시작해 자동차, 반도체 시장까지 공략할 것이라는 예측이 충분히 일리가 있다는 사실을 밝혀낸 것이다.

"모든 국가를 특정 사업 분야에서 완전히 밀어낼 수는 없다. 그러나 특정 국가를 특정 사업 분야에서 몰아내는 것은 가능하다. 그렇게 야기된 일시적인 충격은 무역에 영원한 영향을 미칠 수 있다."

그해 7월, 크루그먼은 자신의 모델을 처음으로 국가경제연구소 부설 하계 연구소로 가져갔다(그 전 해에 국가경제연구소는 뉴욕에서 케임브리지로 이사를 갔다). 당시만 해도 이 하계 연구소가 두드러진 업적을 보여주지는 못했지만, 많은 경제학자가 자신의 존재를 세상에 알리기 위해 이곳을 찾고 있었다. 한참이 지난 후에 크루그먼은 그 상황을 이렇게 회상했다.

"돌이켜보면 그때 그 논문을 발표했던 순간이 내 인생에서 최고의 90분이었다는 생각이 든다. 〈광부의 딸|Coal Miner's Daughter〉이라는 영화에 보면 아주 감동어린 장면이 나온다. 영화 속의 여주인공 로레타 린 |Loretta Lyn이 무척 시끄러운 술집에서 처음으로 공연을 하는데, 시간이 흐르면서 소란스럽던 사람들이 점점 조용해지고 결국 모든 사람이 그녀의 노래에 귀를 기울이게 되었다. 내가 논문 발표를 하던 순간, 나는 갑자기 내가 그 영화 속 주인공이 된 것 같은 느낌이 들었다."

그렇게 감동적인 순간을 맛볼 당시 크루그먼의 나이는 스물여섯이었다.

무역 이론 분야를 휩쓸어버린 불완전 경쟁론

1979년에 거둔 성공 덕분에 크루그먼은 조용히 국제무역 분야를 연구하던 이 분야 최고 전문가 그룹 속으로 들어가게 되었다(보통 크루그먼이 발표한 논문처럼 영향력 있는 논문을 두 편 발표해야 그 그룹에 들어갈 수 있었는데, 크루그먼은 화폐에 관한 다른 논문을 아직 출판하지 않았음에도 그 그룹에 들어갔다). 사실 오늘날에도 전 세계 많은 대도시에서 돌아가며 학술회의가 열리고 있다. 학술회의에 참가한 사람들은 공통적으로 논문을 지참하며, 이들은 그 새로운 논문을 가지고 또 다른 회의에 참가한다. 크루그먼도 수많은 학술회의에 참가했는데, 그중에서도 밀라노대학에서 열렸던 국제무역 관련 학술회의를 오랫동안 잊지 못했다.

"그 방은 초라하기 짝이 없었고 의자도 불편해서 회의가 끝날 때쯤 많은 노장학자가 허리 통증을 호소했다. 우리가 묵은 호텔도 거의 장식이 없는 소박한 곳이었다. 중요한 것은 그곳에서 벌어진 토론이 서방선진 7개국 정상회담에서 토의되는 내용보다 훨씬 더 현실적이고 진지했다는 사실이다. 나는 정말로 흥미진진한 토론을 할 수 있는 사람들은 양복을 근사하게 차려입은 정부 관료가 아니라, 청바지를 입은 젊은 경제학자라는 사실을 영원히 잊지 못할 것이다."

1980년 여름, 영국의 워윅대학에서 국제무역 및 재무에 관한 3주짜리 워크숍이 개최되었다. 옥스퍼드대학에서 그리 멀지 않은 곳에 위치한 워윅대학은 진지한 경제학 연구 분야에서는 2류대학으로 평가받고 있었다. 이 워크숍 주최 측은 매년 여름 그 분야 세계 최고 전문가들을 초빙해 특별히 선발한 소수 젊은 학자와 함께 가장 최근에 대두된 문제점을 토론하고, 새롭게 개발된 기술을 교육시키자는 의도에서 워크숍을 개최하고 있었다. 그해 여름 워윅대학 하계 워크숍에는 세계 각지에서 28명의 학자가 초빙되었는데, 최고의 노장 학자는 물론 최고 수준으로 학문적 상승을 하겠다는 야심을 가진 중년의 학자들 그리고 이제 막 경제학자로서 발을 내딛은 박사 후 과정에 있는 젊은 경제학자들이 함께 모였다. 물론 크루그먼도 그 젊은 경제학자 중 하나였다.

그들의 가장 큰 관심사는 환율 문제였다. 불확정성 수학도 또 하나의 커다란 주제였는데, 당시 애비나시 딕시트와 로버트 핀딕|Robert Pindyck이 그 전에 이미 무역 전공 경제학자에게 애로-드브뢰의 무한차원 스프레드시트를 소개한 적이 있었다. 이에 따라 불완전 경쟁은 이 하계 워크숍의 단순한 토의 주제가 아니라 가장 중요한 주제로 여겨지고 있었다.

크루그먼은 그 자리에 상호 덤핑|reciprocal dumping에 관한 논문(제임스 브랜더|James Brander와 함께 쓴)을 한 편 가져갔다. 이 논문은 시장 규모는 매우 중요하며 특히 그것은 규모가 큰 국가에서 모습을 드러내지 않은 생산자에게 더 유리하다는 내용을 담고 있었다.

그런데 그 전 해에 거둔 성공과는 달리 이번 논문에는 반대 의견이 쏟아져 나왔다. 특히 노장 학자들은 크루그먼의 논문 내용에 회의적이면서 비판적인 반응을 보였다. 어떤 노장 학자는 크루그먼과 브랜더를 불완전한 경쟁자라고까지 불렀다. 당시 사람들의 존경을 한몸에 받고 있던 찰스 킨들버거|Charles Kindleberger는 '직관적으로 분명하게 이해할 수 있음에도 수학적 모델이 필요하다고 생각하는 사람들'에 대해 심하게 비난을 했다. 그는 국제무역에서 수확체증에 관한 아이디어는 이미 오래 전에(1953년 출판된 그가 쓴 교과서, 그 다음 해에 발표된 틴베르헨의 교과서, 그리고 이들 두 학자가 참고했던 1929년에 발표된 존 윌리엄스|John Williams의 논문에서) 완벽하게 정리되어 있었다고 지적했다.

"케네스 애로가 수확체증을 공식화함으로써 그것을 존중받을 수 있는 개념으로 만들었을 때 매사추세츠 케임브리지 사람들이 얼마나 기뻐했는지 나는 아직도 기억한다. 그러나 국제무역 이론에 관한 크루그먼의 연구 내용에 대해서는 솔직히 화가 난다. 이 연구 내용은 이미 잘 다듬어진 진리를 방정식 형태로 옮겨놓은 것에 불과하기 때문이다."

그러나 이론의 수학적 공식화에 흥미가 많았던 젊은 경제학자들은 크루그먼의 발표 내용에 큰 관심을 보였다. 특히 한 젊은 참석자는 크루그먼의 무역에 대한 차층적 접근 방식|layered approach과 논리에 깊은 감명을 받았다고 했다. 그는 엘하난 헬프먼으로 당시 서른네 살이었다. 그는 떠오르는 세대의 대표 주자로 하버드대학에서 케네스 애로의 가르침을 받은 인물이었다. 특히 그는 동료들로부터 용의주도하면서도 상상력이 뛰어난 인물로 명성이 자자하던 소장 경제학자였다.

헬프먼은 구소련 영토에 있는 드잘라바드에서 태어나 폴란드에서 살다가 1957년 가족과 함께 이스라엘로 이민을 갔다. 그는 군복무를 먼저 끝낸 후 엔지니어가 될 결심을 하고 있었는데, 우연히 함께 근무하는 다른 병사의 책상 위에서 새뮤얼슨의 책을 보게 되었고, 그것은 그의 운명을 바꾸는 계기가 되었다.

"나는 그 책을 읽기 시작했다. 그런데 한번 읽기 시작하니 도무지 멈출 수가 없었다."

이스라엘 텔아비브대학을 졸업한 1966년 헬프먼은 결국 하버드대학원에 진학했다.

1982년 헬프먼은 크루그먼에게 국제무역 이론을 다루는 새로운 핸드북에 들어갈 몇 가지 연구를 함께 하자고 제안했다. 이렇게 해서 이들은 연구 파트너가 되었고 그로부터 오래지 않아 함께 책을 쓰기로 결정했다. 그런데 책을 쓰기 위해 심오하게 파고들어가자, 상호 연결성 없이 흩어져 있던 논문들의 깊고 넓은 진리가 여기저기에서 발견되었다. 결국 두 학자는 무역에 적용할 수 있는 독점적 경쟁 이론을 체계적으로 제공할 결심을 하게 되는데, 이들의 전략은 충분한 성과를 거두었다.

1985년 이들이 함께 쓴 《시장 구조와 해외 무역: 수확체증, 불완전 경쟁, 그리고 국제 경제 |Market Structure and Foreign Trade: Increasing Returns, Imperfect Competition, and the International Economy》는 폭발적인 지지를 얻었다. 이 책의 서평을 쓴 로버트 루커스는 다음과 같이 평했다.

"경제학에 관한 아이디어의 유용한 개발은 그것을 정확하고 동시에 일반적으로 적용할 수 있도록 형식화할 수 있는 개인의 능력에 크게 좌우된다. 이 책은 한마디로 눈부신 성공을 거둔 책이라고 할 수 있다."

심지어 30년간 완전 경쟁의 요새로 알려진 시카고대학에서도 강력한 찬사를 보내왔다! 이들의 연구 사례는 잘 다듬어진 진리를 방정식으로 표현할 때 얼마나 폭발적인 힘을 지닐 수 있는지를 보여준 대표적인 사례였다.

결국 불완전 경쟁은 무역 이론 분야를 신속하고도 완벽하게 휩쓸었다. 더욱이 국제무역을 다룬 새로운 경제학은 1980년대 초의 시대 상황과도 잘 맞아떨어졌다. 경제학자들은 이제 세계 무역 현황을 분석하면서 옥수수나 와인, 양모 같은 단일 품목의 거래 상황으로 보지 않았고 국제무역을 두 개의 광범위한 흐름이 공존하는 체제로 보기 시작했다. 한편으로 범용재 및 서비스 무역이 완전 경쟁과 비교우위 논리에 의해 이루어지고, 다른 한편으로 독점적 경쟁에 의해 무역이 이루어지고 있다고 본 것이다. 특히 독점적 경쟁 시장의 경우, 다국적기업에게 우호적인 자국 정부로부터 보조금을 받은 대기업이 다른 국가의 시장을 주기적으로 공략했다. 그리고 특화는 시장 규모에 의해 결정되었다.

이 두 가지 타입은 모두 무역 상호간에 이익을 유발할 수 있다. 그러나 천연자원 분배로 범용재의 경쟁 우위가 발생한다면, 상층부의 독점적 경쟁에 의한 무역 논리를 역사에 의지하는 수밖에 없었다. 누구든 가장 먼저 잔디 깎는 기계나 비행기, 컴퓨터 시장에 뛰어든 사람이 승리를 거두게 되어 있는 것이다. 이 논리가 맞는다면 일본이 승승장구하는 이유는 물론 보잉이나 IBM이 왜 그토록 대성공을 거두고 있는지도 설명할 수 있게 된다.

이처럼 새롭게 발견된 사실은 이보다 더 적절할 수 없을 만큼 완벽했다. 이러한 논리에 따라 각국 정부는 이에 걸맞은 산업 정책을 채택하고 전략적 무역을 실시하라는 주변의 압력을 받게 되었다. 그런데 단 하나 새로운 정책들이 과연 실현하기 쉬운지 아닌지에 대해 그때까지 명확하게 밝혀지지 않았다는 문제점이 있었다.

혁명을 몰고 올 인물

1980년 위윅대학 하계 워크숍에 모인 무역 경제학자들에 의해 독점적 경쟁이 발견되고 있던 그 순간, 미국인의 관심은 온통 대통령 선거 캠페인에 쏠려 있었다. 당시 지미 카터 대통령과 맞선 후보는 로널드 레이건이었다. 당시 카터 후보는 현직 대통령이었음에도 선거전은 레이건 후보에게 유리해보였다. 그는 혁명을 몰고 올 인물이라는 평을 듣고 있었던 것이다. 어쩌면 그러한 평가가 맞는지도 모른다. 그렇다고 실제로 무슨 혁명이 발생할 여지가 있었다는 것이 아니라, 레이건 후보의 개인적 책임감이나 그가 일으킨 변화를 레이건 혁명이라 표현한 것 뿐이다.

더불어 1980년 여름 공급중시주의자들의 혁명이 서서히 끓어오르고 있었다. 이는 실제 혁명이라기보다 미디어가 나서서 혁명 분위기를 조성했다고 볼 수 있다.

우리가 이제까지 보아왔듯 위기의 순간에 외부인이 팔을 걷어붙이고 무대 위로 올라서는 것은 흔치 않은 일이다. 그리고 그런 행동을 한 경우, 간혹 심한 대가를 치르기도 한다. 존 메이너드 케인스는 1930년대에 자신을 경기 침체의 원인에 대한 토론의 중심으로 내던졌다. 물론 몇 가지 점에서 그가 혼동한 것도 있지만 그는 여러 개의 균형|multilple equilibria에 대해 현실에 들어맞는 이야기를 제시했고, 기술 경제학자들은 케인스의 주장에 폭넓은 지지를 보냈다.

그런데 1930년대의 케인스와 달리 1970년대에 토론의 중심으로 자신을 밀어 넣은 경제학자들은 큰 시련을 겪어야 했다. 공급 중시 경제학은 1970년대 말과 1980년대 초에 일시적으로 나타난 경제학

으로, 이것이 제시하는 개념은 경제 발전의 추이를 따라 연구하는 경제학자들이 이해하기 힘든 것이었다. 더욱 혼란스러웠던 점은 로버트 먼델 |Robert Mundell 이라는 상당히 큰 영향력을 행사하는 경제학자가 이 공급 중시 경제학의 배경이 되고 있다는 사실이었다.

공급 중시 경제학을 대표하는 인물 중 눈에 띄는 사람은 쥬드 바니스키 |Jude Wanniski로, 그는 경제학자가 아니라 본래 라스베가스에서 신문기자로 일했다. 그는 다우존스의 상황 분석 기사를 싣는 주간지 〈내셔널 옵서버 |National Observer〉에 기고를 하다가 후에는 〈월스트리트저널 |Wall Street Journal〉의 편집장이 되었다.

1970년대 초 바니스키는 당시 시카고에서 슬슬 퍼져 나오기 시작한 흥분의 느낌을 감지했다. 하지만 그는 이에 대해 즉각적이고 집중적인 보도를 자제했다. 대신 1975년 계간지인 〈퍼블릭 인터레스트 |Public Interest〉에 이와 관련된 기사를 쓰고, 1978년에는 《세계가 돌아가는 방법: 경제학은 어떻게 실패하고 또 성공하는가 |The Way the World Works: How Economics Fail and Succeed》를 출간했다. 이 책에서 바니스키는 그가 먼델-래퍼 가설 |Mundell-Laffer hypothesis 이라 부르는 무언가가 이 분야에 혁명을 불러일으키고 있다고 주장했다.

그렇다면 먼델-래퍼 가설이란 대체 무엇인가? 사실 그것은 바니스키가 상상할 수 있는 범위를 한참 벗어나 있으며, 세상에 대한 폭넓은 일반 균형 관점이라고 볼 수 있다. 이 가설은 모든 것은 다른 모든 것에 연결되어 있다고 주장했는데, 특히 일과 여가의 선택에서 더욱 그렇다고 했다. 좀더 좁혀서 설명하자면 이 가설은 국제수지에 대한 통화주의적 접근 방식을 주장했고, 이 주제는 1970년대 초 먼델이 시카고대학 교수로 재직할 무렵 시카고대학에서 주최한

국제 경제학 워크숍에서 집중적으로 토론된 것이었다. 당시 아서 래퍼|Arthur Laffer는 스탠포드 대학원을 갓 졸업하고 시카고대학 비즈니스 경제학과 조교수로 일하고 있었는데, 그는 워싱턴에서 일하며 틈틈이 먼델과 우정을 쌓아온 그런 사이였다.

몇 년간 먼델과 그의 동료 교수 해리 존슨|Harry Johnson은 환율 정책을 두고 밀턴 프리드먼과 주기적으로 싸움을 벌였다. 프리드먼은 통화는 자유롭게 움직이도록 내버려두어야 한다고 주장했다. 그렇게 해야만 중앙은행이 통화 공급을 통해 통화를 관리할 수 있다는 것이었다. 하지만 먼델과 존슨은 그렇게 하면 자본이 움직일 수 있기 때문에 반드시 실패한다고 주장했다.

개방 경제에서는 조세 정책 및 통화 정책이 환율 체제에 따라 전혀 다른 방향으로 작용했다. 케인스가 브레튼우즈|Bretton Woods에서 고안한 고정 환율 제도는 무너지고 곧 변동 환율이 지배하게 되었다.

하지만 먼델은 방법론적인 전쟁에서 승리했다(그는 신속하게 개인에 관한 연구로 방향 전환을 했다). 프리드먼이 선호한 부분 균형 분석이 궁극적으로는 별 효과가 없다는 것이 밝혀졌기 때문이다. 실제 세계에서는 '다른 조건에 변함이 없다면'이라는 조건이 오랫동안 지속될 수 없었다. 결국 먼델은 어떻게 모든 것이 동시에 작용하는지를 보여주는 일반 균형 모델을 구축하는 데 성공했다. 당시 한 젊은 국제 경제학자(마이클 다비|Michael Darby)는 국제수지에 대한 통화주의적 접근 방식을 알았을 때의 감동을 15년 전 로버트 솔로 모델을 발견했을 때 느꼈던 큰 감동에 비교했다.

사실 먼델은 1968년 쉽고 평범한 소책자《인간과 경제학|Man and

Economics》에서 세계의 상호 의존적 성격에 대한 자신의 폭넓은 의견을 제시한 적이 있다. 경쟁자가 누구인지 쉽게 파악되는 상황에서는 경쟁이 개인적인 차원에 머문다. 그러나 경쟁자가 누구인지 파악되지 않은 경우, 경쟁은 개인적인 차원에서 이루어질 수 없다. 이것이 먼델이 그 책에서 주장한 내용이었다. 자동차 렌털 회사인 헤르츠와 아비스|Avis의 경우가 전자라면, 밀 곡물 시장의 경우는 후자에 속한다. 사실 이것은 오래 전 챔벌린이 주장한 내용이고 또한 크루그먼이 1979년 수학적 논리로 성공적으로 재표현한 것과 거의 같은 내용이기도 하다.

그런데《인간과 경제학》은 모델을 구축하는 대신 자유롭게 말로 풀어 설명을 하고 있다(예를 들면 산출물과 투입물, 재화와 요소, 발명품, 특허, 배우에 의한 연극… 맙소사! 이런 표현들이 자주 등장한다). 이러한 먼델의 성향에 대해 제자였던 루디거 돈부시가 농담처럼 한 얘기가 있다.

"언젠가 교수님 수업에 조금 늦은 적이 있다. 그런데 모델과 전혀 다른 얘기만 나와 내가 너무 늦어 모델에 관한 설명을 놓친 건가 하고 생각한 적이 있다."

물론 새로운 아이디어가 등장하면 언제나 혼란이 오는 법이다. 그리고 서로 다른 영역 간에 혼란이 존재하는 것은 당연하다. 사실 바니스키는《인간과 경제학》에 대해 크게 언급했지만 경제학계에서는 이 책을 철저히 외면했다. 더욱이 먼델과 래퍼는 단 한 번도 함께 학술지에 논문을 실어본 적이 없었다. 또한 둘 중 누구도 어느

학술회의에 참석해 이에 대해 발표한 적도 없었다. 래퍼는 시카고대학을 떠나 정부에서 일하게 되었고 먼델은 점점 더 자기중심적이고 불만이 많은 사람으로 변해갔다. 1971년 먼델은 시카고대학을 떠나 그의 모국인 캐나다 워털루대학으로 갔다(후에 리처드 케이브스|Richard Caves는 워털루가 드디어 자신이 찾고 있던 나폴레옹을 만난 셈이라고 설명했다).

먼델의 접근 방식(국제수지에 대한 통화주의적 접근)의 핵심은 다른 학자가 더 연구를 하면서 발전했는데, 그중 대표적인 인물이 제이콥 프렌켈|Jacob Frenkel과 돈부시였다. 한편 래퍼는 이 접근 방식의 주창자로 1982년 국제경제학에 관한 책을 썼지만(마크 마일스|Mark Miles와 공저 형태로), 수확체증에 대한 흥분감이 그 책을 완전히 무용지물로 만들어놓으면서 컨설팅 영역 속으로 곧바로 사라져버렸다.

1974년 컬럼비아대학이 먼델을 다시 초빙했지만 그는 계속 비주류로 남아 있었다. 거의 10년간 재미삼아 정책에 손을 대긴 했어도 글은 거의 쓰지 않았고 강의도 하지 않으면서 경제학의 변두리에 머물러 있었던 것이다. 하지만 좀더 시간이 흐른 후, 그는 서서히 심각한 경제학 연구로 다시 돌아왔다. 후에 돈부시는 스웨덴 노벨상위원회를 설득해 자신의 스승인 먼델에게 노벨상을 수여해줄 것을 촉구했다. 그러나 그는 1950년대에 이룩한 공로로 노벨상을 받았을 뿐, 노벨상위원회는 공급 측면 경제학에 대한 그의 공로는 전혀 언급하지 않았다. 노벨상 수상 기념식장에서 먼델은 표준적인 기준이 우세하던 황금기에 대해 방어적인 내용의 연설을 했지만 그와 뜻을 함께하는 사람은 유감스럽게도 거의 없었다.

그래도 잠시나마 공급 중시 경제학은 정책에 관한 토론 무대를

지배했고 수년간 강력한 목소리를 내기도 했는데, 그것은 순전히 〈월스트리트저널〉 편집장이던 로버트 바틀리|Robert Bartley 덕분이었다 ("그는 나에게 무법자의 힘을 가르쳐주었다." 바틀리가 인용한 바니스키의 말이다). 진실을 말하자면 공급 중시 경제학자들의 주장에는 충분히 타당성이 있었다. 그러나 그들은 그것을 제대로 정착시키는 방법을 몰랐다. 공급 중시 경제학자들은 조세 삭감이 경제 성장을 가속화한다고 주장했는데, 이것은 솔로 모델과 반대되는 것이다. 하지만 그들이 옳았을 수도 있다.

문제는 이들이 자신이 도출한 결론을 모두가 수용할 수 있는 모델로 만들려는 시도를 하지 않았다는 데 있었다. 그들은 이전 사람들이 했던 이야기의 대부분을 무시해버렸다. 또한 그들은 전통적인 언어 표현도 피했다. 공급 중시 경제학자들의 진정한 관심사는 비록 그들이 그렇게 표현한 적은 없어도 '경제 성장'이었다. 그리고 그들이 매달린 것은 공급, 공급, 또 공급이었다. 영국 워윅대학교 워크숍에서 수확체증 혁명이 참석자들의 마음을 사로잡고 있는 동안, 공급 중시 경제학자들은 주로 신문을 통해 자신들의 주장을 펼치고 있었던 것이다.

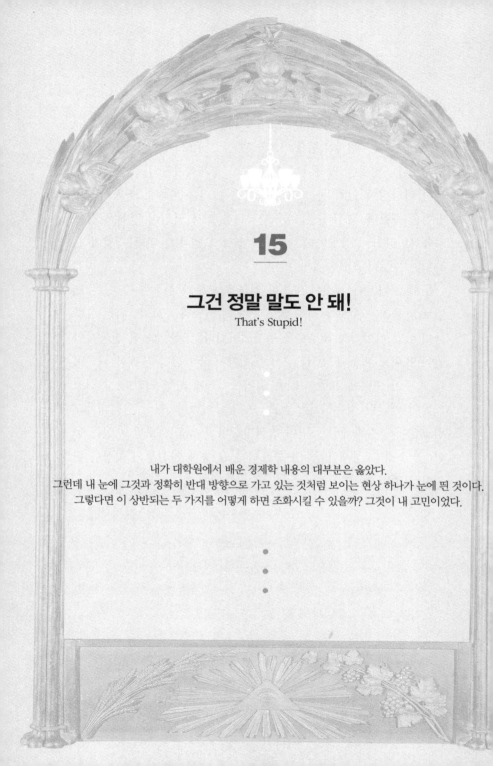

15

그건 정말 말도 안 돼!
That's Stupid!

내가 대학원에서 배운 경제학 내용의 대부분은 옳았다.
그런데 내 눈에 그것과 정확히 반대 방향으로 가고 있는 것처럼 보이는 현상 하나가 눈에 띈 것이다.
그렇다면 이 상반되는 두 가지를 어떻게 하면 조화시킬 수 있을까? 그것이 내 고민이었다.

폴 로머, 지식 성장의 도도한 물결을 읽다

많은 일이 있던 1980년 여름, 폴 로머는 대학원에 복귀할 준비를 하고 있었다. 1년 전 로머는 캐나다 토론토 출생으로 내과를 전공하고 있던 그의 아내가 캐나다 온타리오 킹스턴 소재 대학병원에서 레지던트 과정을 더 이수해야 해서 대학원을 1년 휴학했다. 그러는 동안 그는 경제 성장의 신모델을 구축하는 쪽으로 박사학위 논문을 쓰기로 결심했다. 지난 200년간 경제에 두드러지게 나타난 가격 하락 현상에서 출발하기로 결정한 것이다. 당시 로머는 가격 하락은 지식 성장으로 설명될 수 있을 것이라고 생각했다. 그렇게 되면 그의 모델은 기술 변화를 외부적 요소가 아닌 경제 시스템 내부에 존재하는 요소로 다룰 수 있을 터였다. 이 박사학위 논문에서 그는 성장의 흐름이 감속되기는커녕 오히려 가속화되고 있는 상황에 대해서도 설명하기로 결심했다.

로머는 킹스턴에 체류하던 1년간 낮에는 명문대학으로 알려진 퀸즈대학의 수업을 참관하며 수학과 경제학 실력을 닦았다. 그리고 밤에는 나중에 박사학위 논문에 들어갈 주제를 공부했다. 사실 그는 캐나다로 떠나기 전 MIT 경제학 박사 과정에서 코스워크를 마치고 박사학위 논문을 쓰기 위한 필드 시험에 통과한 상태였다.

그런데 미국으로 돌아온 그는 갑자기 대학을 옮겨 시카고대학에서 논문을 쓰기로 결심했다. MIT에서 배운 모든 것을 MIT의 최고 라이벌 대학으로 알려진 시카고대학으로 가져오기로 결심한 것이다. 사실 이처럼 라이벌 관계에 있는 대학 양쪽에서 공부를 하면 두 진영이 무엇을 놓고 싸움을 벌이는지 누구보다 잘 알 수 있다.

어쨌든 1977년 가을 로머는 다른 20여 명의 학생과 함께 MIT 경제학과 대학원에 입학했다. 그때까지만 해도 그가 시카고대학에서 수학을 전공할 때 좋은 학점을 받았다는 것 외에 특별한 점은 눈에 띄지 않았다.

학교에 적응하지 못하던 열등생

사실 로머는 공식적인 경제학 배경 없이 MIT 대학원에 진학했는데, 8년 전 로버트 머튼 |Robert Merton 의 경우를 제외하고 그런 학생이 들어온 것은 그가 처음이었다. 더욱이 그는 머튼과 달리 특별한 점이 눈에 띄지 않았다. 그가 아는 경제학 지식은 시카고대학 시절 룸메이트였던 데이비드 고든 |David Gordon (오늘날 클렘슨대학 경제학과 교수로 재직 중)과 함께 맥주를 마시며 고든이 떠들었던 말을 들은 것이 전부였다.

당시 MIT 경제학과 대학원은 모두 총기가 넘치는 유럽 출신 학생들로 가득 차 있었고, 이들 중 상당수는 이미 경제학 석사학위를 받은 사람들이었다. 그러니 로머가 학교에 적응하지 못하고 방황하게 된 것은 어찌 보면 당연한 일이었다. 그 무렵 새뮤얼슨과 솔로는 과거보다 강의를 덜하고 있었다. 학생들은 시카고대학에서 MIT로 새로운 배울 거리를 가지고 온 스탠리 피셔│Stanley Fischer와 루디 돈부시의 연구실 주변으로 몰려들었다.

피셔가 동료인 올리비에 블랑샤르와 함께 쓴 《거시경제학 강의│Lectures on Macroeconomics》는 당시 대학원생들에게 최고로 인기 있는 거시경제학 교과서였다. 그들은 케인스학파 경제학에 마지막 남은 모든 에너지를 쏟아 부으며 합리적 기대를 거시경제학적 모델 형태로 구축하고자(로머와 그보다 1년 먼저 졸업했던 폴 크루그먼을 포함한 모든 학생이) 노력하고 있었다. 로머는 동료 두 명과 친하게 지냈는데, 그중 한 명은 미네소타대학에서 경제학을 전공한 브루스 스미스│Bruce Smith이고, 또 다른 한 명은 UCLA를 졸업한 데이비드 레빈│David Levine이었다. 이들은 서로 나눌 이야기가 정말 많았다.

MIT 대학원에서 2년간 경제학을 공부한 로머는 원래의 계획이던 변호사가 되겠다는 생각을 버렸다. 그렇다고 MIT로 돌아가고 싶었던 것도 아니다. 로머가 관심을 기울이는 주제에 대해 MIT 쪽에서는 거의 관심을 보이지 않았기 때문이다. 로머가 대학원 2학년 때 솔로는 학생들에게(그리고 모든 곳에서) 이렇게 얘기하곤 했다.

"오늘날 경제 이론을 연구하는 사람은 누구나 성장 이론이 야심 있는 이론가가 뛰어 들어 낚시를 할 만한 연못이 아니라는 사실을 알고 있을 것이다. 나는 성장 이론이 적어도 일시적으로는 연구 대상에서 밀려났다고 생각한다."

그러한 분위기 속에서 로머는 아내를 따라 퀸즈대학에 갔고 경제학 박사학위 논문을 쓸 때는 MIT가 아닌 시카고대학에서 쓰겠다는 결심을 하게 된 것이다. 그렇다고 시카고대학 측에서 로머에게 그곳으로 옮겨와 논문을 쓰라고 제안한 것은 결코 아니다. 그 점에서 대학을 바꿔 논문을 쓰는 것이 잘 되리라는 보장도 없었다. 그동안 각 대학의 경제학자들은 서로 교류를 하면서 지내긴 했지만 박사 과정에서 대학을 바꿔 논문을 쓴 전례는 없었다.

트릭으로 가득 찬 블랙박스를 해독하라

이처럼 로머는 아예 대학을 바꿀 결심을 하고 캐나다로 갔던 것이다. 퀸즈대학은 과별 권력 싸움(눈에 보이지 않는)이 치열하긴 했지만, 사실은 경제학과와 컴퓨터학과가 많은 지식을 공유하고 있었다. 퀸즈대학에 재직 중인 40여 명의 경제학자 중에서 가장 뛰어난 인물은 로버트 립시|Robert Lipsey로 그는 가끔 노벨상 후보로 거론되곤 했다. 그러나 퀸즈대학에서 로머에게 가장 큰 도움을 준 스승은 러셀 데이비슨|Russel Davidson이다. 그는 주류학계가 가는 길을 따르지 않고 자신만의 길을 고집하는 학자 중 한 명이었다.

스코틀랜드에서 선장의 아들로 태어난 데이비슨은 영국 에든버러대학에서 물리학을 공부했다. 그리고 1966년 벨기에에서 그 유명한 화학자 일리야 프리고진|Ilya Prigogine의 연구조교로 일한 후 그를 따라 텍사스대학으로 옮겨왔다. 그런데 1970년대에 물리학자들이 들어갈 수 있는 노동 시장이 포화상태에 이르자 데이비슨은 캐나다

브리티시컬럼비아대학에서 1년간 공부하며 계량경제학자로의 변신을 모색한 끝에 이 분야에서 두 번째 박사학위를 취득하는 데 성공했다.

데이비슨은 퀸즈대학에서 가장 최근에 발표된 논문들(아마르티야 센이 편집한)을 중심으로 성장에 관한 강의를 했는데, 그는 강의를 위해 자신이 먼저 그 논문을 공부했다.

"이것은 사람들이 폰트리아진 스타일로 연구한 직후에 나온 논문들이다. 나는 리처드 벨먼이 어떤 연구를 했는지, 트릭으로 가득 찬 블랙박스 안에는 무엇이 들어 있는지 궁금하다. 나는 가능하면 내 경제학적 직관을 많이 활용하고 싶다."

이것이 데이비슨 교수의 생각이었다.

어느 날 데이비슨은 수업 시간에 폰 노이먼의 성장 모델을 소개했다. 그가 소개한 논문은 폰 노이먼이 경제학적 모델 형태로 균형이 존재함을 입증하고자 위상학을 사용해 1937년에 발표한 고전적인 논문이었다.

10쪽 짜리 논문의 시작은 폰 노이먼이 마르샥의 발언을 중지시켰다는 에피소드로 유명한 1928년의 베를린 세미나로 거슬러 올라간다. 이 논문은 이미 일반 균형 이론이 안고 있는 문제가 널리 알려지기 이전에 이와 관련된 심오한 문제의 해법을 제시했었다. 하지만 노이먼의 발견은 애로와 드브뢰가 1950년경 자신들의 모델 구축을 위해 노이먼을 활용하기 이전까지는 잘 알려지지 않은 상태였다. 훌륭한 역사학자로 소문났던 지르그 니한스^{|Jurg Niehans}는 노이

먼의 논문에 대해 다음과 같이 이야기했다.

"기초적인 아이디어 하나가 큰 수확을 얻게 해주는 곁가지를 그토록
많이 만들어낸 적은 이것 말고는 없었다."

폰 노이먼의 심오한 수학은 가격 연구에 관한 경제학 분야에 도
입되었다. 폰 노이먼의 모델(그리고 폰 노이먼이 기초로 했다는 구스타
프 카셀|Gustav Cassel의 모델)에서 모든 투입 요소와 생산은 일정 비율로
증가한다. 상품에 대해 고정비용을 투자하면 마치 마술에서 볼 수
있는 것처럼 다양한 상품이 쏟아져 나온다는 얘기다. 그리하여 철
강은 더 많은 철강을 생산해내고, 옥수수는 더 많은 옥수수를 생산
해낸다. 경제는 그렇게 지속적으로 성장하게 되는 것이다.
데이비슨 교수가 폰 노이먼 모델을 설명하고 있을 때, 갑자기 로
머가 버럭 소리를 질렀다.

"그렇지만 그건 정말 말도 안 돼요!"

데이비슨 교수는 침착하게 대답했다.

"말이 안 된다고? 어쩌면 그럴지도 모르지. 어쨌든 그것에 대해 연구
를 한번 해보자고."

로머는 순간적으로 자신이 어느 시대에 있는지 잠시 착각을 했
다. 아주 오래 전에 쓰인 폰 노이먼의 논문을 로머 시대의 묘사로

착각한 것이다. MIT 대학원에서 공부할 때 그는 경제 성장에 관한 솔로 모델을 배웠는데, 솔로 모델은 외생적 성격을 띠면서 계속 증가하는 지식을 일종의 공공재로 인식하고 있었다. 폰 노이먼 모델은 사실 솔로 모델과 솔로 모델 이전의 케인스학파 경제학자들이 보완하려 했던 바로 그 이전 모델이었던 것이다. 폰 노이먼 모델에서 기술은 절대 변하지 않는 요소로 가정되고 있었다. 그리하여 상수 역할을 하는 기술에 자본을 곱해 나타난 결과가 바로 성장이었다(이것을 폰 노이먼이 설명한 모델 공식으로 풀어보면, 성장은 AK가 되는데 여기에서 A가 기술을 나타내는 것이라는 데 아무도 이의가 없었고 K는 보통 자본을 상징했다).

폰 노이먼 모델이 여기까지 설명했다면 솔로 모델은 이보다 진일보한 것이었다. 솔로 모델에 따르면 기술 변화율은 경제 시스템 외부에서 결정된다. 그러나 이 모델은 적어도 기술 지식이 성장한다는 가정을 내포하고 있으며, 기술 지식 성장 규모는 잔여분을 활용하면 계산이 나온다고 주장하고 있었다.

폰 노이먼 모델은 솔로 모델과 그 설명 스타일이 달랐고, 솔로 모델보다 훨씬 더 일반적인 야심을 내포하고 있었다. 바로 이 폰 노이먼 모델에서 로머는 현대경제학의 위력을 처음으로 발견하게 되었다. 그리고 솔로 모델이 쓸모 있기는 하지만 솔로 모델에는 무언가 허점이 있다는 생각을 했다. 실제로 솔로 모델을 배운 많은 사람이 이런 조언을 해주었다.

"그거 잊어버려! 큰 문제를 푸는 데는 전혀 쓸모가 없어."

시간이 흐르면서 로머는 폰 노이먼 모델을 통해 세상이 어떻게 변화하는가 하는 가장 심오한 문제를 푸는 것이 가능하다는 생각을 하게 되었다.

"나는 이전에 단 한 번도 그 모델을 본 적이 없다. 물론 시카고로 돌아가서 많이 보게 되었지만."

나중에 로머는 퀸즈대학에서 발견했던 이 새로운 사실에 대해 계속 이야기했다. 그때까지 폰 노이먼이 이 분야 발전에 기여한 공로에 대해 자신이 제대로 평가하지 못했다는 사실을 새삼 깨달았던 것이다.

"나는 내게 빈틈이 많다는 사실을 알게 되었다."

그 다음에 그는 연구 논문을 쓰면서 성장에 관한 자신의 주장이 아직 거칠기는 해도 옳다는 것을 알게 되었다.

"신제품, 신공정, 대학, 민간연구소, 특허법, 과학적 연구 등(내게는 이 모든 것이 과거에도 그랬고 현재에도 경제 성장의 중심에 있는 것처럼 보였다)에 관한 논의에서 폰 노이먼의 모델은 매력적인 가정을 제공하지만, 문제는 그 가정을 의미 있는 방향으로 해석할 수 없다는 데 있었다."

자신의 생각이 옳다고 판단한 스물네 살의 로머는 스스로 보다 나은 경제 성장 모델을 구축하겠다는 결심을 했다. 물론 그 결심은 순전히 직관적인 것이었다. 그는 자신이 구축하게 될 모델은 지식을 포함하는 데다 그 새로운 지식은 제도 안에서 목적 있는 결정에 의해 탄생할 것이므로 폰 노이먼 모델보다 나을 것이라고 생각했다.

솔로 모델의 경우, 어느 누구도 개인적인 이익을 얻기 위해 R&D에 민간 투자를 하지 않는다. 모두 정부 연구가 유발하는 스필오버 효과 덕을 얼마든지 볼 수 있기 때문이다. 어쨌든 시대가 바뀌었으니 1940년대 이후 경제학자들이 개발한 보편적인 수학적 도구, 특히 무한차원 스프레드시트 같은 도구를 이용하면 더 나은 결과를 얻어낼 수 있을 터였다. 이것이 로머의 생각이었다.

시간이 흐른 뒤, 로머는 과거를 회상하며 자신이 킹스턴에서 보낸 1년이 일생 중 가장 평화로운 시절이었다고 말했다. 그 시절에 자신이 접근해야 할 문제가 무엇인지 서서히 깨달았고 이를 하나씩 논문으로 정리하기 시작했기 때문이다.

"나는 그때 제어 이론 모델|control theory로 작업을 하면서 처음으로 수확체증에 관한 모델을 구축하면 성장에 관한 해답을 찾을 수 있을 것이라는 사실을 깨달았다. 이후 나는 계속 펜과 종이를 가지고 실랑이를 벌였다. 그렇게 연구에 매달리다 보면 연구가 잘 풀리는 날도 있고, 잘 풀리지 않는 날도 있었다. 어느 순간 마침내 해답을 찾은 느낌이 들다가도 또 어느 순간에는 막다른 골목길에 도달한 그런 기분이 들기도 했다.

나는 가능하면 내가 성공했다고 생각한 순간에 잠자리에 들려고 노력했다. 실패했다고 생각하면 절대 잠을 이룰 수 없었기 때문이다. 이처럼 나는 실패할 수 있다는 것을 알면서도 계속 연구를 했는데, 중요한 것은 실패를 깨닫는 순간이 오기 전에 얼른 손을 떼는 것이었다. 물론 내가 오래도록 기다렸던 것은 모든 것이 완성되는 순간이었다.

연구가 생각보다 잘 진전되면, 그것을 잠시 놓았다가 중요한 것을 놓치게 될까봐 연구를 멈출 수가 없었다. 누군가가 시인의 일생에 대해 묘사한 글을 읽은 기억이 난다. 그 묘사에 따르면 시인은 시의 마지막 소절을 완성하는 그 순간 시인이 된다고 한다. 그 전까지는 실패한 시인에 불과하다는 것이다. 물론 그렇게 시를 완성하고 나면 그 시인은 현재가 아닌 과거의 시인으로 기억된다. 이처럼 나도 모든 것이 완성되는 그 순간 내가 비로소 경제학자가 된 듯한 느낌이 들었다."

"나는 그저 이해하고 싶었다"

폴 로머 연구 프로젝트를 돌아보며 가장 신기하게 생각되는 점은 그의 박사 논문 연구 주제가 그 시대를 대표하는 시대사조와 완전히 역행하는 것이었다는 사실이다. 1970년대에는 경제에 관해 전반적으로 염세주의적 사고가 확대되었지만, 그럼에도 경제 대공황 때처럼 큰 염려는 하지 않았다. 물론 아주 오랫동안 긴 영향을 미쳤던 나폴레옹 전쟁 시절과 비교해볼 때 그 정도는 크게 우려할 만한 상황이 아니었다.

당시 경제학 분야에서는 인기에 편승하는 가벼운 모델이 일반 대중의 관심을 끌었다. 예를 들어 로마클럽보고서, 인구 폭탄|Population Bomb, 자본주의의 종말|End of Capitalism과 다른 염세적인 시나리오가 큰 인기를 끌고 있었던 것이다. 일반 대중 사이로 크게 파고

든 이 염세주의 성향은 경제학 분야에도 여지없이 파고들었다.

하지만 과거를 돌아보면 염세주의적 성향의 이론이 득세할 때도 항상 그 반대 성향의 이론이 대두되곤 했다는 사실을 알 수 있다. 염세주의적 이론이 기승을 부릴 때 애덤 스미스의 주장에 편승해 인기를 끌려고 했던 낙관주의 이론의 극치인 고드윈이나 콩도르세 같은 사람들이 나타나곤 했던 것이다. 또한 줄리앙 시몽|Julian Simon 이나 조지 길더 같은 공급 중시 경제학자처럼 주류를 거스르는 사람도 항상 있었다.

1970년대 말 경제학계의 상황을 보면 경제학의 권위를 대표하는 인물이 포진하고 있던 유명 대학원에서는 성장 이론에 관심을 보일 여지가 거의 존재하지 않았다. 다시 말해 로머는 당시 대부분의 경제학 연구가 가고 있던 방향과 정확히 반대 방향으로 가고 있었던 것이다.

로머는 인류의 생활 조건은 적어도 지난 200년간 극적이라고 할 만큼 크게 향상되었다고 생각했다. 그런데 이런 경향이 계속되지 말라는 법이 어디 있는가? 로머 자신의 모델 안에서 성장은 무한히 계속될 수 있었다. 그는 그것이 수십 년이 될 수도 있고, 수백 년이 될 수도 있다고 생각했다.

연구가 끝났을 때 로머는 이렇게 말했다.

"경제학계의 권위나 정부가 하고 있는 일에 도전하기 위해 일부러 그런 주제를 골랐던 것은 아니다. 나는 그저 이해하고 싶었을 뿐이다. 내가 대학원에서 배운 경제학 내용의 대부분은 옳았다. 그것은 대부분 수확체감에 초점을 맞춘 것이었다. 그런데 그것과 정확히 반대 방향으로 가고 있는 것처럼 보이는 현상 하나가 내 눈에 띄었다. 이 상반되는 두 가지를 어떻게 하면 조화시킬 수 있을까? 그것이 내 고민이었다."

시카고대학에서의 끈기 있는 연구

1980년 시카고대학은 폴 로머에게 연구 프로젝트를 수행하기에 딱 적합한 환경이었다. 시카고대학은 장학금을 많이 제공하면서 순수 학문에 대한 학생들의 열정을 부추기는 대학으로 유명했던 것이다. 시카고대학의 6대 총장을 지낸 로렌스 킴튼 |Lawrence Kimpton|은 시카고대학을 "학생, 교수, 동료 가릴 것 없이 누구나 자유롭게 질문할 수 있는 분위기는 물론 다른 사람의 노력을 비난하기보다 인정하는 분위기가 조성된 곳"이라고 묘사하고 있다. 다시 말해 진지하게 연구에 몰두하고자 하는 경제학도에게 시카고대학은 대학이 지녀야 할 참다운 면을 지닌 장소라고 할 수 있었던 것이다.

물론 로머가 시카고대학에 도착하자마자 논문을 썼던 것은 아니다. 논문 준비를 위해 그는 수준 높은 강의를 몇 개 들었다. 그중에는 루커스의 논문 쓰는 법에 대한 강의도 있었다. 또한 그는 시카고대학 수리경제학계의 전설적인 인물 호세 세인크먼 |José Scheinkman|을 만났다. 당시 세인크먼은 이시적 최적화 |intertemporal optimization| 수학(시간이 흐르면서 어떻게 선택해야 하는지에 대한 논리를 가르치는)을 강의하고 있었다. 세인크먼은 로머 논문의 지도교수가 되어 주기로 약속했고 루커스도 로머의 논문 심사위원 중 한 명이 되었다.

1980년 시카고대학 경제학과는 완전히 분열 상태에 놓여 있었

다. 카울스위원회가 시카고대학을 떠난 뒤, 사실 29년간이나 문헌
적이며 가격 이론적 접근 방식이 제2의 시카고학파를 형성하면서
경제학과를 지배해왔다. 그런데 경제학과 내부뿐 아니라 다른 경제
학 연구의 산실에서도 압력이 들어오기 시작했고, 그 압력은 점점
커지고 있었다. 결국 1980년대 초 시카고대학 경제학과 교수들은
또 다시 서로 다른 언어를 사용하는 두 개의 진영으로 분열되었고,
이번에는 수리경제학적 접근 방식이 신속하게 신임을 얻게 되었다.

과거에 깃발을 날리던 문헌 경제학파는 마구 부서지고 있었다.
과거에 문헌 경제학을 대표하던 밀턴 프리드먼은 케인스학파와의
싸움에서 크게 승리를 거두었고, 특히 동료 경제학자가 아니라 일
반 대중에게 호소해 주기적으로 자신의 입지를 굳히곤 했다. 밀턴
프리드먼이 쓴 소책자《자본주의와 자유|Capitalism and Freedom》는 1962
년에 출판된 이후 수만 권이나 팔려나갈 정도로 인기가 있었다. 이
책은 로머를 비롯한 많은 젊은이에게 보수주의자라는 말이 꼭 한물
간 명칭이를 뜻하는 것은 아니라는 사실을 깨우쳐주었다.

다른 한편으로 프리드먼은 폴 새뮤얼슨과 교대로 〈뉴스위크〉에
칼럼을 썼는데, 그는 이 칼럼을 통해 일반인에게 널리 알려졌다. 더
욱이 1980년에 프리드먼 부부는 전 세계를 돌며 10부작 다큐멘터리
를 찍으면서 스타가 되었고 이와 더불어 출간된《선택의 자유|Free to
Choose》는 베스트셀러가 되었다. 그리고 그해 말 그의 친구 로널드
레이건이 미국 대통령에 당선되었다.

하지만 프리드먼은 1977년 은퇴를 했고 당시 조지 스티글러는
시카고대학 경영대학원에서 강의를 하고 있었다.

1982년, 은퇴했던 프리드먼은 노벨 경제학상 수상을 계기로 이

와 관련된 각종 행사에 참석했고 자서전을 쓰기로 결심했다. 그 무렵 시카고대학 경제학과에는 구시카고학파를 대표하는 거물들(디게일 존슨, 아널드 하버거, 시어도어 슐츠)이 있었는데, 이들은 주로 다른 나라에 컨설팅 서비스를 제공하러 다니고 있었다.

그러는 동안 수리경제학파는 진영을 강화했다. 1971년, 시카고대학은 처음으로 버클리대학에서 박사학위를 받은 윌리엄 버즈 브록|William Buz Brock이라는 최첨단 지식을 갖춘 수리경제학자를 채용했다. 시카고대학에 자리를 잡은 브록은 루커스에 이어 호세 세인크먼을 스카우트해왔다.

물론 시카고대학 경제학과를 오늘날의 수준으로 끌어올린 주인공은 바로 세인크먼이다. 세인크먼은 25년간 시카고대학에 머문 후 1999년 프린스턴대학으로 옮겨갔다. 그 후에 시카고로 온 수리경제학자는 현재 뉴욕대학에서 강의를 하는 토머스 사전트|Thomas Sargent이고, 그 다음에 온 라르 한센|Lars Hansen은 지금도 시카고대학에서 강의를 계속하고 있다.

당시에 루커스와 사전트는 케인스학파와 사이가 좋지 않았고, 격렬한 투쟁 끝에 이들은 결국 민물학파 거시경제학이라는 새로운 학파로 인정을 받게 되었다. 시카고, 미네소타, 로체스터, 피츠버그(카네기멜론대학)에는 이처럼 보이지 않는 손, 고차원의 하이테크에 대한 강한 신념으로 젊은 경제학자들에게 크게 인기를 끌던 이들 신고전파가 세를 강화하고 있었다.

그렇다고 시카고대학의 모든 신세대 학자들이 새로운 수학적 스타일을 좋아했던 것은 아니다. 수리경제학의 부상과 더불어 시카고대학 교수진 중에 이론가이자 계량경제학자로 구성된 새로운 그룹

이 떠올랐는데, 이들은 전반적인 경제 문제보다 특정 시장에 관한 연구에 더 관심이 많았다. 게리 베커|Gary Becker, 셔윈 로젠|Sherwin Rosen, 샘 펠츠만, 제임스 헤크먼|James Heckman이 이끄는 이들 그룹은 프리드먼이 대표적으로 대를 잇고, 폴 새뮤얼슨이(케인스학파 스타일을 부가해) 신고전파 스타일로 약간 변형시킨 구마셜학파 전통에 따라 연구하는 경제학자들이었다.

프리드먼이 자신의 방법론을 계속 업데이트했듯 이들은 자신의 방법을 계속 업데이트했다. 이에 따라 처음에는 난해하기만 했던 이들의 연구 내용은 모델 형태로 표현되었고, 동시에 계량경제학적 성향이 강해지는 쪽으로 변하게 되었다. 그럼에도 이들은 자신을 응용가격이론가(물론 이들은 문헌경제학파에 속할 수 없었고 그렇다고 고차원 수학을 구사하는 현대경제학파 쪽에 붙을 수도 없었다)로 여기고 있었다.

한동안 시카고대학 주변에는 브록이 시카고대학 경제학과를 모두 파헤쳐 무너뜨린 두더지라는 농담 아닌 농담이 떠돌아다녔다. 이렇게 각종 파벌 싸움에 휘말린 시카고대학 경제학과는 거의 다 무너져 겨우 기둥만 지탱하고 있는 실정이었다. 그 사이에서 지칠 때로 지친 브록(그는 뛰어난 탭댄스 실력으로도 유명하다)은 결국 1981년 시카고대학을 떠나 위스콘신대학으로 자리를 옮겼다. 그리고 시카고대학 경제학과의 파벌 싸움은 깊어만 갔다.

사실 대학원생의 주된 관심은 테크닉이었지 경제학과의 정책이 아니었다. 로머는 자신의 박사학위 논문 주제를 더욱 발전시키기 위해 틈만 나면 수학자 이바르 에켈랜드|Ivar Ekeland를 찾아갔다. 경제학과의 정신적 리더(그리고 미래의 노벨 경제학상 수상자)였던 게리

베커를 만나기보다 수학과의 교환교수로 와 있던 볼록 분석^{|convex} analysis 전문가 에켈랜드를 더 자주 만났던 것이다. 시카고 정통학파로 로머의 연구에 가장 깊은 관심을 보인 인물은 셔윈 로젠으로, 특화를 전공했던 그는 로체스터대학으로부터 조지 스티글러의 후계자로 막 스카우트된 상태였다(1951년 핀 공장 이론의 모순을 발견한 사람이 스티글러였다는 사실을 기억하자).

로머가 수확체증에 관한 논문을 쓰고 있다는 이야기를 들은 로젠은 수리경제학을 공부하는 로머에게 1928년 에일린 영이 쓴 논문을 읽어보라고 권했다. 로머는 후에 당시에는 누증적 원인 관계^{|cumulative causation}에 대한 영의 강조를 알아듣기 힘들었다고 고백했다.

로머가 문헌 경제학적 표현으로 경제학을 공부했다면, 영은 지식을 어떤 특징으로 설명하고 또한 지식도 자본 같은 형태로 얼마든지 축적될 수 있다는 사실을 보여주려 했다. 이 자리에서 로머의 기본적인 직관은 신상품, 신공정, 기업가, 대학, 민간연구소, 특허법, 과학적 연구 등 이 모든 것이 경제 성장의 중심에 있다는 것이었음을 다시 한 번 상기시켜야 할 것 같다.

하지만 로머는 학자로서 겸손하고 자신을 너무 드러내지 않아야 한다고 배웠다. 시간이 흐른 후 로머는 이처럼 겸손하게 말했다.

"지식으로 무언가를 보여주겠다고 논문을 쓴 것은 아니다. 그저 이것이 내가 해야 할 일이라고 생각했을 뿐이다. 그리고 많은 사람이 내 연구 이전에 수확체증과 성장을 연구했다. 나는 그들이 갔던 연구의 길을 따라갔을 뿐이다."

로머가 좇은 길은 사람, 기업, 정부의 행동을 묘사하기 위해 1950년대에 개발된 일종의 강력한 일반 균형 모델들이었다. 특히 데이비드 카스와 찰링 쿠프먼스가 1965년 거의 동시에 출판했던 버전을 참고했다. 카스-쿠프먼스 모델은 솔로 모델과 같은 연구를 했지만, 이시적 최적화를 알린 사람은 바로 루커스였다. 그리고 프랭크 램지의 모델에 등장하는 고독한 계획자|lone planner는 경쟁력 있는 산업이나 자신의 이익만 추구하는 약삭빠른 인간으로 가득 찬 경제로 변하게 되었다. 다시 말해 카스-쿠프먼스 모델은 램지의 모델에 비해 더 일반화된 버전이라고 할 수 있었는데, 로머는 자신의 연구를 시작하고 나서 솔로 버전을 거의 보지 않았다. 1980년대 기준으로 볼 때 솔로 버전은 폭스바겐이 아닌 모델 T에 비유할 수 있었기 때문이다.

또한 로머는 수확체증을 연구한 과거 문헌 경제학자들의 논문도 거의 참고하지 않았다. 그는 후에 "어떤 면에서는 세상이 그만큼 변했기 때문이었다"라고 말했다. 과거에 문헌 경제학적으로 설명하기 어려웠던 것을 이제는 수학으로 얼마든지 설명할 수 있게 되었기 때문이다(다시 말해 연구의 룰이 바뀌었던 것이다).

좋은 혁신을 거듭하고, 인류는 천 년간 성장하리라

로머는 성장이 무한히 계속될 수 있다는 것을 보여주는 모델을 구축하기를 원했다. 다시 말해 경제에 구름 낀 상태가 계속되어서는 안 되었다. 솔로 모델에 따르면 경제는 50년이나 100년 후가 되면 어쩔 수 없이 일종의 성인기에 도달하고, 그 뒤부터 성장은 일제히 중단되고 만다. 솔로는 성장 그 자체를 일종의 단계라고 해석한 것이다.

고전 학문을 공부하는 학과에서는 교수들이 각종 단계론 및 순환론을 가르쳤다. 폴리비우스|Polybius, 생 아우구스틴|Saint Augustine, 비코|Vico, 칸트, 콩도르세, 헤겔|Hegel, 테이야르 드 샤르뎅|Teihard de Chardin 등 각종 철학사를 통해 이러한 것을 가르쳤던 것이다. 물론 경제학자들은 그런 내용에 관심을 기울이라고 배우지는 않았지만, 솔로 모델에는 인류의 장기적 미래에 대한 암묵적 견해가 담겨 있었다. 그것은 바로 모든 국가가 성장이 멈춘 채 제자리걸음 상태를 향해 갈 것이라는 점이었다.

로머가 살펴본 바로는 세상의 성장 리듬은 과거에 학자들이 예측한 것처럼 100년이 넘는 기간 동안 감속한 것이 아니라, 오히려 가속화된 것처럼 보였다. 그는 그 이유가 과학의 내적인 동력 때문이라고 생각했다. 다시 말해 더 많이 배우면 배울수록 새로운 것을 더 빨리 배우게 되기 때문이라고 생각한 것이다. 만약 지식이 수확체증의 원인이라면 지식을 축적하면 할수록 성장은 더 빨라진다. 실제로 그 전 200년의 역사를 보면 이것은 확실했다.

하지만 그가 상상하고 잡으려 하는 세계를 보여줄 만한 것이 세상에는 없었다. 다시 말해 인류는 앞으로도 천 년간 계속 발전하게 되리라는 것을 입증할 방법이 없었던 것이다. 결국 로머는 자신의 연구 목적을 위해 경제 성장을 생각할 때마다 텔레비전 드라마 시리즈 〈스타트렉|Star Trek〉을 떠올렸다. 스타트렉은 인류의 먼 미래를 다루고 있었는데, 그 과학 픽션 안에서 국가들은 몰락하기도 하고

새롭게 부상하기도 했다. 그러나 종은 계속 혁신을 해나갔고 외계로 진출했다. 물론 그런 현상이 영원히 지속되리라는 보장은 없지만 상당히 오랜 기간 계속되고 있었다.

중요한 것은 토지, 노동, 자본이 중심을 이루는 수확체감의 세계가 아닌 지식 중심의 수확체증의 세계를 어떻게 표현할 수 있는가 하는 것이었다. 그 내용을 코드화할 수 있다면 모든 것이 명확해질 것 같았다. 로머는 수학적 분석을 통해 신속하게 핀 공장 문제로 뛰어 들어갔다.

"나는 계획자가 지식을 통한 수확체증이라는 배경 속에서 극대화를 추진하는 램지의 모델과 같은 사회 계획자 모델|social planner model을 계속 연구했다. 그렇게 하면 성장이 가속화된다는 것을 입증할 수 있을 것 같았고 그것이 바로 내가 원하는 것이었다. 하지만 나는 그것을 경쟁적 균형으로 분산화|decentralized하는 방법을 몰랐다. 세상이 내가 생각했던 방향으로 간다는 것을 입증할 수 있는 방법을 거의 찾아냈지만, 문제는 그 세상이 실제 시장과 일치하는 것 같아 보이지 않는다는 것이었다."

로머는 자신이 생각하는 대로 계속 연구를 하면 단일 기업이 지식을 통한 수확체증을 이용해 시장을 독점하고 완전 경쟁이라는 가정을 파괴해버릴 것이라는 결론에 도달한다는 문제에 고심했다. 지금의 모델대로라면 그런 문제는 언제든 발생할 수 있고 그것을 억제할 수 있는 것은 아무것도 없었다. 그런 결론이 도출되는 모델 구축은 로머가 달성하고자 했던 목표가 전혀 아니었다. 왜냐하면 그러한 모델은 보통 현실에서 발생하지 않기 때문이었다.

"나는 루커스와 대화하는 도중 그가 '왜 외부적 수확체증을 이용하지 않지?'라고 얘기했던 것을 기억한다. 결국 나는 그대로 간다면 대기업 하나만 시장에 남게 되는 문제를 해결하기 위해 일종의 수학적 전략으로 루커스가 충고한 외부적 수확체증 개념을 활용하기로 결정했다."

로머가 제시한 첫 번째 모델에서 지식의 스필오버가 한 역할은 마셜의 책에 나와 있던 역할과 정확히 같은 것(신기술은 개인이 투자해 개발되었더라도 그것을 완전하게 소유할 수는 없다는 가정)이었다. 마셜은 사업 지식은 비밀이 지켜질 수 없다(마셜이 말한 강한 외부성 효과 때문에)는 주장을 했는데, 바로 이 스필오버 효과로 인해 내부적 수확체증의 효과는 사라지고 만다.

그때까지만 해도 로머는 마셜의 책을 읽지 않았다. 또한 그는 20년 전 애로가 경험을 통한 학습 모델로 스필오버 활용에 대해 이야기했다는 사실도 몰랐다. 곧바로 수학 영역 속으로 뛰어 들어가 무에서 모델을 창조하려고 생각했기 때문이다.

지식은 축적될 뿐 아니라 전파된다

모델을 구축하려 할 때 고려해야 할 세부적인 사항은 생각보다 많았다. 특히 수학적으로 결정해야 할 사항이 무척 많았다. 예를 들어 어떤 로켓 과학 계획법을 채택할 것인가? 폰트리아진의 것을 택해야 할까 아니면 벨먼의 것을 택해야 할까? 둘 다 시간의 흐름을 묘사하는 것과 관계가 있었다.

로머는 시카고대학에서 러셀 데이비슨에게 폰트리아진 유형의 영속적 시간 테크닉을 배웠다. 그런데 이 방법은 당시 루커스가 거시경제학에서 큰 인기를 불러일으켰던 애로-드브뢰의 무한차원 스프레드시트의 사용과 잘 맞지 않았다. 하지만 예상했던 결과와 예상치 못했던 결과는 성장 분석에 그리 중요하지 않았다. 결국 로머는 자신이 더 잘 알고 있는 폰트리아진 스타일의 수학을 채택했다. 그것을 택하면 구체적으로 어느 시기인지 명시하지 않고 시간상 변수의 변화를 추적할 수 있기 때문이었다.

그런데 그 문제를 해결하고 나자 이제는 다균형 문제에 직면하게 되었다. 그것은 긍정적 피드백과 함께 상황은 한 가지 방법이 아니라 여러 가지 방식에 의해 전개된다는 것이었다. 혼란이 유발될 경우 상황이 정상으로 돌아가기보다 돌이킬 수 없는 결론이 나올 수도 있었다(이 문제는 크루그먼이 그보다 1년 전 무역 문제를 연구하며 풀었던 것인데, 로머는 그때까지 이 사실을 모르고 있었다). 이 다균형은 일일이 계산을 해서 산출해야만 했다. 다균형을 그래프로 보여주는 것을 상태도|phase diagram라고 하는데, 당시만 해도 퍼스널 컴퓨터가 발명되지 않았을 때였다. 또한 필요한 수학 소프트웨어도 그로부터 몇 년이 더 있어야 개발되었다. 할 수 없이 로머는 이 단계의 그래프를 일일이 손으로 그렸다.

가장 중요한 기술적 문제는 모델의 안정성을 보여주는 것이었다. 15년 전 이 '칼날' 문제를 풀지 못해 쏠, 스티글리츠, 애로가 모두 나가떨어진 적이 있었다. 다시 말해 이들은 모두 개인의 효용성은 경계가 없다, 즉 무한할 수 있다는 가정을 채택했는데 이때 만일 한 개의 변수가 약간이라도 변하면 그 모델은 쓸모가 없어진다는

데 문제가 있었다. 이 문제의 영역은 횡단성 조건|transversality condition 으로 알려져 있었다. 로머가 사용한 테크닉은 루커스와 프레스콧이 1971년에 논문 〈불확실성 아래서의 투자|Investment under Uncertainty〉에 서 제시한 테크닉이었다. 이때 수학자 에켈랜드는 로머가 이 테크 닉을 익힐 수 있도록 도와주었고, 로머는 그 문제를 풀어냈다. 그 결과 로머는 무한차원 최적화 문제만 별도로 다룬 짧은 논문을 〈에 코노메트리카|Econometrica〉에 싣게 되었다.

로머가 그의 모델에 스필오버 효과를 집어넣자 그의 세계는 마 셜 시스템의 세계와 비슷해졌다. 물론 로머는 마셜이 설명한 것과 같은 방법으로 설명하진 않았다. 완전 경쟁은 그냥 보존했고 한계 생산성 이론, 오일러 정리 등에서 요구했던 조건인 상품 고갈 |product exhaustion 도 그대로 유지시켰다. 이 외에 기술에 대한 대가 지 불 문제에서 고려할 것은 아무것도 없었다. 솔로는 밀처럼 외부에 서 새로운 지식을 가져온다는 모델을 채택해 문제의 해법을 제시했 지만, 로머는 마셜이 그랬던 것처럼 솔로와 정반대 방향으로 갔던 것이다.

지식 축적은 새로운 투자에서 오는데 그렇게 개발된 지식은 스 필오버 방법에 의해 다른 사람에게로 전파된다는 것이었다. 스필오 버 효과가 발생한다는 것은 성장이 내부의 힘에 의해 시스템 내부 에서 내생적으로 발생한다는 것을 의미했다. 결국 마셜이 결론을 내린 것처럼 단일 기업이 세계를 지배하게 될 가능성은 없었다. 이 외부적 성향의 경제가 그렇게 되도록 내버려두지 않기 때문이다.

수학적 계산에 몰두하다 보니 로머는 그것이 무엇을 의미하는지 깊게 생각하지 않았다. 나중에 로머는 그 내용은 사실 굉장히 충격적인 것이었다고 회상했다. 만일 그때 그 사실을 알았다면 로머는 레겐슈타인 도서실에 가서 우주 경쟁이 경제 성장에 좋다는 신문 사설을 읽으며 한가하게 앉아있지는 않았을 것이다. 당시 그는 자신이 열심히 연구한 수학공식이 언젠가 누구나 응용할 수 있는 분야가 될 수 있을 것이라고 생각했을 뿐이었다.

신경제학의 탄생을 알린 위대한 논문

1981년 말 로머는 논문을 완성했다. 아니, 이제는 직장을 찾을 수 있을 정도로 논문을 완성했다고 생각했다. 〈외부성을 지닌 동태적 경쟁 균형, 수확체증 그리고 무한 성장Dynamic Competitive Equilibria with Externalities, Increasing Returns and Unbounded Growth〉이라는 이 논문을 쓰는 데 꼬박 1년이 넘게 걸렸다. 그가 공식적으로 이 논문을 제출했을 때 논문은 143쪽으로 축약되었는데, 대부분 경제학에서 금지하고 있는 온갖 수학적 내용이 가득 차지하고 있었다.

특히 이 논문에는 역사적 문헌을 참고했다는 간단한 소개가 들어 있다(수학적인 상세 분석 내용이 이 논문 이전에 존재하지 않았던 것은 사실이지만 이러한 모델이 강조하는 사고는 오래 전부터 존재해왔다. 비록 오늘날처럼 정교하지는 않았지만 성장이 일종의 수확체증에 의해 주도된다는 것은 맬서스의 주장을 공격했을 때 나왔을 만큼 오래된 생각이다). 또한 이 논문에는 실제 세계에 얼마든지 적용할 수 있다는 모델의 적합성을 보여주려는 시도도 들어 있다. 나아가 최고의 이용 가능한 데이터(사이먼 쿠즈네츠의 데이터) 도표를 이용해 1841년 이래 4대 주요 선진국에서 성장률이 감속한 것이 아니라 가속화되었다는 사실을 보여준다.

그렇다면 그의 모델에서 진정으로 외생적이라고 생각하는 변화는 어떤 것일까? 로머는 이 질문에 대해 구체적인 사례를 제시했다. 중세 시대에 지구 궤도 불안정으로 추정되는 원인으로 기후 온난화 현상이 야기되었는데, 그 때문에 유럽에서 곡물 경작을 할 수 있는 지리학적 상한선이 북쪽지방으로 수백 마일이나 올라간 적이 있다(이러한 사실은 현대에 이르러 밝혀졌다). 그 결과 농부들은 더 많은 곡물을 생산하게 되었다.

로머는 바로 이러한 변화를 외생적 변화라고 설명한다. 인간의 행동에 의해 그런 결과가 야기되지 않았기 때문이다. 그러나 기후 온난화가 발생했던 그 몇 년간 들판에서 자라는 야생 곡물의 작황은 그대로인데 각 가정에서 재배하는 밀의 작황이 증가했다면, 이 변화는 제도 안에서 발생한 것으로 봐야만 한다. 즉, 내생적 변화로 보아야 한다는 얘기다. 농부들이 더욱 생산성이 뛰어난 종자를 심고 생산성이 떨어지는 종자는 버려야만 가능한 결과이기 때문이다.

이 논문의 핵심은 바로 모델 그 자체였다. 무려 30쪽이나 되는 빽빽한 설명을 통해 로머는 세상이 어떻게 작동되고 있는지 설명하려 노력했다. 그는 '눈에 보이지 않는 자본재인 지식' 덕분에 총생산에서 규모에 대한 수확체증 현상이 발생하는데, 이 수확체증은 자본이 개입된 스필오버 효과로 구현될 수 있다고 주장했다. 그런 다음 측정 도구가 주어지며 측정은 생산에 대한 가정 비용으로 정의된 단위별로 이뤄질 수 있다고 했다.

로머는 조심스럽게 시장이 실패한 지역 몇 군데를 선별해 그 지역이 실패한 이유는 발명가들이 자신의 노력에 투자할 만한 이유가 부족했기 때문이라고 설명했다. 이들이 얻을 수 있는 이익이 스필 오버 역학에 의해 너무 빨리 사라져 발명가들이 노력을 덜했다는 것이다. 그러면 당연히 새로운 지식에 대한 체계적인 투자가 덜 이루어진다.

논문은 이러한 주장을 입증하는 내용이 거의 절반을 차지하고 있으며, 다소 이해하기 힘들긴 해도 수학적으로 계산해보면 모두 사실로 입증된다. 솔직히 로머의 논문을 심사해야 했던 심사위원을 제외하고 그의 논문을 읽은 사람은 아마 거의 없을 것이다.

이 논문에는 솔로 모델에 대한 찬양도 없고 솔로 모델과의 비교 부분도 없다. 또한 성장률은 시간이 흐름에 따라 실제로 가속화되고 있다는 사실을 크게 강조하는 부분도 전혀 없다. 그러나 로머는 자신이 개발한 도구에 대해 크게 자신감을 보이고 있었다.

그의 논문은 자신이 비효율적 균형들을 계산하기 위해 고안한 수학 장치는 심각한 시장 실패 상황이 일어나는 곳이면 어디에서든 경제학 분야에서 적용할 수 있을 것이라는 말로 시작하고 있다. 기업 이론, 자산 평가, 거시경제학적 변동 이론을 비롯해 스필오버가 차선의 결과를 야기하는 분야라면 어디에서든 적용할 수 있다는 것이다. 이처럼 모든 것이 옳다고 밝힐 수 있는 트릭은 시카고대학이 아주 좋아하던 것이었다.

그런데 로머는 성장 모델의 정책적 시사점에 관한 부분에 대해서는 상당히 주저하는 태도를 보이고 있다. 시카고학파 경제학자들이 그러한 정책적 시사점을 좋아하지 않는다는 점에서 로머의 태도는 어쩌면 당연한 것인지도 모른다. 로머는 정부 보조금은 가끔 경제 성장에 기여할 수 있지만 보조금이 어느 분야에 주어지느냐에 따라 결과가 달라질 수 있다고 지적하고 있다. 그는 정부 정책에 의해, 다시 말해 무역 쿼터제 같은 것에 의해 생산성이 향상될 수 있다고 생각하진 않았다. 반면 신기술을 이용해 새로운 공장을 건설하는 데 정부가 정책적으로 지원을 해준다면 생산성은 향상될 수 있다고 생각했다.

로머는 그 시점으로부터 1년 반이 지난 뒤 공식적으로 자신의 논문을 제출했고, 또한 그로부터 3년이 지나서야 그의 모델이 한 학술지에 실리게 되었다. 경제학의 선봉에 선 사람들은 자신의 주장을 통해 최초로 그 분야가 연구될 경우, 그 연구가 시작되었을 때는 이미 세상이 이전과 달라져있다는 사실을 알고 있다. 몇 년 후 조지 애컬로프는 이렇게 말했다.

"사람들은 그것이 케네스 애로가 15년 전에 썼던 것과 수학적으로 정확히 같은 모델이라고 말했다. 그러나 그런 말은 들을 가치도 없는 평가였다. 폴이 그 논문을 썼을 때 모든 사람은 게임의 룰이 바뀌었다는 사실을 깨달았다. 갑자기 경제학계의 모든 사람이 우리가 연구해야 할 위대한 신경제학이 탄생했다는 사실을 단번에 알아차리게 된 것이다."

공부를 마치고 시카고대학을 떠날 무렵, 로머도 구인·구직 행사장에 참석했다. 1981년 11월에 있었던 구인·구직 미팅은 워싱턴 DC에서 있었다(오랫동안 이 행사는 크리스마스와 새해 사이에 개최되곤 했다). 그해 구인·구직 행사는 레이거노믹스|Reaganomics가 주도했고, 행사장 전시실보다는 인터뷰가 진행되는 작은 호텔방이나 큰

스위트룸이 한층 더 열기가 강했다. 바로 그곳에서 이제 막 논문을 끝낸 예비 경제학자에게 짧은 시간에 자기 논문에 대해 설명할 기회가 주어졌는데, 그 순간에 구직자는 상대에게 깊은 감명을 줄 수 있어야 한다.

로머에게는 여러 대학에서 인터뷰 요청이 들어왔고 그중에는 하버드대학도 포함되어 있었다. MIT에서는 인터뷰 요청이 들어오지 않았지만 로머의 소식을 들은 MIT의 조교수 팀 케호|Tim Kehoe와 로렌스 서머스|Lawrence Summers는 로머의 하버드 인터뷰를 구경하러 왔다. 그 자리에서 로머의 설명에 깊은 감명을 받은 그들은 스탠리 피셔에게 로머가 MIT에서 강의를 할 수 있도록 스카우트하라고 설득했다.

물론 MIT뿐 아니라 위스콘신, 카네기멜론, 그리고 로체스터대학에서도 로머에게 교수 자리를 제안했다. 그중에서도 로체스터가 그의 아내를 위해 가장 좋은 조건을 제시했다. 결국 로머는 1982년 6월, 5대호를 따라 다시 이사했고 그 즈음 이들 부부에게는 어린 아들이 있었다.

16

막다른 골목에서는 유턴이 해답이다
The U-Turn

．
．
．

학자가 180도 방향 전환을 하는 경우는 극히 드물다.
그것도 이제 막 걸음을 뗀 신참 학자가 그런 경우는 더욱 드물다.
이러한 방향 전환은 단순히 연구 분야를 바꾸는 것으로 끝나는 일이 아니라
경제학자간의 내전에서 진영을 바꾸는 중대한 결정이었다.
그것도 첫 번째가 아닌 두 번째로.

．
．
．

진영을 뒤바꾼 스물일곱의 신참 학자

1930년대부터 60년대까지 MIT 교수들이 똑똑하지만 하버드, 예일, 프린스턴으로부터 입학 허가를 받지 못한 딸들을 주로 보내는 대학 중 하나가 로체스터대학이었다. 이 대학은 동부에 위치한 다른 연구 중심 대학과 달리 아량이 넓으면서도 남녀 평등적 사고를 지녔기 때문이다. 이 대학이 그런 성향을 지니고 있다는 것은 전혀 놀라운 사실이 아니다. 19세기 초 이리 운하|Erie Canal 개통과 더불어 뉴욕주 북부 지방이 에너지, 종교, 그리고 다른 세속적인 싸움에 휘말렸을 때 로체스터대학이 그 본거지 역할을 했던 것이다. 몰몬교가 시작된 곳도 그리고 여성의 투표권 주장 운동이 시작된 곳도 바로 뉴욕주 북부 지역이었다. 또한 시카고대학의 발전에 큰 영향을 미친 존 록펠러|John Rockefeller가 탄생한 곳도 이곳이고, 이스트먼 코닥|Eastman Kodak과 다른 미국의 광학·영상 산업에 관련된 많은 기업이 설립돼 여전히 상당수가 살아남은 도시도 로체스터였다. 한마디로 로체스터는 경제 성장에 관심이 많은 젊은 이론가가 정착하기에 딱 알맞은 도시였다고 할 수 있다.

1982년 봄 로체스터에 도착한 로머는 로체스터대학에서 조교수로 일하며 동시에 여러 개의 프로젝트를 추진할 계획이었다. 우선 시카고대학 논문 지도교수였던 호세 세인크먼 교수에게 논문에서 채 마치지 못한 수학적 부분을 해결해서 보내야 했다. 또한 박사학위 논문을 학술지에 게재하기로 되어 있었는데, 그러려면 내용을 좀 손봐야 했다. 여기에 난생 처음으로 맡게 된 통화와 금융에 관한 강의도 준비해야 했다. 로체스터대학의 경제학과 분위기는 시카고대학과 많이 달랐고 로머는 생각할 것이 아주 많았다. 물론 그렇다고 해서 경제학과 측이 그에게 무슨 특별한 압력을 행사했던 것은 아니다.

당시 로머는 자신이 시카고에서 2년간 죽도록 매달린 문제에 대한 접근 방식이 궁극적으로 막다른 골목에 도달했다는 것을 확신했다. 그는 지식의 스필오버는 중요하지만 그것만으로는 충분치 않다고 생각했다. 이 방법은 상황의 일부는 잘 조명한 반면, 다른 쪽은 제대로 조명하지 못했기 때문이다.

그리하여 시카고를 떠난 지 1년 후, 스물일곱 살이 된 로머는 그가 힘들게 논문에서 구축한 완전 경쟁 모델을 버렸다. 대신 그는 독점적 경쟁의 총량 모델(그로부터 50년 전 매사추세츠 케임브리지에서 개발되어 전통적으로 시카고에서는 무시했던 접근 방식)로 연구를 시작했다. 사실 학자가 180도 방향 전환을 하는 경우는 극히 드물다. 그것도 이제 막 걸음을 뗀 신참 학자가 그런 경우는 더욱 드물다. 이러한 방향 전환은 단순히 연구 분야를 바꾸는 것으로 끝나는 일이 아니었다. 이것은 경제학자간의 내전에서 진영을 바꾸는 중대한 결정이었다. 그것도 첫 번째가 아닌 두 번째로.

현실과 이론의 괴리

보상받지 못한 외부 경제의 부작용 접근 방식|with the side effects approach of uncompensated external economies과 더불어 완전 경쟁 이야기의 문제점은 무엇보다 로체스터시의 현실과 완전히 동떨어져 있다는 것이었다. 로머는 공기에서 '무언가'가 느껴지기는 하는데, 그것이 무엇인지 딱 꼬집어 설명할 수가 없었다. 하지만 로체스터시를 걸어본 사람이면 누구나 느낄 수 있는 그 무언가가 분명 그곳에 있었다. 예를 들어 로체스터시에 있는 기업들은 상당액을 R&D에 지속적으로 투자하고 있었다.

그러한 투자 결정을 내린다는 것은 분명 그들이 투자에 대한 수익을 기대하고 있음을 의미했다. 이들 기업은 연구소를 유지하고 화학자를 채용했으며 변호사를 고용했다. 비밀, 특허, 저작권, 상표권, 그리고 첨단 기술 분야를 계속 연구 및 유지해야 한다는 결정이 이 도시 발전의 주요 열쇠가 되고 있었던 것이다.

당시 현지 지역 신문에는 후지|Fuji 중역 중 한 명이 로체스터대학 경영대학원에 지원했는데, 대학 측이 입학허가를 꺼리고 있다는 내용의 기사가 실린 적이 있다. 그 후지 중역에게 입학을 허가하면 그가 로체스터시에 머물면서 코닥의 사업 비밀을 캐낼 위험이 있다는 것이 대학 측의 입장이었다. 그런 점에서 로체스터는 스필오버 현상이 일어나지 않았다고 볼 수 있다. 아니면 비밀이나 기술을 독차지함으로써 이익을 얻고 있는 기업 측이 스필오버가 발생하는 것을 최대한 막고 있는 것 같기도 했다.

로머의 논문에 등장한 순수한 스필오버 세계에서는 이처럼 기업이 의도적으로 스필오버를 막는 일이 발생할 여지가 없었다. 만약 코닥이 새로운 고속인화 필름을 생산했다면, 바로 다음날 그 모든 것에 대해 후지가 알아야 정상이었다. 로체스터에서처럼 자사만의 사적인 지식을 축적하는 행위가 경쟁기업보다 자사에 더 도움이 되지 않기 때문에 이런 상황에서는 개별 지식을 축적할 필요가 없었다.

만약 로머가 자신의 박사학위 논문 모델에서 코닥이 정보 비밀을 유지하는 것처럼 그러한 가능성이 존재한다고 인정했다면, 그 모델은 심각한 결함을 지닌 것으로 비난받았을 것이다. 왜냐하면 비밀을 지닌 코닥은 수확체증 효과를 누릴 것이고, 결국 이 분야 산업 전체를 지배하게 될 것이었기 때문이다. 그렇게 되면 독점이 정상적인 결과라고 주장했던 핀 공장 세계로 다시 돌아갈 수밖에 없었다.

논문을 발표할 때 로머는 이 논란거리를 교묘하게 잘 처리하고 넘어갔다. 만일 코닥이 코닥만의 독자적인 지식을 조금 갖고 있다면 후지도 조금이나마 혜택을 볼 수 있다. 하지만 그 혜택은 아주 적어 코닥이 시장 전체를 지배하는 것을 방지할 정도에 지나지 않는다.

로머의 생산함수 뒤에는 코닥이 어느 지점을 지나면 더 이상 성장할 수 없을 것이라는 가정이 숨어 있었다. 지식 관련 비용이 상승하기 때문에 코닥이 아주 큰 기업으로 성장하는 데는 한계가 있다는 것이다. 이것은 대강의 상황만 보여주는 간단한 모델이었다. 그 점에서 혁신에 대한 인센티브 부분을 모델에 집어넣는 동시에 독점 상황이 유발되지 않도록 조절해야만 했다.

로머는 논문에 외생성 개념을 집어넣었지만 비용 상승 가정과 이것이 상충하는 문제는 신경 쓰지 않았다. 이는 그가 실제 세계의 사례로 그것을 설명하지 않았기 때문이었다.

"나는 지식을 사용하려 할 때 비용이 증가하는지 실험 및 확인해보기 위해 현실 속에서 지식의 일부를 찾으려는 시도를 하지 않았다. 나는 내 논리가 맞는다는 것을 보여주기 위해 아주 단순화한 모델을 선택했을 뿐이다. 그것을 보여주고자 수학을 선택했는데 수학은 내가 문제에 봉착할 때마다 나를 구해주곤 했다. 수학은 나 혼자서 헤매도록 내버려두지 않았다. 문제가 생길 때마다 나는 수학에 의지해 해결하곤 했다."

새로운 시도

돈을 지불할 가치가 있는 새롭고 소중한 지식이 과연 무엇을 의미하는지 분석하기 시작했을 때, 로머는 그것이 새로운 상품, 성공적으로 차별화가 이루어진 상품 같은 것일 거라고 생각했다. 일반 필름보다 빛에 훨씬 더 예민한 고속인화 필름 같은 상품을 생각한 것이다.

많은 생각 끝에 로머는 민간 분야에서의 신지식은 대부분 시도와 실패, 실험 그리고 확실한 R&D 과정에서 나오는 것이라는 추론에 이르게 되었다. 사실 신지식은 다른 사람에게도 일부 이익을 나눠준다는 것이 입증되고 있다. 그러나 그것은 지식 축적에 투자하는 사람들이 원하는 방향이 절대 아니다. 그들은 스필오버 효과를 기대하는 것이 아니라 그들이 개발한 신제품을 판매할 수 있기를 기대한다. 다시 말해 자신들의 제품을 차별화하고 생산 및 판매에 있어 그 상품을 특화할 수 있는 방법을 모색하는 것이다.

그러나 특화를 모색하는 사람들은 자신이 발견한 내용 및 공정을 한동안 비밀로 유지하거나 신지식을 특허 혹은 저작권 형태로 보호한다. 그렇지 않으면 제조, 유통, 판매상 다른 기업은 따라올 수 없을 만큼 저렴한 단가로 생산할 수 있을 때만 수익을 얻을 수 있기 때문이다.

이들은 우선 고정비용(제품이 실제 판매에 들어가기 전에 이 사업에 최초로 뛰어들면서 들어간 비용)을 커버할 수 있기를 바란다. 이것은 직접 가격을 책정하고 싶어 한다는 것을 의미한다. 만일 그것이 가능하다면 이들은 한동안 독점 기업처럼 행동하거나 행동하려 노력한다.

이것은 에드워드 챔벌린이 그로부터 60년 전 독점적 경쟁에 관한 주장을 하면서 펼쳤던 것과 정확히 같은 논리였다. 그러나 로머는 챔벌린의 책이나 논문을 읽어본 적이 없었다. 단지 그는 자신이 본 세상을 설명하기 위해 수학적 방법을 이용하고 있을 뿐이었다. 이를 통해 왜 민간인이 지식 생산에 투자하기를 원하는지 충분히 설명할 수 있었기 때문이다.

현대경제학이 얻은 가장 큰 수확 중 하나는 학자들이 더 이상 자신의 생각을 우리가 흔히 사용하는 언어로 표현하지 않아도 되었다는 점이다. 설명을 생략한 채 정확한 수학공식을 통해 보여주는 것만으로도 충분했기 때문이다.

고정비용 계산은 비볼록성과 관련이 있었다. 로머가 시카고대학

대학원 수업에서 많이 사용해 잘 알고 있는 볼록성 분석 도구만 가지고는 충분하지가 않았다. 왜냐하면 고정비용은 실제 세상과 직접 관련이 있었기 때문이다. 다시 말해 고정비용은 비분할성|indivisibilities 특성을 띠고 있었다. 우리는 절반만 건설된 다리로는 돈을 벌 수 없다. 또한 새로운 필름의 발명과 개발이 완벽하게 끝나기 전까지는 이 새로운 필름을 판매할 수도 없다.

사실 비볼록성이야말로 비분할성을 잘 설명해줄 수 있는 방법이었다. 그리고 비분할성의 존재는 수확체증의 가능성을 잘 알려줄 수 있었다. 볼록성은 비용 증가와 이로 인한 수확체감을 설명해주는 반면, 비볼록성은 비용 하락과 이로 인한 수확체증을 설명하기 때문이었다.

'볼록성'이라는 말은 본래의 의미(표면 위쪽으로 솟아난 형태)를 떠나 경제학에서 특별한 의미로 사용되고 있었다. 완전 경쟁에 관한 모든 분석은 볼록 집합론 논리에 바탕을 두고 이루어졌는데, 그 전 세기에 모든 계산에서 미적분이 이용되었던 것처럼 이제는 집합론이 많이 이용되었다. 집합론은 세상의 부드러움|smoothness에 대한 비현실적 가정 없이도 얼마든지 미적분을 밀어낼 수 있었다. 그리고 집합론 도입 덕분에 경제학에는 방정식 대신 부등식이 도입되었다. 단순히 선 하나를 설명하기보다 모든 지점을 집합적으로 설명할 수 있게 된 것이다.

조지 단치히의 콩 덩굴을 타고 올라가는 모형은 뾰족한 원뿔 형태였는데, 이것이 바로 볼록 집합이었다. 경제학자들이 빌려다 유용하게 사용하고 있는 로켓 과학의 고차원 수학공식도 모두 볼록 집합이었다. 무한차원 스프레드시트 역시 볼록성에 근거를 두고 있었고, 분리 초평면 정리는 볼록 분석의 표준적인 도구였다. 그것은 경쟁적 균형 같은 거대한 것을 수립할 때나 아니면 시장 가격과 자연 가격에 어떤 차이라도 발생하면 가격과 양의 조정으로 이것이 곧 사라지게 된다는 가정을 설명하기 위해 사용될 수 있었다.

'볼록성'을 정의하기는 쉬웠다. 집합은 그것이 어떤 두 점 사이에 그어진 선 하나를 포함하고 있으면 볼록하다고 말한다. 《신 팔그레이브: 경제학 사전|The New Palgrave: A Dictionary of Economics》을 편집했던 피터 뉴먼|Peter Newman은 볼록성에 대해 다음과 같이 설명했다.

> "피라미드는 볼록 집합인 반면 던지며 갖고 노는 원반형 프리스비|frisbee는 볼록 집합이 아니다. 골프공은 거의 볼록 집합이라고 볼 수 있는데, 구형인 골프공 표면은 우리가 작은 구멍이라고 부르는 작은 비볼록성으로 덮여 있다."

보이지 않는 손 논리를 따르는 학생들이 독점을 큰 골칫거리로 여겼듯 비볼록성은 수리경제학자들에게 큰 골칫거리였다. 물론 수리경제학자들의 경우, 독점적 경쟁을 논하기보다는 일반 균형 모델을 따르는 비볼록성을 설명하는 것이 더 쉬웠지만 말이다. 그로부터 오랜 시간이 지나 로머는 이에 관한 논쟁을 설명하면서 이것을 2차원으로 축소시켰다. 그는 원들의 볼록 조합을 보여주는 원과 비볼록성을 보여주는 찌부러진|crushed 아니면 이가 빠진 원으로 구분해 설명했다.

로머는 훗날 이 찌부러진 원의 모형이 자신을 10년 아니 15년 동안 괴롭혔다고 말했다. 그것이 경제학에서 무언가 중요한 것을 의

미한다는 것은 분명했다. 하지만 그의 이야기를 듣는 사람들이 물건|things과 지식 간의 연관관계를 제대로 이해하지 못한다면, 또한 앞의 원은 물건을 나타내고 뒤의 찌그러진 원은 지식을 나타낸다는 것을 이해하지 못한다면, 그것을 수학적으로 설명해주어도 아무런 의미가 없었다. 특히 강연장에서 그의 말에 귀를 기울이는 사람들에게 그것을 설명하는 것은 불가능했다.

"나는 수학적 증류 과정을 상세히 보여줄 수가 없었다. 그 복잡한 세상을 두 개의 기하학적 모형만으로 보여주는 것은 불가능했다."

만약 청중 중에 그가 설명한 내용을 알아들은 사람이 있다면, 로머는 당장 그 사람에게 경제학 박사학위를 주어야 할 것이라고 생각했다.

시간이 흐르면서 로머는 고정비용을 논하는 문헌이 상당히 많다는 사실을 깨닫게 되었다. 19세기 프랑스 엔지니어들을 비롯해 많은 사람이 오랫동안 이 문제를 붙들고 씨름했다. 로머는 이 프랑스 엔지니어들이야말로 도로, 운하, 철도 건설 경제학을 성공적으로 수행함으로써 앨프리드 마셜보다 50년 앞서 거시경제학을 발명한 주인공이라는 사실을 알게 되었다. 그렇다면 교량 건설에 관한 결정과 핀 공장 건설에 관한 결정 사이에는 무슨 차이점이 있을까? 거의 없다. 이 도로 건설 문제를 좀더 파고 들어가면 지적재산권 문제가 나온다. 로머는 "일단 고정비용 문제를 찾고 보니 사방에서 그 문제가 눈에 띄었다"라고 쓰고 있다.

물론 경제학 문헌들이 로머의 사고에서 차지한 비중은 상대적으

로 적다. 그는 챔벌린이나 슘페터의 책을 읽지 않고 이 분야 발전의 토대가 된 수학자 알티 록펠러 |R.T. Rockafellar 의 저서 《볼록 분석 |Convex Analysis》을 읽었다. 당시만 해도 지식 노동자와 지적재산권에 대해 이야기하려는 사람은 상당히 많았다. 그러나 그들 중 누구도 무한 차원 공간에서의 횡단성 조건에 전문적으로 파고들려는 시도는 하지 않았다. 물론 이것은 파고들다 보면 결국 처음과 정반대되는 논리에 도달하는 수학 이론이었다.

애덤 스미스가 놓친 결정적 단서

이때 셔윈 로젠의 제안을 떠올린 로머는 로젠의 충고대로 에일린 영이 강연한 내용을 담은 《수확체증과 경제 발전》을 읽었다. 영의 주장은 과거에 읽었던 것보다 확실히 더 일리가 있어 보였다.

1928년 에일린 영이 청중에게 대담하게 강조한 것은 애덤 스미스가 중요한 핵심을 놓쳤다는 것이었다. 핀 공장 내부에 갇혀 그 안에만 집중하다 보니 핀 공장이 주변 사람들과 어떤 관계를 유지하는지 살펴보는 중요한 일을 하지 못했다는 것이다. 복잡한 업무를 분할하고 반복하는 것은 노동 분업 이야기의 극히 일부, 그것도 덜 중요한 부분에 지나지 않는다. 노동 분업에서는 새로운 도구와 기계, 물질, 디자인의 발명도 매우 중요한 부분을 차지한다. 이러한 변화는 보통 '발전 |progress'이라는 단어로 묘사되곤 했다.

영은 특정 기업이나 산업만 검토하다 보면 이 중요한 발전 과정의 핵심을 제대로 이해할 수 없다고 지적했다. 예를 들어 영은 인쇄 산업의 역사를 간단하게 설명했다. 인쇄기가 새로 고안되었을 때, 이 기계의 발명가들은 디자인뿐 아니라 제조도 직접 해야 했다. 인쇄용 전문 잉크 개발과 노동자 교육도 이들이 담당해야 할 몫이었다. 그리고 인쇄된 책자를 구입할 고객도 직접 찾아나서야 했다.

하지만 인쇄 분야 거래가 증가하면서 기업들은 제조 공정, 즉 인쇄만 담당하면 되었다. 그리고 개발된 인쇄 기계들은 미래의 경쟁 업체에게 팔려나갔다. 초기에 인쇄업으로 성공을 거둔 사람들은 오늘날 전문 인쇄소가 하는 일만 한 것이 아니라 인쇄 기계 제조, 나무 펄프 공급, 종이 제작, 잉크 제조, 인쇄 타입과 디자인 결정, 글씨체 발명, 그리고 기계도 직접 설치했다. 영은 이외에도 이들은 철강, 화학제품, 전기, 공구 등 인쇄에 필요한 모든 것을 직접 조달했다고 설명했다.

아니면 상황이 약간 다른 방향으로 갔었을 수도 있다. 예를 들어 책을 출판하는 사람이 꾸준한 원료 조달을 위해 제지 회사를 사들일 수도 있었다. 하지만 그러한 통합 현상은 보통 산업이 완숙기에 이르렀을 때 나타난다. 젊고 한창 자라나는 시기에 있는 산업의 경우에는 전문화와 분해|disintegrates 현상이 발생한다. 다시 말해 특정 분야에서 일하던 기술자가 회사를 떠나 스스로 사업체를 설립해 여러 경쟁 기업에 동시에 부품을 공급하는 현상이 발생하는 것이다. 이러한 분해의 종류에는 스핀오프|spin-off, 독립, 창업|start-up 등이 있다.

이처럼 새롭게 생겨난 기업들의 원동력은 새로운 시장을 찾으려는 기업가의 열정이라고 할 수 있다. 하지만 기업가는 어디까지나 신상품으로 승부를 해야 한다. 그리고 대규모로 사업을 벌이기 위해서는 그 사업이 번성할 수 있을 만큼 충분히 큰 시장이 존재해야 한다. 못 하나를 박기 위해 망치를 만들 수 없고, 자동차 100대를 생산하고자 지그[jig], 계량기, 선반, 드릴, 프레스나 컨베이어가 설치된 공장을 지을 수는 없는 노릇이기 때문이다.

그러나 사람들이 망치를 보편적으로 사용하게 되고 또한 충분히 많은 자동차가 팔려나가게 되면, 생산 단가가 떨어지고 특화 현상이 시작된다. 이 말은 노동 분업(특화 수준)은 시장 규모의 제약을 받는다는 의미다.

애덤 스미스 자신도 짐꾼이 먹고살기 위해서는 적어도 도시 정도의 시장이 있어야 하고, 빵집이 먹고살기 위해서는 최소한 작은 마을 정도의 시장이 있어야 한다고 지적한 적이 있다. 외진 곳에 떨어져 사는 농부들은 직접 빵을 만들어 먹는다.

그런데 스미스는 여기까지만 언급했다. 왜 그랬을까? 왜 한 발 더 나아가 수확체증·생산단가 하락이 기계, 예를 들면 두 바퀴가 달린 짐수레나 컨벡션 오븐과 관계가 있는 것 같다고 설명하지 않은 것일까? 왜 그가 이런 설명을 생략한 것이 신속하게 탐지되지 않았을까? 리카도는 옥수수 모델로 공식적인 방법을 도입했을 때 스미스가 설명하지 못한 부분이 있다는 것을 쉽게 알아차렸을 수도 있다. 그런데 다음 세대 경제학자들(칼 마르크스만 제외하고), 특히 존 스튜어트 밀은 새로운 발명품이 홍수처럼 쏟아져 나오는 원인에 대해 왜 그토록 무관심했을까?

이 질문에 대해 에일린 영이 추측한 대답은 19세기 중반까지는 경제 발전이 오랫동안 꾸준히 발생해 경제 발전을 자연스러운 현상으로 여겼기 때문이라는 것이다. 다시 말해 밀이나 그의 동료 경제학자들은 지식의 꾸준한 성장을 거저 얻을 수 있는 것이라고 생각했다는 얘기다. 영은 이에 대해 다음과 같이 설명하고 있다.

"그들이 역사를 거슬러 올라가 살펴보았다면 농업 분야나 산업적 방법에서 쓸 만한 변화가 일어나지 않았던 시간이 몇 세기나 된다는 사실을 발견할 수 있었을지도 모른다. 그러나 그들은 인간이 자신의 운명을 새로운 방향으로 전환시키고 난 이후의 시대에 살고 있었다. 그 점에서 향상에 대해 굳이 설명할 필요를 느끼지 않았던 것이다. 그들은 천문학에서의 세차 운동|the precession of the equinoxes과 마찬가지로 이것을 당연한 현상으로 생각했다."

이번에는 마셜에게로 돌아가 살펴보자. 로머는 외부적 수확체증의 발명자인 마셜이 고전적인 대목에서 이것이 두 가지 다른 출처에서 유발되는 것이라고 설명한 내용을 발견했다. 그중 하나는 비밀이 준수될 수 없는 거래상 비밀에서 오는 것이고, 다른 하나는 부속적 거래|subsidiary trades에서 오는 것으로 부속적 거래는 최고로 고차원적인 전문성을 지닌 기계류의 부상과 더불어 나타난다. 이후 마셜은 아주 중요한 요점으로 넘어가는데, 사람들은 이 점을 그리 주목하지 않았다.

누군가가 빵을 굽거나 짐꾼이 되기로 했다면 특화 시도를 위해 고정비용 투자가 불가피하다. 활동을 시작해서 운영하기까지 비용 투자가 반드시 필요한 것이다. 빵집을 하려는 사람은 우선 가게 자리를 세내야 하고 빵을 구울 오븐을 구입해야 한다. 짐꾼의 경우 짐을 나를 손수레가 필요하다. 마셜은 중대한 시설이 필요한지 아닌지에 따라 비용 추가로 구분되는 변동비용과 고정비용의 관계에 대해 많은 이야기를 했다. 그러나 그는 신상품 도입에 대해서는 거의 언급하지 않았다.

대신 그는 외부성, 즉 '공기에 떠다니는 그 무엇'에 대해 언급했다. 후에 로머는 "그때 나는 마셜의 생각을 형식화하려 했었던 것 같다"라고 회상했다.

> "사람들은 내가 문헌에 대해 잘 모른다고 비난한다. 하지만 확신하건대 만약 마셜이 지금 살아있다면 그도 내가 했던 것과 똑같은 방법으로 스필오버를 했을 것이다. 즉, 기술적 문제에 봉착했을 때 그것을 수학으로 풀었을 거라는 얘기다."

하지만 마셜은 자신의 책에서 그것을 다음과 같은 방법으로 다루고 있다.

> "지식과 관련해서 여기 이 문제에 중요한 무언가가 있네. 세상을 한 번 관찰해봐야겠어. 그 속에 뭔가 중요한 것이 있는 것 같아. 그 속에 무엇이 있는지 직접 확인을 해봐야지."

마셜처럼 마음만 먹는다면 이 문제를 수학적으로 설명할 필요 없이 얼마든지 말로만 설명할 수 있다. 시간이 흐르면서 상황이 개선되기를 원했던 마셜은 수확체증을 원했다. 그러나 동시에 그는 많은 기업 사이에 경쟁이 유지될 수 있기를 바랐다.

로머는 자신이 설명하고 있는 이 현상에 대해 적절한 사례를 찾기 위해 주기적으로 세상을 관찰하는 것은 '바보 같은 행동'이 아니라고 말했다. 아니, 이것은 꼭 필요한 과정 중 하나였다.

"일단 우리 자신이 수학적 기계가 그것이 어떤 원리로 작동하는지 이해하고 나면, 다시 세상으로 돌아가 그 기계가 세상의 핵심을 잘 반영하고 있는지 확인해봐야 한다. 나는 내 학생들의 이해를 돕기 위해 그림을 그려 설명하곤 했는데, 이해 수준의 맨 위에는 최고로 높은 차원의 압축 수학공식이 존재한다. 그리고 맨 아래에는 우리가 직접 느끼는 세상이 있다. 이론가들은 늘 아래위를 왔다 갔다 한다. 위로 올라가 자세히 관찰하며 한참을 보낸 다음 아래로 내려와 다시 관찰을 하며 한참을 보내는 것이다."

요약해서 말하자면 로머는 스필오버가 없는 특화 모델을 구축하고자 했던 것이다.

신상품의 기원은 어디인가

로머가 그 다음으로 직면한 문제는 점점 증가하는 상품의 다양성을 설명하는 것이었다. 어떤 면에서 볼 때 이 문제는 폴 크루그먼이 국제무역에서 서로 다른 종류의 하이테크 상품 사이의 경쟁을 모델화하려고 했을 때 당면했던 것과 같다고 할 수 있다. 물론 문제가 같다 보니 로머도 크루그먼이 사용했던 것과 동일한 도구(딕시트-스티글리츠의 독점적 경쟁 모델)를 사용하게 되었다(그리고 대학원에서 배운 다른 모델도 채택했다). 그러나 크루그먼과 로머의 연구에는 결정적인 차이가 있었다.

크루그먼은 여러 다른 상품을 한자리에 모아 분석했지만, 로머는 신상품의 기원이 어디인지를 설명하고자 했던 것이다. 로머의 경우, 성장의 동태적 모델을 구축하려 했기 때문이다. 로머는 최종재 생산이 다수의 중간재에 의지하는 세계를 묘사하기 위해 딕시트-스티글리츠 모델의 소비함수를 생산함수로 재해석했다. 그런데 막상 정리해 놓고 보니 새로운 종류의 필름 시장 모델은 이미 슈퍼마켓 진열장에 올라간 시리얼 시장과는 약간 달랐다. 쉽게 말해 그 동기가 서로 달랐다(후에 로머는 펜실베이니아대학의 윌프레드 에시어|Wilfred Ethier도 무역 모델 구축을 위해 로머와 같은 방법을 채택했다는 사실을 발견했다).

로머는 서로 연관관계가 있는 몇 개의 방정식을 가지고 신상품이 계속적으로 성공을 거두는 풍요|cornucopia에 대해 일반적으로 설명했다. 이러한 상황에서는 어떤 상품도 다른 상품의 완벽한 대체물이 되지 못한다.

핀 시장에서는 핀이라는 상품과 더불어 잠금장치 역할을 하는 다른 모든 종류의 상품 예를 들어 스테이플, 갈고리못, 종이용 클립, 단추, 대갈못, 머리 핀 등이 개발 및 생산되어 판매된다. 잠금장치 상품 관련 시장에 진출하려는 기업은 누구나 새로운 타입의 잠금장치를 디자인하기 위해 초기 고정비용(그것을 직접 제조하지 않을지라도 제조 장소에 보내는 데 필요한 설계 도면은 있어야 한다)을 투자해야 한다. 이때 모든 기업은 자신이 마치 작은 독점주의자가 된 것처럼 행동한다. 생산비용을 초과하는 수준에서 자신이 디자인한 잠금장치 가격을 마음대로 정하는 것이다. 물론 기업은 그러한 결정을 내리며 디자인 비용과 창업에 필요한 비용을 충분히 커버할 수 있을 만큼 큰 수익을 얻기를 희망한다.

당연하게도 이러한 시도를 하는 기업 중 상당수는 실패한다. 이때 성공한 기업들이 유발하는 균형은 살아남은 기업이 얻을 수 있는 수익이 제로인 완전 경쟁 상태이다. 그렇기 때문에 그들은 무엇인가 할 수 있는 일이 있다면 기꺼이 그것을 하려고 한다.

이 모든 것은 볼록성 그리고 비볼록성이라는 용어로 설명될 수 있었다. 사실 비볼록성 분석은 교육적인 면에서는 별로 끌리지 않았다. 그것은 우리가 수학적 손잡이를 돌릴 수 없다는 것 또한 논쟁의 여지가 없는 결과를 얻게 될 것임을 의미했다. 그러나 이 방법은 반도체 생산업체가 신형 반도체칩을 생산하기 전에 수억 달러를 디자인에 투자해야 하는 현실 세계를 묘사하기에는 아주 바람직했다.

오래지 않아 로머는 현재의 특화 과정(노동 분업이 증가하는 과정)을 일반적인 방법으로 설명해줄 수 있는 모델을 구축했다. 그 모델은 영원히 신상품이 쏟아져 나오는 일종의 풍요의 기계와 같았다. 그것을 문헌적으로 설명하든 수학적인 방법으로 설명하든 이 문제를 공식화하는 초기 과정은 경제학 교과서에 등장하는 설명보다 전화번호부 설명에 가까웠다.

어떤 면에서는 전화번호부가 설명의 핵심(영의 인쇄 산업에 대한 간단한 설명이나 로머의 모델을 이해할 수 있는)을 집어준다고 생각하면 이해하기가 더 쉽다. 전화번호부, 신문, 싸구려 통속 소설, 교회 예배 프로그램 책자 등을 생산하려면 광범위한 인쇄 작업이 필요하고 인쇄 작업을 위해서는 각종 기계류와 원료가 있어야 한다. 영이 전문화 업무가 점점 더 섬세해지는 과정을 말로 설명했다면, 로머는 수학으로 설명했다는 것만 서로 달랐다.

이 모델은 후에 신슘페터학파|neo-Schumpeterian 모델로 불리는데, 이것은 신상품 도입 과정에 크게 의존하고 있었다. 물론 이 새로운 모델은 완벽과는 거리가 멀었다. 그 모델 안에는 창조적인 요소가 가득 차 있었으나 파괴적인 요소는 전혀 없었다. 따라서 오래된 구상품도 이 모델에서는 결코 사라지지 않았다. 이 모델에 따르면 한 국가의 규모는 인구 규모로 결정되기 때문에 중국 같은 대국은 작은 폐쇄 경제를 가진 국가보다 훨씬 빨리 성장하게 된다. 이 모델이 지적하는 핵심 사항은 분명했다. 신상품을 의미하는 특화와 이것을 수반하는 수확체증은 생산 증가의 주요 열쇠라는 것이다. 이러한 결론은 로머가 쓴 박사학위 수준을 한참 넘어서는 것이었다.

여기서 또 다시 강조를 하자면 로머는 슘페터가 특화에 관해 쓴 책이나 논문을 전에 읽어본 적이 없다. 당연히 그는 슘페터가 마차와 철도 화물차의 차이, 운하 제도와 자동차용 고속도로 제도의 차이 등에 관해 설명했다는 사실을 알지 못했다. 연구 마지막 단계에 가서야 자신이 앨프리드 마셜에서부터 에드워드 챔벌린, 조앤 로빈슨 등이 오래 전에 말로 설명한 것을 수학공식으로 설명하려 노력했다는 사실을 알게 되었던 것이다.

이들 과거 학자간의 견해차 문제는 수학이라는 언어를 통해 얼마든지 신속하고 완벽하게 해결될 수 있었다. 그는 훗날 자신의 사고는 수학적 논리와 카스-쿠프먼스 모델 그리고 종이 한 장에서 나왔다고 말했다.

로머86의 탄생

1980년대에 독점적 경쟁 접근 방식을 채택한다는 것은 시카고 주변 세계(어떤 의미에서는 로체스터도 시카고의 위성도시라고 볼 수 있었다)에서는 보통 일이 아니었다. 물론 시카고학파의 보수파들은 로머의 주장을 맹렬히 비난했다. 나중에 로머는 연구 방향을 완전 경쟁으로 정할 것인지 아니면 시장의 위력으로 할 것인지를 놓고 한동안 고민했다고 회고했다.

시카고인가? 아니면 케임브리지인가? 그는 그가 시카고에서 공부한 수학이 자신의 연구 결과에 맞지 않는다는 결론을 내렸다.

"나는 내가 관심을 갖고 있는 것을 설명하려면 볼록성을 포기해야 한다는 사실을 깨달았다."

그리하여 로머는 민물학파 경제학이 추구하는 완전 경쟁 및 다른 대부분의 연구 원칙에 이별을 선언했다.

후에 로머는 로체스터대학의 라이오넬 맥켄지가 이끌어주지 않았다면 그처럼 방향을 뒤집는 용감한 결정을 결코 내릴 수 없었을 것이라고 고백했다. 맥켄지는 로체스터대학에 경제학과를 신설하고 학문 스타일을 정한 경제학자로 수리경제학이 궤도에 오르는 데 크게 기여했다. 1960년대 초, 스탠퍼드대학이 위대한 경제학자 케네스 애로를 대체할 인물로 맥켄지를 선택했을 만큼 그는 훌륭한 학자였다.

그러나 맥켄지는 이미 최고의 연구 경제학자들이 자리를 잡은 스탠퍼드를 책임지는 것을 고사했다. 그보다 그는 실제로 의무 수업 시간에 들어가 학생들을 가르치고 지도했다. 그리하여 그는 제자들을 경제학계의 지도자(호세 세인크먼(후에 시카고대학과 프린스턴대학 교수가 됨), 제리 그린Jerry Green(하버드대학 교수), 휴고 소넨샤인Hugo Sonnenschein(후에 시카고대학 총장이 됨))로 길러내는 데 성공했다.

맥켄지는 로머를 다른 학자들처럼 스스로 배우려고 많이 노력하는 인물로 기억했다. 그는 자신이 한 일이라고는 방향 전환을 결심한 로머가 필요한 연구를 할 수 있도록 도와준 것뿐이라고 겸손하게 말했다. 특히 맥켄지는 과거의 연구 내용을 가지고 로머를 괴롭히지 말라고 동료 교수들에게 부탁했다.

"우리는 그가 주석에나 등장하는 그런 인물이 되는 것을 원치 않았다."

사실 이제 막 경제학자로서 일을 시작한 로머 앞에는 새로운 모델을 개발하는 것보다 더 시급한 일이 산적해 있었다. 우선 급한 것은 그의 박사학위 논문을 쪼개 한두 편의 논문으로 만들어내는 일이었다. 칼날 같은 문제의 기술적인 내용(분명 합당해보이는 문제가 해결책을 찾지 못할 때)을 다룬 논문은 그렇게 해서 〈에코노메트리카〉에 실렸다. 그가 쓴 논문 제목은 〈케이크 먹기, 수다 떨기 그리고 뛰어놀기: 변분 문제의 존재적 결과Cake-eating, Chattering and Jumps: Existence Results for Variational Problems〉로 내용이 상당히 쉬웠다. 그리고 로머는 스필오버 접근 방식을 요약해 〈수확체증과 장기적 성장Increasing Returns and Long-Run Growth〉이라는 제목으로 〈저널 오브 폴리티컬 이코노미〉에 제출했다. 그런데 그 논문이 문제의 발단이 되고 말았다.

논문 심사위원 중 한 명이 이 논문의 게재를 추천한 반면, 다른 한 명은 반대를 했기 때문이다. 이런 일은 폴 크루그먼이 그보다 몇 년 전에 〈수확체증과 국제무역〉에 관한 논문을 제출했을 때도 발생했었다. 이 학술지 편집장 호세 세인크먼은 이렇게 말했다.

"악의가 있어서 일부러 그런 것은 아니었다. 그 논문에 대해 어떤 심사위원이 제대로 이해하지 못했기 때문이다. 그때만 해도 수리경제학은 다른 곳에 가 있었다."

로머의 논문으로 인해 시카고대학은 고민에 빠졌다. 이때 JPE, 즉 〈저널 오브 폴리티컬 이코노미〉를 발간 및 보유하고 있던 시카고대학 경제학과(반면 하버드는 QJE, 즉 〈쿼털리 저널 오브 이코노믹스〉 보유)는 편애주의가 나타나는 것을 피하기 위해 전과 전혀 다른 유연한 자세를 보였다. 과거의 상황이라면 심사위원들은 견해를 밝힌 후, 그 논문의 게재를 거부했을 것이다. 하지만 제임스 헤크먼은 "나는 이 논문이 출판되어야 한다고 생각한다"라고 긍정적인 평을 했다. 결국 1986년 〈JPE〉 10월호에 로머의 논문이 실렸고 스필오버에 관한 그 논문은 〈로머86〉으로 알려지게 되었다.

아이러니한 것은 그토록 힘들게 발표된 논문의 내용을 로머 자신은 더 이상 믿지 않게 되었다는 것이다. 로머는 과거에 연구한 외부성이 지식경제학을 이해하기 위한 바람직한 접근 방식이 아니라고 생각하게 되었다. 이에 따라 그는 출판 버전에 세심한 독자들이 자신의 생각이 바뀌었음을 눈치 챌 수 있도록 암시를 했다.

"조직 내에서 일어나는 이러한 변화는 엄격히 말해 기술적 외부성으로 취급해서는 안 된다는 생각이 분명해졌다."

그리고 과거 논문에 더해 이 부분을 특별히 강조했다.

"공식적으로 특화 증가는 새로운 시장을 열어주고 신상품을 도입시킨다. 특정 산업계에 종사하는 모든 생산자는 이 새로운 상품 도입 덕을 볼 수 있다. 그러나 그것은 어디까지나 상품일 뿐이지 기술적 외부성은 아니다."

이 문장으로 로머는 자신이 그 전에 걸어왔던 길을 모두 지우는 결정을 내린 것이다.

17

타자기, 도시, 그리고 세계
The Keyboard, the City, and the World

다른 사람들 가까이에서 살려는 이유가 아니라면
왜 그토록 많은 사람이 비싼 임대료를 내고
맨해튼이나 시카고 시내에서 살려고 하겠는가?

1984년 겨울의 대변혁

경제학계의 대변화는 진지한 연구 자세를 지닌 경제학자들이 한 자리에 모여 머릿속의 생각을 털어놓는 학술회의에 의해 유발되는 경우가 많다. 1984년 12월 댈러스에서 열렸던 학술회의도 충분히 그런 성격을 띠고 있었다. 그때 열린 학술회의 중 〈경제사와 현대 경제학자|Economic History and the Modern Economist〉라는 제목의 세션 내용을 담은 책자에 특히 역사적인 변화의 순간이 담겨 있다. 이 세션에는 가장 위대한 세대에 속한다고 볼 수 있는 노장 경제학자들이 댈러스에 있는 힐튼호텔 대회의장에 모여 경제 이론과 역사와의 관계에 대해 허심탄회하게 토의를 했다.

1984년 겨울, 세상에는 아주 다양한 역사적 사건이 발생했다. 이제 핀 공장이나 웨지우드 본차이나 도자기 아니면 철도 같은 것은 더 이상 흥미 있는 뉴스거리가 되지 못했다. 애플은 드디어 '퍼스널 컴퓨터'를 판매하기 시작했고 IBM은 컴퓨터를 전 국민이 사용하는 단어로 만들었다. 또한 IBM은 새롭게 탑뷰|Topview 시스템이라는 것을 고객에게 소개할 준비를 하고 있었다.

탑뷰 시스템이란 컴퓨터 화면을 여러 개의 창으로 나눠 사용자가 한번에 한 개 이상의 프로그램을 사용하도록 하는 똑똑한 사고를 담은 시스템이었다. IBM의 벤더 중에는 마이크로소프트|Microsoft라는 작은 회사가 있었는데, 이 회사는 납품하는 것 외에도 나름대로 프로그램을 개발하려 치열하게 노력했다. 여기에 미국 국방성은 해외 트래픽을 위해 아파트넷|ARPANET이라는 컴퓨터 네트워크를 열었다. 이 새로운 네트워크에는 인터넷|Internet이라는 이름이 붙여졌다.

한편 미국 법무성의 끈질긴 노력 끝에 벨 전화회사의 독점 상황은 마침내 끝나게 되었다. 벨이 소유 자산 중 일부(예를 들어 유닉스|UNIX 컴퓨터 운영 체계 같은)를 포기하고, 나머지 대부분은 주주에게 분할된 것이다. 그리고 이제 막 생겨나기 시작한 바이오테크 산업에서는 중합효소연쇄반응으로 알려진 새로운 화학 도구가 발견되어 서서히 확산되고 있었는데, 이것은 DNA의 가장 작은 조각을 끝없이 복제할 수 있는 중요한 기술이었다. 그러나 그것의 가장 중요한 최종 용도가 무엇이 될지는 아무도 모르고 있었다.

혁명은 경제 분야에서만 이루어지고 있었던 것은 아니다. 정치 분야에서도 대변혁이 이루어지고 있었다. 중국은 폐쇄 경제에서 빠져나와 홍콩의 사례를 모방해 성장을 하느라 무척 바빴다. 미국에서는 로널드 레이건 대통령이 미국 대통령으로 재선되었고, 미 중앙은행은 연속 5년째 인플레이션과의 싸움을 계속하고 있었다. 또한 석유수출국기구|OPEC가 유가에 대해 휘둘렀던 막강한 권력은 이제 약화되었고, 제3세계의 외채 위기는 점점 악화되고 있었다.

한편 냉전이 클라이맥스 단계로 접어들어 각국 정부의 최고위층에서는 전쟁에 대한 불안이 확산되고 있었다. 런던에서는 잠입한 소련의 KGB 요원들이 각국 정부가 사들이는 혈액은행의 현물 가격에 온 신경을 곤두세우고 있었는데, 갑자기 혈액 수요가 늘어나는 것은 서방 세계가 급습을 준비하고 있다는 것으로 해석되고 있었기 때문이다.

물론 댈러스의 그 세션에 모인 저명한 경제학자들이 당시에 일어나고 있던 각종 변화에 전혀 관심이 없었던 것은 아니다. 하지만 그들은 자기 자신에게 더 관심이 많았다. 하나의 과학으로써 경제학이 얼마나 큰 권위를 갖고 있는가에 더 큰 관심을 보였던 것이다.

두 세대에 걸쳐 학생시절부터 성장과 발전에 관심을 보였던 두드러진 경제학계의 인재가 그 자리에 모두 모였다. 물론 성장 경제학에서 현대적 프로그램을 수립한 주인공들도 참석했다. 이에 따라 그들 중 일부는 이 위대한 경제학자들의 분위기에 위압감을 느끼고 있었다.

이 세션의 의장직은 노벨상 수상자인 프린스턴대학의 아서 루이스|Arthur Lewis가 맡았는데, 그는 경제 발전에서 매우 영향력이 큰 모델을 만들어낸 주인공이다. 이론 분야를 대표하는 발제자로는 루이스와 마찬가지로 노벨 경제학상을 수상한 케네스 애로와 그때까지만 해도 아직 노벨상을 받지 않았던 로버트 솔로가 선정되었다. 역사 분야를 대표하는 발제자로는 폴 데이비드|Paul David와 피터 테민|Peter Temin이 선정되었다. 도널드 맥클로스키와 개빈 라이트|Gavin Wright는 토론자로 나섰다. 그리고 그 세션의 청중석에는 역사 경제학자로 손꼽히는 로스토|W.W. Rowtow와 찰스 킨들버거가 앉아 있었다. 한마디로 이 세션은 성장 경제학을 대표하는 기라성 같은 인물

이 총출동한 자리라고 할 수 있었다.

이 세션의 주최 책임을 맡은 예일대의 윌리엄 파커|William Parker|는 경제학의 수학적 시대의 도래를 한탄하는 발언으로 세션의 오픈을 선언했다. 미국 경제학 역사를 대표하는 인물인 파커는 영국과 독일에서 크게 발전했던 역사 경제학의 쇠퇴를 한탄하며 동시에 주로 미국 쪽에서 부상해 세계를 지배하게 된 수학적 이론과 계량경제학의 동시 부상에 유감을 표했다. 그는 과거에 주입된 가치들(제도에 대한 지식, 사회적 개념, 도덕적 열의 등)은 모두 사라지고 있다고 한탄했다.

"지금의 상황으로 보아 경제학자들은 머지않아 수학자들이 지배하는 강물의 뒤쪽 후미진 곳에서 외롭게 노를 젓고 있게 될 것이다. 감동과 동요, 상큼함과 파워가 지배했던 인생은 이제 우리 곁을 스쳐 사라지고 있다."

케네스 애로는 이론가를 대표하는 발언을 했다.

"경제사는 자연 세계사가 지질학사와 동일시되는 것과 크게 다르지 않다. 지질학의 가장 기본적인 메커니즘은 화학 및 물리학에 대한 기본적인 이해 없이는 불가능하다. 사실상 지질학에 대한 모든 연구는 자연 현장이 아닌 실험실에서 이루어진다. 실험을 통해서만 자연 현상을 빨리 이해할 수 있기 때문이다. 이렇게 모든 것이 실험실에서 이루어진다고 해도 지질학은 계속해서 발전하고 있는 학문 분야라고 할 수 있다. 사람들은 여전히 특별한 지질 현상에 대해 관심을 표하고 있기 때문이다."

같은 이유로 경제학 역사는 흥미 있는 질문의 근원을 찾을 수 있는 곳이라고 할 수 있다. 예를 들어 '왜 보건 제도가 그런 방법으로 운영되어야 하는가' 라는 질문에 답을 해주는 것이 바로 경제학 이론이다. 로버트 솔로는 양극적인 성향을 지닌 두 학자의 중간쯤에 위치한다고 보아야 옳다. 혹시 경제학이 놓치고 있는 것은 없는가? 그는 분명 있다고 대답했다. 그리고 데이먼 러니언의 법칙|Damon Runyon's law을 인용하며 겸손하게 이야기를 시작했다.

"사람 사이에는 어떤 일도 승률이 3대 1 이상이 될 수는 없다(러니언은 뮤지컬 〈아가씨와 건달들|Guys and Dolls〉을 탄생시킨 주인공으로 유명하다). 복잡한 시스템을 다루면서 발전하는 자연 과학은 이 복잡한 시스템을 분리할 수 있고 실험할 수 있으며 특정 제한 조건 아래서 반복적으로 관찰이 가능하다. 이처럼 실험실의 연구는 바깥세상과 격리되어 얼마든지 조용히 진행할 수 있다. 그 점에서 자연 과학은 수소 원자나 광신경 같은 주제를 연구하기에 적합한 학문 분야라고 할 수 있다. 그러나 경제학에서 다루는 주제는 대부분 자연 과학이 다루는 분야보다 훨씬 더 복잡한 성격을 띠고 있다. 사회 제도와 인간 행동 사이에 어떤 연관관계가 있는지를 연구하기 때문이다. 경제학이 지니는 이러한 복합적이고 복잡한 성격 때문에 경제학이라는 과학을 공리 중심으로 이끌어가려고 한다면 실패하기 쉽다. 물론 그렇다고 해서 공리를 모두 버리자는 것은 아니다. 다만 공리의 역할을 좀 줄였으면 하는 바람이다."

폴 데이비드가 발표를 하러 연단에 나왔을 즈음 청중석에 앉은 사람들은 대부분 의자에 비스듬히 기대 앉아 있었다. 데이비드는 역사 경제학자로 떠오르는 세대를 대표하는 가장 똑똑한 인물로 평가받고 있었다. 역사학자들 중에서 데이비드만큼 새롭게 부상하는 형식주의, 즉 수리경제학을 잘 마스터하고 있는 사람은 없었다. 그럼에도 그는 여전히 수리경제학에 대해 비판적인 입장을 견지하고 있었다. 그는 수리경제학의 한계를 잘 이해하고 있었고 자신의 발표 주제가 얼마나 반란적인 성격을 띠고 있는지도 알고 있었다.

그가 그날 이야기했던 것은 바로 타자기였다. 특히 1870년대에 밀워키 지역에 기계상들이 등장하면서 몇 년간 어떤 변화가 일어났는지 설명했다. 데이비드는 타자기가 단순한 하드웨어가 아니라 여러 다른 기계 하드웨어의 사용법을 설명하는 소프트웨어와 함께 판매된 종합 생산품이라고 주장했다.

타자기, 즉 타이프라이터|Type Writer가 처음 소개되었을 때 문서 작성을 담당하는 서기나 비서는 모두 펜을 사용하고 있었다. 하지만 타자기가 등장하면서 그 전에 속기나 비서 일을 했던 사람들은 '타자수'로 불리게 되었다. 그리고 타자기가 널리 보급되기 이전에 타자수들은 이 새로 개발된 기계의 사용법을 배워야만 했다.

데이비드는 한동안 여러 다른 종류의 타자기를 생산하는 기업이 매우 많았다고 설명했다. 심지어 다양한 종류의 자판 디자인을 놓고 경쟁이 치열했다. 이런 상황에서 타자수들이 빨리 기술을 익히도록 할 수 있는 타자기가 결국 승자가 될 것이라는 의식이 팽배해졌다. 이에 따라 타자기 회사들은 가장 인기 있는 자판을 만들어내기 위해 치열하게 경쟁했다.

더불어 비즈니스 실무를 가르치는 대학과 타자기 사용법 안내책자를 발간하는 출판사들은 가장 최근에 나오고 가장 생산적으로 보이는 테크닉을 보급시키려 애썼다. 그뿐 아니라 타자 빨리 치기 대회나 다른 마케팅 작전을 통해 타자기 자판의 장점을 널리 알리려는 시도를 했다. 그리하여 점점 한 가지 디자인이 다른 디자인보다 널리 사용되게 되었다. 사람들이 4줄로 되어 있고 칠 때마다 긴 손잡이를 위로 올리는 형태의 타자기 자판에 익숙해진 것이다.

신기한 것은 자판의 글씨를 왼쪽부터 쿼티^{QWERTY}의 순서로 배열한 자판기가 언젠가부터 인기를 끌게 되었다는 사실이다. 이 알파벳은 어떻게 해서 그 자리에 배치된 것일까? 쿼티 배열 타자기가 인기를 끌고 있는 상황에서 다른 타자기 제조업체들은 알파벳 배열이 훨씬 낫다고 생각하는(사용 빈도를 고려해 더욱 논리적인 사고를 담은) 다른 자판기를 세상에 선보였다. 실제로 그 타자기 자판으로 타자를 치면 손놀림이 훨씬 빨랐다. 그럼에도 타자수들은 쿼티 배열 형태의 타자기를 배우고 싶어 했다. 그 이유는 그것이 사람들이 가장 많이 이용하는 종류였기 때문이다.

타자수들은 힘들게 타자 기술을 배워놓고 그것을 사용하는 사람이 거의 없어 실업자가 되는 것을 두려워했다. 그렇게 해서 점점 쿼티 배열 타자기는 모두가 사용하는 보편적인 자판으로 자리 잡게 되었다. 그리고 이 자판을 선택한 여러 제조업체는 거대 세력으로 부상했고, 다른 자판 디자인을 선택한 업체들은 서서히 타자기 시장에서 사라졌다.

이것은 핀 공장 이야기(독점적 경쟁과 수확체증)를 좀더 복잡하게 만들어 설명한 것이라고 볼 수 있다. 쿼티 디자인은 전형적인 열린^{open} 표준인 반면, 퍼스널 컴퓨터의 윈도 작동 시스템은 전형적인 전유적^{proprietary} 성격을 띤 표준이라고 할 수 있다. 쿼티 디자인의 경우, 어느 누구도 이에 대해 소유권을 주장할 수 없다. 누구나 원한다면 개인적으로 얼마든지 사용할 수 있는 것이다. 그리고 이것이 점점 더 많이 채택됨에 따라 얻을 수 있는 효과는 표준화 경향의 강화라고 할 수 있다.

데이비드는 청중석에 앉아 있는 사람들이 마치 이 이야기를 난생 처음 듣는 것처럼 상세하게 설명했다. 실제로 어떤 면에서는 그럴 수도 있었다. 예를 들어 벨연구소의 제프 롤프스|Jeff Rohlfs가 네트워크 외부성이 통신 네트워크의 주요 속성임을 파악한 것도 그보다 겨우 10년 전에야 이루어진 일이다. 롤프스는 다른 사람이 모두 사용하는 동일한 상품이나 서비스를 이용하기 때문에 소비자가 얻는 (아니면 누리지 못하는 경우도 있는데 그는 AT&T의 실패로 끝난 사진폰|Picturephone 프로젝트를 사례로 들었다) 누적된 혜택을 악대 행렬 효과|bandwagon effects라고 불렀다.

폴 데이비드가 그 순간에 얘기하고자 했던 것은 록인|lock-in 현상이었다. 록인 현상이란 시스템 규모 경제의 결과(비서가 글씨를 손으로 쓰는 대신 타자기로 쳐서 야기된 비용 하락 같은), 쿼티 자판기처럼 최고 성능이 아닌 것이 사실상 표준이 됨으로써 그 상태에서 시장이 더 이상 발전하지 못하게 되는 현상을 가리킨다.

데이비드는 모든 비서가 두들기는 방식을 익혀야 하는 소프트웨어 기술과 자판 그 자체, 즉 하드웨어 사이에 존재하는 상호 기술 연관성의 결과로 인해 그러한 록인 현상이 유발된 것이라고 분석했다. 문제는 그것이 경로 의존적이라는 것, 다시 말해 쉽게 되풀이할 수 없다는 점이다. 타자기 자판의 경우, 다른 자판이 실제로 성능이 더 좋다고 밝혀졌음에도 모두 실패하고 쿼티 배열 자판기만 살아남게 되었다.

데이비드는 쿼티 배열보다 훨씬 좋은 자판이 분명 존재했다고 주장했다. 쿼티 방식의 일부 기술적인 문제를 해결하기 위해 만들어진 더 이상적인 자판은 중심 라인을 DHIATENSOR 순서로 배열했다. 이렇게 개선된 배열 방식으로 타자기를 두드리면 영어의 경우 기존의 쿼티 방식보다 무려 70퍼센트 더 많이 글씨를 칠 수 있었다. 기존의 것과 비교할 수 없을 정도로 속도가 빨랐던 것이다.

그러나 이 새로운 자판이 소개될 무렵에는 이미 쿼티 방식이 보편화되어 있었다. 어거스트 드보락^{August Dvorak}이라는 대학교수가 새롭게 개발된 자판이 훨씬 효율성이 높다는 것을 널리 알리기 위해 타자수들을 새 자판으로 2주 동안 연수시키는 프로그램을 운영했음에도 이러한 노력은 실패로 돌아가고 말았다. 데이비드는 쿼티 표준이야말로 시장의 실패를 보여주는 전형적인 사례(이 경우 일류가 아닌 이류가 시장의 발전을 중단시킨 실패 사례)라고 주장했다.

물론 데이비드가 다른 실패 사례나 성공 사례를 몰라서 이 사례를 든 것은 절대 아니었다. 스탠퍼드대학에 몸담고 있던 데이비드는 에일린 영과 그가 쓴 논문 〈수확체증과 경제 발전〉을 아직도 생생하게 기억하고 있는 몇 명 안 되는 학자 중 한 명이었다. 그는 긍정적인 피드백에 관한 모든 역사적 배경을 알고 있었다. 또한 그는 동료 발제자들이 모두 현대경제학 프로그램의 찬미자라 다균형에 대한 이야기, 즉 최적량 이하^{suboptimal}의 결과가 불가피하게 존재한다는 주장을 받아들이면 수확체증도 인정할 수밖에 없어 자신의 주장을 반기지 않을 것임을 알고 있었다.

사실 데이비드는 독점적 경쟁에 대한 모든 장치가 1984년 같은 상황의 문제 해결을 위해 50년 전에 고안되었다는 사실을 확실히 이해하고 있었다. 어쩌면 그는 다균형점에 대해 마셜의 《경제학 원리》에서 언급했던 대목(부록의 주석에 등장했던)을 기억하고 있었을지도 모른다. 마셜은 수확체증의 상황에서 균형 개념을 적용하는 것이 힘들다는 힌트를 준 적이 있다.

그러면 처음에 부유층만을 대상으로 해서 개발한 한 범용재를 예로 들어 생각해보자. 그것은 분명 부유층을 대상으로 개발했지만, 누군가가 그것을 서민들도 좋아할 것 같다고 생각해 서민이 구입할 수 있는 가격대로 공급하려는 시도를 할 수도 있다. 그렇게 하려면 새로운 방법이 개발되어야 한다. 그런데 일단 누군가가 이런 시도를 하면 다른 제조업자도 따라서 할 수가 있다. 그러면 오래지 않아 몇 실링이라는 비싼 가격에 수백 개의 상품이 팔려나가는 대신, 몇 페니(페니는 영국의 화폐단위로 과거에 1페니는 12분의 1실링, 즉 240분의 1파운드였지만 새로운 제도 아래서 1페니는 100분의 1 파운드로 가치가 바뀌었다-옮긴이 주)라는 저렴한 가격에 수만 개의 상품이 팔려나갈 수 있게 된다.

마셜은 반대로 가격이 하나의 안정된 균형점에서 다른 균형점으로 높이 뛸 수도 있다고 설명하고 있다. 그러면 포드의 T 모델에는 안녕을 고해야 하는 일이 발생할 수도 있다!

데이비드는 스탠퍼드대학에 함께 몸담고 있던 브라이언 아서 |Brian Arthur와 함께 실제 세상에서 발생하는 변화 현상에 대한 연구에서 치열한 경주를 벌이고 있었다. 그런데 이 댈러스 학술회의가 있은 지 10년 정도가 지나서야 사람들은 비로소 신경제에 대해 이야기하기 시작했다. 어쩌면 데이비드는 10년 전의 발표 자리에서

마치 마술사가 모자에서 토끼를 꺼내듯 확 달라진 변화의 분위기를 보여주고 싶었을지도 모른다.

"나는 현대경제학 분석가들의 잘 정돈된 세계의 가장자리 어딘가에 과거 쿼티 세계와 비슷한 세계가 수없이 놓여 있을 것이라고 믿는다. 그것이 너무 가장자리에 있어 우리가 그것을 완전하게 인지하거나 이해하지 못할 수도 있다. 하지만 그 세계의 영향력은 잘 보이지 않는 희미한 별이 그렇듯 현대경제학이 돌아가는 궤도의 모습에까지 영향을 미친다."

수확체증은 그보다 50년 전 앨프리드 마셜의 후계자로 인정받던 피구나 국제무역 전문 경제학자 폴 크루그먼에게 의미가 있었던 것만큼 폴 데이비드에게도 큰 의미가 있었다. 사실 수확체증을 주장하는 것은 정부 개입을 주장하는 것과 마찬가지였다.

데이비드가 말한 타자기의 경우, 강력한 최초 제조업자의 횡포 때문에 독자적으로 선택 권한이 있어야 하는 소비자가 꼼짝도 못하고 말았다. 이때 보이지 않는 손은 생산성이 가장 높은 자판기 한 개 아니면 여러 개가 시장을 지배하는 상황에서 이를 시정하는 제 역할을 해내지 못했다. 물론 데이비드가 이야기한 품목은 타자기였지만, 발표를 할 때 데이비드가 실제로 염두에 두었던 분야는 컴퓨터 소프트웨어였다. 그는 결과를 향상시키기 위해 정부가 이 분야에 개입해야 한다고 생각하고 있었던 것이다. 나중에 크루그먼은 이러한 경제적 사고를 쿼티 경제학이라고 불렀다.

폴 데이비드의 라이벌이 브라이언 아서뿐은 아니었다. 워드 핸

슨|Ward Hanson이라는 젊은 대학원생도 자신이 기술의 고아|orphans와 악대 행렬(이 말은 각각 수확체증의 희생자 및 수익자를 뜻한다)이라고 묘사한 것에 대해 스탠퍼드대학 여기저기를 돌아다니며 떠들기 시작했다. 또한 미국 동서 해안가 대학에서 일하는 젊은 미시경제학자들도 네트워크 외부성(다른 사람들이 유사한 상품이나 호환성이 있는 상품을 사용할 때 얻는 이익)으로 알려진 공식적 모델을 막 출판할 준비를 하고 있었다. 더불어 마이클 카츠|Michael Katz와 카를 샤피로|Carl Shapiro 팀(프린스턴대학), 조세프 파렐|Joseph Farrel, 가스 샐로너|Garth Saloner 팀(버클리와 스탠포드대학)은 독점적 경쟁에 관한 새로운 모델을 가지고 데이비드가 댈러스에서 강조한 긍정적 피드백 효과가 타자기 시장뿐 아니라 다른 많은 시장의 생산 결과를 지배할 수 있다는 것을 입증했다.

데이비드는 시간이 흐르면 네트워크 산업에 정보통신, 컴퓨터, 금융, 방송, 항공사, 정보 시장이 포함된다는 것을 예측했기 때문에 댈러스에서 그토록 강력하게 자신의 주장을 내세울 수 있었던 것이다. 그날 댈러스에서 데이비드는 수확체증이라는 말을 단 한 번 언급했지만, 그 말은 그의 입에서 당장이라도 계속 튀어나올 것 같은 느낌을 주었다.

뒤돌아보면 댈러스 학술회의에서 목격된 논쟁은 오래된 서류 보관 창고에서 튀어나온 듯 고리타분한 것이었다는 생각이 든다. 그때 사용된 언어도 왠지 진부해보인다. 당시 지식이라는 말은 물론 신상품을 전통적인 분석 방법으로 분석할 때 야기되는 문제점도 전혀 언급되지 않았다. 그리고 그 회의는 마치 노장학자들의 최후의 만찬 같은 과장된 분위기로 진행되었다. 그런 만큼 그날의 토론장에서는 소위 떠오르는 젊은 경제학자들은 별로 눈에 띄지 않았다.

하지만 노장 경제학들 눈에 애송이로 보이는 20대 후반이나 30대 초반의 경제학자들은 그 회의장으로부터 멀리 떨어진 곳에서 혁명을 모색하고 있었다. 폴 크루그먼, 엘하난 헬프먼, 폴 로머와 다른 젊은 경제학자들은 노장학자들의 토론 같은 것에는 아예 신경을 끈 채 오로지 자신들이 하고 있는 연구 결과에 흥분하고 그것에만 매달렸던 것이다.

한편 프랑스의 명문대학 에콜 나시오날 데퐁에 쇼세|Ecole Nationale des Ponts et Chaussees에서는 장 티롤|Jean Tirole이 이제 막《산업조직론|The Theory of Industrial Organization》을 쓰기 시작했는데, 이 책은 독점적 경쟁을 미시경제학의 최고 중심에 내세우고 있었다. 물론 그날 댈러스 학술회의에서 진행된 이론과 역사에 관한 토론은 큰 문제없이 끝났다. 모든 발제자가 구세대 경제학자였던 것이다.

마셜 강연에 초청된 로버트 루커스

그러면 이제 영국으로 건너가 당시 상황을 한번 살펴보기로 하자. 케임브리지대학에서는 해마다 12월이 되면 마셜 강연|Marshall Lectures이라는 특강을 진행했는데, 이때 세계적으로 저명한 연사를 한 명 초대해 강연을 들었다. 이 강연에는 늘 최고가 초대되었으므로 초청을 받은 사람에게는 상당히 영광스러운 자리라고 할 수 있었다.

그런데 1985년 케임브리지대학 경제학과는 초청 연사를 누구로 할 것인가를 두고 심각한 의견 대립을 보였다. 당시는 1984년에 폴 데이비드가 댈러스에서 발제자로 연설한 지 겨우 1년이 지난 시점이었고, 이제 신성장 이론에 대한 주장이 제대로 날개를 달고 비상을 시도하고 있었다. 그러나 케임브리지는 이러한 변화를 전혀 알아차리지 못했다.

당시 마흔여덟 살의 로버트 루커스는 세계에서 가장 영향력 있는 경제학자로 인정받고 있었다. 경고 모델화|modeling alert와 미래 지향적 행동의 중요성에 대한 그의 견해는 시카고대학 경제학과 나머지 교수들을 정복한 다음 거시경제학 분야의 떠오르는 세대 대부분을 정복하고 있었던 것이다. 그러나 신고전파와 신케인스파 사이의 논쟁은 지지부진하긴 해도 여전히 지속되고 있었고 반목은 더욱 심해지고 있었다. 루커스는 주기적으로 MIT 경제학자들과 결투를 벌였는데, 특히 모델 구축에 대한 대체 전략을 둘러싸고 로버트 솔로와 결투를 벌이곤 했다.

그는 공리적 접근 방법을 찬양하는 사람은 아니었다. 그러나 그는 이 분야의 도구(특히 다이내믹 프로그래밍과 애로-드브뢰의 무한차원 스프레드시트)를 많이 사용했다. 한마디로 그는 댈러스에서 타당성을 의심받던 전형적인 스타일의 이론가라고 할 수 있었다. 그런데 영국 케임브리지에서는 아예 그의 모델 구축 스타일 자체가 완전히 무시되고 있었다.

바로 그러한 상황에서 루커스가 마셜 강연 초청 연사로 초대받아 영국 케임브리지에 간 것이다. 수천 년의 역사를 자랑하는 케임브리지대학은 오랫동안 경제학과 세계를 주름잡았지만, 1937년 힉스가 제2차 세계대전 발발과 함께 맨체스터로 옮겨감에 따라 그 명성이 쇠퇴하기 시작했다. 특히 1985년 당시 케임브리지대학 경제학과는 여전히 오랜 전통을 이어온 문헌 경제학파가 지배하고 있었다.

이들이 추앙하는 인물은 조앤 로빈슨과 니콜라스 칼도르로, 이들은 오랫동안 북미의 수학적 전통과 맞서 싸워 온 캠페인의 선봉에 섰던 대표적인 문헌 경제학자이다. 그러나 1985년의 케임브리지 경제학과는 역사의 뒷자락으로 밀려 과거의 명성만 붙들고 있는 상태였다.

놀라운 사실은 그때 마셜 강연에서 루커스가 통화와 경기변동에 대해 연설하지 않겠다는 의사를 밝혔다는 점이다. 그는 다른 주제에 대해 이야기하겠다는 뜻을 밝히며 그 행사 주관자인 수리경제학자 프랭크 한에게 강연 세 번째 시간에 참석해 자신이 이야기할 주제로 토론을 하자는 제안을 했다. 이때 루커스는 강연 주제를 자신이 전에 단 한 번도 출판된 논문이나 저서 형태로 다루지 않았던 경제 성장으로 정했다.

"발전에 대한 내용의 강연이 있을 거라는 이야기만 들었을 뿐 솔직히 어떤 내용인지 전혀 짐작이 가지 않았다."

당시 케임브리지에서 박사 후 과정을 밟고 있던 팀 케호의 말이다. 역시 케임브리지에서 박사 후 과정을 밟고 있던 다른 예비 경제학자 데이비드 캐닝|David Canning은 다음과 같이 그날의 행사를 기억하고 있다.

"나는 그날 칵테일을 한 잔 하는 자리에서 그와 가장 먼저 대화를 나눈 일행 중 한 명이었다. 나는 루커스에게 별다른 얘기를 하지 않았는데도 그는 마치 자신이 공격을 당한 것처럼 예민한 태도를 보였다. 그러자 팀이 내게 말했다. '데이비드, 좀 정중하게 대하도록 노력해봐.' 루커스는 심기가 불편한 듯한 표정으로 연단으로 올라갔다."

루커스는 처음에 약간 긴장한 것처럼 보였다. 그가 강연을 시작하자 청중석에 앉아 있던 사람들 중 적어도 몇 명은 무언가 근본적인 연구에 관한 이야기가 나올 것임을 눈치 채고 있었다.

국부의 차이, 불평등한 세계

루커스는 쓸데없는 이야기를 늘어놓으며 시간을 낭비하지 않았다. 그가 선택한 강연 제목은 〈경제 발전의 역학 구조에 대하여|On the Mechanics of Economic Development〉였는데, 이는 익숙한 제목이 아니었다. 경제 발전 분야에서는 보통 이론을 싫어했음에도 역학 구조라는 용어를 붙였기 때문이다. 루커스는 국부라는 용어를 직접 언급하지 않았지만, 청중은 그가 다룰 주제가 국부와 관계있으리라는 것을 즉각 알아차렸다.

루커스는 실제적인 수치 몇 가지로 1980년대에 존재하는 국부의 차이를 확실히 보여주었다. 선진국 시장 경제 국가의 경우, 스위스에서 아일랜드에 이르기까지 일인당 평균소득은 1만 달러이다. 반면 인도의 경우에는 240달러, 아이티는 270달러밖에 안 된다. 선진국과 후진국의 차이가 무려 40배나 되는 것이다. 물론 영국에서는 240달러로 생활하는 것이 거의 불가능하다. 루커스는 아무리 절약을 할지라도 그 정도 소득으로는 소금 알갱이를 세어서 먹어야 할 정도로 적은 돈이라고 지적했다. 문제는 이 격차가 어마어마할 뿐 아니라 변함없이 지속되고 있다는 것이었다.

루커스는 산업혁명에 대해서는 언급하지 않았다. 그러나 마음속으로는 일련의 사건(아주 다양한)을 염두에 두고 있었다. 일부 국가는 산업혁명을 일부 겪었거나 아니면 산업혁명 속으로 완전히 뛰어든 반면, 다른 국가에서는 산업혁명이 일어나지 않았다.

"수세기 전 일부 국가는 지속적인 경제 성장 단계로 진입한 반면, 다른 나라는 그렇지 못했다. 우리가 제대로 이해하지 못하고 있는 이런 과정을 통해 오늘날 우리가 목격하고 있는 불평등한 세상이 나타나게 된 것이다."

그렇다면 이 불평등은 왜 영구적으로 지속되는 것일까? 최근 몇 년간의 경험을 보면 이 격차는 분명 좁힐 수 있고 실제로 일부 국가는 격차를 좁히는 데 성공했다. 일본의 기적과 한국, 대만, 홍콩, 싱가포르의 경우가 대표적인 성공 사례라고 할 수 있다. 이들 국가는 얼마든지 다른 후진국과 차별화된 경제 성장률을 보일 수 있다는 사실을 입증해주었다.

세계 선진국 경제는 20년간 연평균 3.6퍼센트로 성장했다. 반면 일본의 연간 성장률은 7.1퍼센트였고, 이집트는 3.4퍼센트, 미국은 2.3퍼센트, 인도는 연간 1.4퍼센트의 성장률을 보였다. 이러한 비율을 감안하면 일본의 소득은 10년마다 두 배로 증가하게 된다. 인도가 같은 수준에 도달하기 위해서는 50년이 필요하다. 루커스는 이렇게 말했다.

"나는 사람들이 이러한 수치를 대표적인 가능성으로 보지 않고 어떻게 이것을 이해할 수 있는지 솔직히 잘 모르겠다. 인도 경제가 인도네시아나 이집트처럼 성장하도록 하기 위해 인도 정부가 취할 수 있는 행동이 있을까? 만약 있다면 그것은 정확히 무엇일까? 만약 없다면 대체 인도의 어떤 특성이 인도를 그렇게 만들고 있는 것일까? 이러한 질문이 인간의 복지에 미치는 결과는 엄청나다. 따라서 한번 이 문제들을 생각하기 시작하면 다른 것을 생각하기가 힘들 지경이다."

다음으로 루커스는 그러한 격차를 해결하기 위해 어떤 도구를 선택해야 하는가를 설명했는데, 당시 경제 성장의 지배적 모델로 여겨지고 있던 신고전파 성향의 솔로 모델로 이야기를 시작했다. 사실 이 모델은 케임브리지 청중에게는 잘 알려진 분야였다. 케임브리지의 경제학자들은 솔로 모델이 마르크스가 주장하는 내용을 싹둑 잘라냈다고 이 모델을 비난하고 있었다. 솔로 모델에서는 현대 마르크스주의학파가 대부분 그렇듯 자본 축적이 경제 발전의 엔진 역할을 하는 것이 아니라, 신기술의 지속적인 출현이 엔진 역할을 한다고 주장하고 있었기 때문이다(루커스는 마음속으로 마르크시즘은 중요한 기술 역사에서 한참 밀려나 있다고 생각하고 있었다).

그런데 알다시피 솔로는 끊임없이 계속되는 지식 성장을 주어진 요소로 해석했다. 그 점에서 솔로에게는 이 요소가 분석이나 설명의 대상이 아니었다. 그가 산출해낸 잔여분, 즉 성장의 몫은 추가로 자본이나 노동을 투입함으로써 설명할 수 있는 것이 아니라 그저 강력한 수사학적 도구에 지나지 않았다. 그것은 계층간 투쟁에 대해 이야기할 때 잘 써먹을 수 있는 일종의 도구에 지나지 않았던 것이다.

이러한 루커스의 주장을 들으며 청중은 루커스와 솔로가 20년간 서로 적으로 지내왔다는 사실을 떠올렸다. 물론 루커스는 약간 방향을 선회했다.

루커스는 모델 형태로 보자면 솔로 모델은 감탄이 절로 나올 만큼 잘 구축된 모델이라고 치켜세웠다.

"이 모델은 완벽하고 우리가 경제학에 대해 알고 있는 나머지 정보와도 일치한다. 그리고 미국 및 다른 선진 경제사의 커다란 윤곽과도 일치한다. 이 모델 덕분에 사람들은 다른 모델이 보여주지 못했던 많은 것을 이해할 수 있게 되었다. 예를 들어 저축 증대를 실현시킬 목적으로 조세 감면을 시도하는 경우 이것이 경제 성장률에 지속적이고도 큰 영향을 미친다는 사실을 이해한 뒤 1980년대의 미국 정책은 크게 바뀌었다. 사실 솔로 모델은 합리적이며 이 모델이 주장하는 것이 사실일 수도 있다."

그런데 루커스는 이렇게 덧붙였다.

"하지만 솔로 모델이 무엇을 의미하는지 확실히 따져보면 그것이 사실만 주장하는 것이 아님을 알 수 있다."

그는 어떤 실험을 할 때는 첫 번째 가정이 아닌 다른 가정으로 그 이론이 과연 맞는지를 다시 한 번 확인해보아야 한다고 말했다. 물론 루커스가 강조하고 싶었던 것은 조세 정책이 아니라 빈부의 격차였다.

사실 솔로 모델이 주장하는 것은 수렴 가설|convergence hypothesis이었다. 즉, 전 세계 국가의 성장률은 각기 다른 비율로 나타나는데, 보통은 빈국이 부국보다 빠른 성장률을 보여 결국에는 부국뿐 아니라 빈국도 동일한 수준의 소득에 도달할 수 있다는 주장을 했던 것이다. 이러한 수렴 가설은 1952년 알렉산더 거셴크론|Alexander Gerschenkron이 발표한 〈역사적 관점에서의 경제적 역행|Economic Backwardness in Historical Perspective〉이라는 논문을 통해 현대경제학에 소개되기도 했다. 특히 서던캘리포니아대학 교수 리처드 이스털린|Richard Easterlin이 1981년에 개최된 경제사학회 회장 당선사에서 "왜 전 세계가 다같이 발전하지 못하고 있는가?"라는 질문을 던진 이후, 수렴에 관한 내용이나 수렴이 안 되는 이유 등에 관해 적어도 기술을 중시하는 연구 그룹에서는 집중적인 토론이 이루어지고 있었다.

이러한 설명에 이어 루커스는 솔로 모델이 과연 경제 발전에 적합한 모델인가 아닌가 하는 질문을 던졌다. 물론 그의 대답은 적합한 모델이 아니라는 것이었다. 이 모델을 실패로 봐야 하는 이유는 이 모델의 가장 중요한 예측 내용이 빗나갔기 때문이라고 했다. 솔로 모델은 빈국들이 일인당 국민소득 증가율 면에서 부국보다 빠른 성장을 보여 결국 부가 지구상 전체에 평등하게 확산된다고 주장했다. 그런데 루커스는 몇몇 나라의 경제 성장률만 보아도 솔로 모델이 주장하는 일은 발생하지 않았음을 금방 알 수 있다고 지적했다.

물론 일부 아시아 국가는 놀라운 점프 실력을 보여주었지만, 나머지 국가의 경우 어느 지점에 갇혀 움직이지 못했던 것이다. 바로 이러한 이유 때문에 루커스는 성장과 발전은 서로 다른 분야로 봐야 한다고 주장했다. 그는 경제 성장을 바탕으로 정의된 성장 이론으로는 성장과 다른 양상을 보이는 발전 분야에 대해 부분적인 이해밖에 할 수 없다고 설명했다.

루커스는 말을 이어갔다.

"만약 우리가 솔로 모델만 별도로 떼어내 연구하면 왜 수렴 현상이 발생하지 않는지 그 원인을 파악할 수 없다. 실제 세상에서는 종종 이론적으로 비정상적으로 보이는 일방통행식 흐름이 목격되기 때문이다. 예를 들어 국가간의 노동 이동은 자본에 따라 움직인다. 반대로 움직이는 경우는 예외적인 사례를 제외하고는 존재하지 않는다."

이러한 설명을 하면서 루커스는 놀랍게도 특정 국가 내부에서의 이동을 보면 대개 이유가 있다고 설명했다. 대표적으로 미국에서는 20세기 들어 자동차 제조 산업 분야에서 일자리를 찾기 위해 남부에서 북부로 노동력이 이동했다. 반면 19세기에는 섬유 공장이 뉴잉글랜드 지방에서 남부 쪽으로 이동했는데, 이는 남부의 노동력이 저렴했기 때문이다.

하지만 세계적으로 식민지 시대가 지속되고 있을 때는 그런 일이 발생하지 않았다. 다시 말해 유럽 국가들이 군사력으로 세계를 지배하고 있을 때는 이주를 하는 것이 정치적 위험부담을 내포하고 있던 터라 자본이 저렴한 인건비를 찾아나서는 일은 거의 발생하지 않았다. 그런 상황에서 부유한 국가는 점점 더 부자가 되어 갔고 또한 점점 더 특화되어 갔다. 그 결과 가난한 나라 사람들은 부유한 국가로 이주하기 시작했는데 반대로 이주를 하는 경우는 극히 드물었다.

인적 자본의 힘에 대한 본격적 문제제기

이야기가 여기까지 진행되자 청중은 완전히 혼란스럽다는 표정을 지었다. 사실 루커스는 누구나 아는 사실을 지적했을 뿐이다. 다시 말해 시장이 가끔은 제대로 돌아가지 않는다고 지적한 것이다. 이러한 지적은 폴 데이비드가 1984년 댈러스에서 쿼티 타자기에 대해 이야기하며 지적했던 내용과 정확히 일치한다. 시카고 이론가 루커스도 데이비드와 마찬가지로 경쟁 논리만으로 설명하기 어려운 최적 이하 결과가 존재한다는 사실을 파악했던 셈이다.

다시 말해 수렴 현상이 일어나지 않고 또한 빈부 격차도 좁혀지지 않고 있는데, 이것은 표준 이론이 주장하는 것과 정반대 현상이라고 할 수 있다. 바로 이러한 현상 때문에 효율성이 떨어지는 자판기 디자인이 시장을 장악하게 된 것이다. 그 점에서 시장은 늘 예상한 결과를 유발하는 쪽으로 작동되는 것은 아닌 것 같다. 어느 지점에 갇혀 꼼짝달싹하지 못하는 록인 현상이 발생한다는 얘기다. 케임브리지를 대표하는 학자인 데이비드는 이러한 시장 실패가 야기할 수도 있는 결과를 우려하고 있었다. 그래도 데이비드가 그런 염려를 하는 것은 이해가 갔지만, 루커스가 그런다는 것은 사실 놀라운 일이었다.

두 학자는 모든 면에서 근본적으로 추구하는 방법이 달랐다. 데이비드가 적당한 우화에 의존해 언어로 연구한다면 루커스는 모델에 의존해 연구를 했다. 또한 데이비드가 특별한 시장을 강조하는 반면, 루커스의 접근 방식은 전적으로 거시경제학적 성격을 띠고 있었다. 더욱이 루커스는 계량경제학자로서 데이터를 확보해 컴퓨터에 입력한 후 그것에 따라 연구를 했기 때문에 두 사람의 연구 방식에는 커다란 차이가 날 수밖에 없었다.

이처럼 연구 방법은 서로 극과 극을 달렸지만 이들이 지적하는 현상, 즉 쿼티 자판기나 수입의 국가간 분배 문제(부국은 더 부자가 되고 빈국은 더 빈국이 되는)가 모두 록인 현상이라는 점에서는 같았다. 두 현상 모두 표준 모델이 예측한 것과 정반대로 나타나고 있는 것이었다. 나아가 두 학자가 지적한 세상 시스템은 모두 수확체증 법칙과 관련이 있었고 결과적으로 균형점이 한 개가 아닌 여러 개가 목격되고 있었다.

루커스는 비록 솔로 모델을 칭찬했지만 실제로는 솔로 모델이 현실을 설명하는 데 부족하다는 평가를 내리고 있던 것이 분명했다. 솔로 모델은 성장을 설명하기 위해 기술에 의존하고 있다. 사실 선진국끼리 비교를 해보면 왜 국가별로 성장률에 차이가 나는지 어느 정도 이해가 간다. 그러나 빈국에 적용해보면 이 모델이 실패했다는 결론이 도출될 수 있다. 이러한 문제를 해결하려면 새로운 성장 엔진이나 솔로 모델을 보완해줄 수 있는 모델이 필요한데, 루커스는 자신이 그러한 모델을 제시하겠다고 말했다.

"이 새로운 모델을 적용해보면 왜 솔로 모델이 실패했는지 쉽게 이해할 수 있을 것이다."

이런 주장을 하면서 루커스가 마음에 담고 있던 것은 바로 인적 자본이었다. 여기서 말하는 인적 자본이란 전반적인 기술 수준이 아니라 인적 자본 스필오버를 의미한다. 그런데 이러한 발언은 그보다 1백 년 전 그곳 케임브리지에서 마셜이 발견해 중요한 경제적 요소로 평가했던 외부성을 연상시켰다. 이에 따라 루커스의 말은 건방진 시카고 경제학자가 청중에게 청중이 누구보다 잘 알고 있는 주제에 대해 연설하는 듯한 느낌을 주었다.

스필오버를 언급하면서 루커스는 청중의 양해를 구했다. 스필오버의 성격에 대해 머릿속으로나 실험에 의해 완벽하게 이해하기가 쉽지 않았기 때문이다. 루커스는 전반적인 기술 수준이라는 의미에서 인적 자본에 대한 개념을 처음 들었을 때 너무 비현실적인 개념 같았다고 말했다. 그러나 시간이 흐르면서 많은 학자가 인적 자본을 연구했고 결국 이에 대한 이론을 정립시켰다. 그리하여 개인이 소유한 소중한 기술로서의 인적 자본은 매우 유용한 개념이라는 평가가 나오게 되었다. 더불어 이 개념은 일과 여가 사이에서 인간의 선택, 직장에서 달성할 수 있는 소득 수준, 가정 내 책임감 분담 등을 파악할 수 있는 훌륭한 개념으로 인정받게 되었다. 루커스는 이렇게 말했다.

"20년에 걸친 인적 자본 이론 연구와 응용 덕분에 우리는 인적 자본을 좀더 다양한 현상 속에서 파악할 수 있게 되었다. 마치 우리가 일기

예보를 통해 무거운 구름 뒤에서 온난 전선의 출현을 읽어 내거나 후텁
지근한 공기를 통해 온난 전선의 출현을 느끼듯 인적 자본을 파악하는
방법을 배우게 된 것이다.”

그러면 좀더 들어가 인적 자본 외부성이 경제가 돌아가도록 만
드는 보이지 않는 강력한 힘이라는 가정을 해보자(이때 루커스의 설
명은 왜 어떤 현상에 갇혀 꼼짝 못하는지에 대해 폴 데이비드가 했던 설명,
즉 현대경제학의 눈에 보이는 궤도를 결정하지만 희미하게 보이는 별들에
관한 설명을 연상시킨다). 또한 어느 특정 지역에서 일하고 있는 사람
들의 스필오버가 경제 성장의 다른 엔진 역할을 한다고 가정해보
자. 그렇다면 대체 어떤 방식으로 경제 성장에 기여한단 말인가?

지식을 얻는 공식

이 시점에서 루커스는 모델을 구축하기 시작했다. 그는 “우리에
게는 사람들이 어떻게 지식을 얻는지 이해할 수 있는 공식이 필요
하다”라고 말했다.

“0에서 무한대까지 다양한 기술 수준h을 지닌 노동자가 N명 있다고
가정해보자. 이들의 총 노동력은 N(h)로 표현될 수 있다. 그러면
N=N(h)dh라는 공식이 나온다. 이때 h라는 기술 수준을 가진 노동자
한 명이 비여가 시간 중 일부인 u(h)라는 시간을 생산을 위해 할애하
고, 나머지 1-u(h)는 인적 자본 축적을 위해 할애한다고 가정해보자.

그렇게 하여 총노동력(방정식 (2)의 N(t)에 해당되는)에 현재 생산을 위해 기술 인력이 투여되는 시간을 곱해 계산하면 다음과 같은 공식이 나올 수 있다.

Ne = ∫h(h)N(h)hdh.

이렇게 해서 나온 생산 결과는 총자본(K)과 총노동력(Ne)의 함수인 F(K, Ne)가 되며, h만큼의 기술을 지닌 노동자의 시간당 임금은 FN(K, Ne)h가 되고 그가 얻게 될 총수입은 FN(K, Ne)hu(h)가 된다는 계산이 나온다."

이것은 모델을 구축하는 전형적인 설명 방법이었다. 그렇다면 여기에서 설명한 모든 요소는 대체 무엇을 의미하는가? 케임브리지대학 대강당에 모여 있던 청중은 대부분 루커스가 마치 그리스어로 설명하는 것처럼 그 내용을 도무지 이해할 수 없었다. 특히 수학적 용어를 잘 모르는 사람들에게 hu(h) 같은 표현은 난해하기 짝이 없는 것이었다.

이어 루커스는 평균 기술 수준의 함수로써 존재하는 스필오버에서 총량 효과만 따로 분리해 정의하려는 시도를 했다. 루커스는 "특정 그룹 사람들의 상호 반응이 때로는 개인 생산성에 결정적인 역할을 한다는 사실을 우리는 일상적인 경험을 통해 잘 알고 있다"라고 말했다. 여기서 말하는 그룹은 가족보다 규모가 크고 인류 전체보다 작은 그룹을 의미한다. 인적 자본 축적은 실제 자본 거래처럼 특정 상대가 있어서 이루어지는 것이 아니라 사람들이 모여 자연스럽게 이루어지는 일종의 사회활동이라고 할 수 있다는 것이다. 다시 말해 인적 자본은 적어도 부분적으로는 사람들이 서로 사귀는 행동을 통해 축적되는 것이라는 얘기다. 그렇다면 대체 어떤 구조로 그렇게 된다는 것인가? 또한 내부적 효과와 외부적 효과에는 어떤 차이가 있는가?

사실 루커스가 이렇게 설명하고 있는 모델은 스필오버에서 유발되는 수확체증을 다룬 로머의 모델이었다. 그는 로머의 연구 내용을 전적으로 신뢰하고 있었다. 루커스는 이 젊은 제자의 연구 내용을 1960년대에 이루어진 케네스 애로, 히로후미 우자와의 연구처럼 훌륭한 연구의 연장선상에 갖다 놓았다. 그렇게 하여 로머는 수렴에 관한 논쟁 중간에 화려하게 등장하게 되었다. 루커스가 이 특강을 한 시점이 1985년 12월이었다는 사실을 다시 한 번 기억하자. 당시 로머는 대학원을 졸업한 지 3년이 지났지만, 그때까지만 해도 경제학계에서 거의 알려지지 않은 인물이었다. 그리고 로머가 쓴 논문은 그로부터 몇 달 후인 1986년에야 〈JPE〉에 실리게 된다.

루커스는 로머의 박사학위 논문을 아주 단순화시켜 중요한 문제만 빼냈고, 공식도 솔로 스타일로 더욱 단순하고 확실하게 만들었다. 나아가 미분 방정식과 평면 단계도 대수로 대체했다. 이처럼 단순한 변화 외에도 루커스는 매우 중요한 변화를 시도했는데, 그것은 로머가 제시한 지식 축적 개념을 '인적 자원 외부성'으로 고쳐 부른 것이었다. 이렇게 바꾼 수학적 설명은 3개의 문단에 걸쳐 설명되었다.

루커스는 솔로 모델에서 채택했던 요소로, 시간이 흐르면서 자동적이고 불변의 형태로 증가한다고 묘사한 외생적 기술$A(t)$을 전혀 다른 개념, 즉 인적 자본 스필오버 아니면 사람들이 다른 사람의 생산성에 미치는 보상받지 못한 영향력을 상징하는 개념인 Hy로 대체했다. 또한 그는 생산에서 스필오버가 미치는 영향을 수치로 제시했는데, 이때 0.4라는 수치가 나왔다. 다시 말해 스필오버가 없다면 생산 결과는 현재 수준의 절반 정도밖에 미치지 못할 것이라고 주장한 것이다. 이 40퍼센트라는 수치는 개인이 회사, 노조, 대학 등 어떤 단체에 속하지 않았다면 결코 지금처럼 생산적이지 않았을 것임을 의미했다.

루커스는 자신의 계산에서 지식만 떼어내 설명하는 부분에서 청중의 이해를 구했다. 그는 스필오버 효과에 관해서는 단 한 개의 정답만 존재하는 것이 아니라고 설명했다. 일부 지식은 수십 년간 상대적으로 비밀리에 보존되어 왔지만, 발견 즉시 모든 사람이 사용하게 된 것도 있다. 이러한 발견의 대표적 사례가 수학적 발견이다. 그의 모델에는 어떤 가족 대대로 비밀리에 전해져 내려오는 특별 비법에서부터 솔로가 외생적 힘이라고 부른 기술에 이르기까지 다양한 사례가 포함되었다.

물론 그가 핀 공장 이야기를 한 것은 아니다. 그러나 얘기를 듣다 보니 점점 핀 공장 이야기에 가까워지고 있었다. 결국 루커스는 수확체증을 설명하기 위해 그토록 긴 설명을 했던 것이다. 그 다음 40분간 루커스는 문제 해결책인 치료 방법을 이야기했다. 우선 그는 인적 자본이 유발하는 수확체증이 어떻게 국제무역에 영향을 미치는지 설명하기 위해 두 번째 모델을 도입했다. 그가 채택한 모델에는 상품이 두 개 들어 있었는데, 그는 이 두 가지 상품을 각각 컴퓨터와 감자라고 불렀다. 국제무역에 확률을 이해할 수 있는 독창적인 모델을 도입하려는 것이 그의 의도였다. 여기에서 우리가 다시 한 번 기억해야 할 점은 루커스가 인적 자본 스필오버가 국부의 차이에 미치는 영향에 특히 관심이 있었다는 사실이다. 실제로 어떤 산업혁명이 이 장소에서 저 장소로 확산될 수 있었는지 가장 잘 보여주는 것이 무역이 아니던가?

루커스의 두 번째 모델에서는 컴퓨터를 대량으로 더욱 저렴한 가격에 생산할 수 있는 국가는 자신들이 편안한 방향으로 대체물을 바꾸게 된다. 다시 말해 계산에 더욱 신경을 쓰는 반면 감자에는 점점 신경을 덜 쓰게 된다는 것이다. 이것은 우리가 잘 아는 학습 곡선을 보여주는데, 이 곡선을 보면 긍정적인 피드백이 일어나면서 비교우위 원칙에 정반대되는 현상이 발생하는 것을 알 수 있다. 루커스는 그가 제시한 학습 곡선 모델이 캐치업|catch-up 메커니즘보다 그 반대를 더 잘 설명해줄 수 있기를 바랐다.

부국은 자신들의 스필오버로부터 얼마든지 이익을 얻어낼 수 있다. 빈국의 경우에는 부국에 최고의 인재들을 수출해야만 한다. 그렇지 않으면 영원히 빈곤 상태로 남아 있게 된다.

"이 경제 흐름을 보면 낮은 인적 자본 수준과 저자본을 가지고 시작한 경제는 축복받은 경제 수준 이하 수준에서 영원히 벗어나지 못하게 된다."

첫 번째 모델에서 그는 학교 교육에 보조해줄 것을 제안했다. 두 번째 모델에서는 유치산업 보호를 제안하고 있다. 이에 대해 루커스는 "정부가 보조금을 지급하는 방법 하나만 채택하면 모델 구축이 훨씬 쉬워진다. 그러나 그렇게 되면 이 모델은 현실과 동떨어진 것이 된다"라고 두 가지 제안을 하는 이유를 설명했다.

이제 루커스는 폴 데이비드가 그보다 1년 전에 댈러스에서 그랬던 것처럼 청중을 피구에게로 데려갔다. 1980년대 중반에는 1920년대에 그랬던 것처럼 공격적 무역 정책에 대한 사람들의 관심이 아주 컸다. 그런데 1920년대에 마셜학파의 수확의 법칙을 크게 주장하며 산업 정책을 정부 정책에 집어넣는 데 성공한 피구 교수를 여기에 끼워 넣은 것은 약간 불순한 의도가 있는 것으로 보였다. 하지만 국가간에 왜 그가 인적 자원 스필오버라고 부르는 미처 관측되지 못했던 힘에 의해 경쟁이 주도되고, 반대로 예상했던 수렴 현상은 유발되지 않는지를 설명하려면 피구에 대한 언급이 불가피했다. 이 모든 것을 기술적으로 설명한 루커스의 강연은 끝부분을 제외하고는 청중으로부터 거의 무시를 당했다고 보는 것이 옳다.

루커스는 외부적 효과라고 가정된 것을 측정하는 방법을 찾지 않는 한 그것을 무엇으로 부르는가는 그리 중요하지 않다고 주장했다. 이 방법을 찾지 않는 한 외부적 효과가 유발하는 힘은 영원히 수수께끼로 남게 될 것이다.

"인간의 사회적 행동의 결과로 형성된 인적 자본이 우리 눈으로 관측할 수 있는 유일한 요소라면, 우리가 이 힘을 무엇이라고 부르는가는 전혀 중요하지 않다. 원한다면 이 힘을 신교도적 윤리라고 불러도 좋고, 역사 정신이라고 불러도 좋으며 그도 아니면 그저 X요인이라고 불러도 상관없다. 중요한 것은 우리가 규명하지 않으면 스필오버는 마셜이 표현한 것처럼 말로 표현할 수 없는 '공기 속의 그 무엇'으로 영원히 남게 된다는 것이다."

루커스는 마치 형사 콜롬보 같은 태도로 어디엔가 분명 그 스필오버의 흔적을 찾아낼 수 있는 방법이 있을 거라고 말을 이어갔다. 그렇다면 대도시의 주택 임대료를 가지고 한번 생각해보는 것은 어떨까?

사람들은 왜 대도시에 몰려 사는가

루커스는 현대의 대도시는 경제학자들에게 일종의 수수께끼 같은 존재로 여겨지고 있다고 말했다.

"표준 경제학 모델에 따르면 대도시는 존재하지 않았어야 한다. 그것은 원자의 핵과 같다. 만약 우리가 경제력에 관한 통상적 명단을 작성하게 되면, 도시는 한쪽으로 제쳐놓아야 한다. 도시는 그저 생산요소들(자본, 인력, 토지)을 모아놓은 것에 불과하다. 그런데 토지는 도시 외곽 쪽이 도시 내부보다 항상 더 저렴하다."

사람들이 사는 모습을 보면 어느 지역이나 균등하게 인구가 분포되어 있지 않음을 알 수 있다. 사람들은 고층 빌딩, 좁은 길이 있는 도시 중심 지역에 더 밀집되어 있다. 이처럼 사람들은 쇼핑가 가까이 살기를 원하고 또한 매장들은 고객 가까이에 있을 필요가 있다.

"서로 주고받는 필요성은 쇼핑센터의 경우엔 이해가 가지만 대도시 자체로는 이해하기가 힘들다."

사람들은 왜 특정 대도시에 몰려 사는 것일까? 왜 사람들은 다닥다닥 붙어살기를 원하는 것일까?

루커스는 대도시 상황을 설명하기 위해 다른 경제학자의 연구 내용이 아니라, 실제 세계 대도시의 모습을 연구한 작가이자 환경 운동가인 제인 제이콥스|Jane Jacobs의 책 내용을 예로 들었다. 1961년에 발간된 《위대한 미국 대도시들의 죽음과 삶|Death and Life of Great American Cities》은 도시 계획 및 대형 도심 재개발 계획에 반대하는 내용을 담고 있는데, 이 책은 발간되자마자 선풍적인 인기를 끌었다. 그러나 경제학자들은 그 책의 내용을 심각하게 받아들이지 않았다. 그러자 제인 제이콥스는 1969년에 발간한 다른 저서 《도시 경제|Economy of Cities》에서 도시들이 어떻게 돌아가고 있는지 설명하고 있다. 루커스는 "이 책은 내게 인적 자본의 외부적 효과에 대해 관심을 갖고 그것을 믿을 수 있도록 만든 책이다"라고 말했다(물론 저자인 제이콥스는 인적 자본의 외부적 효과라는 말을 사용하지 않았다).

제이콥스가 정의한 도시의 개념은 무엇일까? 제이콥스는 도시를 스스로의 성장을 유발하는 정착지라고 정의한다. 그리고 도시에 살고 있는 사람들은 구식 일에 새로운 일을 부가함으로써 발전한다고 기록하고 있다. 새로운 일이 어떻게 시작되는지를 설명하는 장에 보면 브래지어 개발에 대한 이야기가 나온다.

드레스 디자이너 아이다 로젠설|Ida Rosenthal은 자신이 디자인한 옷을 구입하는 고객들이 몇 개나 되는 코르셋, 셔츠, 그리고 조끼 위에 자신의 드레스를 겹입는 것이 영 못마땅했다. 어떻게 하면 자신의 드레스를 멋있게 입을 수 있도록 할 수 있을까를 고민하던 그녀는 브래지어를 발명했다. 처음에는 드레스를 구입할 때마다 브래지

어를 무료로 끼워 주었다. 그러다가 얼마 지나지 않아 그녀는 드레스 사업을 때려치우고 본격적으로 브래지어를 생산 및 판매하는 사업에 뛰어들었다.

제이콥스는 이처럼 도시에서 새로운 사업이 성공적으로 탄생할수 있는 비결은 도시의 다양한 동네에서 구성원간에 이뤄지는 타가 수정, 즉 문화 교류 현상에 있다고 설명하고 있다. 아이다 로젠설이 브래지어를 발명한 뉴욕시의 패션 중심지는 의상 디자이너와 제조업체가 빽빽이 들어선 곳이다. 이곳에서 이들은 함께 사업을 하며 이웃에서 어떤 새로운 디자인이 개발되는지 지켜보는 동시에 문제를 공유하면서 새로운 일거리를 찾아낸다. 뉴욕시에 있는 금융가, 다이아몬드가, 광고가, 출판가도 모두 마찬가지이다.

루커스는 제이콥스가 그토록 애정을 가지고 설명한 동네는 어떤 점에서 컬럼비아나 뉴욕대 같은 도시 대학가처럼 일종의 지성 센터 역할을 한다는 사실을 깨달았다. 이러한 중심지의 경우, 사람들이 품는 생각은 모두 다르지만 과정은 상당히 유사하다. 루커스는 "사실 외부 사람들에게는 이 과정이 모두 동일한 것으로 보이기도 한다"라고 말했다. 같은 일을 하는 사람들이 모여 스스로의 독창성과 고유성을 뽐내는 곳으로 보인다는 것이다.

제이콥스가 설명한 것처럼 현명한 사람들은 도시로 모여든다. 바로 그곳에 사람들의 재능이 모여 있기 때문이다. 이러한 제이콥스의 설명에 루커스가 덧붙인 것은 대도시의 생활비가 다른 지역보다 비싸다는 단순한 사항이었다.

사람들은 뉴욕 맨해튼에 사는 특권을 누리기 위해 많은 돈, 그것도 아주 많은 돈을 지불한다. 제이콥스는 물가는 도시를 설명하기에 유동적이고 애매한 도구라고 생각한 반면, 루커스는 물가가 핵심적인 요소라고 생각했다. 그는 사람들이 도심에 사는 대가로 다른 곳보다 훨씬 더 비싼 임대비를 지불한다면, 그 비싼 임대비를 지불하고 얻을 수 있는 이익이 더 많다고 생각하기 때문이라고 지적했다.

이러한 사항은 경제학자들이 인적 자본 외부성을 파악할 수 있는 일종의 잣대 역할을 할 수도 있다. 스필오버가 원자핵처럼 도시 사람들을 결속시키는 역할을 하는 보이지 않는 힘이라면, 토지 임대료는 그 힘을 측정할 수 있는 간접적 도구가 될 수도 있다고 루커스는 설명했다. 서로 다른 소득이 내부화된 사회 자본의 생산성 효과를 측정하는 도구가 되는 것과 마찬가지라는 것이다. 검은 구름이 몰려오면 뒤에 온난전선이 다가오고 있다는 것을 짐작할 수 있듯, 언젠가 임대비 변화를 스필오버를 파악하는 요소로 여기는 날이 올지도 모른다. 루커스는 마지막으로 이런 질문을 던졌다.

"다른 사람들 가까이에서 살려는 이유가 아니라면 왜 그토록 많은 사람이 비싼 임대료를 내고 맨해튼이나 시카고 시내에서 살려고 하겠는가?"

솔로에게 도전장을 내민 루커스

루커스의 강연이 끝났을 때, 청중석의 반응은 침묵 그 자체였다. 그러나 좌파 성향의 사람들은 완전히 자신들의 텃밭이라고 생각하고 있던 경제 발전 문제에 수학적 해법을 도입한 것에 경악을 금치 못했다. 케인스학파 역시 감히 솔로 모델을 공격했다고 크게 분노하고 있었다. 특강 중에 예의 바른 태도를 보였던 경제학과 교수들은 휴게실로 나오자 즉시 불쾌한 표정을 지었다.

루커스는 일부 사람과 맥주를 마시기 위해 학교 밖으로 나갔다. 팀 케호와 데이비드 캐닝은 그날의 강연 내용을 마음에 들어 했던 몇 안 되는 박사 후 과정 학생이었다. 그럼에도 그들은 전적으로 확신은 들지 않았다고 고백했다. 훗날 캐닝은 이렇게 말했다.

"나중에 로머의 발표를 들었을 때 나는 곧바로 이해했다. 하지만 루커스가 설명할 당시만 해도 솔직히 그것을 완벽하게 이해하지는 못했다. 그래도 루커스가 내가 하고 싶은 연구를 하고 있다는 사실은 확실히 이해할 수 있었다."

루커스의 특강 〈경제 발전의 역학 구조에 대하여〉는 그로부터 3년이 지나서야 출판해줄 곳을 찾게 되었다. 사실 그 내용은 경제 학술지에 싣기엔 너무 길었다. 더욱이 설명도 보편적인 형태가 아니었다. 무엇보다 중요한 사실은 그날 루커스의 마셜 강연은 하나의 도발로 간주되었고, 그 도발에 의해 경제학의 상당 부분이 점점 변화하게 되었다는 것이다. 오래지 않아 그것은 경제학의 근본적인 초점을 바꾸어놓았으며, 초점은 경기순환 사이클에서 벗어나 성장으로 옮겨가게 되었다.

그리고 이 강연의 도입부를 장식한 무게 있는 설명(이러한 질문이 인간의 복지에 미치는 결과는 엄청나다. 따라서 한번 이 문제들을 생각하기 시작하면 다른 것을 생각하기가 힘들 지경이다) 부분은 케인스의 "경제학자들과 정치 철학자들의 아이디어는 사람들이 보통 생각하고 있는 것보다 훨씬 더 힘이 있다"는 대목 이후 경제학자들이 가장 빈번하게 인용하는 대목이 되었다.

특히 루커스의 이 특강 내용은 크루그먼, 폴 로머 등의 신세대 경제학자들에게 횃불이 되어 주었다. 솔직히 루커스가 그 횃불을 정확하게 신세대에게 넘겨주었다고 자신 있게 주장할 수는 없지만, 적어도 그것을 잘 붙들고 있던 사람은 루커스였고 그것을 소유하는 것의 중요성을 젊은 경제학자들에게 알려준 사람도 루커스였다고 할 수 있다. 결국 거시경제학자들, 특히 젊은 학자들은 루커스의 강연 내용이 공식적으로 출판되기 이전에 그 내용을 서로 돌려가며 읽었다.

그런데 그로부터 20년이 지난 뒤, 읽어본 루커스의 연설 내용은 놀라울 정도로 애매하다는 느낌을 주었다. 루커스는 록인 현상에 대해 폴 데이비드와는 상당히 다른 방법으로 설명했다. 부국과 빈국, 도시와 국가간의 격차에 대해 이야기하고 있지만, 사실 그 설명이 명확하지 않다. 그리고 이러한 역학 구조와 쿼티 배열 자판기 이야기 사이에 무슨 공통점이 있는지도 분명하지 않다. 그 역학 구조가 긍정적인 피드백이란 말인가? 아니면 일종의 장애란 말인가? 이유야 어떻든 록인 현상, 다시 말해 발전없이 꼼짝 못하는 상황이 존재한다는 것은 분명하다. 총생산에 대한 계산법도 몹시 복잡하다. 그러나 임대비가 아주 비싼 도심의 고층빌딩 사례는 전문 경제학자들이 흔히 하는 난해한 설명이 아니라 누구나 쉽게 이해할 수 있는 내용으로 되어 있다.

폴 데이비드가 타자기 자판의 사례로 수확체증의 관점에서 록인 현상과 관련된 질문을 던졌을 때, 그것은 멀리서 들리는 천둥소리에 불과했다. 그러나 현대 수학으로 무장한 루커스는 긍정적 피드백이라는 주사 바늘로 그 시대의 핵심 문제, 즉 일부 국가는 급성장하는 반면 왜 다른 국가는 상대적으로 침체에서 벗어나지 못하는가를 찔러 버렸다. 그것도 아주 강하게.

〈경제 발전의 역학 구조에 대하여〉를 읽은 사람들은 그날 케임브리지대학의 마셜 강연에서 무언가 큰 변화가 일어났다는 사실을 조심스럽게 눈치 챘다. 물론 그 변화의 핵심은 수확체증과 관련이 있었다. 한 가지 확실한 사실은 아직 노벨 경제학상은 받지 못했지만, 누구나 인정하는 위대한 학자 솔로에게 루커스가 싸움을 걸어 왔다는 것이다. 그렇다면 루커스의 발언으로 솔로에 대한 사람들의 인정에 문제가 생기는 것은 아닐까? 그럴 가능성도 충분히 있지만 그러한 도전은 오히려 상대의 학문에 대한 열정에 불을 붙이는 계기가 되었다.

그 시점에서 폴 로머는 스승인 루커스에게 도전을 받은 사람이 솔로뿐은 아니라는 사실을 확실히 이해하고 있었다. 로머 자신도 도전을 받았다는 것을 분명히 이해한 것이다.

18

연구 분야의 새로운 영역 조정

Recombinations

·
·
·

와인은 포르투갈에서 영국으로 가지만 그 반대 방향으로는 오지 않는다.
거기까지는 괜찮다. 그렇다면 왜 폭스바겐은 독일에서 이태리로 수출되고,
피아트는 이태리에서 독일로 수출되고 있는 것일까?

·
·
·

유대교인 바오로의 전향과도 같은 충격

루커스의 〈경제 발전의 역학 구조에 대하여〉 특강은 경제학계를 깜짝 놀라게 했다. 그의 주장에 대해 일부 경제학자는 크게 분노하거나 놀랐으며, 이 특강 내용을 이상하게 생각한 경제학자도 있었다. 심지어 그 발표 내용은 경제학자가 가야 할 길에서 완전히 벗어난 것이라는 평가도 있었다. 루커스의 시장 실패 가능성에 대한 관심은 소금물학파인 케인스학파가 50년간 유지해온 전통과 잘 맞아떨어졌지만, 그가 속한 민물학파 진영에서 볼 때는 도저히 이해할 수 없는 것이었다. 이에 따라 민물학파 소속 경제학자들은 처음 이 강연 내용을 들었을 때 그 어느 때보다 경악을 금치 못했고 그 다음에는 그것을 철저히 무시해버렸다. 그러나 일부 젊은 경제학자는 즉시 이 분야 연구에 뛰어들었다.

사실 무역과 인구 이동이 경제 성장과 밀접한 관련이 있다는 것은 새로운 개념이 아니었다. 또한 대도시가 경제 발전에서 중심적인 역할을 한다는 것도 새로운 것이 아니다. 경제학자들을 정말로 놀라게 했던 것은 루커스가 그 특강을 통해 록인 현상을 심각한 위험을 초래할 수 있는 문제로 규정했다는 사실이다. 폴 데이비드가 타자기 자판을 예로 들어 긍정적 피드백을 논했을 때 경제학계는 이것을 심각한 내용으로 받아들이지 않았다. 그러나 시카고학파를 대표하는 경제학자인 루커스가 스필오버를 주장하며 누구나 인정하는 보이지 않은 손의 확실한 능력에 의혹을 제기했다는 것은 큰 충격으로 받아들여졌다(데이비드 캐닝은 "그것은 유대교인 바오로가 그리스도교로의 전향을 선언했을 때 사람들이 느꼈던 충격과 같은 것이었다"라고 말했다).

그렇다면 그동안 루커스는 마술사처럼 소매 속에 무언가를 숨겨 놓고 보여줄 시간만 기다리고 있었단 말인가? 한 가지 확실한 것은 루커스가 로머의 모델을 수학적으로 쉽게 풀어 설명함으로써 보수적인 독자들에게 거의 1백 년간 방치되어 있던 긍정적 피드백이 포함된 주제 전체에 관심을 갖는 기회를 제공했다는 것이다.

그리하여 1986년 처음 몇 개월간 경제학계에는 연구 분야의 재조정 작업이 이루어졌다. 이때 일부 경제학자는 과거에 그어놓은 연구의 한계를 넘어 공동 연구에 뛰어들었다. 이들이 함께 탐험할 곳은 바로 수확체증이라는 대륙이었다.

루커스의 세계일주 강연

루커스는 케임브리지에 이어 인적 자본 스필오버에 대한 자신의 새로운 아이디어를 소개하는 세계일주 강연에 나섰다. 그때 이스라엘의 텔아비브에 가게 되었는데, 여기서 만난 경제학자 아사프

라진|Asaf Razin은 루커스에게 수확체증과 무역을 연구했던 폴 크루그먼의 논문에 대해 들려주었다. 루커스는 크루그먼의 논문을 보자마자 그가 약간 다른 관점에서 연구하고 있긴 하지만 서로 같은 문제를 연구 중이라는 사실을 알아차렸다. 그리하여 루커스는 두 분야 모델|two-sector model을 자신이 개발했다고 주장하는 대신, 크루그먼이 그 모델을 개발했다는 것을 인정하며 그의 연구 내용을 인용하는 형식으로 이 내용을 〈경제 발전의 역학 구조에 대하여〉에 첨가했다.

외형상 루커스의 논문과 크루그먼의 논문은 크게 달라 보이지 않았다. 그러나 크루그먼 논문은 주류 경제학 연구에 기여할 수 있는 거창한 논문이라기보다 일종의 정책 요약서처럼 보였다. 그 간단한 논문에는 논문 제목이 흔히 그렇듯 거창한 제목이 붙어 있었다. 크루그먼은 〈좁은 이동 통로, 네덜란드 질병과 대처 수상의 경쟁 결과 : 동태적 규모 경제 속에서 이루어지는 무역에 관한 소고|The Narrow Moving Band, the Dutch Disease and the Competitive Consequences of Mrs. Thatcher: Notes on Trade in the Presence of Dynamic Scale Economies〉라는 긴 제목의 논문에서 일본, 네덜란드, 영국에 자신의 새로운 모델을 적용할 수 있음을 입증했다.

이 논문의 중심에는 모든 국가가 제조 분야 전문성에 기초해 발전한다는 것을 입증하는 모델이 있다. 이 전문성은 주로 기업 차원에서 습득되는데, 그는 애로의 용어를 그대로 사용해 이것을 '학습 곡선'이라고 불렀다.

여기에서 크루그먼은 스필오버는 자신이 과거에 무역에 관한 연구에서 주장했던 것처럼 독점적 경쟁에 의한 수확체증에서 나오는

것이 아니라 특정 지역의 역사에서 나오는 것이라고 주장하고 있다. 다시 말해 여기에서 말하는 스필오버는 마셜식 스필오버라고 할 수 있다. 이러한 연구 결과는 전체적으로 루커스가 연구한 감자-컴퓨터 모델과 동일했다. 이것은 어떤 국가는 발전하는 반면 또 어떤 국가는 제자리에 머물고 심지어 뒤처진 국가도 발생한다는 것으로, 결국 성장의 수렴 현상은 일어나지 않는다는 얘기다. 크루그먼의 논문은 1987년 〈저널 오브 디벨로프먼트 이코노믹스|Journal of Development Economics〉에 게재되었다.

사람들은 루커스가 독점적 경쟁 분야의 샛별로 인정받는 크루그먼과 뜻을 함께하는 것을 보고 깜짝 놀랐다. 물론 수확체증을 설명하려면 독점적 경쟁보다 크루그먼의 스필오버를 인용하는 편이 훨씬 낫다는 사실을 인정했지만 말이다. 그로부터 2년 후 루커스는 한 단계 더 나아가 헬프먼과 크루그먼이 공저로 펴낸 《시장 구조와 해외 무역|Market Structure and Foreign Trade》을 극찬했다. 이 책이 시도한 독점적 경쟁에 대한 새로운 연구 결과의 코드화를 극찬한 것이다.

루커스는 데이비드 리카도의 비교우위 원칙은 이론적으로 계속 개선되면서 150년간이나 성공적으로 적용되어 왔다고 말했다. 실제로 세계 무역의 상당 부분에서 아직까지도 자원 중심의 이 모델이 적용되고 있다.

"와인은 포르투갈에서 영국으로 가지만 그 반대 방향으로는 오지 않는다. 거기까지는 괜찮다. 그렇다면 왜 폭스바겐은 독일에서 이태리로 수출되고, 피아트는 이태리에서 독일로 수출되고 있는 것일까?"

이 질문에 대한 해답을 찾으려면 애덤 스미스의 특화, 수확체증 그리고 시장 규모에 대한 주장으로 되돌아가야 한다. 솔직히 수확체증의 존재 속에서 균형점을 계산할 수 있는 최초의 모델들이 출현하기(핀 공장 이론이 보이지 않는 손 이론만큼 옳은 주장이라는 것을 입증하기 위해) 전까지 스미스의 주장은 거래에 관해 모두 인정하는 하나의 분석적 틀 역할을 하기보다 일종의 경험에 의한 법칙으로 남아 있었다.

그러다가 다양한 소비자층을 대표할 수 있는 딕시트-스티글리츠 모델의 출현 덕분에 특화의 이익을 파악하는 것은 물론, 독점적 경쟁 산업에 대한 엄격한 이론 정립도 가능해졌다. 신국제경제학|new international economics 분야는 바로 이 분야에 관여한다.

많은 연구를 통해 자유 무역은 소비자에게 이롭다는 결과가 나왔다. 그러나 이와 더불어 깜짝 놀랄 만한 다른 결과도 나왔다. 사람들이 일단 경쟁 가정에서 벗어나자 후생 문제는 여러 가지 왜곡된 상황에서 발생하는 차선적 균형을 비교하는 복잡한 문제가 되었던 것이다. 어떻게 그러한 균형 현상이 유발되는가? 헬프먼과 크루그먼은 왜 그러한 현상이 발생하며, 무엇에 의해 이 모든 것이 좌우되는지 설명했다. 그리고 어떻게 하면 그것을 더 쉽게 파악할 수 있는지도 제시했다. 루커스는 이처럼 다루기 쉬운 모델을 제시했다는 것이 무엇보다 중요하다고 평가했다.

크루그먼은 젊은 시절인 1986년 초에 시카고학파의 거장들에게 참신한 연구 결과를 인정받았지만, 그는 이를 크게 신경 쓰지 않았다. 사실 크루그먼은 그때 1987년에 개최될 계량경제학협회 제5차 세계총회에서 발표할 새로운 무역 이론을 정립하느라 정신이 없었다. 크루그먼은 "신무역 이론은 구무역 이론처럼 영원히 말끔하게 정리될 수 없을지도 모른다"라고 말했다. 하지만 그는 수확체증 만큼은 확실히 방향을 잡아야 한다고 생각했다.

한편 루커스는 자신의 모델이 마음에 들지 않았다. 정확하게 왜 수렴이 실패하는지 밝혀낼 수 없었기 때문이다. 몇 년 후, 그는 다음과 같이 말했다.

> "모든 사람이 무역은 산업혁명에 합류할 수 있는 주요 열쇠라고 생각한다. 다시 말해 공산주의 국가와 라틴아메리카 국가처럼 폐쇄적인 국가나 인도처럼 수입 대체 전략을 구사하는 국가의 경우 산업혁명에 실패했다고 생각하는 것이다."

다른 국가에서는 급속한 개혁이 이뤄지고 있지만 이들 실패한 국가에서는 이러한 개혁이 이뤄지지 않고 있다는 얘기다. 선진국과 교역을 많이 한 아시아 국가의 경우 경제 성장률이 비교적 높다. 그렇다면 어떻게 해야 잘할 수 있는지를 확실히 보여줄 수 있는 무역 모델을 제시할 수 있어야 하지 않을까?

> "나는 내 강연에서 그 부분까지 끌어다 설명할 수가 없었다. 내 모델에서 무역은 정확히 반대 효과를 유발했기 때문이다. 무역은 부국과 빈국 간의 격차를 더 넓히는 역할을 할 뿐이다. 그 점에서 무역으로 어떻게 빈국이 부국을 따라잡을 수 있는지 설명하려 할 때 그 모델은 전혀 도움이 되지 못했다."

다시 말해 무역과 성장 사이의 관계에 대해서는 전혀 연구되지 않았다는 얘기다. MIT 경제학과에서는 그 누구도(적어도 가까운 장래까지는) 성장에 관해 연구한 사람이 없었다.

루커스가 케임브리지에서 특강을 한 지 2년이 다 된 1987년 가을이 되어서야 비로소 MIT의 조교수로 있는 필립 아기언|Philippe Aghion과 피터 호이트|Peter Howitt가 무역이 아니라 성장 자체에 대해 연구하기 시작했다. 그때는 로버트 솔로에 대한 노벨 경제학상 수상이 발표된 시점이었다. 그리고 임시직이긴 하지만 MIT 대학원을 막 졸업한 젊은 경제학자가 이 새로운 분야를 연구하기로 계약을 체결했다. 그는 러시아 이민자 출신의 안드레이 슐레이퍼|Andrei Shleifer로 1986년 박사학위 논문에 로머 스타일의 스필오버 모델을 적용해 기업이 주가를 올리기 위해 어떻게 경기순환 사이클에 맞춰 신제품을 도입하는지를 보여주었다. 한동안 MIT와 시카고대학을 연결하는 중요한 역할을 한 사람은 바로 슐레이퍼였다.

시카고의 튀는 삼총사

한편 시카고대학 경제학과 교수들과 학생들은 〈JPE〉에 실린 로머의 논문 내용을 두고 열띤 토론을 벌였다. 1986년 가을 게리 베커는 학과의 모든 사람(사실은 경제학계 전체)이 예상치 못했던 '경제 활동의 모든 스펙트럼을 따라 특화 및 무역으로부터 얻는 이익에 대해 재검토하는 일'에 뛰어들었다. 이러한 연구 노력 중 가장 두드러진 것은 삼총사로 알려진 세 명의 젊은 경제학자가 단행한 연구

로 이들의 연구 내용은 계속 이어지며 출판되었다. 이들은 바로 앞서 소개했던 슐레이퍼, 케빈 머피|Kevin Murphy, 그리고 로버트 비시니|Robert Vishny이다.

슐레이퍼는 삼총사 중에서도 가장 독특한 인물로 그는 1961년 소련에서 출생했다. 부모 모두가 엔지니어로 이 가족은 1976년 유대인이민지원협회|Hebrew Immigrant Aid Society의 특별 지원 덕분에 최초로 미국 정부가 발급한 잭슨-바닉 비자|Jackon-Vanik visas를 얻어 5개월 동안 이태리에 머문 끝에 미국에 도착해 뉴욕주 로체스터에 정착했다(슐레이퍼는 자신이 과학을 잘하는 전형적인 유대인 소년이었으며 머릿속에 넣을 수 있는 모든 과목을 잘했다고 말했다).

하버드대학은 도시빈민가 고등학교에 다니던 슐레이퍼를 찾아냈고 그는 장학금을 받으며 하버드에 진학했다. 후에 그는 자신의 영어 실력이 드라마 〈찰리스 에인절스|Charlie's Angels〉를 통해 배운 영어 수준보다 조금 나은 정도에 불과했다고 고백했다.

여기 슐레이퍼의 천재성을 보여주는 한 일화가 있다.

대학교 2학년 때 슐레이퍼는 MIT대학 조교수로 재직 중이던 래리 서머스|Larry Summers를 만나러 갔다. 서머스를 찾아간 이유는 서머스가 제시한 수학에 일련의 문제가 존재한다는 사실을 알려주기 위해서였다. 이들은 만나자마자 서로의 실력에 반하고 말았다. 후에 올리비에 블랑샤르는 "자신의 연구 내용에 결함이 있다는 말을 들으면 보통 기분이 나쁘게 마련인데 래리는 안드레이의 실력에 깊은 감동을 받았고 안드레이를 자신의 연구조교로 채용했다"라고 말했다.

그렇게 해서 하버드대학을 졸업한 안드레이 슐레이퍼는 MIT 대

학원에 진학했다. 하지만 슐레이퍼는 자신의 박사학위 논문 주제인 경기순환 사이클 모델에 이행 사이클|implementation cycles을 집어넣기 위해 시카고대학에서 몇 달간 새로운 수확체증 수학을 배웠다. 그렇게 공부를 끝낸 슐레이퍼는 프린스턴대학에서 1년간 강의를 한 후 1987년 시카고대학 교수로 스카우트되었다.

삼총사 중 슐레이퍼만큼 흥미진진한 인물이 바로 케빈 머피이다. 그는 슐레이퍼가 몇 달간 시카고대학에서 공부를 하고 떠난 지 얼마 되지 않은 1982년에 시카고대학 경제학과 대학원에 진학했다. 대학을 졸업한 후 슈퍼마켓에서 잠깐 근무했던 머피는 슈퍼에서 일하는 것보다 공부하는 것이 낫겠다는 생각으로 UCLA에서 경제학 공부를 시작했다.

당시 UCLA에는 밀턴 프리드먼을 대체할 인물로 평가받던 아멘 알키언|Armen Alchian 교수가 대학원 과정으로 가격 이론 코스를 가르치고 있었다. 이 교수는 소크라테스식 방식으로 수업시간에 학생들에게 면박을 주는 것으로 유명했다. 그런데 머피는 개인적으로 알키언 교수를 찾아가 도전장을 던졌다. 물론 그에게 도전하는 것은 사실상 불가능했다. 그러나 집요하게 찾아오는 학생을 그냥 모르는 체할 수가 없어서 알키언 교수는 "먼저 내 강의를 듣고 오게!"라고 말했다. 하지만 머피는 "듣기 싫습니다!"라고 대답했다.

머피는 1986년 박사학위를 취득했고 즉시 시카고대학 경영대학원에서 강의를 시작했다.

삼총사 중 세 번째이자 마지막 멤버는 로버트 비시니이다. 그는 한 가지를 제외한 모든 점에서 나머지 두 사람보다 평범한 길을 걸어온 편이다. 그 한 가지란 그가 특별히 재주가 뛰어난 투자가였다

는 점이다. 비시니 덕분에 그가 공동창업자로 설립한 돈 관리회사 |money management firm(슐레이퍼, 일리노이대학의 조세프 라코니쇼크|Joseph Lakonishok와 함께 설립한)는 꾸준히 성장했다. 비시니는 슐레이퍼보다 1년 먼저 MIT 대학원을 졸업한 후 1985년에 시카고대학에 도착했다. 그리고 프린스턴에서 강의를 하던 슐레이퍼가 1987년 시카고대학으로 오자 슐레이퍼, 비시니, 머피는 즉시 의기투합했다. 이들은 공동으로 연구를 추진했고 최초로 함께 쓴 그 유명한 논문에서 새로운 수확체증 모델이 얼마나 막강한 힘을 보일 수 있는지를 충격적일 만큼 잘 보여주고 있다.

이 삼총사는 〈산업화와 빅 푸시|Industrialization and the Big Push〉라는 논문에서 정부가 경제 성장을 촉진시키기 위해 어떻게 스필오버에 의존할 수 있는지를 보여주겠다는 결심을 했다. 이들은 빅 푸시를 설명하면서 1920년대에 레닌이 채택했던 신경제정책|New Economic Policy을 사례로 들고 있다. 그 정책은 소비에트 러시아가 농경사회에서 벗어날 수 있는 확실한 방법은 전기나 철강 등 기초 산업에 대한 대대적인 정부 투자에 달려 있다는 레닌의 확신에 따라 추진된 것이다.

또한 1943년 제2차 세계대전 중 런던에 와서 연구를 하던 헝가리 경제학자 폴 로젠슈타인-로댕|Paul Roseinstein-Rodin은 자신의 이름을 딴 전략을 발표했다(그는 에일린 영의 논문을 읽고 부분적이긴 하지만 이 연구를 해야겠다는 자극을 받았다고 한다). 그는 이 전략에서 정부의 밀어붙이기 전략, 즉 빅 푸시는 후진국의 경우 어느 나라든 성공할 수 있다고 주장했다.

후진국에서 이 전략이 성공을 거두려면 먼저 농업 분야에서 일하는 사람들 일부를 도시로 데려와 공부를 시켜야 한다. 동시에 도시의 인프라에 투자해야 한다. 물론 이러한 변화를 추구하려면 대규모 자본이 필요하다. 그런데 고용주들은 보통 직원의 교육 비용을 지원하려 하지 않는다. 투자해보아야 별다른 수확이 없을 것이라는 생각을 하기 때문이다(직원의 머릿속에 있는 것은 회사의 재산이 아니라고 생각해온 전통적 사고 때문에). 또한 고용주들은 인프라 개선을 위해서도 노력하지 않는다. 그렇게 하면 분할 불가능한 이익은 이 인프라를 공짜로 이용하는 사람들이 모두 가져갈 것이라고 생각하기 때문이다.

이러한 상황에서 대규모 비용을 감당하며 팔 걷고 나설 수 있는 쪽은 정부밖에 없다. 특히 정부는 막강한 권한으로 국민의 실천을 강요할 수 있다. 일단 정부가 개입한 다음 나머지는 긍정적 피드백에 맡기면 된다.

그러나 이러한 주장을 담은 헝가리 경제학자의 논문은 당시 주류 경제학계로부터 완전히 무시당했다. 그 무렵 경제학계는 나름대로 빅 푸시 작업을 막 시작하고 있었는데 그 분야는 형식화, 즉 경제의 수리 작업화였다. 그러나 에일린 영이 그보다 15년 전에 발표했던 〈수확체증과 경제 발전〉이 그랬듯 로젠슈타인-로댕의 빅 푸시 논문은 많은 사람의 관심을 끌었다.

그런데 이 논문 내용을 둘러싸고 산업 경제를 연구하던 신고전파 경제학자들과 후진국 경제 문제를 연구하던 다른 경제학자들 사이에 큰 분열이 생기고 말았다. 후진국 문제를 연구하던 경제학자들은 이 빅 푸시 모델이 후진국 경제가 발전할 수 있는 각종 투자 전략을 모아놓은 훌륭한 논문이라고 생각한 반면, 완전 경쟁과 수확 불변에 관한 수리경제학 중심으로 연구를 하던 신고전파 경제학자들은 다균형점으로 인한 저개발 함정 같은 것이 존재할 수 있다는 사실을 제대로 파악하지 못했다고 지적했다. 이로 인해 당시 주류 경제학자들은 교육이나 인프라 문제는 완전히 무시하고 투자 격차나 잉여노동 풀 파악에 관해 집중적인 연구를 했다. 그리고 이들은 자신들이 이미 확보한 도구를 중심으로 모델을 구축했다.

이러한 1987년의 상황은 과거와 크게 달랐다. 새롭게 개발된 로머 모델에 의해 레닌이 계획했던 긍정적 피드백 같은 것을 강조하는 메커니즘이 얼마든지 분석 가능해진 것이다. 그리하여 수확체증의 법칙은 갑자기 경제학자들의 관심권 안으로 들어오게 되었다.

삼총사의 연구 내용에 학계가 신뢰를 보낸 여러 가지 이유 중에는 슐레이퍼가 소련 출신 이민자라는 것도 크게 한몫했다. 결국 이 삼총사 교수들은 레닌의 빅 푸시 같은 프로그램이 이론상으로 얼마나 큰 성공을 거둘 수 있는지(어떻게 한 국가가 움막집을 짓는 농경 수준에서 짧은 시간 안에 산업 수준으로 옮겨갈 수 있는지)를 보여줄 수 있는 일련의 모델 개발에 나섰다. 이들은 정부가 얼마든지 이런 개입을 정당화시킬 수 있다고 주장했다. 스필오버 효과로 투자한 금액의 몇 배를 회수할 수 있기 때문이다.

사실 국가 개입은 허용해야 하는가 아닌가를 논할 대상이 아니다. 이것은 반드시 필요하다. 물론 삼총사는 정부만 이런 빅 푸시를 할 수 있다고 주장하지 않았다. 오히려 헨리 포드가 실천한 장기 구매 전략도 일종의 빅 푸시 전략이었다고 소개하고 있다. 1914년 헨리 포드는 공장 노동자들에게 당시로서는 파격적인 임금인 일당 5달러를 제공하기로 결정했고, 노동자들이 받은 연봉은 1,200달러나 되었다(공장 노동자에게 월급을 많이 주면 이들은 다른 노동자들이 만드는 구두, 빵, 막대사탕 등을 더 많이 구입할 수 있고, 그렇게 되면 자동차 공장 노동자들에게 상품을 공급하는 사람들도 하루에 5달러씩 돈을 벌게 된다. 그 결과 오래지 않아 모든 사람이 자동차를 구입할 수 있을 만큼 많은 돈을 벌게 되는데, 그렇게 시장이 넓어져 더 많은 자동차가 팔려 나가면 자동차의 생산 단가를 한 대당 300달러 이하로 떨어뜨릴 수 있다. 이것은 과거에는 분석이 불가능했던 전형적인 선순환 과정을 보여준다).

이 연구 내용은 정말 놀라운 것이었다. 사실 수확체증의 법칙은 오랫동안 문헌 경제학자가 연구하는 영역이라는 인식이 강했다. 그런데 새로운 수학적 도구의 출현으로 젊은 수리 경제학자들이 이 수확체증에 대해 연구할 수 있게 된 것이다.

삼총사가 쓴 논문 〈산업화와 빅 푸시〉는 1989년 〈저널 오브 폴리티컬 이코노미〉에 실렸고 이 논문은 대히트를 쳤다(앞서 설명했듯 이들이 활용한 모델을 제시했던 로머는 정작 자신의 모델을 버렸다). 사람들은 MIT의 크루그먼이나 신무역 이론 주창자와 달리 정부 개입에 늘 반대하는 입장을 취해온 시카고학파 경제학자들이 그런 내용의 논문을 썼다는 데 큰 충격을 받았다(로머가 스스로 깨달았듯 논리와 증거가 그것을 사용하는 사람들이 정해 놓은 범위를 뛰어넘는 일이 가끔 발생한다). 이들 삼총사가 제시한 방향은 확실했다. 그러자 점점 더 많은 젊은 경제학도가 수확체증을 중심으로 한 신경제학에 관심을 기울이기 시작했다.◆

◆ 로젠슈타인-로댕의 실패와 달리 큰 성공을 거둔 삼총사의 논문을 보고 크루그먼은 아프리카의 현대 지도에서 빠진 것이 많다는 내용을 입증하겠다는 결심을 하게 된다.

로머의 고민

이 무렵 로머는 또 다른 고민에 빠져들었다. 어떻게 하면 루커스와 자신의 견해를 차별화할 수 있을지 고민했던 것이다. 마셜 강연 전까지만 해도 로머는 자신이 학계에서 완전히 잊혀지게 되는 것은 아닌지 걱정했다. 1985년 당시 루커스의 논문은 학자들 손에서 손으로 돌아다니고 있던 반면, 로머의 수확체증에 관한 논문은 아직 〈JPE〉에서조차 받아들이지 않고 있었기 때문이다. 사실 그는 걱정할 필요가 없었다. 루커스는 공식적으로든 비공식적으로든 자신이 근거로 하는 모델이 로머의 것이라는 사실을 항상 밝혔던 것이다. 당시 로머의 논문에 대한 출판 여부를 두고 시카고대학 교수들 간에 의견이 분분했지만 헤크먼은 출판할 것을 주장했다.

이 고민이 사라지자 로머에게 다른 고민이 떠올랐다. 루커스가 로머의 지식 변수에 인적 자본이라는 다른 이름을 붙이는 바람에 로머가 추진하려는 연구에 차질이 생겼기 때문이다. 이때 로머는 마음을 바꿔 완전 경쟁에 대한 가정을 버리고 불완전 경쟁에 대한 새로운 모델을 추구했다. 이에 따라 〈로머86〉 논문에 자신의 연구 방향 변화를 암시("이것은 상품이지 기술적 외부성이 아니다"라는 문장으로)했지만 이것은 확실하게 부각되지 않았다. 문제는 로머가 소금물학파의 방법 쪽으로 연구 방향을 전환한 순간에 시카고의 민물학파가 로머에게 관심을 보이기 시작했다는 것이다. 그렇다면 루커스를 비롯한 다른 시카고 민물학파에게 이러한 변화를 어떻게 설명해야 한단 말인가?

비록 강의는 로체스터대학에서 하고 있었지만 로머는 시카고대학을 자주 방문했다. 당시 시카고대학 경제학과에서는 수확체증에 대한 열기가 부글부글 끓고 있었다. 아니, 온통 그 얘기뿐이었다. 이 주제에 대한 프레임워크를 제시한 사람은 물론 루커스였다. 그는 다음과 같이 말했다.

"우리가 알고 있는 것은 대부분 다른 사람에게 배운 것이다. 물론 우리는 그런 것을 가르쳐준 사람 중 일부에게 교육비를 제공한다. 그러나 그들과 함께 어울리면 비용을 직·간접적으로 낮출 수 있다. 대부분의 경우, 우리는 무료로 배우는데 이러한 배움은 상호적인 성격을 띤다. 이런 상호 학습에는 학생과 교수의 구분이 없다."

이러한 루커스의 주장에 이제 로머가 답을 해야 할 차례가 되었다. '교수님은 우리가 그것을 무료로 얻고 있다는 생각을 하고 있단 말이지?' 특정 학과에서 일어나는 가장 중요한 상호반응(점심식사, 사무실 대화, 협동 연구, 추천 등)을 우리는 '관계'라고 부르는데 이것은 일종의 비공식적 거래라고 볼 수 있다. 워크숍이나 수업 시간의 토론, 그리고 일반적인 점심식사 테이블에서 이루어지는 대화가 수많은 스필오버를 유발하는 것은 사실이다. 물론 이러한 상호 교류는 무료로 이루어진다. 그렇다면 개인적으로 점심식사 때 별도로 만나는 경우 얼마나 더 얻을 수 있을까?

실제로 학과에서(그리고 세상에서) 스필오버가 이루어지는 것을 자세히 관찰해보면, 스필오버는 자신이 거래할 상대를 선택함으로써 이루어진다는 것을 알 수 있다. 로머는 "독점적 경쟁에 따라 설명하자면 아무 상관도 없는 사람과 교류하는 것보다 더 적합한 시스템 방식에 의해 스필오버가 이루어진다"라고 주장했다. 교수나 학생은 구직 시장에서 자신이 특별한 무언가를 더 갖고 있다고 주장하기 위해 차별화를 추구한다. 특별 조건을 갖추고 있어야 더 좋은 조건으로 거래할 수 있기 때문이다.

자신이 쓴 연구 논문이 인정을 받고 많이 읽혀 다른 사람으로부터 연구 협력 제안이 들어오도록 하려면 그 연구에 개성과 첨단 지식이 들어가야 한다. 심지어 아주 단순한 선의도 일종의 거래 역할을 하기도 한다. 아직 정해지지 않은 미래를 고려해 일종의 거래로 선의를 베푸는 것이다.

톰 울프|Tom Wolf는 자신의 소설 《허영의 불꽃|The Bonfire of the Vanities》에서 선의 은행|favor bank(좋은 서평에서부터 결혼 선물, 인심을 쓰면서 봐주는 것에 이르기까지 다양한 형태)을 묘사하고 있다. 그는 이러한 선의적 행동에 대해 "이것은 좋지 않은 일을 대비해 들어 놓는 일종의 보험 같은 것이다"라고 설명했다. 그런데 루커스는 로머가 주장한 것처럼 인간 사이에 구현되는 모든 관계를 거래로 보는 것은 너무 상업적이라고 생각했던 것 같다. 그는 언젠가 이렇게 말했다.

"우리 집에서는 효용 같은 단어는 사용하지 않는다. 나는 개인적인 결정을 내릴 때 경제학 용어를 사용하는 것이 도움이 안 된다고 생각한다. 물론 나는 집에서는 경제학 원칙도 사용하지 않는다. 집에서는 그저 가족간의 신의를 지키며 마음을 나누려고 노력할 뿐이다."

학과에서 이뤄지는 관계도 가정과 크게 다르지 않다. 루커스는 이렇게 적고 있다.

"학과 동료로부터 배울 수 있는 것이 있다면 아무리 바빠도 시간을 쪼개 보다 많이 배우고자 노력하는 것이 당연하다. 나는 나머지 시간은 동료 관계를 유지하고 싶지만 그럴 수 없는 사람으로부터 배우기 위해 여행하는 데 사용한다."

이러한 종류의 효과(그는 이것이 거래에 있어 외부적 성격을 띤다고 주장했다)는 예술계나 과학계 특히 창의성과 관련된 직업 분야에서 보편화된 것이라고 설명했다. 지식은 기본적으로 무료로 축적될 수 있으며 특히 교육 받은 사람을 중심으로 집중적으로 축적된다.

로머는 루커스가 가족간의 선의적 행동을 주장한 내용이 전반적으로 자신이 추구하려는 것과 같다는 것을 알았지만 이 주장을 강력하게 내세우지 않았다. 그러는 사이 루커스는 중요한 다른 시리즈 강연에 돌입했고, 이번 강의는 노스웨스턴대학에서 1987년 봄에 진행되었다. 그 강연에서 루커스는 자신의 입장을 확실히 방어하려는 신호를 보냈다. 더 이상 파고들 여지없이 인적 자본의 스필오버만으로 충분하다는 주장을 했던 것이다.

1986년 여름 내내 로머는 에일린 영이 1928년에 설명한 것과 같은 특화 및 차별화 모델 연구(제인 제이콥스가 40년 전에 설명한 '한 종류의 연구가 다른 종류의 연구를 이끄는 연구')에 나섰다. 사람들을 도시로 빨아들이는 힘은 과연 스필오버일까? 아니면 특화의 기회일까? 그것도 아니면 둘 다일까? 로머는 경제 성장이 성장 유발을 위한 신상품 출현에만 의존한다는 내용을 담은 모델을 개발해 자신의 문제를 루커스의 문제와 분리시키려 했다.

그는 동일한 연구를 위해 윌프레드 에시어의 생산함수, 케네스

저드^{|Kenneth Judd}의 특허에 관한 연구 내용을 인용했다. 그런데 갑자기 로머의 연구 스케줄에 차질이 빚어지고 말았다. 4년간 주정부 재무장관으로 일했던 로머의 아버지가 콜로라도 주지사 경선에 나서게 된 것이다. 이때 로머는 연구를 미루고 아버지 선거 운동을 도왔다.

두 개의 신모델

1986년 12월 마침내 로머는 자신의 신모델을 두 개의 버전으로 완성해 발표했다. 첫 번째 버전은 로체스터대학 경제학과 연구 논문의 일환으로 발표되었는데, 이것은 에일린 영의 연구 내용과 관련이 있으며 그동안 수확체증에 관해 이루어진 연구 내용을 한 차원 높이려는 시도를 했다고 밝히고 있다. 두 번째 버전은 모델의 요약으로 그는 그해 12월 뉴올리언스에서 개최되는 학술회의에서 로버트 루커스, 에드워드 프레스콧과 함께 발표하기 위해 이것을 준비했다. 로머가 발표한 이 논문들은 〈프로시딩스^{|Proceedings}〉에 실렸고, 결국 로머는 복잡한 심사 과정을 거치지 않고 독점적 경쟁 진영에 공식적으로 합류했다.

그로부터 다섯 달 뒤 로머의 논문 〈특화로 인한 수확체증에 근거를 둔 성장^{|Growth Based on Increasing Return Due to Specialization}〉이 〈AER〉 1987년 5월호에 실렸는데, 사실 이것은 그다지 사람들의 주목을 받지 못했다. 그리고 이 논문에는 수학적인 내용은 거의 들어가지 않았다. 수학공식이 거의 들어가지 않아야 한다는 공식적인 지시사항이

있었기 때문이다. 이때 로머는 과거에 발표했던 논문 내용과 연결 지으려는 시도를 하지 않았다. 후에 로머는 "나는 그 논문이 사람들에게 큰 영향을 미쳤을 것이라고 생각하지 않는다"라고 솔직히 인정했다. 그 무렵 사람들의 관심을 이끌어낼 만한 발표를 한 인물은 로머가 아닌 다른 사람이었다.

뉴올리언스 학술회의와 비슷한 시기에 진 그로스맨|Gene Grossman 이라는 젊은 프린스턴대학 교수가 엘하난 헬프먼을 만나러 텔아비브를 방문했다. 사실 그로스맨은 1982년에 헬프먼을 만나려고 했지만 레바논 위기로 헬프먼이 군에 불려가는 바람에 그 계획을 취소했다. 그러다가 마침내 1986년 겨울 그로스맨은 텔아비브를 방문하게 되었는데, 이것은 적절한 시기에 이루어진 일이었다.

그 세대의 다른 무역 경제학자들이 그렇듯 그로스맨은 일찍이 두각을 나타낸 폴 크루그먼의 그늘에 가려 있었다. 그는 크루그먼이 MIT 학부를 졸업하던 해에 예일대학에 입학했다. 그리고 크루그먼이 먼저 선택한 국제경제학을 공부했는데 그는 전략적 교역에 대한 논문으로 좋은 평가를 받기도 했다. 사실 그로스맨은 들어가기 힘들다고 소문난 브롱크스 과학 고등학교 출신이다. 더욱이 그는 침착성과 자신감을 모두 겸비하고 있는 인물로 알려져 있었다. 결국 그는 5년 후에 공부를 마치고 나이 스물아홉에 프린스턴에서 종신교수직을 부여받았다. 그의 아내는 MIT에서 경제학을 공부한 진 볼드윈|Jean Baldwin이며 장인 및 처남 모두 경제학자였다.

그로스맨이 헬프먼을 방문했을 무렵, 헬프먼과 크루그먼의 파트너십은 거의 끝나가고 있었다. 헬프먼과 크루그먼이 공저로 발간한 《무역 정책 및 시장 구조|Trade Policy and Market Structure》는 첫 번째 책에

비해 큰 성공을 거두지 못했다. 이유가 무엇인지는 몰라도 크루그먼은 이제 헬프먼과의 협력을 끝낼 준비를 하고 있었다. 그 시점에서 그로스맨이 헬프먼에게 리카도 모델을 기술적인 면에서 조명해 보고 싶다고 하자, 헬프먼은 이를 크게 반기며 참고자료를 잔뜩 적어 주었다.

1987년 초, 그로스맨은 상기된 표정으로 다시 프린스턴대학으로 돌아왔다. 애비나시 딕시트는 그 상황을 이렇게 설명하고 있다.

> "나는 그가 자신의 이름을 날리게 해줄 문제를 드디어 찾아냈다는 사실을 알아차렸다."

19

미친 설명에 관하여
Crazy Explanations

.
.
.

우리는 모두 교수님의 이론이 미쳤다고 생각합니다.
하지만 그것이 옳다고 볼 수 있을 만큼 완전하게 미쳤다고는 생각하지 않습니다.

.
.
.

이상한 논문

힘든 과정을 거쳐 출판된 스필오버를 통한 성장에 관한 논문 〈로머86〉은 극소수의 수리 경제학자를 제외하고 대부분의 경제학자에게 무시를 당했다. 이때 로머는 방향 전환을 결심하고 스필오버 대신 특화에 중점을 둔 논문을 발표했는데, 1987년에 발표한 그 논문은 로머의 미래를 더욱 어둡게 만들었다.

사실 로체스터대학에 자리 잡은 한 젊은 경제학자가 모델 구축에서 마음을 바꾸었든 바꾸지 않았든 누가 관심이나 갖겠는가? 물론 루커스가 로머 모델을 마셜 강연에 인용함으로써 로머가 좀더 많은 경제학자에게 알려진 것은 사실이다. 새롭게 얻은 이 명성 덕분에 로머는 1987년 매사추세츠 케임브리지에서 이틀 동안 개최될 국가경제연구소 주관 거시경제학 학술회의에서 논문을 발표해달라는 초청을 받았다.

국가경제연구소는 산업 민주주의 국가의 정책 중심 경제학의 중추적인 역할을 하면서 미국과 전 세계 대학에서 젊고 총명한 연구 인재들을 끌어 모으려 노력하고 있었다. 그리고 학술회의는 새로운 연구 분야 중에서도 가장 두드러진 연구를 소개할 목적으로 개최되었다. 그때 콜로라도에서는 로머의 아버지가 주지사로 당선되었고, 로머는 아버지의 명성에 흠집이 가지 않도록 각별히 신경을 쓰고 있었다.

당시 언론에서는 굵직굵직한 문제를 집중적으로 보도하고 있었다. 레이건 혁명으로 불리는 경제 정책으로 발생한 심각한 문제들, 즉 높은 실업률, 요동치는 환율, 막대한 예산 적자 그리고 남북관계에 대해 크게 떠들고 있었던 것이다. 그중에서 1987년 들어 가장 심각하게 제기된 문제는 미국의 생산성 하락이었다. 왜 누군가가 이것을 연구해 방향 제시를 해주지 않는 것인가? 세상이 어떤 고민을 하든 로머가 지속적으로 강조한 것은 '기술 변화는 뭐니 뭐니 해도 경제적인 현상'이라는 것이었다. 이번 발표에서 로머는 솔로 모델에 근거를 둔 성장 중심 전통 모델보다 이 질문에 대한 구체적인 해답을 제시해야겠다는 생각을 했다.

특히 청중이 자신의 발표에 더욱 관심을 보이도록 하기 위해 로머는 보이지 않는 손과 핀 공장이라는 상징적 이론 세계는 잠시 제쳐두기로 했다. 대신 계량경제학적으로 구축한 프레임워크에 새로운 데이터를 첨가해 솔로와 차별화를 시도했다. 그는 자신의 논문에 〈생산성 하락에 대한 미친 설명|Crazy Explanations for the Productivity Slowdown〉이라는 제목을 붙였다. 로머는 국가간의 성장률에 차이를 보이는 수렴 문제에 대해 집중적으로 논할 결심이었다. 그런데 불행하게도 혹시 특별한 게 있을까 하고 찾아온 젊은 세대 중 상당수가 제목만 보고 회의장을 나가버렸다.

차별화의 늪에 빠진 로머

사실 로머가 논문 제목을 이상하게 붙인 이유는 그의 접근 방식이 기존 방식과 다르다는 것을 강조하기 위해서였다. 더욱이 물리학자에 가까워진 그가 물리학자 특유의 냉정한 시선으로 상황을 평가해보자는 의미도 담겨 있었다. 로머는 생산성 하락에 대해 동원할 수 있는 생각은 모두 동원했고 해볼 수 있는 시도는 다 해봤다고 생각했다.

그렇다면 내부가 아닌 바깥쪽에서 해결책을 찾아보는 것은 어떨까? 어느 유명한 강연에서 볼프강 파울리 |Wolfgang Pauli 는 단 하나의 방정식으로 분자물리학에서 발생하는 모든 문제를 해결하려는 시도를 한 적이 있다. 파울리가 그런 내용을 담은 강연을 끝마치자 그 자리에 있던 덴마크의 위대한 물리학자 닐스 보어는 점잖게 말했다고 한다.

"교수님, 우리는 모두 교수님의 이론이 미쳤다고 생각합니다. 하지만 그것이 옳다고 볼 수 있을 만큼 완전하게 미쳤다고는 생각하지 않습니다."

그렇다면 1987년에 로머가 발표한 논문은 경제학자들이 옳다고 생각할 만큼 완벽하게 미친 이론이었을까? 로머는 솔로 모델을 기초로 한 성장 설명 프레임워크는 가장 흥미로운 가능성을 배제한다는 사실을 보여주고자 했다. 또한 그는 생산성 하락은 전후 베이비붐으로 인한 인력 증가로 야기된 것일 수 있다고 주장했다. 이 베이비붐 세대가 자본 투자를 줄인 결과 기술 변화 속도가 따라서 약화되었다는 것이다.

과거의 경우 일할 수 있는 사람의 숫자가 지금보다 상대적으로 적어 기업은 인력을 대체할 수 있는 새로운 기계를 발명했고, 그러다 보니 생산성 강화를 위한 투자가 증가하게 되었다는 것이 로머의 설명이었다.

인구와 신발명 비율 간에 연관이 있을 것이라는 주장은 새로운 것이 아니었다. 로머가 지적했듯 19세기에 미국과 영국의 생산성에 큰 차이가 나타난 이유는 노동력 부족 현상과 관련이 있다는 것은 누구나 인정하는 사실이었다. 영토가 넓어 농사지을 땅이 많았던 미국의 경우, 상대적으로 영토가 좁았던 영국에 비해 임금이 높아지는 현상이 발생했다. 이로 인해 미국에서는 인력 절약 효과를 낼 수 있는 발명품에 대한 수요가 더 높아지게 되었다.

유엔에서 근무하는 이스터 보스럽│Ester Boserup이라는 덴마크 경제학자는 1965년과 1981년에 각각 맬서스를 염두에 두고 책을 발표했는데, 이 저서에서 그는 인구 부족 현상이 기술 발전을 부추기는 힘이 된다고 주장했다. 로머는 공공 분야뿐 아니라 민간 분야에서도 각종 선택의 가능성(교육 정책에서부터 무역 체제, 지적재산권 제도에 이르기까지)이 국가 성장률에 큰 영향을 미친다는 사실을 보여주고자 했다.

그러나 외생적 성장 모델 프레임으로는 노동 잉여가 기술 변화에 미치는 영향을 설명할 방법이 없었다. 인구 증가율이나 자본 축적률에 어떤 변화가 일어나든(물론 이것은 원한다면 별도로 연구해볼 수 있지만) 신기술 증가율에는 전혀 영향을 미치지 않는다는 결과가 나왔는데, 그 이유는 이 모델이 모델 밖에 있는 힘에 의해 결정되는 외생적 성향을 띠고 있었기 때문이다. 그 힘은 라디오 방송이 울려 퍼지듯 해가 가면 갈수록 전국의 각 대학에서 계속 쏟아져 나오게 되어 있었다. 그런데 생산성은 그 어떤 요소보다 신기술의 영향을 크게 받기 때문에, 실제로 자본이 얼마나 빨리 축적되는지는 생산 결과에 큰 영향을 미치지 않는다.

항상 그렇듯 로머는 자신의 주장을 입증하기 위해 사례를 들었는데, 이번에는 말굽에 관한 것이었다. 말굽 분야는 새로운 아이디어에 대한 데이터를 구하기가 비교적 쉬운 분야였다. 로머는 특허에 관한 연구를 검토해본 결과 경제학자 제이콥 슈무클러|Jacob Schmookler가 말굽에 대한 기술 향상이 절정에 이른 시기는 1900년이었고, 이 현상은 자동차가 도로를 점령하기 시작하던 1920년까지 계속되었다는 사실을 입증했음을 알게 되었다고 설명했다.

그렇다면 20세기 들어 왜 말굽에 관한 특허가 갑자기 증가했던 것일까? 그는 아마도 그것은 시장 규모 확장과 관련이 있을 것이라고 말했다. 말의 숫자가 증가하자 말굽을 더욱 섬세하고 편리하게 다듬을 필요가 생겨났고, 그 결과 수많은 발명가가 말굽 기술 개선을 위해 노력했다는 것이다. 그밖에 갑자기 창조적 노력이 증가된 우연한 사건이나 외생적인 요인은 존재하지 않았던 것 같다.

말굽은 서기 2세기에 로마인이 발명했다. 로머는 "강력한 수요가 있었기에 그처럼 1700년이나 별다른 개선점 없이 사용되어 온 기술을 향상시키려는 노력이 갑자기 이루어진 것이다. 그 점에서 증기-전기 발전이나 화학 공정에서 더 이상 기술 향상의 여지가 없다는 주장을 나는 믿을 수가 없다"라고 쓰고 있다.

문제는 이 말굽에 관한 이야기가 국가경제연구소 청중에게 별로 설득력 있게 들리지 않았다는 것이다. 로머에게는 설명을 위한 모델이 필요했다. 그는 자신의 모델 두 개(1986년 스필오버에 근거를 둔 버전과 1987년 특화에 근거를 둔 새로운 버전)와 솔로 모델(기술은 외생적이라고 주장한)을 채택했다. 하지만 그는 모델을 현대화된 기준에 의거해 제시하고자 했으며, 루커스의 〈경제 발전의 역학 구조에 대하여〉의 사례를 따르고자 했다. 그러려면 데이터가 필요했다. 그런데 슈무클러나 프리츠 매클럽|Fritz Machlup(프린스턴대학 경제학자로 포드 재단을 위해 거대한 역사적 연구를 단행했던), 그리고 그러한 계량 수치가 앞으로 유용하다는 것을 입증하려 노력한 몇몇 사람을 제외하고는 실질적으로 지식 생산에 관한 데이터를 수집한 사람은 전혀 없었다.

결국 로머는 시간 트릭|timehonored tric에 의존하기로 했다. 그는 어느 특정 지역에서 새로운 지식이 시스템을 더 빨리 몰고 간다는 것을 보여줄 수 있기를 바라며 자본 투자율과 지식 성장률을 동일하게 놓았다. 어쨌든 대부분의 새로운 기계는 구식 기계보다 비교할 수 없을 정도로 성능이 향상된 것이 사실이었다.

어쩌면 기술 발전은 새로운 자본 투자에 근거를 두고 있을 수도 있으며, 자본을 시간에 따라 나눠 구분할 수 있다면 기술 발전도 따로 떼어 확인할 수 있을지도 모른다. 이것은 체화 가설|embodiment hypothesis이라는 것으로 솔로가 1959년 〈투자와 기술 발전〉이라는 논문에서 소개한 뒤 한참 후에 사람들의 관심을 끌었던 가설이다.

그동안 모든 연구는 자본에만 초점을 맞춰 이루어졌다. 이에 따라 솔로가 그 가설을 발표한 지 거의 25년이 지났음에도 로머는

"어떤 국제 기구도 지식의 현지 생산 및 지식의 내적 흐름에 대한 데이터 시리즈를 발표한 적이 없다. 회귀 분석을 원한다면 물리적 자본에 대한 투자를 하나의 변수로 활용할 수 있다. 물론 나도 그랬다"라고 지적했다.

당시 로머는 서른두 살이라는 혈기 넘치는 나이로 자신의 새로운 이론을 테스트하기 위해 당시까지 거의 알려지지 않은 새로운 데이터를 활용하기로 결심했다. 그때만 해도 펜 월드 도표|Penn World Table라는 데이터는 거의 알려지지 않은 것이나 마찬가지였고, 물가의 국제 비교 기준으로서의 의미도 제대로 알려지지 않고 있었다. 사이먼 쿠즈네츠가 펜실베이니아 교수로 재직하고 있을 때 국민계정으로 알려진 국제회계방식을 개발하기 위해 1930년대에 시작한 방식이 폭넓게 인정받고 있었기 때문이다. 그는 그 업적과 다른 연구 업적으로 1971년에 노벨 경제학상을 수상했다.

최초 국민계정 준비 작업을 도왔던 리처드 스톤|Richard Stone도 1984년 노벨상 수상의 영광을 차지했다. 사실 쿠즈네츠가 개발한 이 계정 방식은 특정 국가의 경제 상황이 시간이 흐르면서 어떻게 변화되었는지를 측정하기에 아주 이상적이었다. 문제는 이 계정으로는 국가간의 변화 상황을 비교 측정하는 것이 불가능하다는 것이다. 이 나라와 저 나라의 물가 수준이 서로 달라 정확한 경제 발전 수치를 측정하는 것이 불가능했기 때문이다. 마찬가지로 전 세계 모든 국가의 과거 물가 동향에 관한 데이터를 직접 수집하는 것도 거의 불가능했다.

이에 따라 국가간 부나 생산성을 비교하는 가장 흔한 방법으로 환율에 의존하는 방식이 많이 사용되어 왔다. 경제학자들은 미국이 생산하는 모든 것을 미국 달러 기준으로 계산했고, 일본의 경우 생산한 모든 것을 계산해 그것을 각 나라 인구수로 나누었다. 그런 다음 현재 환율에 근거해 양국 부와 생산성 수준을 비교하는 방식을 사용했다. 문제는 환율이 너무 자주 변한다는 것이었다. 환율은 주가만큼이나 변동폭이 커서 어느 순간의 환율에 의거해 계산을 하는 것은 사실 양국간의 물가 현실을 있는 그대로 반영하지 못했다.

이러한 문제를 감안해 차선책으로 채택된 것이 해마다 서로 다른 국가에서 특정 상품을 선정한 다음 통화별 구매력을 비교해보는 방법이었다. 그러나 PPP라는 구매력평가지수|purchasing power parity 는 시간도 오래 걸리고 자료 수집에 많은 비용이 드는 문제점이 있었다. 〈이코노미스트〉지는 비교 대상 상품을 빅맥 햄버거로 정해 지역에 따라 빅맥이 얼마인지를 조사해 각국 생활비 수준을 평가하곤 한다. 그러나 정확한 비교를 하기 위해서는 제대로 선정한 상품들을 중심으로 한 상세한 물가 조사가 필요하다.

국제 물가를 비교하려는 최초의 체계적인 시도는 1960년대 유엔에 의해 이루어졌다. 이 시도는 포드재단의 후원으로 펜실베이니아대학 어빙 크레비스|Irving Kravis 주관 아래 이루어진 것이다. 사실 이것은 유엔 산하 기구인 세계은행|World Bank이 경제학자들을 정식으로 고용해 앞으로 이 일을 계속 해주기를 바라는 마음에서 시도한 일인데, 세계은행은 그 제안을 거절했다. 결국 펜실베이니아대학의 교수로 재직 중이던 알랜 헤스턴|Alan Heston과 로버트 서머스|Robert Summers가 자비를 털어 계속 물가의 비교 정보를 수집하는 시도를 했다. 그들은 데이터가 얼마나 유용한지를 깨닫게 되면 세계은행이 거절했던 프로젝트를 다시 받아들일지도 모른다는 기대를 했다.

그러던 중 폴 새뮤얼슨의 동생 로버트 서머스는 아들 래리 서머스가 하버드에서 강의하고 있을 즈음, 이 프로젝트가 수용되도록 영향력을 행사했다. 그렇게 하여 1986년 처음으로 펜 월드 도표가 탄생했는데, 이 도표에는 국제 물가로 환산된 115개 국가의 국민소득 계정에서 나온 수많은 거시적 변수가 담겨 있다. 그 내용을 담은 플로피디스켓은 〈쿼털리 저널 오브 이코노믹스〉로 넘겨졌고, 이것은 실증 경제학|empirical economics에 관한 새로운 역사의 시작을 알리는 최초의 데이터라고 할 수 있다.

로머가 장기 성장률을 비교하기 위해 사용한 데이터가 바로 이 것이었다. 이 데이터는 과거에 제시되어 최고로 인정받던 데이터에 비해 수준이 엄청나게 향상되어 있었다.

이와 더불어 로머는 세 가지 성장 모델을 제시했는데, 두 가지는 그의 수확체증 이야기를 담은 버전(스필오버와 특화)이고 나머지 하나는 수확체감 이야기를 담은 솔로 모델이었다. 솔로 모델이 예견한 것과 반대로 저소득, 저자본 국가의 경우 루커스가 그로부터 15개월 전에 지적했듯 모두 뒤처져 그 자리에서 꼼짝 못하고 있었다. 그런데 그때까지만 해도 수렴 현상이 발생하지 않았다는 사실이 솔로 모델에서 심각한 문제로 여겨지지 않고 있었다.

그런 다음 로머는 성장에 관한 상세한 설명으로 들어갔다. 국가경제연구소에서 발표한 로머의 논문에 대해 브루킹스연구소의 마틴 닐 베일리|Martin Neil Baily는 다음과 같이 평했다.

"나는 정통성이 강한 이론에 반대하는 이 이론이 얼마나 큰 주목을 받을지 솔직히 잘 모르겠다. 만약 1956년으로 돌아가 로버트 솔로에게 그의 이론이 미국, 유럽, 일본의 경우에는 잘 맞는데 스와질란드에는 맞지 않는다는 이야기를 해주었다면 솔로는 상당히 기뻐했을 것이다."

중요한 사실은 솔로 모델의 모든 버전이 정부 정책으로 성장률에 영향을 미치칠 여지는 물론 전통적인 생산요소인 자본과 노동으로 그것을 설명할 수 있는 여지가 거의 없거나 아예 없다는 것이었다. 솔로에 따르면 기술 발전은 경제 성장의 유일한 엔진으로 그것은 모델 안이 아닌 밖에 존재하는 힘이었다.

전에 한 가지 모델만 가지고 설명하던 것을 두 가지 성장 모델로 설명하자 사람들은 혼란스러워했다. 더욱이 로머가 문제가 있다고 지적한 솔로는 그해 가을 노벨 경제학상을 받게 되어 있었다. 여기에다 로머가 제시한 주장에 문제가 또 있었다. 그는 고임금이 혁신과 발명의 동기가 되고 이것이 지식의 스필오버로 이어진다는 주장을 했는데, 만일 그렇다면 유럽 쪽 국가의 생각이 옳을지도 모른다는 것이었다. 유럽 국가의 경우 근무 시간을 줄이고 그 결과로 임금 상승 효과가 발생하는 가운데 고실업률을 참고 있다 보면, 투자와 혁신이 이루어질 것이라고 기대하고 있었던 것이다. 유럽이 추진하고 있는 이 과정이 소비가 아닌 지식의 스필오버 과정을 유발한다면 미국도 유럽에서 이 방법을 배워 와야 할 것이 아닌가? 로머는 "우리는 견딜 수 있는 한 무역 적자폭이 깊어지도록 내버려두어야 한다"라고 적고 있다.

불행하게도 로머의 이러한 주장은 뒷북을 치는 듯한 느낌을 주었다. 이제까지 지식이 중요하다고 수년간 주장해온 사람이 바로 로머 아니던가? 그런데 그가 갑자기 투자가 마치 새로운 아이디어나 되는 양 투자 예찬자로 돌아섰다면 그 변화를 어떻게 이해할 수 있겠는가?

신지식은 중요한 것이고 이것은 투자를 위한 투자를 통해서는 얻을 수 없다는 중요한 가정은 놓치기 쉬운 내용이었다. 더 급속한 자본 축적이 더욱 급속한 성장을 유발한다고? 그렇다면 이 주장이 투자를 위해 세금 감면 혜택을 주어야 한다는 주장과 다를 것이 무엇이 있는가? 사실 기업을 위해 로비활동을 하는 사람들은 아주 오래 전부터 이러한 주장을 해오고 있었다.

로머의 주장은 큰 감동을 주기보다 서른두 살의 경제학자가 자신의 활동 영역을 좀더 넓히는 역할밖에 하지 못했다. 사실 로머의 발표를 듣기 전에 청중은 소문만 듣고 로머에게 큰 기대를 하고 있었다. 그들은 미국 최고 대학에 재학 중인 경제학자들이었지만 솔직히 루커스의 마셜 강연을 한 번도 들어본 적이 없는 사람이 많았고, 대부분 루커스가 쓴 논문을 읽어본 적도 없었다(루커스의 강연 내용은 그 다음 해가 되어서야 출판이 된다).

더욱이 청중석에 앉아 있던 그 경제학자들은 로머가 방향 전환을 시도하고 있다는 사실에 대해서도 까맣게 모르고 있었다. 다시 말해 로머가 원래 스필오버 모델을 개발했다가 새롭게 특화 모델로 방향 전환을 했으며, 이 특화 모델은 12월 학술회의에서 발표되었지만 아직 출판되지 않았다는 사실을 거의 모르고 있었던 것이다. 이에 따라 로머가 처음에 선택했던 방향으로 연구 내용을 발표할 것이라고 기대하고 있던 사람들은 그가 오히려 하향길을 걷고 있는 일종의 계량경제학을 선택했다는 것을 도저히 이해할 수가 없었다.

결과적으로 로머가 전달하려 했던 메시지, 즉 기술 변화에 대한 인센티브 부여가 가장 중요하다는 것은 사람들의 실망 속에 묻히고 말았다. 〈미친 설명〉은 바깥사람들에게(심지어 내부 사람들에게도) 로머가 그동안 연구해온 모든 것을 포기한다는 것으로 보였다. 이에 따라 본래 수렴을 주장하려던 로머의 의도와 달리 사람들은 수렴에 관심을 보이지 않았고 그나마 참신하다는 의미에서 데이터를 활용했다는 점에만 큰 관심을 보였다.

배로와 로머의 우정

하지만 경제학계의 떠오르는 세대 중 가장 뛰어난 인재라는 평가를 받고 있던 마흔세 살의 로버트 배로|Robert Barro는 '펜 월드 도표|Penn World Table'의 출현에서 큰 가능성을 읽었다. 성격이 까다로운 그는 칼텍에서 학부를 다닐 때는 물리학자가 될 생각이었지만, 마음을 바꿔 1969년 하버드에서 경제학 박사학위를 취득했다. 그 즈음 그는 구식이면서도 높은 수학 실력을 지닌 케인스학파 성향을 띠고 있었다.

그런데 브라운대학에서 조교수로 근무하게 되면서 배로는 민물학파 스타일의 거시경제학 쪽으로 방향을 바꿨다. 사실 그에게는 물리학적 배경이 있었던 터라 새로운 수학이나 합리적 기대 가설 같은 것은 전혀 어렵지 않았다. 그는 시카고로 옮겨가 그 유명한 1974년 논문(〈정부 채권이 순수한 부의 창출의 근원이 될 수 있을까?|Are Governments Bonds Net Wealth?〉)에서 "적자는 그리 큰 경제적 효과를 유발하지 못한다. 그 이유는 미래를 예측할 수 있는 사람은 미래에 조세

부담 조치가 있을 것을 예측하고 현재 소비를 줄이기 때문이다"라고 주장했다. 이 주장에는 〈차입과 조세에 대한 리카도식 등가 원칙 | Ricardian equivalence of borrowing and taxing〉이라는 이름이 붙여졌는데, 이는 데이비드 리카도가 사람들이 이처럼 논리적인 사고로 예측하며 행동할 것이라고 주장했던 최초의 경제학자였기 때문이다.

사람들에게는 장래를 예측하는 약아빠진 구석이 있다는 이러한 주장은 소비자들이 미래 변화를 완벽하게 예측하지 못한다는 가설을 내세우고 있던 케인스학파 경제학자의 분노를 유발했다. 그러나 이 주장 덕분에 배로는 1982년 시카고대학 정교수로 채용되는 것은 물론, 밀턴 프리드먼의 대를 이어 자유 시장 경제학을 지켜줄 인물로 평가받게 되었다.

그런데 그로부터 2년 후, 시카고대학 경제학과가 마흔 살 미만의 경제학자 중 가장 뛰어난 인물에게 2년에 한 번씩 수여하는 클락 메달 | Clark Medal 수상자로 제임스 헤크먼을 밀자, 배로는 시카고대학 교수직에서 사임하고 로체스터대학으로 돌아갔다. 전에 로머는 배로가 로체스터를 막 떠나기 전에 로체스터에 도착한 덕분에 이들은 잠깐 동안 알고 지냈었다. 그러다가 배로가 다시 로체스터로 돌아오고 나서 친해졌는데, 이들의 관계는 배로가 1986년 하버드로 가서 1987년 결국 하버드대학 교수가 될 때까지 2년 정도 지속되었다.

이들은 나이 차이가 10년이 더 났지만 마음이 잘 맞았다. 특히 성장에 관한 새로운 연구가 얼마나 중요한지 배로보다 더 잘 알고 있는 사람은 없었다. 로머의 〈미친 설명〉 발표 후, 배로와 그의 연구조교 자비에 살라-이-마르틴 | Xavier Sala-i-Martin 은 수렴 이론을 대체할 수 있는 다른 가정, 즉 그들이 조건부 수렴 | conditional convergence 이

라고 부르는 것을 개발해냈다. 이 가정은 왜 어떤 국가는 성장을 따라잡고 또 어떤 국가는 따라잡지 못하는지를 설명하기 위해 고안된 것이었다.

빈국이 지적재산권 제도를 유지해 시장이 제대로 작동되도록 허용한다면, 그 결과로 인적 자본이 어느 정도 축적될 수 있다면 이 빈국은 산업 국가 수준에 다가갈 수 있다(아시아 신흥개도국이 이것을 보여주는 가장 좋은 사례이다). 반면 기본적인 제도를 정립하지 못한 국가의 경우에는 결국 뒤처지게 된다. 펜 월드 도표에 나와 있는 115개 국가의 성장률 차이를 보면 단순히 몇 개의 변수가 이 차이를 좌우하는 것 같다.

문제는 조건부 수렴을 위해 채택된 정책이 무엇인지를 파악하는 고차원적 통계 분석, 즉 국가간 횡단면 회귀 분석│cross-country regressions 에서 권고한 사항을 수용하기 위해서는 성장 강화라는 명목 아래 국가 개입이 불가피해진다는 것이었다. 이에 따라 이들은 헤스턴-서머스 데이터로 모델을 만들어 유치산업 보호, 강력한 노동조합, 주택 보조, 평등을 위한 대규모 이전 지출 등 경제 성장률에 긍정적 영향을 미치는 정책이 실시된 후 실제 성장률이 어떻게 되었는지를 실험했다. 몇 년 후, 로머는 〈미친 설명〉에서 시도한 접근 방법은 다른 어떤 모델에 즉시 연결하기만 하면 되는 일종의 모듈이 되었다고 회고했다.

"아주 간단한 방법으로 생각하면 되었다. '만일 정부가 소득 불평등 문제를 해결하려고 하면 어떻게 해야 하지?' 이 질문을 던지고 나서 간단한 시스템을 정립한 이후 이렇게 결론지으면 되었다. '좋아,

이렇게 하면 성장률을 따라잡을 수 있단 말이지?' 수학적으로 볼 때 솔로 모델로는 이렇게 할 수 없었다. 솔로 모델로는 성장률을 바꿀 방법이 없었기 때문이다. 하지만 나는 어디에나 연결할 수 있는 이 모듈을 제공했을 뿐, 그것을 가지고 테스트를 하는 것은 어디까지나 사람들의 몫이었다."

배로와 로머는 국가경제연구소 주관 아래 성장에 관한 워크숍을 운영하기로 동의했다. 이들은 1987년 가을 베일 스키장에서 실험적으로 경제학자들을 초대해 학술회의를 열기로 결정했다. 이 행사를 준비하면서 배로와 로머는 한껏 기대에 부풀어 있었다. 배로는 주제 결정을 담당했는데, 로머는 이 스키장 학술회의가 준비될 무렵 원인과 결과 입증에서 계량경제학상 문제가 많다는 노스웨스턴대학 래리 크리스티아노|Larry Christiano의 지적에 따라 〈미친 설명〉에서 채택했던 성장 계정 접근 방식을 거의 포기하고 있었다. 그는 지식의 경제적 역할 설명으로 돌아오기로 마음을 굳혀갔던 것이다. 몇 년 후 로머는 이렇게 설명하고 있다.

"나는 더 간단하게 입증할 수 있는 무기를 갖게 되기를 바랐다."

솔로 예찬에 나선 맨큐

이렇게 솔로 모델에 반하는 연구 노력이 이뤄지고 있는 상황에서 솔로 모델을 옹호하는 누군가가 등장하는 것은 당연한 일이었다. 소금물학파 경제학이 스스로의 성장 이론을 확실히 제시하려 했던 것이다. 그들에게 중요한 것은 솔로 모델을 약간 손봐서 이것을 계속 써먹을 수 있도록 하는 것이었다.

그레고리 맨큐 |Gregory Mankiw 는 1960~1980년대에 MIT에서 경제학을 공부한 수많은 학생 아니, 대부분의 학생의 전형이었다. MIT 학생들은 경제 정책에 관심이 많았는데, 소금물학파의 본래 성향이 그랬다. 그런 면에서 이들은 자유방임을 주장하는 이들의 라이벌 민물학파와는 결정적으로 달랐다. 시카고 중심 민물학파는 방임을 통해 경제 질서가 자연스럽게 구축되어야 한다고 주장하고 있었다. 그런데 케임브리지 MIT에서는 민물학파와 달리 세상이 불완전하므로 이 문제를 개선할 수 있는 방법을 찾아야 한다고 생각하고 있었다. 이처럼 정부 개입을 주장하고 있다는 점에서 이들은 스스로를 신케인스학파라고 불렀다.

이 신케인스학파는 케인스학파와 같은 흐름을 타기는 했지만 여러 가지 면에서 자유로운 독트린을 주장하고 있었다. 이 독트린은 시카고와 다른 민물학파 경제학 중심지가 내세우는 신고전파 경제학이 던진 도전에 응수하기 위해 개발된 것이었다. 신케인스학파는 보이지 않는 손이 모든 것을 해결해줄 것이라고 믿는 사고는 과장된 것이며, 실제로 시장을 보면 불완전하기 짝이 없다는 주장을 했다. 그 점에서 시장의 실패 문제를 해결하기 위해서는 어느 정도 경제적 관리가 필요하다고 생각했다.

스스로를 신케인스학파라고 주장한 MIT 경제학자들은 일일이 나열하기 힘들 정도로 많다. 그중 대표적인 인물만 거론하면 스탠리 피셔, 올리비에 블랑샤르, 앨런 블라인더 |Alan Blinder, 조지 애컬로

프, 조지프 스티글리츠, 자넷 엘런 |Janet Yellen, 마이클 우드포드 |Michael Woodford, 래리 서머스, 벤 버냉키 |Ben Bernanke 등이 있다. 맨큐는 자신이 편집한 신케인스경제학 연구 조사 도입부에 이렇게 적고 있다.

"어쩌면 정상적인 시기에는 보이지 않는 손이 경제를 안내할 수도 있다. 그러나 이 보이지 않는 손의 역할이 마비될 가능성도 있다."

소금물학파에는 이러한 자유적인 성향 외에도 보수적인 성향을 지닌 인물도 있었다. 1980년대 초 하버드 경제학자 마틴 펠드스타인의 영향력은 말 그대로 막강했다. 그는 하버드를 대표하는 경제학자 중에서 가장 잘 알려진 학자로 래리 서머스, 제프리 색스 |Jeffrey Sachs를 비롯해 떠오르는 세대의 인재 중 상당수를 직접 길러냈다. 특히 그는 국가경제연구소가 하버드와 MIT의 중간 위치인 케임브리지로 이사를 온 후에 이곳에서 큰 역할을 했다.

펠드스타인은 소금물학파 경제학 구역에 존재했지만, 자신을 신케인스학파라고 생각해본 적이 한번도 없었다. 그 이유는 그가 젊은 세대가 추앙하는 사고와 달리 보수적 사고를 견지하고 있었기 때문이다. 1982년 펠드스타인은 레이건 대통령의 수석 경제자문이 되기로 결정을 내렸다. 공급 측면 중시 혁명이라는 과장된 주장에서 한 발 물러나 경제를 제대로 관리해야 할 필요성이 대두되었기 때문이다. 이때 그는 대통령 경제자문위 멤버로 서머스, 크루그먼, 그리고 그레고리 맨큐를 영입했다.

맨큐는 로널드 레이건이 대통령에 당선된 해인 1980년 가을

MIT에 도착했다. 그는 프린스턴에서 학부생활을 한 다음 국립과학재단의 장학금을 받고 MIT로 건너온 인재였다. 그가 거기까지달려온 과정은 한마디로 인간 승리의 역사라고 할 수 있다.

그는 부유층 가정에서 태어나지 않았지만 뉴저지에서 최고 특권층만 다닌다고 소문난 핀그리 스쿨에 다녔다(그의 엄마가 힘들게 일해서 아들의 등록금을 지불했다고 한다). 그의 조부모는 제2차 세계대전이 발발하기 바로 전 우크라이나에서 미국으로 이민을 왔는데, 그의 삼촌 한 명이 노르망디 군사작전에서 사망한 후 이 가족은 프랭클린 루스벨트|Franklin Rossevelt 정권을 비난하면서 강력한 공화당 지지자가 되었다. 이러한 정치 성향으로 인해 맨큐는 어린시절인 1972년 아버지를 따라 리처드 닉슨|Richard Nixon 대통령 재선을 위한 선거 유세장에 갔던 것을 기억하고 있다.

그렇다면 펠드스타인이나 맨큐 모두 보수적 성향을 지녔다는 얘기인데, 이들은 왜 보다 전통을 중시하는 민물학파 성향의 경제학이 아닌 케인스를 따르게 되었을까? 왜 이들은 밀턴 프리드먼과 연합하지 않았을까? 이 질문에 대한 답변은 두 가지로 나올 수 있다.

첫째, 케인스학파 내부에서도 정부의 경제 개입에 대해 기존의 입장에 반대하는 인물이 나올 수 있는 여지가 상당히 많았다. 특히 공공 재무|public finance는 많은 사람이 관심을 갖고 연구하는 분야로, 빠른 컴퓨터와 일반 균형 이론에 관한 새로운 도구가 출현하면서 과거에 던지지 못했던 질문을 할 수 있게 되었다. 예를 들면 조세 정책의 바람직하지 못한 결과, 정부 지출 프로그램을 강조하는 이해집단 정치, 인플레이션, 조세 제도, 저축, 투자 결정에 대한 상호 반응 등에 관한 것이 있다. 심지어 정부 차입 방식보다 세금 삭감

방식으로 정책을 미세 조정해야 한다는 식으로 과거와 반대되는 의견도 등장했다.

둘째, 지난 30년간 소금물학파 경제학자들은 힘들게 노력해 정부로부터 특별한 인정을 받고 있었다. 그렇게 달성한 자리를 놓치고 싶지 않은 것은 당연한 일이다.

1987년 맨큐는 MIT에서 박사학위를 받은 경제학자로는 처음으로 하버드의 정교수로 임명되었다. 그때의 나이는 겨우 스물아홉 살로 그는 다양한 주제로 많은 논문을 썼다. 그러다 보니 간혹 실수를 하는 경우(1989년 그는 주택가격은 향후 장기적으로 폭락할 것이라는 예측을 공개적으로 했는데 이러한 현상은 발생하지 않았다)도 있었지만, 그는 설명과 종합에 타고난 재주가 있는 인물이었다.

1992년 그는 중간 수준의 학생을 위한 거시경제학 교과서 저자로 나서며 그의 세대 경제학자들 중에서 선봉에 섰다. 맨큐는 이 교과서를 쓰는 과정에서 기존에 항상 교과서에 실리던 주제의 순서를 파격적으로 바꿔 놓는 놀라운 개혁을 시도했다. 그는 늘 책의 앞부분에 실리던 케인스학파의 안정화 주제를 맨 뒤에 배치한 반면, 국부를 결정하는 요소에 대한 토론 부분을 맨 앞에 배치했다. 이 새로운 교과서의 핵심은 바로 소금물학파/신케인스학파의 경제 성장 모델이었다.

수년간의 준비기간을 거쳐 소금물학파는 1992년 5월 〈쿼털리 저널 오브 이코노믹스〉에 실린 로머의 성장 이론에 반격을 시도했다. 맨큐, 버클리의 데이비드 로머, 그리고 브라운대학의 데이비드 웨일|David Weil이 합동으로 쓴 논문은 이렇게 시작하고 있다.

"이 논문은 로버트 솔로를 심각하게 받아들이고 있다."

이 첫 문장은 시카고학파의 어느 누구도 지칭하지 않았고 '심각하게'라는 표현이 정확히 무엇을 의미하는지 이해하기도 어렵지만, 그것이 로버트 루커스가 마셜 강연에서 했던 솔로 모델 비판에 대한 도전임을 누구나 알 수 있었다. 이 공저자들은 "이 논문을 통해 우리는 솔로 모델이 예측한 것은 실제 증거와 완전히 일치한다고 주장하고자 한다"라고 적고 있다.

더욱이 인적 자본을 첨가하는 경우, 솔로 모델은 국가 성장률에서 왜 차이가 발생하는지 모든 이유를 설명할 수 있었다. 최소한 국가 간 회귀 분석이 표준 기준인 적합도|fit에 의해 평가되는 경우엔 그렇다고 볼 수 있다. 그 점에서 이들은 솔로 모델이 실패했다는 주장은 과장된 것이라고 반격했다.

이들이 내세운 중심 가설은 모든 국가는 동일한 지식 풀에 접할 수 있다는 것이었다. 어떤 것도 오랫동안 어느 개인의 소유가 될 수는 없다. 아무리 가난한 국가일지라도 도서관은 있는 법이다. 또한 이들이 원한다면 어떤 것이든 제조하고 싶은 것을 구입해 그것을 역으로 리엔지니어링하면 되지 않는가? 다만 지식 축적을 활용하려 할 때 이들이 얼마만큼의 실질적인 자본 및 인적 자본을 투자할 수 있는가는 국가 사정에 따라 다르다.

이러한 맨큐-로머-웨일 모델은 곧바로 솔로 모델의 증보판으로 여겨졌다. 그리고 기술 수준, 인적 자본 및 물리적 자본에 맞는 교육 수준 차이를 실질적으로 반영한 이 신고전적 성장 이론은 활용 가능성이 커 보였다. 그런 점에서 이 이론이 더욱 선호되었는지 모른다. 기본적으로 케인스학파 시스템은 이 이론으로 어떤 손상도 발생하지 않았다. 신모델과 구모델의 중요한 차이가 있다면, 그것은 수렴이 발생하는 속도(안정된 상태로 가는 데 17년이 소요되는 대신 35년이 소요될 것이다)에 차이가 있을 뿐이었다.

로머와 내생적 성장을 주장하는 다른 경제학자들은 맨큐-로머-웨일 논문의 내용에 깜짝 놀라면서도 내심 반겼다. 그만큼 반격의 여지가 컸기 때문이다. 결국 그로부터 채 1년이 지나지 않아 진 그로스맨과 엘하난 헬프먼은 25년간 98개 나라에서 기술 발전이 똑같은 비율로 이루어졌다는 가정은 "간단하게 말해 옹호할 가치가 없는 것"이라고 반격했다. 폴 로머도 "이 모델로 얻을 수 있는 답변은 너무 불만족스러워 그것을 진지하게 믿기가 어렵다"라고 다른 논문에서 반격했다.

일부 국가는 저축을 더 하고 교육에 많은 돈을 투자하고 있음에도 맨큐-로머-웨일은 이에 대해 설명하지 않고 있다. 그런데 이것은 사실 성장률에 차이가 날 수밖에 없는 이유의 전체가 될 수도 있다. 이 세 명의 경제학자들은 정부 정책과 산업 조직은 성장률과 상관이 없다고 주장한다. 예를 들어 유리한 출발, 발전 함정, 지식 이전, 특허법, 해외 직접투자, 유치산업 보호 등은 성장률과 전혀 상관이 없다고 주장하는 것이다. 맨큐는 1995년에 있었던 어느 학술회의에서 이렇게 말했다.

"중요한 것은 신고전적 모델이 주장하는 것이 진실인가 아닌가 하는 것이 아니다. 중요한 것은 이 모델이 실제 국제적 경험에 얼마나 가까이 갈 수 있는가 하는 것이다."

솔직히 시카고학파가 관심을 기울이는 수확체증 및 독점적 경쟁에 맞서 MIT 쪽에서 완전 경쟁과 수확불변에 대한 가정을 옹호하는 것은 상당한 모순이다. 더 큰 모순은 맨큐와 솔로가 그로부터 2년 전에 이뤄진 논쟁에서 이번에 자신들이 내세운 가정과 똑같은 가정을 내세운 실질 경기순환 사이클 이론가들을 맹렬히 비난했다는 사실(《실질 경기순환 사이클: 신케인스학파적인 시각|Real Business Cycles: A New Keynesian Perspective》 참조)이었다.

그럼에도 솔로 모델이 계속 인기를 끌고 있는 이유는 그것이 가르치기가 쉽기 때문이다. 솔로 모델은 나머지 신고전파 이론과 잘 맞아떨어졌다. 따라서 학생들이 이해하기가 쉬웠다. 그 점에서 솔로 모델은 학생들이 배워야 할 첫 번째 모델이었다. 학생들은 그것이 완전 경쟁 가설을 주장하고 있다는 것을 신경 쓸 필요가 없었다. 이에 따라 신케인스학파/소금물학파는 이론에 모순이 있다는 것을 알고 있음에도 현재의 입장을 고수하기로 결심했다. 더욱이 맨큐-로머-웨일 모델은 펜 월드 도표의 데이터와도 잘 맞아떨어졌다. 이렇게 관찰하기 쉬운 것과 잘 맞아떨어지는데, 다른 것에 조금 문제가 있다한들 그것이 뭐 그리 대수겠는가?

사실 경제학자들은 보통 법률가들이 적용하는 선례 구속성의 원리|stare decisis를 자신들의 독트린에 적용하기 시작했다. 선례를 가능한 한 적게 변화시키려고 노력했던 것이다. 이러한 보수적인 태도가 경제학계를 지배하고 있었다.

찰스 멍거|Charles Munger(워런 버핏|Warren Buffet의 파트너)가 UCLA에서 안과 클리닉을 운영할 때, 백내장 수술의 불필요성이 대두된 지 오래 되었음에도 계속 그 수술을 하고 있는 의사 얘기를 한 적이 있

다. 그 의사에게 왜 백내장 수술을 계속하느냐고 묻자 그는 "찰리, 가르치기가 그렇게 쉬운 수술이 또 어디 있겠나?"라고 대답했다고 한다. 결국 그 의사는 환자들이 거부하면서 크게 반발하자 그 수술을 멈췄다고 한다.

마술사의 모자에서는 어떻게 토끼가 나올까

1987년 로머가 국가경제연구소에서 발표한 〈미친 설명〉은 자신의 논점을 확실히 밝히기는커녕 오히려 혼란만 주는 결과를 야기했다. 그런데 이 논문에서 사용했던 헤스턴-서머스 데이터는 이후 10년간 크게 유행했다. 왜 마술사의 모자에서 토끼가 나오는지를 설명하기 위한 시도로써 많은 국가의 경험을 통계학적으로 비교하는 방법이 최고처럼 보였기 때문이다.

사실 수렴이나 수렴이 발생하지 않는 현상은 확신을 갖고 답변하기에 매우 큰 문제였다. 결국 우리는 부자가 되었는데 저들은 왜 가난한가 하는 접근 방식은 상대를 비난할 때 이용하는 방법으로 전락하고 말았다. 국가간 성장 회귀 분석은 상대를 비난하거나 상대에 대해 불쾌한 감정을 드러낼 때 사용하는(경제 실무 분야에 있는 사람들이) 표현이 되고 만 것이다. 그렇지만 이것이 잠시나마 경제학계에 큰 기대감을 불어넣은 것은 사실이다.

1987년의 몇 달 동안 로머는 불행한 감정에 빠져서 지냈다. 박사학위를 받고 대학원을 마친 지 5년이나 지났는데, 그동안 고작 박사학위 논문을 요약한 논문 두 편을 출판했을 뿐이고 더 좋은 대학으로 가지 못한 채 로체스터대학에서 꼼짝 못하고 있었기 때문이다. 그가 세 번째로 발표한 특화를 통한 성장 모델을 담은 짧은 논문이 〈아메리칸 이코노믹 리뷰〉에 실린 것은 그로부터 한참 지나서였다. 하지만 그가 야심에 가득 차 준비한 네 번째 논문 〈미친 설명〉은 비평가들에게 공격할 여지만 잔뜩 안겨주고 말았다.

그때 그는 배로와 함께 스키장 리프트 탑승에 관한 가격 정책과 관련해 논문을 준비했는데, 이것은 일종의 수학 계산 훈련 같은 것이었다. 그와 함께 논문을 발표할 때 배로는 벌써 로체스터에서 하버드로 스카우트된 상태였다. 또한 콜로라도에서 주지사가 된 로머의 아버지는 주지사 사무실로 옮겨가 막 자리를 잡기 시작했다. 그리하여 이제 막 서른 살이 된 로머는 경제학 연구에서 손을 떼고 정치 컨설팅을 하면서 아버지를 도울지 심각하게 고민하고 있었다.

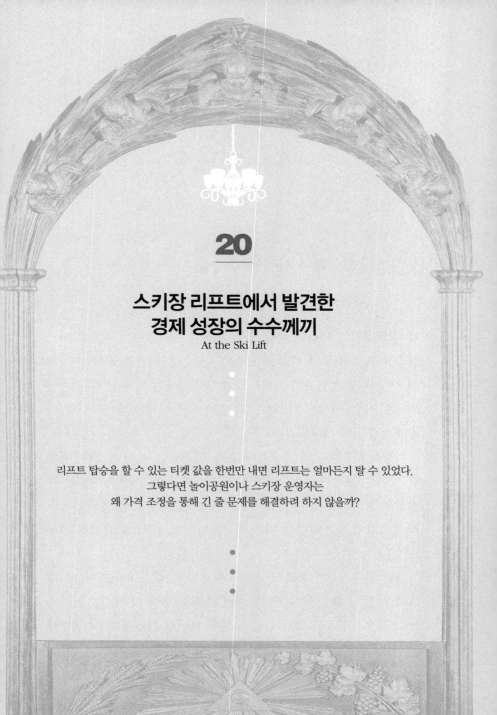

20

스키장 리프트에서 발견한
경제 성장의 수수께끼
At the Ski Lift

· · ·

리프트 탑승을 할 수 있는 티켓 값을 한번만 내면 리프트는 얼마든지 탈 수 있었다.
그렇다면 놀이공원이나 스키장 운영자는
왜 가격 조정을 통해 긴 줄 문제를 해결하려 하지 않을까?

· · ·

디즈니랜드에서 사람들이 줄을 서는 이유

우리는 아르키메데스가 목욕탕에서 갑자기 "유레카!"하고 소리를 질렀다거나 뉴턴의 머리 위로 사과가 떨어졌다는 식으로 어느 순간 머릿속 전구가 반짝 하고 들어왔다는 이야기를 좋아한다. 사실 경제 성장에 관한 수수께끼의 발견도 로머가 로체스터대학에서 배로를 비롯한 다른 경제학과 교수들과 점심식사를 하면서 나눈 대화에서 우연히 시작되었다.

그렇다고 처음부터 중요한 부분을 발견했던 것은 아니다. 중요한 발견은 문제가 분석, 정리, 출판된 이후 도전을 받고 이것을 옹호하는 과정에서 이루어졌다고 볼 수 있다. 때론 어떤 연구에서 그리 중요하지 않은 부분이 다른 연구에서는 결정적으로 중요한 경우도 있다.

그날 점심식사를 하면서 로머와 동료들이 나눈 대화는 디즈니랜드에 가면 긴 줄을 서야 한다는 것이었다. 그런데 이 사소한 이야기는 스키장 리프트를 타기 위한 긴 줄의 연구로 이어졌고, 이 연구에서 마침내 지식경제학에 대한 실체가 확실히 밝혀졌다.

그 전에 가족과 함께 캘리포니아로 휴가를 간 배로는 휴가 중에도 경제학자적인 본능을 버리지 못하고 이런 질문을 던졌다.

"디즈니랜드에서는 사람들이 왜 저렇게 줄을 서 있는 것일까?"

경제학자, 특히 배로 같은 경제학자가 볼 때 긴 줄은 시장의 실패를 의미했다. 사람들이 길게 줄을 선 경우, 공급자가 가격을 올리면 상황을 개선할 수 있다. 그런데 디즈니는 입장료만 받고 안에 있는 놀이기구는 모두 무료로 타도록 내버려두고 있었다. 이에 따라 놀이기구를 타려는 사람들이 그처럼 길게 줄을 섰던 것이다.

스키리프트도 마찬가지이다. 리프트 탑승을 할 수 있는 티켓 값을 한 번만 내면 리프트는 얼마든지 탈 수 있었다. 그렇다면 놀이공원이나 스키장 운영자는 왜 가격 조정을 통해 긴 줄 문제를 해결하려 하지 않을까? 그렇게 하면 돈을 더 벌 수 있는 것 아닌가?

희소자원의 무분별한 사용 현상

보통사람들이 그냥 지나칠 수도 있었던 이 문제는 경제학자들, 특히 시카고학파 경제학자에게는 비교우위 같은 논리의 연장선상에 있는 문제로 보였다. 그때는 1986년 가을로 마흔두 살의 배로는 시카고대학을 나와 로체스터로 돌아온 상태였다. 그렇게 식당에서 놀이기구와 스키장 리프트에 대해 얘기를 주고받던 로머와 배로는 자신들을 괴롭히는 가격 책정 문제에 대한 논문을 함께 써보기로 의기투합했다. 공교롭게도 이들 두 사람은 스키광이었다.

한동안 이들은 스키장 리프트 문제는 '보통사람들이 가장 범하기 쉬운 실수인' 희소자원의 무분별한 사용 현상과 관련이 있다고 생각했다. 다시 말해 일종의 정체$^{|congestion}$ 현상과 관련이 있다고 생각한 것이다. 이때 그들은 아주 잘 관리되고 있는 좁은 국도(그래서 많은 사람이 통행하는)와 넓지만 제대로 관리되지 않는 고속도로(그래서 사람들이 거의 다니지 않는)에 관한 유명한 글을 다시 읽어보았다. 이 문제에서 해결책은 좁은 국도로 다니는 사람들에게 통행료를 받는 것이라고 제시되어 있었다. 그렇다면 스키장 리프트 문제도 소유권을 통해 답변을 찾을 수 있을 것 같았다. 다시 말해 리프트 운영자가 리프트를 탈 때마다 돈을 받거나 수요의 절정기에 요금을 더 많이 부과하는 방법으로 해결할 수 있는 것이다. 하지만 배로와 로머는 스키 리조트 오너들이 수요가 높을 때는 이미 가격을 올리곤 했다는 사실을 발견했다.

어느 순간 배로와 로머는 자신들이 지금까지 잘못된 가격 쪽에서 헤맸다는 사실을 깨닫게 되었다. 자신들이 연구해야 할 대상은 일일 리프트 사용료가 아니라 한 번 탈 때마다 지불해야 하는 비용이라는 것을 알게 된 것이다. 그런데 리프트를 한 번 탈 때마다 지불하는 비용은 스키장에 언제, 얼마나 많은 사람이 스키를 타러 왔느냐에 따라 달라졌다. 다시 말해 하루 리프트 사용료가 10달러인데 사람이 워낙 많아 리프트를 하루에 다섯 번밖에 타지 못했다면, 한 번 타는 데 지불한 비용은 2달러라는 계산이 나온다. 반대로 날이 너무 춥거나 습기가 많아 스키장에 사람들이 거의 없는 경우, 하루에 리프트를 스무 번은 탈 수 있다. 그런 경우 리프트를 한 번 타는 비용은 50센트라는 계산이 나온다.

그렇다면 사실 스키장 운영자들은 시장이 허용하는 한도 내에서 최대한 비용을 부과하고 있는 셈이라는 결론이 나온다. 이들은 탐욕스러워 보이지 않으면서도 이용객이 최대한 비용을 부담하도록 전략을 구사하고 있는 것이다. 사실 리프트를 이용할 때마다 비용을 지불하게 하는 방법은 계획을 수립하고 관리하는 데 많은 비용이 들어갈 수 있다. 반면 스키를 타는 사람들이 줄을 서서 기다리게 하는 데 들어가는 비용은 스키장 건설에 들어가는 기본 고정비용에 비해 극히 적은 편이다.

이에 따라 스키어들은 그날 얼마나 많은 사람이 스키장에 나타나 자신의 리프트 라이벌이 될지 알 수 없다. 사실 리프트 하루 이용권 가격은 어느 특정 시즌 내내 같다. 다시 말해 스키장 오너는 이용객이 더 많은 날, 리프트 이용료를 더 비싸게 부과하지 않는다. 가격은 똑같이 받고 사람들의 줄로 모든 것을 조종할 뿐이다. 그 점에서 줄을 길게 서도록 하는 것이나 리프트 이용료를 올리는 것이 스키장 오너에게는 별다른 차이가 없다. 오너는 리프트 이용료를 동일하게 받지만, 그날 스키장 이용객에 따라 스키어가 부담하는 실제 비용은 알아서 자동으로 조절되기 때문이다. 경제학자들이 모르고 있던 사람들의 심리를 스키장 운영자들은 벌써부터 알고 있었던 것인지도 모른다. 이처럼 리프트 사용 비용을 적게 받는 듯한 인상을 주면서 스키장 오너는 실제로 큰 돈을 벌고 있었던 것이다.

이렇게 탄생한 〈스키장 리프트 가격 책정을 노동 및 기타 시장에 적용하기|Ski-Lift Pricing, with Applications to Labor and Other Markets〉 논문은 1987년 12월 〈아메리칸 이코노믹 리뷰〉에 실렸다. 이 논문의 전체

분석은 일반 균형 수학에 의해 확실히 정리되었으며 파리 지하철의 이중 가격 책정 제도에서부터 투자금융 회사의 다양한 수익공유 제도(스키장 리프트를 탈 수 있는 실제 횟수처럼 직원 한 사람당 받을 수 있는 연말 보너스 액수는 그해 직원들 숫자에 따라 달라진다)에 이르기까지 다양하게 적용되고 있는 이 현상을 설명하고 있다. 이 논문은 좀 특별해보였던지 방정식이 포함되어 있음에도 불구하고 〈이코노미스트〉에도 실리게 되었다(과학적 계산을 즐기는 스키어, 즉 배로-로머 논문을 테스트해볼 수 있는 아마추어 경제학자들이 읽을 것이라는 계산 아래).

그 즈음 배로는 하버드대학으로 스카우트되었지만, 로머는 로체스터에서 꼼짝 못하고 있는 데다 〈미친 설명〉을 둘러싼 비판에 휘말리게 되었다. 그런데 〈스키장 리프트〉 논문은 전혀 예상치 못했던 방향으로 로머를 몰고 가며 잠자고 있던 그의 신경이 깨어나는 데 기여하게 되었다.

혹독한 비난 속에서도

〈스키장 리프트〉의 문제점을 지적하는 편지가 〈아메리칸 이코노믹 리뷰〉에 처음으로 도착한 것은 1988년 4월이었다. 그리고 두 번째 편지는 5월, 세 번째는 9월에 도착했다. 첫 번째 편지를 보낸 타일러 코웬|Tyler Cowen과 아미하이 글레이저|Amihai Glazer는 가격 신축성|price flexibility과 노동 시장의 패키지 딜에 대한 내용은 아주 좋다고 쓰고 있다. 그리고 스키장 리프트 가격 책정에 관한 이 논문은 경제

이론에 크게 기여했다고 말했다. 그러나 캘리포니아대학 어바인 캠퍼스에 재직 중이던 이 두 경제학자의 칭찬은 거기까지였고, 그 뒤에는 아주 큰소리로 '그러나'라는 의혹을 담은 분석 내용을 적고 있었다.

"그러나 이 논문 어디에도 하다못해 참고서적에도 이들이 사용하고 있는 모델이 클럽 이론|theory of clubs의 재발견이라는 설명이 없다."

두 번째와 세 번째 편지를 보낸 사람들은 더 혹독하게 비난을 하고 있었다. 배로와 로머가 자신들의 논문에서 이 모델을 재창조했음에도 원래 이 모델을 구축한 사람이 누구인지 출처를 밝히지 않았다는 것이었다.

배로와 로머는 과거에 비슷한 내용을 담은 논문이 존재했다는 사실을 미처 모른 채 논문을 발표하는 대실수를 저지른 것이다. 과학계에 몸담고 있는 사람이라면 이전의 연구에 관해 반드시 밝히고 넘어가는 것이 기본적인 예의이자 법칙이었다. 만약 먼저 했던 연구 내용이 경제학 문헌에 공개된 것인데 배로와 로머가 인용하지 않았다면, 그들은 자신들이 발표한 논문 내용을 수정하거나 아예 논문을 철회해야만 했다.

이때 배로는 자신이 관심을 기울인 연구 과제는 성장률의 국가 간 횡단면 비교 분야였으므로 이러한 반박에 대응하지 않겠다는 태도를 보였다. 그리고 로머는 오히려 그러한 비난에 안도감을 느꼈다. 이를 분석하고 답변을 찾다보면 이제까지 그를 괴롭혀온 〈미친 설명〉과 관련된 논쟁에서 멀어질 것이라고 생각했기 때문이다.

로머는 1965년 〈클럽 경제학 이론|An Economic Theory of Clubs〉이라는 제목으로 〈이코노미카〉에 발표되어 이후 클럽 이론으로 불리게 된 제임스 뷰캐넌의 논문을 읽어보았다. 배로와 로머가 스키장 리프트에 관한 논문을 쓸 때 이들은 리프트를 탈 때마다 이용 요금을 받으면 줄을 서는 문제를 해결할 수 있다는 주장을 했는데, 이 결과는 클럽 이론을 표준적으로 적용하게 될 때 나오는 결과와 정반대라는 사실 정도만 알고 있었다. 이것은 경제학자라면 누구나 알고 있는 일종의 기초 지식이었다.

이 분야에 대한 광범위하고 심오한 경제학 연구 문헌은 제2차 세계 대전 이후 수없이 쏟아져 나왔지만, 이러한 문헌은 공공 재정 분야를 연구하는 사람들만 잘 알고 있을 뿐이었다.

더욱이 배로와 로머가 뷰캐넌 이론에 대한 출처를 밝히지 않았다는 비난을 받기 바로 전 뷰캐넌은 이미 유명인사가 되어 있었다. 〈스키장 리프트 가격 책정〉이 발표되기 바로 전 해인 1986년 뷰캐넌은 정책 결정에 기여한 공로로 노벨 경제학상을 수상했던 것이다. 사실 그는 아주 흥미진진한 인생을 살아온 경제학자였다.

1948년 그가 시카고대학 대학원에 재학 중이던 시절, 카울스위원회의 연구 내용은 절정에 달하고 있었다. 그런데 그러한 카울스위원회가 시카고대학 캠퍼스를 떠나기로 결심을 했을 때 뷰캐넌도 따라나섰다. 그때 그는 경제학은 고전적 기초에서 멀어지고 있으며 기술이 내용을 대체하고 있다는 결론을 내렸던 것이다.

뷰캐넌은 스웨덴 경제학자 크누트 빅셀의 책을 읽었다. 그런 다음 정치와 경제 사이에 그어져야 할 경계선이 어디인지에 관심을 갖기 시작했다. 그는 "경제학자들은 자비로운 척하는 폭군이 사용할 정책적 충고는 즉시 중단해야 한다"라고 주장했다. 다시 말해 경제학자들에게 정치적 결정이 어떻게 내려지는가를 보고 자문해줄 것을 주장한 것이다.

"어떤 정책적 대책이 어떠한 결과를 유발하는지 분석해보기 이전에 국가 체제나 정치 상황을 먼저 분석해보고 이에 대한 시정을 요구해야 한다."

이러한 의식을 바탕으로 그는 정치적 실패가 시장 실패를 유발한다고 주장하며 경제학자들이 정치에 관심을 기울일 것을 촉구하는 글을 썼다. 그리고 자신과 함께 책을 쓴 고든 툴록, 시카고대학을 졸업한 동료 경제학자 워런 너터|Warren Nutter와 더불어 정치경제학학과(버지니아학파|Virginia school로 불리는)를 형성했는데, 이들의 견해는 시카고학파와 비슷하면서도 다른 점이 있었다. 정치경제학 연구를 하면서 뷰캐넌은 수학적 정확성에 대한 취향을 단 한 번도 버리지 않았고 그가 쓴 《클럽 경제학 이론》은 방대하면서도 심오한 내용이 담긴 경제 문헌으로 평가받고 있었다.

로머는 뷰캐넌이 쓴 논문을 읽으며 클럽 이론의 결정적 토대를 마련한 사람이 폴 새뮤얼슨이라는 사실을 알게 되었다. 공공 재정은 비교적 오래된 분야로 점점 다른 경제 분야와 차별화가 이뤄지며 교과서에도 실리게 되었다. 그런데 1954년 새뮤얼슨은 새로운 수학적 언어로 무엇을 할 수 있는지를 보여주고 싶은 야심에 친구인 리처드 머스그레이브|Richard Musgrave가 쓴 중요하지만 잘 알려지지 않은 논문(〈공공 경제의 자발적 교환 이론|The Voluntary Exchange Theory of

Public Economy〉〉을 수학적 공식으로 바꿔 〈공공 지출의 순수 이론|The Pure Theory of Public Expenditure〉이라는 제목으로 선보였다.

여기에서 새뮤얼슨은 공공 분야와 민간 분야 사이에 놓인 특별한 재화 사례를 제시했다. 예를 들어 전통적인 재화인 빵을 개인에게 나눠줄 경우 어떤 사람이 다른 사람보다 더 많이 가져가면 적게 가져가는 사람이 발생하게 된다. 반면 불꽃놀이 장면이나 국방 같은 공공 소비재의 경우 각자가 그것을 즐기든 즐기지 않든 상관없다. 다시 말해 어떤 사람이 더 즐긴다고 해서 다른 사람의 소비 몫이 줄어드는 것은 아니다.

이러한 설명에 이어 새뮤얼슨은 3쪽 내내 수학적 공식을 보여주는데, 이것은 공공 재정 분야를 완전히 바꿔 놓는 결정적 역할을 했다. 그로부터 40년이 지나 제임스 헤크먼은 이렇게 회상했다.

"나는 학생 시절에 머스그레이브가 쓴 논문을 읽었는데, 솔직히 무슨 말인지 전혀 이해할 수가 없었다. 그러나 새뮤얼슨이 수학적으로 설명한 그 3쪽을 보고 모든 것을 완벽하게 이해할 수 있었다. 나는 아직도 새뮤얼슨의 논문에 실린 내용을 확실히 기억하고 있다."

하지만 새뮤얼슨은 자신의 이러한 행동을 후회했다. 친구의 논문을 수학적으로 변형시킴으로써 머스그레이브가 노벨상을 수상할 기회를 놓쳤을지도 모른다고 생각했기 때문이다.

1965년 뷰캐넌은 새뮤얼슨이 발표한 이 수학적 논문에 클럽 재화|club goods라는 용어를 덧붙여 설명하는 논문을 발표했다. 클럽 재화란 순수하게 공공 재화도 아니고 그렇다고 순수하게 민간 재화도

아닌 부류에 들어가는 방대한 영역의 재화(이 부류는 이전에 비순수 공공재로 불리고 있었다*)를 지칭하는 말이었다.

'클럽'이라는 말은 회원들끼리 소중한 무언가를 독점적으로 공유하는 그룹(수영장, 골프장, 스키장, 유료 국도, 특정직능협회 등)을 지칭하는 단어였다. 그리고 클럽 재화는 회원이 아닌 사람들에게 배제성을 행사하는 재화를 일컫는다. 다른 사람을 배제시키는 방법은 다양하다. 경비를 세워두거나 입장료를 받거나 대문을 만드는 등 회원은 입장시키고 비회원은 쫓아낼 수 있다면 어떤 방법이든 사용될 수 있는 것이다.

클럽 이론은 비순수 공공재를 파악해 이것의 사용에 소요되는 비용과 이것을 소비하는 그룹 사이에 어떤 관계가 있는지 그것만 따로 떼어 분석하기 위해 개발된 이론이었다.

클럽 이론이 주장하는 주안점은 정체 현상이었다. 이 이론은 수영장을 대표적인 예로 들었는데, 수영장은 어떤 점에서 뷰캐넌 이론 속의 전형적인 비순수 공공재라고 할 수 있다. 많은 사람이 수영 클럽의 회원으로 특정 수영장을 이용할 수 있다. 이 수영장 회원들은 다이빙대도 공유한다. 어떤 때는 수영장 한 레인에서 여러 명이 수영할 때도 있는데, 이들이 같은 간격으로 떨어져 같은 속도로 수영을 하는 한 상관이 없다. 그러나 이처럼 같은 레인에서 많은 사람이 몰려 수영을 하다 보면 어느 순간 수영장에 사람이 너무 많아지

◆ 다른 학자도 동시에 같은 생각을 한 적이 있다. 찰스 티보트Charles Tiebout는 1956년에 쓴 유명한 논문에서 소비자들이 어느 특정 교외 지역을 선호하는 이유(예를 들어 좋은 공립학교가 있다거나)를 분석한 내용을 제시한 적이 있다. 또한 맨커 올슨은 이보다 몇 년 후 발표된 저서 《집단 행동의 논리 The Logic of Collective Action》에서 정치적 이해 그룹의 전반적 행동을 분석했다.

는 문제에 봉착할 수 있다. 그 수준이 되면 보통 다른 수영장이 등 장하게 된다.

클럽 이론에서 두드러진 업적을 보여준 사람들은 이 분야 시장 규모는 클럽 회원의 숫자만큼 크다고 보는 한 시장은 계속 더 많은 수영장을 짓게 될 것이며, 그 결과 수영장 회원비는 경쟁에 의해 결 정될 것이라고 주장한 학자들이었다.

하이엔드 일반 균형 모델 입장을 견지한 이 분석의 요점은 수영 장 클럽의 회원 제도는 순수 경쟁재처럼 행동하는 중간재라고 할 수 있으며, 결국 이 중간재는 경쟁재처럼 완전 경쟁 아래 놓이게 된 다는 것이었다. 다시 말해 클럽 이론에서는 수학에 있어 비볼록성 을 필요로 하지 않았다. 이에 따라 클럽 이론은 곧바로 많은 문제(학 교, 고속도로, 정보 네트워크, 통신 시스템, 국립공원, 하수도, 전자 스펙트 럼 등)에 있어 표준적인 해결책으로 대두되었다.

오래지 않아 공공 재정 이론가들은 회원제 클럽의 성격을 띤 재 화를 나타낼 때 '공공'보다 더 나은 용어를 찾으려는 시도를 했다. 보통 국방이나 신호등 같은 공공재에 '순수'라는 용어를 사용하는 것은 상관이 없었다. 그러나 '비순수' 혹은 '혼잡재|mixed goods'라 는 표현으로는 이러한 재화가 등대의 불빛, 지하철, 컨트리클럽에 서 골프를 칠 수 있는 기회와 어떤 공통점을 갖고 있는지 밝힐 수 없었다.

순수하게 개인적인 소비와 개인이 반기든 반기지 않든 받아들여 야 하는 공공재라는 스펙트럼 중간에 새뮤얼슨이 지적했듯 두 성격 과 확연히 다른 성격의 재화가 존재하는데, 뷰캐넌은 클럽 재화는 이 다른 종류의 재화 중 극히 일부에 지나지 않는다고 지적했다. 그

렇다면 이 중간 스펙트럼에 있는 재화를 무엇이라고 불러야 할까? 집단|collective 재화는 별로 좋은 단어 같지가 않았다.

몇 년 후 공공 재정 경제학자를 대표하는 인물이 된 하버드대학의 리처드 머스그레이브는《공공 재정의 이론과 실제|Public Finance in Theory and Practice》라는 유명한 교재 제1장에서 이것을 사회재|social goods라고 불렀다.

뷰캐넌은 클럽재가 소비되어 사라지지 않는다고 설명하고 있다. 적어도 한 개인이 이용해서 사라지지 않는 것이다. 또한 클럽재는 많은 사람이 동시에 그것을 이용할 수 있다. 물론 시간이 흐르면 수영장에 사람이 많아지는 것처럼 이것으로부터 얻을 수 있는 이익이 고갈되는 것은 사실이다.

그런데 머스그레이브는 다시 용어를 바꾸는 시도를 했다. 경쟁재와 비경쟁재를 구분하려는 시도를 한 것이다. 비경쟁재는 모두가 사용할 수 있으면서 한 사람의 사용이 다른 사람의 사용을 방해하지 않는 재화를 의미한다. 경쟁재는 재화를 구입한 사람들만 그 이익을 누릴 수 있는 재화를 뜻한다. 식품, 의복, 주택, 자동차 등은 모두 경쟁재라고 할 수 있는데 여기에서 경쟁재와 비경쟁재를 구분하는 중요한 요소는 바로 배제성이었다.

"A가 한번 먹어버린 햄버거를 B는 먹을 수 없다."

그렇다면 다리의 경우를 한 번 생각해보자. 통행료를 부가하든 부가하지 않든 어떤 사람이 사용한다고 해서 다른 사람이 그 다리를 못 지나가는 것은 아니다. 물론 다른 사람이 보지 못하도록 전파

차단을 하기도 하지만 방송의 경우도 보통은 누구나 동시에 사용할 수 있다. 이에 따라 머스그레이브는 다음과 같이 작은 도표를 만들어 재화를 구분하려는 시도를 했다.

☼ 배제성 ☼

	판매 가능	판매 불가능
경쟁성	1	2
비경쟁성	3	4

　머스그레이브는 시장 공급은 1의 경우에만 원활하게 이루어진다고 적고 있다. 다시 말해 나머지 세 가지의 경우 시장은 실패로 보아야 한다는 것이다. 특별히 흥미로운 것은 2의 경우, 즉 다리, 방송, 오후의 바쁜 맨해튼 시내 교통 등에 해당하는 것이다. 머스그레이브는 굳이 원한다면 다리에 통행료를 부가하듯 뉴욕 42번가를 지나갈 권리를 경매에 붙이거나 판매할 수도 있다고 말했다. 그러나 그것은 실현 불가능한 계획이다(물론 언젠가 그럴 수 있는 날이 올지도 모른다고 그는 덧붙였다). 그는 이처럼 시장 기능을 상실한 상품은 사회재라고 부르는 것이 바람직하다고 주장했다.

　1955년 뷰캐넌은 엄격히 말해 구두 한 켤레도 진정한 의미의 경쟁재는 아니라고 말했다. 구두도 볼링장의 레인을 빌리듯 얼마든지 빌려 신을 수 있기 때문이다. 그런데 그가 관심 있어 하던 협동적 멤버십 소유 개념을 더 연장해 구두보다 소비가 더 광범위하게 공유될 수 있는 재화를 연구하지 않은 것은 정말 유감스러운 일이다. 훗날 엘하난 헬프먼은 이에 대해 안타까움을 표시했다.

"그가 그 지점에 거의 다 왔었는데….."

로머는 경쟁재와 비경쟁재를 구분하는 개념을 리처드 콘스[Richard Cornes와 토드 샌들러[Todd Sandler가 쓴 《외부성 이론, 공공재, 그리고 클럽재[The Theory Externalities, Public Goods, and Club Goods》에서 처음 보았고, 이 개념이 아주 유용하다는 것을 즉시 깨달았다. 하지만 그는 클럽 이론 전문가들이 한 가지 놓친 것이 있다는 사실을 발견하게 되었다. 그것은 스키장 리프트 이용은 수영장과 근본적으로 성격이 다르다는 점이었다.

스키장 리프트는 한 자리에 앉든가 앉지 않든가 선택을 해야 하므로 그 이용권은 경쟁재라고 할 수 있다. 다시 말해 일단 자리에 앉게 되면 그 자리를 어느 누구와 공유할 수 없다. 물론 사람들이 붐빌 수 있다는 것은 공통점이다. 그러나 스키장 운영자의 입장에서 보면 그것은 중요한 것이 아니다. 어쩌면 스키어들에게도 중요하지 않을 수 있다.

만약 전체적인 리프트 이용권을 판매하는 대신 탈 때마다 이용료를 받는 경우, 스키장 운영자의 가격 책정 행동은 완벽해보인다. 그런데 현실은 그렇지 않다. 스키장 운영자는 자신의 편의를 위해 리프트 이용권 전체를 판매해 최대 수입을 올린 후 나머지는 줄을 서는 방식에 맡겨버리는 것이다. 로머는 이 반박 내용을 〈아메리칸 이코노믹 리뷰〉에 편지를 보낸 경제학자들에게 보내야겠다는 생각을 했다.

그런데 그 답변을 완성하기도 전에 로머의 관심은 갑자기 경제 성장률로 돌아갔다. 지식을 다양한 비경쟁재의 집합이라고 표현하는 것처럼 지식 축적을 잘 설명할 수 있는 표현이 또 있을까? 갑자기 이런 생각이 떠오른 것이다.

이처럼 로머는 공공 재정에 관한 경제학 서적을 훑어보다가 성장에 관한 가장 기본적인 경제 개념을 발견했다. 이것은 확실히 유용한 개념이었다. 특히 비경쟁재의 의미가 생산 과정에 소비나 사용을 위해 생산요소를 투입했을 때 그것이 고갈되지 않는 아이템을 의미한다는 점에서 유용하게 생각되었다. 맞다! 새롭게 개발된 사진 필름 디자인도 비경쟁재에 속한다.

이 용어가 어떻게 사용되고 있는지를 확인하기 위해 로머가 공공 재정에 관한 책들을 펼쳤을 때, 그는 경쟁재와 비경쟁재의 차이가 과거에 클럽재라고 정의되었던 재화에 좁은 의미로 적용되었다는 사실을 발견하게 되었다.

한편 로머의 논문에 문제가 있다고 가장 먼저 편지를 보낸 타일러 코웬은 그 무렵 공공재와 외부성에 관한 입문서를 쓰고 있었다(그때 그는 조지메이슨대학으로 자리를 옮겼다). 코웬은 이 개념을 설명하기 위해 영화를 예로 들었다.

"영화관은 비경쟁적 소비를 보여주는 좋은 예라고 할 수 있다. 사람들이 한꺼번에 동시에 극장 안으로 들어가기는 하지만 각자 배정된 좌석에 앉게 되고, 그리하여 우리는 다른 관객의 소비 여부에 관계없이 영화를 볼 수 있다. 한 사람이 영화를 개별적으로 소비한다고 해서 그것이 다른 사람이 영화를 소비하는 행동을 방해하지 않는다는 점에서 영화는 경쟁적 성격을 띠지 않는다고 볼 수 있다."

이것은 정말 흥미로운 비경쟁재 사례였다. 물론 이 사례는 극장에 자리가 하나만 있는 것이 아니라는 가정 아래 제시된 것이었지만, 여기에서 제시한 비경쟁재란 극장 자리가 아니라 영화 그 자체를 말하는 것이었다.

극장의 경우 자리를 얻기 위해 밖에서 줄을 서야 한다. 그러나 영화는 한 극장에서 영화를 볼 수 없다고 해서 다른 극장에서도 그 영화를 볼 수 없는 것은 아니다. 같은 영화가 전 세계적으로 상영될 수도 있다. 또한 영화는 비행기 안이나 텔레비전을 통해 방영되기도 하며, DVD로 소비자에게 판매하기도 한다. 물론 여기에는 일정한 절차가 있다. 영화 자체는 영화를 만든 사람의 소유이다. 그렇지만 다른 관계자, 즉 배우, 영화음악 작곡가 등도 영화에 대해 일종의 권리를 갖고 있다. 이와 관련된 많은 전시 권한은 대부분 배제성이 높아 다양한 계약 형태로 보호된다. 다시 말해 변호사들이 나서서 지적재산권을 보호하는 것이다.

그런데 로머는 클럽 이론가들의 문헌을 읽으며 이들이 비경쟁성을 비분할성과 같은 개념으로 사용하고 있다는 사실을 발견했다. 콘스와 샌들러가 쓴 책에도 "이익의 비경쟁성에 대해서는 비분할성 부분을 참조할 것"이라고 나와 있었다.

여기에서 짚고 넘어가자면 재화는 아주 적은 부분이라도 그 이익을 나눠 사용할 수 없는 경우 그것을 분할 불가능하다고 말한다. 우리 앞에 시리얼 한 박스가 있을 때, 우리는 그중 반만 먹을 수도 있다. 그러나 강 위에 건설된 다리의 경우 절반만 사용할 수는 없다. 비분할성, 다시 말해 수학적 특성으로 볼 때 비볼록성이라는 것은 항상 고정비용 투자가 따른다.

경쟁재-비경쟁재 차트 개발

로머는 1960년대 초에 케네스 애로가 지식경제학에 대해 썼던 논문 두 편을 다시 읽어보았다. 그리고 그는 사람들이 그 지점에서 길을 잃었다는 사실을 발견했다. 애로는 지식을 다른 것과 구분시키는 특징에는 세 가지가 있다고 파악했다.

첫째, 지식의 성공적인 생산은 불확실하다. 둘째, 일단 생산되고 나면 새로운 지식은 소유가 불가능하다(물론 지식을 세상에 선보인 사람은 부분적으로 소유해서 돈을 벌 수도 있다). 셋째, 지식은 분할이 불가능하다는 것이다. 이것을 사용하다 보면 평균 생산 비용이 감소한다(다시 말해 수확체증 현상이 발생한다). 주어진 활동에서 지식의 필요성은 지식의 규모와 아무 상관이 없기 때문이다.

애로가 소유성 |appropriability 라고 부르는 것은 클럽 이론에서 배제성이라고 부르는 것과 서로 개념이 통한다. 다시 말해 같은 것을 거울을 통해 보는 것과 마찬가지이다. 발견한 것을 특허를 통해 누군가의 소유로 한다는 것이나 다른 사람을 배제한다는 것은 결국 같은 말이라는 얘기다.

그러나 지식의 특징 중 가장 중요한 것을 들라면 그것은 비분할성이 아니라 비경쟁성이라고 할 수 있다. 물론 등대의 불빛이나 레코딩 혹은 소프트웨어 프로그램에도 분할적 특성이 있는 것은 사실이다. 비경쟁성의 경우, 그것은 짓기 전이나 만들기 전 혹은 가동시키기 전까지는 존재하지 않는다. 그리고 비경쟁재를 생산하기 위해서는 고정비용이 들어간다.

하지만 일단 창조되면 비경쟁재는 베끼는 데 거의 비용이 들지 않으며 고갈되지 않은 채 계속 사용할 수 있다.

이러한 비경쟁적 특성 때문에 많은 사람이 그것을 소유할 수 있는 것이다. 물론 지식에는 비분할적인 특성도 있지만 이것은 그리 중요한 특징이 아니다.

컨텐츠를 베껴서 쓸 수 있는 것이면 무엇이든 비경쟁재가 될 수 있다. 어떤 심포니와 특정 오케스트라의 그 심포니 공연, 어떤 그림과 그 그림을 커피 머그잔에 옮겨놓는 것, 화학 공식과 그것이 약으로 변신하는 공정 등 계속 베껴서 쓸 수 있는 것이 비경쟁재이다.

사실 지식의 배제성이 개입되면 그 양상은 아주 재미있어진다. 비경쟁재는 상황에 따라 다양한 수준으로 배제성을 띠기 때문이다. 어느 콘서트 자리를 놓고 생각해보자. 만일 콘서트에 간 한 관객이 녹음 기능이 장착된 노트북 컴퓨터를 들고 갔다면 어떻게 될까? 사실 푸치니|Puccini의 전성 시절에는 푸치니가 작곡한 오페라를 리허설할 때 아리아 부분은 빼고 했다고 한다. 리허설 장면을 본 언론사 기자들이 그때 들은 멜로디를 기억했다가 미리 보도하는 것을 막기 위해서였다. 비밀 유지는 상업적으로 가치가 있는 비경쟁재를 보호할 수 있는 하나의 수단이다. 특허, 상표권, 비밀 제조법, 접속 암호, 소유권 표준|proprietary standards, 계속적인 혁신 또한 다른 보호 방법이라고 할 수 있다.

이렇게 생각하다 보니 로머의 머릿속에 하나의 차트가 그려졌는데, 그것은 다음과 같이 요약할 수 있다.

이 새로운 배치도는 많은 문제를 해결해주었다. 그 무렵 타일러 코웬이나 할 배리언|Hal Varian 같은 공공 재정 전문 경제학자는 언론에 등장해 '공공재의 민간 시장'이라는 용어를 사용하기 시작했다.

□ 로머의 차트 □

배제성 정도		경쟁자 (예: 물건)	비경쟁자 (예: 비트 조각들)
	100%	인적 자본 (예: 소프트웨어 저장을 위해 기억된 암호 명령)	코드화된 위성 텔레비전 방송
		플로피디스크	
			소프트웨어 실행을 위한 컴퓨터 코드
			월마트 매장 경영 매뉴얼
		바다낚시 불임 곤충(Sterile insects)	
	0%		기초적 R&D

하지만 그러한 용어는 혼란을 주기에 제격이었다. 퍼스널 컴퓨터용 마이크로소프트 윈도 운영 체계는 이제 이 산업계의 표준이 되었는데, 그러면 많은 사람이 사용한다고 해서 그것에 공공이라는 성격을 부여할 수 있는가? 반대로 영어라는 언어를 개인이 사용한다고 해서 이것에 사적인 성격을 부여하는 것이 가능한가?

그렇다면 비경쟁재 시장의 경우, 대체 어떻게 설명하면 사람들이 좀더 쉽게 이해할 수 있을까?

여기 몇 년간 모아 놓은 개념들, 즉 공공재, 외부성, 비분할성, 비볼록성, 시장 실종, 제대로 규정되지 못한 소유권 등이 있다. 이 개념의 공통점은 시장이 제대로 기능하지 못하고 있다는 것과 관계가 있다는 것이다.* 비경쟁재, 예를 들어 등대는 스필오버와는 근본적으로 다른 개념이다. 원칙적으로 이것을 사용하는 사람들은 거의 비용을 내지 않고 사용한다. 그러나 이것을 건설하고 유지하는 데는 비용이 들어가고 그 비용은 정부가 부담한다.

이 정도의 설명만으로는 충분치가 않다. 폴 새뮤얼슨은 열다섯 번이나 자신이 쓴 책을 개정하면서도 등대를 공공재로 규정하고 있었다. 그 이유는 등대가 국가에 의해서만 공급되기 때문이라는 것이다. 그러나 발표되었다가 곧바로 관심권에서 벗어나긴 했지만 1974년에 로널드 코스가 쓴 논문은 등대가 보통 민간인에 의해 공급된다는 사실을 입증하고 있다. 등대는 비경쟁재이며 부분적으로 배제 가능한 재화인 것이다. 과학 학술지에 게재된 논문이나 기업 연구실의 내부 보고서, 왯지우드 차이나 디자인 및 제조 기술도 마찬가지다.

물론 외부성만으로 이러한 것을 설명할 수도 있다. 그렇지만 더욱 심오하고 흥미로운 현상은 바로 이 모든 것이 비경쟁적 특징을 지니고 있다는 것이다. 비경쟁재 경제학은 인간이나 물건의 경제학과는 근본적으로 다르다.

낙오자에서 스타로 부상한 로머

정리를 하자면 1987년 봄, 배로와 로머는 〈스키장 리프트 가격 책정〉을 제출하기 전에 마지막으로 손을 보았다. 이 논문으로 인해

◆ 이 문장은 안드레아스 파판드레 Andreas Papandreou가 《외부성과 제도 Externality and Institutions》에서 한 말이다.

이들이 클럽 이론 전문가들과의 논쟁에 휘말리게 되는 것은 그로부터 1년 뒤의 일이다. 그런데 로머가 머릿속에 그렸던 그 차트는 1992년이 되어서야 비로소 세상에 선을 보였다. 결국 로머가 미래 세계로 가는 문을 열어준 것은 스키장 리프트에 관한 논문이었다고 할 수 있다.

실제로는 가격이 고정되어 있는 것 같지만 알고 보면 융통성이 있다는 관측(스키장 리프트 일회 사용 요금 환산에서 보았듯)은 시카고 경제학자들에게 칭찬해줄 만한 특별한 발견으로 보였다. 그리하여 로머는 시카고대학에서 주최하는 세미나에서 그것을 설명해달라는 초청을 받게 되었다. 그 초대장은 〈미친 설명〉이 큰 실망을 준 지 몇 주 후에 발송되었다. 그리고 탄탄한 가격 이론과 고차원 수학이 겸비된 〈스키장 리프트〉 논문은 시카고대학 경제학과의 응용 가격 이론가 진영뿐 아니라 수리경제학파 진영까지도 크게 만족시켰다.

중요한 것은 로머의 이 논문이 모든 기대 수준을 넘어섰다는 것이다. 이 세미나가 끝나고 몇 주 후, 호세 세인크먼은 제자였던 로머에게 정교수 자격으로 시카고대학으로 오라는 제안을 했다. 하지만 그 제안은 받아들이기가 쉽지 않았다. 로머의 아내가 캘리포니아에서 좋은 조건으로 연구 의사직을 제안 받았기 때문이다. 그래도 로머에게는 우선 자신의 경력을 더욱 발전시키는 것이 시급했다.

결국 로머는 시카고대학의 제안을 받아들였고 1988년 1월부터 시카고대학에서 일하기 시작했다. 그곳에서 로머는 1987년 서둘러 발표한 특화에 의한 성장 모델 연구로 돌아갈 채비를 했다. 이제 꽁꽁 싸두었던 짐을 풀어 스필오버가 어디에서 발생하는지 찾을 준비가 된 것이다. 경제학계를 떠날 생각까지 했던 로머는 이렇게 모교 교수로 금의환향했고, 마침내 자신이 설정했던 인생 목표 지점에 가까이 도달했음을 느끼게 되었다.

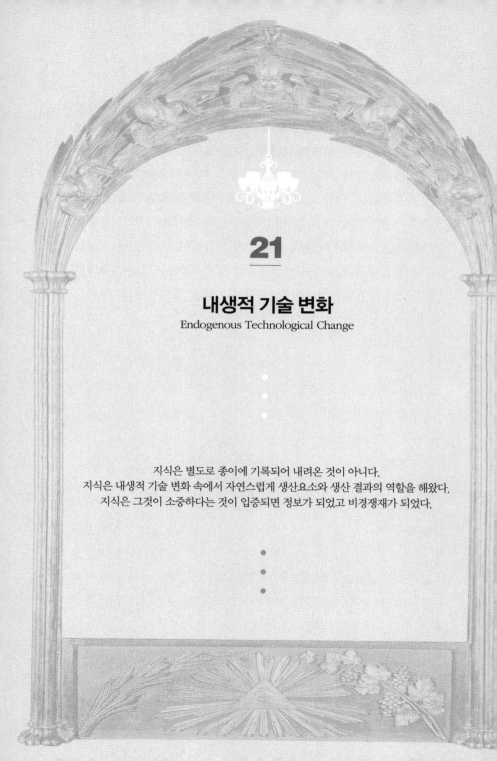

21

내생적 기술 변화
Endogenous Technological Change

지식은 별도로 종이에 기록되어 내려온 것이 아니다.
지식은 내생적 기술 변화 속에서 자연스럽게 생산요소와 생산 결과의 역할을 해왔다.
지식은 그것이 소중하다는 것이 입증되면 정보가 되었고 비경쟁재가 되었다.

버팔로에서 탄생한 로머90

그곳은 이론전을 벌이기에는 아주 이상적인 장소였다. 이리호에서 나이아가라폭포 쪽으로 흐르는 북쪽 강줄기 강둑에 이 학술회의장이 자리 잡고 있었다. 물론 회의는 넓게 펼쳐진 초록 들판 대신 물가를 따라 건설된 고속도로 사이의 후미진 곳에 위치한 힐튼호텔에서 개최되었다. 힐튼호텔이 있는 버팔로는 당시 꼭 전쟁을 치르는 도시처럼 보였다. 1980년대 초 달러 강세로 버팔로에 있던 미국 회사들이 생산지의 상당수를 해외로 이전해 실업자가 대량으로 발생했기 때문이다.

1998년, 다양한 경제 성장 이론이 만나 각자 자기 이론이 옳다는 주장을 하는 학술회의가 버팔로에서 개최되었다. 이 학술회의는 로머가 5년 전 수확체증에 관한 박사학위 논문을 제출한 이래 계속 떠오르고 있는 다양한 신성장 이론의 가능성을 평가하기 위한 목적으로 개최된 것이었다. 그동안 경제학자들은 수년간 경제계를 지배해온 경쟁적 주장에 대해 서로 비교 평가를 해볼 수 있는 기회를 호시탐탐 기다려왔다. 그러던 중 드디어 서로 다른 이론을 주장하는 사람들이 모여 실력을 겨뤄볼 수 있는 기회가 주어진 것이다.

이 학술회의에는 시카고대학 교수로 임명된 로머를 비롯해 MIT의 폴 크루그먼, 하버드의 로버트 배로, 시카고의 게리 베커(공저자인 젊은 케빈 머피와 함께), 그리고 하버드의 계량경제학자 데일 조겐슨이 발표자로 참석했다. 토론자로는 차세대를 대표하는 래리 서머스, 안드레이 슐레이퍼, 로버트 비시니가 선정되었다.

물론 학계 원로급 경제학자로 시카고의 로버트 루커스, MIT의 스탠리 피셔, 스탠포드의 로버트 홀|Robert Hall, 미네소타대학의 에드워드 프레스콧, 텍사스 A&M의 피니스 웰치|Finis Welch도 이 학술회의장에 모습을 드러냈다.

중요한 사실은 이 학술회의에 발표된 논문 중 최고라고 생각되는 논문은 시카고대학이 발간하는 학술지 〈저널 오브 폴리티컬 이코노미〉에 게재될 예정이라는 것이다. 그리고 이 논문에 대해서는 시카고대학이 앞으로도 지원을 아끼지 않을 예정이었다.

버팔로에서 발표된 논문 중에는 로머의 〈총기술 변화를 위한 미시적 기초|Micro Foundations for Aggregate Technological Change〉가 가장 눈에 띄었다. 다른 논문은 로머의 논문을 받쳐주는 역할을 했다. 베커와 머피는 인구 변화에 대한 완전 경쟁 모델을 제시했으며, 크루그먼은 무역과 성장을 연계시키는 시도를 했다. 한편 조겐슨은 조세 정책이 성장에 미치는 결과에 대한 연구를 발표했는데, 이것은 폰 노이먼 정신을 계승한 또 다른 AK 모델이라고 할 수 있었다.

이날 발표된 로머의 〈미시적 기초〉는 후에 〈내생적 기술 변화〉로 제목이 바뀌게 되는데, 우리는 이것을 〈로머90〉이라고 부른다. 바로 이 논문에서 지적재산권에 대한 개념이 성장 이론이라는 배경

속에서 처음으로 공식적으로 규정되고(이것이 우연히 발견되었다기보다는), 총체적 수준의 경제 모델 안으로 들어가게 되었다. 다시 말해 지식이 투입 생산요소 및 결과로 설명되고, 이에 따라 경제학자들에게 지식이 중요한 요소임을 인정할 기회를 제공하게 된 것이다. 버팔로 학술회의장에서는 드디어 해냈다는 충만감이 느껴지고 있었다.

성장의 열쇠

로머의 새 논문은 물리적 요소가 아닌 지식 축적이 실제로 가장 중요한 것이라는 주장으로 시작되었다. 효용을 이끌어내기 위해 사용된 기본적인 원료는 언제나 같은 것이었다고 로머는 설명했다. 그 재료를 혼합하는 방법은 시간이 흐르면서 더욱 고도화되었는데 특히 최근 몇 년간 그런 현상이 두드러졌다고 강조했다.

"100년 전까지만 해도 산화철을 가지고 인간이 할 수 있는 일은 그것을 물감으로 만들어 캔버스 형태(캔버스 그 자체도 동굴 벽에 그리는 그림에 비하면 엄청나게 기술이 향상된 것이다)로 짜인 천 위에 그림을 그리는 것이 전부였다. 하지만 오늘날 우리는 산화철을 플라스틱 테이프를 감는 긴 실패 위에 칠하거나 구리, 실리콘, 석유, 철, 그밖에 다른 혼합 원료와 섞어 그것으로 텔레비전 세트도 만들고 VTR도 만들 줄 알게 되었다."

버팔로에서만 해도 로머는 아직 '비경쟁적'이라는 용어를 사용

하지 않았다. 대신 그는 체화 지식|embodied knowledge(어떤 지식을 개발한 인간과 함께 탄생했다가 인간과 함께 사라지는 인적 자본)과 비체화|disembodied 지식(어떤 지식을 개발한 인간보다 더 오랫동안 살아남는 인적 자본)으로 구분했는데, 이 비체화 지식의 근원은 우리가 '길을 잃어버린 순찰대'라고 부르는 일부 경제학자의 연구까지 거슬러 올라가야 한다.

이 논문을 발표할 때까지도 로머는 클럽 이론가들과 논쟁을 하긴 했지만, 부분적으로 배제적인 성격을 띠는 비경쟁재에 대한 생각을 구체화하지 못하고 있었다. 이 학술회의가 개최되기 일주일 전 스키장 리프트에 관한 논문을 비판하는 편지가 도착했기 때문이다. 이에 따라 비경경재라는 용어가 사람들에게 알려진 것은 시간이 한참이나 흐른 후였다. 그 사이 몇 년간을 로머는 지시|instructions의 동의어로 레시피|recipes라는 단어를 사용하기도 하고, 청사진|blueprints이나 아이디어|ideas라는 단어를 사용하면서 어느 것이 적절한지 고민했다. 한 가지 확실한 것은 지적 자본이나 소프트웨어, 웨트웨어|wetware라는 단어를 피하려고 노력했다는 점이다.

시간이 흐르면서 이렇게 제시된 용어는 점점 진화되었다. 그러다가 마침내 구체적인 물건을 뜻하는 경쟁재와 몸체가 없는 생각을 뜻하는 비경쟁재라는 개념이 정립되었고, 이것은 각각 원자와 비트라는 상징적인 용어로 불리게 되었다. 그렇다고 정치적 의미가 내포된 공공재, 사유재를 대체하는 개념은 절대 아니었다. 그보다는 공공재, 사유재 개념을 더 잘 정리하고 보강한 개념이라고 할 수 있다.

로머는 경쟁재를 생각하면서 그 반대 개념으로 성장 이론의 주역이 되는 비경쟁재의 특성을 더 잘 파악하게 되었다. 더불어 그는

1962년 케네스 애로가 새로운 아이디어에 대해 뭉뚱그려 떼어낼 수 없다는 의미로 비분할성이라는 개념을 제시해 경제학자들이 잘못된 길로 들어서게 되었다는 것을 깨달았다. 물론 새로운 아이디어는 고정비용을 투자해 나온 것이기 때문에 애로가 말한 것처럼 일부만 떼어낼 수는 없다. 다시 말해 새로운 아이디어의 절반만 구입하는 것이 불가능하다는 얘기다.

질 디피가 설계한 교량들 중 하나처럼 새로운 아이디어는 보통 엄청난 돈을 투자하지만, 완성되기 전까지는 전혀 쓸모가 없다. 그러나 세상에는 아이디어뿐 아니라 하나로 뭉뚱그려져 분리할 수 없는 물건이 매우 많다. 새로운 아이디어가 교량, 즉 다리와 비슷하면서도 결정적으로 다른 점은 새로운 아이디어는 동시에 수많은 사람이 이용할 수 있다는 것이다. 보통은 그렇게 많은 사람이 동시에 이용한다고 해서 그 효용성이 떨어지지도 않고, 많은 대가를 지불할 필요도 없다.

비경쟁재라는 용어의 가장 큰 매력은 이것이 애덤 스미스의 주장, 즉 '노동 분업은 시장의 크기에 의해 제한받는다'의 기저에 깔린 메커니즘을 잘 설명해준다는 점이다. 에일린 영은 "특화 사업의 미묘한 장점은 그것이 원료 생산자와 최종재 소비자 사이를 파고 들어갈 수 있다는 것인데, 이 장점은 시간이 흐르면서 더 강화된다"는 설명을 하는 것으로 그쳤다. 그런데 드디어 로머가 특화와 시장 규모 사이에 어떤 연관관계가 있는지 그 메커니즘을 밝혀낸 것이다.

중요한 것은 이처럼 새로운 지시 사항을 발견하려면 고정비용이 들어간다는 사실이었다. 못 하나를 박기 위해 망치를 만들거나 쥐 한 마리를 잡기 위해 새로운 덫을 개발할 수는 없는 노릇이다. 시장이 크면 클수록 새로운 디자인으로 만들어진 제품은 더 많이 팔리게 마련이다. 그런데 후에 새로운 디자인에 의해 제품이 얼마나 팔려나가는가에 관계없이 고정비용 투자는 이루어져야 한다. 다시 말해 일단 고정비용 투자를 하고 나서 새로운 디자인으로 생산된 상품이 많이 팔려 나가면 나갈수록 생산비용은 감소하게 된다는 얘기다.

새롭게 개발된 망치 100개를 팔면 투자된 고정비용을 상쇄할 수 있다고 가정해보자. 이 경우 망치 100만 개를 팔면 망치 생산업자는 부자가 될 것이다. 그 점에서 진정한 대형 시장이란 수많은 특화 사업가가 생산요소를 최종재로 변화시킬 수 있을 정도의 역량을 지닌 시장이라고 말할 수 있다.

"동굴 그림은 그림을 그리는 사람이 혼자서 모든 것을 알아서 해야 하는 작업이었다. 심지어 100년 전까지만 해도 캔버스를 만드는 데 사용되는 천과 물감 수집 및 최종적으로 그려진 그림을 판매하는 사람 사이에 연결고리 역할을 하는 개인이나 회사가 적었고 하는 일도 단순했다. 그러나 오늘날 가정에서 비디오를 시청하는 사람들은 수만 명 아니 수십 명의 특화 노동자가 일한 덕분에 그리고 전 세계 많은 국가에 흩어져 있는 수많은 기업 덕분에 편안하게 집에서 비디오를 볼 수 있다."

1987년 로머는 특화에 의한 성장 모델을 담은 짧은 논문에서 인구가 성장에서 결정적인 역할을 하는 것 같다고 주장했었다. 다시 말해 내수 시장이 큰 국가가 보다 빨리 성장한다는 것이다. 그 주장이 맞는다면 중국은 일찌감치 성장률에서 영국을 넘어서야 하는 것 아닌가?

과거의 이 주장으로 큰 곤혹을 치른 로머는 버팔로에서는 전문적으로 훈련을 받은 인적 자본량과 지식 성장 사이에 관련이 있다며 과거보다 조심스러운 주장을 했다. 다시 말해 엔지니어, 과학자, 그리고 고도로 전문화된 노동자에 의해 지식 성장이 유발된다는 것이다. 그 점에서 버팔로 모델은 왜 인구가 많은 나라가 성장하지 못하는지 확실히 보여주었다고 볼 수 있다.

더욱 중요한 것은 새로운 지식을 수용하기 위해 시장을 개방하면 단순히 국민생활 수준만 향상되는 것(이 주장은 오래 전부터 있어 왔다)이 아니라, 국가 성장률 자체도 향상된다는 것이었다. 결국 아이디어 창조 경제는 단순히 상품을 제조하는 경제와 근본적으로 다르다고 할 수 있다. 지적재산권을 비롯해 대부분의 기초 연구에서 나오는 아이디어는 거의 비용을 들이지 않고 동시에 수많은 사람이 사용할 수 있기 때문이다.

그렇다면 혁신, 즉 기업가가 활용할 수 있는 다양하면서도 새로운 일련의 지시 사항들이 바로 성장의 열쇠라고 할 수 있다. 오래 전부터 존재해온 원료를 새로운 방법으로 조립하려면 추가로 인적 자본이 투여되어야(새로운 직업 연수를 통해) 한다. 하지만 이와 별도로 일련의 새로운 지시 사항을 개발하려면 또 다른 고정비용 투자가 필요하다.

사람들은 돈을 벌 수 있다는 희망으로 새로운 지시 사항 개발에 나섰는데, 그들은 그렇게 개발한 지시 사항을 비밀로 유지하거나 특허 형태를 통해 크게 이익을 취해 왔다. 더불어 그런 방법으로 새로운 지식이 계속 개발되고 있다.

새로운 모델의 두 가지 차이점

로머의 버팔로 논문에서 두 번째로 제시된 새로운 주장은 첫 번째 주장과 연관이 있었다. 로머는 지적재산권과 관련된 권리나 거래 비밀 및 전반적인 노하우와 관련된 권리가 존재하기 때문에 경제 전반에 걸쳐 독점적 경쟁이 존재할 수 있는 것이라고 지적했다. 다시 말해 서적뿐 아니라 콘프로스트, 쇄광기, 굴 등도 얼마든지 브랜드화하거나 다른 성공적인 차별화 방식을 통해 독점적 경쟁을 유지할 수 있다는 것이다. 여기에서 고정비용은 아주 중요한 연결고리 역할을 한다.

그날 버팔로에서는 이러한 생산자의 가격 책정 행동에 제동을 거는 다른 성장 모델, 즉 완전 경쟁 모델도 제시되었다. 완전 경쟁 모델의 대표적 인물인 로버트 루커스는 야구 배팅 기술과 교과서의 지식 모두가 인적 자본 형태에 들어간다고 주장했다. 물론 양쪽 모두 고정 투자를 필요로 한다. 둘 다 무언가 소득이 있을 것이라는 기대로 그런 일을 하는 것인데, 두 분야가 서로 다르다고 굳이 구분할 필요가 뭐 있겠는가? 두 가지는 모두 우아한 볼록성 수학공식에 기초한 완전 경쟁 표준 모델에 의해 얼마든지 분석 및 평가될 수 있다.

루커스의 이러한 주장에 대해 로머는 다음과 같이 반박했다.

> "그렇지만 지식이 비체화 성향을 띠고 있고, 내생적으로 발전하고 있다는 점을 인정하기 위해 버려야 할 것이 바로 이 볼록성 가정이다."

물론 로머는 힘들게 얻은 새로운 지식에 대해 어떤 독점적 권리를 주장할지라도 시간이 흐르면 그 권리가 사라진다는 사실을 인정했다. 스필오버 현상이 발생하기 때문이다. 로머는 다음과 같이 주장했다.

"VTR의 사례에서 알 수 있듯(VTR 기술은 처음에 미국 회사가 개발했으나 일본 기업이 그 기술을 향상시켰고 한국 기업이 모방 생산에 성공했다), 기술 혁신은 개발자의 동의 없이도 베낄 수 있고 또한 사용할 수 있다. 물론 특허가 비밀 유지 방식으로 허락받지 않은 사용 부분에 대해 제한을 가할 수도 있다. 그러나 이러한 방법으로도 사람들이 지식을 베끼는 것을 막을 수는 없다. 그 점에서 지적재산권으로 알려진 다양한 지식은 인적 자본과는 다른 것이다."

로머의 이 새로운 모델은 두 가지 점에서 시카고 모델이나 솔로 모델과 차이가 났다.

첫째, 이 모델은 연구 개발 분야를 포함하고 있다. 다시 말해 사람들은 더 새로운 지시 사항을 개발하기 위해 연구 개발을 한다는 것인데, 이러한 지시 사항 개발은 우리가 무한차원 스프레드시트라고 부르는 분산화된 일반 균형 프레임워크에 의거해 이루어지고 있다. 이러한 지적을 통해 로머는 기술 변화가 내생적이라고 주장했던 것이다.

둘째, 로머의 새로운 모델은 독점적 경쟁을 당연한 것으로 받아들이고 있다. 핀 공장은 하나의 성장 엔진, 아니 슘페터가 주장했듯 유일한 성장 엔진이라고 할 수 있다. 이제는 더 이상 기술 우위로 인한 이익이 시장 실패로 받아들여지지 않게 되었다. 시장 실패보다 일종의 게임 법칙의 일부로 받아들이게 된 것이다. 다시 말해 새로운 기술 개발로 제조나 마케팅 분야에서 얻은 이익은 한동안 비밀로 유지되거나 특허 및 상표권 형태로 보호받으며, 그 결과 제조업체는 적어도 한동안은 한계비용을 훨씬 웃도는 가격으로 상품을 판매할 수 있게 된다. 그리고 그렇게 벌어들인 수입을 다시 새로운 노하우 개발을 위해 투자한다. 그러면 대부분의 상황에서라고 말할 수는 없지만, 상당수의 경우 수확체증의 법칙이 표준 역할을 하게 된다.

로머는 같은 사람이 동일한 지식을 반복해서 사용하거나 수많은 사람이 동시에 사용할 수 있다는 것은 굳이 소유권을 부여해 막아야 하는 나쁜 속성이 절대 아니라고 주장했다. 그런데 시카고 경제학자들은 소유권이 거의 모든 문제의 표준 해결책이라고 주장하고 있었다. 지적 소유권은 어느 나라나 다양한 관습과 법 형태로 존재해왔고 이 관습과 법도 수세기 동안 시간이 흐르면서 성장해왔다고 주장했던 것이다.

그렇다면 누가 어떤 것은 소유를 인정해야 하고 또 어떤 것은 인정하지 말아야 한다고 자신 있게 말할 수 있겠는가? 뉴턴이나 라이프니츠에게 미적분에 대한 특허권을 제공해야 한다고 주장하는 사람을 본 적이 있는가? 만일 이 과학자들에게 특허권을 주어야 한다면, 아인슈타인의 $E=mc^2$ 공식에도 저작권을 부여해야 하는 것이 아닌가? 에이즈 치료약 공식을 개발한 데이비드 호|David Ho도 로열티를 받아야 하고, 윌리엄 켈로그|William Kellog도 상표권을 행사해 옥수수로 만든 아침 식사용 시리얼은 켈로그만 단독으로 생산해야 하는 것이 아닌가? 이 소유권은 대체 얼마나 폭넓게 보호되어야 하는가? 또한 국가의 독점 규제는 얼마나 오랫동안 지속되어야 하는

가? 인력을 교육시키고 새로운 지식을 생산하며 그것을 보급하려면 다른 어떤 제도가 더 필요한 것일까?

이 모든 것은 지식이 주도하는 신경제에서 꼭 던져야 할 가장 중요한 정책적 질문이라고 할 수 있는데, 그 대답은 어디에서도 찾을 수가 없었다. 그 질문에 대한 답은 사회적 선택을 통해 얻을 수 있기 때문이다. 그것은 중앙은행이 통화 정책을 결정하듯 아니면 경제 안정화가 조세 정책을 통해 달성되듯 그렇게 하나의 정책으로 결정될 수밖에 없는 것이었다.

로머의 모델에서 축적된 지식은 정보의 개념과는 근본적으로 달랐다. 정보 개념은 15년 전 기술 경제학자들이 소개한 적이 있는데, 특히 비대칭 정보에 관한 〈불량차〉 논문 그리고 시그널링과 스크리닝 이론에 관한 훌륭한 논문으로 널리 알려졌었다.

이들 논문은 정보는 상호간에 꼭 어떤 관계가 있을 필요는 없는 사실로 구성되며, 이 정보는 주위 모을 수 있기도 하고 없기도 하다고 주장했다. 그런데 정보 혹은 정보의 복수 개념인 데이터는 어떤 구체적인 경쟁재 거래에 활용되지 않으면 별 쓸모가 없다. 따라서 메커니즘 디자인과 관련해 새롭게 대두된 이론은 판매자와 구매자가 각자 자신이 보유하고 있는 적절한 정보를 상대에게 보여주는 과정에 크게 초점을 맞추고 있었다.

그러나 정보와 달리 지식은 일련의 사실과 그 사실을 이해하기 위해 해야 하는 생각을 의미한다. 이러한 지식은 다른 재화와는 구조 자체가 확연히 다르다. 그 점에서 서로 구조가 다른 경쟁재와 비경쟁재는 구분되어야 하고 배제성의 정도 또한 중요하게 생각해야 한다. 유용한 지식이 창조되는 과정을 보면 사람이나 물건을 특별하게 만들어줄 수 있는 일부 정보의 활용 방법이 특정 개인에 의해 발견된 다음, 그 후에 모든 사람이 이 방법을 따라하게 되는 일반화 과정이 수반된다는 사실을 알 수 있다. 그렇게 해서 개인적 차원에서 끝날 수도 있는 정보가 많은 사람이 활용할 수 있는 공공 지식으로 변하게 되는 것이다.

그렇다면 이 설명에 대한 이해를 돕기 위해 쉬운 예를 한번 살펴보기로 하자.

바스코다가마│Vasco da Gama 가 1497년 희망봉을 돌아 인도로 가는 항해를 시작할 때, 항해를 하다 보면 선원들이 괴혈병이라는 이상한 병에 걸리고 이 병에 걸리면 보통 사망한다는 이야기를 듣게 되었다. 당시 사람들은 이 병을 전염병으로 생각하고 있었다. 물론 그 얘기를 듣고 항해를 시작한 다가마도 항해 도중 선원 160명 중 100명을 괴혈병으로 잃었다. 그런데 그의 배가 오늘날의 모잠비크 위치에 도착했을 때 선원 중 몇 명이 오렌지를 먹고 괴혈병에서 회복되었다. 그러자 그는 자신에게는 물론 더 넓은 세상에서도 전혀 쓸모가 없는 "오, 인자하신 신의 가호 덕분에 이 지역의 공기가 좋아서 우리 배 선원들이 병을 치료하게 되었구나"라고 잘못된 정보를 갖게 된다.

시간이 흘러 1617년 존 우덜│John Woodal이라는 인물이 바스코다가마가 지휘하는 배에서 일어났던 특별한 사건을 바탕으로 모두에게 유용한 정보를 캐내기 시작했다. 결국 선원들의 건강이 나아진 것은 과일을 먹었기 때문이라는 사실을 알아챈 그는 《선의(배에 탄 의사라는 뜻)의 동료│The Surgeon's Mate》라는 책에서 이 병을 자세히 설명하고 그 병의 예방 차원에서 레몬주스를 권했다. 이 책을 읽은 동인도회사는 그의 권고대로 항해하는 선원들에게 레몬주스를 나눠주었다.

　그로부터 8년 후 정부 당국은 이 정보가 옳다는 보다 구체적인 확신을 하게 되었다. 1,699개 장소에서 각종 의학 결과를 담은 정보를 수집한 결과 카디스라는 곳에서 최악의 괴혈병에 걸린 사람들이 오렌지와 레몬을 2주 동안 먹고 완전히 나았다는 정보가 들어왔기 때문이다.

　"한두 명만 그런 것이 아니라 모든 사람이 그랬다. 그 점에서 오렌지와 레몬이 효과가 있다는 것은 확실히 맞다."

　과일이 실제 효과가 있다는 사실은 1747년 영국 해군 군의관으로 일했던 제임스 린드 |James Lind가 현대적 의미에서 최초로 실시한 임상실험 결과에서 확실하게 얻을 수 있었다. 그는 장기간 항해를 하면서 심하게 앓고 있던 선원 12명을 골라 그들을 각각 두 명씩 6그룹으로 나눴다. 그리고 식사는 동일한 것을 제공하면서 식사 외에 이들에게 각각 다른 것을 매일 섭취하게 했다. 실험을 위해 그룹마다 다른 처방전이 투여되었는데 그룹별로 사과주스, 묽은 황산, 식초, 허브와 양념 혼합물, 바닷물 0.57리터, 오렌지 두 개 그리고 레몬 한 개가 주어졌다. 이때 마지막 그룹, 즉 매일 오렌지 두 개와 레몬 한 개씩 먹은 그룹의 회복이 빨랐으며 이들은 결국 완전히 회복되었다. 린드는 즉시 실험을 끝내고 모든 선원에게 오렌지를 나눠주었다.

　이렇게 해서 감귤류에 괴혈병 치료 성분이 들어 있다는 것은 어느 누구도 부인할 수 없는 지식이 되었다. 그럼에도 영국 해군이 해

군들 표준 식사에 감귤 주스를 공식적으로 포함시키는 데는 이후 50년이 걸렸다(영국 해군 수병들은 그 후 라이미|liemey, 즉 라임주스 군인이라는 애칭으로 불렸다).

비타민이 영양 섭취에서 하는 역할을 제대로 인정받아 비타민C 성분이 채취 및 합성되어 알약 형태로 개발 판매된 것은 20세기 들어서였다. 우리가 오늘날 사용하는 다양한 경쟁재와 부분적 배제 가능한 비경쟁재는 이처럼 지식과 정보 상품 형태로 발견되었다. 여기에서 중요한 것은 로머가 이 이야기를 꺼낸 이유는 정보의 교환성이 아니라 지식이 어떻게 성장하는지를 강조하기 위해서였다는 점이다.

이러한 지식은 별도로 종이에 기록되어 내려온 것이 아니다. 지식은 내생적 기술 변화 속에서 자연스럽게 생산요소와 생산 결과의 역할을 해왔다. 지식은 그것이 소중하다는 것이 입증되면 정보가 되었고 비경쟁재가 되었다. 물론 그것은 배제 가능할 수도 있고 아닐 수도 있다.

사실 경제학에서 지식의 역할을 강조한 문헌은 많았고, 특히 마셜이 지식에 대해 많은 이야기를 남겼다. 하이에크도 1945년 사회에서의 지식 활용에 대해 글을 쓴 적이 있다. 1960년대에 경제학자 사이먼 쿠즈네츠가 쓴 글도 지식에 관한 최고의 내용을 담고 있다. 피터 드러커|Peter Drucker를 비롯한 컨설턴트들은 1980년대와 1990년대에 지식과 지식경영에 관한 책을 수없이 썼다.

또한 학자들은 원자와 비트의 구분을 비롯해 수많은 뛰어난 발견을 했다. 그중에서도 스튜어트 브랜드|Stewart Brand는 "정보는 자유롭기를 원하며 동시에 가격이 매우 비싸기를 원한다"라고 주장했

는데, 그는 정보 생산에 돈이 많이 들어간다는 주장은 하지 않았다.

인간은 보통 먼저 연구를 시작한 사람의 이야기보다 가장 최근에 연구 결과를 발표한 사람의 이야기에 더 귀를 기울이는 경향이 있다. 그런 의미에서 현재 시점에서 가장 많은 사람이 수용하고 공유하는 사고(철학자 노먼 캠벨이 얘기한 바에 따르면 '보편적인 합의가 이루어지는 견해')가 정식 과학으로 인정받게 되는데, 여기에서 말하는 과학이란 물론 경제학을 의미한다.

사실 로머는 버팔로 학술회의장에서 시카고대학에 있는 동료 경제학자들에게 도전장을 던졌다고 할 수 있다. 그는 특화의 존재 및 지적재산권에 대해 설명할 기회를 얻고 싶어 했다. 물론 그 논문이 학술지에 실려 사람들이 그것을 받아들이도록 만든다면 더 바랄 것이 없었다. 그가 먼저 시작한 이 싸움에서 승리한다면, 독점적 경쟁 구도는 시카고대학 경제학과 주도로 발간되는 〈저널 오브 폴리티컬 이코노미〉를 통해 인정받는 것은 물론 이 학술지에 실릴 것이다. 그렇게 되면 몸은 시카고에 있으면서도 생각은 케임브리지적으로 해야 했던 어정쩡한 입장 때문에 마흔 살이 될 때까지 로머가 해왔던 고민도 끝날 터였다.◆ 로머는 곧 최종 판결의 순간이 다가올지도 모른다고 생각하고 있었다.

◆조지 스티글러는 로머의 논문과 거의 동시에 출간된 자서전에서 시카고대학은 독점적 경쟁을 물리치고 완전한 승리를 거두게 되었다고 의기양양하게 말했다. 그는 1988년에 발표한 〈어느 규제받지 않은 경제학자의 회고록Memoirs of an Unregulated Economist〉에서 "경제학자들의 연구에 챔벌린 스타일의 흔적은 거의 남아 있지 않다"고 적고 있다. 그런데 같은 해에 출간된 장 티롤의 《산업조직이론The Theory of Industrial Organization》에서 확인했듯, 챔벌린의 생각은 한번도 사라진 적이 없었다. 더욱이 이제는 크루그먼이 국제무역에서 그리고 로머가 성장에서 독점적 경쟁을 새로운 수준의 이론으로 끌어올리며 일개 산업 분야만 이해하려 할 것이 아니라 경제 전체를 이해하는 것이 필요하다는 것을 강조하고 있었다. 물론 스티글러와 밀턴 프리드먼은 버팔로 학술회의 같은 것에는 전혀 관심이 없었다.

로머는 대학원생 시절에 처음으로 제시했던 질문에 이제야 답을 찾은 것 같았다. 이제 남은 것은 그것을 사람들에게 이해시키는 것뿐이었다. 그렇다면 경제학이라는 학문이 그토록 올바른 길을 가면서 왜 성장 문제만은 유독 그렇게 잘못된 길로 가게 된 것일까? 그것은 아주 중요한 경제 원칙 하나(지식의 비경쟁성이 수확체증의 근본적인 원인이 된다는 원칙)가 빠져 있었기 때문이다. 희소성은 경제학의 중요한 원칙 중 하나이다. 그러나 그것이 단 하나의 중요한 원칙은 아니다. 지식경제학은 풍요를 연구하는 학문으로 과거 수세기 동안은 풍요가 희소성을 누르고 승리하곤 했다.

이러한 사실에도 불구하고 소유화될 수 있는 지식, 즉 독점적 권리를 행사할 수 있는 지적재산권이 주류 경제학 논문에서 총체적 분석 형태로 등장한 것은 버팔로 학술회의가 처음이었다. 그러나 그것에 대해 자세히 알기 위해서는 귀를 기울여 분석을 해보아야만 했다. 실제로 힐튼호텔 회의장에서는 누구도 지적재산권이라는 말을 언급하지 않았기 때문이다.

경제학계 밖에서는 버팔로 학술회의가 별다른 파장을 몰고 오지 않았다. 그러나 몇 년 후, 버팔로 회의가 끝난 지 얼마 지나지 않아 상당수 경제학자가 그 전과 전혀 다른 길로 방향을 전환했다는 사실이 발견되었다. 예를 들어 배로는 국가간 횡단면 회귀 분석의 전문가가 되었고, 스탠리 피셔는 국제통화기금|International Monetary Fund으로 가기 전에 세계은행의 수석 경제학자로 일했다. 그리고 래리 서머스는 듀카키스|Dukakis 선거 진영에서 일하게 되었다.

원로 학자들의 이러한 방향 전환으로 솔로 모델에 대한 논쟁은 다음 세대로 넘어가게 된다. 그레고리 맨큐, 데이비드 로머, 데이비드 웨일 이 세 사람의 합동 연구는 맨큐-로머-웨일 모델이라는 이름으로 솔로 모델 증보판으로 인정받았고, 이들은 모든 사람은 동일한 양의 공동 지식 풀에 접근할 수 있다고 주장했다. 이들의 논문은 버팔로 학술회의가 개최된 지 4년 후에 출간되었다.

그렇다면 왜 버팔로 학술회의를 이론전이 벌어졌던 장이라고 부르는가? 물론 현대경제학 역사상 최고라는 평가를 받고 있는 디너파티 설전에 비하면 버팔로에서 벌어진 이론 싸움은 아무것도 아니라고 할 수 있다. 그러면 현대경제학 역사상 최고로 유명한 디너파티 설전에 대해 잠깐 설명하고 넘어가겠다.

설전이 벌어진 그날, 로널드 코스는 거래 비용에 대한 주장을 담은 논문을 제출했다. 하지만 시카고 경제학과 교수들이 부정적인 반응을 보이자 열이 받은 그는 아론 디렉터|Aron Director가 자신의 집에 경제학과 교수들을 초대해 디너파티를 열고 있는 현장에 쳐들어갔다. 코스가 제출한 논문은 소유권을 제정만 하고 나머지는 시장 기능에 맡기면, 정부가 비싼 돈을 들여 규제하는 것보다 훨씬 효과가 있을 것이라는 주장을 담고 있었다. 그런데 시카고대학 경제학과 심사위원들은 코스의 주장에 옳지 않은 점이 있다고 비판하며 그 논문 게재를 반대했다. 그러한 상황에서 그날 저녁 디너파티가 열렸던 것이다. 조지 스티글러는 그날 밤 설전 광경을 다음과 같이 회상하고 있다.

"두 시간 동안 치열한 말싸움이 오간 끝에 드디어 상황이 역전되었다. 그 전에 20대 1로 코스의 논문 게재를 반대했던 교수들이 21명 모두 논문 게재를 찬성하는 쪽으로 마음을 바꾸었던 것이다."

사실 전에도 그런 내용의 논문을 제출한 사람은 많았지만 모두 밀턴 프리드먼에게 가로막혔고 용케 코스만 그 장벽을 뛰어넘은 것이다. 즉, 모두 자기주장을 제대로 발표할 기회조차 얻지 못했던 셈이다. 스티글러는 그날 밤의 역전극에 대해 이렇게 적고 있다.

"얼마나 열기가 뜨거웠던지!"

그날 디너파티에 참석한 손님은 모두 지식의 역사가 새로 쓰이게 되었다는 사실을 인정하고 각자 집으로 총총히 사라졌다.

물론 버팔로에서는 그 디너파티에서의 흥분감도 없었고, 모두의 눈길을 사로잡을 만한 특별한 사건도 없었다. 또한 참가자들 사이에 총체적인 지식경제학에 대해 성공적으로 설명한 거시경제학 문헌이 탄생했다는 공통된 인식도 조성되지 않았다(물론 경제학자들이 구체적인 결과를 입증할 수 없을 때마다 불러내던 조지프 슘페터의 유령은 그날도 불려나왔다). 그렇다고 해서 흥분과 감동이 전혀 없었던 것은 아니고 분명 그런 기분이 들긴 했지만, 왜 그랬는지는 구체적으로 알 수 없었다. 그러다가 시간이 흐르고 나서야 사람들은 비로소 그날 세계가 갑자기 바뀌어버렸다는 생각을 하게 된다.

뜨거운 가슴, 냉철한 머리의 소유자

버팔로 학술회의 이전에도 성장 관련 문헌과 시장 구조 문제를 연결시키려는 시도는 분명 있었다. 총성장 과정을 담은 로머의 모델로 새로운 상품의 물결이 출현할 때마다 어떤 상황이 유발되었는지 분석하자. 로머의 모델에서는 많은 직업이 창출될 뿐 사라지는 일은 전혀 없다는 결과가 나왔다. 그런데 1942년 발표되어 '창조적 파괴'라는 중요한 말을 남긴 연구에서 슘페터가 연구했던 주제, 즉 새로운 상품의 파도가 몰려올 때마다 어떤 일이 발생하는가에 대해 더욱 구체적으로 연구한 사람들이 이미 세 팀이나 있었다.

자본주의 사회에서 경제 발전은 일종의 혼란을 의미했다. 이러한 상황에서는 정체되어 있으면서도 완전 경쟁이 유지되는 상황과 전혀 다른 방향으로 경쟁이 진행된다. 전혀 새로운 것을 생산하거나 오래 전부터 존재해온 상품을 더욱 저렴한 가격으로 생산해 이익을 얻기 위한 노력이 구체화되고 이로 인해 새로운 투자가 이루어지는 것이다.

이러한 상황을 품질 사다리|quality ladders 또는 창조적 파괴라고 부르는데, 누가 모델화했느냐에 따라(진 그로스맨과 엘하난 헬프먼인가 아니면 필립 아기언인가에 따라) 부르는 명칭이 다르다. 폴 시거스트롬|Paul Segerstrom, 티시에이 애넌트|T.C.A. Anant, 엘리아스 디노풀로스|Elias Dinopoulos도 일찍이 이 연구 경쟁에 뛰어들었다. 이들이 하고자 하는 것은 기술 발전 과정을 해부해 그러한 발전 파도 속에서 산업 조직이 어떤 변화를 겪어왔는지를 밝히는 것이었다. 간혹 슘페터가 설명한 다양한 메커니즘을 구체적인 모델로 설명하려는 시도를 하는 과정에서 경제학자들 간 경쟁이 절정에 달하곤 했다.

이처럼 경쟁이 치열하다 보니 믿을 만한 연구 결과도 많이 나왔다. 1996년 프린스턴의 진 그로스맨은 성장 이론이 어떤 연구 과정을 거쳐 현재 상태에 도달하게 되었는지를 보여주기 위해 두 권으

로 된 《경제 성장 이론과 실제|Economic Growth: Theory and Evidence》를 펴냈다.

그로스맨은 이 책에서 경제학자들이 1970년 이후 경제 성장에 대한 관심을 상실했다고 적고 있다. 1970년은 로버트 솔로가 래드클리프 특강|Radcliffe Lectures 내용을 출판한 바로 그해였다. 그로스맨은 아직도 해답을 찾지 못한 많은 질문이 존재하는 것으로 봐서 신고전 모델은 중요한 질문에 대한 해답을 모두 찾아내는 데 실패한 것 같다고 주장하고 있다. 이 때문에 경제학자들은 경험적 연구나 이론으로부터 길 안내를 제대로 받지 못했고, 그 결과 성장에 대한 연구는 점점 더 메말라갔다는 것이다.

그러다가 1980년 중반 갑자기 상황이 바뀌게 되었다. 그로스맨은 그것을 두 가지 중요한 일이 일어나면서 사람들의 큰 관심을 끌어냈기 때문이라고 평가했다.

"첫 번째 사건은 폴 로머가 시카고대학에서 박사학위 논문을 완성한 일이다. 두 번째 사건은 로버트 서머스와 알랜 헤스턴이 100개가 넘는 나라의 GDP, 그리고 이와 관련된 상세 내용을 담은 국제적인 비교 데이터를 수집해 모두가 이용할 수 있도록 만든 것이다."

이어 그로스맨은 성장이라는 새로운 분야에서 세부 주제별로 가장 중요하다고 생각하는 논문 37개를 소개하고 있는데 그가 선정한 주제는 수렴, 국가간 상관관계, AK 모델, 외부성 중심 모델, 혁신 중심 모델 등이었다.

1989년 봄, 로버트 솔로 제자들이 솔로의 65주년 생일을 맞이해 그의 공적을 기리는 기념논문집을 발행하고 축하 행사를 할 즈음에도 버팔로로부터 나온 충격파는 계속 경제학계에 퍼지고 있었다. 제자들이 기념논문집을 펴내기 꼭 18개월 전, 솔로는 노벨재단으로부터 노벨 경제학상을 수상했다. 사실 경제학계에서는 솔로가 그보다 일찍 노벨상을 수상할 것으로 예측하고 있었다. 그렇다면 왜 스웨덴의 노벨재단 측은 경제학계가 더 부정적인 평가를 내리고 있던 제임스 뷰캐넌에게 먼저 노벨상을 수여한 것일까? 이를 둘러싸고 의견이 분분했지만, 그날 기념논문집 발간을 축하하는 자리에서는 모두 당시의 기분 나쁜 생각은 잊고 MIT의 영광을 기리고 있었다.

매사추세츠 케임브리지, 즉 MIT의 시각에서 1980년대 말 나타나기 시작한 내생적 성장 관련 문헌은 민물학파만이 관심을 가진 그들만의 현상이었다. 시카고대학의 신고전학파와 동부 해안의 시각이 서로 엇갈릴 뿐이라고 단순하게 생각하고 있었던 것이다. 사실 내생적 성장에 관한 연구가 활발하게 이루어진 곳은 해밀턴, 온타리오, 시카고, 로체스터, 버팔로 등 내륙 호수 연안 지방이었다. 이들은 특히 딕시트-스티글리츠 모델을 빌려 쓰기도 했는데, 이에 대해 소금물학파의 일부가 몹시 못마땅해 했다.

사실 MIT는 시카고학파가 새뮤얼슨과 솔로가 처음 개발했던 접근 방식을 사용하든 말든 신경 쓸 필요가 없다고 생각했다. 특별한 이슈에 관해 작은 모델을 좀 빌려다 쓴다고 해서 무슨 큰 일이 나겠는가? 하지만 시카고 쪽의 연구 내용에 대해 특별히 못마땅해 하는 MIT 쪽 사람들이 있었는데, 그 대표적인 인물이 조지프 스티글리츠였다.

스티글리츠는 청중 앞에서 시카고 쪽의 연구는 이미 1965년 여름 시카고에서 개최된 워크숍에 참석한 학자들이 모두 시도해본 것이라고 설명했다. 그는 자신의 생각을 이렇게 표출했다.

"과거에 분명 실패한 것을 다시 들춰내는 그들의 행동은 뻔뻔스럽다는 말밖에는 달리 할 말이 없다. 특히 시카고학파가 내 동료와 내 연구결과를 이상하게 무시하는 것을 참을 수가 없다."

솔로를 기리는 기념논문집 발간 기념 행사장에서 청중에게 대표로 인사를 한 사람은 애컬로프였다. 그는 혜안이 뛰어난 솔로가 신성장 이론가들이 제기하는 쟁점에 대해 얼마나 현명하게 대처해왔는지를 상기시켰다. 그리고 1980년 솔로가 미국경제학협회 회장으로 선출되었을 때 했던 연설 내용을 다음과 같이 인용했다.

"시장 실패를 둘러싸고 발생하고 있는 이 긴장에 대해 우리 각자가 어떻게 대응하는가는 로르샤흐|Rorschach 심리검사에서 나타나는 개인적인 성격에 따라 크게 다를 것이라고 생각합니다. 저처럼 성격이 유약해 자기주장을 강하게 하지 못하는 사람은 특히 이런 긴장 상황을 참기가 어렵습니다. 이 자리를 빌려 이 협회의 전임 회장직을 맡았던 뛰어난 인물 중에서도 두 분에 대해 꼭 언급하고 싶습니다. 한 분은 밀턴 프리드먼인데, 그분을 떠올리면 규모에 대한 수확불변, 독과점적 상호의존, 소비자 무지|consumer ignorance, 환경오염 등 다양한 주제에 관해 했던 수많은 말씀이 밀물처럼 밀려옵니다. 또 한 분으로 존 케네스 갤브레이스를 생각하면 경쟁의 원칙, 모든 범용재의 수많은 대체물, 규제의 무모함, 왈라스 균형의 파레토 최적성, 지식에 관한 결정 분권화의 중요성 등

그분이 열변을 토하셨던 내용이 떠오릅니다. 여러 다른 학파 사이에서 제가 큰 실수 없이 살아왔다면 그것은 제 성격이 유약해 조심했기 때문이라는 생각이 듭니다."

이 연설문에서 볼 수 있듯 솔로는 자신을 낮출 줄 아는 지혜 덕분에 MIT를 거쳐 간 수많은 제자의 존경을 받을 수 있었다. 하지만 솔로를 비난하는 시카고학파들은 이처럼 자신의 견해를 강하게 내세우지 않는 성격을 크게 못마땅해 했다. 솔직히 솔로 제자들 중에서도 독점적 경쟁에 관해 깊이 파고 들어간 명석한 제자들, 심지어 애컬로프 같은 제자도 스승의 견해가 로르샤흐 심리검사 결과처럼 모호하기 짝이 없다고 비판한 적이 있을 정도였다. 그러나 그날 밤을 빛낸 것은 바로 솔로의 그 성격이었다. 솔로는 한마디로 마음은 한없이 따뜻하면서도 정신은 수학공식처럼 정확한 미스터 칩스|Mr. Chips 같은 인물이었다.

로머, 시카고를 버리다

버팔로에서 발표된 로머의 논문은 조금 손을 본 뒤 1990년 10월 학술지에 보내졌다. 이번에는 〈저널 오브 폴리티컬 이코노미〉 심사위원 누구도 게재를 반대하지 않았다.

그는 용어와 수학공식을 조금 바꾸었다. 헬프먼과 그로스맨의 권고에 따라 박사학위 논문을 위해 개발했던 선택 이론적 최적화 프레임워크를 버리고 학자들이 보편적으로 사용하는 간편한 테크닉을 선택했던 것이다. 훗날 로머는 그 시절을 돌아보며 다음과 같이 회고했다.

"가끔 과거에 논문을 쓰던 시절을 돌아본다. 그때는 일반 균형 이론을 야심차게 논문에 집어넣으며 사람들이 내 논문에 큰 관심을 가져주기를 기대했다. 그런데 그런 일은 일어나지 않았다. 어쩌면 명확한 것을 추구하는 솔로 타입이나 MIT 타입 논문에 비해 내 논문이 추상적으로 보였을지도 모른다. MIT는 논리나 가정 따위는 신경 쓰지 않고 방정식만 보여주면 그만이라고 생각하고 있었기 때문이다. 하지만 솔로 방식이나 MIT 방식 그 어느 것으로도 외부성이나 비경쟁재가 무엇을 의미하는지 명확하게 설명할 수 없었다. 그것은 일반 균형 수학에서 요구하는 엄격성과 논리로 풀어야 하는 분야였기 때문이다."

그런데 로머의 1990년 논문은 사람들의 주목을 받지도 못하고 갑자기 일어난 세계적인 사건의 소용돌이 속에서 뒤로 밀려났다. 그 논문이 발표되기 바로 1년 전 베를린 장벽이 무너졌던 것이다. 소련은 와해되고 있었고, 공산주의가 서서히 무너지는 모습은 결국 보이지 않은 손이 승리하게 될 것이라는 확신을 강화시켜 주었다. 그처럼 현재 일어나고 있는 사건과 경제학 선봉 분야에서 이루어지고 있는 연구 사이에는 엄청난 격차가 존재하고 있었다.

경제학계 사람들을 그보다 더 놀라게 한 일은 1989년 봄 로머가 1년간 교수로 재직하던 시카고대학에 갑자기 사표를 냈다는 것이다. 그는 다음에 일할 대학도 찾지 않은 채 캘리포니아로 떠나버렸다. 로머의 아내는 시카고의 한 연구소에서 펠로로 일하고 있었는데, 연구 전략에 관해 연구소 팀장과 사사건건 의견 대립을 하느라 지쳐 있었다. 더욱이 그의 아내는 시카고의 긴 겨울을 몹시 싫어했다.

이런저런 이유로 시카고를 떠나기로 한 로머의 결정은 국가경제연구소 학술회의가 개최될 시점과 솔로에게 헌정되는 기념논문집 발간 행사가 개최될 무렵에 이루어진 것이었다.

당시 시카고대학 경제학과 학과장으로 있던 셔윈 로젠은 로머에게 자리도 알아보지 않은 채 시카고대학에 사표부터 던지면, 20년 전 시카고를 떠나 워털루대학으로 가서 일생을 망쳤던 먼델처럼 될 수도 있다며 한사코 만류했다. 그러나 로머는 버클리든 스탠포드든 샌프란시스코만 근처에 있는 대학에서 자신을 스카우트하는 제안이 올 것이라고 믿었다. 만일 대학에서 제안이 오지 않으면 정계로 진출하거나 소프트웨어 개발 전문 회사를 차리면 그만이었다. 사실 그는 오래 전부터 회사를 하나 창업하면 어떨까 생각하곤 했었다. 1989년 가을, 로머는 스탠포드대학의 행동과학첨단연구센터에서 1년짜리 계약 연구직을 얻었다. 또한 국가경제연구소와 후버연구소|Hoover Institution에서도 그에게 연구실을 제공했다. 그리고 다음해 봄 캘리포니아 버클리 경제학과는 그에게 평생교수직을 제안했다. 그리하여 로머는 1990년 9월부터 스탠포드 외곽에서 버클리까지 30마일을 운전하며 일주일에 몇 번씩 대학에 강의를 나갔다. 로머가 버린 것은 시카고대학뿐이 아니었다. 시카고를 떠나면서 그는 모든 혼란과 회한을 함께 날려버렸다.

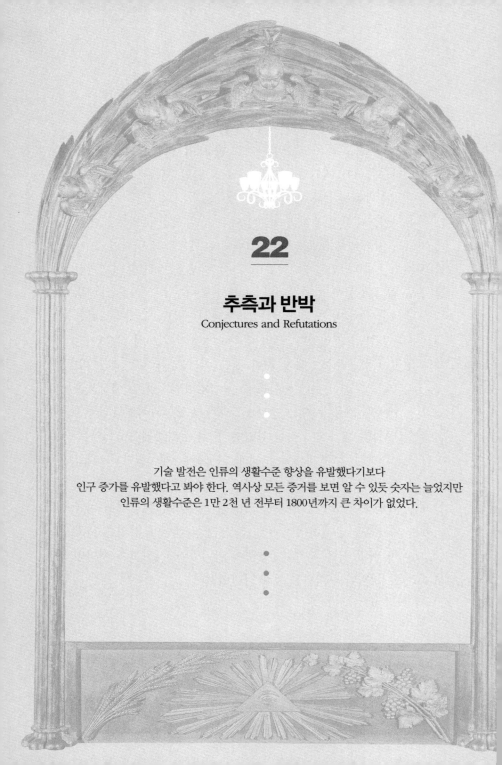

22

추측과 반박
Conjectures and Refutations

기술 발전은 인류의 생활수준 향상을 유발했다기보다
인구 증가를 유발했다고 봐야 한다. 역사상 모든 증거를 보면 알 수 있듯 숫자는 늘었지만
인류의 생활수준은 1만 2천 년 전부터 1800년까지 큰 차이가 없었다.

새로운 눈을 뜨게 하는 마법의 이론

토머스 쿤은《과학적 혁명의 구조》에서 중요한 문제를 다음과 같이 간단히 설명하고 있다.

"특정 분야에서 잘 훈련받은 젊은이들이 있는데, 이들 몇 명에게 갑자기 좋은 생각이 떠올랐다. 그동안 해결책을 찾지 못해 고민하던 문제를 새롭게 해석할 수 있는 방법을 찾아낸 것이다. 이때 그들은 그 직업 분야 전체의 생각을 바꾸고 과학과 세상을 다르게 보도록 하기 위해 어떻게 해야 할까? 이들이 할 수 있는 것은 과연 무엇일까?"

1989년경 수확체증 혁명의 운명은 일반 균형 모델을 통해 긍정적 피드백 논리를 계속 따르겠다는 결심을 한 일부 경제학 지도자, 즉 크루그먼, 로머, 헬프먼, 그로스맨의 손에 달려 있었다(한편으로 특화와 수확체증에 관한 다른 접근 방식이 문화혁명으로 인해 10년이나 감옥에 갇혀 있다가 미국으로 망명해 프린스턴에서 박사학위를 받은 중국 출신 경제학자 샤오카이 양│Xiaokai Yang의 지도 아래 호주 모나시대학에서 부상하고 있었다). 이들 외에도 학문적으로나 개인적으로 이 연구를 하면 명성이 높아질 것 같은 예감에 다른 경제학자들도 너도나도 이 분야 연구에 뛰어들게 되었다. 이들 대부분은 1980년대 후반과 1990년대 초반에 경제학계로 막 진출한 대학원생이었다.

사실 그보다 20년 전에도 경제학계는 이처럼 큰 논쟁에 휘말렸었는데 이때 논쟁의 주안점은 합리적 기대 혁명의 시작에 관한 것이었다. 그러한 논쟁을 둘러싼 새로운 발견이 이루어질 때마다 학자들의 명성도 따라서 올라갔다. 이에 따라 젊은이들은 서로 뒤질세라 새로운 아이디어를 찾아내기 위한 경쟁에 뛰어들었다.

지식 성장에 관한 새로운 모델은 커다란 계획을 세우고 그 계획에 따라 세워진 작은 계획별로 정립되어 나갔다. 이쪽에서는 응용 가능성을 연구하고 저쪽에서는 타당성을 연구했으며, 다른 쪽에서는 발표할 무대를 마련하고 또 다른 쪽에서는 모델을 보여주며 설득하는 작업을 했다. 이처럼 많은 사람이 새로운 연구에 뛰어든 이유는 간단했다.

새로운 성장 모델을 활용하면 구성장 모델로 풀지 못했던 문제를 해결할 수 있었기 때문이다. 또한 새로운 모델 덕분에 구성장 이론이 예측하지 못했던 문제를 예측할 수도 있었다. 한마디로 신성장 이론은 흐릿하게만 보였던 모든 것을 깨끗하게 볼 수 있도록 해주는 마법 역할을 했던 것이다. 이에 따라 거시 분야에서 똑똑하다고 소문 난 젊은이들은 모두 규모와 특화의 관계에 대한 연구 조사에 뛰어들었다.

글레이저의 집중, 경쟁 그리고 다양성 이론

신성장 이론이 가장 먼저 손을 뻗은 분야는 도시의 성장에 관한 분야였다. 도시는 어떻게 성공적으로 발전하게 되었을까? 도시는 왜 계속 발전하고 있을까? 도시는 왜 가장 먼저 생겨나게 되었을까? 질문이 명확하면 명확할수록 답변도 명확하게 나왔다. 로버트 루커스가 마셜 강연에서 지적했듯 통상적으로 어떤 요소가 경제적인 힘 역할을 하는지 목록을 작성하려고 하면 도시의 경우 산산조각으로 분리해서 보는 수밖에 다른 방법이 없었다.

한편 시카고대학에서는 에드워드 글레이저|Edward Glaeser라는 어린 대학원생이 논문 주제를 들고 호세 세인크먼을 찾아왔다. 글레이저는 프린스턴대학을 졸업하고 나서 곧바로 시카고대학원에 진학했는데, 그는 프린스턴에서 안드레이 슐레이퍼에게 수확체증 경제학을 배웠다. 그렇다면 루커스의 도시에 대한 제안과 수확체증이 맞는지 그렇지 않은지를 왜 테스트하지 않는 것일까? 그는 이 답을 논문 연구를 통해 찾고 싶다고 말했다. 글레이저 자신 그리고 로머와 루커스가 생각하는 것처럼 지식의 스필오버 현상이 중요한 것이라면, 주요 대도시별 성장률을 비교해 그것을 보여줄 수 있는 방법이 얼마든지 있을 것이라고 생각한 것이다.

그는 스승인 세인크먼과 슐레이퍼의 도움을 얻어 우선 당시에 경제학자들의 입에서 입으로 널리 돌아다니고 있던 세 가지 경쟁적인 이론을 파악했다.

글레이저가 가장 먼저 파악한 것은 집중론이었다. 집중론에 따르면 이스트먼 코닥 같은 기업은 움직이지 않고 한 도시에 계속 머무는데 이러한 기업은 한곳에 집중해 오래된 것을 새롭게 만드는 동시에 다른 기업보다 먼저 새로운 것을 개발하면서 세를 확장한다. 이 이론을 내세우는 사람들이 주장하는 것은 대기업에는 연구 개발에 투자할 돈은 물론 아이디어 흐름을 규제하는 힘이 있고 연구 개발 투자 이익을 환수할 만한 마케팅 능력을 갖추고 있다는 점에서 독점은 성장의 좋은 방법이라는 것이다. 이러한 견해를 일찌감치 내세운 사람은 바로 슘페터였다.

글레이저가 두 번째로 파악한 이론은 경쟁론이었다. 경쟁론은 특정 산업에 속한 기업들끼리의 경쟁 덕분에 성장이 이루어진다는 주장이다. 다시 말해 동종 산업에 종사하면서 기술을 공유하는 기업들 간에 이루어지는 치열한 경쟁이 성장을 유발한다는 것인데, 그는 이러한 기업들을 '포도송이' 기업이라고 불렀다.

디트로이트나 피츠버그 같은 기업 도시는 침체를 면하지 못할 가능성이 큰 반면, 실리콘밸리 같은 곳은 앞으로도 지속적인 발전을 이룩할 가능성이 크다. 이러한 곳에서는 수백 개의 경쟁 기업이 다른 기업을 염탐하고 모방하고 다른 기업의 직원을 스카우트하면서 치열한 경쟁을 벌이고 있기 때문이다.

글레이저가 세 번째로 파악한 이론은 다양화론이다. 이 이론을 내세우는 사람들은 특화보다 다양화가 성장을 유발하는 결정적 주역이라고 주장했다. 가장 중요한 지식은 대개 핵심 산업 내부가 아닌 외부에서 오는 것처럼 보이기 때문이다. 경제학자 중에는 다양화 이론을 확실하게 연구한 사람이 없었다(앨프리드 마셜이 자신의 글에서 이에 관한 주장을 한 적이 있긴 하지만 그는 정반대의 주장을 했다). 결국 이 이론은 비평가이면서 도시 활동가로 잘 알려진 제인 제이콥스에 의해 정립되었다고 보는 것이 옳다.

1969년 제이콥스는 《도시 경제》에서 자신의 주장을 입증하기 위해 영국의 두 도시 버밍햄과 맨체스터의 역사를 따라가며 분석했다. 19세기 중반 맨체스터는 굉장히 집중적인 현상을 보였고 전 세계가 이 도시의 발전을 부러워했다. 벤저민 디즈레일리|Benjamin Disraeli나 카를 마르크스 같은 많은 관측통은 맨체스터를 미래의 도시로 묘사했었다.

이 도시에는 거대한 섬유 공장들이 나란히 서 있었는데 위압감을 주는 그 모습은 멀리서 보아도 금방 눈에 띄었다. 맨체스터를 그런 모습으로 만든 기업인들은 단순히 식사 자리에서 경영을 논의하는 수준을 벗어나 전문적인 기업 경영을 시도했다. 그 점에서 이 도시는 극히 세분화되고 경쟁적인 성격을 띤 실리콘밸리보다 디트로이트에 더 가깝다고 볼 수 있다.

한편 버밍햄은 실리콘밸리나 디트로이트와 공통점이 없는 도시였다. 이 도시는 각자 자신이 맡은 분야의 일을 하는 작은 회사가 모인 도시라고 할 수 있었다. 그렇게 어느 회사에 몸담고 있던 직원이 회사를 나와 자신만의 사업체를 차리고 철강, 유리, 가죽, 하드웨어, 총, 보석, 장신구, 펜촉, 장난감 등 다양한 분야의 상품을 만들어냈다. 제이콥스는 "버밍햄은 어떤 산업 분야에 기초를 두고 발전하고 있는지 설명하기가 좀 어렵다"고 적고 있다. 버밍햄에는 맨체스터 경제처럼 한눈에 이해하기 쉽고 강한 인상을 주는 그런 확실한 전문 분야가 없었기 때문이다.

20세기 후반경이 되자 영국에서는 오직 두 도시만이 여전히 활기를 띠고 발전하는 도시로 남게 되었는데, 그중 하나가 버밍햄이고 다른 하나는 런던이었다. 반면 기업 도시였던 맨체스터는 점점 쇠락해 쓸모없는 도시로 변해갔다. 흥미롭게도 전혀 전문성이 없어 보이던 버밍햄이 여전히 발전의 중심지로 남게 된 것이다. 제이콥스는 "도시는 기존의 일에 새로운 일이 더해져야 활발한 발전을 할 수 있다"라고 주장했다.

도시가 활기를 띠며 발전할 수 있는 이유는 서로 다른 인생을 살고 있는 사람들 사이에서 일어나는 급속한 상호 반응 때문이다. 그 점에서 더욱 복잡하고 다양한 상호 반응이 일어날 수 있는 장소가 발전할 가능성이 보다 크다. 이들이 상호 반응을 보이는 영역에 서로 겹치는 부분이 있다는 사실도 도시 발전에 중요한 역할을 한다.

그렇다면 세 가지 특성 중 어느 것이 가장 크게 성장을 유발할까? 집중? 경쟁? 아니면 다양성? 데이터를 뽑기 위해 글레이저는 표준산업분류|Standard Industrial Classification라고 불리는 SIC 시스템을 사용했는데, SIC는 린네 시스템|Linnaen system(생물체를 계, 문, 강, 족, 목, 과, 류, 속, 종 순으로 계보를 분류한 시스템)처럼 위에서 아래로 순서대로 분류하는 시스템이었다. SIC는 미국 경제 변화를 추적할 목적으로 미국 센서스 뷰로|Census Bureau가 개발한 방법(그동안 기술경제학 분야에서는 이 데이터를 잘 활용하지 않았다)이다.

글레이저는 미국 도시 68개를 골라 1956~1987년까지 변화 상황을 살펴보았다. 그 결과 대기업이 다른 도시보다 더 많이 진출한 도시의 경우 평균보다 더 빨리 성장한 것이 아니라 오히려 느린 속도로 성장했다는 사실을 발견했다. 반면 동일 산업에 종사하는 기업들끼리 치열한 경쟁을 통해 성장한다는 포터 스타일과, 다양성으로 성장하는 것이라는 제이콥스 스타일은 모두 빠른 성장을 보였다는 사실을 확인했다. 이것은 결코 놀라운 결과가 아니었다. 오래 전부터 사람들은 시간이 흐르면서 디트로이트나 피츠버그처럼 특별한 산업 분야가 전문적으로 발달한 도시보다 뉴욕이나 시카고처럼 다양성을 띤 도시가 더 발전할 것이라고 예상하고 있었기 때문이다. 마셜도 그런 얘기를 많이 했었다.

그런 점에서 결국 글레이저의 논문을 통해 확실하게 밝혀진 것은 아무것도 없는 셈이 되었다. 이 논문은 로머가 1986년에 채택한 순수 스필오버 접근책을 버리고 제이콥스 주장과 유사하지만 더욱 구체적인 독점적 경쟁 모델을 채택한 시기였던 1992년이 되어서야 출판되었다. 그런데 글레이저의 논문 내용에 놀랍다는 반응을 보이는 경제학자가 많았다. 이 논문이 지극히 당연하다고 생각하던 현상을 연구를 통해 확실한 결과로 보여주었기 때문이다. 더욱이 이 연구는 새로운 정보 데이터를 활용했는데, 그 SIC 시스템은 펜 월드 도표보다 훨씬 쓸모 있어 보였다.

이처럼 여러 연구를 통해 지식과 특화가 집중적으로 연구되고 있었음에도 여전히 이에 대한 완벽한 이해는 이루어지지 않고 있었다. 이후 글레이저는 도시, 지역, 특정 동네, 국가 등에 대한 많은 훌륭한 논문을 발표했다.

인구 규모에 관한 크레머의 성장 이론

글레이저 외에도 성장 이론이나 인구와 관련하여 또 다른 도전장을 던진 마이클 크레머|Michael Kremer라는 범상치 않은 인물이 있

다. 1985년 하버드대학을 졸업한 크레머는 케냐의 한 고등학교에서 1년간 교사 생활을 한 후, 3년 동안 그를 그곳에 파견한 단체의 대표이사로 일했다. 사실 아프리카에서 직접 살아보면 누구보다 경제 발전에 대한 생각을 많이 하게 된다. 크레머는 1989년 하버드로 돌아와 대학원에 진학했는데 그가 돌아왔을 때는 수확체증 연구에 관한 흥분감이 절정에 달해 있었다.

그는 대학원에서 인구와 기술 변화의 관계를 연구하겠다는 결심을 했다. 인구 증가가 기술 변화를 가속화시킨다는 주장은 수확체증과 관련해 오래 전부터 암암리에 존재해온 주장 중 하나이다. 사실 수확체감과 환경 수용력|carrying capacity 문제는 맬서스와 리카도로부터 시작되었다고 볼 수 있다. 그 전까지는 인류 역사 대부분 인구 증가는 좋은 현상이라고 평가되고 있었다. 하지만 그것은 인구가 증가하면 인류의 생활 향상을 위해 더 많은 혁신이 이루어질 것이라고 생각해서 그런 것은 아니었다.[*] 그보다는 인구 압력이 기술 변화를 촉발해 인구 증가에 대한 긍정적인 평가를 내렸다고 볼 수 있는데, 이러한 주장은 근래 들어 많은 사람의 공감을 사고 있다.

어쨌든 크레머는 인구와 기술과의 관계를 밝히기 위해 원인 및 결과를 입증할 수 있을 만큼 충분히 오랜 기간(인간이 출현하기 시작한 순간부터 현재까지) 변화를 추적해보기로 결심했다.

우선 크레머는 모델 구축을 시도했다. 그가 구축한 내생적 기술

◆ 정치경제학의 토대를 세운 윌리엄 페티는 다음과 같이 쓰고 있다. "호기심 많은 천재는 400명 중에서 나올 확률보다 400만 명 중에서 나올 확률이 더 높다." 애덤 스미스도 같은 방법으로 이 가능성을 이해했다. 다시 말해 사람이 많으면 많을수록 시장 규모는 더 커지고 그러면 전문가들이 출현해 특화가 일어날 가능성도 더 커진다고 이해한 것이다.

변화에 대한 정형화된 모델에서 각 개인은 먹을 것을 각자 벌어먹고 인구 크기에 상관없이 새로운 것을 발견할 기회는 개개인에게 동일하게 부여된다. 연구에 투여되는 자원 부분도 동일하게 처리된다. 그 점에서 기술 발전은 인구가 증가하면 할수록 가속화되고 기술, 즉 지식의 비경쟁성 덕분에 인구는 계속 증가한다. 크레머는 이러한 가정 아래 "새로운 기술을 발명하는 비용은 그것을 사용하는 인구의 숫자와 상관없기 때문이다"라고 말했다.

이렇게 모델을 구축한 크레머는 한참 과거로 돌아가 인구 변화에 관한 역사적 자료를 수집했다. 인류학자나 고고학자가 평가한 통계 자료는 특별히 놀랍지 않았지만 그래도 흥미로운 사실이 많았다. 약 100만 년 전, 지구상의 총인구는 약 12만 5천 명에 달했다. 그리고 수천 년간 인구 증가율은 매우 낮은 편이었다. 1만 2천 년경 문자로 기록하는 기술이 출현할 무렵, 400만 명으로 늘기 시작한 인구는 예수 탄생 즈음 무려 1억 7천만 명으로 증가했다. 또한 증기력이 출현할 시기에는 인구가 10억 명으로 증가했으며, 잡종 옥수수 종자가 개발되는 시점인 1920년대 들어서는 인구가 무려 두 배나 증가했다. 그로부터 50년 후, 지구상 인구는 약 40억 명으로 증가했으며 2006년 현재 지구 전체 인구는 약 65억 명에 달한다.

크레머는 논문 〈인구 증가와 기술 변화: 기원전 100만 년 전부터 1990년까지|Population Growth and Technological Change: One Million B.C. to 1990〉에서 그때까지 발견한 내용을 다음과 같이 적고 있다.

"인류라는 종족에게 일어난 일은 로머의 모델이 예측한 것과 거의 같다. 여기에서 기술이란 인류 역사상 가장 중요하다고 생각되는 발견,

즉 불, 사냥 및 낚시, 농업, 바퀴, 도시, 기계화 산업, 배종설, 공공 보건 등 새롭게 사용될 수 있는 것을 의미한다. 일단 이러한 기술이 발명된 후 그것이 전 세계적으로 급속히 퍼져나갔을 것으로 짐작되는데, 기술과 인구를 연관시켜 보면 그 시대의 지구상 인구가 100만 년 전에 비해 왜 그토록 많이 증가했는지 쉽게 이해할 수 있다. 따라서 기술 발전은 인류의 생활수준 향상을 유발했다기보다 인구 증가를 유발했다고 봐야 한다. 역사상 모든 증거를 보면 알 수 있듯 숫자는 늘었지만 인류의 생활수준은 1만 2천 년 전부터 1800년까지 큰 차이가 없었다. 겨우 생계를 유지하는 수준에 머물렀던 것이다."

그러다가 어느 시점에서 인구학적 변화가 일어났고, 그때부터 지구상의 인구는 꾸준히 증가했다. 이처럼 인구가 증가하자 시장 규모가 확대되었고 시장이 확대되자 특화가 강화되었으며, 특화 강화로 더 큰 부가 창출되었다. 그리고 더 큰 부는 당연히 더 많은 사람을 먹여 살릴 수 있게 되었다.

이러한 현상은 부가 점점 증가해 인구 증가가 억제될 때까지 계속되었고 적어도 산업혁명을 경험한 국가에서는 이러한 현상이 발생했다. 이처럼 경제 발전을 위해 인구를 늘리려는 메커니즘은 테드 박스터[Ted Baxter]가 말한 것과 동일하다고 볼 수 있는데(물론 크레머는 그 정도로 희망적이지 않다고 지적했지만), 박스터는 지구의 경제 문제 해결에 기여하고자 자녀를 여섯 명이나 낳을 계획이라고 말했다.

지구상의 인구가 약 25억 명에 달했던 1950년경부터 지구 인구는 큰 증가율을 보이지 않고 연간 2퍼센트 수준으로 꾸준히 증가했다. 그러나 인류 역사 전체를 돌아보면 맬서스의 주장이 옳았음을 알 수 있다. 그의 말대로 기술 발전이 사람들의 생활수준을 향상시킨 것이 아니라 인구 증가를 유발했기 때문이다. 그러나 그 이후 분명 무슨 일인가가 일어났다.

크레머가 자신의 모델들을 컴퓨터로 분석해본 결과, 그 모델들은 계속 스파이크^{spike} 형태를 띠고 있었다. 과거에 전기 엔지니어들은 인구 증가율에 대한 방정식을 제시했는데, 그들은 그것이 실제 데이터와 꼭 맞아떨어진다고 주장했었다. 그들의 방식대로라면 전 세계 인구는 2028년 11월 13일 무한대가 된다. 하지만 크레머의 생산함수에 따라 계산해본 결과, 인구 증가율은 앞으로 오히려 감소한다는 결론이 도출되었다. 그것도 대대적인 기아 사태나 환경 붕괴 때문이 아니라 수입이 증가함에 따라 전 세계적으로 자녀를 덜 낳기 때문이다. 이러한 현상은 세계적으로 부유한 나라에서 이미 150년 전부터 나타나고 있었다.

크레머는 약간 거칠기는 하지만 애덤 스미스의 주장이 모두 옳았다는 강력한 증거를 제시했다. 다시 말해 노동 분업은 시장 규모에 의해(여기에서는 인구에 의해) 제약을 받는다는 사실을 입증한 것이다. 그러나 지식의 성장, 즉 특화 현상의 강화는 궁극적으로 인구 규모라는 전통적인 한계를 뛰어넘는 데 결정적인 역할을 한다.

그러면 이와 정반대 상황에서 같은 관측이 이루어진 사례를 살펴보자. 지금으로부터 1만 년 전 극지방 빙하가 녹아버리면서 육지 형태로 붙어 있던 대륙이 기술적으로 분리되는 현상(구세계와 신세계로)이 발생했다. 유라시아와 북미 간, 호주와 타즈매니아, 플린더스 아일랜드 간을 연결하던 육지 부분이 갈라져버렸던 것이다. 빙하가 녹아 육지에 속했던 부분이 섬으로 떨어져 나가기 전까지만 해도 사람들은 대륙 지방 사이를 왔다 갔다 했다. 이에 따라 모든 대륙에 살던 사람들이 같은 기술(불, 돌, 금속 도구, 사냥 및 전쟁 기술 등에 관한)을 보유할 수 있었다.

기술은 인구 밀도나 토지 상황과 상관없이 꾸준히 성장한다는 솔로 모델대로라면, 콜럼버스가 지역간의 끊긴 기술의 연결고리를 다시 연결하려 했을 때 기술은 어느 지역이든 동일한 수준에 있어야만 했다.

그러나 실제 상황은 솔로 모델과는 다르게 갔다. 빙하 붕괴로 대륙이 분리되고 나서 거대한 토지와 높은 인구 밀도, 최고의 기술 수준을 보유한 곳은 유라시아라는 구세계였고, 이 구세계는 커다란 도시, 농지 면적 확장, 고도의 달력 기술을 갖추고 계속 발전해 나갔다. 이 구세계를 그 다음 기술 수준으로 쫓아간 것은 아메리카 대륙이었고, 주로 사냥꾼과 채집꾼으로 구성된 오세아니아 대륙은 1, 2등 수준보다 한참 낮은 수준으로 3등을 달리고 있었다.

대륙에서 떨어져나간 타즈매니아는 불을 만드는 기술이나 작살 던지는 기술, 도구를 만드는 기술에서 호주인이 갖고 있던 기초적인 기술조차 갖고 있지 못했다. 그리고 타즈매니아에서 8700년 전에 잘려나간 플린더스 아일랜드의 경우, 기술이 발전하기는커녕 아예 퇴보했을 가능성이 크다. 이 작은 섬은 그나마 인구가 그보다 많은 타즈매니아섬 지역에서 분리된 후 뼈를 이용해서 만드는 간단한 도구조차 만들지 못해 결국 약 4000년 전쯤 마지막 거주민이 아예 사라져버렸다.

그동안 인구 변화를 둘러싼 수수께끼는 소득이 일정 수준에 도달한 국가의 경우 왜 출생률이 감소하게 되는가에 있었다.

크레머의 논문은 신성장에 관한 다른 세미나 논문과 함께 1993년 〈쿼털리 저널 오브 이코노믹스〉에 실렸다. 이 논문은 지식의 비경쟁적 요소가 경제에 미치는 영향이 얼마나 큰지를 입증했다는 점에서 즉시 경제학계의 고전으로 인정받았다. 일부 비경쟁재가 인류 발전에 그토록 중요한 역할을 했다면, 그러한 생산을 장려하기 위한 새로운 제도가 필요하지 않을까? 크레머는 이런 질문을 던졌다. 크레머는 하버드대학으로 돌아온 후 게이츠재단|Gates Foundation의 컨설턴트가 되었다. 그리고 2002년에는 개발 관련 미시경제학을 연구하기 위해 BREAD, 즉 개발프로젝트 연구 및 경제분석국|Bureau for Research and Economic Analysis of Development Projects을 설립했다.

신성장 이론 연구가들

신성장 이론과 관련해 다른 학자들도 앞 다투어 연구 결과를 발표했는데, 1991년 폴 데이비드는 〈컴퓨터와 전기 동력|The Computer and the Dynamo〉이라는 논문을 발표해 많은 사람의 관심을 끌어 모았다. 그는 이 논문에서 1800~1930년 사이에 이루어진 전기 양산 체제에서 얻은 생산성 이익을, 컴퓨터 출현으로 얻은 생산성 이익과 비교하는 시도를 했다. 그는 전기의 시대는 한꺼번에 온 것이 아니라 두 차례에 걸쳐 기술에 관한 상상력이 터져 나오면서 도래한 것이라고 주장했다.

첫 번째는 전기의 전반적인 도입 단계로 이 단계에서는 증기 엔진이 하던 일을 전기 동력이 대체하게 된다. 이 변화는 19세기 마지막 25년간 일어났다.

두 번째는 전기의 다양한 응용 기술이 탄생한 시기로, 이러한 변화는 1926~1950년에 일어났다. 이 시기에 엔지니어들은 전기 모터를 소형화할 수 있는 방법을 찾아냈고, 냉장고에서부터 라디오에 이르기까지 그 전에는 전혀 응용할 수 없던 수많은 분야에 이 기술을 적용했다. 데이비드는 컴퓨터 분야에서도 같은 일이 일어났다고 적고 있다. 디자이너들이 작은 칩을 발명해 자동차에서부터 신용카드에 이르기까지 다양한 분야에 이것을 응용하고 있었기 때문이다.

1980년대에 언론에 수없이 오르내리던 생산성 하락 문제는 '기술의 노안화' 때문인지도 모른다. 다시 말해 먼 미래의 기술을 내다볼 줄 아는 날카로운 시력을 잃게 되었을 뿐 아니라 가까운 미래에 어떠한 변화가 올지 예측할 수 있는 능력까지 상실함으로써 도래한 현상이라는 얘기다.

그로부터 오래지 않아 티모시 브레스나한|Timothy Bresnahan과 마뉴엘 트라첸버그|Manuel Trajtenberg는 GPT, 즉 범용기술|general purpose techonologies이라는 개념을 개발해 그러한 비교가 일반화될 수 있도록 하는 데 결정적으로 기여했다. 이는 어떤 기술이 어떠한 응용 과정을 거치는지 그 과정을 파악하도록 해주는 기술로, 단순히 컴퓨터나 전기 모터뿐 아니라 수력 제분소, 증기 엔진, 내부 연소 엔진, 철도, 운하 등 다양한 분야의 발전상을 연구할 수 있게 해주는 파격적인 혁신 기술이다.

브레스나한은 은행이나 다른 금융기관을 컴퓨터화한 선구자였고, 트라첸버그는 CAT 스캐너의 사용으로 얻을 수 있는 이익이 무

엇인지를 밝힌 인물이다. 이들이 개발한 모델만 있으면 거의 혁신적인 기술로 여겨지지 않던 것들, 즉 타자기, 은행 컴퓨터, 카메라, 컴퓨터를 이용한 이미지 작업 기술 등의 역사도 따라가며 그 응용 사례를 분석할 수 있었다. 예를 들어 1845년 이후 응용되어 역사를 크게 변화시킨 터릿 선반|turret lathe의 응용 역사도 분석할 수 있었는데, 이 기술은 모든 종류의 호환적 기능을 지닌 부품을 제조하는 데 결정적인 역할을 한 것으로 드러났다(이것은 스탠퍼드 경제사 전문가인 네이선 로젠버그|Nathan Rosenberg의 기술 상호 의존에 관한 이야기에서 밝혀진다). 이처럼 GPT는 어떤 응용 기술이 성장에 기여했는지를 밝히는 중요한 등불 역할을 했다.

한편 UCLA 경제사 전문가 케네스 소콜로프|Kenneth Sokoloff는 1998년 초 새로운 모델을 개발해 교통의 요충지에서 어떤 발명 활동이 이루어지고, 이러한 발명 기술이 어떻게 주변으로 확대되었는지를 연구했다(노동 분업은 시장 규모의 제약을 받는다는 가정 아래). 그는 미국의 경우 저렴한 신청 비용, 신청 절차의 간소화가 19세기에 특허 제도를 발전시켰고, 더욱이 신분을 중시하는 유럽과 달리 계급에서 자유로웠던 미국에서 많은 사람이 창의적인 신발명품 개발에 매달렸다고 주장했다. 이처럼 많은 연구 덕분에 경제학은 카를 마르크스가 꿈꿔왔던 것처럼 중요한 기술의 역사로 변해간 것이다.

이밖에도 네트워크에 관한 새로운 연구가 미시경제학 쪽에서 시작되었다. 물론 산업 네트워크라는 개념은 절대 새로운 개념이 아니었다. 철도, 가스, 전기오븐, 전보, 전화, 타자기는 존재한 지가 100년이 넘었다. 이러한 기술의 성공은 편승|bandwagon 효과 덕분에 이루어질 수 있었는데, 그것을 처음으로 지적한 것은 소스타인 베

블런이 오래 전에 쓴《제국주의 독일과 산업혁명│Imperial Germany and The Industrial Revolution》이었다. 베블런은 이 책에서 영국은 철도 개발 및 건설을 먼저 시작해 철도 산업에서 선봉에 섰지만, 후에 대륙에서 채택된 넓은 선로 방식을 채택하기엔 처음에 건설된 협궤선로가 너무 좁아 철도 분야에서 결국 독일에 뒤처지게 되었다고 주장했다.

그러나 이 산업들은 수확체증을 유발하는 성향 때문에 자연적 독점 상태를 누리게 되었다. 따라서 이러한 산업은 정상적인 경쟁적 경제와 구분해 시장의 실패 사례로 분류하게 되었고, 이와 유사한 사례(높은 고정비용, 낮은 한계비용을 수반하는)에 대해서는 누구도 상세하게 설명하려 들지 않았다. 폴 데이비드가 쿼티에 관한 연설을 했던 해인 1984년 댈러스에서는 뉴 팔그레이브│The New Palgrave 라는 용어사전이 새롭게 발간되었는데, 심지어 이 사전에도 '네트워크'나 '스탠더드'라는 단어가 들어가지 않았을 정도로 경제학자들은 자연적 독점이 지배했던 산업의 연구에 무관심했다.

그런데 처음부터 딕시트-스티글리츠 독점적 경쟁 모델로 공부를 시작한 신세대 젊은 경제학자들은 네트워크 연구에 관심을 기울였다. 이들은 특히 네트워크 외부성 개념을 집중적으로 연구했고 덕분에 새로운 용어가 줄지어 탄생했다.

우선 경쟁 표준 용어로 상호 운용성│interoperability이 등장했는데, 이것은 호환성│compatibility이 있다는 의미를 지니고 있다. 또한 함께 모이면 특정 시스템이 순조롭게 작동되는 다양한 부품에는 보완성│complementarity이 있다는 용어가 붙여졌다. 그리고 변경 비용│switching costs이라는 용어도 탄생했는데, 이것은 기업이 새로운 작동 기술을

배우는 데 소요되는 시간과 노력을 의미했다. 록인 |lock-in도 새로운 용어로 등장했다. 이처럼 신세대 경제학자들은 새로운 것을 발견했다고 들떠 있었지만, 사실 이러한 개념은 수십 년, 아니 수백 년간 사업을 해온 사람들에게는 이미 친숙한 용어였다.

이외에 반독점 사례를 연속으로 상세히 다룬 논문도 탄생했다. 특히 미시경제학 분야에서 카츠와 샤피로가 하드웨어/소프트웨어/웨트웨어 패러다임 |hardware/software/wetware paradigm이라고 부른 연구 분야가 서서히 부상했다. 이 패러다임은 그로부터 10년 전 폴 데이비드가 타자기, 자판, 타이피스트에 대해 도전적으로 설명했던 내용은 물론 로머에 의해 보강된 새로운 발견과 정확하게 일치했다.

이제 경제학자들은 그 전에는 도달할 수 없던 방대한 연구 대륙에 도달하게 되었다. 젊은 경제학자들은 갑자기 솔로 모델로는 연구에 한계가 있던 정치 제도와 성장 사이의 다양한 관계에 대해 자유롭게 연구할 수 있게 된 것이다. 그 결과 1990년대 초에는 수많은 중요하고 기발한 논문들이 쏟아져 나왔다.

재무가 성장에 얼마나 큰 영향을 미쳤는지를 연구한 로버트 킹 |Robert King과 로스 레바인 |Ross Levine은 논문 〈슘페터가 옳았을 수도 있다 |Schumpeter Might Be Right〉를 내놓았다. 〈거인의 어깨는 얼마나 높을까? |How High Are the Giant's Shoulders?〉는 리카도 카바예로 |Ricardo Caballero와 애덤 제프 |Adam Jaffe의 논문으로 그들은 지식 스필오버를 측정하고 있다. 또한 토스텐 퍼슨 |Torsten Persson과 기도 타벨리니 |Guido Tabellini는 〈불평등이 성장에 해로운가? |Is Inequality harmful for Growth?〉라는 논문을 발표했으며, 알베르토 알레시나 |Alberto Alesina와 다니 로드릭 |Dani Rodrik은 분배의 잘못이 인적 자본에 대한 지나친 세금 징수 형태를

통해 결국 성장을 약화시킬 수 있다는 결론을 제시했다.

이어 데이론 애서모글루|Daron Acemoglu와 제임스 로빈슨|James Robinson은 《독재주의와 민주주의의 경제적 기원|Economic Origins of Dictatorship and Democracy》이라는 역사에 남을 명저에서 식민지 시절 도입된 제도의 정통성에 대한 심도 있는 연구 결과를 보여주었다.

이들 연구를 통해 느껴지는 흥분감은 네트워크가 관련된 더욱 도전적인 분야, 예를 들면 은행, 화폐, 언어, 종교로 확대되었고 이러한 기준과 기술 분야는 통틀어 사회 자본이라는 이름으로 불리게 되었다. 이외에도 일종의 우호적 은행 같은 다양한 제도도 외부성의 존재가 중요한 역할을 하는 일종의 네트워크로 여겨지게 되었다. 이후 거시경제학자들과 미시경제학자들은 같은 책을 읽게 되었는데, 그것은 전에 전혀 읽지 않았던 역사적·제도적 변화에 관한 책이다.◆

이러한 변화와 더불어 거시경제학은 안정화 정책, 무역 정책, 한계조세비율|marginal tax rate 등의 기본적인 영역을 넘어 연구 영역이 점차 확대되기 시작했다. 물론 미시경제학도 산업 조직 한계를 넘

◆ 양측 경제학자가 모두 읽어 갑자기 유명세를 타게 된 책으로는 다음과 같은 것이 있다. 더글러스 노스Douglass North의 《제도, 제도적 변화 그리고 경제적 성과Institutions, Institutional Change and Economic Performances》, 리처드 넬슨과 시드니 윈터Sidney Winter의 《경제 변화의 진화 이론An Evolutionary Theory of Economic Change》, 네이선 로젠버그와 버드젤 주니어Birdzwll Jr.의 《서구는 어떻게 부국이 되었나How the West Grew Rich: The Economic Transformation of the Industrial World》, 조엘 모커의 《부자의 지렛대The Lever of Riches: Technological Creativity and Economic Progress》, 데이비드 랜즈 David Landes의 《국가의 부와 빈곤The Wealth and Poverty of Nations: Why Some Are So Rich and Some So Poor》, 에릭 존스Eric Jones의 《유럽의 기적The European Miracle》, 폴 베어록Paul Bairoch의 《도시와 경제 발전Cities and Economic Development: From the Dawn of History to the Present》, 재레드 다이아몬드 Jared Diamond의 《총, 균, 쇠Guns, Germs, and Steel: The Fates of Human Societies》, 알렉산더 거센크론의 《역사적 관점에서의 경제적 후진성Economic Backwardness in Historical Perspective: A Book of Essays》.

어 움직이기 시작했는데, 특히 개발경제학|development economics 분야
에서 큰 변화가 발생했다.

지난 50년간 구성장 이론은 해외 원조가 저축과 투자, 교육, 인구
억제 사이에 존재하는 틈을 메워줄 수 있다는 사실을 강조했다. 그
러나 윌리엄 이스털리|William Easterly는《성장을 쫓는 힘든 탐험: 열대
지방에서 경제학자의 모험 성공 및 실패|The Elusive Quest for Growth: Eco-
nomists' Adventures and Misadventures in the Tropics》에서 "이렇게 제안된 방법 중
어느 것도 예상대로 성공하지 못했는데, 그 이유는 경제 성장 창조
자들 모두에게 제대로 된 인센티브가 부여된 것은 아니기 때문이
다"라고 주장했다.

신성장 이론은 과거에 전혀 주목받지 못했던 쟁점, 예를 들어 제
도의 중요성(특히 법 제도), 지식 전수자로서의 다국적기업의 역할,
개도국이 해외 직접 투자를 유치하는 수단으로 채택하고 있는 수출
특구의 유용성(그리고 부패가 해외 투자 유치를 방해하는 데 얼마나 결
정적인 역할을 하는지 등에 관한), 소액 대출의 역할, 지리·기후·질병
의 결정적 요소로서의 중요성 등 다양한 주제에 관심을 기울였다.
그런데 경제학계에는 이 모든 분야를 연구하는 경제학자가 10여 명
인 것으로 알려져 있었다.

크루그먼의 경제 지리학

1989년에 몰아닥친 거대한 소용돌이 속에서 폴 새뮤얼슨 그리
고 밥 솔로와 함께 커다란 사무실을 나눠 쓰고 있던 이 인물보다

더 비참하게 무너진 사람은 없었다. 그는 바로 차세대 최고 스타가 될 것이라고 일찌감치 예상되던 폴 크루그먼이었다. 우선 그는 성장 연구에서 로머에게 참패를 당했다. 또한 헬프먼과의 관계가 소원해진 틈을 타 그로스맨이 크루그먼을 밀어내고 헬프먼과 공동 연구를 시작했다. 그리고 자신을 미래 경제학자의 스타 대열에서 선두를 차지하게 해줄 것이라고 믿었던 논문마저(버팔로에서 발표한) 학술지로부터 게재를 거부당했다.

갑자기 무너진 크루그먼은 한동안 방황을 하다가 엘리즈 브레지스|Elise Brezis 그리고 대니얼 치돈|Daniel Tsiddon과 함께 국제 경쟁에서의 뛰어 넘기|leap-frogging를 주제로 논문을 썼다. 이 논문에서 크루그먼은 콜드웰의 법칙|Caldwell's law(기술사 전문가인 도널드 콜드웰|Donald Caldwell이 수백 년간 어떤 나라도 오랫동안 경제 및 기술적 주도권을 계속 잡고 있던 적이 없다고 주장한 것)으로 알려진 경험적 정칙성을 명확하게 설명하려는 시도를 했다. 그러나 이 논문〈국가 기술 주도권에 관한 사이클 이론|A Theory of Cycles in National Technology Leadership〉은 1993년이 되어서야 비로소 출판이 되었다. 불행하게도 그 즈음에는 크루그먼이 내세웠던 일본이 미국을 따라잡을 것 같다는 주장은 완전히 한물간 주장처럼 보였다.

하지만 오래지 않아 크루그먼은 사람들의 눈길을 끌 만한 다른 역할을 발견했다. 그는 수확체증의 논리를 과거 모든 국가 경제의 성장에 적용할 수 없다면 연구 영역을 조금 바꾸면 되겠다는 생각을 했고, 결국 경제 지리|economic geography 분야를 연구하기 시작했다.

1985년까지만 해도 경제 지리는 잠자고 있는 깊은 산 속 옹달샘과 같았다. 이 분야의 지도자적 경제학자가 바보 같아서가 아니라

이들에게는 새로운 무역, 신성장 경제학을 탄생시킨 그런 일반 균형 모델이 없었기 때문이다. 하지만 경제학 분야 중에서도 구석에 위치한 특성 때문에 이 분야는 독특한 스타일로 성장하고 있었다. 특히 도시에 관심이 있던 다른 세부 분야는 경제학이 탄생시킨 피드백 개념으로 쑥쑥 성장했다. 지역 과학, 개발경제학, 시스템 동학, 도시 계획 등이 크게 성장한 대표적인 분야라고 할 수 있다. 그러한 가운데 루이스 멈포드|Lewis Mumford나 제인 제이콥스 같은 인물이 자신만의 편안한 틈새 분야를 개발하는 데 성공했다.

시카고 역사에 대한 내용을 담은 윌리엄 크로넌|William Cronon의 책이 세상에 등장한 것은 바로 그 즈음이었다. 사람들에게 강력한 인상을 준 《자연의 대도시: 시카고와 위대한 서부|Nature's Metropolis: Chicago and the Great West》는 자연에 따라 사람들의 정착지가 결정되는 데 역사와 기회가 어떤 역할을 하는지 확실히 설명하고 있다.

시카고가 미국에서 중심적인 역할을 할 수밖에 없는 이유는 이 도시가 5대호 분기점에서 미시시피강 분기점으로 가기 위해 지나가야 하는 수로의 중간 교통 요충지에 위치하고 있기 때문이다. 시카고라는 연수 육로는 미시간호에서 시카고강으로 가기 위한 가장 가까운 지름길이었다. 크로넌은 이러한 자연적 특성을 시카고의 첫 번째 특징으로 규정했다.

시카고의 두 번째 특징은 수로 교통의 허브라는 것인데, 그러다 보니 수로와 연결되는 철도 교통은 물론 항공 교통의 허브 역할도 하게 되었다. 나머지 산업 분야, 즉 목재, 소맥, 육류 포장, 농기계, 석유, 강철, 제조, 보험, 금융 시장은 자연스럽게 따라온 것이다.

크로넌의 시카고 이야기를 읽다 보면 이것이 결국 수확체증 법칙을 강조하고 있음을 확인할 수 있다. 앨프리드 마셜은 다음과 같이 설명한 적이 있다.

"한 도시가 그 위치를 선정하면 그곳에서 오랫동안 머물 가능성이 크다."

이 말에는 그리 특별한 것이 없다. 도시의 공기 속에 무언가(노하우)가 떠돌아다니는데 그 기회를 잡다 보면 그것이 수확체증으로 이어질 수 있다는 얘기이다.

한편 경제 지리 분야에 뛰어든 크루그먼은 자신이 무역 분야 연구를 위해 개발했던 것과 똑같은 수학적 장치를 도입했다. 이 분야에서 1974년 이래 지배적으로 이용되고 있는 모델은 부동산개발업자들이 처방해서 만든 모델이었다. 이에 따라 의미는 있지만 일반성은 결여되어 있었다.

크루그먼은 1991년 〈저널 오브 폴리티컬 이코노미〉에 실린 〈수확체증과 경제 지리|Increasing Returns and Economic Geography〉를 시작으로 마셜이 주장했던 내용들을 수학적 모델로 재해석하려는 노력을 시도했다. 대신 이 모델에서는 집중화와 분산의 상호 견제에 대한 다른 사람의 연구 결과를 많이 참고했다. 다시 말해 경제학의 오랜 쟁점을 고차원의 수학적 장치로 부활시킨 것이다.

그런데 크루그먼이 경제 지리의 연구 결과 중 일부를 경제학자가 아닌 친구에게 신나게 설명했을 때, 그 친구는 이렇게 대답했다고 한다.

"그거 이미 누구나 아는 사실 아니야?"

　새로운 경제 지리적 내용을 연구하던 크루그먼은 앞서 설명했던 아프리카 지도의 변화 상황에 대해서도 발견하게 되었다. 그는 "현대경제학에서 제대로 된 모델을 구축하겠다는 의지를 보였을 때 마음속의 생각은 18세기 지도 제작자들이 제대로 조사해 지도를 만들 때 지녔던 생각과 같은 것이라고 볼 수 있다"라고 말했다.

　이후 계속 발표한 논문과 저서를 통해 크루그먼은 신경제 지리의 중요성과 성공에 대한 목소리를 높여갔고, 이 분야가 국제무역만큼이나 중요한 분야가 되기를 바랐다. 크루그먼의 강연이 있던 어떤 장소에서는 그의 대학원생들이 '우주, 우리의 마지막 국경'이라는 슬로건이 쓰인 티셔츠를 나눠주며 경제 지리의 중요성을 강조하기도 했다. 물론 크루그먼의 동료들은 이처럼 요란한 분위기에 실소를 금치 못했다. 하지만 그는 도시가 어떻게 탄생하고 자리를 잡아가는지를 연구한 끝에 다른 경제학자가 거의 대답하지 못한 문제의 답변을 제시하는 데 성공했다. 그리고 크루그먼은 다시 한 번 많은 학문적 공로를 세운 경제학자로 부상하게 되었다.

전통적인 성장 연구의 반격

　1990년대 초, 기술 축적에 관한 신모델이 이처럼 급부상하고 있을 때 솔로 모델 방식으로 성장을 연구한 경제학자들은 상황을 역전시키려는 시도를 했다. 이러한 시도는 전혀 놀라운 일이 아니었다. 수확체증의 법칙이 담긴 일반화된 신모델 프레임워크로 인해 자신들이 개척해 놓은 지적재산권의 상당 부분이 파괴될 가능성이 있었기 때문이다. 신모델은 수학적인 영역뿐 아니라 철학적 영역까지 파괴하고 있었다. 어느 정도 경력을 쌓은 중견 경제학자 중 일부는 신개발의 중요성을 무시한 반면, 또 다른 일부는 자신이 그것을 훨씬 더 잘 알고 있다고 주장했다.

이런 분위기 속에서 솔로 모델을 바탕으로 성장을 설명하는 전통적인 성장 연구가 반격을 했는데, 그중 대표적인 모델은 1992년 공식적으로 등장한 맨큐-로머-웨일 모델이다. 이 모델은 세상에 선보이자마자 솔로 모델 증보판이라는 인정을 받게 되었다. 이들이 주장한 내용은 인적 자원을 추가하기만 해도 국부가 얼마든지 달라질 수 있다는 것이었다.

신지식이 생산되는 비율 차이는 이것과 거의 상관이 없다. 같은 지식을 어느 곳에서나 얻을 수 있기 때문이다. 결국 안정된 상태로의 수렴이 가장 중요한 것이다. 젊은 경제학자 엘윈 영|Alwyn Young은 이러한 주장을 신고전파의 부활이라고 불렀다. 그리고 이 모델은 1994년경 크게 이름을 날렸다.

영은 특히 이 분야에서 큰 영향력을 행사했다. 그의 〈두 도시 이야기|Tale of Two Cities〉는 1992년에 발표되었는데, 이것은 홍콩과 싱가포르가 제2차 세계대전 이후 어떻게 성장했는지를 비교한 일종의 사례 연구였다. 홍콩과 싱가포르는 모두 작은 도시 국가로 영국의 식민지였던 터라 제도는 거의 비슷했지만 결정적인 면에서 차이가 있었다.

우선 공통점을 살펴보면 두 나라 모두 자연적 항구로서의 훌륭한 입지 말고는 어떠한 천연자원도 보유하고 있지 않다. 또한 두 도시 국가 모두 중국 남쪽 지역에서 온 이민자들이 인구의 상당 부분을 차지하고 있다. 나아가 이들 국가에서는 같은 종류의 산업이 꽃을 피웠다가 쇠퇴했다. 섬유 산업으로 시작해 의류, 플라스틱, 전자 산업으로 옮겨갔다가 1980년대 들어 국가 산업이 전체적으로 제조를 버리고 은행 및 다른 금융 서비스 쪽으로 방향 선회를 했다. 1960년 홍콩과 싱가포르의 GDP는 거의 같은 수준이었다.

그렇다면 두 도시 국가의 차이점은 무엇일까? 홍콩 국민은 대체로 싱가포르 국민보다 국민 수준이 더 높다는 평가를 받고 있는데, 그 이유는 홍콩 국민 중 상당수가 본토에서 사업을 하다가 공산주의 혁명이 발발하자 홍콩으로 도망 온 중산층 기업가이기 때문이다.

홍콩 정부는 토지를 제외한 거의 모든 것에서 자유방임 정책을 유지했다(정부는 입지가 좋은 토지의 상당 부분을 보유하고 있다가 그것에 대한 수요가 절정에 이를 때 이 토지를 시장에 풀곤 했다). 반면 싱가포르 정부는 공격적이라는 평가를 받을 정도로 정부 주도적인 정책을 구사했다. 산업 분야에서도 미래 가능성이 큰 분야를 정부가 미리 선정했으며, 강제 저축 정책을 적극 실시했고 해외 직접 투자 유치도 크게 장려했다.

이처럼 서로 다른 정책을 유지한 결과 1960년 이후 홍콩의 투자율은 GDP의 연 20퍼센트 수준에서 큰 변화를 보이지 않은 반면, 싱가포르는 투자율이 13퍼센트에서 1970년 이후에는 연간 GDP의 40퍼센트라는 놀랄만한 수준으로 상승했다. 영은 성장에 관한 경쟁적 이론을 주장하는 학자는 특히 이 비율의 차이에 주목해야 한다고 강조했다.

그러면 이러한 투자율 차이는 두 도시국가의 성장 결과에 어떤 영향을 미쳤을까?

싱가포르는 거의 25년간 홍콩보다 두 배나 많은 투자를 했음에도 홍콩보다 빠르게 성장하지 못했다. 싱가포르의 지도자들은 새로운 산업이 유행할 때마다 그것을 쫓아가느라 정신이 없었다. 소형 전자, 컴퓨터, 금융 서비스, 생명 공학 등 새로운 경향은 모두 쫓았다. 이처럼 정부가 광적으로 경제 업그레이드에 나섰음에도 싱가포르 국민은 훨씬 더 다양한 모습으로 살아가는 홍콩 국민보다 오히려 못산다(이것은 맨체스터와 버밍햄에 관한 비교에서 우리가 확인한 내용과 같다). 영은 이처럼 중요한 데이터만 용의주도하게 골라 자신이 원하는 방향으로 독자들을 몰고 갔다. 그러나 그는 확실한 결론을 내리는 것은 주저했다.

그로부터 2년 후, 영은 〈숫자들의 횡포 | The Tyranny of Numbers〉라는 논문을 발표했는데 그는 자신의 논문을 겸손하게 평가했다. 그의 논문은 이렇게 시작하고 있다.

"이것은 솔직히 지루한 기술적 내용을 담은 논문이다. 하지만 일부러 그렇게 썼다."

그는 이 논문에서 동아시아 국가의 성장 상황을 새롭게 해석하는 시도는 제시하지 않을 것이라고 밝혔다. 이들 지역 국가의 성장을 특별히 놀라운 이론으로 설명할 필요가 없고, 또한 이들 국가의 정부가 정책 연구가들을 흥분시킬 만한 새로운 정책을 구사하지도 않았기 때문이다. 그러나 영은 홍콩, 싱가포르, 대만, 한국의 성장 상황을 자세히 연구한 결과, 이들 국가가 솔로 모델이 예측한 것과 정확히 같은 방향으로 성장했음을 알게 되었다고 주장했다. 이들 국가가 선진국을 따라잡으려는 시도를 하고 이어 일종의 안정된 상태인 수렴 상태에 도달했다는 것이다.

다시 말해 파격적으로 국민 생활수준을 향상시킨 동아시아 국가들의 성장 기적은 성공 요인을 파악해 그것(높은 참여율, 투자 비율 증가, 농업 인력의 제조 분야 투입, 교육 수준 향상 등)을 국가가 밀고 나갔기 때문에 이룩될 수 있었다는 얘기다. 전 세계적으로 같은 기술이 보급되어 있다고 보면, 사실 더 빠른 성장에 대한 왕도는 없는 셈이다. 그 점에서 그는 다음과 같은 결론을 도출하고 있다.

"소득 수준의 현격한 변화와 잘 준비된 양적 프레임워크를 갖춘 신고전 성장 이론은 신흥개도국의 발전과 다른 국가들의 전후 경제 사이에 왜 격차가 존재하는지 모두 설명해줄 수 없을지도 모르지만 대부분은 설명해줄 수 있다."

영이 이렇게 한 발 뒤로 물러선 것은 상당히 충격적인 일이었다. 그런데 크루그먼도 일본에 대해 비슷한 결론을 내린 적이 있다. 그는 제2차 세계대전이 끝난 후 일본과 러시아의 상황을 비교하는 연구(급격한 성장 후 침체기가 오래 지속되는 현황에 대해)를 실시했다. 곧이어 데일 조겐슨은 미국의 성장이 다음 세기에는 거의 제로 가까운 수준으로 떨어질 것이라는 비관적인 예측을 제시했다. 또한 성장 강화에서 교육과 지식의 유포가 하는 역할을 평가하기 위해 국제성장회계|international growth accounting에 대한 새로운 방법이 제시되었

다(로버트 홀, 찰스 존스 팀과 피터 클레노|Peter Klenow, 안드레스 로드리게
스-클레어|Andres Rodriguez-Clare 팀에 의해).

이처럼 자세히 연구되어 제시된 계량경제학적 연구는 성장을 둘
러싼 논쟁의 쟁점을 성장의 성격 그 자체에서 더욱 복잡한 성격을
띤 국제적 수렴 쪽으로 몰고 갔다. 이렇게 부활한 신고전파적 연구
는 1990년대 중반 인기가 매우 높았다. 그리고 이들 연구는 외생적
기술 변화에 의한 솔로 성장만으로도 충분하다는 생각을 하고 있
었다.

남의 발꿈치를 밟고 올라선 현상

〈로머90〉 논문에 대한 많은 도전 중에서 특히 눈에 띄는 것이 하
나 있었다. 로머는 성장률은 계속 가속화될 것이라는 기대로 솔로
모델과 반대되는 가정(미래에도 기회가 과거나 현재와 같은 수준으로
주어질 것이라는)을 제시했었다. 그렇지만 발견될 만한 것은 이미 모
두 발견되었다면, 그리고 지식 성장에 대한 투자도 수확체감 법칙
의 영향을 받는다면 어떻게 되는 것일까?

이런 의문을 제시하며 로머에게 도전해온 눈에 띄는 인물은 친
구들에게 차드|Chad 라고 불리는 찰스 존스였다. 그는 1989년 하버
드에서 학위를 받은 후 MIT에서 4년 동안 일했다. 그리고 1995년
에 발표한 두 개의 논문에서 그는 1세기의 대부분 기간에 R&D에
대한 투자가 증가하고, 교육 수준은 점점 더 넓어지는 동시에 깊어
졌으며 무역에 대한 개방 수준도 국내외적으로 크게 증가했다고

지적했다. 그럼에도 미국의 평균 경제 성장률은 가속화되는 대신 거의 1세기 동안 비교적 제자리를 지키고 있다고 주장했다.

사실 투자, 교육, 무역 수준이 높아지면 성장률도 따라서 높아져 야 마땅한 것이 아닌가? 그런데 왜 그렇게 되지 않은 것일까? 무엇 때문에 그런 것일까?

이런 의문에 휩싸인 존스는 로머 모델의 기술 생산함수를 꺼내 학자들이 어느 시기에 어떻게 새로운 아이디어를 생산하는지, 그리고 그것이 무엇을 의미하는지 설명하기 위해 로머가 채택한 추상적 인 방정식을 다시 검토해보았다. 그 과정에서 그는 이 방정식들이 부분적으로 지식 그 자체에 관한 일련의 가정에 의존하고 있음을 알게 되었다.

〈로머90〉에서 아이디어에 대한 생산함수는 아주 넉넉한 가정을 내포하고 있었다. 그것은 새로운 지식에 관한 스필오버는 보편적 현상이 될 것이며, 그 결과 미래에는 더 많은 지식이 알려지게 되고 또한 더 많은 아이디어가 새롭게 발견될 것이라는 가정이었다. 모든 사람이 새로운 도구의 출현으로 이익을 본 것은 사실이다. 미적 분 발견, 레이저 발명, 집적 회로 개발은 학자들의 생산성 증가에 크게 기여하였다. 그동안 사람들은 이것을 거인들의 양 어깨를 딛 고 올라선 효과라고 불렀다.

그런데 상당수 경제학자가 사람들이 놀러갈 때 보통 다른 사람 이 많이 가는 관광지를 선택하는 것처럼 다른 학자들이 가는 연구 길을 따라갔다. 아이디어가 비경쟁성을 지녔다는 것을 감안할지라 도 여섯 명이 동시에 똑같은 것을 연구하는 것은 일종의 낭비라고 할 수 있다(이러한 현상은 학생들이 특허 경주에 나서고 있는 것과 크게 다르지 않다). 존스는 그러한 현상을 남의 발꿈치를 밟고 올라선 현상이라고 표현했다. 그렇다면 거인의 양 어깨를 딛고 올라선 것보다 다른 사람의 발꿈치를 밟고 올라서는 것이 더 좋은 결과를 얻을 수 있을까?

사람들은 왜 세상의 신비한 성격 자체에 대해서는 생각하지 않는 것일까? 인류 역사상 인간이 발견할 수 있는 가장 중요한 발견은 이미 다 이루어졌다고 가정해보자. 그렇다면 앞으로는 정말로 중요한 발견을 하기가 점점 더 어려워지는 것이 아닌가? 어쩌면 현재 진행되고 있는 현상은 이미 물고기를 다 잡아 더 이상 아무것도 남지 않게 된 현상일지도 모른다. 그렇다면 많은 과학자가 팀을 이뤄 엄청난 연구 경쟁을 하고 있음에도 새로운 아이디어를 발견할 확률은 점점 줄고 있다고 볼 수 있다. 그렇게 되면 과거 수세기 동안 이뤄졌던 급속한 발전은 약화될 수도 있다.

이처럼 존스는 앞으로 새로운 아이디어를 생각해내는 것이 점점 더 어려워질 것이라는 입장을 취했다. 우리가 이미 목격했듯 미국은 점점 더 많은 자원을 R&D에 투자했음에도 지난 세기 동안 성장률은 비교적 동일한 수준을 유지해왔다. 이것이 의미하는 것은 무엇일까? 지속적인 인구 증가는 성장에 어떻게 기여하고 있는가? R&D에 많은 투자를 하고 있는지 아니면 적게 투자하고 있는지는 어떻게 알 수 있는가?

2000년 미국경제학회 시카고 총회에서 로머는 이러한 쟁점을 다루기 위해 세 개의 세션을 마련했다. 이 세 개의 세션에서는 11개의 논문이 '기술 발전은 가속화되고 있는가 아니면 약화되고 있는가?' 하는 주제로 발표되었다. 물론 이 질문에 대한 만족할 만한 답변은 찾을 수 없었지만 흥미로운 질문은 많이 던져졌다.

그 사이 존스는 스탠퍼드에서 버클리로 옮겨갔고, 그곳에서 자신의 연구 영역을 넓혀갔다. 먼저 존스는 로버트 홀과 함께 신성장회계|new growth accounting 프레임워크를 개발했다. 그리고 스탠퍼드의 피터 클레노와 함께 국가경제연구소의 성장 및 변동에 관한 프로그램 연구 담당자로 선정되었다. 이어 그는 입문 수준의 교재 하나와 성장 이론에 대해 새로 발간되는 핸드북에서 지식경제학에 대한 조사 기사(《성장과 아이디어》)를 썼다. 더불어 자신이 하던 '산업혁명은 불가피한 것이었을까'라는 것을 지속적으로 연구하면서 클레노 그리고 브라운대학의 데이비드 웨일과 함께 차세대 성장 이론의 대표주자로 발돋움했다.

새로운 이론은 끊임없이 탄생한다

그러는 동안 로머는 자신이 해오던 연구를 계속해나갔다. 그가 편안하게 연구에 몰두할 수 있었던 이유는 CIAR, 즉 캐나다고등연구소|Canadian Institute for Advanced Research의 후원 덕분이었다. 겨자라는 뜻의 특이한 성을 가진 열정적인 전염병 전문학자 프레이저 머스터드|Fraser Mustard의 노력으로 탄생한 CIAR은 1980년대에 다양한 분야에서 최첨단 연구를 하고 있는 캐나다 학자들을 후원하기 위해 설립되었다.

그런데 CIAR에 캐나다 학자들뿐 아니라 해외 학자들 중 천문학, 진화 생물학, 신경 및 양자 컴퓨테이션, 그리고 신경제 이론 전문가

10여 명을 선정해 이들이 가끔 캐나다에 와서 강연을 해주는 대가로 이들의 연구를 후원하는 프로그램이 생겼다. 그 결과 각 분야에서 두각을 나타내는 재능 있는 학자들이 정기적으로 수년간 캐나다의 여러 도시를 방문했다.

이 연구소의 후원 덕분에 로머도 에너지를 연구에만 쏟을 수 있었고, 그동안 해결하지 못했던 문제에 집중해 여러 개의 논문을 썼다. 그런 다음 로머는 자신이 이제까지 연구했던 주제를 옆으로 밀어놓았다. 한 분야를 10여년 이상 연구해왔으니 이제 다른 분야를 연구하고 싶었던 것이다. 그러던 참에 1996년 로머에게 스탠퍼드 경영대학원의 교수직 제의가 들어왔고, 약간 아깝기는 했지만 버클리 교수직에서 사임을 했다. 6년간 스탠퍼드 지역에서 버클리까지 원거리 출퇴근을 한 끝에 드디어 집 가까운 곳에서 일하게 된 것이다.

자신이 해오던 연구를 마감하기 전에 로머는 비평가들에게 일종의 답변 형식의 논문을 썼다. 〈신상품, 구이론, 그리고 무역 규제로 인한 후생비용|New Goods, Old Theory, and the Welfare Costs of Trade Restrictions〉은 로머의 논문 중 최고라고 평가되는 논문에는 들어가지 않는다. 가장 도발적인 성격을 띠고 있는 이 논문에서 그는 약간 황당해보이는 문제를 들고 나왔다. 로머는 전형적인 무한차원 스프레드시트 모델에서 내세우는 암묵적인 가정은 '어떤 경제에서 상품 조합은 결코 변하지 않는다'는 것이라고 지적했다.

그런데 과거의 실제 상황을 보면 상품 조합은 계속 변해왔다. 더욱이 변한다는 것은 프랑스 엔지니어 질 디피가 새로운 교량을 건설해야 할지 말아야 할지에 관한 불확실성 문제를 처음으로 언급했던 이후로 적어도 150년간 인정을 받아왔다.

신상품을 모델화할 때 나타나는 수학적 어려움은 사실 별로 중요한 것이 아니다. 중요한 것은 어떻게 경제학이 새로운 것을 지칭하는 어휘 하나도 개발하지 않은 채 그토록 오랜 세월을 지내올 수 있었는가 하는 것이다. 이는 철학 분야가 항상 새로운 것에 반감을 갖고 있었기 때문에 발생한 일인데, 그렇다면 새로운 것에 대한 철학의 깊은 반감은 대체 언제부터 시작된 것일까?

이 질문에 대한 해답을 찾기 위해 로머는 아서 러브조이|Arthur Lovejoy가 쓴《위대한 존재의 연결고리: 사고의 역사에 관한 연구|The Great Chain of Being: A Study of the History of an Idea》를 읽어보았다. 1936년에 발간된 그 유명한 책에서 러브조이는 서양의 지식 역사를 조명하려는 시도를 했는데, 그의 설명에는 명확한 부분도 있고 그렇지 않은 부분도 있다. 한 가지 그가 확신했던 것은 창조될 수 있는 것은 이미 모두 창조되었다는 것이었다.

특히 러브조이는 역사를 따라가면서 머릿속에 떠오른 생각은 신기하게도 모두 현실로 구현된다는 '충만설'이라는 약간 이상해보이는 정리를 제시했다. 종교, 철학, 예술, 문학, 정치, 과학 등의 다양한 분야에서 일어난 지적인 변화를 플라톤에서부터 현대까지 검토해본 끝에 그러한 정리에 도달하게 되었다는 것이다. 더욱이 그는 표면상으로는 드러나지 않지만 서로 관계가 있는 여러 에피소드를 따라가며 분석을 시도했다. 그처럼 생각지 못했던 사고가 서로 어떻게 연결되고 있는지를 발견하는 것이 이 책을 읽을 때 느끼는 가장 큰 묘미라고 할 수 있다.

러브조이는 우리가 자연스럽게 던지는 질문, 왜 세상은 이런 모

습으로 형성되었을까에 대한 대답이 '충만함'이라고 적고 있다. 이 충만설에 따르면 창조자나 착한 생각, 신이라고 부르는 존재는 세상을 완성된 모습으로 만들어 놓았다고 한다. 신의 성격상 세상에 미완성으로 남겨 놓은 것은 없는데, 그 이유는 플라톤이 말했듯 미완성인 것은 그 어떤 것도 아름답지 않기 때문이다. 신은 자신의 능력이 허락하는 한 세상을 완벽하게 만들려고 노력했다는 것이다. 그런 점에서 이 세상은 플레넘 포르마룸|plenum formarum, 즉 가능한 것은 모두 들어가 있는 가득 차고 완성된 것이라고 볼 수 있다.

러브조이는 역사를 따라 이러한 주장을 뒷받침할 만한 온갖 사고를 보여주며 독자를 충만설 정리 속으로 밀어 넣는다.

우선 토머스 아퀴나스|Thomas Aquinas는 세상에는 존재 그 자체의 위대한 고리가 존재한다는 주장을 했는데, 그 고리에서는 "높은 단계의 천재 중 가장 낮은 위치에 있는 천재는 낮은 단계의 천재 중 가장 높은 위치의 천재보다 항상 위쪽에서 발견된다"라고 설명했다. 티코 브라헤와 코페르니쿠스는 새로운 우주관, 즉 혜성(새로운 태양 아래 위치한 새로운 그 무엇)의 발견 덕분에 고대인이 넘을 수 없다고 그어놓은 한계선을 넘어 인류가 무한한, 그리고 무한하게 펼쳐진 우주 속으로 얼마든지 뻗어나갈 수 있다는 가설을 제시했다. 다음으로 미적분의 공동 발명가 라이프니츠는 인류에게 계속성의 법칙|law of continuity을 제시했다.

"우주를 형성하고 있는 서로 다른 모든 존재는 그들의 역할과 등급을 확실히 알고 있는 신의 생각에 따라 배치된 것이기 때문에, 한 곡선을 형성하고 있는 촘촘히 붙은 수많은 세로선 사이에 다른 것을 끼워 넣는 것은 불가능하다. 만일 신이 만들어 놓은 세상에 무언가를 끼워 넣을 수 있다면, 그것은 세상이 무질서하고 불완전하다는 것을 입증하는 셈이기 때문이다."

그로부터 한 세기 정도가 지났을 때, 놀랍게도 생물의 멸종과 화석에 대한 발견이 이루어졌다. 그로 인해 존재의 고리 중에서 빠진 부분을 찾고 시대마다 다른 존재의 고리가 존재했다는 사실을 인정하게 되었다. 다시 말해 모든 창조물은 정해 놓은 상태에서 변함없이 그대로 존재한다는 사고에서 벗어나, 더 낮은 수준으로부터 충만하고 완벽한 세상으로 가기 위해 점점 더 진화되는 하나의 큰 계획 아래 놓여 있다는 생각을 받아들이게 된 것이다.

세상이 가득하고 충만하다는 가정에 결정적으로 찬물을 끼얹은 것은 찰스 다윈의 《종의 기원에 관하여|On the Origin of Species》라는 책이다. 이 책의 제목에는 '관하여|On'라는 전치사가 붙었고, 그 결과 이 책은 독자를 미래 세계로 인도하는 내용을 보여주기보다 실험과 실수로 가득 찬 과거 세계로 인도할 것이라는 느낌을 주었다.

로머는 마셜의 책을 읽고 나서 러브조이의 책으로 넘어갔는데, 러브조이의 책에는 모든 것은 완벽하게 분할 가능하다는 주장이 나와 있었다. 그런데 로머는 경제학자들은 경제에서 거래되는 상품 조합은 언제나 변화하고 있음을 인정하고 있었다고 주장했다. 만약 세상이 경제적으로 이미 완성되어 있다면 세상에 나타나는 변화는 모두 중요성 없는 하찮은 것에 불과하다는 결론이 도출되기 때문이다.

그러나 슘페터나 영 같은 경제학자는 신상품 창조는 근본적으로 매우 중요하며 이러한 것이 발명될 때마다 항상 세상의 존중을 받아왔다는 주장을 하지 않았던가? 제2차 세계대전이 끝나고 시장의 기적을 수학적인 에센스로 증류시키겠다는 열정에 가득 찬 경제학자들은 전반적으로 이러한 쟁점을 일부러 제쳐놓았다.

> "분산화된 시장은 언뜻 보기에 모든 것이 완벽하게 갖춰져 있는 것 같지만, 실제로 우리가 풀어야 할 문제 중 겨우 절반만 해결되었다고 생각한다면 상황은 크게 달라질 것이다."

로머는 애로-드브뢰의 무한차원 스프레드시트 덕분에 모든 적절한 데이터와 찾을 수 있는 안정된 상태의 재화를 모두 찾아낼 수 있었다고 지적하고 있다. 문제는 세상이 이미 충만하다는 가정을 내세운다면 우리는 재화의 공간 안쪽에 항상 위치하고 있다는 가정이 나온다는 점이다. 그렇게 해서 나오는 상품 조합은 볼록한 형태를 띠고 있지만, 사실은 신상품을 탄생시키는 독점권으로 인해 이 볼록 형태는 일그러져버린다. 로머는 그것을 직접 눈으로 확인하면서도 경제학자들은 그것이 별 것 아니라며 무시하는 실수를 자행하고 있다고 비난했다.

어쨌든 로머는 세상을 이해하고자 하는 인간의 깊은 욕구를 보여주는 충만설 가정을 우리에게 보여줌으로써 우리의 상상력을 자극하는 데 성공했다.

우리가 새로운 발견은 언제든 일어날 수 있다는 가정을 인정한다면 그리하여 아직 존재하지 않는 것들이 미래에는 얼마든지 존재할 수 있다는 것을 인정한다면, 우리는 이제까지 세상이 왜 이런 모습을 하고 있는지에 대한 질문에 인간이 가장 흔하게 해온 설명을 부정할 수밖에 없다. 다시 말해 세상은 지금의 모습이 아닌 다른 방법으로는 될 수 없기 때문에 지금 이 모습을 하고 있다는 기존 설명을 부정해야 하는 것이다.

솔직히 생물학적 진화의 배경에서 보면 충만설은 잘못된 학설 정도가 아니라 인류를 완전히 잘못된 길로 인도하는 큰 실수를 저질렀다. 만일 소행성과 부딪혀 공룡이 멸종되는 일이 지구에 발생하지 않았다면, 오늘날 지구의 모습은 상상하기 힘들 정도로 달라져 있을 것이다.

경제학계에는 새로운 발견이 일어날 것이라는 사실, 또한 과거에도 얼마든지 새로운 발견이 일어났을 가능성이 컸다는 사실을 믿지 않으려는 사람들이 있다. 이처럼 새로운 발견 가능성을 인정하지 않으려고 하는 경제학자는 그들이 불균형 행동이라고 부르는 것에 중요성을 부여하고 있다. 그들이 주장하는 것을 파고 들어가 보면 어떤 실제 경제에서도 모든 재화가 아닌 일부 재화 조합만 세상에 존재한다는 논리에 도달하게 되고, 결국 새로운 재화는 얼마든지 계속 탄생할 수 있다는 결론에 이르게 된다.

"길가에 지나다니는 평범한 사람들처럼 발명될 만한 것은 모두 발명되었다고 믿는 상상력 부족 현상으로 경제학자들까지도 모든 적절한 제도는 다 구상되었으며 모든 정책도 발견되었다는 잘못된 생각을 갖게 된 것이다."

〈신상품, 구이론, 그리고 무역 규제로 인한 후생비용〉 논문에서 인류 사고의 역사를 따라가는 로머의 설명은 거기에서 끝이 났다.

이어 로머는 공공 경제학, 고정비용, 해럴드 호텔링, 질 디피에 대한 설명을 계속하고 있다. 로머는 새로운 사고의 흐름으로부터 고립되는 조처를 취하면, 그로 인해 치러야 하는 대가가 예상보다 클 수도 있다고 주장했다. 이로써 로머는 결국 할 말은 다한 셈이었다. 그렇게 앞으로 완성해야 할 연구의 철학적 기초를 닦은 로머는 신성장 이론도 더 이상 새로운 이론이 아니라는 사람들의 주장에 익숙해졌다.

물론 신성장 이론이 새로운 것이라는 주장은 더 이상 할 수 없을지도 모른다. 그러나 이 이론이 여전히 새로운 것을 연구한다는 사실에는 그 누구도 이의를 제기할 수 없을 것이다.

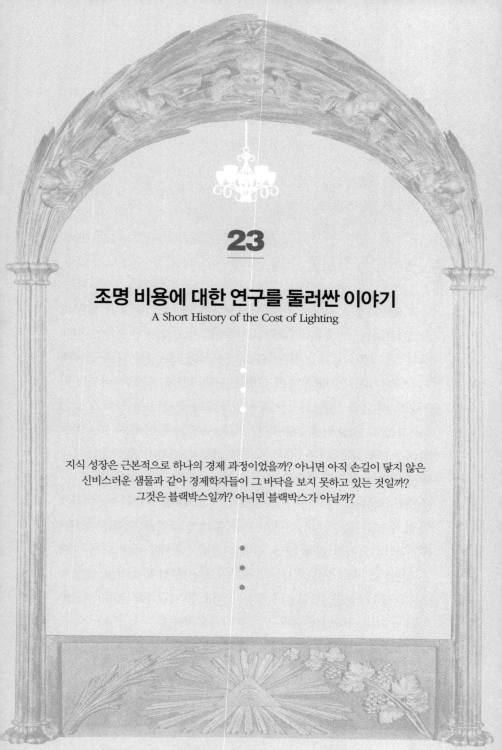

23

조명 비용에 대한 연구를 둘러싼 이야기
A Short History of the Cost of Lighting

지식 성장은 근본적으로 하나의 경제 과정이었을까? 아니면 아직 손길이 닿지 않은
신비스러운 샘물과 같아 경제학자들이 그 바닥을 보지 못하고 있는 것일까?
그것은 블랙박스일까? 아니면 블랙박스가 아닐까?

경제학은 실험할 수 없는 분야인가

경제학계에서 벌어지고 있는 논쟁 가운데 사실 해결된 것은 거의 없다. 어떤 모델을 채택해야 하는가를 두고 벌어진 논쟁도 아직 해결점을 찾지 못하고 있다. 물리학 분야의 경우 E=mc²에 존재하던 의혹은 핵분열 방식 폭탄 실험으로 순식간에 걷혔고, 이제는 학자들뿐 아니라 일반인도 이 공식의 의미를 완전히 이해하게 되었다. 그러나 경제학 분야에서는 그처럼 폭발적인 위력을 지닌 확인 사례가 거의 존재하지 않았다. 물론 전혀 존재하지 않는다고 주장할 수는 없다.

지식경제학을 둘러싼 논쟁은 1993년 12월에 발표된 한 연구로 인해 중단되었는데, 이 연구는 모든 문제에 대한 해결책을 제시할 수는 없지만 어떤 경제 성장 모델을 선택해야 하는가에 대한 해답은 찾았다고 주장했다. 물론 이 연구가 활용한 회귀 분석 방법은 좋은 평가를 받았다. 무엇보다 좋은 실험으로 새로운 아이디어를 설득력 있게 제시했다는 점에서 높은 평가를 받았다.

사실 경제학자들은 '경제학은 실험할 수 없는 분야'라고 믿고 있였다. 그러한 경제학 분야에서 인간의 역사를 따라가며 실질적인 실험을 실시해 그 구체적인 결과를 제시한 연구가 탄생하게 되었다. 더욱이 이 연구 결과를 이해하기 위해 어떤 구매력평가환율(PPP)도 조정할 필요가 없으며 국가 횡단면 비교도 할 필요가 없다.

기술 변화는 경제 성장의 주요 요인이 되어 왔다. 이 점에 대해서는 솔로 모델이나 로머 모델 모두 완전하게 의견 일치를 보이고 있다. 그렇다면 지식 성장은 근본적으로 하나의 경제 과정이었을까? 아니면 아직 손길이 닿지 않은 신비스러운 샘물과 같아 경제학자들이 그 바닥을 보지 못하고 있는 것일까? 지식 성장은 외생적일까? 아니면 내생적일까? 그것은 블랙박스일까? 아니면 블랙박스가 아닐까?

이러한 질문은 성장과 정책 개입의 연관 가능성, 다시 말해 주권 국가에서 성장을 경제 정책으로 강화할 수 있는가 없는가에 대한 답변을 제시해준다는 점에서 중요한 질문이라 할 수 있다. 그렇다면 성장은 정책으로 강화될 수 있을까? 아니면 정부가 할 수 있는 일은 아무것도 없는 것일까?

노드하우스의 위력적인 연구 데이터

이 질문에 대한 답을 보여주는 다음의 데이터는 간단했지만 엄청난 위력을 지니고 있었다. 경제학계에서 아무도 하지 않던 실험을 단행한 인물은 윌리엄 노드하우스였다. 그는 이미 1967년 MIT 대학원 시절 독점적 경쟁 모델을 이용해 R&D를 솔로 성장 모델에

집어넣으려는 시도를 했던 인물이다. 불행하게도 그가 시도했던 이러한 노력은 박사학위 논문 부분에서 떨어져 나가고, 그의 논문은 후에 《발명, 성장, 그리고 복지: 기술 변화에 대한 이론적 정리 |Invention, Growth and Welfare: A Theoretical Treatment of Technological Change》로 발표되었다.

이 논문은 요약되어 1969년 〈AER〉에도 실렸지만 자신이 하려던 것을 시도하지 못해 실망이 컸던 노드하우스는 다시는 자신의 논문을 꺼내보지도 않았다. 결국 박사 과정을 끝낸 노드하우스는 강의를 하기 위해 예일대학으로 돌아갔고 환경, 광물 자원 고갈, 그리고 에너지 위기 등 주로 환경 문제에 관한 다양한 연구에 뛰어들었다.

이후 35년간 노드하우스는 발명가적 사고와 건전한 시민의식을 갖춘 보기 드문 경제학자로 성장했다. 1970년대 초, 그는 국민소득 계정을 환경 문제로 확대하는 연구를 시작해 좋은 결과를 얻었고, 곧 지구 온난화와 비시장부문 계정에 대한 최고 전문가로 손꼽히게 되었다. 1977~1979년까지 노드하우스는 지미 카터 |Jimmy Carter 대통령의 경제자문위 멤버로 활약했으며, 예일대학 교무처장 및 재정, 행정 담당 부총장을 지냈다. 그리고 1985년 폴 새뮤얼슨과 함께 유명한 책을 썼는데, 이 책은 2004년 가을 18쇄를 찍었을 만큼 인기가 좋았다.

전통적으로 실험자의 마음속에 확신이 있고 그 확신을 대담한 가정을 통해 현실로 보여줄 수 있는 실험을 최고의 실험으로 평가해왔다. 예를 들어 신체가 어떤 방식으로 작동되는지 보여주기 위해 생생하게 혈액 순환 실험을 단행한 윌리엄 하비의 실험은 역사에 길이 남는 우수한 실험 중 하나로 평가받고 있다.

그렇다면 노드하우스가 실험을 시작하려 했을 때 그의 마음속에도 하비 같은 확신이 있었던가? 그는 솔직히 아니라고 대답했다. 1970년대에 그 실험을 시작했을 때 그토록 큰 확신은 없었고, 단지 실험을 통해 유가 문제를 해결하고자 하는 생각밖에 없었다고 했다.

그가 실험을 시작한 시기는 1974년으로 그는 그때 카울스재단 연구와 연계되어 막 종신교수로 임명된 참이었다. 그해에 석유수출국기구[OPEC]의 개입으로 유가가 무려 4배나 뛰면서 다른 모든 경제학자도 유가 문제를 생각하기 시작했다. 이때 그는 기술 변화가 고유가에 대응할 수 있는 가장 큰 가능성 중 하나라고 생각했다.

유가가 지나치게 오르면 구매자들은 석유 사용을 줄이고 천연가스 같은 대체 에너지를 찾아 나서게 된다. 더불어 유전 개발업자들은 새로운 유전 탐사에 나선다. 그러면 공급과 수요 사이에 균형이 형성될 수 있다. 맞는 말이다. 여기서 한 단계 더 나아가 발명가들은 보다 효율적인 방법을 모색할 것이고, 석유 외에 발명할 수 있는 것이 무엇인지 찾아 나설 것이다. 이러한 발명가는 기업 내부뿐 아니라 외부에도 존재하며, 실험실에서 연구하는 사람도 있지만 구매부서 담당자 중에서도 이에 큰 관심을 기울이는 사람도 있게 마련이다.

노드하우스가 미래에 유가나 석유 이용 가능성에 큰 영향을 미칠 것이라고 생각하던 요소는 매우 많았는데, 그중에서도 가장 큰 영향력을 행사할 가능성이 있는 것은 기술 변화라고 생각했다. 그렇다면 이것을 과연 어떤 방법으로 입증할 수 있단 말인가?

노드하우스가 원하는 수치는 원유 비용이 아니라 실제로 석유가 상품화되어 소비자가 원하는 목적(난방, 조명, 여행, 일 등)에 사용될 때 지불하는 비용이었다. 더불어 단순히 상품화된 석유뿐 아니라 석유가 발견되기 이전에 사용되던 다양한 연료, 그리고 앞으로 석유를 대체하기 위해 서서히 부상하고 있는 전기, 가스, 태양 에너지, 원자력 에너지 등의 사용 비용을 밝히는 것도 노드하우스의 연구 목적이었다.

그는 어떤 연료든 그 가격과 연료를 사용하는 데 필요한 장비(화로, 램프, 자동차 등)가 얼마인가 하는 것보다는 얼마만큼의 효과가 유발되었는가에 더 관심이 많았다. 이론가들이 실제 생계비 지수 |true cost-of-living index 라고 부르는 이것은 생산함수가 아니라 개인이 실질적으로 사용한 재화와 서비스 부분을 측정해 가격 및 투입 요소의 양으로부터 결과를 산출한다.

문제는 얼마만큼의 결과가 유발되었는가를 측정하기가 매우 어렵다는 것이었다. 특히 기술 변화 상황을 감안하면 이것은 거의 불가능에 가까웠다. 예를 들어 자동차가 제공한 교통수단 효과와 기차나 말이 제공한 수단의 효과를 어떻게 비교할 수 있을까? 자신의 의견을 전달하기 위해 일일이 손으로 모든 것을 쓸 때의 효과와 인쇄기나 복사기를 사용해서 나온 효과를 어떻게 비교할 수 있을까? 맥주와 빵 한 조각을 먹는 식사의 효과와 스시와 문 파이가 포함된 식사의 효과를 어떻게 비교할 수 있을까?

특히 석유 1배럴이 나타내는 에너지가 얼마만큼인지 꼭 집어 평가하기가 어려웠다. 현대 사회에서는 같은 1배럴도 워낙 다양한 용도로 사용되고 있었기 때문이다. 이처럼 실제 효과를 비교 계산하기가 어려운 탓에 경제학자들은 재화의 서비스적인 측면을 연구한다. 다시 말해 어떤 재화를 구입함으로써 구매자가 추구하는 효용성이 얼마나 되는가를 대신 평가하는 것이다.

이 복잡한 과정을 단순하게 설명하기 위해 노드하우스는 수십만 년간 성격이 크게 바뀌지 않은 소비재 하나를 선택했다. 그것은 바로 밤에 불을 밝히는 데 소요되는 조명 비용이었다. 조명은 인류가 가장 오래 전부터 사용해온 소비재 중 하나이다.

물론 이름은 시간이 흐르면서 조금씩 바뀌었지만 그것이 깜깜한 동굴을 밝히는 횃불이든 폼페이 별장을 밝히는 기름 램프든 18세기 아늑한 방을 밝히던 촛불이든 20세기 부엌을 밝히는 분홍색의 전구이든 어둠을 밝히는 기본적인 역할과 특성은 전혀 변하지 않았다. 특히 조명 비용의 가장 큰 장점은 측정하기가 쉽다는 것이었다. 어둠을 밝히는 데 사용된 원료는 다양했지만 그 효율성을 조명 밝기로 산출할 수 있다는 점에서 연구하기는 쉬운 편이었다.

결국 노드하우스는 조명의 역사를 연구하기 시작했다. 그는 실제 조명의 역사뿐 아니라 19세기 실험실에서 이뤄진 연구까지도 검토했다. 인류학자의 연구에서부터 화로의 재가 가장 일찍 발견되었다는 베이징 동굴 연구에 이르기까지 샅샅이 훑어간 그는 다음의 표가 보여주는 것처럼 조명의 역사를 요약했다.

조명 기술의 역사를 훑어본 다음에는 조명 생산 장치마다 효율성이 얼마나 되는지를 평가해야만 했다. 우선 조명이란 무엇인지 정의를 내려야 했는데, 연구를 위해 편의상 조명은 단순한 빛의 흐름으로 정의했다. 그리고 이 빛의 흐름은 1천 Btu(비티유는 영국에서 쓰는 열량 단위로 1비티유는 0.252kcal에 해당됨, British theral unit-옮긴이 주)당 루멘시간(1시간에 발산 또는 통과한 광속의 총량-옮긴이 주)으로 측정했다.

조명 역사상 기록에 남을 만큼 중요한 발견

1,420,000 B.C.	오스트랄로피테쿠스가 불 사용
500,000 B.C.	베이징 원인이 불 사용
38,900~9000 B.C.	남유럽에서 심지를 이용해 지방을 태운 활석 램프 사용
3000 B.C.	이집트와 크레타에서 촛대 발견
2000 B.C.	바빌론 사람들이 조명용 연료(참기름)를 시장에서 판매
1292	파리시가 72개 양초 제조업자에게 세금 부과 중세 서부 유럽에서 동물 기름 초가 널리 사용됨
1784	아르강식 기름 램프 발견
1792	윌리엄 머독이 자신의 콘웰 주택에서 석탄가스 조명 사용
1794	윌리엄 머독이 자신의 버밍햄 사무실에서 석탄가스 조명 사용 1800년대 스테아르산, 경랍, 파라핀 왁스의 사용으로 양초 제조 기술이 향상됨
1820	런던 펠 몰Pall mall에 가스등 조명 설치
1855	벤저민 실몬 주니어가 석유를 가지고 실험
1860	로열 소사이어티 오브 런던이 전기 충전식 램프를 선보임 1860년대 등유 램프 개발
1876	윌리엄 월리스가 500개의 초로 만든 조명이 필라델피아 센테니얼 전시회에 전시됨
1879	스완과 에디슨이 카본 필라멘트가 들어간 백열등 발명 1880년대 웰스바흐 가스증 발견
1882	뉴욕의 펄 스트리트역에서 처음으로 전기 서비스 제공 1920년대 고압 수은 증기 방전 램프 및 나트륨 방전 램프 탄생 1930년대 수은 증기 형광 튜브 개발
1931	나트륨 증기 램프 개발 1980년대 소형 형광 전구 판매 개시

출처: 티모스 브레스나한, 로버트 고든, 《신상품 경제학》, 1997년, 시카고대학 출판부

노드하우스는 사람들이 조명을 선택할 때 색깔, 구입의 용이성, 사용 편리성, 안정성을 가장 중요시한다고 설명했다. 하지만 변수

가 너무 많아 이들 특징은 계산에서 일일이 고려하지 않기로 했다. 이러한 요소가 얼마나 개선되었느냐에 따라 우리의 생활수준이 어느 정도 향상되었는지 평가할 수는 있지만, 그러한 사항은 노드하우스의 주요 관심사가 아니었다. 그가 하고 싶은 연구는 어떤 연료가 발견되어 그것이 어떻게 조명으로 활용되었는지 조명 기구별로 장기간에 걸쳐 그 효율성을 비교하는 것이었다.

이러한 목적으로 시작한 실험은 연구 수준이 아니라 아예 취미가 되어 버렸다. 때로는 다른 사람들이 다양한 조명 기술을 연구해서 제시한 효율성을 통해 자신이 찾고자 하는 데이터를 발견하기도 했다. 1855년에 조사한 한 연구원은 석유가 펜실베이니아에서 대량으로 발견될 즈음 석유 조명의 가능성을 연구했으며, 1938년에 실시된 연구는 양초, 도시가스, 등유, 전기 등에 관한 데이터를 비교하는 시도를 했다(그 과정에서 펜실베이니아에서의 석유 발견은 세상에 등유를 선물했고 그 결과 얼마 남지 않은 고래가 목숨을 부지하게 되었다는 사실을 발견한다).

하지만 다른 사람이 연구하지 않은 분야에 대해서는 노드하우스가 직접 실험을 해보는 수밖에 없었다. 그는 자신의 집 벽난로에서 21파운드의 장작을 직접 태워보고 그 장작이 3.5시간 동안 2.1피트 촉광의 조명을 생산하며, 그것을 파운드당으로 환산하면 17루멘이라는 사실을 확인했다. 또 한번은 로마시대의 작은 테라코타 램프를 구입해 그것에 현대식 초에서 뽑은 심지를 달아 히말라야 훈자 공국에서 사온 참기름으로 태워보기도 했다. 그 결과 약 4분의 1컵의 참기름을 태우는 데 17시간이 소요되고 28루멘의 조명이 발산된다는 사실을 확인했다. 이는 통나무에 비해 조명의 밝기가 훨씬 개선되었음을 보여주었다.

그는 자신이 직접 한 실험 결과와 19세기 실험 결과를 조심스럽게 종합했다. 이렇게 해서 탄생한 것이 바로 루멘시간당 센트로 표시된 조명가격지수이다.

여기서 연구가 중단된 것은 아니었다. 명목 가격은 생활수준 향상을 제대로 반영하지 못한다는 문제가 발생할 수 있기 때문이다. 예를 들어 현대식 100와트 전구를 매일 세 시간씩 밝히면 1년에 1.5백만 루멘시간의 조명을 제공할 수 있다. 19세기 초에 이러한 조명을 제공하려면 초를 무려 1만 7천 개나 태워야 했다. 그리고 그 정도의 초를 구입하려면 평균 수준의 노동자가 1천 시간, 즉 거의 반 년 동안 일을 해야만 했다. 물론 당시에는 어느 누구도 그 정도 밝기의 조명이 필요하다고 생각하지 않았을 것이다.

어쨌든 이 사례에서 보듯 조명과 인건비를 연계시켜 계산할 필요가 있었다. 물론 1800년 이후에는 평균 임금에 대한 자료가 나와 있었지만, 그 이전에는 자료가 없어 노드하우스 자신이 직접 계산해보는 수밖에 없었다. 그는 활석 램프를 직접 만드는 데 소요되는 시간, 참기름 구입비용, 오리를 잡아 기름을 채취하는 비용, 그리고 불을 땔 장작을 마련하는 비용과 시간을 각각 계산했다.

노드하우스는 약 50만 년 전의 베이징 원인은 동굴을 밝힐 나무를 구하기 위해 일주일에 16시간씩 일해야 했다고 평가했다. 그리고 동물 기름을 태웠던 신석기 시대 사람들은 사냥을 하거나 오리를 잡는 시간만 투자하면 기름을 얻을 수 있었다. 바빌로니아 사람들은 같은 수준의 램프 기름을 얻기 위해 일주일에 10시간을 일해야 했는데, 당시만 해도 조명의 질이나 관리의 편리성이 많이 개선되어 있었다. 그로부터 4천 년이 지난 19세기 초가 되면 양초 기술이 현격하게 향상된다. 그러나 여기에서 기술 향상분의 역할은 10분의 1에 지나지 않는다. 이러한 계산 끝에 노드하우스는 인간이 도구를 사용하기 시작한 시절부터 현대에 이르기까지 실제 조명 비용을 목수의 임금에 맞춰 루멘시간으로 환산해냈다.

그리고 그는 이 연구의 계기가 되었던 1974년의 제1차 오일쇼크로부터 15년이 지난 후 비로소 자신이 연구한 프로젝트 안에 중요한 사실이 숨어 있었음을 발견하게 되었다. 사실 1980년대 들어 석유 위기는 많이 진정된 반면, 성장의 근원을 둘러싸고 경제학자들 사이에 벌어진 논쟁은 점점 열기가 달아오르고 있었다. 하지만 노드하우스는 조명 비용 지수가 솔로-루커스-로머 간의 논쟁과 직접적인 관련이 있다는 사실을 처음에는 전혀 깨닫지 못했다.

이에 따라 노드하우스는 임금과 가격을 확실히 알 수 있는 4천 년간, 즉 기독교 시대가 시작되기 전 2천 년과 그 이후 2천 년으로 해당 기간을 축소해 정리한 내용을 1993년 12월 전미경제연구소에서 발표했다. 그리고 그 다음해 4월 버지니아 윌리엄스버그에서 개최된 수입과 부에 관한 연구회의에서도 이것을 발표했다. 노드하우스는 누구나 쉽게 이해할 수 있도록 제목을 이렇게 붙였다.

〈실질 소득과 실질 임금 측정이 현실을 반영하고 있는가? 조명의 역사를 보면 그렇지 않다〉

조명의 발달과 인류의 역사

경제학 분야에서 노드하우스가 〈조명을 위한 인건비: 기원 전 1750년~오늘날까지〉[Labor Price of Light: 1750 B.C. to present]라고 제목을 붙인 그래프보다 더 훌륭한 그래프는 흔치 않다. 이 그래프는 4천 년간 매일 밤 방 하나를 밝히는 데 필요했던 비용이 대략 얼마였는지 정리해서 보여주고 있다.

그런데 이 그래프를 보면 가격이 4천 년간 거의 같은 수준을 유지하고 있음을 알 수 있다. 그러다가 갑자기 1880년경부터 조명 비용이 급격하게 떨어졌는데 그 모습은 거의 직각에 가깝다. 사실 경제학에서 이러한 직각을 볼 수 있는 경우는 그리 흔치 않다.

이 그래프에 따르면 인류 역사는 크게 두 부분으로 나눠짐을 알

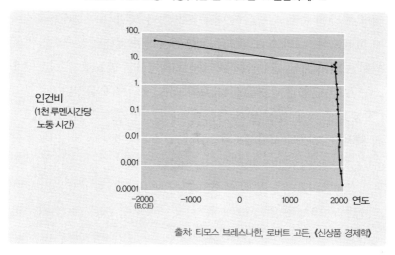

조명을 위한 노동 비용(기원 전 1750년~오늘날까지)

출처: 티모스 브레스나한, 로버트 고든, 《신상품 경제학》

수 있다. 우선 인류 역사의 대부분에 해당하는 아주 오랜 기간 사람들은 적은 불빛을 얻기 위해 열심히 일해야 했다. 불빛을 밝히는 비용이 많이 들어 이 기간에 사람들은 날이 컴컴해지면 그냥 잠자리에 들었다. 거의 50만 년 동안(동굴에 처음으로 불을 밝히던 시절에서부터 베르사유 궁전 전체를 촛불로 환하게 밝히게 될 때까지), 조명 비용을 지불하기 위한 인건비는 크게 변하지 않았다. 물론 시간이 흐르면서 감소했을 가능성이 크다. 이 기간에 조명 기술은 분명 점진적으로 개선되었지만, 그 속도가 너무 느려 대부분의 세대가 그것을 제대로 의식하지 못했을 뿐이다.

그러다가 18세기 초 조명에 대한 사람들의 관심이 급격히 높아졌고 결국 창문(부를 상징한다고 생각되던 것이었기 때문에)과 양초에 대해 정부가 세금을 부과하기 시작했다. 양초는 수요가 늘어나면서 1711~1750년 사이에 영국에서 실질적인 가격이 3분의 1 정도 상승했고 전국적으로 품귀 현상까지 발생했다. 영국의 조명을 연구한 로저 푸케|Roger Fouquet|와 피터 피어슨|Peter Pearson|은 이 시대를 일종의 '암흑시대'라고 표현하고 있다. 특히 애덤 스미스는 양초에 세금을 부과하는 것을 빈곤층에 대한 불공평한 처사라며 비난했고, 존 스튜어트 밀은 창문세 때문에 건물의 모습이 이상해지고 있다고 지적했다. 그러다가 1800년경에 이르러 방 하나를 밝히는 조명 비용이 급격히 떨어지기 시작했다. 이러한 현상은 해가 갈수록 눈에 띈다. 물론 연료 부족 현상이 초래되었다가 해결되곤 했는데 한번 시작된 유행은 아무도 거스를 수가 없었다. 새롭게 도입된 가스 조명비는 촛불을 이용한 조명비의 10분의 1에 지나지 않았다. 또한 등유를 이용한 조명도 가스 조명의 10분의 1 수준으로 떨어졌다. 이어

1880년대에 등장한 전기는 말 그대로 세상에 기적을 불러일으켰다. 전기가 사용된 지 10년 정도가 지나자 전기가 사용자에게 위험할지도 모른다는 공포감은 완전히 사라져버렸다. 20세기에 도달할 무렵까지 조명 기술 향상이 계속되었음을 알 수 있는데, 사람들은 이제 이러한 기술 향상을 당연한 것으로 여기고 있다.

이것을 다른 방향으로 해석하자면 평범한 사람도 이제 부자가 되었다고 할 수 있다. 조명 비용에 견주어본 사람들의 실질 임금이 현격하게 상승했기 때문이다. 처음에는 소비 지출에서 조명비가 차지하는 비중이 엄청나게 컸는데, 1940년대에 이르면서 아주 작은 부분으로 전락하게 되었다. 미래에는 조명 비용을 지불하지 않아도 되지 않을까 하는 기대를 할 정도로 낮아진 것이다.

조명에 대한 이 연구는 경제 성장이 어떻게 이루어졌는지를 보여주는 핵심적인 것이라고 할 수 있다. 경제 성장이라는 개념은 19세기에 국민 분배|national dividend라는 개념에서부터 서서히 부상한 것이었다. 그리고 오랫동안 경제 성장은 생활수준과 동의어로 사용되어 왔다. 그러다가 솔로 성장 모델이 등장하고 나서야 비로소 경제학자들은 경제 성장의 정의에 신경 쓰게 되었다. 그런 가운데 노드하우스는 성장에 대한 공식적인 평가가 적어도 개념상으로 볼 때 잘못된 것이라는 지적을 하고 나섰다. 신상품이 지수에 연결되는 방법에 문제가 있다고 주장했던 것이다. 실질 소득에 대한 평가는 물가지수가 정확해야 제대로 나올 수 있다. 그런데 물가지수 자체가 기술 혁명을 무시하고 이를 제대로 반영하지 않고 있다고 노드하우스는 비판했다.

또한 그는 1800년 이래로 제시되어 온 소비자물가지수 중 조명 부

분을 직접 개발한 지수와 비교한 다음 이 두 가지 지수가 완전히 다르다는 사실을 발견했다. 경제학자들이 산출한 공식적 소비자물가지수를 따라가면 200년간 화폐 가격이 3~5배 증가했거나 소비자물가지수의 절반 정도 속도로 증가했다는 얘기가 된다. 그런데 그가 직접 개발한 지수, 즉 진짜 물가지수를 따라가 보면 화폐 가격은 오히려 계속 떨어져 2000년 통화 가격은 토머스 제퍼슨|Thomas Jefferson이 백악관에 입성하던 시기에 비해 10분의 1 수준으로 떨어졌다.

그는 200년간 노동자 구매력 변화를 비교해본 결과 다음과 같은 그래프를 뽑아냈다. 이 그래프의 앞부분을 보면 전통적인 소비자물가지수 계산 방식에 의한 노동 비용과 노드하우스가 실제 계산한 노동 비용 사이에 무려 세 칸, 즉 천 배의 차이가 있음을 알 수 있다!

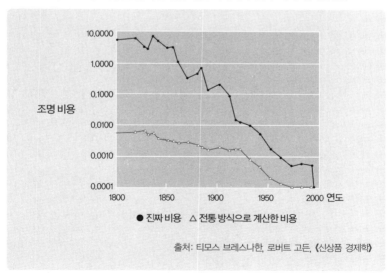

▷ 조명의 노동 비용을 둘러싼 전통적인 이야기와 진짜 이야기(시간/klH) ◁

● 진짜 비용   △ 전통 방식으로 계산한 비용

출처: 티모스 브레스나한, 로버트 고든, 《신상품 경제학》

중요한 것은 조명 기구의 변화에서 보았듯 같은 목적으로 사용된 상품의 이름만 바뀐 것이 아니라 기술 자체도 현격하게 향상되었다는 사실이다. 과거에 널리 애용되던 말은 자동차로, 영화는 텔레비전으로, 기차는 비행기로, 뱀 기름은 의약품으로 대체되었다. 피상적이긴 하지만 그래도 과거와 달라지지 않은 유일한 상품이 있다면 그것은 식품이라고 할 수 있다.

노드하우스는 지질 변화라고 부를 만큼 이러한 큰 기술 변화(슘페터 식으로 이전 기술의 파괴를 불러일으킬 만한 큰 변화)가 어떤 변화를 초래했는지 설명하고 있다.

"물방앗간처럼 큰 기술 변화가 없던 분야와는 대조적으로 상당 분야, 즉 가정용품, 의료 서비스, 유틸리티 서비스, 정보통신, 교통수송, 가전 등에서 지진과도 같은 큰 변화가 일어났다."

주택의 경우에도 그는 주택 보유 제도 덕분에 일반 주택과 고층 아파트 건설이라는 대변화로 이어졌다고 주장했다. 단순히 특정 역할을 하는 제품이 변하는 정도가 아니라 기술 자체가 현격하게 향상되는 이러한 현상을 확인한 노드하우스는 전통적인 실질 생산과 실질 임금 측정 방법은 생활수준이 현격하게 개선되었다는 점을 제대로 반영하지 못한다는 결론을 도출했다.

"낮은 변기는 단순한 가구로 분류되어 있지만 사실 이것은 중세 시대 왕자를 기쁘게 했을 정도로 큰 서비스를 제공했다. 그런데 그러한 사실이 전혀 고려되지 않고 있다."

노드하우스는 연구를 위해 어떤 분야를 선택하느냐를 두고 고민하다 보면 엄청난 시간과 에너지를 낭비할 수 있다고 경고했다. 이러한 고민을 하는 학자들을 위해 그는 이렇게 제안했다.

"소비자물가지수에서 범용재 층화추출 표본|straitified sample을 하나 뽑아 10명의 경제학자가 팀을 이뤄 5년 정도 연구해보는 것도 좋다."

노드하우스가 그랬던 것처럼 장시간 팀 연구를 하면 선정한 아이템들이 제공한 서비스에 대해 실질적인 가격을 찾아낼 수 있을 것이다. 물론 텔레비전, 의약품, 컴퓨터 분야는 어느 정도 연구가 이뤄졌지만 바나나, 이발, 교회 설교 부분 등에 대해 연구한 사람은 아무도 없다. 노드하우스는 응용 통계학 분야에서 이러한 주제만큼 흥미진진하고 가치 있는 주제는 없다고 강조했다.

노드하우스의 실험이 지니는 진정한 위력은 정상적인 스토리텔링이라고 생각되던 것을 완전히 뒤엎었다는 데 있다. 생활수준이 1만 배 증가했다면(조명 비용 측정을 통해 확인한 바에 따르면), 과연 그 수준이 프롤레타리아 혁명을 비켜갈 수 있을 만큼 충분한 수준이라고 말할 수 있을까? 조명 기술 향상은 왜 하필 그때 그 순간에 시작된 것일까? 일단 시작된 다음에는 왜 그토록 기술이 계속 향상된 것일까? 그것은 앞으로 얼마나 더 길게 계속될 수 있을까?(노드하우스가 이 논문을 출판하고 나서 얼마 지나지 않아 미국 에너지성은 형광조명의 효율성을 10배 더 증가시키는 기술을 개발했다고 발표했다) 1800년경 시작된 기술 변화는 그 전 시대와 그 후 시대를 어떻게 다르게 만들었을까? 노드하우스는 "산업혁명을 떠올린 사람들은 이 그래

프를 쉽게 이해할 수 있을 것으로 생각한다"라고 결정적인 힌트를
주고 있다.

사회학의 탄생

오늘날 산업혁명이라는 말은 워낙 흔하게 사용되는 터라 그것을
일상적으로 사용하지 않던 시대가 있었다는 사실을 상상하기 어려
울 정도이다. 이 용어는 1820년대에 프랑스 사람들이 가장 먼저 사
용했고 후에 마르크스가 자신의 경제학 연구에 막연하게 도입했다.
이 용어가 많은 사람에게 알려지기 시작한 것은 1888년 아널드 토
인비|Arnold Toynbee가 한 명연설에서였다. 신기한 것은 그보다 불과
50년 전에 리카도와 맬서스가 산업혁명이 발발할 가능성이 없다고
강력하게 주장했다는 사실이다.

하지만 1890년대 들어 그들의 생각이 틀렸다는 것은 곧바로 밝
혀졌다. 토인비는 "경제학자들과 다른 사람들 사이에 있었던 치열
한 논쟁은 경제학자들이 생각을 바꿈으로써 별다른 성과 없이 끝났
다"라고 적고 있다. 그러나 토인비의 판단은 조금 미숙했던 것 같
다. 사실 그가 아무런 성과가 없었다고 지적했던 19세기에 거대한
두 개의 전통이 형성되었기 때문이다.

비경제학자들(토인비가 '다른 사람들'이라고 부르는 사람들)은 산업
혁명을 단순히 기술 변화 요인이라고만 생각하지 않고 모든 분야
즉 사회, 지식, 종교, 문화, 정치 분야에서 대변화가 일어났다고 생
각했다. 그리하여 다른 사람들, 다시 말해 경제가 아닌 다른 모든

지식 분야를 연구하는 사람들은 이러한 변화를 설명하는 이론을 속속 선보였고 더불어 각종 학문 분야가 새롭게 탄생했다.

이처럼 변화에 대해 보다 이론적으로 접근하려 시도한 인물 중 눈에 띄는 사람이 카를 마르크스이다. 그리고 얼마 지나지 않아 알렉시스 드 토크빌|Alexis de Tocqueville과 에드먼드 버크도 마르크스와 다른 정치학적 관점을 제시했다. 특히 막스 베버는 마르크스의 생각을 재정리해 자본주의를 유발한 것은 신교적 윤리 형태의 종교적 신념이라고 주장했다. 그렇게 해서 '사회학'이라는 학문이 탄생하게 되었다.

에밀 뒤르켕|Emile Durheim은 노동 분업을 약간 다른 시각에서 보려는 시도를 했는데, 이를 통해 그는 '인류학'이라는 학문 분야로 가는 다리를 건설하는 역할을 하게 되었다. 이외에도 그 전 100년 동안 일어났던 대변화를 연구하기 위한 산발적인 시도가 모든 분야에서 이루어졌다.

그러나 애덤 스미스에서 시작되어 막스 베버|Max Weber를 거쳐 앨프리드 챈들러와 토머스 쿤으로 이어진 다음, 오늘날 경제와 과학 분야 연구의 주류를 형성하고 있는 그룹이 계속적으로 관심을 보인 분야는 특화의 원인과 결과였다고 볼 수 있다. 다시 말해 핀 공장 원칙의 중요성을 강조하는 연구였던 것이다.

이처럼 핀 공장 이론을 세상에 소개한 것도 경제학자였고, 다른 한편으로 성장 이론을 세상에 선사한 사람들도 경제학자였다. 그렇다면 성장 이론 3인방으로 손꼽히는 경제학자들은 실제 조명 비용의 역사에 대한 노드하우스의 연구 결과에 어떤 반응을 보였을까?

경제학이란 무엇인가

노드하우스의 연구 결과에 가장 놀라지 않은 사람은 그의 스승인 로버트 솔로였다. 솔로 자신도 이미 노드하우스와 같은 답변을 얻었기 때문이다.

자본 축적은 성장에서 가장 지배적인 힘이 아니다. 과연 현대의 풍요를 단순히 양초 수백만 개를 추가로 밝힌다고 해서 얻을 수 있었겠는가? 그랬을 것 같지는 않다. 그렇다면 더 많은 광부와 농부를 투입했다면 더 큰 풍요를 얻을 수 있었을까? 그렇지 않았을 것이다. 솔로가 처음 계산한 것에서 생산 증가분의 8분의 7은 잔여분이었으며, 그 부분은 재산이나 노동 축적과는 상관없다는 결론이 도출되었던 것을 기억하는가? 같은 방법이 노드하우스 조명 비용 계산에 적용되었다면, 아마 잔여분은 99퍼센트에 달했을 것이다. 다시 말해 성장의 대부분은 기술 변화에 좌우된다고 볼 수 있다.

솔로는 노드하우스의 조명 실험 연구에는 국가 수입 중 얼마만큼이 연구개발에 투자되어야 하는지에 관한 설명이 없다고 지적했다. 또한 국민소득이 어떻게 변할지에 대한 설명도 없다. 그 점에서 솔로는 노드하우스의 새로운 모델은 상당히 고무적이긴 하지만 아직 완벽하다고 볼 수 없다는 결론을 내렸다. 그렇다면 3인방 중 두 번째 인물인 루커스는 어떤 반응을 보였을까? 빈곤층의 생활을 개선시킬 정책을 파악하기 위해 노력했던 루커스는 인구학적 대변화가 성장에 결정적 역할을 한다고 주장했다. 산업혁명이 지속적인 소득 증가의 원인일지라도 단순히 그것이 기술 변화의 유일한, 아니 첫 번째 요인이라고 볼 수는 없다는 것이다.

"극소수의 놀고먹는 귀족이 그리스 철학이나 포르투갈 항해 방법을 개발해냈을 수도 있다. 그러나 이것은 산업혁명이 일어난 방법과는 근본적으로 다르다."

다시 말해 산업혁명으로 인한 소득 증가는 극소수의 귀족에 의해 유발된 것이 아니라 인구의 상당 부분을 차지하는 사람들이 인생을 살아가는 방법을 바꾸었기 때문에 가능했다는 얘기다. 갑자기 많은 사람의 생활수준이 향상되는 것을 보면서 젊은이들이 부모의 만류를 뿌리치고 고향을 떠나 도시로 가서 열심히 일해 돈을 벌었기 때문에 소득 수준이 향상되었다는 것이다. 루커스는 경제 발전을 위해서는 전통과의 수많은 단절이 필요하다고 주장하는데, 이를 위해 그는 소설가 비디아다르 네이폴|Vidiadhar Naipaul의 《비스바스 씨의 부인|A House for Mr. Biswas》에 등장하는 한 대목을 인용했다. 이 소설은 한 가족이 트리니다드의 사탕수수 농장에서 옥스퍼드에 오기까지 여러 세대에 걸쳐 어떤 변화를 겪게 되는지를 묘사하고 있다.

루커스는 성장 방정식에서 기술을 어디에 놓아야 하는지에 관한 싸움은 피하고 논쟁에 대한 보완점을 제시하고 싶다고 말했다.

"지식 축적에 의한 성장은 대부분 가정에서 인적 자본에 대한 투자분을 회수할 수 있는 수준에 도달하기 전까지 사람들의 생활수준을 지속적으로 향상시켜 주지 못한다. 여기에서 중요한 것은 그것을 설명할 수 있는 용어를 어떻게 실질적으로 이 모델에 포함시키는가 하는 것이다. 다시 말해 모델이 근사하다고 청사진만 자랑해서는 아무 소용이 없다."

그러면 3인방의 마지막 인물, 로머는 어떤 반응을 보였을까?

로머의 모델은 제도에 의해 제정된 발명 인센티브의 중요성을 강조하고 있다. 18세기 후반에 나타난 거대한 발전 상황(북미 식민지들의 영국으로부터의 독립 선언, 프랑스의 인권 선언 등)을 한번 보라. 이러한 변화는 특허법 변화로 이어졌고 특허는 기술 발전 가속화에 지대한 영향을 미쳤다. 더불어 조세 제도, 은행 및 금융, 과학과 교육 분야에도 큰 발전이 이루어졌다. 로머의 모델은 이러한 제도가 상업을 찬성하고 지원하는 쪽으로 이루어지게 된다고 주장하고 있다. 이것은 더글러스 노스, 리처드 넬슨, 시드니 윈터, 네이선 로젠버그, 그리고 폴 데이비드가 몇 년간 주장하고 있는 것과 정확히 일치하는 내용이다.

그런데 이러한 주장에 대해 원로 학자들은 자신들도 이미 알고 있는 내용이라는 반응을 보였다. 자신들이 이미 광범위하게 연구해놓은 것을 젊은 사람들이 그저 수학적으로 재정리하면서 잘난 척한다는 반응을 보인 것이다. 하지만 이들은 내심 수리적 접근 방법이 그들이 중요시하던 모든 사항을 쓸어내지는 않을까 하는 두려움을 갖고 있었다.

크루그먼이 아프리카 지도를 들어 경제학의 상황을 설명했다면, 로머는 모래시계를 들어 상징적으로 설명했다. 경제학 역사를 보면 대부분의 경우 경제학은 분산적인 방법으로 발전해왔다. 새로운 응용 분야가 계속 생겨나면서 새로운 언어와 각자의 응용 분야에 맞는 개념적 도구가 정립되며 발전을 거듭해온 것이다. 이에 따라 경제학 분야에서는 노동경제학, 산업조직, 금융 및 재무, 국제무역, 공공재정, 개발경제학 등의 용어가 생겨났다.

그런데 수리학이 경제학에 도입된 후부터는 경제학의 모든 분야가 차례로 모래시계의 모습을 닮은 사고 과정을 거치게 되었다. 모래시계의 긴 세로 부분은 관심의 깊이와 즉각적인 대응 능력을, 가로 부분은 시간의 흐름을 나타낸다. 이를 통해 젊은 세대가 점점 수학을 경제학 도구로 선택함에 따라 모래시계처럼 관심의 폭이 서서히 줄어드는 현상이 발생한다는 것을 나타낸 것이다. 좁아진 폭으로 들어간 이들은 한동안 새롭게 터득한 수학공식이 낯설어 압박감을 느끼게 된다. 그러나 시간이 흐르면서 새로운 어휘와 도구에 익숙해지고 그러다 보면 전문가로서 관심은 모래시계 아랫부분처럼 다시 넓어진다. 이에 따라 경제적 쟁점을 큰 폭으로 다룰 수 있게 되면서 과거보다 새로우면서도 정확한 이해를 할 수 있는 능력을 갖추게 된다.◆

그렇다면 인류가 저렴한 가격에 실컷 불을 밝힐 수 있도록 해주었던 화석 연료가 곧 고갈될 것이라는 경고성 분석을 내놓았던 학자들은 어떻게 되었을까? 맬서스와 리카도가 미래에 대한 염세적 예측을 한 이후 100년간 자원 고갈에 대해 비관적 예측을 한 학자는 계속 존재해 왔다. 그런데 신기하게도 고갈 문제가 나올 때마다 인적 자원이 개입해 더 저렴하고 환경적으로도 바람직한 대체 연료가 개발되었다(새로운 조명 기술 덕분에 수많은 고래가 목숨을 건졌다는 사실을 생각해보라). 물론 이들의 예측이 과거에 틀렸다고 해서 미래에도 틀릴 것이라는 주장은 할 수 없다. 인간의 창의성과 두뇌는 뛰

◆ 데이비드 크렙스는 로머가 묘사한 이 모래시계 은유를 그의 논문 〈경제학: 최근 버전Economics: The Current Version〉에서 인용했는데, 이 논문은 〈데이달루스Daedalus〉 1997년 겨울호에 실렸다.

어나지만 노드하우스가 경고했듯 가짜인 줄 알았던 늑대가 가끔은 정말로 올 때가 있다.

1990년대 후반 찰스 존스만큼 솔로, 루커스, 로머가 주장한 각기 다른 경쟁 이론에 관심을 보인 경제학자는 없었다. 버클리에서 연구하던 존스는 로머의 모델이 우주공상드라마 〈스타트렉〉에서 어떻게 나타나고 있는지에 처음으로 관심을 보였다. 그러다가 그는 국립과학재단으로부터 교재 개발 명목으로 지원비를 받아 1998년 성장 이론을 설명하는 《경제성장입문|An Introduction to Economic Growth》을 펴냈다. 이 책에서 그는 성장 모델별로 조심스럽게 설명한 후, 이론을 내세운 3인방 경제학자가 각자 조금씩 다른 성격의 질문을 던지고 있다는 결론을 도출했다.

우선 솔로가 던진 질문은 이것이다. "왜 우리는 이렇게 부자로 사는데, 저 사람들은 저렇게 못 살까?" 솔로는 이 질문에 부자 나라는 시설과 교육에 엄청난 투자를 하고 이렇게 해서 얻은 자원을 생산적으로 활용했기 때문에 부자가 된 것이고, 가난한 나라는 그렇지 못했기에 가난한 것이라고 대답했다.

반면 루커스는 다음과 같은 질문을 던진다.

"일본, 독일, 한국의 경제 기적은 어떻게 이루어진 것일까?"

루커스는 이 질문에 이들 국가가 전환 사이클|transition dynamics을 상세히 연구하고 잘 대처했기 때문에 기적이 일어났다고 답변했다.

그렇다면 로머가 제시한 질문은 무엇이었을까? 그것은 바로 "경제 성장의 엔진은 무엇일까?"였다. 그리고 자신이 개발한 모델을 통해 엔진 역할을 한 것은 발명이고, 우리가 오늘날 기술 발전이라고 부르는 새로운 아이디어가 탄생하도록 끊임없이 밀어붙인 사람은 바로 기업가였다고 답변했다.

그런데 이들이 공통적으로 던진 질문이 있었다. 그것은 "우리의 미래에 대해 경제학은 어떤 예측을 제시해야 하는가?"였다. 이제까지 경제학자들은 주로 희소성과 수확체감의 원칙을 내세우며 비관적인 예측을 했지만 그러한 예측은 현실과 잘 맞지 않았다.

가장 최근에 개발된 조명 기술은 백색발광다이오드|WLED(white lightemitting diode)라는 것으로, 이것은 오늘날 우리가 사용하고 있는 가장 저렴한 형광 조명보다 효율성이 훨씬 높다(그리고 환경친화적이다). 어쩌면 WLED는 수입 원유에 대한 서방 국가의 의존성을 줄여줄 수 있을지도 모른다. 이 기술 개발 소식은 특히 아직도 전기가 들어오지 않는 극빈 국가나 극빈층에게 좋은 소식이라고 할 수 있는데, 그 이유는 이 방식이 오늘날 지불하는 비용의 10분의 1에서 100분의 1 정도면 현재 가장 많이 사용되는 등유 램프와 똑같은 수준의 조명을 제공할 수 있기 때문이다. 더욱이 WLED 작동을 위해서는 꼭 비싼 전기를 사용하지 않아도 된다. 공책보다 조금 큰 태양전지판을 AA 건전지로 충전하면 얼마든지 WLED 방식으로 불을 밝힐 수 있다. 그 점에서 이 기술은 휴대전화 기술만큼이나 획기적인 기술로 손꼽히고 있다.

그렇다면 경제학이란 과연 무엇을 연구하는 학문인가? 토지, 노동, 자본과 더불어 별도로 기술을 연구하는 학문인가? 아니면 인간, 아이디어, 물건을 중심으로 지식이 어떻게 생산되고 보급되는지를 집중적으로 연구하는 학문인가? 그것도 아니면 희소성과 풍요성이 어떻게 상호 견제를 하는지 연구하는 학문인가?

한 가지 확실한 것은 많은 경제학자가 실제 조명 비용을 밝혀낸 노드하우스의 연구에 큰 감명을 받았다는 사실이다. 이 연구를 통해 경제 성장 엔진은 지식 성장이라는 것이 확실하게 밝혀졌기 때문이다. 시인 블레이크가 말했듯 진리는 굳이 말로 설명할 필요가 없다. 말로 하지 않아도 이해할 사람은 다 이해하고 반대로 아무리 설명해도 믿지 않을 사람은 결국 믿지 않기 때문이다.

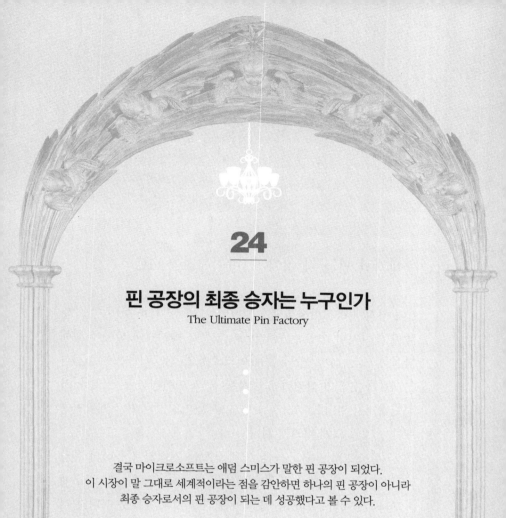

24

핀 공장의 최종 승자는 누구인가
The Ultimate Pin Factory

결국 마이크로소프트는 애덤 스미스가 말한 핀 공장이 되었다.
이 시장이 말 그대로 세계적이라는 점을 감안하면 하나의 핀 공장이 아니라
최종 승자로서의 핀 공장이 되는 데 성공했다고 볼 수 있다.

21세기판 핀 공장 이야기, 마이크로소프트

현대 사회에서 지식경제학이 얼마나 위력적인지를 보여준 또 다른 놀라운 사건의 주인공은 과연 누구일까? 1990년대 중반에 정체가 확실히 드러난 그 주인공은 마이크로소프트로, 이들은 매스컴의 집중 세례를 받으며 화려하게 등장했다. 그 이야기는 핀 공장 이야기가 현대에서 벌어졌다는 것만 다를 뿐 나머지는 과거 경제학자들이 예측한 것과 크게 다르지 않다.

마이크로소프트는 윈도 운영 체계를 모든 퍼스널 컴퓨터의 유일하고도 보편적 시스템으로 적용시키는 데 성공한 덕분에, 규모에 대한 수확체증이라는 막강한 법칙의 위력을 미국 시장뿐 아니라 세계 시장에서 확실하게 입증했다. 어찌 보면 마이크로소프트 이야기는 현재 가장 널리 쓰이는 키보드인 쿼티 이야기와 같다고 볼 수 있다. 굳이 차이점을 찾으라면 마이크로소프트는 디자인을 직접 보유하고 있고 시장이 세계 수준이라는 데 있다.

그렇다면 보이지 않는 손은 무엇을 하고 있단 말인가? 결국 특화의 힘이 경쟁의 힘이라는 견제 상대를 때려눕힌 것이란 말인가? 과연 단 하나의 기업이 전 세계 시장을 석권하는 것이 가능한 것일까? 단일 기업이 경쟁자가 치고 올라오는 것을 막으며 기술 개발 과정을 전적으로 통제하는 것이 가능하단 말인가? 그렇다면 애덤 스미스가 주장했던 두 가지 시장 경제 원리는 어떻게 되는 것일까?

1990년대 정부 정책 분야에서 이러한 질문이 던져졌는데, 이는 퍼스널 컴퓨터 분야가 1970년대에 출현한 두 가지의 중요한 정보처리 기술 중 하나였기 때문이다. 또 다른 정보 처리 산업은 임무는 같았지만 다른 방향에서(철도와 별개로 개인용 자동차가 출현했던 것과 같은 방식으로) 접근해오고 있었다. 이 두 번째 정보처리 시스템 기술은 정보고속도로, 즉 인터넷이었다. 인터넷은 예측하기 어려울 만큼 그 잠재성이 커서 빌 게이츠 자신도 깜짝 놀랄 정도였다.

마이크로소프트의 급부상 이후 가장 눈에 띄는 것은 인터넷의 기본적 시스템 컨트롤에 대한 전쟁, 즉 브라우저 전쟁이었다. 이 전쟁의 양상은 중세 시대에 중앙집권적 인물이 지방에서 들고 일어난 농민을 진압하기 위해 두 가지 서로 경쟁관계에 있는 기술을 신속하게 장악해버린 것과 같은 양상을 띠고 있었다. 문제는 이 두 가지 중요한 기술이 오래 전 앨프리드 마셜, 에일린 영 그리고 창조적 파괴라는 용어를 통해 슘페터가 설명했던 그 결정적인 기술이라는 데 있었다.

퍼스널컴퓨터 산업은 인터넷과 긴밀한 유착관계를 형성하면서 로머가 심층 연구를 했던 기술의 내생적 변화 원칙을 현실에서 확실하게 보여주었다.

마이크로소프트 코퍼레이션이 불과 20년 만에 대학 기숙사 친구들끼리 재미로 하던 일에서 세계에서 가장 가치가 높은 기업 왕국으로 어떻게 변화되었는가 하는 이야기는 비교적 잘 알려져 있다. 요약해서 설명하자면 그들의 성장 과정은 다음과 같다.

1974년 게이츠와 그의 고등학교 동창 폴 알렌|Paul Allen은 한 잡지에서 아마추어용 가정용 컴퓨터 알테어8800|Altair 8800의 출시 소식을 듣게 되었다.

"정말 놀라운 프로젝트! 상업용 경쟁 모델과 견줄 만한 세계 최초 미니컴퓨터 키트"

광고는 이렇게 나와 있었다. 게이츠와 알렌은 이 컴퓨터 제조업자에게 베이직|BASIC 프로그래밍 언어로 쓰인 천공식 페이퍼테이프나 카세트테이프 아니면 플로피디스크 형태로 저장된 마이크로프로세서칩 해독기 역할을 하는 소프트웨어 카피를 한 개당 50센트에 팔겠다는 제안을 했다. 이것은 프로그래머가 작은 컴퓨터에 집어넣어 컴퓨터가 작동되도록 하는 시스템이었다. 게이츠와 알렌은 그것을 50센트에 사들이면 제조업자는 75달러나 100달러에 팔 수 있으며, 그렇게 되면 제조업자는 돈을 벌어서 좋고 사용자는 편리해서 좋다고 설득했다.

결국 제조업자가 그 제안을 받아들이자 두 사람은 두 달 동안 밤낮 없이 일한 끝에 약속한 프로그램 개발에 성공했다. 그런데 하버드대학에서 일하는 한 조교수가 게이츠와 그의 친구가 대학 컴퓨터로 코드 개발에 밤낮으로 매달려 있는 것을 발견한 후, 이를 대학 행정실에 신고했다. 대학 행정실은 게이츠에게 학교 컴퓨터를 상업적인 목적에 사용하지 말라는 강력한 경고장을 보냈다. 그렇게 힘들게 개발된 소프트웨어(사실 이 용어는 극소수 사람 외에 알려지지 않고 있었지만)는 대성공을 거두었다.

1976년 2월 게이츠는 〈애호가들에게 보내는 공개편지 | Open Letter to Hobbyists〉를 썼는데, 그 편지에서 그는 자신과 친구가 알테어 컴퓨터에 들어가는 해독기를 개발했다며 크게 자랑했다. 그러나 그 프로그램을 위해 자신과 두 명의 동료가 60일 동안 화장실에 갈 틈도 없이 일했으며 오류를 수정하고 정리하는 데 거의 1년이 걸렸고 수천 개의 카피가 주인을 찾아갔는데 그들이 로열티 명목으로 받은 것은 시간당 채 2달러도 안 되는 액수였다고 불평했다.

왜 그런 일이 벌어진 것일까? 그 이유는 사람들이 그가 개발한 소프트웨어를 훔쳐갔기 때문이다. 즉, 개발자의 허락을 받지 않고 사람들이 프로그램을 베꼈고 그러다 보니 자신들은 힘들게 일을 해놓고 돈을 벌지 못했다는 것이었다.

그때까지만 해도 소프트웨어 개발 사업은 친구들끼리 아니면 마음이 맞는 사람들끼리 모여 작은 사업체를 차리는 형식의 반 아마추어 차원에서 진행되고 있었다. 대기업도 이 분야에 뛰어들긴 했지만 아직 경쟁이 치열하지 않아 서로 점잖게 사업을 하고 있었다. 소프트웨어의 경우 법이 아닌 정부위원회에서 관리하고 있었고 비용은 큰 법률회사가 고객에게 청구서를 보내듯 '소프트웨어 개발비용 50만 달러'라고 적어 보내면, 소프트웨어 개발을 부탁한 기업은 그 비용을 일시불로 지불하곤 했다.

하지만 게이츠는 이제까지와 다른 방식, 즉 출판과 같은 방식을 제안했다. 당시 게이츠는 이렇게 말했다.

"프로그래머 10명을 고용해 좋은 소프트웨어로 애호가 시장을 장악할 수 있으면 소원이 없겠다."

이 소원이 실현되려면 돈이 필요했다. 이때, 그는 작가나 음반을 낸 가수처럼 자신이 개발한 프로그램이 한 개씩 판매될 때마다 로열티를 받아야겠다는 아이디어를 떠올렸다. 그러려면 소프트웨어에 특수 포장 장치를 설치해야만 했다. 다시 말해 자신의 프로그램 카피 구입자가 기술적으로 할 수 있는 한계와 따라야 할 규칙을 정해 돈을 주고 구입하지 않은 사람은 그것을 사용할 수 없도록 라이선스 제도를 유지할 생각이었던 것이다(얼마 지나지 않아 게이츠는 한 번에 컴퓨터를 한 대 이상 동시에 사용하지 못하도록 하는 코드를 소프트웨어 프로그램에 입력했다).

일종의 재산 형태로 소프트웨어 저작권을 보호하려는 이러한 장치가 도입되자 애호가들이나 대학 컴퓨터 실험실 학생들은 몇 년 동안 크게 반발했다. 하지만 이 논리는 시장에서 신속하게 수용되었다. 그리하여 마이크로소프트는 컴퓨터를 만들어내는 극소수 회사(라디오샥|Radio Shack, 애플|Apple, 코모도어|Commodore)가 새로운 기계를 만들어낼 때마다 거기에 맞는 베이직 해독 프로그램(이제는 컴파일러|compiler라고 부른다)을 제공하게 되었다.

그 후 게이츠는 자신의 본분이 학생임을 깨닫고 다음 가을 학기에 최고로 어려운 코스로 소문 난 마이클 스펜스의 미시경제학 강의를 들었다. 당시는 독점적 경쟁에 대한 악대 행렬 효과와 네트워크 경제학이 막 동트는 시점이었다. 그 강의를 수강한 학생 중에는 게이츠가 함께 카드를 치곤 했던 스티브 발머|Steve Ballmer도 있었다.

그 강의에서 게이츠와 발머는 1등과 2등의 성적을 얻었지만, 게이츠는 학점이 나오기까지 기다리지 않고 졸업을 한 학기 앞두고 대학을 자퇴했다. 뉴멕시코주에서 전적으로 사업에 매달려야 했기 때문이다. 그리고 1980년에 경영대학원을 졸업한 후 프록터앤갬블 |Procter & Gamble에 입사했던 발머는 게이츠 회사에 합류했다.

1970년대 퍼스널 컴퓨터 사업은 이제 막 날개를 펼쳐 비상하려 하고 있었다. 25년간 이 상품은 표준산업분류(SIC) 코드에도 들어가 있지 않던 상품 부류에서 국민총생산|GNP의 상당 부분을 차지하는 부류로 대변신했다. 마이크로프로세서칩의 용량과 성능이 모두 개선되자, 퍼스널 컴퓨터용 소프트웨어에 대한 수요는 나날이 가속화되었다. 게이츠는 자신이 아직은 확실해보이지 않는 이 시장에 전략적 투자를 하게 되면, 후에 다른 사람이 이 시장에 진출하는 것을 억제할 수 있을 것이라는 사실을 알고 있었다(당시만 해도 다른 사람은 이런 생각을 거의 하지 않았다).

소프트웨어는 전형적인 비경쟁재로 당시만 해도 이것은 하나의 세트(펀치 카드, 페이퍼테이프, 마그네틱테이프 카세트, 플로피디스크, 컴팩디스크)로 구입할 수 있었다. 오늘날 인터넷으로 즉시 다운로드를 받을 수 있는 것에 비하며 매우 번거로웠음을 알 수 있다.

중요한 것은 책이나 지도 또는 음반에 담겨 있는 정보를 소프트웨어 프로그램에 저장할 수 있다는 것이었다. 다시 말해 중요한 것은 컨텐츠이지 물리적 포장 상태가 아니었다는 사실이다. 일단 소프트웨어가 개발되면 그것은 효용성의 감소 없이 끝없이 복제할 수 있었다. 그렇기 때문에 네트워크 효과만 강하다면 돈은 얼마든지 벌 수 있었다. 특수 포장 장치 도입, 새로운 프로그램을 위한 인스토어 마켓 창조, 그리고 라이선스 제도를 통한 사용 제한 등으로 소프트웨어 산업은 최신판 노동 분업에 뛰어들었다.

게이츠에게 일생일대의 행운이 찾아온 것은 1980년 가을이었다. 퍼스널 컴퓨터 시장에 뛰어들기로 결정하고 새롭게 PC를 개발하려는 IBM이 마이크로소프트에게 운영 체계를 공급해달라는 요청을 해왔던 것이다. 당시 컴퓨터는 개개인이 혼자서 할 수 있는 능력을 훨씬 뛰어넘어 상당 수준으로 발전해 있었다.

컴퓨터 개발업자들은 모듈러 애플리케이션, 스프레드시트, 워드프로세싱 프로그램을 사용하기 시작했다. 이제 마이크로프로세서 작동을 위해 해독 장치 같은 것은 더 이상 필요하지 않게 되고, 운영 체계|operating system라고 부르는 것이 필요해진 것이다. IBM이 마이크로소프트를 선택한 이유는 마이크로소프트가 다른 회사보다 운영 체계 개발에서 더 경험이 많을 것이라고 판단했기 때문이다. 게이츠는 그 기회를 잡아 시장에 투입되는 전 종류의 소형 컴퓨터에 맞는 프로그램을 개발했다. 물론 IBM이 마이크로소프트를 소프트웨어 공급자로 선정한 이유 중에는 게이츠의 어머니 메리가 IBM의 대표이사 존 오펠|John Opel과 잘 아는 사이라는 것도 크게 작용했다. 이들은 유나이티드 웨이|United Way의 연방이사회 이사로 같이 일하고 있었다.

그렇다면 IBM은 왜 마이크로소프트를 아예 사버리는 간단한 행동을 취하지 않았을까?(게이츠 자신도 운영 체계 개발 전문 회사가 없어서 QDOS라는 회사를 인수했는데, 마음만 먹었다면 IBM은 얼마든지 QDOS를 직접 인수할 수도 있지 않았을까?) 아니면 200명 정도의 프로그래머를 직접 고용해 이들에게 자체 컴퓨터에 들어갈 프로그램을 개발시킴으로써, 피라미 소프트웨어 개발업체인 마이크로소프트 정도는 얼마든지 시장에서 쫓아낼 수도 있었을 것이다. 그런데 그렇게 하지 못한 이유는 1980년 행운의 여신이 전적으로 게이츠의 편에 섰기 때문이다.

1969년 임기 마지막 시절 린든 존슨|Lyndon B. Johnson 대통령 행정부가 제정해 놓은 IBM에 대한 독점금지법이 여전히 유효해서 IBM이 직접 소프트웨어를 개발할 수 없었던 것이다. 존슨 대통령 시절 IBM은 메인프레임 컴퓨터 시장을 신이 날 정도로 지배하고 있었다. 그리하여 IBM의 독점을 우려한 정부가 미래에도 그런 사태가 발생할까 걱정되어 IBM이 직접 소프트웨어를 개발하지 못하도록 법으로 제한해 놓았던 것이다. 다시 말해 다른 업체가 개발한 소프트웨어를 구입해 그것을 IBM 컴퓨터에 장착하여 판매하도록 정해 놓았다는 얘기다.

물론 나중에 IBM은 독립적인 소프트웨어 개발회사를 설립했다 (컴퓨터 성능이 점점 좋아지자 후에 IBM은 법의 저촉을 받지 않는 범위 내에서 소프트웨어 개발에 뛰어들었다. 이것은 에일린 영이 40년 전 에든버러에서 발표했던 전형적인 수직적 분업 현상이라고 할 수 있다).

어쨌든 1980년만 해도 IBM은 소프트웨어 개발 사업에 뛰어들지 못해 마이크로소프트에게 운영 체계 공급을 요청했고, 게이츠는 소프트웨어 개발 비용 대신 판매되는 프로그램 카피 한 개당 로열티를 달라는 요청을 했다. 물론 IBM은 이 제안을 수락했다. 그런데 마이크로소프트는 IBM을 위해 개발한 소프트웨어를 다른 컴퓨터 메이커에게도 얼마든지 자유롭게 판매할 수 있었다. IBM과 독점판매 계약을 체결하지 않았기 때문이다. 당시 IBM은 계약 조건에 관해 실랑이를 하기 싫어 마이크로소프트가 제시한 조건을 모두 수용했다. 그리하여 30년 동안 메인프레임 컴퓨터 사업 분야에서 어느 누구와도 견줄 수 없는 대성공을 거둔 IBM은 프로그램 한 개당 1.04달러의 로열티를 지불했다.

이후 마이크로소프트는 말 그대로 폭발적인 성장을 하게 되었다. 처음에 계획했던 것처럼 게이츠는 벌어들인 수익을 모두 재투자했다. 당시 그는 애플의 매킨토시 컴퓨터를 눈여겨보았다. 매킨토시에는 마우스, 커서|Cursor(입력 위치 표지), 아이콘 등이 들어가 있어 자체 운영 체계로 동시에 한 개 이상의 프로그램을 운영할 수 있었고 또한 화면에서 섹션을 분리해 얼마든지 볼 수 있게 되어 있었다.

이에 따라 게이츠는 애플의 맥과 IBM의 탑뷰 시스템이 경쟁할 수 있도록 자체 개발하는 운영 체계에 이 사양을 집어넣었다. 하지만 게이츠는 이때 전혀 추가 비용을 요구하지 않았다. 판매가 계속 증가되는 IBM PC를 통해 얼마든지 로열티를 받을 수 있었기 때문이다. 얼마 지나지 않아 게이츠는 IBM이 자체적으로 새로운 운영 체계 개발에 나설 계획이라는 사실을 알게 되었지만, 그는 PC 사용자들이 이미 마이크로소프트가 개발한 시스템에 익숙해져 있어 변화가 쉽지 않을 것이라고 판단했다.

그래도 게이츠는 현실에 안주하지 않고 소형 컴퓨터나 메인프레임 컴퓨터 모두에서 작동시킬 수 있는 윈도 버전 개발에 나섰다. 이를 위해 1988년 디지털 이퀴프먼트|Digital Equipment에서 최고 소프트웨어 개발 전문가를 스카우트했다. 당시 마이크로소프트는 판매액 1달러마다 25센트의 수익을 얻고 있던 터라 말 그대로 돈을 찍어내

고 있던 참이었다. 그렇게 얻은 수익으로 게이츠는 이 산업 분야에서 최고라고 손꼽히는 프로그래머를 최대한 스카우트했다. 더불어 최고의 디자이너와 마케터도 함께 스카우트했다.

컴퓨터 사용자들은 마이크로소프트 운영 체계와 그 안에 장착된 인텔 마이크로프로세서에 익숙해졌고, 쿼티 자판기와 마찬가지로 이 시스템은 보편화된 시스템으로 인식되었다. 물론 게이츠가 소유한 소프트웨어 프로그램 저작권은 타자기 자판보다 훨씬 복잡한 형태를 띠고 있었다. 그러는 사이 IBM PC나 DEC의 컴퓨터는 더욱 소형화되면서 일상적으로 사용할 수 있는 제품으로 변신하고 있었는데, 문제는 컴퓨터 메이커들이 하드웨어보다 소프트웨어가 실제로 더 중요하다는 사실을 깨닫지 못했다는 점이다.

시간이 지나 IBM이 자신이 이미 중심에서 밀려났다는 사실을 깨달았을 때는 너무 늦어 버렸다. 사람들이 선호하는 표준은 컴퓨터라는 하드웨어가 아니라 운영 체계라는 사실을 IBM은 뒤늦게야 깨달았다. 다시 말해 컴퓨터의 보완적 역할만 한다고 생각했던 소프트웨어가 시장 발전을 주도하는 상황이 발생하게 된 것이다.

결국 마이크로소프트는 애덤 스미스가 말한 핀 공장이 되었다. 이 시장이 말 그대로 세계적이라는 점을 감안하면 하나의 핀 공장이 아니라 최종 승자로서의 핀 공장이 되는 데 성공했다고 볼 수 있다. 마이크로소프트가 핀 공장이 된 과정은 앨프리드 마셜이 100여 년 전에 설명했던 내부적 수확체증에 의한 과정과 거의 다르지 않다. 능력과 재산을 보유한 사업가가 열심히 일해 신용을 쌓고 실력 있는 인재들을 불러 모아 체계적으로 상품 성능을 향상시켜 시장을 확장시킨 다음, 가격을 떨어뜨려 결국 특화 강화와 마셜이 설명하지 않은 전술 몇 가지를 추가해 독점에 이른 것이다.

사실 마이크로소프트가 개발한 소프트웨어가 모두 최고 수준은 아니었다. 그러나 마이크로소프트는 자신이 더 성능 좋은 제품을 개발할 시간을 벌면서 동시에 다른 기업이 혁신적인 제품을 개발하는 것을 방해하는 능력에 있어 세계 최고 수준을 자랑하고 있었다. 게이츠는 그렇게 계속 발전했고 시장을 확장시켜 나갔다. 그렇지 않으면 IBM이나 다른 강력한 경쟁 기업에 먹힐 수도 있다는 사실을 알고 있었기 때문이다. 머지않아 마이크로소프트는 시장 가치 면에서 거인 IBM을 추월했다. 겨우 25년 만에 게이츠는 세계 최고 부자가 되는 데 성공한 것이다.

게이츠의 성공 스토리에 비해 인터넷에 대한 역사는 그리 잘 알려지지 않은 편이다. 인터넷의 기초가 되는 기술은 오래 전 매사추세츠 케임브리지에서 시작되었지만 개발은 여러 다른 라인에서 동시에 이루어졌다.* 인터넷의 역사는 제2차 세계대전 중, MIT에 미 해군을 위한 유니버설 트레이너 |universal trainer 를 개발하라는 명령이 떨어지면서 시작되었다. 유니버설 트레이너는 비행기 조종석 같은 플랫폼에 앉아 여러 다른 종류의 비행기를 시뮬레이션으로 조종해 보는 프로그램으로 컴퓨터에 천공식 테이프 프로그램을 입력하는 방식으로 작동된다.

유니버설 트레이너의 개발로 우리가 실시간 컴퓨팅이라고 부르

◆ 인터넷의 역사에 관한 일반적이고도 흥미로운 이야기는 미첼 월드롭Mitchell Waldrop이 쓴 컴퓨터 네트워킹 전문가 조니 애플시드Johnny Appleseed에 관한 전기 《꿈의 기계: J.C.R. 리클라이더와 컴퓨팅을 개인화하는 데 성공한 혁명The Dream Machine: J.C.R. Licklider and the Revolution That Made Computing Personal》에서 찾아볼 수 있다.

는 것이 출현하게 되었는데, 이 기술의 유래에 대해서는 존 폰 노이먼이 지배했던 컴퓨터 전문가 그룹에서 나오게 되었다는 주장과 배치 프로세싱 |batch processing이라는 원칙에 의거해 컴퓨터를 디자인했던 프린스턴대학에서 나왔다는 주장이 아직까지도 팽팽히 맞서 있다. 어쨌든 이렇게 해서 최초로 개발된 이 기계는 엄청나게 비쌌다. 탓에 기계에 대한 관리가 대단히 엄격했다. 이 기계에 입력될 프로그램은 기술자가 개발했는데, 자신이 개발한 프로그램이 메인프레임에 입력되는 것에 의해 기계의 성능이 좌우됨에도 이들은 이 귀한 기계 근처에 얼씬도 할 수 없을 정도로 기계는 최고의 대접을 받고 있었다.

MIT의 생각은 피드백 원칙에 입각한 컴퓨터를 개발하자는 것이었다. 어떤 사건이 발생하면 실시간으로 대처하고 속도를 강화하거나 약화하면서 기계가 켜져 있는 한, 미래에 일어날 일에 대비할 수 있도록 해야 한다는 생각이었다. 실시간 컴퓨팅은 프린스턴과 필라델피아에서 인재들이 꿈꾸고 있던 바로 그러한 기술이었다.

그런데 이들보다 MIT에서 실력이 좀 떨어진다고 생각되던 사람들에 의해 그러한 컴퓨터를 제조할 수 있을뿐더러 얼마든지 실시간으로 조종이 가능하다는 사실이 먼저 발견되었다. 이 컴퓨터만 있으면 국방부 직원이 최적 인터셉트 노선을 직접 계산해 합판 지도 위에 견본 비행기를 놓고 연구하는 원시적 행동에서 얼마든지 벗어날 수 있었다. 당시 SAGE(Semi Automatic Ground Environment)라고 불리는 조기 경보 및 미사일 방어 시스템은 15년간의 예산이 무려 20억 달러에 달했다. 일명 맨해튼 프로젝트라고 불리는 프로젝트 개발 비용에 가격이 엄청 비싼 레이더 개발 비용이 더해져 그런 비용이

나온 것이다. 그런데 얼마 지나지 않아 새롭게 개발된 실시간 컴퓨터를 사용하면 레이더보다 훨씬 평범한 도구(기계 도구)로도 그러한 작전을 얼마든지 컨트롤할 수 있다는 사실이 밝혀지게 되었다.

당시 이 컴퓨터의 초기 프로젝트를 개발하고 관리한 사람은 정부, 특히 국방 분야의 프로젝트를 위해 일하던 과학자들이었다. 그렇게 하여 SAGE 프로젝트는 컴퓨터, 레이더, 비행기, 배를 연결하는 프로그램으로 변화되고 미국 대도시 중심가에는 나이키[Nike] 미사일이 배치되었다. 이 컴퓨터를 만들어낼 계약 업체로는 IBM이 선정되었는데, 이는 펀치 카드 타뷸레이터 개발에서의 IBM의 역할과 디지털 컴퓨터 산업에서의 지배적인 역할을 정부가 높이 평가했기 때문이다.

그런데 이 프로젝트는 후에 시장에서 오랫동안 IBM과 경쟁을 벌이게 될 디지털 이퀴프먼트 코퍼레이션을 탄생시켰다. 이보다 더 중요한 것은 SAGE 프로젝트 덕분에 애플리케이션 소프트웨어와 컴퓨터가 수많은 업무를 시행하도록 만드는 보조 전문 프로그램이 탄생했다는 사실이다. 이것은 처음부터 계획했다기보다 후에 필요성에 의해 개발된 것이라고 볼 수 있다. 기계의 컨트롤이 오퍼레이터의 손에 좌우되게 된 것이다.

당시 사람들의 관심은 컴퓨터 메모리 용량에 집중되어 있었는데, 시간이 흐르면서 페이퍼테이프 형태와 페라이트심이 들어간 진공 튜브 형태에서 트랜지스터, 실리콘칩, 마이크로프로세서 형태로 점차 기술이 발전되어 갔다. 더불어 저장 용량, 다시 말해 프로그램 수준도 급속히 향상되었다. 이처럼 기술이 발전됨에 따라 대륙간 탄도 미사일 제조를 위한 아틀라스[Atalas] 프로그램이 추진되었다.

또한 미국과 소련 간 우주 전쟁이 더욱 속도를 내게 되었다.

더불어 많은 사람이 발전소에서 생산한 전기를 나눠쓰듯 시간을 공유할 수 있는 기계 네트워크의 가능성을 받아들이기 시작했다. 1961년 초 네트워크에 대해 뛰어난 비전을 갖고 있던 존 매커시 |John McCarthy 는 다음과 같이 말했다.

"오늘날 전화 시스템이 공공 유틸리티로 이용되고 있듯 언젠가 컴퓨 팅도 공공 유틸리티로 이용될 수 있을지도 모른다."

이러한 프로젝트를 구상한 과학자 중에서 장기적으로 가장 중요한 역할을 한 인물은 리클라이더 |J.C.R. Licklider 라는 심리학자였는데, 그는 나중에 기술 분야로 전환했다. 리크 |Lick 라는 애칭으로 불린 그는 남보다 앞서 인간과 컴퓨터가 공생하는 컴퓨팅 시스템이 분명 가능할 것이라는 생각을 하고 있었다. 물론 인터넷은 한 사람이 아닌 그룹에 의해 창조된 것이라고 할 수 있지만, 컴퓨터 쪽을 대표하는 인물이 빌 게이츠라면 인터넷을 대표하는 인물은 분명 리클라이더이다.

오늘날 컴퓨터끼리 연결하는 것은 기초적인 수준으로 여겨지고 있다. 그러나 1960년대 초만 해도 컴퓨터끼리 서로 대화하도록 하는 기초적인 공식을 개발하는 것은 엄청나게 어려운 도전이었다. 리클라이더는 자신이 생각한 네트워크 개념을 현실에서 구현하기 위해 워싱턴의 국방성 산하 첨단연구프로젝트에이전시 |APRA 로 자리를 옮겼다. APRA는 소련의 스푸트니크호 발사에 충격을 받은 미국이 장기적인 연구 개발을 추진하기 위해 새롭게 설립한 기구였다.

경제학계 입장에서 볼 때 시간 공유는 전형적인 시장 실패 사례에 해당된다. 어떤 민간 기업도 신기술 개발에 뛰어들려고 하지 않았기 때문이다. 1960년에 케네스가 지식 생산에 관한 연구에서 설명했듯, 신기술(비분할적인 특성을 지닌)에 투여되는 고정비용이 너무 높아 어떤 기업도 후에 그것을 회수하고 돈을 벌 수 있게 되리라고 생각하지 않았던 것이다. 그러한 위험을 감수할 수 있는 쪽은 정부뿐이었다. 결국 정부는 이 분야에 대대적인 투자를 했는데, 경제학에서 말하는 외부성 창조를 위해서라기보다는 고도의 전문성을 지닌 신제품, 즉 원자폭탄, 강력한 위력의 컴퓨터, 대륙간 탄도 미사일, 달나라 로켓, 시간 공유 네트워크 등을 생산해내기 위해 투자한 것이다.

당시에 APRA는 패킷 스위칭|packet switching이라고 알려진 희한한 기술도 개발하고 있었다. 미국 정부가 핵 공격에도 살아남을 수 있는 커뮤니케이션 네트워크를 구축하길 원했기 때문이다. 이 기술의 핵심은 스위치 분산 시스템을 개발해 메시지를 조각낸 후 소형 다발, 즉 패킷 형태로 전환시켜 그것을 네트워크 노드를 통해 내보내는 것이다. 그렇게 조각내 개별적으로 보내진 정보는 최종 목적지에 도달했을 때 종합되어 메시지 전체를 읽을 수 있도록 되어 있었다.

오늘날 이러한 역할을 하는 스위치를 '라우터'라고 부르는데, 보통 라우터를 컴퓨터와 비슷한 종류의 기계라고 생각하지만 사실 이것은 커뮤니케이션 기술의 기초가 되는 고도로 전문화된 기계이다. 그것은 오늘날 우리가 승용차와 트럭을 구분하듯, 컴퓨터와 다른 역할을 수행하는 것으로 봐야 한다.

언뜻 복잡해보이지만 사실 이 아이디어는 매우 간단하다. 메시지를 각 칸에 나눠 실은 하나의 긴 기차 형태로 중앙 스위칭 시스템을 통해 최종 목적지까지 전달하지 않고(이 방식은 평화 시에는 문제가 없지만 전쟁 시에는 중단되기 쉽다), 메시지를 소량으로 나누어 수백만 대의 자동차에 실은 후 그 자동차가 각자 가장 방해물이 적은 길을 찾아(광속으로) 최종 목적지까지 오게 해 그것을 하나로 모으는 것이다. 이러한 방식을 패킷 스위칭이라고 부른다. 이 기술 외에도 APRA는 많은 기술을 개발해냈다.

인터넷의 기초 기술을 개발해낸 사람들은 게이츠가 마이크로소프트를 창업하게 된 것과는 아주 다른 인센티브에 끌려 그 일을 시작했다. 초기 인터넷 기술 개발에 참여한 사람들은 컴퓨터공학 교수, 정부 보조금 지급 결정권자, 대기업 중역, 그리고 군사 전략가들이었다. 이 시스템 개발에 투입될 과학자와 엔지니어를 양성하기 위해 APRA는 인적 자본 개발에 엄청난 투자를 했다.

APRA는 1965년 미국에서는 최초로 버클리, 스탠퍼드, MIT, 그리고 카네기멜론에 컴퓨터공학 박사 과정을 개설했다. 그런데 이 학교에서 최초로 교수가 된 사람들은 무엇보다 협력과 지식 공유를 중요시했고 사리사욕을 위한 연구를 경멸했다. 다시 말해 학교 컴퓨터를 개인적인 용도로 사용하다가 학교에서 이를 지적하자 학교를 때려치운 빌 게이츠 같은 인물을 가장 경멸했던 것이다.

톱시│Topsy처럼 알파넷│ARPANET도 발전을 거듭했다. 1980년대 후반 미 국방성이 그것을 소유하겠다는 결정을 내리자, 이것을 관리하기 위해 탄생한 인터넷 엔지니어링 태스크포스│IETF는 이제까지 국방성을 위해 이 기술 개발에 나섰던 사람들이 맡게 되었다. 그리고 IETF에서 일하는 사람들은 자신을 전혀 드러내지 않고 익명으로 일하는 편을 선택했다.

이들의 방법은 게이츠의 고객 위주 사업과 완전히 정반대되는 것이었다. 바텀업, 자유로운 접속 방식으로 기업 대신 개인 회원에게 이 기술을 개방한 것이다. 인터넷 기술을 개발해낸 사람들 가운데 적어도 처음에는 이 기술로 돈을 벌려고 시도한 사람은 거의 없었다. 물론 이들도 인간인 만큼 개인적인 이익을 챙기고 싶은 욕심이 전혀 없지는 않았을 것이다. 그러나 이들 대부분은 새로운 기술로 떼돈을 벌려고 나선 마이크로소프트 쪽의 두 명과는 확실히 달랐다. 이들은 자유롭게 연구할 수 있는 분위기를 보장해주고 자존심과 권위를 인정받으며 안전하게 연구할 수 있다는 것만으로 충분한 보상을 받았다고 생각했다.

이러한 의식으로 이들은 자신들만 소유할 수 있는 비밀 방식이 아니라, 오픈 스탠더드 방식을 개발했다. 오픈 스탠더드란 누군가가 특별히 기술에 대한 소유를 주장하지 않고 모두가 사용할 수 있게 하는 방법을 말한다.

초기의 인터넷은 일종의 파라다이스

산업계에서 퍼스널 컴퓨터 시장이 화려하게 발전한 것과 달리 인터넷은 가만가만 조심스럽게 전진했다. 처음에 인터넷은 최종 사용자들에게 무료로 제공되었다. 인터넷을 소개하기 위한 찰리 채플린|Charlie Chaplin 식의 요란한 광고도 없었다. 1991년 정부가 알파넷을 소유하기로 결정했을 때도 선발 경제지에서 보도했을 뿐, 일반 신

문은 6개월이 지날 때까지도 전혀 언급조차 하지 않았다.

이처럼 소리 없는 행보를 하고 있었기 때문에, 1993년 갑자기 인터넷이 나타나자 사람들은 깜짝 놀랐다. 얼마나 알려지지 않았으면 전송컨트롤 프로토콜/인터넷 프로토콜(TCP/IP)이 채택되어 미래에 인터넷이 전화선 시장을 위협할 수 있음에도 전화 회사들이 이것에 대해 전혀 모르고 있었을까? 인터넷을 디자인한 사람들은 빌드 온 탑|build on top, 즉 기존의 기능을 저해하지 않으면서 기존 장치에 새로운 사양을 부가할 수 있도록 설계를 해놓았다(마이크로소프트의 엔지니어들은 정반대로 기술을 개발했다. 새로운 것이 기존의 것 위에 부가될 수 없어 기존의 것을 완전히 교체할 수밖에 없도록 만들어 놓았다. 그렇게 해야만 투자한 돈을 회수할 수 있기 때문이다).

인터넷이 세상에 공개될 무렵, 그곳은 컴퓨터광들만 들어가 즐기는 일종의 파라다이스였다. 이는 인터넷이 엄청난 기술 발전상을 보여주긴 했지만 일반인이 이해하고 사용하기에 다소 힘들었기 때문이다. 자신이 찾고 있는 것이 무엇인지 정확히 알고 있지 않는 한, 그것을 찾아낼 길은 거의 없었다. 한마디로 전혀 쓸모가 없어 보였다.

그 점에서 스위스의 유럽입자물리연구소|CERN에서 일하는 팀 버너스리|Tim Berners-Lee가 1989년 인터넷을 훨씬 용이하게 사용할 수 있도록 일련의 프로토콜을 제안한 것은 당연한 일이었을지도 모른다. 그는 큰 항목의 인덱스 아래 사용자가 원하는 소프트웨어를 쉽게 찾을 수 있는 장치를 마련했는데, 그것을 브라우저|browser라고 불렀다. 덕분에 IETF의 연구 방식에도 효율성이 더해졌고 1990년경에는 버너스리가 개발한 월드와이드웹|World Wide Web의 초기 버전이 실험

에 들어갔다. 그리고 그로부터 2년 후 국립슈퍼컴퓨팅어플리케이션 센터|National Center for Supercomputing Applications가 개발한 모자이크|Mosaic 브라우저가 이 연구소에서 저 연구소로 급속히 퍼져나갔다.

인터넷 사용에 결정적인 돌파구가 열린 것은 1993년이었다. 이 돌파구는 일리노이대학 대학원생 마크 안드리센|Marc Andreessen과 그의 친구들이 자신들이 사용할 목적으로 시도한 브라우저 프로그램 개발에 의해 열리게 되었다. 그들은 기존의 브라우저에 두 가지 차별화를 시도했다. 첫째, 약간의 그래픽을 집어넣어 문장에 의한 지시 방식이 아닌 마우스로 작동시킬 수 있도록 만든다. 둘째, 코드를 개발해 그것이 PC의 윈도 운영 체계뿐 아니라 대학에서 흔히 사용하던 유닉스|Unix 시스템에서도 사용할 수 있게 한다.

이렇게 개발한 기술로 이들은 회사를 차렸고 회사 이름을 네스케이프|Netscape라고 붙였다. 그들은 사람들이 웹에 들어갈 때 가장 많이 사용하는 관문|portal이 될 수 있도록 이 브라우저를 무료로 배포했다. 후에 사람들이 많이 사용하게 되면 그때 후속 소프트웨어 카피를 팔아 얼마든지 돈을 벌 수 있을 것이라고 생각했기 때문이다. 사람들은 이처럼 갑자기 탄생한 신기한 기술에 대해 엄청난 관심을 보였다.

잔인하지만 효과적인 공격

1993년 가을 자신이 다니던 하버드대학을 방문한 발머는 무언가가 잘못되어 가고 있다는 사실을 발견했다. 자신이 20년 전 대학생이었을 때 취미로 컴퓨팅을 하면서 흥분했던 것처럼, 대학생들이 온통 인터넷에 대해서만 얘기하고 있었던 것이다. 그는 곧바로 시애틀 본사로 돌아와 마이크로소프트의 최고 경영진에게 "이것에 대해 어떻게 생각하는가?"라는 메모를 전달했다.

며칠 지나지 않아 마이크로소프트는 자신의 운영 체계에 약간의 인터넷 기능을 집어넣기로 결정했다. 그리고 마이크로소프트의 프로그래머들은 일리노이대학 학생들이 하고 있는 것이 무엇인지 정확히 파악해냈다.

네스케이프 브라우저는 미들웨어|middleware라고 볼 수 있는데, 그것은 소프트웨어를 '/'라는 소프트웨어 층을 만들어 고객/서버 형식으로 칸을 나눈 것이었다. 그러나 버너스리가 웹을 발명하고 안드리센이 네스케이프를 보급시킬 때까지만 해도 이 용어는 아직 만들어지지 않았고, 정확히 어떤 개념인지 제대로 알려지지 않고 있었다.

한 가지 확실한 것은 '/' 덕분에 소프트웨어의 칸을 나눌 수 있으며 이것은 윈도, 유닉스, 그리고 그 다음에 나오는 어떤 운영 체계에서도 모두 사용할 수 있다는 것이었다. 마이크로소프트의 입장에서 문제는 바로 거기에 있었다. 그 프로그램이 그처럼 융통성이 크다면 어떤 운영 체계를 사용하는가는 중요하지 않다는 얘기가 된다. 아니면 아예 운영 체계가 필요 없을 수도 있다. 그렇다면 사람들은 윈도가 장착된 PC보다 훨씬 저렴한 가격에 판매되는 도구로 얼마든지 웹서핑도 하고 이메일도 보낼 수 있다는 것이 아닌가!

더욱이 네스케이프 미들웨어는 마이크로소프트가 윈도 운영 체계를 상품화하고 IBM PC를 프리미엄 가격에 판매하지 못하도록

했던 것과 같은 방법으로, 운영 체계를 상품화하는 데 기여했던 컴퓨터 데스크탑에 대한 컨트롤 방식을 무너뜨릴 가능성이 있었다. 동시에 선 마이크로시스템스|Sun Microsystems가 자바|Java라는 새로운 웹 프로그래밍 언어를 광고하기 시작했다. 자바로 쓰인 애플리케이션은 어떤 운영 체계와도 호환성이 있었고 심지어 싸구려 윈도 모조품에서도 잘 작동되었다. 만일 자바가 누구나 사용하는 언어가 된다면 누구든 네트워크를 통해 애플리케이션을 쓸 수 있게 될 터였다. 다시 말해 이제는 운영 체계가 지금처럼 중요한 역할을 하지 못할 수도 있다는 얘기였다. 그렇게 되면 윈도의 독점은 끝나고 인터넷은 PC와의 싸움에서 승리를 거두게 될 수도 있었다.

바로 그 시점에서 구기술(20년 정도 된 기술인데 벌써 구기술이 되었다)은 신기술을 따라잡을 궁리를 했다. 게이츠는 IBM과의 싸움에서 이겼듯 어떤 라이벌에게도 지지 않겠다는 결심을 하고 극적인 전략 수정에 돌입했다.

이렇게 해서 인터넷의 최종 사용자 컨트롤에 대한 권리를 놓고 마이크로소프트, 네스케이프, 그리고 다른 미들웨어 벤더들이 전쟁을 시작했고 그것은 2년 정도 지속되었다. 이 전쟁은 1995년 12월 7일 진주만 공습을 기리기 위해 게이츠가 경제분석가들을 대상으로 한 연설에서 촉발되었는데, 이 연설에서 게이츠는 네스케이프가 먼저 기습을 해왔다고 비난하며 전쟁을 선포했다. 이 전쟁에 대한 뉴스가 보도되자마자 네스케이프의 주가는 17퍼센트나 하락했다.

일단 이렇게 채찍을 던진 다음 마이크로소프트는 조용히 네스케이프에 접근해 시장의 중요한 몫을 서로 나눠가질 것을 제안했다. 그런데 이것이 마음대로 되지 않자 마이크로소프트는 네스케이프

의 고객 기업들을 찾아다니며 위협했다. 예를 들어 컴팩|Compaq을 만나 컴팩 고객에게 네스케이프를 깔아 PC를 판매할 경우, 앞으로 윈도는 공급받을 생각을 하지 말라고 위협했던 것이다. 그러는 동안 마이크로소프트는 인터넷 익스플로러|Internet Explorer라는 상당히 좋은 프로그램을 지닌 브라우저를 개발해 윈도 운영 체계를 공급하는 동시에 그 브라우저를 무료로 제공했다.

그뿐 아니라 마이크로소프트는 적들이 파고 들어올 여지가 있는 틈새시장을 모두 찾아 그쪽으로 사업을 확장했다. 이를 통해 마이크로소프트 시스템과 연결될 여지가 있는 분야는 모두 블록화하는 기술을 개발했고 이 시장을 뚫고 들어올 꿈을 꾸고 있던 모든 사람을 좌절시키고 말았다.

처음에 마이크로소프트는 허락을 받고 자바를 사용했다. 그러다가 자바 언어를 확장하겠다는 결정을 발표하고 그것이 마이크로소프트에게 유리한 방향으로 작용하도록 바꾸는 작업을 했다. 그 결과 자바는 전혀 다른 언어로 변해 버렸고 마이크로소프트 소프트웨어와만 잘 맞는 언어가 되고 말았다.

마이크로소프트의 신조는 수용(애플리케이션을), 확장(기능을) 그리고 전멸(모든 적을)이었다.* 아메리카 온라인|Americal Online(AOL)에 관한 책*을 쓴 카라 스위서|Kara Swisher는 게이츠가 AOL의 대표이사

◆ 이러한 전략이 어떤 결과를 유발했는지에 대한 상세한 설명은 찰스 퍼거슨|Charles Ferguson의 《안전하고 큰 도박: 인터넷 전쟁의 승자에 관한 탐욕스러우면서도 영광된 스토리|High Stakes, No Prisoners: A Winner's Tale of Greed and Glory in the Internet Wars》를 참고하기 바란다.

◈ 《AOL.COM: How Steve Case Beat Bill Gates, Nettled the Netheads, and Made Millions in the War for the Web》

스티브 케이스|Steve Case에게 어떤 협박성 발언을 했는지 설명하고 있다. 저자는 그로부터 15년 전 IBM이 마음속에 담고 있었지만 직접 게이츠에게 말하지 않았던 것을 게이츠가 케이스에 했다고 이야기하고 있다. 그렇다면 게이츠가 케이스에게 한 말은 무엇이었을까?

> "내게 당신 회사 지분 20퍼센트를 팔아. 그렇지 않으면 당신 회사를 통째로 사버리거나 아니면 내가 직접 당신의 사업 분야에 뛰어들어 당신을 매장해 버리겠어."

마이크로소프트의 공격은 잔인할 정도로 효과가 있었다. 잠시 주식 시장 꼭대기까지 올라가는 황홀한 경험을 했던 네스케이프는 바닥으로 추락해 결국 AOL에게 먹히고 말았다. 마이크로소프트의 라이벌 기업들은 모두 자신들이 불공정한 상황에서 사업을 하고 있다고 불평을 터트렸다. 결국 1990년 미국거래위원회|Federal Trade Commission는 마이크로소프트에 대한 진상 조사에 나섰다. 그러나 이 위원회의 조사는 진척 없이 교착 상태에 빠졌고, 이어 미 법무성이 조사 최고 책임자로 브라이언 아서|Brian Arthur를 임명(케네스 애로의 추천에 따라)해 이 조사에 뛰어들었다. 브라이언 아서는 산타페연구소|Santa Fe Institute에서 수확체증에 관한 연구를 하고 있던 비경제학자였다.◆

1994년 미국 정부는 마이크로소프트를 정식으로 고발하고 이에

◆ 이에 대한 자세한 사항은 미첼 월드롭의 《복잡성: 질서와 혼란의 양극 사이에서 떠오르는 과학 Complexity : The Emerging Science at the Edge of Order and Chaos》을 참조하기 바란다.

대해 양측 당사자들이 합의한 화해 이서 법원 명령을 발표했다. 그러나 인터넷 시장에서의 전쟁이 점점 치열해지는 상황에서 이러한 화해 이서 법원 명령은 마이크로소프트의 행동을 바꿀 만한 힘이 없었다. 상황이 바뀌지 않자 1996년 법무성은 다시 치열한 양상을 보이는 브라우저 전쟁에 대한 조사에 착수했다.

거인 그룹의 강압적인 분리 명령

미국 정부가 인터넷 미들웨어 공급자에 대한 마이크로소프트의 횡포에 대한 불만을 접수해 조사를 시작한 것은 1990년이었다. 그러나 미들웨어 공급자들은 이 조사에서 만족할 만한 결과를 얻어내지 못했다. 이에 따라 전쟁은 약화된 것이 아니라 오히려 과열되었고 정부는 그러한 상황을 가만히 보고 있을 수가 없었다.

그 전쟁에 다시 개입하게 된 미국 정부는 이번에는 최고 인물로 구성된 일류조사팀을 꾸렸다. 이 사건을 오래 전부터 지켜본 연방 정부 검찰총장 자넷 리노|Janet Reno 는 다시 한 번 이 조사를 총지휘하게 되었다. 그리고 이번에는 공공 이익 전문 변호사로 알려진 조엘 클라인|Joel Klein 이 반독점조사위원회 부위원장직을 맡았다. 그는 임명되자마자 데이비드 보이스|David Boies 를 정부 측 수석 소송 변호사로 임명했다. 그리고 보이는 곧바로 MIT 경제학자 프랭크 피셔 |Frank Fisher 에게 대표 증언을 해달라는 부탁을 했다. 피셔의 이번 증언은 특히 큰 의미가 있었는데, 그는 30년 전 IBM을 옹호하는 측을 대표했던 경제학자였다. 여기에 경제학자 중 반독점 분과를 맡고

있던 버클리의 다니엘 루빈펠드|Daniel Rubinfeld와 스탠퍼드의 티모스 브레스나한도 깊이 개입했다.

이번 조사에서 특기할 만한 또 다른 사항은 정부가 마이크로소프트의 범법 증거를 확실히 잡았다는 것이었다. 엄청난 양의 서류 분석을 통해 정부는 마이크로소프트가 네스케이프에게 뿐 아니라 선 마이크로시스템스의 자바 그리고 다른 수많은 경쟁 기업에게 불법적인 행위를 일삼았다는 증거를 찾아냈다.

이처럼 범법 행위에 대한 증거와 함께 고소된 마이크로소프트는 미국 서부의 시애틀에 본사가 있었던 터라 워싱턴에서는 큰 영향력을 행사하지 못했고 제대로 된 로비를 하거나 조언을 구하지 못하고 있었다. 그러다 보니 마치 버릇없는 사춘기 소년처럼 대처하고 말았다. 그중에서도 가장 어처구니가 없었던 행동은 의회에 로비해 미 법무성 예산을 삭감해달라는 요청을 한 것이었다. 노련한 대기업이라면 절대 그런 무식한 행동은 하지 않는다.

〈뉴욕타임스〉의 칼럼니스트 토머스 프리드먼|Thomas Friedman은 게이츠와 발머를 "너무 어려서 아무 생각이 없는 사람들"이라고 논평했다. 프리드먼은 이런 질문을 던졌다.

"어떤 작은 마을에서 경찰서가 그 마을에서 제일 큰 회사의 불법 행동을 조사하려고 하는데, 그 시점에서 그 회사가 자신의 영향력을 행사해 경찰서 예산을 깎으려는 행동을 했다면 그 경찰서는 어떤 기분이 들까?"

결국 마이크로소프트는 독점을 유지하기 위해 불법적 수단을 이용했다는 판결을 받았다. 그리고 미국 정부는 마이크로소프트의 거대 조직을 작은 단위로 분리할 것을 명령했다. 이 분리 결정에 대한 공식적인 이유를 설명하기 위해 정부는 한 인물을 등장시키는데, 그는 놀랍게도 폴 로머이다. 정부는 그를 개입시키면서 로머가 인센티브 부여는 시장의 변화율을 결정한다는 주장을 담은 이론을 공식화했기 때문에 그를 불렀다고 설명했다.

법정에서 로머는 이 이론의 장점은 "그것으로 사회 제도 전반, 특히 법률 제도가 인센티브에 어떤 영향을 미쳤고 그 결과 기술 변화율에 얼마만큼의 영향을 미쳤는지를 추적해 계산할 수 있는 것"이라고 설명했다. 이러한 인센티브는 큰 도박이라고 할 수도 있다. 시간이 흐르면서 아주 작은 성장률 차이도 생활수준 향상에는 큰 영향을 미친다는 사실이 확인되었기 때문이다. 그 결과 로머는 "법률에 관한 결정, 특히 고차원의 반독점법 같은 법에 대한 결정은 특정 사회가 내릴 수 있는 가장 중요한 정책적 결정이라고 볼 수 있다"라고 설명했다.

또한 로머는 20년 전 AT&T를 분해할 때 내린 결정과 기본적으로 원칙은 같다고 덧붙였다. 물론 AT&T 사건 때는 모든 것이 상식에 의해 처리되었다. 당시만 해도 개입할 만한 어떤 고차원적 경제 이론이 존재하지 않았으며, 스스로 규제를 하지 못하는 시장에서는 경쟁만이 혁신을 유발할 수 있다는 강한 본능에 의존했다. 당시 〈월스트리트저널〉은 1982년에 내려진 AT&T 관련 분리 결정을 격렬하게 비난했다(AT&T는 마이크로소프트와 달리 조직 분해를 이의 없이 수용했다). 그 결정이 내려진 지 몇 달 후 MCI는 코닝에게 대량의 광섬유케이블을 주문했고 덕분에 정보통신계의 대혁명이 촉발되었다.

역사적 변화를 살펴보면 다른 회사를 위해 일하는 사람들, 즉 다른 회사의 주문을 받는 사람들이 그 산업계의 가장 혁신적인 기술을 개발하고 상업화했음을 알 수 있다. 기업 내부가 아닌 외부에서 나온 혁신적 아이디어 중 최근에 나온 것 몇 가지만 들자면 이메일, 전자 스프레드시트, 워드프로세서, 윈도 기반의 그래픽 유저 인터페이스, 인스턴트 메시지 등이 있다. 결국 마이크로소프트는 컴퓨터 업계의 경쟁을 제한함으로써 네스케이프나 자바에게뿐 아니라 다른 많은 미래 기술 개척자의 의지를 약화시키는 실수를 저지른 셈이다. 이러한 설명을 하면서 로머는 다음과 같이 강조했다.

> "총체적인 중앙관리시스템은 그것이 정부에 의한 것이든 아니면 단일 기업의 경영진에 의한 것이든 현재 사업을 하고 있는 기업, 그리고 미래에 나타날 수도 있는 기업 간에 치열한 경쟁이 이루어져 결국 최종 소비자가 구매 선택을 할 수 있는 탄탄하고도 믿을 만한 구조가 탄생하는 것을 막는다."

결국 미국 정부는 마이크로소프트를 두 파트, 즉 Ops 파트와 Aps 파트로 분리하라는 명령을 내렸다. 이 명령은 마이크로소프트 그룹을 윈도 운영 체계 |Ops 파트와 수익성이 크다고 알려진 오피스 사업을 포함한 다양한 애플리케이션 |Aps 파트로 분리하는 것을 골자로 하고 있었다. 이때 인터넷 익스플로러 브라우저는 Aps로 가되 관련 라이선스는 Ops 쪽으로 가야 했다.

만약 마이크로소프트 사업이 이렇게 두 개로 갈라지면 두 기업은 다른 기업은 물론 같은 기업끼리 경쟁해야 한다. 그렇게 되면 Aps는 네스케이프와 선 마이크로시스템스가 몇 년 전에 그랬듯 PC

데스크탑에 설치된 윈도의 초크홀드|chokehold 기술을 빼내려는 시도를 할 수도 있었다.

사실 마이크로소프트의 분리로 어떤 결과가 초래될지는 아무도 정확하게 예측할 수 없었다. 그래도 한 가지 확실한 것은 이 거인 그룹의 분리로 경제 전반에 걸쳐 혁신 비율이 현격하게 증대될 것이라는 사실이었다. 정부의 이러한 결정에 게이츠는 다음과 같은 반응을 보였다.

> "이 결정을 내린 사람들 중 소프트웨어 산업을 제대로 아는 사람은 한 명도 없다."

이처럼 마이크로소프트는 정부의 결정에 굴복하지 않고 끝내 자신의 입장을 옹호했다.

전임 정부의 판결을 번복한 초유의 사건

재판을 하는 동안 자신의 입장을 대변하기 위해 마이크로소프트는 MIT의 미시경제학자 리처드 슈말렌지에게 크게 의존했다. 그런데 재판에서 패소하자 화가 난 마이크로소프트는 그 반대파인 민물학파 경제학자(시카고대학 경제학 교수들을 찾아갔는데, 특히 케빈 머피에게 입장 옹호를 부탁했다)를 찾아갔다. 머피는 1987년 세 명의 젊은 경제학자와 함께 수확체증을 분석했던 논문 〈빅 푸시〉가 발표되고 나서 입지가 강화되고 크게 성장해 있었다. 그는 마이크로소프트

분리 반대 주장에 시카고 스타일의 가격 이론에서 중요한 역할을 하는 요소 하나를 조심스럽게 덧붙였는데, 그것은 이중 한계화 |double marginalization 로 알려진 것이었다.

마이크로소프트는 시장을 독점하고 있다고 비난을 받고 있었지만, 사실 자신들이 개발한 소프트웨어에 대해 시장에서 받아야 할 가격을 제대로 부과하지도 못하고 있는 실정이었다. 그러한 상황에서 마이크로소프트가 분리된다면 각 기업은 그나마 모기업의 이러한 전통을 유지하기가 어려울 것이고, 투자비용을 회수하기 위해 양 기업 간 가격 경쟁은 매우 치열해질 터였다.

또한 분리가 되면 기존에 세트로 판매되던 운영 체계와 워드 프로세싱 세트를 별도로 판매해야 하고, 그러다 보면 소비자는 더 비싼 비용을 지불해야 할지도 모른다. 한 기업이 수익을 내려고 하는 것이 아니라 두 개의 기업이 수익을 내려고 경쟁하기 때문이다. 그 점에서 하나의 독점 기업이 모든 것을 생산하도록 내버려두는 것이 소비자 입장에서는 바람직하다. 그래야만 제품 가격 상승을 계속 억제할 수 있기 때문이다.

머피의 이러한 주장에 로머는 가격이 높아도 사람들이 PC를 구입할 의사가 있을 때만 그 주장이 의미가 있는 것이라고 답변했다. 이미 마이크로소프트는 가격 차별화 기술을 활용해(오리지널 장비 제조업자와 비기업 구매자에게 더 저렴한 운영 체계 버전을 제공하고, 학생과 교수에게는 기업 패키지 비용으로 오피스 소프트웨어 버전을 제공하면서) 이중 한계화 문제를 뛰어넘은 상태였다. 그 점에서 Ops와 Aps 간에 가격 책정 조정을 할 필요조차 없었다. 이에 따라 로머는 마이크로소프트가 이미 시장이 허용하는 한도 내에서 최대한 높은 가격을 책정하고 있다고 주장했다.

로머는 "어느 누구도 마이크로소프트 분리 결정이 소비자가에 큰 영향을 미칠 것이라는 주장을 심각하게 받아들이지 않는다. 중요한 것은 경쟁을 억제하면 그것이 브라우저 같은 신기술을 발명하려는 사람들의 노력, 즉 발명 의욕에 커다란 악영향을 미친다는 점이다"라고 주장했다.

만약 단일 독점 기업 논리 대신 두 개의 기업이 공존할 수 있다면 이들 기업은 각자의 수익을 위해 최선의 경쟁을 할 것이다. 이러한 논리를 펼치며 로머는 시카고측이 경쟁이 새로운 아이디어 발견을 촉발시키는 중대한 힘이라는 사고를 버린 것은 모순이라고 지적했다. 그러한 모순이 발생한 이유는 이미 발견할 수 있는 아이디어는 다 발견되었다고 생각했기 때문이다. 그들은 새로운 아이디어의 발견이나 지식 성장 부분에서 올바로 생각하지 못했기 때문에 상품 가격에 중심을 둔 한물간 주장을 하고 있었던 셈이다.

물론 마이크로소프트는 자신들의 입장을 옹호하는 역할을 전적으로 시카고 측에만 맡겨둔 것은 아니다. 증인 목록에 레스터 서로를 첨가하는 한편 로렌스 서머스 재무성 장관과 대통령 경제자문위의 마틴 닐 베일리를 직접 찾아가 자신들의 주장을 전달했다("무언가를 생산하도록 하기 위한 인센티브 부여 차원에서 잠정적 독점권 보유는 필요하다. 그런 힘이 없으면 가격이 한계효용 비용 밑으로 떨어지고 그렇게 되면 초기에 투자된 높은 고정비용을 회수할 수 없다." 마이크로소프트 경영진을 만나고 나서 후에 서머스 장관이 한 연설이다).

시카고의 게리 베커는 슘페터가 오래 전에 한 주장, 즉 독점이 더 자유롭게 혁신을 이룩할 수 있도록 해준다는 것을 인용했다. 그리고 그 이유는 독점 덕분에 경쟁자들이 자신의 신상품을 베끼지 않을까 하는 걱정을 하지 않기 때문이라고 주장했다. 그 점에서 마이크로소프트를 분리하면 혁신이 가속화될 것이라는 의견은 설득력이 없다고 강조했다.

또한 당시에 〈뉴욕타임스〉 칼럼니스트로 막강한 영향력을 행사하고 있던 폴 크루그먼도 이중 한계화를 우려하며 법무성의 마이크로소프트 분리 결정에 강력하게 반대 입장을 표명했다. AT&T의 분리는 결국 휴대전화에서 얻을 수 있던 기회를 산산이 부서뜨렸다. 그렇지 않은가? 결국 미국은 휴대전화 기술에서 유럽과 일본에 한참이나 뒤처지게 되었다(광섬유나 인터넷의 경우도 그렇게 될 가능성이 크다).

"마이크로소프트를 이기기 위해 스스로 우리 발등을 찍는 행동은 하지 않기를 바란다."

상황이 이렇게 전개되자 재판을 맡은 잭슨 판사는 협상을 통한 해결책을 모색했다. 사실 이전에는 정부의 분리 결정에 기업이 저항한 사례가 단 한 번도 없었다. 그는 경제학과 반독점법에 있어 권위자로 알려진 순환재판소의 리처드 포스너|Richard Posner 판사에게 중재를 요청했다. 그리하여 거의 두 달간 변호사들은 시카고에 있는 포스너 판사의 사무실을 들락거렸는데, 그럼에도 협상은 결국 결렬되고 말았다.

이처럼 문제가 많은 기업을 이끌고 있다는 비난에도 불구하고 게이츠와 발머는 여전히 영향력이 큰 언론 인터뷰를 통해 자신들의 입장을 주장하며 판사들이 항복하기를 기대했다. 하지만 이들은 대정부 관계 및 재판 중 로비를 어떻게 해야 하는지에 대해 몰라도 너무 몰랐다. 이들은 재판 중에는 이에 관한 얘기를 언론에 하면 안된다는 법이 존재한다는 사실을 까맣게 모르고 있었던 것이다.

2000년 5월 24일 잭슨 판사는 하루 동안 최종 청문회를 개최했다. 그리고 그로부터 2주일 후 그는 마이크로소프트의 분할에 대한 최종 판결을 선고했다. 사람들의 지대한 관심 속에서 마이크로소프트의 Ops와 Aps로의 분리 판결이 내려지고 잭슨 판사는 이 사건의 종결을 선언했던 것이다.

그런데 불행하게도 뉴스 전문 기자였던 잭슨의 딸이 아버지의 논리를 대변하는 보도를 지나치게 자주 했다. 아버지를 잘 알고 있던 것이 탈이었다. 또한 잭슨은 분리 판결이 공식적으로 내려지기도 전에 언론과 이 내용(보도 유보 상태에 있던)에 관해 인터뷰를 했다. 재판이 끝나기도 전에 자신이 생각하고 있는 해결 방법에 대해 〈뉴요커|New Yorker〉의 켄 아울레타|Ken Auletta를 만나 상세하게 이야기했던 것이다.

그는 "게이츠가 자기 자신과 마이크로소프트에 대해 꼭 나폴레옹식으로 생각하고 있는데, 그와 같은 거만함은 권력을 빼앗기고 성공에서 밀려 재기할 수 없을 때라야 비로소 사라질 수 있다"라고 말했다. 물론 자신의 의도를 설명하려는 잭슨 판사의 생각은 얼마든지 이해할 수 있고 감탄할 만한 일이었다. 그러나 그처럼 신중하지 못한 행동과 발언은 후에 미래의 발목을 잡는 역할을 하게 된다.

2000년 대통령 선거철이 다가오자 정치 열풍에 휘말려 마이크로소프트 분리 결정의 실천은 흐지부지되고 말았다. 그런데 평생 민

주당을 지지해왔던 발머는 민주당 정부에 회의를 느껴 이번에는 노골적으로 공화당의 조지 부시|George W. Bush 후보를 지원했다. 마침내 조지 부시가 대통령에 당선되자 마이크로소프트는 대통령 취임식에 거액을 기부했다.

2001년 6월, 잭슨 판사는 만일 마이크로소프트가 항소하는 경우 워싱턴DC 상고법원을 거치지 않고 곧장 최고법원으로 갈 것이라고 생각했지만 이 사건은 의외로 워싱턴DC 상고법원으로 넘어갔고 이 상고법원은 잭슨 판사의 판결을 뒤엎을 방법을 모색했다. 결국 상고법원 판사들은 잭슨 판사를 제외시키고 대신 콜린 코타-코텔리|Collen Kotar-Kotelly 판사를 임명했다.

이후 시카고 법대를 나와 검찰총장이 된 존 애시크로프트|John Ashcroft는 상고법원 측에 법무성이 생각을 바꾸었다고 통보했다. 부시 행정부는 마이크로소프트가 Ops와 Aps로 분리되는 것을 원치 않는다고 밝힌 것이다. 레이건 행정부가 임명한 판사가 이미 승소한 판결 내용을 부시 정부가 번복하는 모욕적인 사태가 벌어진 셈이다. 그런데 바로 그 다음주 알카에다가 뉴욕과 워싱턴을 공격해왔고 마이크로소프트 재판을 둘러싼 논쟁은 미국에서 순식간에 잊혀지고 말았다. 그 후 유럽연합이 마이크로소프트를 고소하면서 재판장은 이제 미국이 아니라 유럽연합의 본부가 있는 브뤼셀로 옮겨지게 되었다.

어쨌든 마이크로소프트는 자신들을 두 번째로 잡아맸던 갈고리에서 벗어나는 데 성공했다. 그들은 이번 재판을 통해 어떤 규칙으로 게임을 하는 것이 유리한지 확실히 배웠고 남에게 적절하지 않다고 생각되는 행동은 피해야 한다는 사실도 깨닫게 되었다. 하지

만 소프트웨어 왕국을 확대하려는 의지는 결코 꺾지 않았다. 그리하여 잭슨 판사가 분리를 선고한 지 채 한 달이 지나지 않은 2000년 중반, 마이크로소프트는 윈도닷넷|Windows.NET의 개발 계획을 발표했다. 이것은 윈도 시스템을 PC에서 서버, 텔레비전, 게임기, 그리고 휴대전화로 확대할 수 있는 소프트웨어였다. 이처럼 마이크로소프트는 서버 소프트웨어 분야 시장으로 옮겨가면서 인터넷 자체에 관한 소프트웨어 시장도 장악하려는 준비를 시작했다.

그런데 바로 그 시점에서 마이크로소프트에 대한 새로운 위협이 나타났다. 그들은 바로 1976년 게이츠가 자신의 소프트웨어가 제대로 보호되고 있지 않음을 호소했던 컴퓨터 애호가 그룹 및 소프트웨어 공유 그룹이었다. 이들은 처음부터 소프트웨어를 공유하지 못하도록 한 게이츠의 소프트웨어 포장 기술을 마땅치 않아 하고 있었다. 이에 따라 그들은 인터넷과 월드와이드웹을 개발해냈다('그들'이라고 불리는 이 세력은 열성적으로 활동하는 컴퓨터 전문가와 애호가로 이루어져 있으며, 전 세계에 흩어져 거대한 연맹을 형성하고 있는 이들 세력이 정신적 본부로 여기고 있던 곳은 캘리포니아 버클리, 매사추세츠 케임브리지, 그리고 핀란드 헬싱키였다).

이들은 비밀의 영리화를 가장 싫어했다. 특히 이들은 1970년대 초 이후 오로지 시장만 생각하는 문화가 모든 산업 그리고 전 세계 모든 국가를 강타했다고 안타까워했다(대표적인 사례로 덩샤오핑은 1979년 "부자가 되는 것은 영광스러운 일"이라고 말하며 중국을 자본주의의 길로 인도했다). 물론 이들 모두가 반자본주의자는 아니었지만 이들 중 상당수는 극단적인 형태의 사유화에 반대하는 입장이었다. 결국 이들은 리눅스|Linux로 알려진 운영 체계로 윈도의 지배에 정

면으로 도전할 결심을 했다. 리눅스는 무료로 제공되는데 무료로 제공된다고 해서 성능이 신통치 않은 것은 결코 아니다. 다만 리눅스는 강력한 오픈 소스 소프트웨어의 전통에 따라 무료로 제공되었을 뿐이다.

사실 마이크로소프트는 내부 특수 비밀 포장 $^{|inner\ shrink\ wrap}$ 장치를 통해 그 소스 코드에 대해 오랫동안 비밀을 유지해왔다. 여기서 블랙박스 역할을 한 것은 모든 윈도 운영 체계 중심에 장착되어 있는 것, 즉 커널 $^{|kernel}$ 이라는 프로그램이었다. 그것 때문에 윈도는 무언가 획기적인 것(오리지널 버전보다 성능이 좋다는 것이 입증된 다른 벤더가 제시하는 상품)이 나타나기 전까지는 복제될 수 없었고 그 내용을 수정할 수도 없게 되어 있었다.

일찍이 마이크로소프트는 사람들이 윈도에 들어가 자유롭게 프로그램을 쓰도록 하는 시스템을 채택했던 애플과 싸워 승리를 거두었고, 결국 애플리케이션 프로그래밍 인터페이스, 즉 API를 가지고 사람들이 커널에 접근하는 것을 통제하는 데 성공했다. 이에 따라 애플은 자신의 프로그램에 들어가는 애플리케이션밖에 개발할 수 없었다. 더욱이 시간이 흐르면서 점점 더 많은 소프트웨어 개발업자가 애플이 아닌 윈도를 위한 프로그램을 개발해냈다. 그렇다고 윈도가 오픈 시스템이 된 것은 결코 아니다. 그렇게 개발된 API들은 효율적인 잠금장치와 열쇠 역할을 했다.

그런데 1991년 오픈 소스를 주장하는 측을 대표할 만한 확실한 인물이 탄생했다. 스물한 살의 리누스 토발스 $^{|Linus\ Torvals}$ 라는 이 청년은 게이츠에 대한 반대 운동을 하면서 오픈 소스 방식의 이상적인 소프트웨어를 개발하기 위해 노력했다. 소유 방식 모델의 비효

율성(잦은 충돌 및 변화에 대한 저항 등)에 짜증이 난 이 젊은 핀란드 컴퓨터 공학도는 자신이 직접 시스템을 만들기로 결심했다. 자유롭게 변화시킬 수 있으면서도 시간이 흐르면서 오히려 더 탄탄해지는 시스템을 개발하기로 결심한 것이다. 연구원 월급으로 생활비는 충당할 수 있었으므로, 그는 마음 편하게 컴퓨터 코드를 썼고 그렇게 개발한 코드를 무료로 배포했다. 이러한 행동은 자신의 노력에 대한 좋은 결과가 많은 사람의 인정을 받을 것이라는 기대를 하며 학술지에 연구 결과나 논문을 게재하는 행동과는 차원이 조금 다르다고 할 수 있다.

토발스가 혁신하고자 하는 것은 기술이 아니었다. 그가 혁신을 불어넣고 싶었던 것은 바로 사회의식이었다. 이에 대해 에릭 레이먼드|Eric Raymond 기자는 다음과 같이 보도하고 있다.

"리눅스가 개발되기 전까지만 해도 모든 사람이 운영 체계처럼 복잡한 소프트웨어는 선별된 소수 연구 그룹의 특별한 계획에 따라 이루어지는 것으로 믿고 있었다."

그러나 토발스는 리눅스를 전혀 다른 방식으로 개발했다.

"처음부터 수많은 자발적인 지원자가 인터넷을 통해 일을 나눠 맡았다. 그리고 성능을 개선시켰다."

그는 강제로 규정된 엄격한 표준 방식에 따라 버그가 없는 프로그램을 개발한 것이 아니라 매주 자신이 개발한 것을 다른 사람에게 보여주어 그들로부터 며칠 내에 피드백을 받아 문제를 개선하는 방식으로 개발했던 것이다. 소프트웨어 개발을 담당한 사람들이 제시한 제안 중 적자생존의 원칙에 따라 최고라고 생각하는 것을 선택한 셈이다. 다시 말해 리눅스는 다른 사람의 의견을 중시하고 코드를 얼마든지 공유할 수 있다는 인터넷의 개발 취지를 중시하며 금전적 이익은 멀리하는 사람들에 의해 개발되었다.

컴퓨터만 사용했던 사람들에게 이처럼 여러 다른 인센티브 시스템을 제공하는 인터넷은 색다른 경험이었다. 사실 PC는 닫힌 시스템이다. 사람들이 그것으로 할 수 있는 일(이메일, 웹 접속)에 비해 가격도 엄청나게 비싼 편이고 그것을 하이브리드화하기도 힘들며, 사용하거나 고치기도 어렵다는 점에서 완전히 성공적인 상품이라고 할 수는 없다. 반면 인터넷, 특히 월드와이드웹은 사용하기도 편리하고 기술도 안정되어 있으며 자유롭게 기술 혁신이 가능하다. 더욱이 사용자에 따라 가격이 상당히 다르다는 특징이 있다. 다시 말해 컴퓨터와 인터넷이라는 두 용어는 완전히 다른 가치관과 다른 사회 규범을 대표한다고 볼 수 있다.

중요한 것은 마이크로소프트 재판을 비롯한 새로운 아이디어 발견을 둘러싼 논쟁의 중심에 내생적인 기술 변화 이론(기술이 비경쟁성을 띠고 있다는 것은 경제학의 최고 중심 보석이라고 할 수 있는 보이지 않는 손의 실패를 의미한다는)이 존재하고 있다는 점이다. 다시 말해 시장을 그대로 두면 이러한 상품의 가격이 올바로 책정되지 않는다는 논리가 자리 잡고 있었던 셈이다.

시장이 전부는 아니다

일단 개인이 어떤 도구를 발명하면 나머지는 보이지 않는 손이 알아서 조정하고 개인은 그 결과를 따라가기만 하면 된다는 것이 애덤 스미스의 주장이었다. 이러한 주장이 나온 이후, 경제학자들은 스미스가 본능적으로 한 이 주장을 섬세하게 다듬는 작업을 시도했다. 어떤 조건 아래서 분산화된 경쟁 시장의 효율성은 1950년대 초 케네스 애로와 제라르 드브뢰에 의해 수학적으로 입증되었고, 덕분에 이들은 후에 노벨 경제학상을 수상했다. 그리고 경제학자들은 이 보이지 않는 손 이론이 이미 확실하게 입증된 이론이라고 주장하게 되었다.

보이지 않는 손을 신봉하는 경제학자들은 이 이상적인 조건은 경쟁이 얼마만큼 치열한가에 상관없이 모든 실제 경제에 적용되는 진리라고 주장한다. 독점은 어디까지나 일부 왜곡된 상황에 불과하다는 것이다. 외부적 효과도 마찬가지이다.

그러나 그렇게 왜곡된 상황으로 인한 손실을 억제하기 위한 정책적 개입의 불가피성은 인정한다. 이 경우 소유권을 지정해주고 독점을 억제하면서 이런 특별한 상황으로 인한 손실을 줄여나가면 된다고 주장한다. 그렇게 왜곡된 것을 잘라내면 나머지는 시장의 마술이 모든 것을 알아서 해결해줄 것이라는 얘기다.

그러나 로머는 그러한 주장을 하는 사람들에게 다음과 같이 응수했다.

자원이 희소하고 경쟁 상태에 있을 때는 소유권을 지정해주는 것이 전혀 어렵지 않다. 토지의 일부가 누구의 소유이고 라디오 주파수의 일부를 누가 사용할 권리가 있으며, 심지어 누가 오염물질을 대기 중에 배출할 권리가 있는지 허락하는 것은 어려운 문제가 아니다. 그러나 새로 나온 상품이 새로운 아이디어와 관계되는 경우, 소유권을 결정할 만한 확실하고 신속한 원칙이 존재하지 않는다. 아니, 확실하고 신속한 원칙이 존재할 수가 없다. 신상품은 고정비용 투자를 통해 탄생하는데, 이 고정비용은 비볼록성의 특징을 보인다. 따라서 시장 분산화와 관련된 딜레마에서 빠져나올 수 없게 된다.

이러한 설명을 위해 로머가 즐겨 든 사례는 구강을 통한 수분 공급 치료 방법(설사에 시달리는 어린이에게 게토레이 같은 이온음료를 먹이는 것)이다. 이런 간단한 방법으로 그대로 두면 탈수로 죽을 수도 있는 어린이의 목숨을 얼마든지 구할 수 있다. 이러한 음료는 저렴한 가격에 어디서든 구할 수 있기 때문에 계속해서 재사용할 수 있다는 특성상 누구에게나 생활수준을 향상시키는 방법이 될 수 있다.

그렇다면 구강을 통한 수분 공급 치료제의 진정한 가격은 얼마일까? 그러한 치료제가 수많은 사람의 생명을 구할 수 있다는 점에서 보면 비싸게 받아야 한다고 생각할 수도 있다. 그래야만 에이즈 치료약이나 말라리아 예방 백신 같은 소중한 치료약이 개발되는 인센티브가 작용하기 때문이다. 그런데 구강을 통한 수분 공급 치료제는 세상에 등장하자마자 진정한 가격이 제로, 즉 0으로 떨어져버렸다. 누구나 사용할 수 있기 때문이다. 그렇게 되면 이 신상품에 대한 권리는 곧바로 포기하는 수밖에 다른 방법이 없다.

그렇다면 이보다 덜 극적인 사례는 어떠할까? 역시 같은 논리가 적용되어야 할 것이다. 새로운 아이디어에 대해 얼마나 보호권을 인정해야 하는가는 사회가 선택할 사항이다. 이에 대해 어떤 규칙을 적용할 것인가는 연구에 참여한 몇몇 사람이 결정할 문제가 아니라 궁극적으로 사회 가치관에 따라 결정되어야 할 문제이다.

훌륭한 과학자(또는 가까운 동료)는 연구소(예를 들어 벨연구소 같은)에서 월급을 받으며 일을 하거나 아니면 캘리포니아 벤처 캐피털리스트의 지원을 받아 스스로 연구소를 차려 과거와 같은 훌륭한 발명을 할 수 있을 거라는 기대로 연구를 한다. 그렇게 해서 새로운 발견이 이루어지면 그 연구소는 신발명품(예를 들어 마이크로프로세서)에 대해 독점 수익을 벌어들이겠다는 결정을 하거나, 아니면 경쟁 기업들(트랜지스터를 만드는)에게 큰 돈을 받지 않고 제조 라이선스 형태로 기술을 빌려주는 결정을 내린다.

사실 소유권 보호는 노래 한 곡이 연주될 때마다 10센트씩 요구하는 ASCAP의 경우처럼 엄격하게 보호될 수도 있고, 그레이트풀 데드|Grateful Dead의 경우처럼 엄격하게 관리하기보다 자신의 노래를 아마추어들이 마음대로 녹음해서 듣도록 내버려두고 대신 콘서트 티켓 판매 수입에만 의존하는 형태로 이루어질 수도 있다. 더욱이 현금 보상만이 전부는 아니다. 새로운 아이디어에 대한 보상은 얼마든지 다른 방법으로 이루어질 수 있다. 다른 사람의 연구에 인용되는 것, 감사패를 받는 것, 팀플레이, 그리고 가족 윤리 같은 것도 보상으로 여겨질 수 있다. 로머가 말했듯 시장이 전부는 아니다. 다른 형태의 제도로도 얼마든지 아이디어 발명에 대한 인센티브를 제공받을 수 있다.

PC와 인터넷 기술이 얼마나 대조적인 스타일로 개발되었는지를 쉽게 이해하려면 이 기술을 대표하는 사람들의 사는 모습을 보면 된다. 빌 게이츠가 워싱턴 호숫가에 위치한 9,700만 달러짜리 저택에 산다는 것은 잘 알려진 사실이다. 6만 6천 평방피트 부지에는 건물이 여러 채 세워져 있고, 그중 1만 1,500평방피트는 가족만의 별도 생활공간으로 할애되어 있다. 그의 저택은 호화스러운 계단, 극장, 도서관, 거창한 다이닝룸, 회의실, 운동실, 그리고 오락을 하는 가족실 등이 갖추어진 것으로 유명하다. 반면 리클라이더는 얼링턴 교외에 위치한 집에 살고 있는데 그의 집은 1920년대에 지어진 방 4개짜리의 소박한 주택이다.

PC나 인터넷은 둘 다 성공작이다. 이 두 가지는 어쩌면 최고로 성공한 시스템이라고 할 수 있다. 우리 사회는 이미 이 두 가지 기술의 효과를 톡톡히 누리고 있지 않은가? 그러나 개인 기업가가 나스닥 상장을 통해 자본을 분배받을 수 있는 기회를 생각해보면, 인터넷의 발전처럼 대기업이나 여러 위원회가 서로 협력해 얼마든지 경이적인 부를 창조하고 분배해나갈 수 있다는 것을 잘 보여주는 사례는 없을 것이다.

소프트웨어의 주도권 이양

그렇다면 다른 기업보다 한 발 앞서 거대한 출발을 한 덕분에 자사의 운영 체계가 말 그대로 전 세계 시장에서 보편적인 시스템으로 활용되며 여전히 시장을 지배하고 있는 마이크로소프트의 미래는 어떠할까? 계속해서 보이지 않는 손이 맥을 못 추게 하고 계속 승자로 군림할 수 있을까? 아니면 조지 스티글러, 조지 W. 부시, 그리고 자유방임이 최고라는 것을 굳게 믿고 있는 다른 사람들의 생각이 결국 잘못된 것이었음이 입증될까? 경쟁은 다른 어떤 도움 없이도 스스로 시장에서 승리를 쟁취해낼 수 있을까? 아니면 로머의 주장(가끔 개입하는 것이 소비자들을 위해서나 미국을 위해 생산 향상에 극적인 도움이 된다는)이 옳은 것으로 드러날까?

개인적으로 로머는 또 다른 가능성을 지적한 적이 있다. 그것은 만일 유럽 정부나 인도, 중국(아니면 세 나라 모두)이 리눅스에 대대적인 투자를 결정하다면 전 세계적으로 오픈 소스 애플리케이션 개발에 대한 인센티브 제도는 엄청난 변화를 겪게 될 수도 있다는 것이다. 그렇게 되면 전 세계 소비자들은 훨씬 저렴한 기계 덕분에 큰 이득을 볼 수 있다.

하지만 그 소프트웨어 분야에서의 주도권은 미 대륙이 아닌 다른 대륙으로 넘어가고 말 것이다. 1960년대에 그와 유사한 일이 실제로 벌어졌다. 미국의 철강 회사들은 정부 보호라는 치맛자락 뒤에 숨어 경쟁을 피하며 신기술 투자를 미뤘는데, 나중에 정신을 차리고 보니 이미 때는 늦어 버렸다.

새로운 미들웨어 기술이 나타나 윈도 운영 체계의 데스크탑 주도권을 용해시켜 버릴지도 모른다. 실제로 네스케이프 브라우저는 무너지기 직전에 거의 그러한 수준에 와 있었다. 구글|Google 검색 엔진은 윈도를 무너뜨릴 수 있는 가장 야심 찬 후보라고 할 수 있다. 구글이 이메일과 웹 베이스 저장 능력을 제공하게 되면 구글의 미들웨어는 웹 베이스 애플리케이션을 갖춘 일차적인 인터페이스가 될 수 있다. 그러면 마이크로소프트 오피스를 간단하게 뛰어넘

을 수 있을 것이다. 이 경우 기술 개발을 좌우하는 주도권은 마이크로소프트가 아닌 다른 기업에게 넘어갈 수도 있다.

어쨌든 마이크로소프트는 마셜이 비유해서 설명했던 숲 속의 나무가 가는 길과 같은 방향으로 가고 있는 것 같다. 다시 말해 마이크로소프트는 장기간 주도권을 행사한 후 결국에는 경쟁 기업에게 주도권을 상실하게 될 것이라는 얘기다. 경제 이론상으로 분석해보지 않더라도 어떤 나무도 하늘 끝까지 자랄 수 없다는 것은 누구나 아는 상식이다.

그런데 2005년 9월 정말 재미있는 일이 발생했다. 어느 누가 강요하지 않았음에도 마이크로소프트가 스스로 이전에 정부가 요구했던 Ops, Aps 분리 방식을 조용히 실천했던 것이다. 마이크로소프트는 이 거대 왕국을 세 가지(실제로 마이크로소프트라는 한 개의 거대 기업에는 7개의 사업 파트가 있었기 때문에 오히려 사업 파트 숫자는 줄었다고 볼 수 있다) 사업체로 분리하고, 파트마다 자체 사장을 두어 사업을 하기로 결정을 내렸다. 플랫폼 파트는 윈도 운영 체계를 관리하고 비즈니스 파트는 오피스와 다른 애플리케이션 관리를 맡게 되었다. 그리고 엔터테인먼트 파트는 이 회사가 개발한 엑스박스|Xbox 게임기를 맡았다.

그렇게 사업을 분리하는 표면상의 이유는 대기업 관료주의 경향과 결정 단계를 줄여 더욱 신속한 결정을 내리기 위해서였다. 하지만 실제 이유를 보면 구글, 이베이|Ebay, 그리고 오픈 소스로부터 밀고 들어오는 경쟁 압박이 커짐에 따라 이 같은 긴급 대책을 마련한 것임을 알 수 있다. 그렇다면 언젠가 기업간의 경쟁에 의해 시장이 스스로 돌아가는 일이 발생하게 될 것인가? 그런 일이 생긴다면 마

이크로소프트의 각 사업 파트는 서로 경쟁을 해야 할 것이다. 마이크로소프트의 이러한 변화를 보면서 정부의 반독점 전문가들과 잭슨 판사가 오히려 마이크로소프트보다 이 산업에 대해 더 잘 알고 있었던 것은 아닌가 하는 생각이 든다.

이미 게이츠는 자신의 관심과 재산을 소프트웨어에서 일부 떼어내 세계 보건, 특히 제3세계의 다양한 질병을 치료할 수 있는 백신을 개발 및 보급하는 연구와 새로운 아이디어 창출에 지원하고 있다. 한 가지 재미있는 사실은 게이츠재단|Gates Foundation이 자선활동을 벌이면서 재판 때 마이크로소프트의 반대 진영에서 증언했던 로머의 주장과 세부 사항을 그대로 실천하고 있다는 점이다.

게이츠재단의 후원금 수여자는 누구나 자신이 원하는 것을 발명한 후 개인적으로 특허를 내 얼마든지 돈을 벌 수 있다. 단 조건이 하나 있다. 그렇게 개발된 새로운 기술을 극빈국에서는 거의 무료로 사용할 수 있도록 해야 한다는 것이다.

어쨌든 게이츠는 여전히 세계에서 최고 갑부로 인정받고 있다. 그러는 사이 슘페터가 분석하고 예고했던 극적인 드라마는 현실이 되었고 이제는 내생적 기술 변화 모델에 의해 계산은 물론 어느 정도 관리도 가능하게 되었다. 그런데 경제학의 이러한 극적인 모델 파악에 결정적 역할을 한 로머는 더 이상 그 길에 남아 있지 않았다. 잭슨 판사가 마이크로소프트의 분리 판결을 내린 지 얼마 되지 않아 로머는 경제학이 아닌 전혀 다른 분야로 인생의 방향 전환을 모색했던 것이다. 그는 마침내 오래 전부터 하고 싶어 했던 자신만의 소프트웨어 사업체를 설립했다.

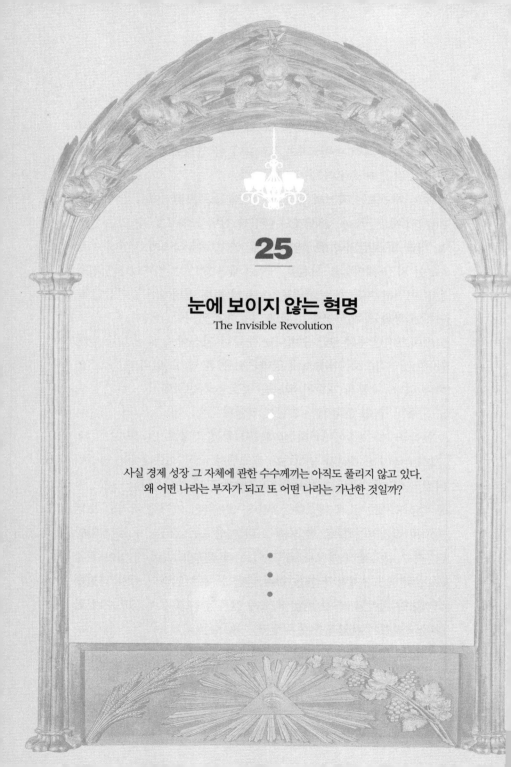

25

눈에 보이지 않는 혁명
The Invisible Revolution

사실 경제 성장 그 자체에 관한 수수께끼는 아직도 풀리지 않고 있다.
왜 어떤 나라는 부자가 되고 또 어떤 나라는 가난한 것일까?

신경제에 맞는 신경제학은 존재하지 않는다

수확체증 혁명은 언론에서 거의 눈치 채지 못한 채 지나갔고, 그 혁명의 전개도 훨씬 더 큰 사건에 파묻혀 제대로 알려지지 못하고 그렇게 지나가고 말았다. 시장과 거리가 멀었던 국가들의 시장 체제로의 전환, 공산주의의 붕괴, 정보 기술 발달, 분자 생물학, 인터넷 버블 등 굵직굵직한 사건들이 계속 터져 나오는데 어떤 경제학 이론적 변화가 이러한 사건과 대적할 수 있었겠는가? 더욱이 수확체증 혁명과 관련된 새로운 아이디어는 수리경제학에 근본적인 뿌리를 두고 있었다. 그 결과 많은 사람이 일상생활을 휩쓸고 있는 사건과 변화를 단지 몇 개의 수학공식으로 설명할 수 있다는 말을 믿으려 하지 않았다.

심지어 기술경제학계 내부에서조차 그처럼 대대적인 변화가 일어났었다는 흔적이 거의 남지 않을 정도였다. 〈저널 오브 이코노믹 퍼스펙티브|Journal of Economic Perspective〉는 그래도 이러한 혁명적 변화를 인정한 곳 중 하나였다. 이 잡지는 1987년 비경제 분야 독자에게 경제학계의 발전사를 알려줄 목적으로 창간된 경제 학술지였다. 이

학술지 외에도 1994년 로머, 헬프먼, 그로스맨, 그리고 솔로가 참여한 가운데 1994년 말에 개최된 신성장 이론에 관한 심포지엄도 이러한 변화를 알리는 역할을 했다. 이 신성장 이론 심포지엄이 열리고 나서 통화 유통 구조, 투표, 범죄, 초등교육 및 중등교육 분야의 경제학에 관한 심포지엄이 계속 이어졌다. 그런데 이렇게 수많은 심포지엄에서 많은 경제학자가 논문을 발표했지만 특별히 두드러질 만한 논문은 거의 눈에 띄지 않았다.

경제학계의 두뇌라고 할 수 있는 계량경제학협회도 새로운 이론 발전상을 소개하기 위해 5년마다 세계 총회를 개최했으나, 여기에서도 특별히 괄목할 만한 발전은 찾아보기 힘들었다. 그러한 가운데 2000년이 다가오게 되었고 〈쿼털리 저널 오브 이코노믹스〉, 〈이코노믹 저널〉, 〈저널 오브 이코노믹 퍼스펙티브〉 등의 학술지는 밀레니엄 경제학 특집 논문 기사를 기획했다. 그러나 이전에 비해 특기할 만한 변화는 거의 찾아볼 수 없었다.

이처럼 경제학계에 이렇다 할 변화가 없는 가운데 수많은 사람이 비즈니스 컨설턴트와 다른 전략적 사고가로부터 지식과 관련된 금맥을 찾기 위해 몰려들었다. 그중에서도 피터 드러커는 1980년대 초 지식경제학의 중요성을 가장 먼저 강조한 인물이다. 그리고 1990년 하버드 경영대학원의 마이클 포터 |Michael Porter는 관련 산업이 모여 지식이 성장하게 되는 과정을 설명한 마셜의 사고를 재도입해 《국가들의 경쟁우위 |The Competitive Advantage of Nations》를 펴냈다. 그리고 《작업 지식 |Working Knowledge》, 《지적 자본 |Intellectual Capital》, 《보이지 않는 대륙 |The Invisible Continent》, 《국가의 임무 |The Work of Nations》, 《도시의 부 |The Wealth of Cities》 등 지식과 관련된 책이 언론을 통해 소

개되었다. 더불어 컨설팅 및 회계 전문 기업은 자신들이 혁신 센터 및 지식 구현 역할의 중심에 서 있다며 크게 선전을 했다.

그러다가 1990년대 중반 신경제가 발견되었고, 그 중심에 서 있던 인물은 바로 미연방준비위원회 총재였던 앨런 그린스펀이었다. 1996년 12월 다우존스공업지수는 5000선을 넘어서게 되는데, 그린스펀은 사람들이 너무 비이성적으로 날뛰어 이렇게 비정상적으로 수준이 올라갔다며 시장을 비난했다. 그런데 그린스펀의 경고에도 불구하고 그 다음해 주가는 더 뛰어 주가지수가 거의 7000에 육박했다.

이 시점에서 그린스펀은 자신의 이전 분석을 없던 일로 하고 다시 원점에서 분석하기 시작했다. 그로부터 7개월 후 〈비즈니스위크|Business Week〉는 〈신경제의 승리〉라는 제목의 커버스토리를 내보냈고, 그린스펀도 경제가 새로운 시대에 진입했다는 결론을 내렸다. 이때부터 신경제라는 용어를 사방에서 볼 수 있게 되었다.

한편, 인터넷은 이제 '새로운 규칙'을 상징하는 존재가 되어 지배적인 사업으로 변신했다. 더불어 세계화, 기술적 변화, 냉전 종식, 규제 완화, 비즈니스 문화 탄생, 저인플레, 경기순환과 상관없는 경제에 대한 새로운 증거가 신경제를 상징하는 주제로 등장했다 (그런데 아시아 금융 위기로 미국은 어쩔 수 없이 자금을 아시아 시장에서 빼올 수밖에 없었고 이에 따라 사람들은 미국 주식 시장 투자가 과열 상황에 이르렀다는 사실을 거의 눈치 채지 못하고 지나갔다). 경제 전문 기자들은 '공격 사정거리에서 완전히 벗어남', '마찰 없는 경제', '무중력 상태의 경제', '평평해진 세상' 등의 표현으로 이러한 변화를 축하했다.

그러한 가운데 로머는 신경제 관련 저서에서 가끔 인용되곤 했는데, 그중에서 마이클 루이스|Michael Lewis의 《새롭고도 새로운 것|The New New Thing》과 토머스 프리드먼의 《지구는 평평하다|The Earth Is Flat》에서 특히 많이 인용되었다. 후에 그린스펀은 경제 상황에 대해 "경제 변화는 이제 체질화되었고 계속 진행 중이다"라고 설명했다. 그는 이 놀라운 결과는 대부분 외생적 성향을 지닌 기술 혁신이 폭발적으로 쏟아진 덕분이라고 평가했다.

그런데 당시에는 미국의 경제 당국조차 '우리가 알고 있는 그 무엇' 덕분에 새로운 발견과 성장이 이루어졌다는 사실을 제대로 평가하지 못하고 있었던 것 같다. 케인스 혁명에서 볼 수 있던 '어둠과 빛 사이의 깊고 넓은 틈'의 경우처럼 멀리에서라도 느낄 수 있는 특별한 사항이 신성장 이론의 혁명에서는 전혀 감지되지 않았기 때문이다.

한편 경제학계에서 주류를 대표하는 인물은 버클리대학 교수로 미시경제학자인 할 배리언으로 여겨지고 있었는데, 그도 2002년 〈뉴욕타임스〉에 기고한 기사에서 다음과 같이 주장했다.

"신경제에 걸맞은 신경제학은 결코 존재하지 않았다. 물론 수확체증, 네트워크 효과, 전환 비용 등에 관한 이야기는 아주 많았다. 그러나 이러한 것을 새로운 개념으로 볼 수는 없다. 이미 경제학 문헌에 수십 년간 등장한 것들이기 때문이다. 따라서 이런 것은 중요한 사고이긴 해도 위대한 사고라고 볼 수는 없다. 이 개념들은 어떤 현상을 잘 설명해 주고 있지만, 이 설명에는 한계가 있다. 위대한 사고라고 부를 만한 것을 찾기 위해서는 노벨 경제학상을 수상한 로널드 코스가 1937년에 발

표해 거래 비용에 관한 아이디어 개발에 지대한 공헌을 한 논문 〈기업의 본질|The Nature of the Firm〉까지 거슬러 올라가야 한다."

이처럼 21세기 초가 되었음에도 경제학계에서는 실제로 무슨 일이 발생했는지 제대로 파악하지 못하고 있었다.

위대한 아이디어의 조건

쿤은 자신의 저서 《과학적 혁명의 구조》에서 그가 과학 혁명의 비가시성|invisibility 이라고 부르는 것에 대한 설명에 한 장을 할애하고 있다.

"과학자와 비과학자는 과학이 어느 정도 발전했는지 이해하기 위해 교과서 및 교과서에서 내세우는 인기 주장에 의존하지만, 실제로 이것은 과학적 혁명의 존재와 중요성을 밝혀주는 것이 아니라 오히려 완전히 덮는 역할을 한다. 교과서는 보통 가장 최근의 결과를 담아 설명한다. 이러한 교과서는 혁명이 발생하면 그 직후 다시 쓰이는데 문제는 과거에 다른 과학자가 연구했지만 아직 교과서에 담을 만큼 쓸 만한 문제라고 생각하는 것은 교과서에 포함시키는 반면, 저자 자신이 별로 중요한 문제라고 생각하지 않거나 아예 이해하지 못하는 문제는 빼버린다는 데 있다.

그렇다 보니 전달해야 할 것은 제대로 전달하지 못하고 반대로 훌륭한 과학 발전을 위해 폐기 처분해야 할 것은 그럴듯하게 포장해서 전달하는 일이 발생하게 된다. 이처럼 교과서가 제대로 혁명의 전개 상황을 전달하지 못하다 보니 과학자들이 자신의 영역을 하나씩 정해, 한번에 하나씩 발견하는 방식으로 과학이 누적적으로 발전되고 그 결과 사람들은 과학을 선형적 성격을 띠는 학문으로 오해한다. 이로 인해 과학 발전을 가장 잘 입증해줄 수 있는 중요한 이야기에 포함되지 못해 사람들이 그런 일이 발생한지도 모른 채 지나가는 비극이 발생하는 것이다."

실제로 경제학자들은 과학의 발전에 대해 사람들이 기대하는 뉴스를 제공해줄 수도 없었고, 미국 언론 또한 이 분야의 변화를 크게 보도하지 않았다. 이런 상황에서 경제학 발전 뉴스에 유일하게 관심을 보인 쪽은 스웨덴 노벨상위원회였다. 그 결과 이제 경제학 발전은 노벨상이 발표되는 매년 10월을 기준으로 평가되고 있다. 바깥사람들이 보기에 어떤 경제학 분야가 노벨상을 받지 못하면 그 분야에서는 실제로 아무 발전이 일어나지 않은 것으로 평가하게 된 것이다.

1990년대에 노벨상위원회의 집중적인 관심을 받은 경제학계 인물은 1960년대 말 로켓 과학에 관심을 기울인 경제학자들이었다. 1995년에는 로버트 루커스가 기대 |expectations에 대한 연구 업적으로 노벨상을 받았다. 로버트 머튼과 마이런 숄스 |Myron Scholes는 옵션 가격 책정 공식 |options pricing formula에 관한 연구 덕분에 노벨상을 공동 수상했다. 그리고 조지 애컬로프, 마이클 스펜스, 조지프 스티글리츠는 2001년 비대칭적 정보에 관한 연구로 역시 노벨상을 공동 수상했다.

1990년대에 가장 눈길을 끈 수상자는 1994년에 공동 수상한 존 내시, 존 하사니, 그리고 라인하르트 젤텐으로 이들은 게임 이론(45년 전 경제학 이론에 결정적인 돌파구를 여는 데 기여한 이론)의 공식적 기초를 마련한 공로로 노벨상을 수상하는 영광을 누리게 되었다.

물론 노벨상을 수상한 경제학자들은 일반인의 큰 관심을 받았지만, 더불어 1990년대 초 워싱턴 행정부에 불려간 경제학자들(스탠리 피셔, 조지프 스티글리츠, 특히 래리 서머스)도 큰 관심의 대상이 되었다. 부시 대통령(아들이 아닌 아버지) 재직 시절 서머스는 세계은행 수석경제학자로 임명되었고, 이후 클린턴 행정부에서 재무성의 서열을 따라 꾸준히 승진했다. 그러다가 최연소 재무장관(알렉산더 해밀턴 이후)을 거쳐 하버드대학 총장이 되었다. 그의 오랜 친구 안드레이 슐레이퍼는 1992년 미국국제개발기구를 대표해 대표단을 이끌고 러시아를 방문했다. 그리고 그의 오른팔 역할을 했던 브레드포드 들롱|Bradford Delong은 버클리로 건너가 저술 활동을 하고 많은 사람에게 인기가 있는 블로그를 운영하기 시작했다.

다른 사람들이 이처럼 화려하게 주목을 받고 있는 동안, 수확체증 혁명에서 결정적 역할을 했던 인물들은 일반인의 관심권 밖으로 밀려나 있었다. 로머는 스탠퍼드 경영대학원에서 강의를 하고 있었는데, 마이크로소프트 재판에서 정부 측 대표 증언자로 나섰음에도 일반인은 그가 누구인지 잘 모르고 있었다. 여전히 텔아비브와 하버드를 왔다 갔다 하고 있던 엘하난 헬프먼은 그로스맨과 국제적 노동 분업에 관한 거대한 연구 프로젝트를 수행하기 위해 이스라엘은행 총재직을 사양했다. 멀리 떨어진 호주에서 수확체증 연구를 지휘하고 있던 샤오카이 양은 제프리 색스와 개발 관련 입문서를 쓰고 있었는데, 그것을 완성한 지 얼마 되지 않아 2005년 쉰다섯 살에 세상을 뜨고 말았다.

수확체증 혁명에 관여했던 인물 중 그나마 폴 크루그먼만이 〈뉴욕타임스〉 스타 칼럼니스트이자 베스트셀러 저자가 되어 유일하게 일반인의 관심권 안에 들어 있었다.

신성장 이론이 사람들에게 제대로 수용되지 못한 데는 전설적인 존 메이너드 케인스의 영향이 크다고 할 수 있다. 케인스 혁명은 적어도 두 세대 동안 큰 영향력을 행사하며 경제 상황을 설명해주는 강력한 도구임이 입증되었는데, 1980년대와 90년대에 로버트 스키델스키|Robert Skidelsky가 쓴 세 권짜리 케인스 전기는 그가 얼마나 세상에 큰 영향을 미쳤는지를 보여주는 동시에 남아 있던 케인스의 영향력이 연장되는 데 기여했다.

케인스는 간혹 인류 역사상 지그문트 프로이트와 견줄 만한 인물로 비교되곤 한다. 그렇다면 경제학자인 케인스가 과학 분야에서 지대한 공헌을 했던 프로이트보다 여러 문헌에서 더 많이 거론되고 있다는 말인가? 이런 것을 따지는 사람들도 있지만 그것은 별로 중요한 것이 아니다. 루이 메낭|Louis Menand은 프로이트의 저서 《문명과 불만|Civilization and Its Discontents》에 대해 다음과 같이 설명했다.

"우리가 그동안 최상의 설명이라고 믿고 의지해 왔던 세상에 대한 설명은 그 바닥까지 완전히 무너지고 말았다. 이제 우리는 그의 설명대로 생각하지 않고는 세상을 제대로 이해할 수 없게 되었다."

우리가 과거의 케인스를 현재에 논하고 있듯, 거시경제학과 성장경제학 중 어떤 것이 더 중요한가 하는 논쟁은 어쩌면 한참 더 시간이 지난 미래에 그 답을 찾을 수 있을지도 모른다.

한편, 성장 모델의 주인공 로버트 솔로는 10년을 투자해 아주 오래된 논점을 끄집어냈고 그것을 사람들의 관심을 끌 수 있는 새로운 논점으로 바꾸려는 시도를 했다. 그는 애로의 행동에 의한 학습, 독점 경쟁과 거시경제학에 관한 강의록을 출판하고 1970년대에 했던 성장 강의의 개정판을 출간했는데 이 개정판에는 새로운 모델에 관한 설명을 담은 새로운 장이 6개 추가되었다. 그는 "기술 발전이 부분적으로는 경제력의 결과라는 사실을 어느 누구도 부정할 수 없다"라고 적고 있다.

"중요한 것은 이 과정에 대해 누군가 유용한 설명을 제공해야 한다는 것이다."

그는 자신이 기술 변화를 설명하는 결정적 용어로 선택한 '외생적'이라는 용어에 대해 사람들이 크게 오해하고 있는 것 같다면서, 외생적이라는 말은 '변화하지 않는다'거나 '신비롭다'는 뜻은 아니라고 설명했다. 물론 변화가 없으면서 신비롭다는 뜻은 더더욱 아니다. 연구상 모델의 나머지 부분이 이 외생적 요소에 맞춰져야 하는데, 그러다 보니 이 앞부분을 부를 수 있는 용어가 필요해 임시로 그렇게 불렀을 뿐이지 특별한 뜻이 있는 것은 아니라는 얘기다.

경제사 전문 경제학자 조엘 모커 |Joel Mokyr 는 결국 중요한 일은 아무것도 일어나지 않았다는 결론을 내세우고 있다. 그는 1996년 미국경제학회 샌프란시스코 총회에서 로머가 원자와 비트에 대한 논문을 발표했을 때 그 세션의 의장직을 맡았던 주인공이다. 그러나

2002년 과학과 기술 제도의 발전에 관한 기사를 모아 실은 책《아테나의 선물: 지식경제의 역사적 기원 |The Gifts of Athena: Historical Origins of the Knowledge Economy》에서 모커는 지식 경제학자들의 연구를 상세히 설명했는데, 이상하게도 그 설명에서 로머의 연구에 관한 부분은 빠져 있었다.* 물론 모커가 기술 발전이 완전한 경제 과정이라는 것을 의심해서 그런 것은 아니었다. 그는 에이브러햄 링컨 |Abraham Lincoln 의 말을 다음과 같이 인용하고 있다.

"특허 제도는 천재들의 불에 관심이라는 기름을 부어 넣었다."

그런데 모커의 설명은 그저 여러 문헌을 언급하는 것 외에 더 깊은 영역으로 들어가지 않고 있다. 지식경제학이 무엇인지 알고 싶어 이 책을 펼친 독자가 있다면, 솔로 모델이 얼마만큼 큰 위력을 발휘하며 비수학적 경제학자들을 궁지로 몰아넣었는가 하는 사실만 발견할 수 있을 뿐 더 이상의 깊은 설명은 찾아볼 수 없을 것이다. 결국 기술 변화 역사는 여전히 존 스튜어트 밀 수준에 머물고 있음을 알 수 있으며, 이는 경제학을 수학적으로 논하기 싫어하는

◆ 이 책에서 모커는 문헌적 성장 이론가 중 큰 영향력을 행사했던 인물을 일일이 인용하고 있는데, 이 책은 에릭 존스, 데이비드 란데스, 더글러스 노스, 그리고 네이션 로젠버그에게 한정되었다. 모커는 지식경제학이라는 주제가 다뤄진 것은 사이먼 쿠즈네츠부터라고 주장하고 있다. 그러나 G.L.S. 세클 G.L.S. Sheckle 은 모커의 설명은 중요한 부분을 빼먹은 편파적인 설명이라고 반박하고 있다. 이 책에서 프리츠 매클럽은 지식 기술학에 맞섰으나 제대로 힘을 발휘하지 못한 인물로 묘사되는 반면, 모커의 스승으로 기업 역사를 연구한 조나단 휴 Jonathan Hughes 는 훌륭한 업적을 남긴 인물로 과대평가되고 있다는 것이다. 또한 폴 데이비드, 네이션 로젠버그 등 일명 스탠포드학파는 훌륭한 업적을 남긴 것으로 평가된 반면, 신성장 이론 같이 발전적 접근책을 제시한 리처드 넬슨이나 시드니 윈터의 업적은 거의 언급되지 않고 있다.

역사학자들이 기술 변화를 아직까지도 경제학 밖에 놓고 있음을 의미한다.

새롭게 부상한 지식경제학 분야의 지도자적 위치에 있는 인물들이 미국 서부 캘리포니아로 많이 이주한 이유는 그곳에서 지식경제학에 대한 반응이 좋았기 때문이다. 어찌 보면 20세기 하반기에 미국 경제학계에서 일어난 변화는 야구계에서 일어난 변화와 비슷하다고 볼 수 있다. 1950년대에 미국 야구는 16개 팀이 두 개의 리그로 나눠 싸우는 아주 간단한 양상으로 경기가 진행되었다. 미시시피강을 중심으로 동부와 서부로 나눠 양쪽의 승자가 시즌의 마지막에 서로 만나 월드시리즈 승자를 가리곤 했던 것이다.

그런데 그로부터 20년이 지나 야구팀은 30개로 늘어났고 리그는 여섯 개로 늘었다. 그리고 플레이오프 게임도 아주 복잡한 방법으로 진행되고 있다. 선수 발전이나 보상에는 큰 변화 없이 제도만 복잡해진 것이다. 그러다 보니 리그 경기 변화를 따라가며 이해하기가 어렵게 되었다. 그럼에도 동부 지역에서는 야구가 여전히 큰 인기를 끌고 있고 구심점 역할을 톡톡히 하면서 가장 생산적인 시장으로 남아 있다.

이제 다시 로머에게로 돌아가 이야기를 해보자. 사실 로머를 빼고는 신성장 이론을 논할 수가 없음에도, 그의 라이벌들은 오랫동안 그가 언론에 의해 실력보다 과장되게 알려져 왔다고 주장했다. 진실은 오히려 그 반대이다. 로머는 언론에 자신을 드러내는 것을 극도로 싫어하는 인물이었다. 더욱이 그는 어떤 학파에 들어가지 못해 안달하는 사람하고는 거리가 멀었다. 그는 점점 더 파벌 위주로 변해가는 경제학계에서 인맥 형성에 전혀 관심을 보이지 않았다.

실제로 그는 경제학계의 최고 명문인 시카고대학과 MIT를 직접 박차고 나온 사람이다. 그리고 개인적으로 들어온 하버드의 교수직 제안도 거절한 것으로 알려져 있다. 그럼에도 그가 관심권에서 벗어난 이유는 그가 연구한 주제인 성장이 거시경제학 주제가 아니었기 때문이다. 또한 그의 이론은 경제 안정화나 통화 정책 같은 정책적 연관성이 매우 적었다. 로머는 성장에 관해 15년간 연구한 후, 선호|preferences를 주제로 한 행동경제학 쪽으로 방향을 선회했다.

그 결과 21세기 들어 몇 년간 로머는 경제학계에서 거의 있으나마나한 존재로 남아 있었다. 세상에 엄청난 영향을 미치는 연구를 했음에도 그것에 대해 거의 인정받지 못하고 있었던 것이다. 그는 사실 예일대 특강과 슈바르츠 특강 등을 해달라는 초대를 모두 거절했다. 한 학술지 편집장은 로머에 대해 시작한 것은 많으나 끝낸 것은 거의 없는 인물이라고 평가했다. 어떤 경제학자는 챔벌린처럼 로머도 단 하나의 아이디어로 버틴 경제학자라고 비난하기도 했다. 어쩌면 그 말이 맞을 수도 있고 맞지 않을 수도 있다. 그렇지만 챔벌린이나 로널드 코스의 아이디어처럼 단 하나의 아이디어라도 어디에 내세워도 빠지지 않을 위대한 것이라면 그것으로 된 것 아닌가?

폴 로머 대 그레고리 맨큐

1990년대 지식경제학 모델에서 로머의 반대 진영에 선 젊은 세대 인물 중 가장 눈에 띄는 사람은 하버드의 그레고리 맨큐였다. 그는 데이비드 로머, 데이비드 웨일과 공저 형태로 솔로 모델을 보강하는 모델을 제시하기도 했다. 그러다가 1995년 3월 워싱턴DC에서 로머와 반대 진영 간의 논쟁이 절정에 이르는 사건이 벌어졌다.

그 사건은 경제 정책 분야에서 가장 중요한 학술지로 손꼽히는 〈브루킹스 페이퍼스 온 이코노믹 액티비티|Brookings Papers on Economic Activity〉 창간 25주년 기념 학술회의장에서 일어났다. 그때 제프리 색스와 앤드류 워너|Andrew Warner가 세계화에 대해, 모리스 오브스 펠드|Maurice Obstfeld가 변동 환율에 대해, 로버트 할이 실업에 대해, 그리고 폴 크루그먼이 무역에 대해 발제자로 나섰다. 맨큐도 〈국가들의 성장|The Growth of Nations〉이란 제목으로 발표에 나섰고 로머는 이들의 발표에 대한 토론 응답자로 초대되었다.

물론 맨큐는 이번에도 솔로 모델을 방어하는 입장을 역설했다. 그는 100년 전에 비해 오늘날 왜 생활수준이 더 향상되었는지를 설명하는 것이 목적이라면 신고전파 모델만으로는 충분하지 않다고 주장했다. 그런 다음 "경제 성장을 설명하는 것은 사실 어려운 일이 아니다. 그 일은 정말 쉽다"라고 말했다.

"시간이 흐르면서 생활수준이 향상되는 것은 분명한데, 그 이유는 지식이 확장되고 생산함수가 개선되기 때문이다. 그러나 훨씬 더 풀기 어려운 문제는 국가간 부의 격차가 나는 이유를 파악하는 것이다. 우리는 이렇게 부자인데 저들은 왜 저렇게 가난한 것일까? 이 질문에 대한 답을 찾기 위해서는 넓은 의미에서의 자본 축적 개념만 있으면 충분하다."

중요한 사실은 맨큐가 지식은 근본적으로 측정이 불가능한 변수라고 주장하고 있다는 점이었다. 그 점에서 다양한 형태의 지적재산권을 사용하는 모델은 테스트하기가 어렵다고 했다.

"자본과 달리 지식은 전 세계를 상당히 빠르게 여행한다. 따라서 아무리 최빈국이라도 예술 수준의 책이 존재하는 것이다. 단일 기업이 혁신을 통해 독점권을 행사할 수 있을지라도 그것은 혁신이 널리 퍼지기 전까지 짧은 시간만 지속될 수 있다."

맨큐의 모델에서 내세우는 최고의 가정은 모든 국가는 같은 양의 지식을 접할 수 있다는 것이다. 국가 간에 차이가 나는 이유는 실질적인 공장이나 인간의 능력에 얼마만큼 투자해 무상으로 가능한 공공재 효과를 얼마나 증가시킬 수 있는가 하는 능력에 차이가 나기 때문이라고 한다.

이러한 맨큐의 주장에 로머는 다음과 같이 반박했다.

성장에 대해 제대로 설명되지 않았고 이것이 난제로 남아 있던 시절에도 성장을 공공재 모델로 설명하려는 시도는 잘못된 것이었다. 이것이 전략적으로도 후퇴하는 것이라는 점은 이미 입증되었다. 우선 그 모델로는 생산 중 자본의 몫으로 돌아가는 비율을 설명할 수 없다. 이것도 이미 밝혀진 사실이다. 자본이 자유롭게 움직이도록 하기 위해 맨큐가 솔로 모델을 보강하는 시도를 했지만, 이 모델에 따르면 빈국의 숙련공은 비숙련공에 비해 돈을 200배는 더 벌어야 옳다(참고로 미국은 숙련공이 비숙련공보다 두 배 더 많이 벌고 있었다). 그런데 현실은 결코 그렇지 않다. 또한 자본과 노동을 상호 간에 대체하는 탄력성 문제는 어떠한가? 그렇게 교체해서 계산을 해보면 터무니없는 숫자만 나온다.

"이러한 데이터에 공공재 모델을 적용하는 것은 풍선을 꾹 누르고 있는 것과 같다고 볼 수 있다. 그렇게 누르면 우선 풍선을 더 작게 만들 수는 있다. 그러나 그것을 놓으면 풍선은 다시 공중으로 튕겨나가고 만다."

더욱이 지식이 공공재가 아니라는 것을 입증할 만한 증거는 사방에 널려 있다. 거래 비밀, 암묵적인 지식, 기술적 노하우, 지적재산권의 경우를 한번 생각해보라. 로머는 그가 1993년 사례 연구를 했던 모리셔스라는 섬나라의 사례를 들어 설명했다.

100년간 아프리카 남쪽 인도양에 고립되어 있던 이 섬나라는 전형적인 발전 방식을 따라갔다. 다시 말해 국내의 수입 대체 산업을 발전시키기 위해 수입 상품에 높은 관세를 부과했던 것이다. 물론 이 방식은 전혀 성공을 거두지 못했다. 그렇게 국내 산업을 보호했음에도 모리셔스가 수출할 수 있는 것은 농산품뿐이었다. 결국 모리셔스 정부는 1970년 특별 세금 혜택을 주는 경제특구를 만들었다. 그러자 홍콩의 의류 제조업체들이 재빨리 이 경제특구로 몰려왔다. 솔직히 1970년 이전에는 모리셔스에서 의류 거래라는 것이 아예 존재하지 않았다. 그런데 1990년경에는 의류 산업이 전체 고용의 3분의 1을 차지하는 중요한 분야로 성장하게 되었다.

그렇다면 과거에 모리셔스가 지닌 문제는 무엇이었을까? 로머는 낮은 저축률에 문제가 있었던 것은 결코 아니라고 주장했다. 이 섬나라 사람들에게는 얼마든지 재봉틀을 구입할 수 있는 경제적 여력이 있었다. 여기에서 국립도서관에 의류 제조에 관한 책이 많이 있었는지 아닌지는 중요한 사항이 아니다. 중요한 것은 홍콩으로부터 의료 제조업체들이 들어오기 전까지는 이 섬에서 어느 누구도 어떻게 의류 생산업체를 설립해 의류를 생산하는지 제대로 아는 사람이 한 명도 없었다는 사실이다.

"이러한 지식은 비밀로 하고 있던 것이 몰래 국경을 넘어온 것은 절대 아니다. 이 지식은 홍콩 경영인이 모리셔스로 진출하면서 자연스럽게 따라왔고 그 결과 그들이 보유한 지식에 의해 어떻게 공장을 운영하고 수익을 낼 수 있는가 하는 방법이 모리셔스 사람들에게 전해진 것이다."

그런 점에서 무료로 사용할 수 있는 공공재 모델을 저기술 의류 제조 같은 분야에도 적용하지 못한다면 그 모델은 대체 어디에 쓸모가 있단 말인가?

로머는 맨큐가 자신이 보강한 솔로 모델이 거시경제학에 '충분히 가깝다'는 입장을 계속 강조하고 있다고 지적했다. 그러나 충분히 가깝다는 것은 이루고자 하는 목표가 무엇인가(올바른 정답을 얻고자 하는가 아니면 더 많은 사람에게 잘 보이고자 하는가)에 따라 그 뜻이 다르게 해석될 수 있다.

신케인스학파는 경제학계 외부 사람에게 자신이 어떻게 받아들여지고 또한 어떻게 활용될 것인가에 많은 신경을 쓰고 있다. 반면 자신이 생각하고 있는 것이 진실인지 아닌지에 대해서는 거의 신경 쓰지 않고 있다. 이에 따라 신성장경제학이 행여나 조세 정책을 담당하는 정부 쪽 사람들 손에 들어가 이것이 더 급속한 성장을 유발하기 위한 정책에 사용되지 않을까 늘 전전긍긍하며 경계하고 있다. 그러나 경제학계가 제대로 발전하려면 그 같은 기회주의적 태도가 아니라 과학적인 행동으로 승부할 수 있어야 한다.

브루킹스 학술회의가 끝나고 늘 그렇듯 이 학술회의에 대해 경제학자들의 논평과 토론이 있었는데, 지배적인 의견은 로머가 이 논쟁에서 승리했다는 것이었다. 사람들이 가장 이해하지 못한 점은 최악의 정책을 구사하는 최빈국과 잘 사는 국가의 기술 문호 수준이 같다는 맨큐의 가정이었다. 결국 지적재산권, 기업인, 기술 정책 등이 포함된 맨큐의 모델은 적어도 경제학 연구 분야에서는 더 이상 제대로 된 이론으로 인정받지 못하게 되었다.

그러나 이와 관련된 경제 발전 역학에 대한 기사와 저서는 사방에서 쏟아져 나왔다. 발명, 제도, 도시, 법규, 지적재산권, 식민지주의, 인구, 기후, 세계화 등 왜 어느 국가는 부자가 된 반면 어느 국가는 여전히 빈국으로 남아 있는지를 찾아낼 수 있는 주제가 총동원된 것이다.

또한 맨큐 모델에 문제가 많다는 사실을 경제학자들이 인정했음에도 솔로 보강판 모델은 대학원에서 계속 강의되었다. 그 이유는 이것이 다른 경제학 교과서가 말하는 것과 내용이 잘 맞아떨어졌기 때문이다. 그러나 이 모델을 공격하는 최신 연구들이 속속 등장하면서 맨큐는 경제학 연구계에서는 이 모델을 옹호하는 행동을 점점 중단했다. 대신 그는 조지 W. 부시 대통령의 경제자문위 위원장직을 맡으며 정부 쪽으로 진출했다. 그러다가 다시 하버드로 돌아온 그는 마틴 펠드슈타인을 대신해 하버드에서 가장 수강생이 많은 과목으로 알려진 경제학 입문 강의를 맡게 되었다.

그러는 사이 로머가 강의를 하던 스탠퍼드에는 로머에 대한 소문이 입에서 입으로 퍼져나갔다. 그가 이미 사직서를 제출했으며 전문 학술지에 대한 기고도 모두 중단했다는 것이다. 그리고 일종의 벤처사업으로 소프트웨어 사업체를 설립했다는 것이었다. 물론 그 소문은 나중에 사실로 확인되었다.

여전히 수수께끼로 남아 있는 경제 성장의 이유

2004년 가을, 엘하난 헬프먼은 신성장 이론에서 가장 유익하다고 생각되는《경제 성장의 미스터리|The Mystery of Economic Growth》를 선보였다. 그는 220쪽밖에 안 되는 비교적 얇은 이 책에서 성장 이론이 어떻게 발전했는지 설명하고 있다.

> "수십억 지구인의 미래가 달린 주제에 대해 우리가 무엇을 알고 있으며 또한 무엇을 모르고 있는지 더 잘 이해하려면 무엇보다 어떤 노력을 해야 하는지를 파악하는 것이 중요하다."

1980년 무역에 관한 하계 워크숍 이후, 헬프먼은 수확체증 혁명의 전사로 변신했다. 그 혁명이 어떤 복잡한 과정을 거쳐 발생했는지 자신이 직접 목격했기 때문이다. 그리하여 비경제학 전문가, 즉 사회과학자, 정책 입안자, 그리고 이 주제에 관심이 있는 모든 사람을 겨냥해 2004년 가을 현재 무엇이 알려져 있고, 무엇을 더 연구해야 하는지를 설명하는 이 책을 출판한 것이다.

헬프먼은 책의 서문에서 사실 경제학자들은 애덤 스미스 이후 국부라는 주제에 대해 중단 없는 연구를 해왔다고 쓰고 있다. 그리고 최근에 두 개의 큰 연구가 우리의 관점을 변화시켰는데 그중 하나는 1950년대 초에 시작되어 1970년대 초까지 계속되었고, 다른 하나는 1980년대 중반에 시작되어 현재까지 계속되고 있다고 주장했다.

"그러나 이 주제는 정확하게 파악하기가 몹시 어려우며 그런 만큼 많은 수수께끼가 풀리지 않은 채 그대로 남아 있다."

사실 경제 성장 그 자체에 관한 수수께끼는 아직도 풀리지 않고 있다.

왜 어떤 나라는 부자가 되고 또 어떤 나라는 가난한 것일까? 이 질문을 던지며 헬프먼은 로머가 1983년 그의 박사학위 논문에서 설명하고, 루커스가 1985년 마셜 특강에서 강조했던 것과 약간 다른 관점에서 답변을 하려는 시도를 했다.

세계 경제 평균 성장률은 1820년부터 가속화되어 왔고, 특히 제2차 세계대전이 끝나고 나서 더욱 가속화되고 있다. 그렇다면 그 이유는 무엇일까? 물론 세계 경제 평균 성장률은 가속화되었지만 국가 간 격차는 더욱 벌어졌다. 왜 전 세계적으로 고르지 않은 발전이 이루어진 것일까? 헬프먼은 책에서 이 질문에 대한 대답을 강조하고 있다. 다시 말해 수렴에 관한 논쟁에 초점을 맞추고 있는 것이다. 이 질문은 찰스 존스가 자신의 논문에서 훨씬 더 좁혀 던진 질문, 즉 경제 성장의 엔진은 무엇인가와는 약간 다른 각도로 던져진 것이었다.

《경제 성장의 미스터리》의 나머지 부분은 6장으로 구성되어 있는데 각각 축적, 생산성, 혁신, 상호의존성, 비균등성, 그리고 제도

및 정치에 대해 설명하고 있다. 혁신에 관한 장에서 헬프먼은 1980
년대와 90년대에 이루어졌던 연구를 두 개의 작은 파도로 나눠 분
석하고 있다. 이 작은 파도 중 하나는 스필오버를 이용한 성장에 대
한 집합적$^{|aggregate}$ 접근 방식이고 다른 하나는 〈로머90〉 논문부터
시작된 분산적$^{|disaggregate}$ 접근 방식이다(헬프먼은 로머가 새로 채택한
비경쟁재라는 용어 대신 이전에 사용했던 비체화 지식을 사용하고 있다).

그는 인구와 관련된 요소는 설명하지 않고 있는데, 이는 그 내용
이 책의 전반적인 설명에 잘 들어맞지 않았기 때문이다. 한편으로
인구는 자신의 연구 분야가 아니기도 하고, 다른 한편으로는 그 분
야의 연구에 대해 학자들의 의견이 일치되지 않기 때문이라고 생략
이유를 밝히고 있다. 그는 만일 자신이 이 책을 5년 정도 먼저 썼을
지라도 제도와 정치에 관한 부분은 지금과 같이 썼을 것이라고 적
고 있다. 다시 말해 이 분야의 발전은 거북이처럼 이루어지고 있다
는 얘기이다.

한마디로《경제 성장의 미스터리》는 훌륭한 책이다. 그 명확하고
섬세한 묘사 덕분에 그는 이 분야에서 선두주자로 인정받고 있다.
어떤 의미에서 이 책은 논쟁에 종지부를 찍는 역할을 했다고 볼 수
있다. 그가 기술 변화 이론을 이제 막 가정이 제시된 초보 분야가
아닌 기술경제학의 확고하게 정립된 분야 중 하나로 설명했기 때문
이다.

경제학을 전공하지 않은 사람으로서 경제학자처럼 사고한다는
것, 다시 말해 조심스럽게 사고한다는 것이 무엇인지 이해하는 데
헬프먼의 책처럼 적합한 것은 없을 것이다. 물론 경제학계 내부에
서 현재 어떤 연구가 이뤄지고 있고 어떤 주장에 의견 일치를 보이

는지 참고할 수 있는 전문 서적은 널려 있다.

헬프먼의 책은 많은 새로운 정보를 담고 있긴 하지만 동시에 지난 25년간 경제학계에 거의 변화가 일어나지 않았다는 암묵적인 주장도 담고 있다. 이에 따라 무대 뒤에서만 볼 수 있는 감동적인 장면은 하나도 들어가 있지 않다. 이 책을 읽다 보면 과거에 수확체증, 비볼록성, 조명 비용 등에 관해 어느 누구도 말을 꺼낸 적이 없는 것 같은 인상을 준다. 다시 말해 이 책에서는 혁명을 전혀 보고 느낄 수 없는 것이다. 물론 경제학 분야에서 많은 연구 위업이 달성된 것은 사실이다. 그럼에도 경제학계가 해야 할 일은 아직도 많이 남아 있다. 그리고 경제 성장에 관한 수수께끼는 여전히 해결되지 않은 채 그냥 수수께끼로 남아 있다.

결론

영웅의 시대를 지나 난장이의 시대로, 현재진행형인 지식경제혁명

이제 이야기를 마무리할 시간이 된 것 같다. 길게 이야기했지만 알고 보면 어떻게 한 경제학 논문이 경제학의 가장 기초적인 개념이라고 할 수 있는 생산요소 개념을 바꾸게 되었는지 설명하기 위해 이 책을 쓴 것이라고 생각하면 간단하다. 이 논문의 출현으로 1980년대 중반에 오랫동안 생산의 3대 요소로 여겨졌던 토지, 노동, 자본은 사람, 아이디어, 물건으로 바뀌게 되었다. 사물을 원자와 비트로 구분하는 새로운 방법이 대두되었듯 생산요소도 그렇게 새로운 대변화를 하게 된 것이다.

이 책을 통해 여러분은 대학 경제학과에서 어떻게 이론이 개발되고 발전하는지(새로운 발견이 반대 이론을 주장하는 사람들로부터 배척을 당하다가 새로운 세대에 의해 어떻게 포용되는지) 그 과정을 상세히 구경할 수 있었으리라고 믿는다.

이제 이 결론 부분에서 다시 한 번 총정리를 해보고자 한다.

한마디로 지식경제학이라는 새로운 경제학이 탄생했다. 그렇다면 그 지식경제학 탄생으로 어떤 변화가 유발되었을까? 적어도 내가 보기에는 아직 많은 변화가 유발되지 않은 것 같다. 경제학 분야의 변화보다 실제 세상에서 발생한 중요한 변화가 훨씬 더 눈에 띄기 때문이다. 우선 발견과 혁신의 파도, 탑다운 방식의 경제 관리 및 컨트롤 시스템의 퇴조, 세계 시장 개방 등 굵직굵직한 변화들이 눈에 띈다.

연구를 전문으로 하는 경제학계는 약간의 시차를 두고 이러한 변화가 무엇을 의미하는지 파악해내려 노력해왔다. 그러나 새로운 사실을 파악해 이론화하고 그것을 실천에 옮기는 일은 언제나 어려운 일이다. 감히 나는 경제학자들 커뮤니티에서 어떤 일이 일어나고 있는지를 보도하는 역할을 맡았는데, 경제 전문 기자로서 평범한 사람들보다는 그래도 경제학 분야를 좀더 안다고 생각했기 때문에 이러한 모험을 감행한 것이다.

15세기 포르투갈의 항해왕 헨리 이후 각국 정부는 지식의 생산 및 보급, 유익한 예술 후원, 교육 기회 확대, 지적재산권 보호, 자유무역 증진이 국익에 얼마나 도움이 되는지 익히 알고 있었다. "지식은 힘이다"라는 베이컨의 격언이 17세기 초 영국에서 나왔음을 알고 있는가?

한편 프랑스 혁명과 나폴레옹은 배움을 자극하고 지식 습득 과정을 민주화하는 데 크게 기여했다. 미적분의 보급에서부터 '그랑제콜'이라는 인재 양성 학교를 국가 차원에서 설립해 인재양성에 나섰던 것이다. 그러다가 19세기경이 되자 이번에는 독일의 대학들이 과학 분야에서 탁월한 실력을 과시하며 자신의 기준을 세계 표

준으로 만들어버렸다. 그리하여 독일은 제1차 세계대전 전까지만
해도 유럽에서 가장 강력한 산업 국가로 세력을 떨쳤다.

　미국에서는 초기 시절부터 기술을 중시하는 정책이 채택 및 시
행되었다. 영국 식민지주의자들은 1636년에 하버드대학을 설립했
고 일찌감치 특허법을 헌법에 집어넣었다. 남북 전쟁이 발발하면서
모릴법|Morril Act이 채택되었는데, 이 법은 대학에 땅 부지를 무료로
제공해 더 많은 사람에게 대학 교육을 받도록 하자는 취지에서 도
입된 것이었다. 19세기 말 미국에 많은 이민자가 들어오자, 20세기
초에는 수많은 공립 초중고가 설립되었다.

　제2차 세계대전이 끝나면서 전쟁에 참여했던 수많은 병사가 돌
아오자 각 대학은 이들 참전용사에게 문호를 개방했다. 또한 의학
분야 민간 연구에 정부 기금을 지원하는 것을 골자로 하는 베이-돌
법|Bayh-Dole Act이 로머가 박사학위 논문을 쓰기 시작한 해인 1980년
미국 의회를 통과했다. 미국 경제 시스템에서 대학이 얼마나 큰 역
할을 했는지는 누구나 아는 사실이다.

　어떤 지도든 세계지도를 한번 살펴보라. 세계적으로 대학이 위
치한 도시는 최고의 도시가 되었거나 유명한 도시가 되어 있음을
알 수 있다. 지식이 생산에서 강력한 요소가 된다는 것은 굳이 입증
할 필요조차 없는 사실이다.

　결국 경제학자들의 생각은 그것이 널리 수용되기만 하면 거대한
위력을 발생한다고 볼 수 있다. 신성장 이론이 출현한 지 20년이 지
난 시점인 2004년 초 독일의 게르하르트 슈뢰더|Gerhard Schroeder 총리
는 놀라운 발표를 했다. 독일 중앙은행이 금고에 있는 금을 팔아 생
긴 돈을 독일대학에 투자하기로 결정했다는 것이다. 그러자 프랑스

중앙은행도 재빨리 이 방법을 따라했다. 또한 영국 정부는 2005년 성공적으로 말라리아 예방 백신을 개발한 회사와 장기 계약을 체결할 계획이라고 발표했다. 그 이유는 말라리아 백신 개발이 전 세계적으로 해마다 200만 명의 사망자와 수많은 환자를 치료할 수 있는 것은 물론, 영국의 생명공학 기술도 그만큼 향상시킬 수 있기 때문이었다.

싱가포르의 경우 높은 수준의 대학 교육은 아예 종교처럼 신성시되고 있다. 인도와 중국의 대학들도 엔지니어와 박사들을 놀랄만한 속도로 배출하고 있으며, 국제적으로 우수한 학생들을 유치하기 위해 대학의 교육 수준을 향상시키는 방법에 골몰하고 있다. 2005년 인도의 총리는 극적인 방법으로 아이디어 산출을 위한 개혁을 추진하기 위해 8명으로 구성된 지식위원회를 출범시켰다.

그렇다면 미국도 더 많은 과학자와 엔지니어를 배출할 수 있도록 교육 구조 전환을 해야만 할까? 로버트 솔로는 감세 조치로 소득 증가를 기대할 수 없듯, R&D 예산을 정기적으로 두 배씩 증가시킨다고 해서 두 배의 결과를 얻을 수 있으리라고 예측하는 것은 잘못된 생각이라고 지적했다. 그의 지적은 확실히 옳다. 가끔 놀라운 발견이 이루어져(발견은 정식 연구소뿐 아니라 이름 없는 발명자의 차고에서 이루어져 마케터의 탁월한 상상력 덕분에 빛을 보기도 한다) 예상치 못했던 수확체증으로 이어지기도 하지만, 대개 연구소도 수확체감의 법칙에서 벗어날 수는 없다. 그렇다면 어떻게 해야 할까?

로머가 제시한 해결책은 교육, 특히 고등교육에 대한 연방 정부의 지원을 두 배로 확대하는 것을 골자로 통과된 1958년 국가국방교육법(NDEA)의 내용을 좀더 고차원화한 것이라고 볼 수 있다. 소련이 세계 최초로 우주선을 쏘아올린 후 채택된 이 법은 1862년 전국 공립대학에 토지를 무상으로 제공하는 것을 골자로 했던 모릴법 이후 미국의 연구 대학들을 가장 많이 자극했던 법이라고 할 수 있다. 사실 컴퓨터, 정보통신, 생명공학 분야의 혁명을 유발한 세대는 모두 이 NDEA법의 후광 아래 학교를 다닌 사람들이다. 그리고 정부의 이러한 공짜 선물은 그 후 고등교육에 더 많은 투자가 이루어지는 계기가 되었다.

로머는 아이디어 중에서도 가장 중요한 아이디어는 '메타 아이디어|meta-idea'인데, 그 이유는 이것이 생산을 지원하고 다른 아이디어를 발전시키는 데 굉장히 중요한 역할을 하기 때문이라고 강조했다.

그렇다면 실제로 어떤 것을 메타 아이디어라고 부를 수 있는가? 과학적 연구 내용의 개방, 언론 통제 축소, 각종 전문지 출현, 특허 제도 발견, 공공 교육 시설 설립, 농업 확대 서비스 발명, 베스트 프랙티스 제도 도입(1870년대 일본이 산업화의 길로 가기 위해 선택한 제도와 같은), 연구 대학에 대한 정부 기금 지원, 학자들의 연구 기금 확보 경쟁 제도 도입, 첨단 연구소 설립, 과학 인재 발굴 노력, 수학 캠프 등이 대표적인 메타 아이디어라고 할 수 있다. 물론 이것은 과거의 변화이고 새롭게 탄생한 지식경제학이 정부 정책을 어떻게 변화시킬지에 대한 상세한 사항은 시간이 지나야 평가할 수 있다. 현재의 변화가 전부라고 볼 수는 없기 때문이다.

메타 아이디어의 장점은 개방성과 거래성에 있다. 2004년 IBM은 중국의 대형 컴퓨터 제조업체인 레노보|Lenovo에 퍼스널 컴퓨터 사업체를 120억 달러에 판매한다는 결정을 내렸는데, 이것처럼 오늘

날의 현실을 잘 보여주는 것도 드물다. 이 거래로 IBM PC 사업체를 인수한 레노보 측은 자체 브랜드 상품의 성능을 향상시키는 동시에 여러 다양한 IBM 브랜드를 5년 동안 사용할 수 있는 특전을 누리게 되었다. 그리고 하룻밤 사이에 레노보는 세계에서 세 번째로 큰 PC 메이커로 부상했다.

이렇게 PC 사업부를 정리한 IBM은 들어온 17억 5천만 달러를 더 돈이 되는 사업(개발 가능하다는 조건 아래), 예를 들어 더 오래 사용할 수 있는 특별한 건전지나 더 빠른 컴퓨팅 시스템 개발에 투자할 계획으로 알려졌다. 이제 미국 기업에게 텔레비전 세트를 생산한다거나 어떤 제조 상품의 컨텐츠를 제조하는 것은 별 의미가 없다. 그런 일을 잘할 수 있는 나라가 얼마든지 있기 때문이다. IBM이 인정하고 손을 털었듯 이제 미국 기업이 PC 제조 같은 것으로 승부해서 수익을 얻는 것은 불가능하다. PC 시장을 창조한 지 불과 25년 만에 이런 사실을 인정하는 것은 가슴 아프지만 현실은 어디까지나 현실이다.

그래도 21세기의 현실을 인정하고 신속하게 대응한 IBM의 결정은 높이 살 만하다. 1970년대와 1980년대에 일본이 부상하는 것을 이해하지도 못하고 애써 인정하지 않으려고 하면서 제대로 대응하지 못했던 것에 비하면 훨씬 상황이 개선된 것이라고 볼 수 있기 때문이다. 소비자는 그것이 어디에서 만들어진 것이든 성능이 더 좋은 자동차, 가격이 더 저렴한 텔레비전 세트를 구입할 수 있다면 그것으로 만족한다.

미국 기업의 경영진이 일본의 철강, 자동차, 전자 산업의 부상에 대응해 새로운 경쟁 체제를 마련하는 데 얼마나 오랜 시간이 걸렸는지 기억하는가? IBM의 PC 사업 부문을 중국 기업에 판매한 사실은 신성장 이론의 견지에서 볼 때 크게 두 가지 의미가 있다.

중국이 계속 싸구려 PC 메이커 수준에서 벗어날 수 없을 것이라고 부정하는 태도는 결코 미국에게 도움이 되지 않는다. 과거에 중국이 많은 교역 파트너가 반기는 훌륭한 무역 국가로 성장하는 동안, 미국은 그 사실을 계속 부인했다. 그러나 그렇게 버틸 수 있는 기간은 불과 몇 년밖에 되지 않았다. 이제는 세상을 다른 시각으로 보아야 한다. 그런 부정적인 시각에서 벗어나는 계기가 되었다는 점에서 IBM의 결정은 의미있다고 할 수 있다.

또 다른 한편으로 중국 경제의 규모가 확대된다는 것은 그만큼 미국 상품을 구입할 수 있는 가능성이 커진다는 뜻으로 해석할 수 있다. 물론 중국산 제품과 가격 면에서 경쟁하는 것은 어려운 일이지만, 위기를 새로운 기회로 볼 수 있는 긍정적 사고가 중요하다.

인류 역사를 돌아보면 20세기 상반기 동안에는 세계 어디에서나 힘과 인내심만 있으면 좋은 일자리를 쉽게 구할 수 있었다. 하지만 이제는 기계와 엔진, 조립 라인이 인간의 근육을 대체하면서 힘은 프로 스포츠 분야를 제외하고 먹고사는 것을 보장해주는 역할을 하지 못한다. 20세기 하반기에 컴퓨터가 탄생하자 세상은 완전히 변했고 이로 인해 가장 큰 타격을 받은 계층은 바로 블루칼라였다. 그 변화가 얼마나 충격적인지는 프랭크 레비|Frank Levy와 리처드 머네인|Richard Murnane이 쓴《새로운 노동 분업: 컴퓨터가 차세대 노동 시장을 어떻게 창조하고 있는가|The New Division of Labor: How Computers Are Creating the Next Job Market》를 보면 잘 알 수 있다.

1962년 제트기 시대를 열며 많은 사람에게 우상이 된 보잉727은 무려 5천 명의 엔지니어가 7년의 시간을 투자해 개발한 것이다. 이들은 처음 자신들이 설계한 도면을 믿을 수가 없어서 첫 단계로 실물 크기의 모델을 직접 제조해보기로 결정했다. 그런 다음 상세 도면을 제작해 그것에 맞는 부품을 기계로 제작했다(그때 이미 선반은 디지털로 컨트롤할 수 있는 기계로 바뀌어 있었다). 그러나 당시만 해도 처음 만들어낸 부품은 한번에 제대로 맞지 않았다. 이에 따라 조립 라인에 있는 노동자들은 비행기에 꼭 맞도록 손으로 직접 철심(쇄기라고도 부르는 심은 부품들끼리 서로 꼭 맞지 않아 헐거울 때 꼭 조여지도록 하면서 부품의 높이나 넓이를 조종하는 역할을 했다)을 덧붙였다. 그렇게 복잡한 과정을 거쳐서 탄생한 보잉727은 무게가 44톤이나 나갔는데, 그중 0.5톤 정도는 부품 사이에 낀 심의 무게라고 할 정도로 보충심이 많이 들어갔다. 보잉727은 약 1,800대가 팔려나갔고 그중 1,300대는 그 많은 심과 함께 여전히 날아다니고 있다.

보잉727이 처음 생산된 지 30년이 지난 후 보잉777이 생산되었고 이 비행기는 727에 비해 훨씬 크고 구조가 복잡함에도 개발하는 데 5년밖에 걸리지 않았다. 물론 이번에는 종이 도면 같은 것은 전혀 필요하지 않았다. 실물 모델을 직접 제조해볼 필요도 없었다. 보잉777은 최초로 100퍼센트 컴퓨터 디자인으로 생산된 비행기로, 덕분에 부품 사이즈가 제대로 맞지 않아 헐거운 일은 절대 발생하지 않았다. 보잉777은 프랑스 엔지니어링 회사 다소|Dassault 로부터 컴퓨터를 이용한 디자인, 제조 소프트웨어를 구입해 제조된 터라 보잉의 엔지니어는 컴퓨터 도면에 이미 입력된 생산 장비를 컨트롤하기만 하면 되었다. 그 결과 비행기는 아무 무리 없이 조립되었고 보잉 측은 이렇게 자랑했다.

"최초로 생산된 777은 부품 사이의 틈이 0.023인치(카드 두께 정도)밖에 되지 않는다. 다른 비행기 부품의 틈이 0.5인치 규모 안에서 조립되는 것을 감안하면, 거의 완벽하게 맞는 것이라고 볼 수 있다."

다시 말해 이제 심 같은 것은 더 이상 필요 없게 되었다는 것이다. 이는 또한 심을 능숙하게 조립하는 숙련된 노동자도 더 이상 필요 없게 되었음을 의미한다.

숙련 노동자의 손길이 없어도 더 안전하고 저렴하며 멋있는 비행기가 생산될 수 있는 시대가 온 것이다. 덕분에 비행기 생산 단가가 내려갔고 항공 요금도 덩달아 인하되어 과거보다 많은 사람이 비행기로 여행을 하게 되었다. 비행기가 잘 팔리자 경쟁기업, 특히 유럽 여러 국가가 연합해 설립한 에어버스|Airbus가 시장에 진출해 가격은 더 떨어지게 되었다. 이 유럽 항공기 제조업체의 부상은 지식의 비경쟁적 특징으로 선발업체로서의 장점이 오랫동안 지속될 수 없다는 사실을 잘 보여주는 사례라고 할 수 있다.

비행기와 경쟁 구도도 많이 변했지만, 가장 놀라운 변화는 노동 직종 구성에 나타난 변화였다. CAD/CAM 오퍼레이터, 소프트웨어 엔지니어, 이미징 디바이스 제조업자, 공항 설계자, 그리고 조종사가 항공 산업에서 타 직종보다 월급을 훨씬 더 많이 받는 직종으로 부상하게 된 것이다. 물론 조종사의 경우 과거와 전혀 다른 양상으로 월급이 치솟았다.

반대로 비행기를 주차해야 할 장소로 인도하는 직업, 여객기와 터미널을 잇는 승강용 통로를 제조하는 노동자, 이미징 디바이스 조종자, 그리고 공항 터미널을 청소하는 사람들은 저월급 직종으로 내려앉았다. 무엇보다 눈에 띄는 사실은 생산 라인, 여행사, 조종실 자체에도 블루칼라 노동자를 위한 자리가 거의 남지 않게 되었다는 사실이다.

오늘날 부품 생산 공장은 특정 국가가 아니라 세계 어느 곳이든 둘 수 있다. 어느 국가에서 생산된 부품이든 서로 잘 맞기 때문이다. 이에 따라 부품을 어디에서 생산할 것인가는 부분적으로 소비자 입장이 아니라 정치적 압력에 의해 결정된다. 보잉은 경쟁력 강화를 위해 본사를 시애틀에서 시카고로 옮겼다. 그만큼 시카고가 오늘날 세계적인 교통 요충지로 변신했기 때문이다. 그런데 보잉은 본사를 이전하면서 수많은 일반 직원과 비서직을 해고했다. 대신 외국어 구사 능력이 뛰어난 사람과 로비스트를 새로 채용했다.

21세기의 세계화는 이제 막 시작되었다고 볼 수 있다. 유럽 국가들, 일본, 중국, 인도, 미국 그리고 나머지 국가들 사이의 긴장은 하늘을 찌른다. 이러한 상황에서 롤플레잉을 즐기는 상당수 국가(스칸디나비아 국가와 동구권 국가, 브라질, 러시아, 호주, 터키) 등의 존재로 인해 상황은 더 복잡한 양상을 띠고 있다.

지난 30년간 선진 민주주의 국가에서 크게 중요했던 문제(세금 삭감, 감가상각 충당금 등)는 미래에 큰 이슈로 작용하지 않을 것이다. 앞으로 몇 십 년간 가장 중요하게 생각해야 할 메타 아이디어는 바로 '어떻게 하면 급속도로 변화하는 국제적 노동 분업 상황에 적응해나가는가' 하는 것이다. 오늘날 각 국가의 목표는 식민지 개척이 아니라 특화와 글로벌리제이션이다. 이 새로운 변화에 적응하기 위해서는 무엇보다 제도(경제, 법, 정치 분야에서의)를 변화시켜야 한다. 그런데 19세기 중반 국가 간 경쟁이 치열해지기 시작하면서 정립된 제도들은 근본적으로 큰 변화 없이 오늘날까지 유지되고 있다.

그렇다면 세계적 경쟁이 대두되기 시작한 19세기 중반부터 각국은 어떻게 대응하며 살아왔을까? 인정사정없이 식민지를 개척해 그것을 움켜쥐었고, 20세기 들어서는 잔혹한 대전쟁을 치렀다. 그러는 사이 느리기는 했지만 인권에 있어 약간 발전이 있었다. 그때 가장 바람직한 결정을 내린 국가는 교육에 대한 개혁을 시도하려 노력한 국가라고 할 수 있다. 위대한 역사학자 앨프리드 챈들러는 《규모와 범위: 산업 자본주의의 변화|Scale and Scope: The Dynamics of Industrial Capitalism》에서 영국, 독일, 미국의 각기 다른 산업 스타일이 어떻게 이 국가의 미래를 변화시켰는지 상세하게 분석하고 있다.

챈들러는 영국, 독일, 미국은 각각 개별적, 협력적, 경쟁적 자본주의 운영 스타일을 고수했다고 설명하고 있다. 그는 각 나라에서 제조 산업 분야에서의 수확체증이 어떻게 국가 경제력 강화로 이어졌는지 잘 보여주고 있는데, 우선 생산 공장에 대규모 투자를 한 기업이 경제를 휘어잡은 것을 확인할 수 있다. 물론 이러한 거대 투자를 통해 탄생한 거인은 바로 다국적기업이다. 이들 다국적기업은 국제적 차원에서 마케팅 및 유통 체인을 구축했다. 그리고 이 국제적 체인을 관리하기 용이한 방향으로 기업 구조를 개선했다. 덕분에 이들은 수십 년간 세계무대에서 지배권을 유지할 수 있었다.

영국은 기업이 개별적으로 경쟁하도록 내버려두는 자본주의 체제를 유지했는데, 그러다 보니 상당수 기업이 경쟁에서 도태되었다. 독일은 정치 지도자와 기업 지도자가 서로 협력하는 자본주의 스타일을 고수했고 그 결과 경제가 쉽게 번성할 수 있었다. 한때 세계에서 최고 수준의 대학은 모두 독일 대학인 적도 있었다. 물론 이들 대학은 독일 정부가 국가를 전쟁으로 몰고 가는 데 결정적인 역할을 했거나, 그렇게 적극 나서지 않은 경우에도 전쟁을 막지 못했다는 비난을 면치 못하고 있다.

한편 미국의 기업은 경쟁적 자본주의 스타일, 즉 셔면 반독점법과 이에 따른 법 개정으로 탄생하게 되었으며 경쟁을 통해 향상시킨 실력 덕분에 20세기 중반에는 세계 경제를 지배할 수 있게 되었다. 교과서에 등장하는 자본주의 제도(자본 시장, 경영 구조, 규제 제도)는 미국 기업들의 발전에 결정적인 역할을 했다.

비록 챈들러의 분석 대상에서 벗어나긴 했지만 오늘날 우리가 가장 주목해야 할 제도는 바로 인적 자본과 관련된 제도와 정책이다. 미국의 경우, 인적 자본에 대한 투자 정책 덕분에 국민의 상당수가 학교 교육과 직업 교육을 받게 되었고, 그 결과 이들이 후기산업시대 기업이 필요로 하는 산업 일꾼으로 변신할 수 있었다.

물론 대학에 가는 숫자가 많아진다는 것만으로 만족해서는 안 된다. 졸업하고 나서 일자리가 거의 없는 분야에서 많은 학생이 공부하도록 내버려두면 결코 안 된다. 고등교육, 즉 대학교육은 시장의 변화를 보아가며 이뤄져야 하는 것이다. 이는 기회가 더 많이 주어지는 분야가 어디인지를 보면서 인재를 양성해야 한다는 뜻이다.

오늘날 유럽 경제의 일부가 쇠퇴하는 이유는 1968년에 이루어진 대대적인 개혁으로 교육 기회가 크게 확대되었음에도 그 기회가 일자리가 거의 없는 분야에서 이루어졌기 때문이다. 급속하게 세계화가 이루어지고 있는 오늘날, 국가 경제가 세계무대에서 제대로 경쟁하려면 이처럼 교육 분야의 안배가 얼마나 중요한 문제인지 생각해봐야 한다. 다시 말해 경제를 주도하게 될 분야가 어디인지 파악해 그 분야에서의 학교 교육 및 직업 교육을 강화해야 하는 것이다.

연수, 시험, 때로는 군대 대신 필요한 분야에서 복무하게 함으로써 국가가 필요로 하는 인재를 양성하는 것이 무엇보다 시급하다. 더욱 바람직한 것은 어린시절부터 이러한 변화에 적응할 수 있도록 가장 비용 효율적인 공부를 시키는 것인데, 차세대를 짊어질 어린이를 훌륭한 시민과 일꾼으로 교육시키면, 이들이 미래에 정치뿐 아니라 나라를 제 길로 인도할 훌륭한 인재가 될 것이다.

우리는 애덤 스미스 시대에서부터 한참이나 먼 길을 걸어왔다. 애덤 스미스는 경제학자로서 최초의 메타 아이디어를 제공한 인물이라 할 수 있다. 그는 경제 성장을 위해 필요한 것은 평화, 낮은 세금, 그리고 참을 수 있는 수준의 정의 집행이라고 주장했다. 물론 이것은 아직도 유용한 주장이다.

그러나 오늘날에는 세상이 애덤 스미스 시대보다 훨씬 복잡한 양상을 띠게 되면서 그 정도만으로는 절대 원하는 성장 수준에 도달할 수 없게 되었다! 최근에 발견된 사실 중 가장 중요한 것은 급속히 수렴되고 있는 세계 경제 상황으로 볼 때 자본은 대체로 알아서 조절하며 나아갈 것(가끔 중앙은행이 개입하면서)이라는 점이다. 그러나 인적 자원 및 기술 자원은 스스로 관리되지 않는다. 이것은 어느 정도 국가 관리가 필요한 분야인 것이다.

내생적 기술 변화로부터 도출한 결론에 따르면 기술 정책에서 국가의 개입은 반드시 필요하다. 그렇다고 과학 및 교육을 담당하는 정부 공무원이 중앙은행장이나 재무장관 또는 무역 협상자처럼 큰 역할을 하며 국가 정책에 일일이 간섭해야 한다는 의미는 아니다. 다만 기술, 학교 교육 및 직업 교육은 전 세계 어느 나라에서든 정부가 반드시 합법적으로 관리할 수 있는 분야로 남아야 한다는 뜻이다. 국가가 현대 통화 정책이나 조세 정책을 통해 경제를 관리 하듯 그렇게, 아니 더 적극적으로 기술과 교육을 관리해야 한다.

이것이 바로 신성장 이론이 전하는 메시지이다. 이를 위해서는 무엇보다 특허 제도를 개선해야 한다. 이미 서방 세계에서 본전을 수십 배 뽑고도 남은 기술은 가난한 국가가 그것을 활용할 수 있도 록 국가간 지적재산권 제도가 조정되어야 하는 것이다. 지식을 더 욱 효율적으로 관리하는 제도를 마련하는 것도 반드시 고려해보아 야 할 사항이다. 자본 시장, 민간 재단, 그리고 정부 기구(APRA, NASA, 국립보건연구소 등) 외에도 지식을 더욱 효율적으로 배분할 수 있는 제도를 마련해야 한다는 얘기다. 그리고 새로운 산업 분야 쪽으로 방향을 전환하면서 전반적으로 산업 분야에서 더 대담한 혁 신을 추진해야 한다.

무엇보다 중요한 것은 선진국의 구산업 시스템에 맞춰 제정된 교육 제도를 완전히 새롭게 재조정해 개도국에 맞는 교육 제도를 신설하는 일이다. 그래야만 개도국이 국제 경쟁에 참여할 수 있기 때문이다. 신흥개도국 사례에서 볼 수 있듯 개도국도 낮은 생산 단 가를 무기로 기존의 성장 부진에서 벗어나 얼마든지 세계 시장에 진출할 수 있다.

그렇다면 미래에는 돈이 어디로 갈 것 같은가? 많은 사람이 베이 비붐 세대에 주목하고 있다. 젊은 시절에 잘 먹고 살았던 이들이 노 년 세대가 되어도 계속 풍요로운 삶을 살겠다는 야심을 버리려 하 지 않음에 따라 이들을 위한 예산이 점점 증가하게 될 것으로 예측하는 것이다. 이것은 신세계 질서에 적응할 수 있도록 인적 자원에 투자할 여력이 그만큼 없어지게 될 거라는 얘기다. 그러면 어떤 현상이 발생하게 될까? 그 답은 영국 이민자의 사례가 잘 보여주고 있다. 그들은 열심히 일해 경제 중산층으로 부상하려 했지만 일부 이민자만 그렇게 되었다.

로머는 미국의 미래에 대해 비관적인 예측을 제시하고 있다. 그는 미국이 20세기에 세계 경제를 지배했듯(고등학교 수를 엄청나게 증가시키고 과거 같으면 대학은 꿈도 꾸지 못할 계층의 자녀 수백만 명이 대학에 진학하게 하며 연구 대학과 대학원을 많이 설립함으로써) 21세기에는 그처럼 잘할 수 없을 것 같다고 했다. 그렇지만 미래 정치가 어떤 방향으로 갈지는 지금 어떤 예측도 정확히 제시할 수 없다.

세계 시장의 확대로 창조될 부는 엄청날 것이다. 어쩌면 덕분에 베이비붐 세대는 노년이 되어도 젊었을 때보다 잘 살게 되고 동시에 차세대 교육에도 많은 투자가 이루어질 수 있을지도 모른다. 그러나 우리는 긴장을 완전히 늦춰서는 안 된다. 우리 앞에 굉장히 복잡한 성격의 위기가 기다리고 있을지도 모르기 때문이다. 로머는 "위기야말로 엄청난 양의 시간과 에너지 낭비를 가져오는 것"이라고 지적했다.

하지만 우리에게는 기술경제학(수학적, 경험적으로 훌륭한 연구 결과를 제시하되 가끔은 실수도 범하는)이 있다. 기술경제학은 우리가 더욱 현대화된 세계로 나아가는 데 훌륭한 길잡이 역할을 할 것으로 보인다. 이 책을 통해 여러분은 경제학이 어떤 과정을 거쳐 발전을 거듭해왔는지 확실하게 이해할 수 있었을 것이다. 그러나 이 책에서 설명한 놀라운 경제학적 이론 발견은 세상에서 이루어지는 수많은 발견 중 하나에 불과하다.

　이론가이자 역사학자인 지르그 니한스는 "경제학 역사를 좌우하는 표준적인 주장을 보면 과거는 거인이 지배하는 시대였던 반면, 현재는 수많은 난장이가 서툴게 일하며 어쩔 줄 몰라 하는 시대 같다는 인상을 준다"는 말을 한 적이 있다. 경제학 분야뿐 아니라 물리학이나 공공 보건 분야에서도 그런 인상을 받는 것은 마찬가지이다. 그렇다고 해서 아이작 뉴턴이나 루이 파스퇴르가 살던 위대한 발견의 시대로 되돌아가고 싶은 사람이 오늘날 몇 명이나 있겠는가?

　인생에 대해 모르고 있던 많은 것을 알게 됨에 따라 인생의 신비에 대한 환상이 점점 줄고 있는 것은 사실이다. 지식 성장에 대한 새로운 발견으로 우리는 막스 베버가 말한 것처럼 "세상에 대한 마법에서 깨어나게 된 것"인지도 모른다. 진리만큼 중요한 것은 없다는 것을 새삼스럽게 확인했기 때문이다.

　경제학계는 이 발견으로 커다란 흥분의 도가니 속에 휘말려 있다. 그러나 흥분만 하고 있을 때가 아니다. 경제학계가 풀어야 할 과제, 즉 어떤 국가는 왜 더 부자가 되는가 하는 국부와 얽힌 문제에 대해 더 깊은 비밀을 찾아내야 하는 최고로 어려운 과제가 남아 있기 때문이다. 다행이 인간에게는 그러한 과제를 풀어 인류에 봉사하고자 하는 인간적 특성이 남아 있다. 그 특성을 애덤 스미스는 도덕적 감정이라 불렀는데, 이 도덕적 감정이야말로 인간이 인간답게 살아갈 수 있도록 해주는 가장 훌륭한 특성이 아니던가?

감사의 말

많은 사람이 이 책을 읽은 솔직한 소감을 보내주고 있다. 나는 〈내생적 기술 변화〉를 읽기 전에 다른 많은 사람과 마찬가지로 에일린 영의 〈경제 발전과 수확체증〉을 읽었다. 그런 다음 10여 년간 특화와 기술 성장에 대해 경제학자들이 얘기한 것을 토대로 나름대로 수수께끼를 벗겨보려 노력했다.

그런데 이런 내 노력은 실패로 끝났고 솔직히 경제학자들의 노력도 성공한 것처럼 보이지 않았다(이것은 정말 중요한 점이다). 나는 1984년에도 경제학자 피터 앨빈 |Peter Albin 의 연구에 초점을 맞춘 저널리즘 형태의 경제학 설명서 《경제의 복잡성에 대한 사고 |The Idea of Economic Complexity》를 출판했다. 그 책을 쓰기까지는 8년이 걸렸다. 그런데 이 책을 쓰는 데는 10년이 조금 더 걸렸다. 물론 가족의 생계를 책임지는 일, 그리고 일간지에 기사를 쓰는 일이 없었다면 그렇게 긴 세월이 소요되진 않았을 것이다.

버팔로에서 발표되어 〈로머90〉으로 알려진 〈총체적 기술 변화의 작은 기초〉의 초기 버전을 1988년에 읽어보긴 했어도 그해 말 루커스의 〈역학 구조〉를 읽기 전까지 나는 로머 논문이 무엇을 의미하는지 전혀 이해할 수 없었다. 실제로 나를 시카고에 있는 로머에게 소개시켜준 사람도 루커스였다("당신이 꼭 만나서 얘기를 해봐야 할 사람은 바로 폴이야." 루커스는 내게 이렇게 말했다).

1992년 바바라 솔로|Barbara Solow|와 쉐러|Scherer|로부터 내가 1992년에 저질렀던 실수에 대해 지적을 받고 나서야 나는 비로소 지식 성장에서 외생적 접근 방식과 내생적 접근 방식에 차이가 존재한다는 사실을 깨닫게 되었다. 진리는 그렇게 혼돈이 아닌 실수를 통해 더 자주 깨닫게 되는 법인가 보다! 그런 의미에서 내 실수를 깨우쳐주신 두 분에게 특별히 감사드리고 싶다.

그리고 내가 먼저 쓴 책을 전혀 다른 시각으로 볼 수 있도록 편지를 보내주신 대니얼 토스테슨 씨에게도 감사를 드린다. 버팔로 학술회의에 참석할 수 있도록 주선해주신 레스 렌코프스키에 씨에게도 감사의 말씀을 전하고 싶다. 시간이 조금 흐른 뒤에라도 수확 체증 혁명에 대한 책을 써야겠다는 생각을 하게 된 것은 산타페연구소에서 미첼 월드롭으로부터 이 혁명 전개 상황에 대해 설명을 듣고 나서였다.

이 책을 쓰기까지 많은 분이 혜안으로 길 안내를 해주셨다. 특히 오토 엑슈타인, 게리 베커, 헨드릭 하우태커, 칼 케이스, 리처드 젝하우저, 로버트 루커스, 엘리슨 그린, 낸 스톤, 이탄 쉐신스키, 지르그 니한스, 하워드 존스, 언스트 번트가 많은 도움을 주었다. 신문에 간단한 이야기를 게재한 후 나는 이 주제에서 손을 뗄 계획이었다. 그러나 에이다 도널드와 마이클 애론슨이 내게 책으로 써보라고 권해서 이렇게 책을 쓰게 된 것이다.

초기에 원고를 읽어주신 프랭크 리바이, 밥 기본스, 마크 피니, 로버트 펠프스에게도 감사를 드린다. 드레이크 맥필리는 내가 글이 써지지 않아 고민을 할 때마다 수렁에서 헤어 나와 다시 시작할 수 있도록 도와주었고, 내가 완성할 때까지 6년 동안 나를 격려해주었다. 로버트 솔로, 로버트 루커스, 엘하난 헬프먼도 많은 도움을 주었다. 물론 폴 로머는 모든 단계에서 나를 도와주었는데, 그럼에도 이 책 내용에 문제가 있다면 그것은 로머의 책임이 아니라 전적으로 내 책임임을 이 자리를 빌려 강조하고자 한다.

〈보스턴글로브 |Boston Globe〉 신문에 오래 전에 실렸던 내용이 아니었다면 이 책에서 제시한 상세한 설명은 불가능했을 것이다. 나는 25년 동안 이 신문사에서 처음에는 경제 전문 기자로 그리고 나중에는 칼럼니스트로 일을 했다. 〈보스턴글로브〉는 독특한 전통에 목적 의식이 뚜렷한 훌륭한 신문이었는데 유감스럽게도 발간이 중단되고 말았다. 그 어떤 신문사도 〈보스턴글로브〉처럼 기자들이 편안하게 글을 쓸 수 있도록 자유를 주지는 못했을 것이다. 고인이 되신 존 테일러와 벤저민 테일러에게 특히 감사드리고, 테일러 가족 모두에게도 감사의 인사를 전한다. 그리고 다른 사람 손에 넘어가기 전에 〈보스턴글로브〉 신문에서 함께 일했던 모든 분에게도 감사하다는 말씀을 전하고 싶다.

세이버 |Sabre 재단은 내가 〈보스턴글로브〉에서 쓰던 칼럼을 EconomicPrincipals.com을 통해 계속 쓸 수 있도록 지원해주었다. 그리고 베를린에 있는 아메리칸 아카데미는 내가 조용히 글을 쓸

수 있는 사무실을 제공해주었는데, 아침식사 때면 식탁 주변에 영혼과 마음이 맞는 동료들이 모여 즐거운 대화를 나누곤 했다. 그리고 한 달 동안 시내에서 버스와 전차를 마음대로 탈 수 있는 월정액 승차표 덕분에 내가 가장 필요로 할 때 세상에서 가장 위대한 도시 중 한곳에서 살 수 있었다. 한스아널드센터에 있는 정말 특별한 친구 모두에게 마음을 담아 감사 인사를 전하고 싶다.

옮긴이의 글

300년 경제학 역사의
속살을 들여다보는 짜릿함

보면 볼수록 아삭아삭한 맛에 자꾸만 빠져들고 가끔은 '아하' 하며 무릎을 치게 하는 책을 만나는 행운은 그리 자주 주어지는 것이 아니다. 아주 오랜만에 이리 씹어도 단물이 혀를 자극하고 저리 씹어도 곰삭은 맛에 젖게 하는 좋은 책을 만났다.

얼핏 애덤 스미스의 《국부론》을 떠올리게 하는 그 책은 바로 《지식경제학의 미스터리|Knowledge and the Wealth of Nations》이다. 한마디로 말해 경제 성장에서 지식이 얼마나 중요한 역할을 했는지 꼭꼭 짚어내며 그에 얽힌 역사적 미스터리를 밝힌다.

그 시작은 1980년 당시 스물네 살이던 대학원생 폴 로머의 논문 〈내생적 기술 변화〉에 초점을 맞춰 전개되고 있다. 시카고대학에서 시작된 신성장 이론을 집중적으로 다루면서 그 이론을 처음 개발하고 확장한 폴 로머와 그의 스승 로버트 루커스가 등장해 이론을 설파하면서 고개를 끄덕이게 만드는 것이다.

1980년대, 시카고대학 경제학과 박사 과정을 밟고 있던 나는 수많은 경제학 이론이 부침을 거듭하는 전쟁터에서 포탄을 뚫고 고개를 내민 신성장 이론을 접할 수 있었다. 당시 폴 로머의 지도교수였던 로버트 루커스의 경제 성장 과목을 열심히 들었던 기억이 난다.

1995년 노벨경제학상을 수상한 로버트 루커스 교수는 1980년대만 하더라도 노벨상을 수상하지 않았지만, 게리 베커 교수와 더불어 늘 노벨상 수상자 후보 1순위에 거론되고 있었다. 게리 베커 교수는 우여곡절을 거쳐 1992년 노벨경제학상을 수상했다.

내 기억으로 로버트 루커스 교수는 1987년 처음으로 경제 성장론 강의를 시작했다. 그 전에는 주로 화폐금융론, 재정론, 경기변동론, 거시경제학을 가르쳤던 루커스가 경제 성장론을 가르친다는 것은 경제학계에 흥미로운 토픽감이었다.

당시 가장 진보된 형태의 이론은 로버트 솔로 교수의 성장 모델이었다. 그러나 솔로 모델에는 한계가 많았다. 외생적으로 주어진 기술 진보가 없으면 시간이 지남에 따라 성장률이 제로(0)가 되어 버렸기 때문이다. 쉽게 말해 모델 자체로는 성장을 유발하는 내생적 메커니즘이 없었다.

그런데 바로 이러한 한계를 극복한 사람이 폴 로머였다. 시카고대학 학부에서 수학을 전공하고 MIT에서 경제학 박사 과정을 밟은 그는 특이한 이력의 소유자였다. 비록 로버트 솔로 교수가 재직하긴 했지만, 당시의 MIT는 더 이상 성장 모델에 관심을 두지 않았다. 때문에 폴 로머는 졸업논문을 시카고 대학에서 썼던 것이다.

그리고 내생적 성장 이론에 관심이 많았던 로머의 1983년 박사학위 논문은 신성장 이론의 출발점이 되었다. 이 논문은 1990년 〈내생적 기술 변화〉라는 제목으로 〈JPE〉에 발표되었다. 로버트 루커스 교수 역시 모델의 형태는 약간 다르지만 지속적으로 축적되는 지식이 인적자원에 체화된다는 것을 전제로 해 1988년 신성장 모델을 따로 발표했다.

그러한 신성장 이론은 어떤 특성을 지니고 있을까? 나 역시 그러한 궁금증에 휩싸여 이 두꺼운 책을 단숨에 읽어 내려갔다. 300년 가까운 세월 동안 수많은 사람이 전 인생을 걸며 몰입했던 경제학 이론의 속살을 들춰내는 맛이 꽤나 쏠쏠했다. 하지만 신성장 이론의 특성을 굳이 설명하고 싶은 마음은 없다. 책을 읽다보면 누구나 자세히 알 수 있을 것이기 때문이다. 다만 이 책을 읽으면 어떤 것을 얻을 수 있는지 한번 짚어보고 싶다.

첫째, 300여 년에 걸친 경제 이론의 발전 과정, 특히 경제 성장 이론에 얽힌 과정을 자세히 들여다볼 수 있다. 이 책의 저자 데이비드 워시는 경제학자는 아니지만 오랜 기간 경제전문 기자로 일하면서 많은 글을 썼고, 수많은 경제학자와 이야기를 나누었다. 그만큼 경제학에 대한 배경 지식이 상당한데, 그러한 노하우가 이 책에 모두 녹아 있다.

둘째, 경제학계 내부에서 일어나는 현상을 자세히 알 수 있다. 예를 들어 미국 경제학협회 연례총회에서 각 대학이 신임 조교수를 인터뷰하며 선발하는 과정, 주요 저널이 논문을 심사하고 선정하는 과정, 경제학자가 모델을 개발하는 과정, 경제학자들의 지적 교류 과정, 경제학자들의 내적 고민 등 경제학계의 심층을 샅샅이 뒤질 수 있는 것이다. 마치 남몰래 엿보는 '피핑 톰'|Peeping Tom' 같은 짜릿한 느낌을 즐길 수 있다.

셋째, 수많은 경제학자의 이론과 가치관을 두루 섭렵할 수 있다. 기존 경제학 서적은 과거의 유명한 경제학자에 집중하지만 이 책은 현존하는 경제학자의 활동상도 자세히 소개한다. 한마디로 동시대 경제학자들을 만나볼 수 있는 절호의 기회이다.

넷째, 경제학계에 커다란 숙제를 안겨준 폴 로머의 흥미로운 성장 과정을 자세히 볼 수 있어 자기계발 차원에서 큰 도움이 된다. 학부에서 수학을 전공하다 경제학으로 방향을 선회하거나 박사과정 중에 학교를 바꾸는 결단력, 남들이 죄다 주류 경제학을 좇을 때 자신의 신념에 따라 묵묵히 연구하는 뚝심, 스탠퍼드 경영대학원에서 수강생들이 자신의 강의에 흥미를 느끼지 못하자 강의 방식을 확 바꿔 새로운 추세를 만들어내는 자세 등 한마디로 그는 늘 변화를 추구하는 인물이다.

경제학에서 '생산의 3대 요건' 하면 대다수의 사람이 자동적으로 떠올리는 것이 바로 토지, 노동, 자본이다. 수백 년을 이어온 그 의식은 이 책을 읽고나면 180도로 바뀌게 된다. 그리고 이제는 그것이 바뀌어야 한다고 생각한다.

그러면 21세기의 '생산의 3대 요건'은 무엇일까? 그것은 바로 사람, 아이디어, 재료이다. 그 이유가 궁금한가? 그렇다면 짬을 내 이 책을 섭렵하길 바란다. 지식의 강물에서 헤엄치다 보면 한층 더 성장한 자신을 발견하게 될 것이다.

리드앤리더 대표이사 겸 건국대 경영대학원 겸임교수

김민주

진 그로스맨 468, 481, 537
진 볼드윈 468
질 디피 135, 523, 576, 582
집합론 19, 258, 304, 305, 306, 308, 326, 395

ㅊ

찰링 쿠프먼스 245, 261, 292, 327, 377
찰스 다윈 579
찰스 디킨스 134
찰스 루스 190
찰스 멍거 492
찰스 배비지 135
찰스 존스 8, 572, 606, 673
찰스 콥 272
찰스 쿨스턴 길리스피 82
찰스 킨들버거 350, 414
창조적 파괴 234, 236, 238, 537, 611

ㅋ

카라 스위서 631
카를 마르크스 137, 138, 142, 207, 237, 549, 559, 601
카를 멩거 149
카스-쿠프먼스 모델 377, 406
카울스위원회 189, 190, 207, 242, 243, 244, 245, 246, 247, 250, 251, 252, 253, 254, 261, 263, 283, 300, 302, 304, 373, 502
칼 쉘 289
컬럼비아대학 57, 196, 225, 243, 254, 255, 263, 270, 293, 342, 358, 365
케네스 소콜로프 559
케네스 애로 180, 257, 261, 263, 282, 283, 286, 292, 302, 306, 309, 315, 386, 407, 414, 415, 438, 512, 523, 632, 647
케네스 저드 466
캐빈 머피 457, 458, 520, 637
케임브리지대학 66, 80, 117, 155, 175, 185,

197, 263, 424, 425, 426, 427, 448
켄 아울레타 641
코페르니쿠스 84, 578
콜린 코타-코렐리 642
쾨니스베르그 249
쿼티 자판 419, 434, 619
퀸즈대학 361, 364, 365, 368
크누트 빅셀 160, 502
클럽 이론 502, 503, 505, 506, 509, 511, 512, 516, 522

ㅌ

타일러 코웬 500, 510, 513
테오도르 레비트 274
토드 샌들러 509
토머스 로버트 맬서스 116
토머스 사전트 374
토머스 셸링 38
토머스 아퀴나스 578
토머스 에디슨 195, 204
토머스 제퍼슨 597
토머스 쿤 90, 291, 545, 601
토머스 프리드먼 634, 658
토스텐 퍼슨 561
토지 15, 16, 18, 21, 88, 99, 101, 120, 123, 124, 135, 138, 140, 143, 174, 226, 336, 379, 442, 445, 556, 569, 607, 647, 676, 680, 699
톰 울프 465
트리그베 호벨모 245
티모시 브레스나한 558
티에스 애시톤 113
티코 브라헤 84, 205, 578
팀 버너스리 627
팀 케호 387, 426, 446

ㅍ

파브리시우스 압 아쿠아펜덴테 80